津秦高速铁路设计与创新

秦宝来　主编

中国铁道出版社有限公司

2021年·北京

内 容 简 介

本书以津秦高速铁路设计和建设为背景，详尽介绍津秦高速铁路设计和建设过程中所采用的专业技术方案，凸显高速铁路总体设计的重要作用，并针对津秦高速铁路在设计和建设过程中所取得的一系列创新型成果进行重点阐述。

本书是中国铁路设计集团有限公司在津秦高速铁路专业设计、科技创新、工程建设、开通运营等方面的实践总结，对今后高速铁路的设计和建设具有积极的借鉴作用和参考价值，适合从事铁路设计的专业人员学习和研究，同时也可以为初步接触高速铁路设计技术的人员提供帮助。

图书在版编目(CIP)数据

津秦高速铁路设计与创新/秦宝来主编. —北京：中国铁道出版社有限公司，2021.1

ISBN 978-7-113-26982-1

Ⅰ.①津… Ⅱ.①中… ②秦… Ⅲ.①高速铁路-设计-研究-河北 Ⅳ.①U238

中国版本图书馆 CIP 数据核字(2020)第 111454 号

书　　名：津秦高速铁路设计与创新
作　　者：秦宝来

策划编辑：张苍松
责任编辑：张少涵　牛泽平　胡娟娟　王　耘　刘　波　张　彤
编辑部电话：(010)51873651
邮箱：yxdz@tdpress.com
编辑助理：周雨晨
封面设计：崔丽芳
责任校对：王　杰
责任印制：赵星辰

出版发行：中国铁道出版社有限公司(100054，北京市西城区右安门西街 8 号)
网　　址：http://www.tdpress.com
印　　刷：北京柏力行彩印有限公司
版　　次：2021 年 1 月第 1 版　2021 年 1 月第 1 次印刷
开　　本：787 mm×1 092 mm 1/16　印张：29.75　插页：1　字数：733 千
书　　号：ISBN 978-7-113-26982-1
定　　价：268.00 元
审图号：GS(2020)4987 号

编辑委员会

主　编： 秦宝来

副主编： 赵志辉　何永冕　谢传魁　闫俊俊　张　杰

编　委：（以姓氏笔画为序）

马百财　马晓彤　马敏杰　王志斌　王兵海
王俊杰　王晓剑　石德斌　卢　瑛　白宝英
冯全在　冯敬然　曲柏松　吕建军　朱正清
乔雄飞　刘江伟　刘红娇　刘洪占　闫红亮
关凤琚　苏　鹆　李季宏　李洪生　杨　琪
杨明雨　杨振龙　杨悦林　来　琳　吴向明
何　颖　宋　伟　宋顺忱　张　柯　张晓宏
陈淑娟　英秀玲　罗　健　周　锋　郑子涛
赵　欣　赵丽芳　娄振光　耿敬春　徐凌雁
高　磊　郭　郦　郭焕晓　梁仙菊　韩　军
韩艳玮　程雅丽　管建华　樊　艳

主　审： 方天滨

2017—2018年度铁路优秀工程设计一等奖(总体设计)

2015—2016年度铁路优秀工程设计一等奖(站场设计)

唐山站铺轨基地

无砟有砟轨道过渡段

路基地段无砟轨道

桥上无砟轨道

拱形骨架护坡

格梁锚杆护坡

三维生态护坡

孔窗式护坡

跨蓟运河(40+64+2×80+48)m连续梁阻尼器

塘沽西跨京津塘高速公路特大桥

跨戴河 2×56 m 简支拱桥

军粮城北站 8×(3×10.9)m 连续小刚架

京哈津秦上行联络线跨津秦高速铁路框构桥

塘沽西跨京津塘高速公路特大桥900 t箱梁架设

津秦高速铁路跨蓟运河(40+64+2×80+48) m连续梁桥

津山外绕线跨大秦铁路125 m钢桁梁桥

峰山隧道

常家沟隧道

葫芦山隧道

马头峪隧道

滦河站

滨海北站

唐山站

北戴河站

秦皇岛站

军粮城北站效果图

北戴河站鸟瞰效果图

滨海站鸟瞰效果图

路内首次采用的电务综合监督系统

风速计

路内首次采用的应答器防冰雪装置

基站

上跨桥防抛网

牵引变电所

唐山站咽喉区接触网布置

牵引变电所进线分线架

滨海站信号设备机房

客运服务信息系统显示屏

列车驶出隧道

塘沽西跨京津塘高速公路特大桥墩身全貌

行驶于低山丘陵区的动车

路桥隧相连

P 序言
PREFACE

铁路是国家重要的基础设施,是国民经济的大动脉,在综合交通运输体系中处于骨干地位。长期以来,中国铁路发展滞后于国民经济增长,运输能力严重不足,“一票难求、一车难求”的现象十分突出,成为制约经济社会发展的“瓶颈”。随着中长期铁路网规划的逐步实施,中国铁路特别是高速铁路快速发展,取得了举世瞩目的成绩。高速铁路对促进区域经济协调发展,构建资源节约型、环境友好型社会,推动交通运输业供给侧结构性改革起到了重要作用,成为践行“创新、协调、绿色、开放、共享”新时代发展理念的典范。津秦高速铁路是《中长期铁路网规划》(2008 年调整)中“四纵四横”客运专线“北京—沈阳—哈尔滨(大连)客运专线”的重要组成部分,于 2008 年 11 月开工,2013 年 12 月竣工通车。特别值得指出的是,津秦高速铁路开通时,使中国高速铁路运营里程达到 10 000 km,在中国高速铁路发展史上具有里程碑意义。

津秦高速铁路设计速度 350 km/h,线路全长 261.453 km,途经天津主城区、滨海新区、唐山市、北戴河、秦皇岛,既起到连接秦沈客运专线和京沪高速铁路的纽带作用,也兼具城际铁路功能。同时,该线还是沟通环渤海经济区与东北经济区、长三角经济区的重要通道。

津秦高速铁路所经地区既有沿海平原区,也有低山丘陵区,地质类型复杂多样;路基、桥梁、隧道等各类型工点均有所涉及,铁路建设中遇到的难点问题在津秦高速铁路设计、施工、运营中均有所体现。沿海深厚软土地基预应力管桩和筏板结构控制路基沉降技术、高烈度地震区桥梁新型阻尼抗震系统、高速铁路框架墩连续梁技术体系、56 m 超低高度板式系杆拱新型结构、跨越繁忙铁路简支拱桥平转体新技术、跨越繁忙铁路简支拱桥带拱顶推新技术、小刚架桥道岔区 CRTSⅡ板式无砟轨道技术、动车组运行故障图像检测系统技术、电务综合监督系统、应答器防冰雪装置技术、高速铁路与重载铁路并行区段无线通信技术等创新成果在该线上的成功应用,确保了工程质量和运营安全。针对影响京哈、津山、大秦三大干线的秦皇岛过渡工程,设计团队提出“先货后客、客货分离”的方针,结合城市规划和客流特点制定相应过渡方案，既保证了过渡方案的实现，也满足了铁路运输的需要，为其他项目提供了很好的借鉴。我曾多次赴现场检查工作，对技术进步感受颇深。

津秦高速铁路的设计者，在设计中秉承“诚信为本，追求卓越”的企业核心理念，贯彻“基实谋百年大计，笔诚划千秋品质”质量方针，坚持精细化和专业化设计，加强科技攻关和创新研究，克服众多困难，解决了设计、建设过程中的多个难题，为我国高速铁路建设添砖加瓦，取得了令人瞩目的成绩。津秦高速铁路自开通运营以来，高速列车运行安全平稳，客流稳步攀升，经济效益日益提高，充分证明高速铁路技术的先进性和成熟性，为中国高速铁路技术树立了新的标杆！

在高速铁路建设和发展过程中，广大铁路工作者艰苦奋斗、集思广益、积极探索，经过了引进、消化、吸收、再创新的艰难历程，形成了自主知识产权，取得了丰硕的科学技术成果，提升了集成创新能力。津秦高速铁路的设计和建设实践充分证明了这一点。

《津秦高速铁路设计与创新》全面总结津秦高速铁路总体性和系统性设计技术，详细介绍各专业设计技术及科技创新，将成功经验和实践中的不足呈现给业界同行和广大科技工作者，对今后高速铁路的设计和建设提供了借鉴，也为中国高速铁路的发展历程提供了翔实的历史资料。

中国工程院院士 

2020 年 12 月

F 前言
OREWORD

津秦高速铁路途经天津市区、滨海新区，河北省唐山市、北戴河、秦皇岛，是沟通东北与华北、华东地区的重要通道。高速铁路沿线经济发达，人口众多，公路及既有铁路交通发达，交叉跨越处数多，特殊桥梁孔跨多。同时，线路途经天津古海岸与湿地国家级自然保护区、唐山陡河水库饮用水水源保护区等重要环境敏感点，经过丰台—野鸡坨断裂、陡河断裂、蓟运河断裂、滦县—乐亭断裂、卢龙断裂等不良地质区域。线路经过的天津市域范围为软土地区，尤其军粮城站附近为主要沉降区，且沉降趋势呈漏斗状；唐山地区煤矿分布广泛，遍布煤炭采空区和勘探区。在线路设计过程中，设计团队结合城市发展规划，强化地质选线和环保选线，合理确定线站位，较好地满足了高速铁路技术标准和地方需求。

津秦高速铁路全长 261.453 km，正线桥梁共 66 座合计 161 212.5 m，占正线长度的 62.6%，桥梁设计技术在国内同类型高速铁路建设中处于领先地位。在沉降速率相对较大的天津军粮城和汉沽地区，采用可调高支座，提高了抵抗不均匀沉降的能力。在蓟运河特大桥、丰南跨津山铁路特大桥两次跨越津山铁路时均采用了框架墩加小跨度连续梁的结构形式，极大地节省了投资。跨蓟运河(40＋64＋2×80＋48)m 连续箱梁、跨唐津高速(80＋128＋80)m 连续箱梁、跨铁西路(45＋3×70＋45)m 连续箱梁、跨京沈高速公路匝道(48＋2×80＋48)m 连续箱梁等采用阻尼器减少地震力对桥梁基础的影响，系国内首次在高烈度震区客运专线桥梁上采用新型阻尼抗震体系，解决了以往刚性抗震体系无法通过地震力检算的技术难题。跨既有津山线及丰胥联络线采用 113 m 简支系杆拱和滑道转体施工，施工方法在保证安全的同时，减少了对既有铁路的干扰。津山外绕汤河特大桥跨越秦东下联，为降低线路纵断面采用 1×64 m 简支系杆拱，顶推前将拱肋临时固定，使拱肋在顶推过程中能保持稳定，在顶推就位后在桥面内完成剩余工作，极大地减少了对既有线的干扰。

津秦高速铁路引入秦山地区，在北戴河站及秦皇岛站新设高速车场，引起北戴河站、秦皇岛站、龙家营站、山海关站、柳村北站和义卜寨站等既有站的改建。过渡工程量大，工程极为复杂，过渡周期时间长，处理不好会影响北京局、太原局、沈阳局的正常运营。设计团队提出“先货后客、客货分离”的总体过渡方针，并充分结合城市及相关车站的客流特点制定相应的旅客分流方案。秦皇岛为沿海旅游城市，暑期客流量暴增；北戴河站作为秦山地区内辅助客运站承担接发旅游列车等任务。根据上述客流特点，设计团队制定了暑运期间分流至山海关站、非暑运期间分流至北戴河站、始发终到列车分流至龙家营站的旅客分流方案。同时，既有秦东上联线路影响津秦高速铁路及津山外绕线修建，成为制约津秦高速铁路工程施工的重要节点，设计团队结合秦东联络线重车来空车回的运输特点，创造性提出过渡期间利用秦东下联单线双方向运营的方案，提前拆除秦东上联，为津秦高速铁路及津山外绕线的施工创造条件。在过渡工程实施时，首先施工津山外绕双线、柳山复线、柳山上下行正线引入山海关站工程及大秦正线、秦东上下联改造工程，使津山线出关货车车流及大秦车流径路独立。然后实施秦皇岛站的客运过渡，提前实现客货分离，减少了客运过渡期间客货列车的交叉干扰，保证了过渡顺利进行。特别值得提及的是，津秦高速铁路工程与多条地方规划拓宽的市政道路交叉，市政道路拓宽难度极大。铁路线路过渡工程配合市政道路桥墩的施工或框构的顶进及既有桥梁的拆除，多次进行线路拨移，顺利完成道路拓宽施工，使过渡工程与地方市政规划道路施工完美结合。过渡工程实施后，通过调整运输组织及设置秦东联络线临时到发线等方法使北京局及太原局在过渡期间及开通后实现了物理上完全独立运营，为铁路局的运营管理工作创造了便利条件。

津秦高速铁路采用四电系统集成技术，在综合其他已开工项目技术基础上，大胆采用新技术，如电务综合监督系统、应答器防冰雪装置等，对提高高速铁路四电系统的可靠性和安全性，起到了重大作用，为其他项目建设运营积累了宝贵的经验。

《津秦高速铁路设计与创新》是津秦高速铁路设计团队对该线勘察设计、科学研究、配合施工、竣工验收、开通运营全过程的实践总结，系统介绍了津秦高速铁路设计技术和科技创新，具有推广应用价值，可为其他高速铁路建设项目提供借鉴和参考，适合从事铁路设计的专业人员参考。

在本书编写过程中，得到了中国国家铁路集团有限公司、中国铁路北京局集团有限公司、津秦铁路客运专线有限公司等单位的大力支持和协助，参考了有关高速铁路设计、建设、施工、运营方面的书籍和论著，全国勘察设计大师王俊峰给予了悉心指导，在此表示衷心的感谢。

由于本书编写人员能力和水平的局限，书中错误和不足之处在所难免，敬请各位读者不吝赐教，以资改正。

编　者

2020 年 12 月

目 录
CONTENTS

第一篇 综 述

第一章 中国高速铁路概述 …… 3

第一节 中国铁路网现状 …… 3
第二节 中国高速铁路网建设 …… 5
第三节 中国高速铁路网规划 …… 8

第二章 津秦高速铁路建设历程 …… 12

第一节 勘察设计 …… 12
第二节 建设过程 …… 13
第三节 联调联试 …… 14

第三章 津秦高速铁路工程概况 …… 15

第一节 自然特征与工程地质 …… 15
第二节 主要技术标准 …… 19
第三节 主要工程内容 …… 19

第二篇 总体设计

第一章 总体设计概述 …… 23

第一节 总体设计基本原则 …… 23
第二节 总体设计重点 …… 26

第二章 功能定位与需求研究 …… 30

第一节 津秦高速铁路功能定位 …… 30
第二节 津秦高速铁路客货流分析 …… 32

第三章 技术标准选择 …… 43

第一节 速度目标值选择 …… 43
第二节 最大纵向坡度选择 …… 46

第四章　线站方案研究 …… 49

第一节　线路走向 …… 49
第二节　重大走向方案比选 …… 49
第三节　引入枢纽方案研究 …… 54

第三篇　专业设计

第一章　精密测量 …… 67

第一节　精密测量控制系统的建立 …… 67
第二节　精密测量控制系统管理程序 …… 75

第二章　地质勘察 …… 77

第一节　勘察内容与方法 …… 77
第二节　勘探原则与实施 …… 78

第三章　线路设计 …… 81

第一节　线路平面设计 …… 81
第二节　纵断面设计 …… 85
第三节　铁路线路安全设施设计 …… 87

第四章　轨道设计 …… 89

第一节　轨道工程概况 …… 89
第二节　设计原则与标准 …… 89
第三节　轨道结构设计 …… 90
第四节　跨区间无缝线路设计 …… 95

第五章　路基设计 …… 97

第一节　设计原则与标准 …… 97
第二节　基床、填料及过渡段设计 …… 98
第三节　特殊路基设计 …… 106
第四节　路基排水及防护设计 …… 109

第六章　桥涵设计 …… 113

第一节　设计原则与标准 …… 113
第二节　基础工程设计 …… 117
第三节　墩台设计 …… 119
第四节　桥跨设计 …… 121
第五节　桥面系工程设计 …… 125

第七章　隧道设计……127

第一节　设计原则与标准……127
第二节　隧道设计方法……132
第三节　洞口设计……135
第四节　洞内设施设计……136
第五节　防排水设计……137

第八章　枢纽与站场设计……139

第一节　设计原则与标准……139
第二节　引入枢纽工程设计……141

第九章　房屋建筑设计……150

第一节　设计理念与原则……150
第二节　站房立面方案设计……152
第三节　重点站房设计……157

第十章　给排水设计……162

第一节　设计原则与标准……162
第二节　技术方案与主要工程内容……165

第十一章　通信设计……171

第一节　技术方案……171
第二节　主要工程内容……177

第十二章　信号设计……178

第一节　设计原则……178
第二节　技术方案……178
第三节　主要工程内容……185

第十三章　电力设计……187

第一节　设计原则与标准……187
第二节　技术方案与主要工程内容……188

第十四章　电气化设计……195

第一节　设计原则与标准……195
第二节　技术方案……196
第三节　主要工程内容……204

第十五章　防灾安全监控设计…… 206

第一节　设计原则…… 206
第二节　技术方案…… 206
第三节　主要工程内容…… 213

第十六章　客运服务系统设计…… 215

第一节　技术方案…… 215
第二节　主要工程内容…… 220

第十七章　综合接地系统…… 225

第一节　设计原则与标准…… 225
第二节　技术方案…… 226

第十八章　系统接口设计…… 230

第一节　通　　信…… 230
第二节　信　　号…… 236
第三节　电　　力…… 241
第四节　牵引变电…… 245
第五节　接 触 网…… 246

第十九章　综合检测与维修…… 252

第一节　概　　述…… 252
第二节　综合维修设计方案优化…… 252

第二十章　环境保护…… 255

第一节　铁路绿化设计…… 255
第二节　生态防护设计方案…… 258
第三节　穿越环境敏感区的保护措施…… 261
第四节　水环境保护措施设计方案…… 262
第五节　噪声污染防治设计方案…… 263

第二十一章　施工组织设计…… 265

第一节　施工组织设计…… 265
第二节　重大施工组织调整…… 267

第四篇　科技创新

第一章　总体技术创新…… 271

第一节　主要技术难点…… 271

第二节 总体技术创新…… 272

第二章 重大技术创新…… 276

第一节 高烈度地震区抗震体系…… 276
第二节 高速铁路连续梁-框架墩技术体系 …… 294
第三节 滨海深厚松软土路基沉降控制技术…… 308
第四节 跨越活动断裂带无砟轨道关键技术…… 333
第五节 无砟轨道自动布板技术…… 352
第六节 高速铁路与重载铁路并行地段移动通信技术…… 375
第七节 电务综合监督…… 384
第八节 秦皇岛站施工过渡…… 394

第三章 专业设计创新…… 409

第一节 无砟轨道…… 409
第二节 路 基…… 414
第三节 桥 梁…… 414
第四节 隧 道…… 415
第五节 房屋建筑…… 415
第六节 给 排 水…… 417
第七节 信 号…… 418
第八节 电 气 化…… 419

第五篇 技术管理

第一章 勘察设计管理…… 423

第一节 管理组织机构…… 423
第二节 前期研究管理…… 423
第三节 项目勘察设计管理…… 428
第四节 变更设计管理…… 431
第五节 配合施工管理…… 434

第二章 质量控制管理…… 436

第一节 项目质量管理特点及控制目标…… 436
第二节 质量管理保证措施…… 436
第三节 安全风险控制措施…… 441
第四节 项目创优规划措施…… 441

第三章 设计进度和计划管理…… 443

第一节 设计进度和计划控制的主要内容…… 443

第二节 各专业间的条件关系及其进度的控制……443

第四章 投资控制管理……446

第一节 工程投资概况……446

第二节 投资控制管理工作主要内容……446

参考文献……452

第一篇　综　述

第一章 中国高速铁路概述

第一节 中国铁路网现状

我国基本建成了贯通东西南北的铁路网。南北干道有：哈大、京沈、京沪、京九、京广、太焦—焦枝—枝柳、宝成—成昆、成渝—川黔—湘桂(柳州至友谊关)等线；东西干道有：滨州—滨绥、京秦—京包—包兰、石太—石德—胶济、新焦—新菏—兖石、陇海—兰新、沪杭—浙赣—湘黔—贵昆、广梅汕—三茂等线。围绕七大经济区域的铁路网构架已经基本形成，覆盖全国大中城市的高速铁路网已经基本形成。

1. 东北经济区

东北经济区包括东北三省及内蒙古自治区东部，面积 147.12 万km^2，是中国的能源、钢材、木材、和粮食产量基地。其中铁路营业里程 23 297 km(2019 年底数据，下同)，占全国铁路营业里程的 16.6%；路网密度 158.35 km/万km^2，其中，滨州—滨绥、哈大和沈山组成“才”字形主通路，加上平齐、大郑、沈吉、长图、哈佳、京通、京承锦、集通、通让等 30 多条干线，路网结构基本完善，但东北地区不少主要干线运输能力紧张，相关线路客货分线和强化改造前期工作仍在紧张进行。

2. 环渤海经济区

环渤海经济区包括北京、天津、河北、山西、山东等地，面积 52.59 万km^2，是中国经济较发达地区，其铁路干线是中国铁路网的中心，大量主要干线经由该区，如煤运通道的大秦线、石太—石德—胶济线、邯长—邯济线、侯月—新月—新菏—菏兖日线，南北通道的京山—沈山—哈大线、京沪线、京广线、京九线、南北同蒲线，以及京通线、京承锦线、丰沙大线、京原线等。该区铁路营业里程 22 866 km，占全国铁路营业里程的 16.3%；路网密度 434.8 km/万km^2，路网布局趋于完善。鉴于该地区铁路主要干线在路网中的特殊地位，铁路建设速度继续加快，特别是从雄安新区设立以来，围绕雄安新区建设一批重点项目正紧张进行中。

3. 长江三角洲经济区

长江三角洲经济区包括上海、浙江、江苏、安徽等地，面积 35.06 万km^2，区内长江中下游地区是中国经济最发达的地区之一。铁路营业里程 11 740 km，占全国铁路营业里程的 8.4%；路网密度 334.85 km/万km^2。经该区的铁路除浙赣、襄渝、汉丹、武大、合九、西合等线外，主要为南北向铁路干线，主要通道运输能力紧张。浙江省沿海经济较为发达，但由于缺乏横向联系，其经济再升级受到影响。沪汉蓉铁路通道中的武合、合宁铁路已投入运营。东南沿海通道中的甬台温、温福铁路建成通车，浙赣、沪杭、京沪电气化改造完成。

4. 东南沿海经济区

东南沿海经济区包括福建、广东、海南、广西等地，面积 57.13 万km^2。该地区地理环境优越，比邻港、澳、台，是中国改革开放的门户，经济发展居全国领先地位。该区已形成京广、京九南段及广深、鹰厦、外福、横南、三茂、广梅汕和赣龙等干线组成的区域铁路网，营业里程 14 473 km，占全国铁路营业里程的 10.3%，路网密度 253.3 km/万km^2。随着区域经济的快速发展，福建省缺乏大能力铁路通道，广东省既有主要干线运输能力紧张更为突出，需要加快京广客货分线步伐，加快珠江三角洲地区城际铁路的建设。武广、广深、广珠客运专线和福厦、厦深、龙厦、向莆铁路等建成通车。

5. 中部经济区

中部经济区包括江西、河南、湖南、湖北等地，地处中国腹地，面积 73.2 万km^2，属经济、交通较发达地区。该区已形成京广、京沪、京九、焦柳四条南北运输通道和陇海、浙赣—湘黔、新月—新菏兖、西安—合肥、襄渝—汉丹—武大五条东西运输通道组成的主骨架，铁路营业里程 22 116 km，占全国铁路营业里程的 15.8%，路网密度 302.3 km/万km^2，布局趋于完善。京广、京沪和陇海等主要繁忙干线运能紧张，沿江高速铁路通道尚未形成，应加快沪沿江高速铁路的建设，繁忙通道应尽快实施客货分线，相关项目正有序推进。

6. 西南经济区

该地区包括四川、贵州、云南、广西、西藏、重庆等地，面积 235.1 万km^2，占全国土地面积的 24.4%。该区域经济不发达和贫困地区多，地形复杂和交通不便是制约该地区经济发展的重要因素。遂渝、渝怀铁路建成投产，极大加强了川渝地区与东南沿海等地区的经济联系。2006 年 7 月 1 日，青藏铁路格拉段建成通车，结束了西藏不通铁路的历史。该区铁路营业里程 16 192 km，占全国铁路营业里程的 11.6%，路网密度 68.9 km/万km^2。该地区东部铁路网骨架虽已形成，但襄渝、焦柳、渝怀线间及湘桂线以南大部分地区无铁路，西南的北口和广西壮族自治区尚无大能力对外运输通道，西南与西北的交流及西南与东南亚交流缺少便捷通路，川西地区铁路仍空白。国际通道、西南西北通道、西南华南通道以及相关地区开发性铁路和既有线扩能改造工程正在抓紧进行。

7. 西北经济区

西北经济区包括甘肃、青海、陕西、宁夏、新疆及内蒙古西部等地，面积 362.68 万km^2，占全国土地面积的 36.7%。该地区经济基础薄弱，属经济不发达地区，交通基础设施比较落后，铁路营业里程 29 241 km，占全国铁路营业里程的 20.9%，路网密度 80.6 km/万km^2，是中国铁路唯一未成网的地区，甚至连骨架都未形成。新疆、青海仍为"一线牵"省区。作为该区域主要运输通道的兰新线兰州—武威段增二线、武威—嘉峪关电气化改造工程建成通车；兰州至西宁增二线工程、临河至策克、太(中)银铁路相继建成通车；国际通道、西北西南通道以及相关地区开发性铁路和既有线改造项目前期工作正在紧张进行。

为适应我国城镇化发展需要，满足大流量、高密度、快速便捷的客运需求。自 1990 年起，我国开始了以高速铁路(以下简称高铁)、区际干线、城际铁路和既有线提速线路有机结合的快速铁路网络建设。1997 年以来，中国铁路进行的五次大面积提速取得了显著成绩。2006 年 11 月 10～16 日，中国铁路第六次大提速进行综合牵引试验。试验数据表明：中国铁路已经掌握既有线提速到时速 200～250 km 的整套技术，既有线提速技术达到世界先进水平。经过六次大面积提速改造，线路技术条件满足时速 120 km 及以上的线路延展里程达到 3.5 万km，时速160 km 及以上的线路延展里程达到 2.6 万km，时速 200 km 及以上的线路延展里程达到 1.6 万km。线路装备的改善，为提高铁路的输送能力奠定了基础，为行驶大型机车车辆和提高行车速度创造了条件。2007 年实施的铁路第六次大提速，提速线路延展长度达到 2.4 万km，京沪、京广、京九和陇海线部分区段，京哈、胶济、浙赣、武九、广深等延展长度约 6 227 km 的线路，实现了时速 200 km 的运行目标。

我国铁路客运专线网和铁路提速线路规划符合新建铁路列车最高运行时速不低于 250 km、改建铁路列车最高运行时速不低于 200 km 铁路的集合，即形成我国快速铁路网。

自 2004 年《中长期铁路网规划》实施以来，我国铁路发展成效显著，中西部地区铁路加快建设，跨区域快速通道基本形成，高速铁路逐步成网，城际铁路起步发展，路网规模不断扩大，保障能力明显增强，已初步形成铁路基础网络，对促进经济社会发展、保障和改善民生、支撑国家重大战略实施、增强我国综合实力和国际影响力等发挥了重要作用，受到了社会的广泛赞誉和普遍欢迎，成为现代化建设成就的重要展示。"四纵四横"快速铁路网除京沈客运专线北京至承德段外，其他部分已经基本建成开通。2018 年 9 月 30 日，随着高速列车驶进香港，广深港高速铁路全线开通，香港特别行政区接入高速铁路网络，使香港特别行政区与内地紧密地联系在了一起。截至 2019 年底，我国已经开通运营的设计时速(含预留)250 km 以上的高速铁路线路包括：秦沈、合宁、济青、京津、广莞深、石太、合武、甬台温、温福、武广、郑西、福厦、成灌、沪宁、昌九、沪杭、海东、长吉、广珠、京沪、广深、汉宜、郑武、合蚌、哈大、京郑、宁杭、杭甬、盘营、津秦、西宝、厦深、武咸、南柳、沪昆、贵广、兰新、南广、成绵乐、宝兰、西成、武九、石济、渝万、沪汉蓉、青太、渝贵等。截至 2020 年底，我国除西藏、澳门外，其他行政区都已开通高速铁路。

我国铁路已经形成速度为 160 km/h 以下、160 km/h、200 km/h 客货共线铁路和速度为 200～250 km/h、300～350 km/h 客运专线铁路技术标准体系。截至 2019 年底，我国铁路营业里程达到 13.9 万km，线路长度位居世界第二。其中，高速铁路里程达到3.5 万km，位居世界第一；全国铁路复线里程为 8.3 万km，复线率为 59.0%；全国电气化铁路里程为 10.0 万km，电气化率 71.9%，西部地区铁路营业里程 5.6 万km，全国铁路路网密度 145.5 km/万km^2。

第二节　中国高速铁路网建设

中国对高速铁路的研究，实际始于 20 世纪 90 年代初。铁路主管部门在 1990 年的《铁路"八五"科技发展设想——先行计划》中提出，要重点组织"高速铁路成套技术"重大科技攻关项目论证，并于 1991 年经国家批准列入国家"八五"重点科技攻关计划，中国高速铁路启动了科研攻关；1990 年，铁路主管部门正式立项，下达了"中国高速铁路发展模式和规划的研究"科研课题，由中国铁道科学研究院具体负责实施。同年铁路主管部门组织专家完成了《京沪高速铁路线路方案构想报告》，提交全国人大会议进行讨论，这是中国首次正式提出高速铁路兴建计划。

我国建设高速铁路初期的战略设想是：首先对既有线进行改造，以较少的投资，较短时间建成旅客列车时速达 160 km 的准高速铁路，并在其中设置供高速列车运行的试验段，在积累经验的同时，为我国大量的既有线进一步提高速度提供技术储备；然后建成一条时速 200～300 km 的高速客运专线进行试运营，再逐步提速发展成网。

为探索我国高速铁路的发展模式，1994 年，广州—深圳准高速铁路建设成功并投入运营，其旅客列车速度为 160～200 km/h，经利用既有线提速改造、建设部分新线和租用瑞士摆式列车、使用蓝箭国产动车组，第一次实现公交化运输，不仅在技术上实现了质的飞跃，更主要的是通过科研与试验、引进和开发，为建设中国高速铁路做好了前期准备，被称为中国高速铁路发展的起点。作为中国第一条准高速铁路，不仅在建设上有所突破，也在铁路投融资上有所创新。广深铁路曾一度因资金困难被迫停工，为保证建设投资，探索推行公司股份制改造进行上市融资，成为第一家在香港上市的铁路运输企业。广深准高速铁路不仅见证了新中国铁路历史变迁，而且因其地处改革开放的前沿阵地，始终与中国的改革发展紧密相连，以先行者的姿态探索了中国铁路现代化技术结合市场化融资发展之路。

1999 年 8 月 16 日所兴建的秦沈客运专线，全长 404 km，设计时速 200 km 及以上，并预留 250 km/h提速条件。2003 年 10 月 12 日，随着长春开往北京的 T60 次列车经由沈阳北站驶入秦沈客运专线，标志着中国建设的第一条客运专线——秦沈客运专线（以下简称秦沈客专）正式开通。不仅如此，我国还自行设计制造了“中华之星”列车，其以 250 km/h 的试验速度迈出了中国高速铁路研究的重要一步。秦沈客运专线和“中华之星”列车的成功试验，标志着中国铁路开始步入高速化试点，秦沈客运专线也由此成为中国高速铁路最早的技术和装备试验基地，为高速铁路的固定和移动设备的研究试验、技术标准、工程设计、建造施工、运营维修等奠定了基础。

秦沈客运专线是中国自主研究、设计、施工的第一条铁路客运专线，在中国铁路发展史上具有里程碑式的意义，加强了我国对时速 200 km 及以上铁路关键技术的认识和实践，积累了设计、施工、制造和调试的经验，提高了线桥工程建造技术水平，初步拥有了成套装备制造和综合系统集成的能力，为我国后来大规模的高速铁路建设进行了先行探索，提供了丰厚的技术积累和坚实的人才基础。

2003 年以来，为适应我国城市化建设飞速发展和快速旅客运输的需要，客运专线建设全面展开。在铁路主管部门的推动下，国务院于 2004 年 1 月 7 日审议通过了《中长期铁路网规划》，这是我国铁路历史上第一个中长期发展规划，确定 2020 年我国铁路营业里程达到 10 万km，建设客运专线 1.2 万km 以上。主要繁忙干线实现客货分线，复线率和电化率均达到 50%。根据我国综合交通体系建设的需要，国务院又于 2008 年发布《中长期铁路网规划（2008 年调整）》，将 2020 年全国铁路营业里程规划目标由 10 万km 调整到 12 万km，将客运专线建设从 1.2 万km 调整到 1.6 万km 以上，确定中国高速铁路发展以“四纵四横”为代表的快速客运网络，包括时速 200 km 的城际轨道交通和客货混跑快速铁路，形成快速便捷的铁路客运通道，即“四纵四横”规划。

2005 年 6 月 11 日，石太铁路客运专线率先开工建设，全线总长 225 km。该线桥隧多，占全线的 58.7%，总投资 130 亿元，是双线电气化高速客运专线。线路于 2009 年 4 月 1 日通车，设计时速 250 km，动车组主要采用 CRH5 型和 CRH380AL 型。这是《中长期铁路网规划》中第一条开工建设的高速铁路。

2005 年 6 月 23 日，武广高速铁路正式开工，全长 1 068.6 km，设计时速 350 km，总投资 1 166 亿元，于 2009 年 12 月 26 日开通运营，是中国第一条长距离干线的高速铁路。按照 350 km/h 的运营速度，武汉至广州只需 3 h，该线联通华中和华南地区，极大地缩短了城市间的时空距离。全线基本采用无砟轨道，一次铺设跨区间无缝线路。全线桥隧总长 579.549 km，占线路长度的 59.9%，是世界上一次建成里程最长、工程类型最复杂的高速铁路。武广高速铁路采用的是由唐车研制的 CRH3C 和由四方研制的 CRH2C 型高速动车组。其中，CRH3C 动车组在武广线的试运行中创下时速 394.2 km 的武广高速铁路最高速度纪录。

2005 年 7 月 4 日，由铁道第三勘察设计院集团有限公司（以下简称铁三院，现为中国铁路设计集团有限公司）设计的京津城际铁路正式动工，正线全长 113.54 km，总投资 133.24 亿元，设计时速达 350 km。2008 年 8 月 1 日正式通车，列车为国产时速 350 km 的 CRH3 和 CRH2C 型动车组，其中 CRH3 在试验中创下了时速 394.3 km 的世界运营列车最高速度纪录。在工程建设方面，京津高速铁路应用无砟轨道系统，采用 500 m 无缝钢轨焊接，确保高速列车安全平稳运行；为解决地质沉降问题，采用松软土路基设计和施工技术；大量采用“以桥代路”，桥梁长度占到了线路总长 87%。京津高速铁路是中国第一条时速 300 km 以上城际高速铁路，是中国首条高速铁路客运专线，京津城际铁路通过购买技术、增强自主创新能力为主的途径，对核心技术全面引进消化吸收，取得了中国第一条高速铁路时速 350 km 商业运行的重大成果。

2005 年 9 月 25 日，郑西高速铁路开工建设。这是中国中西部第一条高速铁路，全长 505 km。郑西高速铁路是中国《中长期铁路网规划》“四纵四横”徐州至兰州高速铁路的重要组成部分，于 2010 年 2 月 6 日正式投入运营。高达 350 km 的运营时速，将郑州至西安的直达时间由 6 h 缩短到 2 h 以内。

2007 年 8 月 23 日，世界上首条穿越高寒地区的高速铁路，也是中国东北地区第一条高速铁路的哈大高速铁路正式开工建设，于 2012 年 12 月 1 日投入运营。哈大高速铁路是“四纵四横”中京哈高速铁路的重要组成部分，是世界上第一条投入运营的新建高寒地区长大高速铁路。哈大高速铁路北起哈尔滨，南至大连，纵贯东北三省，线路全长 921 km，从哈尔滨到大连全程仅需 4 h 左右，开行列车为时速 350 km 的国产 CRH380B 型高寒动车组列车。

2008 年 4 月 18 日，由铁三院作为总体设计单位的京沪高速铁路开工建设。京沪高速铁路历经 18 年研究论证，是当今世界一次建成线路里程最长、技术标准最高、速度最快的高速铁路，线路全长 1 318 km，设计时速 350 km，总投资 2 209.4 亿元，共设置 23 个客运车站，全程直达运行时间 4 h。全线采用无砟轨道技术，首次铺设 CRTSⅡ型轨道板。京沪高速铁路于 2011 年 6 月 30 日正式通车投入运营，运行列车主要为新一代国产高速列车 CRH380A 和 CRH380B。京沪高速铁路是《中长期铁路网规划》中投资规模最大、技术含量最高的一项工程，贯穿 7 省市，连接环渤海和长三角两个经济区，所经区域面积占国土面积的 6.5%，人口占全国的 26.7%，途经人口 100 万以上城市 11 个，是我国社会经济发展最活跃地区之一，也是客货运输最繁忙的通道之一。京沪高速铁路建设坚持自主创新，立足高起点、高标准，瞄准世界先进水平，历经前期引进消化吸收再创新的过程，形成具有中国自主知识产权的高速铁路技术体系，初步掌握了世界顶级高速铁路客车的设计与制造关键技术，走完了国外制造商历经几十年才走完的高速历程，开启了中国铁路高速新时代。

2008 年 7 月 1 日，由上海至南京的沪宁城际铁路开工建设，正线全长 301 km，全线设置 21 个车站，设计时速 350 km。沪宁城际于 2010 年 7 月 1 日开通运营，该铁路是目前中国开通运营的站点最密集、站间距最小、行车密度最高的高速铁路。沪杭高速铁路连接上海、杭州两大城市，于 2009 年 2 月 26 日开工建设，全长 202 km，设计时速 350 km，于 2010 年 10 月 26 日开通运营。

2012 年 9 月 28 日，郑武高速铁路正式投入运营。郑武高速铁路是中国北京至广州至深圳高速铁路的组成部分，营业里程 536 km，设计时速 350 km，武汉至郑州最快耗时仅需 116 分钟。随后，2012 年 12 月 26 日，全长 2 281 km 的京广高速铁路全线开通运营，设计时速

350 km，作为“四纵四横”的重要“一纵”，京广高速铁路连接华北、华中和华南地区，跨越多个气候分布区、众多水系，地质条件复杂，是中国目前建设标准最高的高速铁路之一，也是世界上运营里程最长的高速铁路。

截至 2012 年底，我国有 1.3 万km 时速达 250～350 km 的客运专线建成投产，以“四纵四横”为骨架的快速客运网基本形成，标志着中国铁路全面进入高速铁路时代。

第三节 中国高速铁路网规划

中国国土辽阔，人口众多，资源分布不均衡，作为重要的公共交通，铁路一直承担着大宗商品、旅客的主要运输任务，在综合交通运输布局中处在骨干地位。铁路是国民经济大动脉、关键基础设施和重大民生工程，在我国经济社会发展中的地位和作用至关重要。自新中国成立以来，铁路运输始终处于紧张状态。随着改革开放后经济的快速发展，铁路越来越不堪重负，特别是加入 WTO 以来，我国大中城市间的人员流动和货物运输日益增加，既有铁路承担的运输压力日益增大，对铁路运输能力提出了较高的要求。我国的铁路技术虽然有些进步，但同国际比较仍相当落后，电气化铁路很少，复线比重率低，铁路机车车辆运行速度普遍偏低，而日本、德国、法国等国家已经建设时速达 200 km 以上的高速铁路并开通运营。与此同时，随着中国经济与世界经济联系的增强，中国外贸进出口货物量迅速增长，铁路需要与主要外贸进出口港口做好衔接。此外，与周边国家的铁路系统相联结也是新的对外开放形势下铁路规划与建设必须考虑的内容。值得注意的是，铁路还承担着众多的诸如抗险救灾、国防动员等公益型运输任务，与国防建设密切相关。因此，对于高速铁路的规划和建设，需要在宏观层面做好顶层设计和综合规划。新世纪的中长期铁路建设规划就是在上述背景下展开，规划的目的要扭转铁路运输滞后于经济发展的问题，铁道部和国家发展改革委员会为中长期铁路规划网的编制做了大量的工作。2004 年初，国务院经过审议，批准了中长期铁路网规划，成为我国铁路建设在此后十余年间遵循的指针和方向。

《中长期铁路网规划》(2004 年)在高速客运专线建设方面，确定了建立省会城市及大中城市间的快速客运通道的方针，描绘了“四纵四横”铁路快速客运通道以及三个城际快速客运系统的蓝图，指明了“建设客运专线 1.2 万km 以上，客车速度目标值达到时速 200 km 及以上”的发展方向。其中，规划建设的“四纵”客运专线如下：

(1)北京—上海客运专线，贯通京津至长江三角洲东部沿海经济发达地区；

(2)北京—武汉—广州—深圳客运专线，连接华北和华南地区；

(3)北京—沈阳—哈尔滨(大连)客运专线，连接东北和关内地区；

(4)杭州—宁波—福州—深圳客运专线，连接长江、珠江三角洲和东南沿海地区。

规划建设的“四横”客运专线如下：

(1)徐州—郑州—兰州客运专线，连接西北和华东地区；

(2)杭州—南昌—长沙客运专线，连接华中和华东地区；

(3)青岛—石家庄—太原客运专线，连接华北和华东地区；

(4)南京—武汉—重庆—成都客运专线，连接西南和华东地区。

同时，在环渤海地区、长江三角洲地区、珠江三角洲地区形成城际快速铁路客运系统，覆盖区域内主要城镇。而津秦高速铁路起自环渤海地区的天津，途径天津市河东区、东丽区、滨海新区、唐山市的丰南区、路北区、丰润区、迁安市、滦县，秦皇岛市的卢龙县、抚宁区、北戴河区、海港区，沿既有津山铁路引入秦皇岛站，并与秦沈客运专线相连，属于北京到哈尔滨高速通道的重要组成部分，联通华北和东北及华东地区，北承辽宁、吉林、黑龙江三省，南接天津市、河北省，西傍北京市，东依渤海，地处环渤海经济区，经济腹地广阔，人口数量众多，规划建设津秦高速铁路，对于促进区域人员交流，加快关内和关外经济社会发展，具有重大意义。

自2004年国务院批准实施《中长期铁路网规划》以来，我国铁路，特别是高速铁路，实现了快速发展。为适应全面建设小康社会的要求，构建更加科学合理的铁路网络，实现交通运输资源进一步的优化配置，发挥综合运输体系的效率和优势。2008年10月，国家和发展改革委员会批准了《中长期铁路网规划(2008年调整)》，进一步指明了我国高速铁路的发展规划目标和实施计划。从2004年到2014年，经过十年的高速铁路建设，我国新建并开通运营高速铁路1.9万km，极大地改善和方便了人民群众的出行条件，初步满足了人民群众对于高速度、高质量、高效率出行的需求，显著地缩短了大中城市间的时空距离，有力地促进了中国城市化发展进程，对于加快区域经济协调发展起到了重要的推动作用。

经过多年的建设，我国铁路取得了巨大的成就，但是我国铁路的路网密度仍然较低，按照人口计算，人均约9.3 cm，排在世界100位之后；按国土面积计算，路网密度116.7 km/万km^2，约11.7 m/km^2，在世界排在60位之后。为适应国民经济持续稳定快速增长的需要，铁路应该有历史性的大发展。铁路建设要服从和服务于国民经济和社会发展的战略需要；在适应社会主义市场经济体制和扩大对外开放的新形势下，铁路建设应该确立超前发展的战略思想；以建立大能力通道作为战略重点，以打通限制口为突破方向。为适应全面建设小康社会的目标要求，实现中华民族伟大复兴的历史使命，铁路网络应扩大规模、完善结构、提高质量，快速扩充运输能力，迅速提高技术装备水平。

为加快构建布局合理、覆盖广泛、高效便捷、安全经济的现代铁路网络，更好发挥铁路骨干优势作用，推进综合交通运输体系建设，支撑引领我国经济社会发展。2015年，国务院在深入总结原规划实施情况的基础上，结合形势发展的新要求，修编了《中长期铁路网规划》。修编后的规划是我国铁路基础设施的中长期空间布局规划，是推进铁路建设的基本依据，是指导我国铁路事业发展的纲领性文件，规划期为2016～2025年，远期展望到2030年。中长期铁路网规划图见图1-1-1，中长期高速铁路网规划图见图1-1-2。

一、规划目标

按照修编后的中长期铁路网规划目标，到2020年，一批重大标志性建设项目建成投产。铁路网规模达到15万km，其中高速铁路3万km，覆盖80%以上的大城市，为完成“十三五”规划任务，实现全面建成小康社会目标提供了有力支撑。到2025年，路网规模将达到17.5万km，其中高速铁路3.8万km左右，网络覆盖进一步扩大，路网结构更加优化，骨干作用更加显著，更好发挥铁路对经济社会发展的保障作用。展望到2030年，基本实现内外互联互通、区际多路畅通、省会高速铁路连通、城市快速发达、县域基本覆盖。

完善广覆盖的全国铁路网。连接20万人口以上城市、资源富集区、货物主要集散地、主要港口及口岸，基本覆盖县级以上行政区，形成便捷高效的现代铁路物流网络，构建全方位的开发开放通道，提供覆盖广泛的铁路运输公共服务。

建成现代的高速铁路网。连接主要城市群，基本连接省会城市和其他50万人以上大中城市，形成以特大城市为中心覆盖全国、以省会城市为支点覆盖周边的高速铁路网。实现相邻大中城市间1～4 h交通圈，城市群内0.5～2 h交通圈，提供安全可靠、优质高效、舒适便捷的旅客运输服务。

打造一体化的综合交通枢纽。与其他交通方式高效衔接，形成系统配套、一体便捷、站城融合的铁路枢纽，实现客运换乘“零距离”、物流衔接“无缝化”、运输服务“一体化”。

二、高速铁路规划方案

为满足快速增长的客运需求，优化拓展区域发展空间，在“四纵四横”高速铁路的基础上，增加客流支撑、标准适宜、发展需要的高速铁路，部分利用时速200 km铁路，形成以“八纵八横”主通道为骨架、区域连接线衔接、城际铁路补充的高速铁路网，实现省会城市高速铁路通达、区际之间高效便捷相连。因地制宜、科学确定高速铁路的建设标准。高速铁路主通道规划新增项目原则采用时速250 km及以上标准(地形地质及气候条件复杂困难地区可以适当降低)，其中沿线人口城镇稠密、经济比较发达、贯通特大城市的铁路可采用时速350 km标准。区域铁路连接线原则采用时速250 km及以下标准。城际铁路原则采用时速200 km及以下标准。

(一)构筑“八纵八横”高速铁路主通道

1.“八纵”通道

沿海通道：大连(丹东)—秦皇岛—天津—东营—潍坊—青岛(烟台)—连云港—盐城—南通—上海—宁波—福州—厦门—深圳—湛江—北海(防城港)高速铁路(其中青岛至盐城段利用青连、连盐铁路，南通至上海段利用沪通铁路)，连接东部沿海地区，贯通京津冀、辽中南、山东半岛、东陇海、长三角、海峡西岸、珠三角、北部湾等城市群。

京沪通道：北京—天津—济南—南京—上海(杭州)高速铁路，包括南京—杭州、蚌埠—合肥—杭州高速铁路，同时通过北京—天津—东营—潍坊—临沂—淮安—扬州—南通—上海高速铁路，连接华北、华东地区，贯通京津冀、长三角等城市群。

京港(台)通道：北京—衡水—菏泽—商丘—阜阳—合肥(黄冈)—九江—南昌—赣州—深圳—香港(九龙)高速铁路局；另一支线为合肥—福州—台北高速铁路，包括南昌—福州(莆田)铁路。连接华北、华中、华东、华南地区，贯通京津冀、长江中游、海峡西岸、珠三角等城市群。

京哈—京港澳通道：哈尔滨—长春—沈阳—北京—石家庄—郑州—武汉—长沙—广州—深圳—香港高速铁路，包括广州—珠海—澳门高速铁路，连接东北、华北、华中、华南、港澳地区，贯通哈长、辽中南、京津冀、中原、长江中游、珠三角等城市群。

呼南通道：呼和浩特—大同—太原—郑州—襄阳—常德—益阳—邵阳—永州—桂林—南宁高速铁路，连接华北、中原、华中、华南地区，贯通呼包鄂榆、山西中部、中原、长江中游、北部湾等城市群。

京昆通道：北京—石家庄—太原—西安—成都(重庆)—昆明高速铁路，包括北京—张家口—大同—太原高速铁路、连接华北、西北、西南地区，贯通京津冀、太原、关中平原、成渝、滇中等城市群。

包(银)海通道：包头—延安—西安—重庆—贵阳—南宁—湛江—海口(三亚)高速铁路，包括银川—西安以及海南环岛高速铁路，连接西北、西南、华南地区，贯通呼包鄂、宁夏沿黄、关中平原、成渝、黔中、北部湾等城市群。

兰(西)广通道:兰州(西宁)—成都(重庆)—贵阳—广州高速铁路,连接西北、西南、华南地区,贯通兰西、成渝、黔中、珠三角等城市群。

2."八横通道"

绥满通道:绥芬河—牡丹江—哈尔滨—齐齐哈尔—海拉尔—满洲里高速铁路,连接黑龙江及蒙东地区。

京兰通道:北京—呼和浩特—银川—兰州高速铁路,连接华北、西北地区,贯通京津冀、呼包鄂、宁夏沿黄、兰西等城市群。

青银通道:青岛—济南—石家庄—太原—银川高速铁路(其中绥德至银川段利用太中银铁路),连接华东、华北、西北地区,贯通山东半岛、京津冀、太原、宁夏沿黄等城市群。

陆桥通道:连云港—徐州—郑州—西安—兰州—西宁—乌鲁木齐高速铁路,连接华东、华中、西北地区,贯通东陇海、中原、关中平原、兰西、天山北坡等城市群。

沿江通道:上海—南京—合肥—武汉—重庆—成都高速铁路,包括南京—安庆—九江—武汉—宜昌—重庆、万州—达州—遂宁—成都高速铁路(其中成都至遂宁段利用达成铁路),连接华东、华中、西南地区,贯通长三角、长江中游、成渝等城市群。

沪昆通道:上海—杭州—南昌—长沙—贵阳—昆明高速铁路,连接华东、华中、西南地区,贯通长三角、长江中游、黔中、滇中等城市群。

厦渝通道:厦门—龙岩—赣州—长沙—常德—张家界—黔江—重庆高速铁路(其中厦门至赣州段利用龙厦铁路、赣龙铁路,常德至黔江段利用黔张常铁路),连接海峡西岸、中南、西南地区,贯通海峡西岸、长江中游、成渝等城市群。

广昆通道:广州—南宁—昆明高速铁路,连接华南、西南地区,贯通珠三角、北部湾、滇中等城市群。

(二)拓展区域铁路连接线

在"八纵八横"主通道的基础上,规划建设高速铁路区域连接线,进一步完善路网,扩大覆盖区域。

东部地区:北京—唐山、天津—承德、日照—临沂—菏泽—兰考、上海—湖州、南通—苏州—嘉兴、杭州—温州、合肥—新沂、龙岩—梅州—龙川、梅州—汕头、广州—汕尾等铁路。

东北地区:齐齐哈尔—乌兰浩特—白城—通辽、佳木斯—牡丹江—敦化—通化—沈阳、赤峰和通辽至京沈高速铁路连接线、朝阳—盘锦等铁路。

中部地区:郑州—阜阳、郑州—濮阳—聊城—济南、黄冈—安庆—黄山、巴东—宜昌、宣城—绩溪、南昌—景德镇—黄山、石门—张家界—吉首—怀化等铁路。

西部地区:玉屏—铜仁—吉首、绵阳—遂宁—内江—自贡、昭通—六盘水、兰州—张掖、贵港—玉林等铁路。

(三)发展城际客运铁路

在优先利用高速铁路、普速铁路开行城际列车服务城际功能的同时,规划建设支撑和引领新型城镇化发展、有效连接大中城市与中心城镇、服务通勤功能的城市群城际客运铁路。

京津冀、长三角、珠三角、长江中游、成渝、中原、山东半岛等城市群建成城际铁路网;海峡西岸、哈长、辽中南、关中、北部湾等城市群建成城际铁路骨架网;滇中、黔中、天山北坡、宁夏沿黄、呼包鄂榆等城市群建成城际铁路骨干通道。

第二章　津秦高速铁路建设历程

第一节　勘察设计

津秦高速铁路的研究始于1999年，铁道部对天津至秦皇岛高速铁路进行方案征集。铁三院于2000年8月完成了津秦高速铁路方案竞选文件并中选，2002年4月完成了津秦高速铁路预可行性研究报告。根据铁道部要求，于2005年4月完成修改预可行性研究。

2005年10月底，铁三院完成了可行性研究报告(送审稿)。同年11月，铁道部工程设计鉴定中心对可行性研究报告(送审稿)进行了审查。根据审查意见初稿，于2005年11月完成了审查后修改文件。

2005年11月，中国国际工程咨询有限公司(以下简称中咨公司)主持对津秦高速铁路预可行性研究报告进行了评审。

2006年2月，国家发展和改革委员会以《关于新建天津至秦皇岛铁路客运专线项目建议书的批复》(发改交运〔2006〕273号)对该项目建议书进行了批复。

2006年3月，根据铁道部与天津市"关于天津铁路建设有关问题的会议纪要"精神，铁三院完成了可研补充材料；3月27日铁道部鉴定中心主持进行了审查。根据审查会议精神，2006年4～5月，铁三院对方案变化较大地段进行了航飞和初测，2006年7月完成了修改可行性研究报告工作。7月底，铁道部鉴定中心进行了内审。

2006年9月，铁三院编制完成了可行性研究报告。2006年11月，中咨公司主持对该报告进行了评审。

2006年11月，铁道部铁计函〔2006〕902号对该项目可行性研究进行了批复。

2006年9～11月，铁三院进行了全线的定测工作。勘测期间，进一步征求和搜集沿线各省、市、军区及铁路部门意见，先后与天津市、河北省发改委及沿线的唐山市、秦皇岛市等地市政府有关部门、省市地(区)交通部门等相关单位接触，并发函征求有关建设津秦高速铁路线路走向的意见。并于2007年2月编制完成初步设计文件初稿。

2007年2～4月，根据铁道部安排，铁三院对该项目工程投资进行了核查，结合调查资料和地方部门新的意见对设计方案进行了优化，完成了补充可行性研究报告(送审稿)，4月28日铁道部鉴定中心进行了审查。根据审查会议精神，铁三院于2007年5～8月进行了补充勘测，于2007年12月完成了初步设计。铁道部鉴定中心于2008年1月对初步设计进行了审查。

2008年6月，国家发展改革委以《关于新建天津至秦皇岛铁路客运专线可行性研究报告的批复》(发改交运〔2008〕1685号)对津秦高速铁路可行性研究报告进行了批复。

2008年8月，铁三院完成了初步设计鉴后修改工作。

2008年11月，铁道部工程设计鉴定中心以《关于新建天津至秦皇岛铁路客运专线初步设计的批复》(铁鉴函〔2008〕1122号)对津秦高速铁路初步设计进行了批复。

第二节　建设过程

1. 全线开工批复

2008年11月8日津秦高速铁路正式开工建设，铁道部以《关于开工建设天津至秦皇岛铁路客运专线控制工期的单体工程的批复》(铁计函〔2008〕1252号)批复了该项目工程开工。

2. 第一孔梁制梁、架设日期、隧道施工日期、铺轨日期

津秦高速铁路第一孔箱梁预制，由中铁十八局于2009年3月8日在东丽梁场完成；津秦高速铁路第一孔箱梁架设，由中铁大桥局于2009年5月20日在丰南跨津山铁路特大桥完成；2009年3月1日开始隧道施工，2010年12月8日全线隧道贯通；津秦高速铁路全线铺轨时间为2012年6月15日至2013年4月25日。

3. 重点桥梁工程

塘沽西跨京津塘高速公路特大桥2009年3月12日开工，2011年6月20日架梁完成。

宁车沽永定新河特大桥2009年2月9日开工，2011年3月8日架梁完成。

下坞蓟运河特大桥2009年1月1日开工，2011年6月29日架梁完成。

丰南跨津山铁路特大桥2009年1月5日开工，2011年3月13日架梁完成。

陡河二号特大桥2009年3月20日开工，2011年1月15日架梁完成。

4. 重点预制梁场

1号东丽梁场2009年3月6日开始预制，2011年4月3日制梁完成；2009年6月28日开始架梁，2011年6月20日架设完成。

2号汉沽梁场2009年4月9日开始预制，2010年10月22日制梁完成；2009年7月31日开始架梁，2011年3月8日架设完成。

3号汉沽梁场2009年4月13日开始预制，2011年4月26日制梁完成；2009年7月19日开始架梁，2011年6月29日架设完成。

4号丰南梁场2009年3月8日开始预制，2010年10月15日制梁完成；2009年5月20日开始架梁，2011年3月13日架设完成。

5号丰润梁场2009年4月15日开始预制，2010年11月20日制梁完成；2010年5月1日开始架梁，2011年3月15日架设完成。

6号滦县梁场2009年4月20日开始预制，2010年11月30日制梁完成；2010年4月1日开始架梁，2011年1月15日架设完成。

7号滦县梁场2009年4月1日开始预制，2011年1月23日制梁完成；2009年12月8日开始架梁，2011年6月15日架设完成。

8号卢龙梁场2010年8月15日开始预制，2011年4月11日制梁完成；2010年11月12日开始架梁，2011年4月29架设完成。

9号潘官营梁场2009年6月18日开始预制，2011年8月6日制梁完成；2009年10月16日开始架梁，2011年11月20日架设完成。

秦皇岛T梁场2010年3月24日开始预制，2011年8月15日制梁完成；2010年6月7日开始架梁，2012年10月21日架设完成。

5. 重点预制板场

丰润制板场 2009 年 10 月 12 日开始预制,2011 年 2 月 28 日完成。

平谷制板场 2009 年 1 月 14 日开始预制,2012 年 6 月 20 日完成。

6. 无砟轨道

无砟轨道先导段于 2010 年 9 月 30 日开始施工,2011 年 4 月 17 日完成;唐山站高速场无砟轨道 2013 年 4 月 10 日施工完成,2012 年 10 月 31 日其余无砟轨道施工完成。

第三节 联调联试

津秦高速铁路于 2013 年 3 月 15 日开始工务工程静态验收工作,至 2013 年 4 月 1 日完成了津秦高速铁路正线工务验收。4～6 月进行验收问题整改工作,至 6 月底整改工作基本完成,在此期间编制完成《津秦高速铁路工务工程静态验收报告》。2013 年 6 月 30 日,中国铁路总公司运输局、工管中心在北京天佑大厦对《津秦高速铁路工务工程静态验收报告》进行了审查。根据审查情况,北京铁路局、津秦铁路客运专线有限公司进一步组织对验收问题进行整改。

北京铁路局、津秦铁路客运专线有限公司、中国铁道科学研究院共同组织,于 2013 年 8 月 3 日起开展了津秦高速铁路动态验收和联调联试工作。其中,动态检测按现场准备、动车组逐级提速、信号系统联调联试及全线拉通试验等四个阶段展开。2013 年 7 月 30 日至 8 月 2 日进行了沿线地面测点布置、设备调试工作,8 月 3 日开始采用检测列车对轨道、接触网状态进行检测,确认具备了动车组上线技术条件。8 月 8 日至 9 月 7 日进入逐级提速联调联试阶段;9 月24 日至 10 月 12 日,完成了信号系统联调联试;10 月 9 日至 10 月 16 日进行了全线拉通试验。9 月 24 日至 11 月 5 日,完成了客运服务系统、防灾系统、综合视频监控系统及远动系统等相关试验。

2013 年 8 月 8 日至 2013 年 11 月 7 日期间,共计开行检测列车 64 次,累计检测里程 8 182 km;开行综合检测列车、试验动车组 648 次,累计检测里程 59 780 km。至 2013 年 11 月 5 日完成了正线联调联试工作,天津站高速场至秦皇岛站高速场转入试运行。2013 年 11 月底完成了秦皇岛至山海关段所有工程,同时进行了静态、动态验收及联调联试工作,至 2013 年 11 月底具备了开通条件。

2013 年 12 月 1 日,津秦高速铁路开通试运营。

第三章　津秦高速铁路工程概况

第一节　自然特征与工程地质

津秦高速铁路地处环渤海经济区内，位于华北和东北两大经济区之间，是沟通东北、华北、华东、中南等地区的重要通道，线路起自天津站，终至秦皇岛站，线路全长为 261.2 km (图1-3-1)。

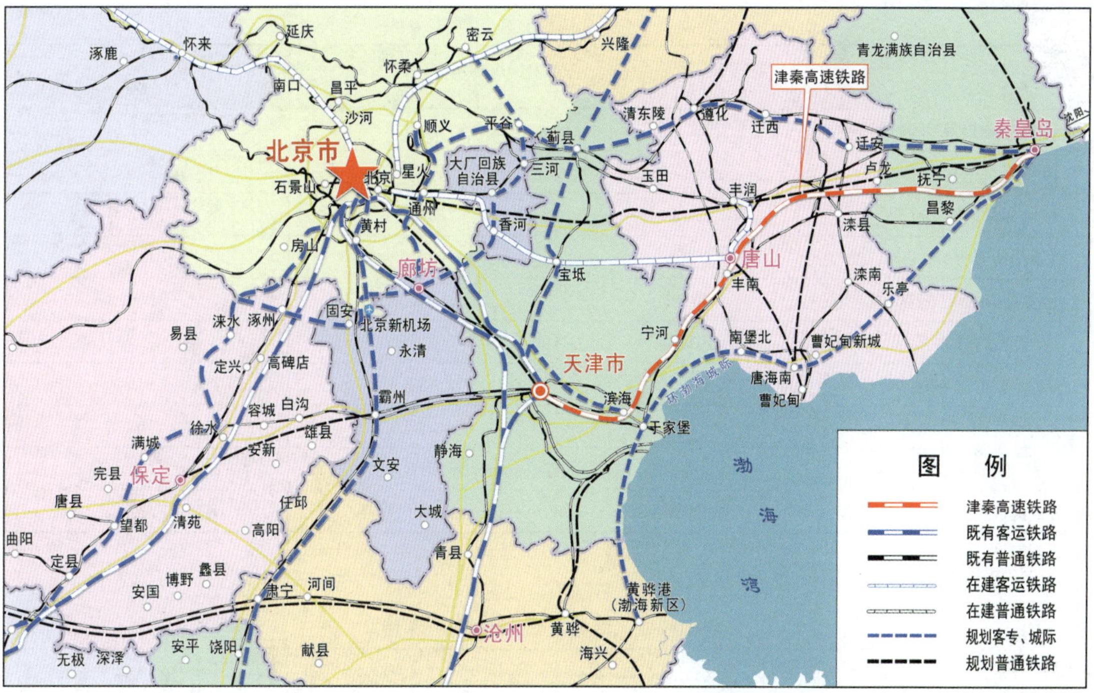

图 1-3-1　津秦高速铁路地理位置示意图

一、地形地貌

津秦高速铁路经过地区位于燕山山脉东段南麓和华北平原衔接处，按大的地貌单元可分为剥蚀丘陵区和平原区。其中天津地区(DK9＋000～DK111＋000)属于冲海积平原，地势低平，河渠纵横，洼淀众多。丰润—古冶—滦县—昌黎以南地区(DK111＋000～DK149＋850)以冲洪积平原为主，地形平坦，局部为浅洼湖沼，海拔高程一般为 10～50 m；丰润—古冶—滦县—昌黎以北(DK149＋850～DK302＋900)以剥蚀丘陵区为主间夹冲洪积平原，地形稍有起伏，海拔高程一般为 100～500 m，相对高差小于 200 m。

二、河流水系

津秦高速铁路沿线经过的主要河流有子牙河、永定新河、潮白河、蓟运河、陡河、沙河、滦河、青龙河、饮马河、洋河、戴河及汤河等。其中饮马河、洋河、戴河及汤河等河流流程较短，单独入海。上述河流均由北向南穿越铁路，汇入渤海，河流流经线路地段均属河流的中下游，河床开阔，流水缓慢，以沉积作用为主。

三、气象特征

该区气候属于暖温带亚湿润大陆性季风气候区，部分地区受海洋性气候影响。四季分明，春季大风频繁，夏季炎热多雨、雨量集中，秋季冷暖变化显著，冬季寒冷干燥。沿线城市主要气象要素见表 1-3-1。

表 1-3-1　沿线城市主要气象要素

项目＼城市	天津（1990～1999 年）	唐山（1993～2004 年）	秦皇岛（1995～2004 年）
历年极端最高气温（℃）	39.9	40.1	39.2
历年极端最低气温（℃）	−17	−17.8	−24.3
历年平均气温（℃）	12.3	11.1	10.3
历年最冷月平均气温（℃）	−3.5	−4.1	−4.7
历年平均相对湿度（%）	62	62	61.9
历年平均降水量（mm）	591.2	623.1	670.1
历年平均蒸发量（mm）	1 682.6	1 852.1	1 506
历年最大积雪深度（cm）	10	9	10
累年平均风速（m/s）	2.2	2.6	2.75
累年最大风速（m/s）/风向	13/WNW	20/WNW	12.3/S

沿线土壤最大冻结深度划分见表 1-3-2。

表 1-3-2　沿线土壤最大冻结深度

里程范围	DK9+000～DK89+000	DK89+000～DK196+500	DK196+500～终点
土壤最大冻结深度（m）	0.70	0.80	0.90

四、工程地质与水文

（一）工程地质

1. 地质构造及地震

（1）地质构造

津秦高速铁路所处区域在大地构造上，位于华北断块区内的东西向燕山隆起、北西向黄骅凹陷及北东向沧县隆起三大三级构造单元的交汇地带。基底构造复杂，区域性深大断裂发育，地震频繁。沿线及附近断裂构造十分发育，主要有唐山断裂带、滦县—乐亭断裂、卢龙断裂带、昌黎—宁河断裂和蓟运河断裂、沧东断裂带、山港—雷庄断裂和丰台—野鸡坨断裂。

（2）地震

地震动峰值加速度具体划分见表 1-3-3。

表 1-3-3　地震动峰值加速度具体划分

里程范围	DK9＋000～DK53＋200	DK53＋200～DK171＋790	DK171＋790～DK210＋250	DK210＋250～终点
加速度	0.15g	0.20g	0.15g	0.10g

2. 不良地质及特殊地质

(1)地震液化

津秦高速铁路沿线地震可液化层主要分布在天津至唐山间，唐山至秦皇岛从勘探的情况来看，基本不存在地震可液化层。

(2)采空区

津秦高速铁路沿线矿产丰富，以煤和铁为主。唐山地区煤矿，由于长期大量的开采，形成了大面积的采空区，对线路方案影响较大，控制线路的走向。线路虽然已经避开采空区，但由于含煤地层分布广泛，不可避免地占压了一定数量的煤炭资源。

(3)地面沉降

天津段沿线大部分地区 1985～2009 年累计沉降量为 500～600 mm，年沉降速率为 20～40 mm，存在明显差异沉降，沿途经过的军粮城、汉沽两个降落漏斗区，但由于近年来周边经济发展迅速，地下水开采需求不断增大，1985～2009 最大累计沉降量为 1 100 mm，军粮城附近年沉降速率为 50～70 mm。因此，工程线路通过地区沉降速率有所差异，由此带来的不均匀沉降对于铁路的安全运营带来较大危险。津秦高速铁路沿线 1985～2009 年累计沉降量等值线见图 1-3-2。

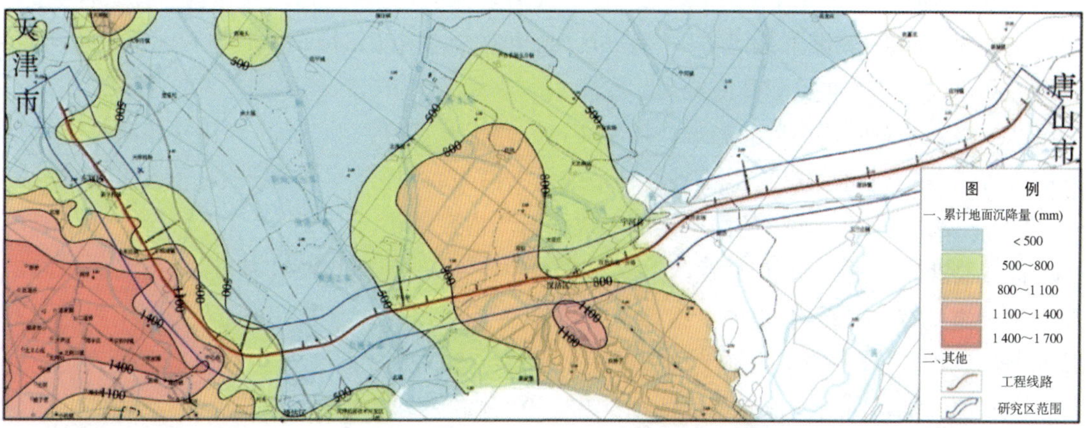

图 1-3-2　津秦高速铁路沿线 1985～2009 年累计沉降量等值线图

(4)活动断裂带

活动断裂带与铁路工程相交，自晚更新世以来有 3 条，分别为蓟运河断裂、滦县—乐亭断裂及卢龙断裂，其中蓟运河断裂和滦县—乐亭断裂在其与铁路相交处可能产生 0.3 m 左右的地震地表位错，卢龙断裂一般不会产生明显的地震地质位错。

(5)顺层

沿线仅有榛子镇至沙河驿及线路终点附近存在顺层问题，倾角一般都大于 50°，因此，顺层滑动的可能性非常小。但是由于线路通过地节理非常发育，岩石的完整性非常差，路堑开挖时易造成边坡变形。

(6)其他

根据各阶段勘察的情况，DK145+600～DK155+800 段白云岩及泥灰岩等可溶岩地区局部发育溶洞，净空 0.9～1.2 m，无充填或充填粉质黏土夹粗角砾。

3. 特殊岩土

(1)填土

沿线分布较多填土，由于填筑年代长短不一、填筑方法多种多样、料源差异较大，造成其性质变化多端。

(2)软土

天津至塘沽、宁河间的冲海积、湖沼堆积层中以及丰南区的冲海积、冲洪积层中，广泛沉积有不同厚度的软土，以淤泥质、粉质黏土为主，局部为淤泥质黏土。软土层具有含水量高、压缩性高、透水性差和强度低的特点。

(3)松软土

根据勘探测试资料，DK9+000～DK120+000 段普遍分布松软土，松软土最大埋深 28.8 m；唐山至秦皇岛间仅局部地段分布松软土，松软土最大埋深 5.8 m。松软土较一般地基土的压缩性高，沉降量大。

4. 环境地质

(1)工程建设对环境地质的影响

①津秦高速铁路沿线平原区河流发育，排灌沟渠纵横，排洪设施比较完善，铁路桥涵设置应与其配套。此外，铁路通过滞洪区、泄洪区时，也应考虑因铁路修建引起的表水排水问题，并做好铁路路基本体的防护和基底处理。

②铁路施工对周围环境的影响。津秦高速铁路沿线多已辟为耕地，修建铁路路基时宜集中取土，铁路弃土场的选择应以不破坏环境地质条件为原则，弃土不应堆放在雨水汇集的沟谷中，尤其不要在河谷上游，以防雨季冲刷形成泥石流损毁铁路。

津秦高速铁路沿线城市、村镇附近既有建筑物密布，地面建筑及其基础、地下管线等对铁路工程的施工有较大影响，增加了施工难度，设计时应予以充分考虑。改建及新建工程与既有铁路及建筑物较近，铁路工程施工过程中应做好基坑支护和加固，防止因地面变形过大影响邻近既有铁路、既有建筑物、地下管线的稳定和安全；松软及软土地基加固应选择适当的加固材料和方法，防止污染地下水和影响地下水的正常排泄。

③沙河及滦河下游地区，地表为冲积和冲风积的粉、细沙，过去曾出现过风沙现象，目前已辟为农田或植被固沙，铁路修建时可能引起风沙现象再现，因此，在施工现场和取土坑应注意固沙和保护既有植被，综合治理，不留后患。

(2)天然建筑材料开采对环境地质条件的影响

建筑材料场地开采应在取土(石)后复耕，以减少对地方土地的破坏。位于河道中的建筑材料场地，应以不破坏原始河道的泄洪能力为原则，河道堤坝处禁止取土，以免破坏堤坝，降低泄洪能力。

(二)水文地质

1. 地表水

津秦高速铁路沿线经过的主要河流有子牙河、永定新河、潮白河、蓟运河、陡河、沙河、青龙河、滦河、饮马河、洋河、戴河及汤河等。地表水水量受季节影响明显,雨季河水往往暴涨,旱季河水流量锐减,甚至干枯。

2. 地下水

津秦高速铁路沿线主要的地下水类型有第四系孔隙潜水和基岩裂隙水。

(1)第四系孔隙潜水

在平原地区,地下水埋藏浅,一般为地表下 0.5～4.0 m,而山前缓坡及地势稍高地区,地下水一般在地表下 4.0～9.0 m,地下水主要靠大气降水和地表水补给,地下水位随季节变化幅度在 1～2 m,主要含水层为砂类土及碎石类土。

(2)基岩裂隙水

该类地下水主要靠大气降水补给,含水量不大,埋深较深,一般在地表下 10.0～15.0 m,局部大于 20.0 m。

3. 沿线水质对混凝土侵蚀性

津秦高速铁路沿线水质在化学环境下对混凝土具有硫酸盐、镁盐、二氧化碳侵蚀,主要为硫酸盐侵蚀,环境作用等级为 H1～H2 不等,设计、施工时可采用特种水泥或采用掺入料的方法处理。

第二节　主要技术标准

1. 铁路等级:客运专线。
2. 正线数目:双线。
3. 最小曲线半径:7 000 m,大型车站前后根据实际情况确定。
4. 限制坡度:一般 12‰,困难情况下 20‰。
5. 正线间距:5.0 m,大型车站前后按设计速度确定。
6. 牵引种类:电力。
7. 机车类型:动车组。
8. 到发线有效长度:650 m。
9. 列车运行控制方式:自动控制。
10. 行车指挥方式:综合调度集中。
11. 建筑限界:执行当时《新建时速 300～350 公里客运专线铁路设计暂行规定》(铁建设〔2007〕47 号),大型车站前后按路段设计速度确定。

第三节　主要工程内容

津秦高速铁路全线路基长度为 85.1 km,占正线线路长度的 33.1%;全线特大、大中桥梁(不包括框构桥、旅客地道及公路桥)共 66 座 161 212.5 双延米,旅客地道 6 座,框构、涵洞 306 座,公路桥 5 座。桥梁长度占正线线路长度的 62.6%;平均每千米线路涵洞 1.08 座,扣除桥梁、隧道长度后,平均每千米线路涵洞 3.3 座。全线新建隧道 14 座,总延长 11.111 km,隧道长度占正线线路长度的 4.3%。其中最长隧道为葫芦山隧道，长 3 800 m。

全线设天津(不含)、军粮城北、滨海、滨海北、唐山、滦河、北戴河、秦皇岛共 8 个车站。

天津站共分三个场，分别为城际场、高速场、普速场，城际场为 4 台 7 线，高速场为 3 台 6 线，普速场为 3 台 5 线。天津站设高速存车场，存车线 10 条。天津站站房分主站房和城际站房，主站房面积 33 000 m^2，城际站房面积为 25 000 m^2，高架候车室 41 500 m^2，无柱雨棚面积为 80 500 m^2。

军粮城北站为津秦高速铁路和京津城际延伸线共用车站，为高架站。津秦高速铁路和京津城际延伸线设计规模均为 2 台 4 线(其中中间站台为两场共用)。站房属于京津城际延伸线工程，建筑面积为 3 000 m^2。雨棚为有柱，面积为 13 168 m^2。津秦高速铁路设综合维修值守点，房屋面积为 120 m^2。

滨海站高速车场规模为 4 台 9 线，北侧预留城际车场，规模亦为 4 台 9 线。站房建筑面积为 80 000 m^2，无柱雨棚面积为 70 000 m^2(近期实施 46 500 m^2)。滨海站设存车场和维修工区，存车场规模为高速存车线 6 条，预留城际存车线 6 条。维修工区房屋面积为 2 700 m^2，设大机停放线、轨道车停放线和接触网作业车停放线。

滨海北站规模为 2 台 4 线，站房建筑面积为 3 000 m^2，无柱雨棚面积为 11 300 m^2。

唐山站分高速场和普速场，高速场规模为 3 台 7 线，普速场为 4 台 9 线，站房建筑面积为 59 300 m^2，无柱雨棚面积为 69 700 m^2。唐山站设存车场和综合维修车间。存车场设高速存车线 6 条，预留城际存车线 6 条。综合维修车间房屋面积为 6 000 m^2，设大机停放线、轨道车停放线和接触网作业车停放线。

滦河站规模为 2 台 4 线，站房建筑面积为 5 000 m^2，无柱雨棚面积为 11 300 m^2。滦河站设综合维修工区，房屋面积为 2 700 m^2，设大机停放线、轨道车停放线和接触网作业车停放线。

北戴河站分高速场和普速场，高速场规模为 2 台 5 线，普速场为 3 台 7 线，站房建筑面积为 12 000 m^2，无柱雨棚面积为 24 000 m^2。设综合维修工区，房屋面积为 2 700 m^2，设大机停放线、轨道车停放线和接触网作业车停放线。

秦皇岛站自南向北为高速场、普速场、大秦与津山外绕通过线，高速场规模为 3 台 8 线，普速场为 3 台 7 线(其中有 1 座站台与高速场共用)，大秦线、秦东上下联、柳江地方铁路共 5 线，津山外绕正线 2 条、到发线 1 条，300 m 站台 1 座。秦皇岛站房建筑面积为 20 000 m^2，无柱雨棚面积为 69 200 m^2。秦皇岛站设高速存车场和普速存车场，高速存车场设存车线 4 条，普速存车场设存车线 3 条。设综合维修值守点，房屋面积 120 m^2。

津秦高速铁路正线轨道原则上采用无砟轨道，其中区间采用 CRTS Ⅱ型板式无砟轨道，道岔区采用板式无砟轨道，天津、秦皇岛引入枢纽速度较低地段采用有砟轨道。无砟轨道铺设总长度为 248.9 km，占正线长度的 96.7%。

全线区间牵引供电系统采用 AT 供电方式，新建牵引变电所 6 座(含枢纽内变电所)，各牵引变电所设置两组 VV 接线牵引变压器，一组运行，一组固定备用；正线接触网采用全补偿弹性链形悬挂。

全线共设 17 座 10 kV 配电所，沿线设置 2 回 10 kV 贯通线，均采用铜导体单芯电力电缆。

全线通信系统由基础网、业务网和支撑网构成。信号系统分别由运输调度指挥子系统、列车运行控制子系统、车站联锁子系统和信号集中监测系统组成，采用 CTCS-3 级列车控制系统。全线设置客服和防灾安全监控系统。

第二篇　总体设计

第一章　总体设计概述

高速铁路是极其庞大复杂的现代化系统工程，它融合了土木工程技术、电子工程技术、机械与电子工程技术、材料与结构技术、通信与计算机技术、现代控制技术等一系列当代高新技术。高速铁路设计应从规划开始统筹考虑土建工程、牵引供电、列车运行控制、高速列车、运营调度及客运服务等不同功能系统的技术性能指标以及相互关系，统一规划、整体构思、逐步深化，对项目需求、线路定位、主要技术方案、主要技术标准等进行深入研究，确定科学合理的总体设计原则，以总体设计统筹专业设计，指导项目设计，达到系统最优的目的。

第一节　总体设计基本原则

一、系 统 性

高速铁路是信息技术、自动控制技术和新材料、新工艺等多种技术门类、多专业综合的高新技术集成，代表了当今世界铁路技术的最新成就。中国高速铁路的建设和运营实践表明，由基础设施、动车组、通信信号、牵引供电、运营调度、旅客服务等主要子系统构成的高速铁路，具有很强的系统性；各子系统之间既自成体系，又相互关联、相互影响。特别是动车组系统、通信信号、运营调度系统，三者之间既有大量硬件接口，又有很多软件联系，对整体性和系统性的要求非常高。根据各个子系统的不同特点和性质，高速铁路可以划分为工务工程系统、牵引供电系统、列车运行控制系统、高速列车系统、运营调度系统、客运服务系统等六大系统（图 2-1-1）。

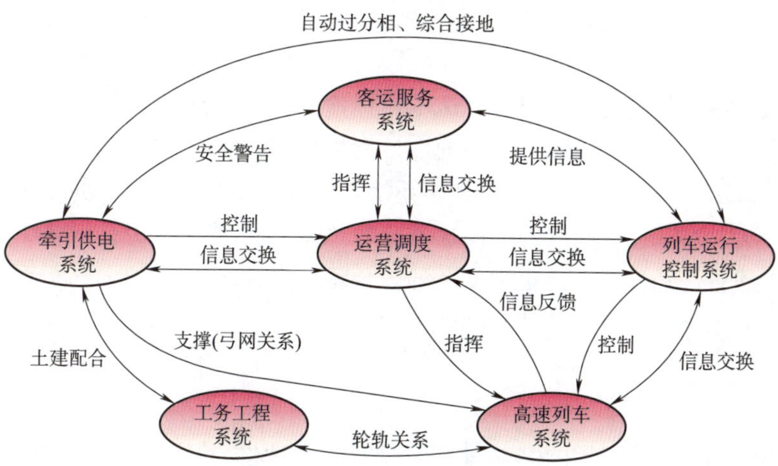

图 2-1-1　高速铁路系统结构图

这六大系统之间，功能和特点各异。工务工程系统是高速铁路的基础系统，涉及路基、桥梁、涵洞、隧道和轨道等专业工程，与普速铁路相比，高速铁路工务系统工程同时还采用很多新工艺和新技术，其设计和施工控制标准高。高速列车系统不仅包括传统轨道列车车辆的车体、转向架和制动技术，还具有复杂的牵引传动与控制、计算机网络控制、车载运行控制等关键技术。列车运行控制系统是集先进的计算机、通信以及自动控制技术于一体的综合控制与管理系统，采用电子器件或微电子器件作为控制单元，并利用集中管理、分散控制的集散式控制方式，是保证列车运行安全、提高行车效率的关键组成结构。牵引供电系统是高速铁路系统的能力保障系统，主要功能是为高速铁路列车运行控制提供稳定、高质量的电能。运营调度系统是集计算机、通信、网络等现代化技术为一体的现代化综合系统，运营调度系统主要是铁路管理部门对运力资源进行动态调配优化完成列车的计划、运行、设备维修等一系列任务。客运服务系统的主要功能是处理与旅客运输服务相关的事件，主要包括发售车票、信息采集、信息发布、日常投诉处理、紧急救助、旅客疏散、旅客赔付和客户关系管理等工作。

高速铁路各系统之间特点和功能的巨大差异，决定了高速铁路设计与建造技术的复杂性和艰巨性。因此，在高速铁路总体设计时，必须坚持系统思想，运用系统工程理论，不断优化和调整各子系统设计，使各个子系统相互匹配，优化高速铁路系统功能。

二、协 调 性

基于计算机技术、微电子技术、电力电子器件技术、遥控自控技术等先进成熟技术发展起来的高速铁路，是建立在相关领域高新技术基础之上，综合协调、集成创新的成果。高速铁路综合集成了高质量及高稳定的铁路基础设施、性能优越的高速列车、先进可靠的列车运行控制系统、高效的运输组织与运营管理体系等，各个子系统之间的协调性，是高速铁路系统整体功能得以发挥的关键。因此，在高速铁路的实施中，从规划设计阶段就需要把各项基础设施、运载装备、通信信号、运输组织及经营管理等各子系统纳入整个系统工程中统筹实施。为实现总体目标，高速铁路采用多专业多领域的关键技术，虽然这些新技术和新方法分别隶属于各有关子系统，但其主要技术指标、性能参数是相互依存、相互制约的，因此，高速铁路系统功能的发挥程度有赖于各子系统之间的协调度。对于涉及各子系统之间的协调和兼容的主要技术指标和性能参数，均须经过详细研究、反复论证与修订，才能保证实现高速铁路系统综合集成特征的技术要求，实现高速铁路系统的优化。

高速度是高速铁路高新技术的核心，速度目标值是高速铁路区别于常规铁路的最显著特点，而高速铁路的速度目标值决定着线路的设计参数、列车的总体技术条件、列车运行控制系统、通信信号系统等。随着速度的提高，各子系统之间相互关系将发生质的变化。系统中某项参数的改变将会引发连锁反应。因此，高速铁路的总体设计，必须充分认识各个子系统之间的复杂关系，高度重视高速铁路系统更加复杂的综合特性，认真研究并协调各子系统主要技术参数变化的合理范围，特别重视系统的强耦联特性。

三、动 态 性

高速铁路从项目立项到通车运行，过程历时时间长，内部和外部因素复杂，可控因素和不可控因素多，对高速铁路设计和建设过程造成的不确定影响难以准确估量。同时，由于整个设计周期和施工周期比较长，外部因素和内部因素随时间变化处于动态调整中，对建设过程造成的不确定性影响增加，使得总体设计依据内外部因素的变化而进行调整成为必然。动态性设计原则的本质是根据内外部因素的变化，合理选择高速铁路建设方案，减少不可控因素对建设过程产生的不利影响，因地制宜实施高速铁路设计成果，实现高速铁路建设过程内外部因素的协调统一，降低铁路工程投资，优化系统工程。

四、创 新 性

作为高新技术集成的杰出代表，高速铁路设计与建造技术充分体现了人类的创新和实践能力。高速铁路设计，在满足保证系统安全、稳定、可靠的前提下，应充分探索实现系统功能优化、节约工程投资、提高系统安全稳定性的一切可实施性途径。同时，在高速铁路的方案设计和实施过程中，新材料、新技术、新方法会随着时间的推移而不断涌现。及时的采用新技术、新方法、新材料，对于节约工程投资，加快工程进度，提高工程建设质量具有重要意义，也是技术创新的必然要求。

高速铁路总体设计遵循创新性的要求，就是要在满足技术标准的前提下，不断优化各子系统的设计方案，及时采用新技术、新材料、新方法，加强科研投入，提升研究能力，不断探索可实现系统结构与功能优化的一切途径，为高速铁路的设计和建设提供技术支撑。

五、环 保 性

高速铁路作为大型的土工构筑物，其建设过程中对生态环境的破坏无法避免。随着民众环境保护意识的增强和国家环境保护法律的不断实施，铁路建设所面临的环境保护责任不断加大。因此，高速铁路设计，必须始终贯彻环境保护的基本要求，充分考虑高速铁路建设可能对沿线的生态环境所造成的损失，并采取适宜的技术方案，减少因高速铁路建设和运营可能对沿线造成的环境影响。

根据环境保护相关法律法规的要求，环境保护设施必须随主体工程同时设计、同时施工、同时投入生产和运营。因此，高速铁路总体设计，应高度重视沿线的环境保护问题，及时采取可行的技术方案，深入研究技术方案对于减少环境破坏效应的可行性，并根据沿线生态环境状况，优化高速铁路建设方案，尽最大可能，将高速铁路对沿线环境的破坏效应降低到最低限度。

六、安 全 性

安全是高速铁路建设和运营的灵魂。无论是高速铁路还是普速铁路，其设计和建设过程的第一要务是保证安全，没有安全保障的铁路无法承担客货运运输任务。因此，安全性是高速铁路总体设计的灵魂，是进行总体设计和其他设计必须严格遵循的根本原则。高速铁路集成众多高新技术，涵盖众多子系统和不同部件。任何组成部分的功能缺陷和失效，都会对高速铁路的安全建设和运营造成致命的威胁，对乘客和人民群众的生命和财产安全造成潜在威胁和伤害，成为重特大安全生产责任事故的重要诱因。因此，在进行高速铁路总体设计时，应充分考虑安全性要求，留足安全冗余条件。只有从设计源头上强化和实施安全技术保障措施，保证高速铁路系统既具有稳定和可靠的技术方案，又有安全运营所需要的技术装备，才能从根本上为高速铁路系统安全提供安全保障，为其安全运营保驾护航。

七、科 学 性

高速铁路总体设计的科学性，主要体现在如下几个方面。首先，合理选择高速铁路的技术标准。技术标准的选择，既要考虑当前运输需要，又要着眼于长远，为未来客货运输的增长留足空间 。其次，高速铁路建设方案选择的过程需要具有充分的科学依据和比选过程。在总体设计的过程中，高速铁路的设计方案往往有多种，每种方案均具有优势和劣势。多种方案的比选，其实质是多目标多因素下的综合决策过程。该过程的实施，必须采用科学合理的方法和技术；方案选择的结果，必须有充分合理的数据和方法支撑。

高速铁路设计和建设的科学性，涵盖整个设计和建设过程，全方位的科学性是保证高速铁路工程设计和建设顺利进行的必备条件，是优化高速铁路工程建设方案，控制铁路工程投资，提升建设过程管控水平的必由之路。

八、经 济 性

从投资角度看，高速铁路的设计、建设和运营所需要的资金投入远远超过普速铁路。因此，进行高速铁路设计时，如何在提高系统可靠性、安全性和稳定性的前提下，降低工程投资，是必须面对的问题。高速铁路总体设计的经济性，就是要在满足运输需求，保证系统安全性、稳定性和可靠性的前提下，选择合理的技术设计方案，采用适用的技术设备，减少工程投资规模，实现高速铁路的系统功能，满足客货运输需求和国民经济发展的需要。

高速铁路的总体设计应充分考虑系统设计的经济性，就是要在系统安全、稳定、可靠的前提下，以节约建设资金，控制投资规模为目标，通过不断优化系统方案，选择科学合理的实施途径，加强建设过程管控，在既定的投资规模下，使高速铁路系统功能达到预定目标。

九、全 局 性

高速铁路总体设计的全局性主要体现在以下三个方面。首先，从沿线城镇区域经济发展来看，高速铁路作为大型基础设施工程，不仅影响着区域的人口流动和货物往来，还对沿线城镇的城市发展规划和城市布局产生深刻影响，突出表现在对城市区域分割和土地利用形态上，因此，必须从城市发展的长远眼光，合理布置车站位置，选择线路走向方案，尽最大可能减少对城镇发展规划的干扰和影响，使高速铁路成为城市发展规划和形态布局的积极因素。其次，从铁路沿线的生态保护来看，作为大型的土工构筑物，高速铁路对经行区域的环境景观和生态结构造成一定的破坏效应，这种破坏效应并不因为采取环境保护措施而消失。作为大型的线性构筑物，高速铁路人为的分割了既有的生态环境，深刻地改变着沿线的生态环境形态特征和层次结构，使沿线的生态环境因分割而破碎。再次，从高速铁路系统集成的角度来看，高速铁路作为一种先进的交通运输方式，其各个组成部分都与普速铁路有很大的不同，各个子系统的内部关系和相互关系发生质变，必须从全局性和整体性上，准确把握各子系统内部和系统之间的相互关系，使各子系统相互协调，达到系统协调的目标。

高速铁路总体设计必须以发展的眼光把握全局，以保护生态的思维把握设计和建设，以系统集成的角度优化设计，既为沿线城镇的发展规划和城市布局预留空间，又妥善保护好经行区域的生态环境，尽最大努力将铁路建设对生态环境的破坏降低到最小，实现高速铁路系统内外部结构的优化。

第二节　总体设计重点

一、高速铁路总体设计应重点关注的问题

1. 线路方案选用较好的平纵断面，缩短运行时分，同时兼顾城市规划和交通枢纽发展。

任何一种交通方式，对于旅客来说，关心的是旅行时间和旅行过程中的方便与舒适，以及旅行时间、服务质量与旅行费用的性价比，高速铁路同样如此。因此，高速铁路线路走向方案的研究，不仅要追求较高的速度目标值，更要追求较短的旅行时分目标值；不仅要关注列车运行的平稳、舒适，关注高密度的列车开行方案，关注与城市交通的有机结合、方便旅客乘降，更要关注以上因素的综合集成。区间线路方案的设计宗旨是要尽可能选择较大的曲线半径和较缓的线路纵坡，实现高速列车的高速、安全、平稳、舒适运行。而引入枢纽方案的设计则较为复杂，既要考虑列车快速通过枢纽，又要降低对周围环境的影响；既要缩短列车的旅行时间，又要加大停站数量，尽可能多地吸引客流；既要选择较好的线路平纵断面条件，又要引入城市，与城市综合交通枢纽有机结合；既要充分利用既有铁路设施，节约工程投资，又要考虑减少施工干扰，考虑枢纽能力的远景发展、铁路生产力布局的调整和点线能力的协调。

2. 考虑与既有路网的兼容性，以实现高速列车的跨线运行，提高铁路的网络效应。

高速铁路的运输组织模式与其他铁路基本相似，与国情、路情和沿线经济、社会经济条件等密切相关，具有很强的地域特征。在世界范围内，高速铁路的运输组织模式主要包括客运专线型和客货混跑型，其中客运专线型又分为纯客运专线型，如日本、韩国等；高速列车下既有线的兼容型，如法国和德国等。无论哪一种类型的运输组织模式，均具有共同的发展趋势，即考虑与既有路网的兼容性，以实现高速列车跨线运行，提高铁路的网络效益。

3. 以经济效益最大化为导向，使相关设备与开行方案、服务质量、吸引客流相匹配。

列车开行方案的设计要最大限度地满足预测客流的需求，创造良好的社会效益，更要为旅客提供优良的服务方式，吸引旅客乘坐高速列车，引导旅客运输市场向有利于提高铁路的经济效益方面发展。同时，列车开行方案与车站设计规模有关，与动车组配属数量有关，与动车段(所)设计规模有关，与列车运行控制系统和行车指挥自动化系统的复杂程度有关。因此，进行高速铁路总体设计时，应坚持以经济效益最大化为基本原则，正确处理开行方案、服务质量、吸引客流与相关设备配备之间的关系。

列车开行方案的设计，需要经过综合技术经济比选合理确定，不仅要考虑提高运输服务质量，还要考虑合理的设备配置规模，要通过运行图铺画，不断优化列车开行方案，做到吸引客流与设备规模、运营安全、调度指挥等方面的最佳统一。

4. 工程设计贯彻系统优化方针，高标准设计建设各工程系统。

高速铁路工程设计与建设的基本要求是保证高速列车以设计速度安全、可靠、舒适地运行。因此，高速铁路工程设计全过程应贯彻系统优化的方针，通过高速铁路各子系统的优化，提升系统的安全性和可靠性。为此，进行总体设计时，应以高标准的基础设施，确保高速列车以设计速度安全、舒适地运行；以高标准的牵引供电系统，确保为高速列车提供持续、稳定、可靠的动力源泉；以高标准的列车运行控制系统和行车指挥自动化系统，确保高速列车以设计的最小行车间隔，高密度安全、准点运行；以高标准的安全监控系统，确保各项设施处于有效的监控状态，有效地实施对各类设施的监控、检测和对有关灾害的监控及预报；以高标准的维修系统，科学合理地安好高速铁路各项设施和技术装备的维修，确保基础设施和技术装备始终处于优良状态；以高标准的服务设施，吸引客流，体现以人为本的设计理念；以全新的环境设计理念处理好高速铁路的环境影响，包括噪声、振动、排污、水土流失等，并重点强调高速铁路的景观设计和企业文化建设，将高速铁路作为一道新的风景线，融入沿线自然景观和城市文化氛围中。

5. 强化高速铁路整体形象设计，提升铁路景观效应。

在高速铁路的总体设计中，高速铁路的形象设计是其重要组成部分，不应该被忽略。高速铁路的整体形象设计主要集中在以下方面：一是沿线的车站建筑设计。车站设计，应体现以人为本的设计理念，强调站屋旅客流线设计和站前广场旅客流线设计，以方便旅客乘降为主要原则，体现高密度、大容量、高流动性等特点。车站建筑设计应着重融入属地的文化氛围，体现创新、协调、绿色、开放、共享的发展理念；车站的形态结构和内部设计均应充分考量属地的人文景观。二是沿线的桥梁景观设计。高速铁路沿线除了满足桥梁的技术要求外，还要注重桥梁的景观设计。桥梁的景观设计，不仅要优化结构形式，还需要引入建筑设计理念，从孔跨、墩台、桥上护栏等多方面入手，既体现沿线的地域文化特色，同时又与周围的环境协调一致，达到浑然天成的效果。三是路基边坡防护和声屏障景观设计。路基边坡防护应尽量采用绿色防护措施，与路基外绿色通道一起，构成绿色长廊，体现全线路基坡面防护的美观性和整体性；声屏障设计需区分路基和桥梁等不同地段的声屏障，路基地段声屏障要体现与路基设计的整体性，桥上声屏障要与桥梁形成整体。

二、高速铁路总体设计各专业设计重点

在基础设施总体设计时，尤其要注意高速铁路的线路平纵断面设计与优化工作。其平纵断面设计应采用较大的线路平面曲线半径、较长的纵断面坡段和较大的竖曲线半径，提高线路的平顺性，以尽可能降低列车的横向和竖向加速度，降低列车各种振动叠加的可能性，从而提高旅客乘坐的舒适度。值得重视的是，在提高线路平、纵断面设计标准的同时，不能单纯追求线路平纵断面标准的片面提高，要重视平面与纵断面的组合，强调空间曲线的线形及其对行车舒适度的影响。

轨道是高速列车高速运行的直接承载结构，必须保证轨道具有持久稳定的高平顺性。轨道不平顺是引起列车振动、轮轨动作用力增大的主要原因。因此，为保障高速列车的平稳、安全和舒适，必须严格控制轨道的不平顺性。值得注意的是，轨道初始不平顺是运营后各种不平顺发生、发展和恶化的根源。为严格控制轨道的初始不平顺，必须采用一次铺设跨区间无缝线路、满足轨道对初始不平顺的严格要求，消除对轨道有害的周期性不平顺，发挥无缝线路能大幅度提高轨道平顺性的优势。

路基是轨道结构的基础，高平顺性、高稳定性和刚度连续均匀变化的路基是确保轨道高平顺性的前提条件。在进行总体设计时，必须严格控制路基的工后沉降。路基的工后沉降主要包括路基本体沉降和地基沉降。在满足路基本体填筑标准的条件下，控制高速铁路路基工后沉降的关键是控制地基沉降。同时，要严格控制路基的不均匀沉降。短范围内的路基不均匀沉降，将直接影响路基的稳固和安全。此外，要严格控制路基刚度及其纵向变化的连续均匀性。纵向刚度均匀变化是高速铁路路基设计好施工的关键，更是高速列车舒适运营的关键。在路堤与桥台、路堤与涵洞、路堤与路堑等结构物交界处，由于结构物刚度的不同，列车会产生剧烈的振动，直接威胁行车安全和乘车舒适性。因此，对轨道基础竖向刚度出现突变的分界处必须设置过渡段，以提高路基刚度的连续性。

桥梁是高速铁路的重要组成部分。总体设计时，必须强调桥梁结构的耐久性和良好的动力特性，严格控制纵横向刚度、基频和工后沉降，进而保持桥上轨道的高平顺性，确保列车运行的安全性、平稳性和舒适性。桥梁的上部结构直接承受列车荷载，应加强上部结构的竖向刚

度、横向刚度和抗扭刚度，使其满足刚度限值得要求，同时应加强结构的整体性，以提高结构的动力特性。值得注意的是，桥梁结构的耐久性对桥梁的安全使用和经济性起着决定作用，桥梁的耐久性设计应在总体设计时进行充分研究。

牵引供电系统总体设计的主要目标是在系统构成和主要设备性能上适应高速牵引负荷的特点，确保向高速列车提供可靠、持续和安全的动力源泉。高速铁路牵引供电方案的设计必须结合沿线外部电源情况，考虑沿线枢纽及相邻线路供电方案、供电制式、牵引变电所分布、主变压器接线方式、减少电分相数量等因素综合研究确定。高速铁路接触网设计的关键是提高接触导线的张力，选择高性能的接触导线，改善接触网跨间距离，适当加大接触网的结构高度，合理预留接触线弛度，提高接触网的整体稳定性。

高速铁路通信、信号、综合调度系统是确保高速列车安全运行的关键设备，其中列车运行控制系统和行车指挥自动化系统是其核心。总体设计时，不仅要高度重视通信、信号、综合调度系统等设备的先进、成熟、经济、适用和可靠，更要高度重视系统的总体性、系统性和协调性。高速铁路列车运行控制系统设计特点是列车运行速度高、安全性要求高、行车密度大、站间距离长、不同速度的列车混跑、跨线列车接续点多等。通信系统设计特点表现为服务对象多元化、专用化，服务要求高度安全化和可靠化，服务性质可持续发展化。因此，通信系统设计的关键在于系统研究各专业用户的功能需求及其技术要求，进行系统综合集成。综合调度系统的设计应立足高标准、高起点，并具有良好的可扩展性和自诊断功能、自动数据备份和恢复功能、不停机维修功能；应提供适用软件系统和人机交互系统；应具有标准化的模块设计和开放式平台，满足系统的整体性和各子系统之间的协调性。

维修系统是高速铁路系统安全、高效、经济运行的必备条件，设计时必须遵循使用方便、布局合理、设备先进、管理集约化的原则；结合运输组织和线路特点，合理布置沿线的维修段、所，确保系统高效运转；配备现代化的维修检测设备，确保各项技术设备处于安全可靠状态；配备现代化的信息管理系统，保证信息的快速传递和相关事项的快速处理。

此外，各专业系统之间的设计衔接是必须高度重视的问题。注重路基面、桥面、隧道内和站内设备（包括电缆槽、声屏障、接触网站台墙、排水沟）的综合布置，以及以上工点间电缆槽、综合接地管线的合理顺接；注重路基和桥梁的电缆和综合接地系统的合理布置；重视沿线轨旁设备以及过轨设施与轨道的合理布置，方便维修；注重综合调度系统中各专业之间的合理衔接，结合管理模式，理清专业之间的信息传递内容及其流向；重视枢纽内与既有线的连接方式，不仅要考虑车流方向、城市规划、工程概况，还需要考虑与既有线之间的管理划分方式等。

第二章　功能定位与需求研究

第一节　津秦高速铁路功能定位

一、在国民经济与路网中的地位和作用

津秦高速铁路直接吸引了天津、唐山、秦皇岛 3 市的旅客出行。起点天津是我国 4 个直辖市之一，是我国北方的经贸中心，是首都北京的海上门户。唐山市为河北省第二大城市，是京津唐经济区的重要组成部分，是冀东地区的政治、经济、文化、交通中心。秦皇岛市是我国沿海开放城市之一，是唯一具有现代化大型港口为依托的中等城市，经济上与北京、天津等特大城市有很强的互补性。随着各经济区域间协调发展，经济区之间联系日益密切，有大量的人流、物流、信息流交换；同时沿线城市化水平较高，市场经济发达，商贸活跃，经商、旅游、探亲、出差、求学人员来往频繁，人口流动性大，出行率较高，城际间将有大量的客货交流量。因此，津秦高速铁路连接了我国华北地区重要的大中城市、经济据点及旅游景点，是生产、贸易、旅游必不可少的运输通路。

津秦高速铁路的建设，实现了通道客货分线运输，可充分释放既有津山线能力，有效缓解货运能力紧张状况，确保东北煤、油、木、粮等大宗物资进出关调运以及港口、口岸货物集疏运输。津秦高速铁路建设极大地提升了铁路客货运服务质量，缩短了东北与沿线城市之间的时空距离，增进了东北与关内地区的经济、文化和技术交流，对于促进区域经济协调发展，保障振兴东北老工业基地战略的顺利实施，确保实现全面建设小康社会宏伟目标，具有重要意义。

津秦高速铁路建成后，可以与秦沈客运专线、哈大高速铁路形成京哈高速客运通道，并联结京沪高速铁路形成东部高速客运网，极大提高区域路网主干线的运输能力和质量，对于连通京哈高速铁路，全面盘活京津秦地区路网，充分发挥秦沈客运专线效益，实现铁路又快又好发展，构建交通强国等具有重要意义。

二、建设的必要性

1. 津秦高速铁路的建设可促进区域“协调”与“共享”发展，是支撑环渤海经济圈、京津冀一体化等国家战略实施的需要。随着环渤海经济圈、京津冀一体化等国家战略规划的实施，津秦高速铁路既是保障环渤海地区持续发展的强力支撑，又是环渤海地区与东北地区联动发展的重要平台和联系纽带，充分发挥着贯通东西的区位优势和战略支点作用。

津秦高速铁路建成后，能有效缩短京津冀地区与东北间的时空距离，有力推动周边区域与京津冀区域间的资源互补与产业发展，为区域间的融合提供更直接的交通保障，促进区域经济协调发展。

2. 津秦高速铁路的建设可促进京津冀城市群空间优化与质量提升，是京津冀一体化的需要。天津、唐山不仅在地理位置上处于京津冀城市群的中心地带，而且在城市空间结构中也处

于核心位置，津、唐、秦与首都北京之间的经济发展密不可分、优势互补，是决定和影响整个区域的增长重心和经济中枢。

未来，京津冀将进入经济一体化发展阶段，京、津、唐、秦间人员往来更加频繁，异地就业、异地居住将非常普遍，仅靠既有铁路难以满足旅客出行需求。在天津、秦皇岛两城市之间新建高标准客运通道，可形成快捷、方便的交通体系，对保障津、秦两地的客货运输畅通，提高运输质量，加快运送速度，拉近城市间的时空距离，实现京津冀一体化具有重要意义。

3. 津秦高速铁路的建设可完善城市空间布局，是促进城市间协同发展的需要。京津冀地区是我国继长三角、珠三角之后崛起的又一新的经济区域，目前区域城市化水平较高，但是区域内城市各部分的集中度还不平衡，城市间的协同发展程度还较低。

津秦高速铁路直接串联了环渤海京、津、唐、秦等城市，有效加强了河北省东部唐山、秦皇岛等城市与省会石家庄之间的沟通，提高了北京、天津、石家庄等城市的辐射，带动外围城市与省会城市的联动发展，为秦皇岛、唐山及沿线地区与北京、天津、石家庄等地的旅客交流提供便捷的快速通道，完善了各地区的枢纽布局，增加了枢纽的机动灵活性，对完善城市空间布局、促进城市间的协同发展具有重要意义。

4. 津秦高速铁路的建设可提高铁路运输服务质量和水平，是构建综合交通体系的需要。随着国民经济的发展和人民生活水平的提高，旅客对出行的要求已经发生了重要的变化，快速、安全、舒适、便捷已经成为旅客出行的首选条件。而高速铁路具有速度快、运能大、安全可靠、能耗低、全天候服务的优点。津秦高速铁路的建设，将在通道内实现客货分线，有条件以社会需求为依据，提供多元化、差异化的运输服务产品，满足不同层次客货运输需求，提升铁路的服务质量和水平，最大限度地满足运输市场的需求。同时，通过与公路、航空合理分工及充分发挥各自优势，有利于形成科学合理的现代化综合交通体系。

5. 津秦高速铁路的建设可促进铁路技术发展，是提高铁路技术水平的需要。高速铁路技术集中反映了当代新型牵引动力、高性能轻型车辆、高质量线路、高速运行控制和行车指挥、高标准养护维修、现代化运输组织和经营管理方面的技术，涉及电子、机械、信息、材料、航天、航空、环保等多学科高新技术领域。通过建设高速铁路，可使铁路技术装备、组织管理、服务质量登上新台阶，引领世界高速铁路的发展方向。而且，将带动各相关产业的技术进步，促进综合国力的提高，对我国现代化建设具有重要作用。

6. 津秦高速铁路的建设可尽快形成京哈高速客运通道，是提升通道运输能力的需要。京哈客运通道位于我国中东部地区，纵贯我国东北地区，是连接东北和华北地区，承担东北与关内客货交流的主要通道。京哈通道将环渤海经济圈和东北经济圈东西两个经济发展水平较高地区和经济发展潜力巨大的城市群贯穿起来；通过哈大、秦沈等东西干线，承东启西，联系东西部地区，其在路网及国民经济发展中的地位举足轻重。从路网结构来看，津秦高速铁路不仅可改善京沈通道的运输条件，提高铁路运输服务质量，扩大市场份额，而且是联系秦沈客运专线与哈大、京沪、京广高速铁路的纽带。如果不建成津秦高速铁路，将在天津至秦皇岛段形成能力“短板”，无法形成京哈客运通道，将严重制约京哈客运通道系统运输能力的发挥。

7. 津秦高速铁路的建设可促进沿线经济发展，是提升区域旅游产业开发与发展的需要。项目地处京津冀地区，北京、天津和秦皇岛市均为我国重要的旅游城市，旅游资源丰富。北京既有故宫、长城等古代建筑，又有亚运村等现代景观；天津优美的人文环境吸引了大批中外游客，古文化街、海滨浴场、蓟州区盘山风景区、独乐寺、黄崖关长城、杨村森林公园等名胜古迹每年都能吸引大批的游客；而秦皇岛则是我国著名的旅游胜地，北戴河已经成为人们避暑的好去处。

随着居民收入水平的提高，居民旅游出行需求今后将继续增长，津秦高速铁路的建设为旅游业的发展提供充足的运能保障，对加强区域内人员交流，增进各地区优势互补，提升区域旅游开发，实现区域经济协调发展具有重要意义。

第二节 津秦高速铁路客货流分析

一、吸引范围与经济概况

津秦高速铁路位于环渤海经济区内，是连接山海关以内与东北经济区的重要纽带，亦是天津港、唐山港、秦皇岛港等大中港口主要的后方通路，沿线主要经济据点有天津、唐山、秦皇岛市等。设计期间根据津秦铁路通道客货流特点，客货运量预测以进出关运量为主要研究对象，直接吸引范围确定为天津市、唐山市、秦皇岛市。

1. 天津市

天津市是中央直辖市和最早对外开放的14个沿海开放城市之一，是我国北方环渤海地区的经贸中心和出海口。2004年全市面积11 920 km^2，辖15个区、1个县，总人口926万人，其中非农业人口521.7万人。2004年天津市国民经济保持了快速增长的势头，全年实现国内生产总值2 931.88亿元，按可比价格计算，比1990年增长98.1%，高于全国平均增长水平，人均国内生产总值达到31 550元。

2. 唐山市

唐山市历史悠久、地理位置优越，地处环渤海地区中心地带，是连接华北、东北两大地区的咽喉要地和走廊，近年来随着京唐港的迅猛发展以及曹妃甸港的新建，将使唐山市成为环渤海地区一座重工业型港口城市。2004年全市总面积13 472 km^2，总人口710万人。全年实现国内生产总值1 626.33亿元，比上年增长14.9%。

3. 秦皇岛市

秦皇岛市北倚燕山，南临渤海，东接辽宁，西近京津唐地区，是我国北方重要的海港门户之一，是冀东地区重要的政治、经济、文化中心。下辖3区4县，土地面积7 812 km^2，其中市区393 km^2。2004年全市总人口275.82万人，全市共完成国内生产总值453.44亿元。

二、交通运输概况

天津、唐山、秦皇岛地区是我国交通运输比较发达的地区，对外有铁路、港口、公路、航空和管道五种运输方式，是关内外交通咽喉，海陆联运的交通枢纽。天津、秦皇岛至沈阳间已经形成了由铁路、公路、航空、水运、管道五种运输方式构成的综合运输体系。

1. 铁路：进出关运输通路有四条，即京沈、京通、京承、集通。连接京沈运输通道关内端有京山线、京秦线和大秦线，关外端有沈山线和秦沈客运专线，京山线、京秦线和大秦线连接沈山线和秦沈客运专线。

2. 公路：项目直接影响区内，有京津塘高速公路（北京—天津—塘沽）、京沈高速公路（北京—秦皇岛—沈阳）、塘沽—山海关高速公路（天津—唐山）、G102（北京—沈阳—哈尔滨）、G101（北京—承德—沈阳）、G111（北京—通辽—加格达奇）、G205（广州—山海关）等多条国道以及密布成网的支线公路，交通繁忙。

3. 航空：津秦沈铁路沿线城市密集，分布有天津滨海国际机场、沈阳桃仙国际机场、锦州机场等大中型航空港。目前关内各机场开通的进出关客货运航线主要有北京、天津、广州、上海至沈阳、长春、大连、哈尔滨等地的航班，此外还有昆明、重庆、郑州、武汉等地的航班。

4. 港口：铁路吸引范围内的大部分地区为沿海城市，沿线港口众多，水运发达。主要分布有天津港、京唐港和秦皇岛港。天津港是中国北方最大的综合性贸易港口之一，拥有全国最大的集装箱码头、全国最大的粮食进口专业码头、全国最大的原盐出口专业码头，是我国重要的枢纽港。

秦皇岛港是我国第二大港和第一大能源输出港，是华东、华中、华南沿海地区的主要能源供给港，是北京重要的出海门户及华北地区主要外贸口岸之一。

另外，东北地区与关内有联系的海运港口还有大连港、营口港、鲅鱼圈港、丹东港、旅顺港。除大连港和旅顺港开辟有至关内的客运航线外，其余各港均以货运为主。

5. 管道：东北输油管道包括大庆至抚顺、大庆至铁岭（复线）、铁岭至秦皇岛、铁岭至大连等 8 条管道，全长 2 440 km，其中平行于津秦沈铁路的为铁岭至秦皇岛输油管道，担负着将大庆油田 80％的原油及吉林油田的部分原油输送到燕山石化公司及秦皇岛港的任务，受国家产业政策的制约，研究年度管道运量基本维持在 $1\ 500\times10^4$ t 左右。

三、通道货运量预测

（一）通过运量

1. 货流径路的选择

京沈通道关内部分包括京山线、京秦线、大秦线和规划建设的津秦高速铁路，其中京秦线、京山线、大秦线是铁路进出关通道中的关内三大干线。当时三线的分工尚未完全按照最短径路原则实行。通道衔接的关外部分包括沈山线和秦沈客运专线。

设计年度，通道内津秦高速铁路、京秦城际建成后，将与京沪高速铁路、秦沈客运专线，以及京广高速铁路、哈大高速铁路等连接成网，构成贯穿我国东部、中部的高速铁路客运网络。

2. 各种运输方式的分工及运量分配

平行于通道的主要运输方式有铁路、公路、民航、管道和水运，而铁路是该区域交通运输体系的骨干，在 2004 年全社会完成的进出关货运总量中，铁路分别承担了进关量的 47.5％和出关量的 57.5％。

津秦高速铁路建成后，铁路运输能力进一步得到缓解，随着其货运能力和质量的提高，铁路仍将是区域综合交通运输体系的骨干。经过多方面的调查及对统计资料的分析，充分考虑影响客货运需求的各种主要因素，并结合综合运输体系中各种交通方式的特点，在对主要品名进行产销平衡分析和对其他品名采用模型测算的基础上，预测设计年度综合运输体系中进出关货运量的发展趋势详见表 2-2-1。

表 2-2-1 全社会进出关货运总量表 单位：10^4 t

类别 \ 年度		2003	2004	2020	2030
进关	一、铁路小计	6 940	8 019	12 410	14 040
	二、水运小计	5 363	6 358	10 800	12 700
	三、航空小计	6	10	15	20
	四、管道小计	1 432	1 547	1 800	1 850
	五、公路小计	898	964	1 700	2 000
	合计	14 639	16 898	26 725	30 610
出关	一、铁路小计	5 189	5 835	9 720	11 300
	二、水运小计	2 820	3 343	5 400	6 300
	三、航空小计	6	9	11	13
	四、管道小计	—	—	—	—
	五、公路小计	898	964	1 600	1 900
	合计	8 913	10 151	16 731	19 513

根据上述货流径路选择的分析，设计年度铁路进出关货运量通过山海关口(京沈通道)、平泉口(京承线、锦承线)、隆化口(京通线)、集通口(集通线)、烟大轮渡承担，在预测全社会进出关货运总量的基础上，考虑铁路所处位置、输送能力、运输条件、服务范围，按合理分流原则，根据货流 OD，预测铁路进出关货运量见表 2-2-2。

表 2-2-2 预测年度铁路进出关货运量表 单位：10^4 t

各口 \ 年度	2003		2004		2020		2030	
	上行	下行	上行	下行	上行	下行	上行	下行
平泉	78	42	95	41	270	100	320	150
隆化	1 310	985	1 563	929	1 640	1 400	1 760	1 500
山海关	5 521	3 591	5 962	4 166	9 200	6 060	10 450	7 350
集通	31	571	399	699	500	1 460	600	1 520
烟大	—	—	—	—	800	700	910	780
合计	6 940	5 189	8 019	5 835	12 410	9 720	14 040	11 300

(二)区段货流密度

京山线、京秦线均是京沈通道的重要组成部分，大秦线与京山线、京秦线在秦山地区交汇，三线从功能、吸引范围和运量组成方面有着密切的联系。

根据对主要品名的产销平衡分析和对其他品名的模型预测，结合分流原则、路网结构和功能变化情况，在分析现状货流密度和货物构成的基础上，考虑沿线地方经济的发展趋势，计算设计年度区段货流密度见表 2-2-3。

表 2-2-3　京秦、京山货流密度表　单位：10^4 t

线别	区段别	上行					下行				
		2002 年	2003 年	2004 年	2020 年	2030 年	2002 年	2003 年	2004 年	2020 年	2030 年
京秦	北京—狼窝铺	2 214	2 058	2 417	1 680	1 810	2 611	2 943	3 496	1 550	1 730
	狼窝铺—滦县—秦皇岛	4 421	4 235	1 929	1 880	2 030	2 598	2 721	2 516	2 190	2 290
京山	天津—狼窝铺	4 706	5 153	5 304	10 540	12 090	3 607	4 054	4 364	9 750	11 210
	狼窝铺—马铺营—秦皇岛	1 598	1 832	4 765	9 180	10 380	3 093	3 706	3 829	6 450	7 740

四、客流预测

(一)运量预测的思路和方法

客运量预测采用“四阶段法”，具体步骤和方法如下：

1. 通过对全国、全路客运量发展趋势和京津秦区域客运影响因素的分析，采用弹性系数、线性回归、指数平滑等方法预测区域客运总量，并通过分析区域铁路客运市场份额变化趋势，预测区域铁路客运量；

2. 根据现状客流 OD，采用重力模型预测设计年度趋势客流 OD；

3. 根据各方式广义费用，采用 Logit 模型进行方式划分；

4. 根据有无该项目情况下广义成本变化，采用诱增模型预测诱增运量；

5. 根据径路比较，结合现状客车开行和相邻路网条件，确定相关各线合理承担的客运量；

6. 根据客运专线与既有线合理分工原则，确定客运专线客流密度。

(二)OD 区域划分

为了使预测运量分配具有较高的准确性和合理性，在综合考虑行政区划、路网结构、客货分流原则以及各种交通方式可达性等因素的基础上，结合运量预测的实际需要，预测时将全国划分为 36 个交流小区，其中津秦高速铁路 9 个，东北方向 7 个，京沪方向 9 个，北京方向 7 个，京广方向 4 个。

(三)客流 OD 调查及旅客意愿调查

调查的范围将北京、天津及河北省的唐山、秦皇岛等地区作为项目的直接影响区，其辐射的周边地区为间接影响区。对上述区域内的经济发展状况及干支线铁路、公路等交通量做的调查。

1. 公路客流调查

公路调查的布点，主要分布在河北省唐山、秦皇岛及承德地区。于 2002 年 4 月 3 日至 4 月 7 日，对玉田、唐山、秦皇岛等各点进行 12 小时 OD 调查，抽样率为 50%，玉田点采用路边拦车访问法调查，其他各点利用收费设施进行询问。

2. 旅客出行意向调查

在沿线各地区进行 3 000 份旅客出行意向抽样调查。调查结果表明：

(1)区域内旅客对铁路运输的经济、安全、舒适、准点等方面优势较满意，有 63%的人在中长途出行时愿意选择乘坐铁路。

(2)被调查者中有 55%的人首选铁路，36%的人首选公路，9%的人首选民航，并认为津秦高速铁路建设对该地区发展有明显的促进作用。

(四)客运量预测

客流预测采用“四阶段法”。基年 OD 表生成中,铁路根据 2004 年全路 483 个重心点旅客 OD 交流资料编制。民航根据 2004 年《从统计看民航》编制(表 2-2-4)。

表 2-2-4 2004 年民航相关 OD 旅客交流表 单位:万人

发/到	北京	天津	济南	华东	广州	西南西北	合计
哈尔滨以远	6.7	—	—	—	4.2	—	10.9
哈尔滨	33.7	2.0	2.7	17.8	3.8	9.9	69.6
长春以远	9.0	—	—	—	1.8	—	10.8
长春	21.4	—	0.3	10.9	2.1	1.1	35.8
合计	70.8	2.0	3.0	28.7	11.9	11	127.4

公路:根据公路 OD 调查和长途汽车站调查,结合相关公路观测点流量统计报表,采用多途径相互验证的方法推算 2004 年公路相关 OD 交流。

1. 预测模型

(1)重力模型

$$Q_{ij}=\theta\cdot\frac{(SE_{ij})^{\alpha}}{C_{ij}{}^{\beta}} \tag{2-2-1}$$

式中 Q_{ij}——i、j 小区间的交通量;

SE_{ij}——i、j 小区社会经济指标;

C_{ij}——i、j 小区间的交通阻抗,采用广义出行费用;

θ、α、β——重力模型参数。

(2)方式划分模型

$$P_k=\frac{\exp(U_k)}{\sum\limits_k\exp(U_k)} \tag{2-2-2}$$

式中 P_k——k 种方式的市场份额。

(3)诱增运量模型

$$R_{ij}=\left(\frac{C_{ij无}}{C_{ij有}}\right)^{\beta}-1 \tag{2-2-3}$$

式中 R_{ij}——小区 i、j 间诱增运量的诱发率;

$C_{ij无}$——i、j 间无客运专线时的综合费用;

$C_{ij有}$——i、j 间有客运专线时的综合费用;

β——重力模型参数。

2. 基年及设计年度各种交通方式服务属性确定

基年各方式服务属性由旅客意愿调查获得,设计年度分析如下。

(1)铁路旅行速度

既有铁路:设计年度既有铁路旅行速度基于铁路提速规划,参照有关研究成果,长大干线旅客列车旅行速度取线路最高允许速度的 70%~80%。

客运专线:根据速度目标值和运输组织专题研究,津秦高速铁路建成后将开行速度 200 km/h 及以上的该线及跨线列车,旅行速度按速度目标值的 70%~80%考虑。

(2)铁路运价水平

既有运输系统基本按现行运价考虑,客运专线票价采用成本定价、运输市场定价和根据需求者负担能力定价等三种定价方法组合测定。根据分析测算结果,设计年度客运专线200 km/h以上的津秦高速铁路及跨线列车(高速1)运价为0.40元/(人·km),200 km/h的跨线列车(高速2)运价0.26元/(人·km)。

(3)铁路服务频率

服务频率不仅直接影响旅客候车时间,同时对旅客心理等待时间(从产生出行计划到实施出行的时间)以及购票便利性等也产生影响。服务频率越高,对客流吸引力越大,但到一定极限时服务频率的继续提高对客流吸引的显著性下降,它与运输工具分担率的关系服从S形曲线分布。根据广深及京津间服务频率对客流的影响,结合津秦高速铁路特点确定不同OD对间的服务频率。

(4)铁路在站等候时间、中转时间费用及进出站时间费用

研究年度上述服务属性参照相关项目研究结论及津秦高速铁路特点进行调整。

(5)公路、航空交通方式研究年度服务属性

公路、航空运输服务属性研究年度数据参照相关项目研究结论及项目特点,并结合区域综合交通网规划进行适当调整。

各交通方式现状及研究年度服务属性见表2-2-5。

表2-2-5　各交通方式现状及研究年度服务属性表

服务属性	年　度	铁　路		公　路		民　航
		既有线	客运专线	高速公路	国　道	
票价率(元/km)	现状	平均0.142	—	0.18～0.24	0.15～0.2	0.65～1.1
	研究年度	平均0.15～0.17	0.26～0.40	0.19～0.26	0.15～0.22	0.65～1.1
旅行速度(km/h)	现状	70～110	—	75～85	45～60	650～700
	研究年度	80～140	160～280	75～85	45～60	650～700
候车时间(h)	现状	0.5～0.65	—	0.35～0.5	0.35～0.5	0.8～1.2
	研究年度	0.5～0.65	0.35～0.5	0.3～0.42	0.3～0.42	0.8～1.2
进出站时间(h)	现状	0.4～0.5	—	0.3～0.42	0.4～0.6	1.5～2.5
	研究年度	0.35～0.42	0.4～0.5	0.25～0.35	0.35～0.5	1.5～2.5
进出站费用(元)	现状	5～10	—	5～8	5～8	60～90
	研究年度	5～12	6～15	5～10	5～10	60～90
其他费用(元)	现状	0～30	—	0～10	0～10	70
	研究年度	0～30	0～20	0～10	0～10	70

注:现状指2004年状况。

3.2004年度及研究年度各小区主要经济指标的确定

主要经济指标采用GDP,2004年度数据由各地统计年鉴获得。研究年度增长速度根据全国及区域社会经济发展规划、全面建设小康社会定量指标的要求,并参照统计年度实际情况确定。

4.模型参数标定

效用函数表达式同广义费用表达式为式(2-2-4):

$$U_{ij}=\beta_1+\beta_2 T_{ij}+F_{ij} \tag{2-2-4}$$

式中 β_1——该方式的方式罚因子；

β_2——时间价值；

T_{ij}——花费的时间；

F_{ij}——花费的费用。

对于任意两种方式(用上标 1,2 表示)，其选择概率之比可表示为式(2-2-5)：

$$\frac{P_{ij}^1}{P_{ij}^2}=\frac{\exp[-\lambda(\beta_1^1+\beta_2 T_{ij}^1+F_{ij}^1]}{\exp[-\lambda(\beta_1^2+\beta_2 T_{ij}^2+F_{ij}^2)]} \tag{2-2-5}$$

采用对数转换的方式标定上述模型，可得到 β_1^2、β_2、λ 的估计值。模型中参数 λ 为正态分布系数，用于控制各种交通方式的离散程度，它与距离密切相关。根据现状数据距离分布，经多次模拟，确定将所有 OD 数据按表 2-2-6 中 6 个距离段进行标定，并进行了现状再现，效果较好。

表 2-2-6 效用函数参数标定结果及 F、t 检验表(α=0.05)

距离段(km)	$-\beta_1^2$	$-\beta_2$	λ	F 值	λ 的 t 值	β_2 的 t 值	自由度	F 临界值	t 临界值
≤200	−14.71	13.90	0.051 87	12.64	2.81	3.08	2.7	4.74	2.37
200～400	7.85	11.17	0.032 14	8.43	2.28	2.41	2.27	3.44	2.07
400～600	20.26	11.63	0.011 54	11.05	2.55	2.99	2.43	3.22	2.02
600～800	43.23	10.29	0.010 65	6.18	2.81	3.50	2.33	3.29	2.04
800～1 100	13.87	12.65	0.008 89	6.22	3.21	2.94	2.37	3.26	2.03
>1 100	−295.67	15.82	0.003 86	37.54	2.72	2.73	2.50	3.19	2.01

结合效用函数参数标定的结果，利用基年各种运输方式的服务属性数据并根据广义费用函数计算综合广义费用，进而标定重力模型(表 2-2-7)。

表 2-2-7 重力模型参数估计结果及 F、t 检验表(α=0.05)

距离段(km)	θ	α	β	F	T_a	T_b	自由度	F 临界值	t 临界值
≤200	29.833 0	0.959 8	1.738 6	23.03	4.57	2.98	2.9	4.26	2.26
200～400	4.131 8	0.887 5	1.202 9	8.67	3.87	2.09	2.25	3.39	2.06
400～600	10.780 5	0.639 9	1.347 8	31.54	5.97	5.09	2.47	3.20	2.01
600～800	0.986 4	0.710 6	1.046 7	48.24	6.35	5.47	2.49	3.19	2.01
800～1 100	0.099 6	0.998 6	0.779 2	72.53	9.84	4.66	2.52	3.18	2.01
>1 100	0.253 2	0.783 4	0.653 2	15.78	4.34	3.58	2.82	3.12	1.99

从表中可以看出，效用函数及重力模型参数估计值在显著性水平 0.05 的情况下，F 检验值和 t 检验值均大于临界值，模型参数标定合理。

5. 时间价值的预测

据统计，研究年度内我国人均收入增长幅度比 GDP 略低，而旅客时间价值应与人均收入同步增长。通过效用函数标定现状分距离别旅客时间价值，并结合国民经济发展速度，确定设计年度旅客时间价值增长率 2004～2015 年间按 5%，2015～2020 年间按 4%，2020～2030 年间按 3%。

6. 转移运量预测

在按各自发展趋势预测各方式研究年度趋势量的基础上，按有无对比原则利用 Logit 模型计算客津秦高速铁路建成后通道各方式的分担率，将公路、民航分担率的变化认定为津秦高速铁路的转移效果。预测结果，公路转移量主要集中在沿线各 OD 点间，2030 年占 66.2%；民航转移量主要是北京与哈尔滨及以远的客流，2030 年占 35.1%。

7. 各年度诱增客运量预测

采用诱增运量模型，计算各 OD 点间的诱增率，进而推算津秦高速铁路诱增运量。结果表明，诱增运量以长距离的跨线客流为主，2030 年占全部诱增运量 63.7%。

8. 客运量预测结果及分析

(1)全社会进出关客运量

根据预测铁路 2020、2030 年的客运 OD，确定全社会进出关客运总量(表 2-2-8)。

表 2-2-8 全社会进出关客运量表 单位：万人

运输方式		2003 年	2004 年	2020 年	2030 年
进关	一、铁路小计	1 805	2 242	4 557	6 109
	二、水运小计	409	454	924	1 238
	三、航空小计	285	395	540	724
	四、公路小计	547	607	921	1 234
	合计	3 046	3 698	6 942	9 305
出关	一、铁路小计	1 766	2 150	4 557	6 109
	二、水运小计	409	454	924	1 238
	三、航空小计	285	395	540	724
	四、公路小计	547	607	921	1 234
	合计	3 007	3 606	6 942	9 305

(2)铁路进出关客运量

由于东北的资源、产业结构、工农业生产布局、工农业产品、能源消耗及主要的城镇布局均集中在哈大线沿线及其以东地区，是东北的政治、经济、科技、文化、人才最发达的中心地带，而关内发展最快的地区又集中在京、津、冀等省市和京沪、京广、京九等铁路沿线，因此，这两个经济发达地带的旅客交流，只能由京沈通道来完成。2004 年京沈通道(山海关口)进出关客运量占铁路进出关客运总量的 90.0%左右。京秦线、京山线是进出关旅客的主要通路，设计年度京沈通道进出关客运量占铁路进出关客运总量，2020 年为 91.7%，2030 年为 92.1%。铁路进出关各口客运量见表 2-2-9。

表 2-2-9 现状及预测年度铁路进出关客运量表 单位：万人

年度 / 各口	2002		2003		2004		2020		2030	
	进关	出关	进关	出关	进关	出关	进关	出关	进关	出关
平泉	60	54	69	74	79	83	150	160	205	205
隆化	133	98	142	76	176	140	200	200	250	250
山海关	1 753	1 751	1 583	1 603	1 974	1 912	4 187	4 187	5 624	5 624

续上表

各口 \ 年度	2002		2003		2004		2020		2030	
	进关	出关	进关	出关	进关	出关	进关	出关	进关	出关
集通	11	11	11	13	13	15	20	20	30	30
合计	1 957	1 914	1 805	1 766	2 242	2 150	4 557	4 567	6 109	6 109

(3)京沈通道客运量预测

①进出关客运量走势分析

研究年度客运量的特点是波动较大。旅客运输的发展趋势是:一方面,随着铁路客票的调价,短途客流被公路分流,管内、市郊客流下降幅度较大,其中全国铁路管内客流由 1990 年的 67 291 万人下降到 2003 年的 60 761 万人,平均每年下降 0.8%;另一方面,由于人民生活水平的提高,旅游事业的发展及南北方经济联系的日益增强,直通客流呈现了较快的增长势头。反映在进出关旅客运量上,1985~2004 年的 19 年间,进出关客运量平均每年增长 3.5%,在进出关客运量中,90%以上由山海关口承担。全国及山海关口铁路客运量见表 2-2-10。

表 2-2-10 全国旅客发送量及山海关口直通客运量 单位:万人

年 度	全国旅客发送量	山海关口直通客运量		
	总 计	进 关 量	出 关 量	总 计
1980	91 246	620	637	1 257
1985	110 913	1 067	1 085	2 152
1988	121 595	1 454	1 061	2 515
1989	112 798	1 320	1 326	2 646
1990	94 888	1 124	1 141	2 265
1995	102 081	1 350	1 335	2 685
1996	93 551	1 248	1 199	2 447
1997	91 919	1 297	1 274	2 571
1998	92 991	1 344	1 358	2 702
1999	97 728	1 460	1 495	2 955
2000	105 073	1 593	1 629	3 222
2001	105 155	1 696	1 669	3 365
2002	105 606	1 753	1 751	3 504
2003	97 260	1 583	1 603	3 186
2004	111 764	1 974	1 912	3 886

上述统计数字表明,山海关口 1980~2004 年的 24 年中,客运量平均年增 4.83%。随着 1997 年铁路客车运行图的大规模调整,开行了朝发夕至、夕发朝至及城际间快速列车,进出关客流量从 1997 年的 2 571 万人增至 2002 年的 3 504 万人,年均递增了 6.39%,2003 年由于"非典"的影响,客流有所下降,2004 年客流量又大幅上升,增加到 3 886 万人。可见,京沈通道的直通客流量增长速度是非常快的,这充分证明铁路的优越性,中长途旅客仍是铁路最大的优势所在。特别是京秦、京山提速和开行快速列车,更显出铁路舒适、安全、快捷的特点。根据现状客流分析及预测年度客流 OD 表,确定各方向出关客流见表 2-2-11。

表 2-2-11　山海关口客流量预测表　　单位:万人

山海关口＼年度	2002	2003	2004	2020	2030
出关流总计	1 751	1 604	1 912	4 189	5 627
京沪出关	500	458	546	1 196	1 607
天津出关	250	229	273	598	803
北京出关	720	659	786	1 721	2 312
京广出关	125	115	136	300	403
京秦、京山沿线	156	143	171	374	502

②客流密度预测

a. 客流特点、主要流向及发展趋势分析

通过对京山、京秦线的资料分析,可以看出客流具有以下特点:全线客流密度大,基本保持在 3 000 万人左右,是全路平均客流密度的 4～6 倍;直通客流在总客流中所占比重大,各区段均在 75%以上,经抽样调查,该线客流成分现以工人、农民、干部为主,占总量的 71.4%,旅行的目的以探亲访友、旅游休养、外出打工的较多,占总量的 64.7%,开会、出差的占 20.8%;旅客旅行费用来源中公费乘车率约为 39%,自费乘车率约为 61%。

京山线、京秦线及沈山线历年客流密度见表 2-2-12、表 2-2-13。

表 2-2-12　京山线天津—唐山段历年区间客流密度表　　单位:万人

项目	方向	1991	1995	1996	1997	1998	1999	2000	2001	2002	2003	2004
合计	上行	1 226	1 417	1 208	1 484	1 456	1 425	1 462	1 380	1 260	1 092	1 562
	下行	1 257	1 374	1 177	1 295	1 346	1 622	1 530	1 487	1 265	1 223	1 464
直通	上行	982	1 150	1 008	1 153	1 118	1 051	1 115	1 048	971	980	1 280
	下行	1 021	1 116	960	957	999	1 250	1 118	1113	968	851	1 179
管内	上行	244	267	200	331	338	374	347	332	289	241	282
	下行	236	258	217	338	347	372	413	374	297	242	285

表 2-2-13　京秦线历年区间客流密度表　　单位:万人

项目	方向	1991	1995	1996	1997	1998	1999	2000	2001	2002	2003	2004
合计	上行	213	176	173	155	246	412	539	696	872	728	779
	下行	211	211	157	307	342	220	491	540	840	841	835
直通	上行	156	117	99	100	183	362	455	611	736	607	598
	下行	151	155	117	262	291	178	452	487	706	722	653
管内	上行	57	59	74	55	63	50	84	85	136	121	181
	下行	60	56	40	45	51	42	39	53	134	119	182

b. 客流密度

根据历年客流特点分析及山海关口进出关客流 OD 预测,考虑沿线地方发展,确定通道区段客流密度,计算结果见表 2-2-14。

表 2-2-14　京沈通道各区段客流密度表　　单位：万人

年　度	构　成	北京—狼窝铺	天津—唐山	唐山(狼窝铺)—秦皇岛
2020	总运量	2 070	2 733	4 330
	趋势运量	1 674	2 279	3 523
	公路转移	89	91	159
	民航转移	34	39	92
	诱增运量	273	324	556
2030	总运量	2 760	3 739	5 634
	趋势运量	2 180	2 969	4 441
	公路转移	130	222	236
	民航转移	64	75	166
	诱增运量	386	473	791

(4)客运专线、既有线、城际铁路客流预测

设计年度，津秦高速铁路建成，将主要承担京沪高速客流经该线、秦沈、哈大高速铁路与关外的旅客交流，并承担北京及以远、秦皇岛及以远的部分旅客交流；京秦线将主要承担北京及以远、秦皇岛及以远的部分旅客交流；京山既有线将主要承担管内部分普速客流；规划的京秦城际将主要承担沿线区域重点城市、中心城镇间的城际客流。

根据津秦客流特点，考虑津秦高速铁路与既有线、城际的分工，该线承担高速客站所有城市间及相邻线进入该线的高速客流；既有线承担既有沿线的短途地方流和部分在该线运行距离较短的跨线客流；京秦城际承担短途的城镇间客流。

根据预测年度 OD 表及津秦高速铁路与既有线、城际客运专线的划分原则，分区段津秦高速铁路、既有线、城际客运专线客流密度见表 2-2-15。

表 2-2-15　通道内各线分区段客流密度表　　单位：万人

区　段	线　路	年　度	
		2020 年	2030 年
北京—狼窝铺	京秦线	2 070	2 760
唐山(滦县)—秦皇岛		430	470
天津—唐山	京山线	360	468
狼窝铺(马铺营)—秦皇岛		60	78
天津—滨海	津秦高速铁路	2 725	3 680
滨海—唐山		2 373	3 271
唐山—秦皇岛		3 840	5 086
北京—唐山	京秦城际	1 156	2 187
唐山—秦皇岛		1 488	2 710

第三章　技术标准选择

高速铁路技术标准的选择，直接制约着高速铁路的建设投资、运营效果和维修养护，而在高速铁路的技术标准中，最为重要的是速度目标值和最大纵向坡度的选择。高速铁路的速度目标值是高速行车技术的核心指标，是展现高速铁路系统技术水平的最主要标志，是高速铁路总体设计的决定性参数，也是每个修建高速铁路的国家竞相追求的目标。选择速度目标值既要具有一定的先进性，又要技术上可行；既要着眼于长远发展，又要经济上合理；更要考虑到发挥铁路在我国综合交通运输体系中的骨干作用。同时，速度目标值的选择直接关系到线下基础工程和线上各种技术装备的选择，不同的速度目标值采用的建设标准和技术装备往往存在较大的差异。最大纵向坡度的选择对线路长度、走向、建设规模、工程投资及运营质量和输送能力均有较大的影响，特别是对于地形和地质条件复杂的区域，线路最大纵向坡度的确定直接关系高速铁路的建设和投资规模，并影响高速铁路的运营效果。本章从速度目标值和最大纵向坡度两个方面对津秦高速铁路的技术标准选择进行分析和论述。

第一节　速度目标值选择

速度目标值是确定铁路总体技术方案的前提条件，是最基础、最重要的技术参数。速度目标值选取得过低，将不能满足人们对铁路运输服务水平日益增长的需要。速度目标值选取得过高则增加工程投资，相应的国内工程施工技术及机械制造水平恐难达到，工程技术风险加大，从而影响项目实施的经济效益。

一、高速铁路发展历程及建设经验

1. 国外高速铁路

1964 年日本东海道新干线以 210 km/h 速度投入运营，开创了高速铁路的新纪元。随后，法国于 1983 年建成了设计速度为 300 km/h 的巴黎—里昂高速铁路，德国于 1991 年建成了设计速度 280 km/h 的汉堡—慕尼黑高速铁路，英国、意大利、西班牙等国家也都相继修建了高速铁路。在世界高速铁路的发展历程中，其速度目标值也跨越了三个阶段。20 世纪 60～70 年代，高速列车的最高速度为 210～240 km/h；20 世纪 80 年代为高速技术成熟时期，高速列车的最高速度达 250～300 km/h；20 世纪 90 年代高速列车的速度超过了 300 km/h，并向 350 km/h发展。

日本东海道新干线于 1964 年 10 月建成，当时的设计速度目标值为 250 km/h，初期运行时，最高运行速度为 210 km/h，从东京到大阪需 4 h。随着经济的发展、技术的提高和市场的需要，东海道新干线的运行速度目标值不断提高，当使用 300 系电动车组时，最高运行速度已达到 270 km/h，超过原来的设计速度目标值 250 km/h，从东京到大阪约需 2.5 h。这时，基础设施的条件已经得到最充分的利用，最大实设超高已达到 200 mm，最大欠超高已达到

109 mm,基本上可满足旅客的乘坐舒适度,但难以满足旅客站立和走行舒适度的要求。1997年,西日本铁路公司研究开发了500系电动车组,在山阳新干线上最高运行速度达到300 km/h,而进入东海道新干线时,由于基础设施的限制,只能以最高速度270 km/h运行,使500系电动车组的速度能力没有充分发挥出来。这时,日本铁路界深刻地认识到东海道新干线建设时确定的设计速度目标值250 km/h是偏低了。20世纪90年代韩国建设汉城到釜山间高速铁路时,吸取了日本东海道新干线的经验,把最高运行速度定为300 km/h,基础设施的最高设计速度定为350 km/h。

最高速度300～350 km/h是当今世界先进水平,也是世界各国建设高速铁路时普遍采用的速度目标。

2. 中国客运专线研究

经过对京沪客运专线研究,确定了客运专线速度目标值为最高运营速度300 km/h,基础设施预留350 km/h,低速度等级列车运营速度为200 km/h以上。

从项目建设时序上分析,经国家批准,武广、郑西、石太等客运专线先后于2005年开工建设,京沪客运专线应在2010年左右建成。在京沪客运专线建成初期,与京沪线衔接的沪杭线也已电化完成,在运输组织上与高速铁路相协调。从运输需求分析,津秦高速铁路应在2015年以前建成,届时世界高速铁路已运营50年,如果说20世纪80年代是高速技术成熟阶段的话,到2015年津秦高速铁路建成时,时间跨度已经有30多年,我国也经历了京沪客运专线的建设和运营,取得并积累了高速铁路工程设计、施工和运营实践的经验,可以为津秦高速铁路的建设提供可靠的技术支持。

二、基础设施建设应适应长远技术发展的需要

速度目标值选择包含两层含义,即固定设施和移动设备的速度目标值,确定两者的速度目标值应考虑其不同的生命周期成本,兼顾长远和近期的利益,谋求最佳经济效益。固定设施速度目标值的选择应着眼于长远发展,为技术发展留有余地,宜选择为300 km/h,并预留350 km/h的条件。因为固定设施一经建成,其改造难度较大甚至根本无法实施,比如线路从200 km/h标准改造为300 km/h,由于最小曲线半径增大,需要进行改线;线间距加宽,需要加宽路基、拆除全线的路基防护工程、平移接触网杆柱等。这些改造对于运输繁忙的线路是难以实施的。移动设备的速度目标值可根据技术发展情况和经济效益,在允许的范围内选择并逐步提高。

三、速度目标值的选择应有利于高速铁路网的形成和运输组织的衔接

京沪高速铁路设计速度目标值为350 km/h,跨线B类列车运营速度不低于200 km/h,采用不同速度等级的列车共线运行的运输组织模式。就京沪高速铁路而言,这绝非是理想的运输模式,是在高速铁路尚未成网的情况下,结合京沪线客流特点而不得不采用的模式,随着高速铁路的建设,京沪高速铁路将逐步过渡到全部开行高速度等级列车的运输模式。如果津秦高速铁路选择200 km/h的速度目标值,则京沪线与东北地区的跨线客车存在两种选择,第一种选择,在天津换乘,根据京沪高速铁路多年研究论证,完全换乘是不可取的。第二种选择,在津秦线200 km/h的列车上,京沪高速铁路以200 km/h的速度运行,此方式将使京沪高速铁路无法过渡到全高速模式。另外,天津—秦皇岛按照200 km/h的标准建设,使天津—沈阳形成近700 km的200 km/h标准的铁路系统,300 km/h的高速列车下线运行已不经济。若津秦高速

铁路选择 350 km/h 的速度目标值，则有利于秦沈高速铁路与京沪高速铁路的运输组织衔接，有利于京沪高速铁路向全部开行高速度等级列车的运输模式过渡，也有利于京沪高速铁路 300 km/h 的高速列车下线运行。

四、津秦高速铁路不同速度目标值的优缺点对比和综合经济效益分析

最高速度 350 km/h 和 200～250 km/h 的津秦高速铁路优缺点见表 2-3-1。

表 2-3-1　350 km/h 和 200～250 km/h 高速铁路对比表

项目＼速度	350 km/h	200～250 km/h
1. 与京沪高速铁路衔接	京沪高速铁路的运输组织将由不同速度等级列车共线运行的模式逐步过渡到全部开行高等级速度列车的模式，津秦线选用 350 km/h 的速度标准时，与京沪高速铁路协调一致，有利于高速铁路网技术标准的统一	与京沪高速铁路标准不一，使京沪高速铁路无法向全部开行高等级速度列车的模式过渡，或者强行过渡时，造成 350 km/h 动车组的下线运营距离过长，经济上不利
2. 适应旅客出行要求，服务距离适宜	津秦高速铁路位于进出关通道上，相连的大型客流集散点（沈阳至天津、北京）间的距离在 700 km 左右，正好发挥350 km/h高速铁路的优势。考虑夕发朝至列车，优势运距可延长到 1 500～2 000 km	200～250 km/h 高速铁路的运营优势距离在 100～300 km，津秦高速铁路的客流大多已经超出了这一范围。对客流的适应性较差
3. 符合铁路发展趋势	世界高速铁路的发展趋势是从 1964 年的 200 km/h 起步，发展到目前的 300 km/h 及以上。如计划于 2005 年建成的法国巴黎—斯特拉斯堡线（338 km）为 360 km/h，拟于 2007 年建成的西班牙马德里—巴塞罗那—法国边境线（760 km）为 350 km/h。从现状和发展趋势看，350 km/h 将成为今后高速铁路较为普遍采用的设计速度，代表着当今乃至今后几十年世界高速铁路技术发展水平，其技术成熟度和可靠性完全有保障	研究年度内广深准高速铁路的最高运营速度已经接近 200 km/h，秦沈高速铁路运营速度达 200 km/h，土建工程预留 250 km/h 的条件，运营一段时间后随着线上设备的大修更新，最高速度即可达到 250 km/h 或更高。较当时规划的高速铁路网的技术标准稍低
4. 综合社会效益	好	较好

综合以上分析，津秦高速铁路采用 350 km/h 速度目标值，是实现项目效益最大化的方案，符合铁路客运高速化、快速化发展趋势，能够适应未来我国铁路技术水平的提升，有利于促进我国铁路技术装备现代化，实现铁路跨越式发展。同时从发展趋势来看，今后 10 年将有若干条列车最高运行速度在 350 km/h 左右的高速铁路投入运营，350 km/h 将成为今后高速铁路较为普遍的设计速度。

津秦高速铁路由于与京沪高速铁路衔接，应采用与京沪高速铁路同样的标准，即速度目标值为 350 km/h。

五、B 类跨线列车最低运行速度匹配分析

根据运输组织模式研究结论，津秦高速铁路在一定时期内将采用不同速度列车混合运行，即客运专线上运行的列车包括该线及 A 类跨线列车和 B 类跨线列车。该线及 A 类跨线列车按高速度等级运行，因此，B 类跨线列车最低运行速度应与该线及 A 类跨线列车最高速度相匹配，即必须考虑两者在技术标准（如曲线超高设置等）上的兼容性与可行性、在通过能力利用上的合理性。

根据京沪高速铁路研究成果，速度目标值为 300 km/h 时，B 类跨线列车的速度必须在 160 km/h 及其以上；速度目标值提高至 350 km/h 后，160 km/h 的速度已难以与 350 km/h 的速度相匹配，B 类跨线列车的速度应在 200 km/h 及其以上。津秦高速铁路速度目标值选定为 350 km/h，因此，B 类跨线列车的速度必须在 200 km/h 及其以上。

2005 年全路第六次大提速后，既有部分干线列车速度将达到 200 km/h，客运专线上列车的运行速度不应低于既有线的运行速度，因此，B 类跨线列车速度至少应为 200 km/h 及以上。

从行车组织方面考虑，津秦高速铁路及 A 类跨线列车与 B 类跨线列车速度的合理匹配对线路通过能力影响较大，两者速差的大小直接关系到扣除系数，速差大则扣除系数大、通过能力小，速差小则反之。通过对 350 km/h(160 km/h)、300 km/h(200 km/h)、350 km/h(200 km/h)、350 km/h(250 km/h)四种组合方案对线路能力影响程度的研究分析结果，其影响程度由大到小依次为：350 km/h(160 km/h)＞350 km/h(200 km/h)＞300 km/h(200 km/h)＞350 km/h(250 km/h)。B 类跨线车的速度为 160 km/h 时，对能力的影响最大。因此，从满足通过能力要求方面考虑，B 类跨线列车最低速度至少应为 200 km/h。此外，B 类跨线列车速度采用200 km/h符合我国机车车辆工业发展趋势。

因此津秦高速铁路 B 类跨线列车最低速度宜采用 200 km/h。

综合上述分析，津秦高速铁路全线推荐采用 350 km/h 速度目标值，B 类跨线列车速度宜为 200 km/h 及以上。

第二节　最大纵向坡度选择

一、最大纵向坡度的构成

津秦高速铁路运行的 B 类跨线列车均为 200 km/h 及以上的动车组，高速列车及跨线列车采用大功率、轻型动车组，牵引和制动性能优良，能适应较大纵向坡度运行。其最大纵向坡度选择的主要因素有电动车组与纵向坡度的适应性、沿线地形条件、能耗和运营费用、与相邻铁路的适应性等。津秦沿线地形平坦，不同的最大纵向坡度主要影响线路跨越铁路、道路、通航河道等桥梁工程的设置。结合沿线地形特点及参照其他客运专线的研究成果，小于 12‰最大纵向坡度方案对改善动车组运营条件影响甚微，而工程投资增加较大，利弊明显；20‰以上最大纵向坡度在该线比值断面设计中难以用到，故主要对 9‰、12‰、15‰、20‰坡度方案进行分析比较。

二、电动车组性能及适应性

1. 电动车组性能及适应性分析

提高列车速度须通过提高列车单位质量牵引功率或系统地降低列车质量来实现。在津秦高速铁路上将运行最高速度为 350 km/h、200 km/h 的动车组列车，列车总重分别为 768 t、1 080 t。根据对国内外高速列车研究分析，速度为 200 km/h 的列车最大功率为 14 400 kW，单位质量牵引功率为 13.33 kW/t；速度为 350 km/h 的列车最大功率为 21 120 kW，单位质量牵引功率为 27.5 kW/t。

2. 速度与纵向坡度的适应性分析

在列车运行过程中，列车牵引功率必须满足牵引时起动加速能力及最高速度目标值时剩余加速度的要求，不同高速列车的阻力和牵引质量不同对功率要求也有差异。表 2-3-2 是给定功率下列车速度与纵向坡度适应情况分析表。

表 2-3-2　列车速度与纵向坡度适应情况分析表

动车组类型	单位质量牵引功率(kW/t)	速度值(km/h)	基本阻力(N/kN)	牵引力(N/kN)	剩余牵引力(N/kN)	平坡上运行剩余加速度(m/s^2)	保持匀速运行的坡道值(‰)
350 km/h	27.5	350	18.47	24.18	5.71	0.06	5.71
		300	14.17	28.22	14.05	0.14	14.05
		250	10.47	33.86	23.39	0.23	23.39
200 km/h	13.3	200	7.37	20.52	13.15	0.13	13.15
		180	6.29	22.80	16.51	0.17	16.51
		160	5.32	25.65	20.33	0.20	20.33

注：功率利用系数采用 0.95，牵引力使用系数采用 0.9，暂不考虑曲线以及隧道附加阻力的影响。

由表 2-3-2 可见，最高速度为 350 km/h 的列车在平坡上运行仍有 0.06 m/s^2 的加速；在 14‰的坡道上能以 300 km/h 匀速运行；在 23‰的坡道上也可以 250 km/h 匀速运行，但较最高速度降低了 30%。对于最高速度为 200 km/h 的列车在 20‰的坡道上能以 160 km/h 的速度匀速运行。

3. 不同纵向坡度动能闯坡模拟

对最高速度为 350 km/h、200 km/h 的动车组列车进行 9‰、12‰、15‰和 20‰的动能闯坡模拟，结果见表 2-3-3。

表 2-3-3　不同纵向坡度动能闯坡模拟结果表

电动车组 v_{max} (km/h)	最大纵向坡度(‰)	初速度(km/h)	最大纵向坡度长度(km)									
			1	2	3	4	5	6	7	8	9	10
			在最大纵向坡度上运行一定长度后的末速度(km/h)									
350	9	340	339.6	339.2	338.8	338.4	338	337.6	337.2	336.9	336.5	336.2
	12	340	338.6	337.1	335.8	334.5	333.2	332	330.9	329.9	329	328.1
	15	340	337.6	335	332.8	330.6	328.5	326.6	324.7	323	321.2	319.6
	20	340	335.8	331.7	327.7	323.9	320.5	317.2	313.9	310.9	308	305.3
200	9	180	185.7	190	193.9	197.4	200.3	203.1	205.4	207.7	209.7	211.6
	12	180	183.9	186.7	189.1	191.2	193.2	194.8	196.4	197.8	199	200
	15	180	182	183.2	184.2	185.1	185.9	186.5	187.1	187.7	188.2	188.6
	20	180	179	177.3	175.8	174.4	173.3	172.3	171.4	170.6	169.9	169.3

虽然因克服坡道阻力，会使列车在大坡道上持续速度损失。但当地形好、初速较高时，可以利用动能减小速度损失。从表 2-3-3 可见，动车组以较高速度进入大坡道运行至坡顶时的速度损失较小。最高速度为 350 km/h 的电动车组在 20‰的上坡段运行 10 km 后，速度损失为 10%，说明电动车组具有良好的纵向坡度适应性。

三、工程投资与运营费比较

动车组牵引和制动性能优良，能适应较大的纵向坡度运行。根据国际铁路联盟高速部“速度 300～350 km/h 的新线设计科技发展动态”初步的研究成果，其对线路最大坡度取值建议范围很大，在 12.5‰与 40‰之间。津秦高速铁路的最大纵向坡度应根据该线具体情况进行综合分析。

津秦高速铁路在典型地段进行了以 9‰、12‰、15‰经济技术比较，每加大一档，对工程投资的影响未超过2%～3%。

与津秦高速铁路相邻的秦沈客运专线，设计最大纵向坡度为 12‰；京沪高速铁路最大纵向坡度采用 12‰，困难条件下，经牵引计算检算可采用不大于 20‰纵向坡度。京沪高速铁路也曾对 8‰、12‰、15‰限坡进行过经济技术比较，每加大一档，对工程投资的影响未超过2%～4%。但沿线跨越江河、道路、铁路等跨越工程较多，纵向坡度过小，对这些工点的工程投资具有较大的影响。经综合分析，最大纵向坡度采用 12‰；在个别困难条件下，当采用较大纵向坡度可取得明显技术经济效果时，经牵引技术检算，可采用大于 12‰的适当纵向坡度。

同时，从路网上分析，统一最大纵坡度有利于行车组织，从与相邻线标准匹配的角度分析，该线选择 12‰的最大纵向坡度是合适的。并且从津秦高速铁路地形条件分析，12‰最大纵向坡度足以适应全线大部分地段地形。经过工程费、运营费综合比较，局部采用不大于 20‰最大纵向坡度综合投资最低。因此，该线推荐最大纵向坡度 20‰。

四、换算工程运营费比较分析

津秦高速铁路选择较大的纵向坡度设计时，一方面列车运行遇到上坡时，速度会略有所损失；另一方面遇到下坡时，较大的势能可以产生更大的加速度来弥补上坡带来的速度和能耗损失，因此不能说增大纵向坡度旅行速度就降低，能耗及运营费就大。

同时津秦高速铁路各方案最大纵向坡度实际采用不多，借鉴京沪高速铁路经验，各方案计算期运营费现值相差甚微。

综合分析，津秦高速铁路运行的电动车组对于 12‰～20‰的纵向坡度有良好的适应性，经过工程费、运营费综合比较，局部采用不大于 20‰最大纵向坡度综合投资最低。因此，津秦高速铁路推荐最大纵向坡度一般情况下 12‰，困难情况下 20‰。

第四章　线站方案研究

第一节　线 路 走 向

津秦高速铁路线路(图 2-4-1)起自天津站以东、车辆段西端(DK9＋000),并行津山线北侧向东以路基形式依次下钻东兴立交桥、昆仑路立交桥、外环线立交桥,之后以桥梁形式经张贵庄至军粮城镇设军粮城北站(高架站,津秦高速铁路与京津城际延伸线共用);线路出站向东至滨海西后线路北折,跨过津滨高速公路、唐津高速公路、京津塘高速公路后设滨海站;出站后,线路跨过西中环快速路、北环铁路、杨北公路、京津高速公路、永定新河,经北塘水库、宁车沽、茶淀后设滨海北站;出站后跨蓟运河、津山铁路、唐津高速公路、112 国道、205 国道、津山铁路,沿唐津运河经裴庄、西田庄、张良庄、赵茂庄、么家泊,跨过唐山西外环高速、112 国道,经白各庄、边各寨、常庄后引入既有唐山站;之后,线路经夏屋庄、东龙虎庄、光新庄、金川院后东折,跨津山铁路、京沈唐津高速公路互通、陡河后,经大岗子、北小寨、孟店子、六百户、高纪庄子、孟家屯在野鸡坨附近设滦河站;出站后线路向东,跨平青路、迁菱铁路、滦河,经田庄子、油粉店、常家沟、萧家沟、廖家黑石跨过卢昌公路,经马家黑石、黄家村、上应各庄、上荆子、东山村、柳河北山、徐庄、郑庄、大新庄、潘官营、上新庄、蒲兰庄,跨洋河后引入既有北戴河站;之后,线路经甘各庄、杨户屯、杨庄户、计新庄,沿既有津山线引入既有秦皇岛站(DK298＋900)。

贯通正线自 DK9＋000～DK298＋900(秦皇岛站中心)线路长度为 257.432 km。

第二节　重大走向方案比选

一、天津至唐山段线路走向方案

津秦高速铁路在可行性研究阶段,对天津至唐山段的线路走向,研究了天津西经宜兴埠引出至唐山方案与天津西经地下直径线、滨海新区至唐山方案(图 2-4-2)。

1. 天津西经宜兴埠引出至唐山方案(Ⅰ方案)

该方案津秦高速铁路线路起点自天津西站引出,向东并行既有津浦线,经河北大街,跨子牙河之后折向北经天泰路,在南口路处跨既有津浦线、西沽支线、粮库专用线,之后沿京山津浦下行联络线向东北延伸,跨津浦上行进场线、南仓货车出发线、京山津浦上行联络线、京山线,下钻京津城际、铁东路快速路后,并行北环铁路,之后跨规划的地铁三号线、曙光路、外环线、京津塘高速公路、北环铁路,经温家房子,跨津蓟高速公路、永金引河、永定新河、北京排污河后进入宁河区,经西堤头镇、潘庄镇,跨青龙湾河、潮白新河,经赵本乡、大辛乡、跨蓟运河、还乡河后,在岳龙庄镇进入唐山地区,经小张各庄、郑八庄、毛庆坨,在前、后冯各庄处从三女河军用机场东侧两个导航台之间穿过(导航台距线位距离均在 1 000 m 以上),再经车轴山、陶立营引入既有唐山北站,出站后终至方案比较终点。

该方案线路长度为 111.647 km,工程投资 1 125 957.9 万元。

图 2-4-1 津秦高速铁路线路调整平面示意图

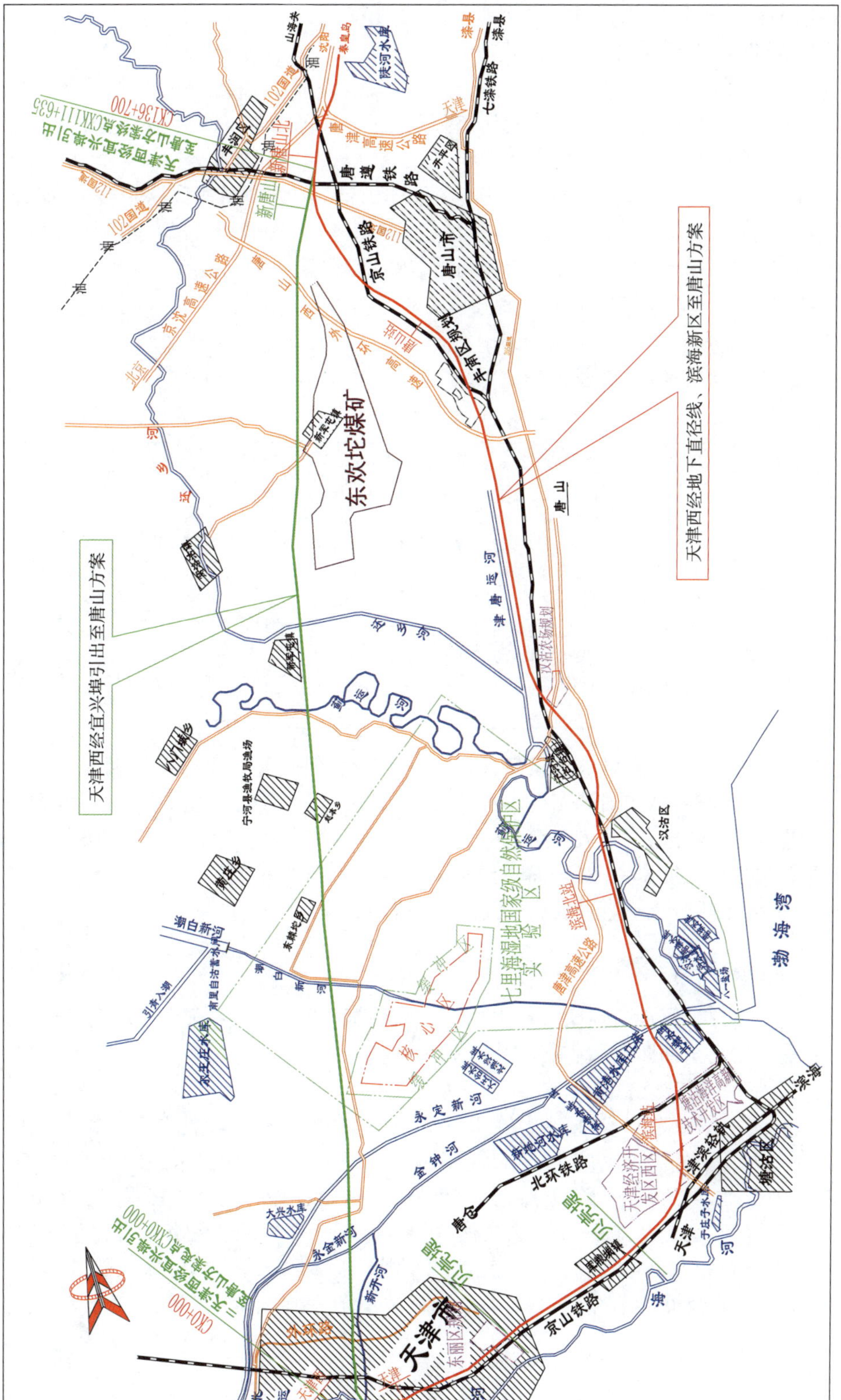

图 2-4-2　天津至唐山线路走向方案比较示意图

2. 天津西经地下直径线、滨海新区至唐山方案（Ⅱ方案）

该方案线路起自天津西站中心，利用天津地下直径线至天津站，出天津站后并行津山线北侧向东以路基形式依次下钻东兴立交桥、昆仑路立交桥、外环线立交桥，之后以桥梁形式经张贵庄、军粮城镇，然后线路北折，跨过津滨高速公路、唐津高速公路、京津塘高速公路后设滨海站；出站后，线路跨过西中环快速路、北环铁路、杨北公路、京津高速公路、永定新河，经北塘水库、宁车沽、茶淀后设滨海北站；出站后跨蓟运河、津山铁路、唐津高速公路、112 国道、205 国道、津山铁路，沿唐津运河经裴庄、西田庄、张良庄、赵茂庄、么家泊，跨过唐山西外环高速、112 国道，经白各庄、边各寨、常庄后引入既有唐山站，出站后终至方案比较终点。

该方案线路长度为 136.596 km，工程投资 1 618 072.3 万元。

3. 方案优缺点分析

方案优缺点分析见表 2-4-1 及推荐意见。

表 2-4-1 优缺点分析表

优缺点 \ 方案	优点	缺点
Ⅰ方案：天津西经宜兴埠引出至唐山方案	线路长度较Ⅱ方案短 24.949 km；工程投资较Ⅱ方案节省 492 114.4 万元；线路平面条件好；天津西至唐山列车运营时分少 17.4 min	不经滨海新区，对滨海新区的服务性不强；不符合天津市总体规划；在唐山引入新唐山北站，不符合唐山市的总体规划
Ⅱ方案：天津西经地下直径线、滨海新区至唐山方案	客运专线接轨天津站，并与天津西站和天津站相连接，增强了天津枢纽使用的灵活性；经过滨海新区，符合天津市总体规划，有利于滨海新区的开发，符合国家总体战略；引入唐山既有站，符合唐山市总体规划	线路长度较Ⅰ方案长 24.949 km；工程较Ⅰ方案多 492 114.4 万元；线路平面条件较差；天津西至唐山列车运营时分较Ⅰ方案多 17.4 min

综合以上分析，虽然Ⅱ方案线路长度长，工程投资大，但是Ⅱ方案将天津西站和天津站直接连通，可以实现天津西站和天津站列车的对开，有利于行车组织，增强了枢纽使用的灵活性，同时该方案经过滨海新区，符合天津市总体规划和国家发展战略，有利于滨海新区的开发，使环渤海经济圈的联系更加紧密，对全面建设小康社会将起到重要作用。

因此，推荐天津西经地下直径线、滨海新区至唐山方案。

二、唐山至北戴河段线路走向方案

津秦高速铁路在可行性研究阶段针对唐山至北戴河段线路走向，研究了唐山经卢龙、抚宁至北戴河方案与唐山至北戴河取直方案，见图 2-4-3。

1. 唐山经卢龙、抚宁至北戴河方案（Ⅰ方案）

该方案自方案比较起点，经魏庄子、东龙虎庄，在常庄附近跨过京沈高速公路、银河路，经过国新村，在上尤各庄处跨过京山铁路后，线路沿京沈高速公路北侧向东经榛子镇、龙坨乡、七家岭、再跨京山铁路，经红庙子，跨卑水线经沙河驿、后营南、山港南、大杨官营南、张都庄北、迷谷北后跨滦河，经坨上、彭店子跨过京沈高速公路、青龙河进入秦皇岛市。之后经夹河滩，在大、小莫营北侧设卢龙北站，出站后经王老虎庄、部落岭后跨 102 国道，经秦庄头北、韩官营南进入抚宁区。线路两跨京山铁路经芦峰口南、桃园西、杨庄头、杨落木、宋庄、卢王庄、蒲兰庄至方案比较终点。

该方案线路长度为 119.131 km，工程投资为 766 982.0 万元。

2. 唐山至北戴河取直方案（Ⅱ方案）

该方案自比较起点，经光新庄、金川院，跨过银河路、京山铁路、京沈与唐津高速公路互通

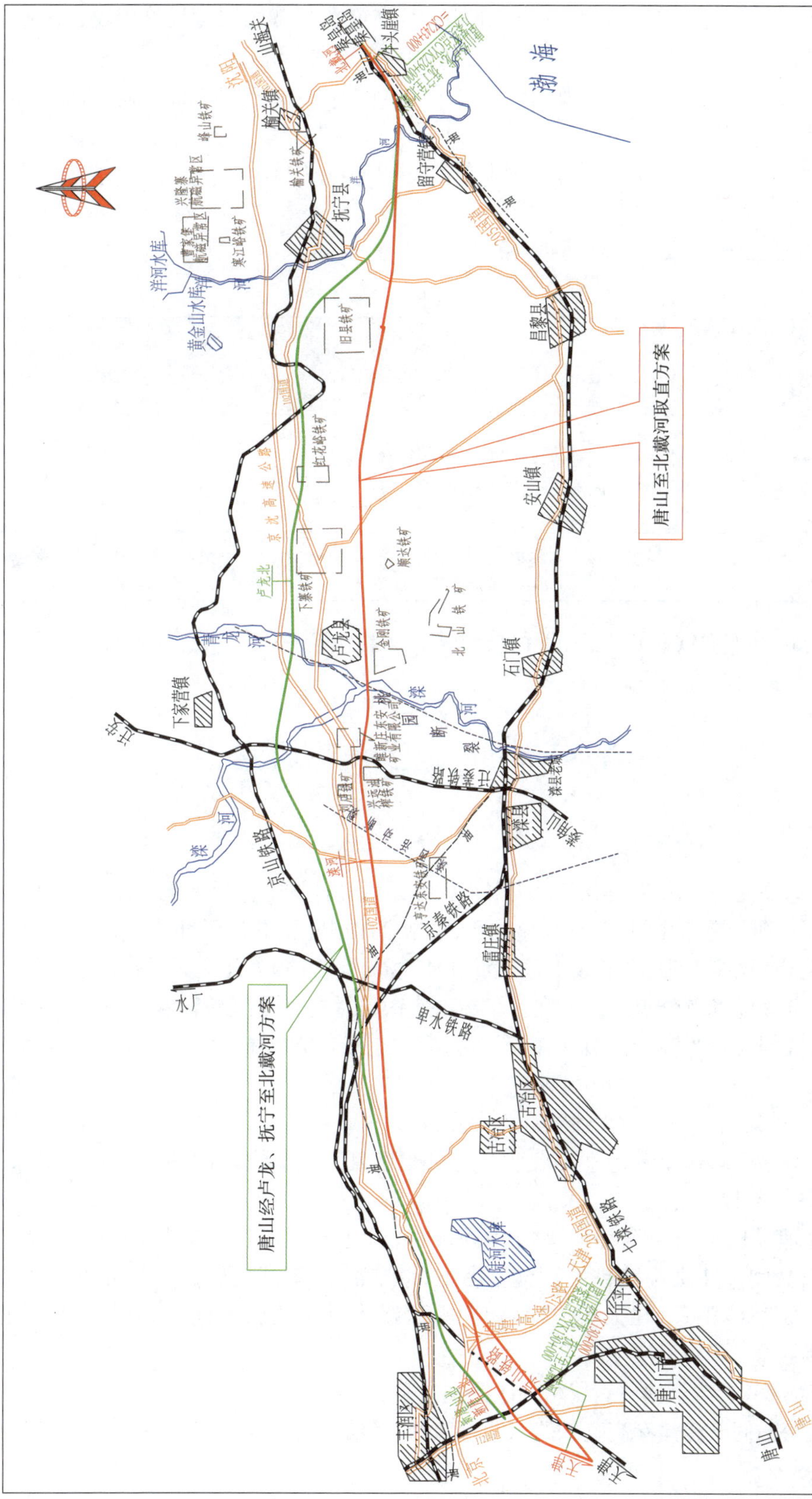

图 2-4-3　唐山至北戴河线路走向方案比较示意图

后经大岗子、北小寨、孟店子、六百户、高纪庄子、孟家屯在野鸡坨附近设滦河站。出站后线路向东，跨平青路、迁菱铁路、滦河，经田庄子、油粉店、常家沟、萧家沟、廖家黑石跨过卢昌公路，经马家黑石、黄家村、上应各庄、上荆子、东山村、柳河北山、徐庄、郑庄、大新庄、潘官营、上新庄、蒲兰庄至方案比较终点。

该方案线路长度为 114.117 km，工程投资 763 185.7 万元。

3. 方案优缺点分析

方案优缺点分析见表 2-4-2 及推荐意见。

表 2-4-2　优缺点分析表

方案＼优缺点	优　点	缺　点
Ⅰ方案：唐山经卢龙、抚宁至北戴河方案	线路经卢龙设站，符合卢龙县规划；线路以路基形式通过桃园断裂；隧道工程少	线路长度较Ⅱ方案长 5.014 km；工程投资较Ⅱ方案多 3 796.3 万元；与京秦铁路的联络线长
Ⅱ方案：唐山至北戴河取直方案	线路长度较Ⅰ方案短 5.014 km；工程投资较Ⅰ方案少 3 796.3 万元；与京秦铁路的联络线短	线路以桥梁形式通过桃园断裂；隧道工程大

综上所述，Ⅱ方案线路长度短，工程投资较Ⅰ方案节省 3 796.3 万元，经过技术经济比较，推荐唐山至北戴河取直方案。

第三节　引入枢纽方案研究

一、引入天津枢纽方案

津秦高速铁路经滨海新区沿京山线引入天津站后，从功能上来讲，天津站至滨海新区之间 3 条干线并存，即既有京山线、津秦高速铁路、规划京津城际至塘沽延伸线，该区间近期相关工程涉及津秦高速铁路工程、机场线工程、至市民广场城际铁路，因此有必要结合近远期工程，研究各干线间合理配置及分步建设方案。津秦高速铁路可行性研究阶段在《天津枢纽客货系统补充方案研究报告》的基础上，对天津至滨海新区之间 4 线格局方案及 6 线格局方案进行了研究。

1. Ⅰ-1 方案：天津至塘沽六线格局方向别方案

天津至塘沽间新建津秦高速铁路双线、京津城际延伸线双线，与既有的京山铁路双线形成六线格局(图 2-4-4)。

津秦高速铁路上新设滨海西站，自滨海西站新建至市民广场方向的城际铁路。天津站至滨海西站间于津秦高速铁路两侧预留城际线路，津秦高速铁路与预留城际线路为方向别布局。机场线工程(往天津方向)初期平面接入京山线张贵庄站，远期在张贵庄附近与京津城际接轨。

2. Ⅰ-2 方案：天津至塘沽六线格局线路别方案

天津至塘沽间新建津秦高速铁路双线、京津城际延伸线双线，与既有的京山铁路双线形成六线格局(图 2-4-5)。

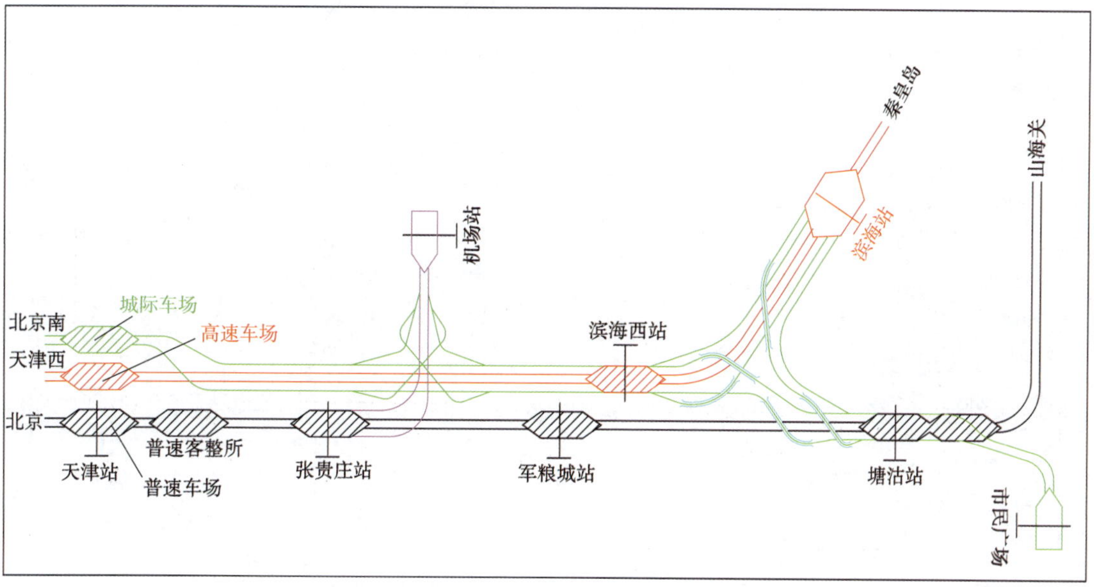

图 2-4-4　Ⅰ-1 方案:天津至塘沽六线格局方向别方案

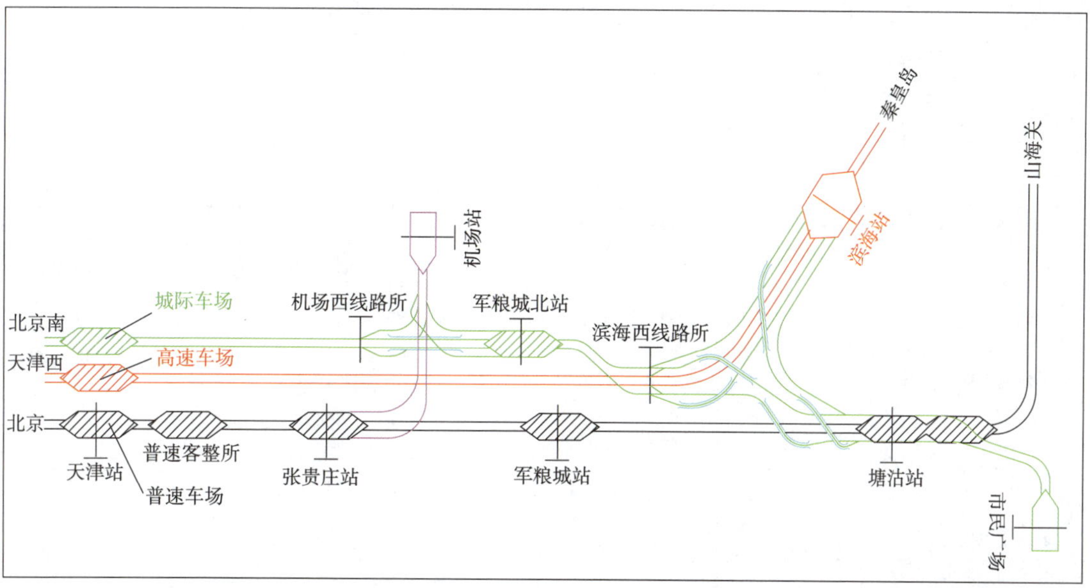

图 2-4-5　Ⅰ-2 方案:天津至塘沽六线格局线路别方案

天津站至塘沽间在津秦高速铁路北侧预留城际双线,津秦高速铁路与预留城际线路为线路别布局。机场线工程(往天津方向)初期平面接入京山线张贵庄站,远期在张贵庄附近与京津城际接轨。

3. Ⅱ方案:天津至塘沽四线格局方案

天津至塘沽段不再新建单独的城际铁路,天津至机场、市民广场间的城际列车利用既有京山铁路运行。天津至塘沽间只有津秦高速铁路、既有京山线形成四线格局(图 2-4-6)。

机场上下行线从山海关端咽喉区方向别疏解引入张贵庄站,利用既有京山线运营。机场线与城际铁路交换车流,利用天津站站前(天津站的北京端)京津城际和普速车场之间的联络

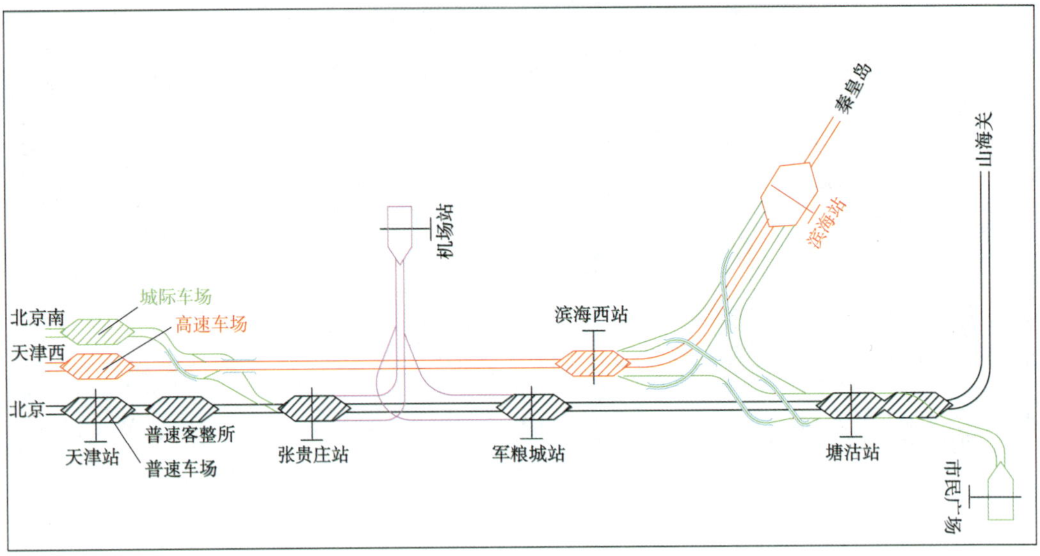

图 2-4-6 Ⅱ方案:天津至塘沽四线格局方案

渡线运行。

4. 方案比选及推荐意见

比较范围:CK6+250～CK46+000。

引入天津枢纽方案优缺点分析见表 2-4-3。

表 2-4-3 引入天津枢纽方案优缺点分析表

方案	优点	缺点
Ⅰ-1 方案:天津至塘沽六线格局方向别方案	1. 六线格局可较好地满足天津市区及滨海新区客流交换持续发展的需要; 2. 方向别方案近远期工程可有效结合,将废弃工程降到最低	1. 近期工程投资较大,比Ⅰ-2 方案高出 7.08 亿元。 2. 津秦与城际线路别布置,尤其在滨海西站两线互通,行车调度、信号集中、运营管理等方面处理难度大,且在一定程度上有安全隐患。 3. 预留线路分别在津秦高速铁路两侧,占地宽、实施难度大、施工干扰大
Ⅰ-2 方案:天津至塘沽六线格局线路别方案	1. 六线格局可较好地满足天津市区及滨海新区客流交换持续发展的需要; 2. 线路别方案两条高速铁路相对独立,设计、施工、运营管理均比较易于操作。 3. 近期投资较小	1. 线路别方案近远期较难结合,远期废弃工程较大。 2. 为最大限度地减小远期废弃工程,津秦高速铁路津滨线路所前后采用有碴轨道,按路基地段处理
Ⅱ方案:天津至塘沽四线格局方案	能够充分发挥既有通道设备的能力,减少城市用地	1. 高速城际列车与既有京山线普速客车、货车共线运行,影响城际列车对运行时分的要求;服务质量差,运营管理也存在缺陷。 2. 城际与普速客货车运行,远期能力饱和,不满足长远发展的需要。 3. 天津站东端疏解目前采用津秦正线下钻十一经路、上跨东风立交桥,上行联络线上跨十一经路及东风立交桥的方案,修建京津城际与京山线联络线难度非常大;如果机场线与京津城际转线长期利用天津站站前京津城际和普速车场之间的联络渡线运行对运营干扰较大

综上所述，四线格局方案存在影响既有线运营、管理不便、服务质量差、运营灵活性差，难以适应未来发展需要等明显的缺点，而六线格局方向别方案近期工程量大，投资高，存在管理不便、可操作性差、存在安全隐患等缺点，故推荐采用近远期可有机结合、适应性强、易于管理、占地省、工程投资小的Ⅰ-2 方案，即六线格局线路别方案。

二、引入唐山地区方案

津秦高速铁路可行性研究阶段结合新唐山北站位于京山线南侧、京山线北侧两个线路走向方案，分别研究了唐山站高速车场设于既有车场西侧、高速车场占压既有车场两种车站布置方案，共计 4 个方案，Ⅰ方案：结合在京山线北侧设置新唐山北站线位方案，在既有唐山站西侧新建高速车场，车站两端京山线改建，同时引起丰胥联络线改建并修建丰胥线路所，简称“高速车场设于既有车场西侧配京山线北侧方案”（图 2-4-7）；Ⅱ方案：结合在京山线南侧预留新唐山北站线位方案，唐山站高、普速对调，高速车场在东侧，西侧新建普速车场；车站两端京山线改建，简称“高速车场占用既有车场配京山线南侧方案”（图 2-4-8）；Ⅲ方案：结合在京山线北侧设置新唐山北站线位方案，唐山站高、普速对调，高速车场在东侧，西侧新建普速车场；车站两端京山线改建，简称“高速车场占用既有车场配京山线北侧方案”；Ⅳ方案：结合在京山线南侧预留新唐山北站线位方案，在既有唐山站西侧新建高速车场，车站两端京山线改建，同时引起丰胥联络线改建并修建丰胥线路所，简称“高速车场设于既有车场西侧配京山线南侧方案”。

1. Ⅰ方案：高速车场设于既有车场西侧配京山线北侧方案

(1)津秦线路走向

线路起自 CK107＋600，经幺家坡、兰高庄、白石庄、边各寨、常庄，在既有唐山站西侧新建高速站，出站后线路经甄家庄、夏屋庄、新村、魏庄子、光新庄，跨过唐丰公路、唐遵铁路，在金川院附近设置规划京哈高速铁路引入的新唐山北站，之后线路跨过京山铁路、京沈高速公路与唐津高速公路的互通匝道至方案比较终点 CK145＋400。线路长度 37.8 km，工程投资 288 129.5 万元。

(2)京山线改建工程

唐山站两端京山线改建，改建长度为 11.7 km，丰南站搬迁。

(3)优缺点分析

该方案的优点是在唐山站两端津秦高速铁路和京山线共用通道，新唐山北站设置在京山线北侧，距离丰润区较近，照顾了丰润区居民的出行，符合唐山市城市总体规划，减小了对丰南区规划的影响；且高速车场位于既有车场西侧，对普速系统的干扰小。

缺点是高速车场在站房和城市对侧，旅客走行距离远；京山线改建工程量大，引起丰南站拆除，且在丰南区引起新税务小区、大量民房和唐山丰茂木制品有限公司、加油站等的拆迁，拆迁量比较大。

2. Ⅱ方案：高速车场占用既有车场配京山线南侧方案

(1)津秦线路走向

线路起自 CK107＋600，经幺家坡、兰高庄跨过京山铁路，经白石庄、边各寨、常庄占用既有普速车场引入唐山站，出站后线路经甄家庄、吴家庄、宋各庄、前白寺口、郑庄子乡、安各庄，在幸福院附近设置规划京哈高速铁路引入的新唐山北站。之后线路跨过唐津高速公路，经双庙到达方案比较终点。线路长度 35.723 km，工程投资 296 016.9 万元。

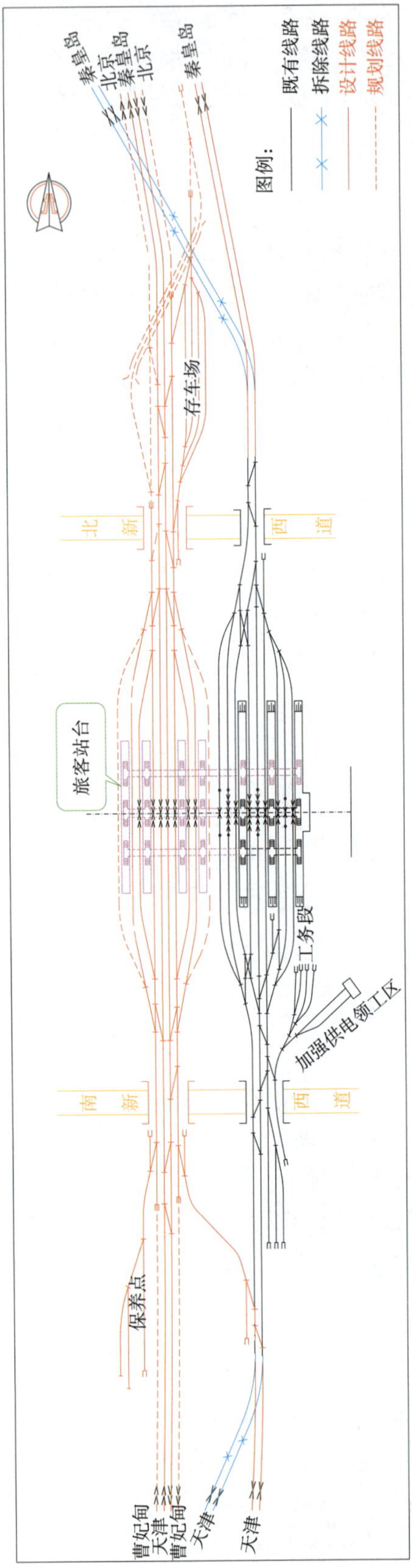

图2-4-7 Ⅰ方案：高速车场设于既有车场西侧配京山线北侧方案

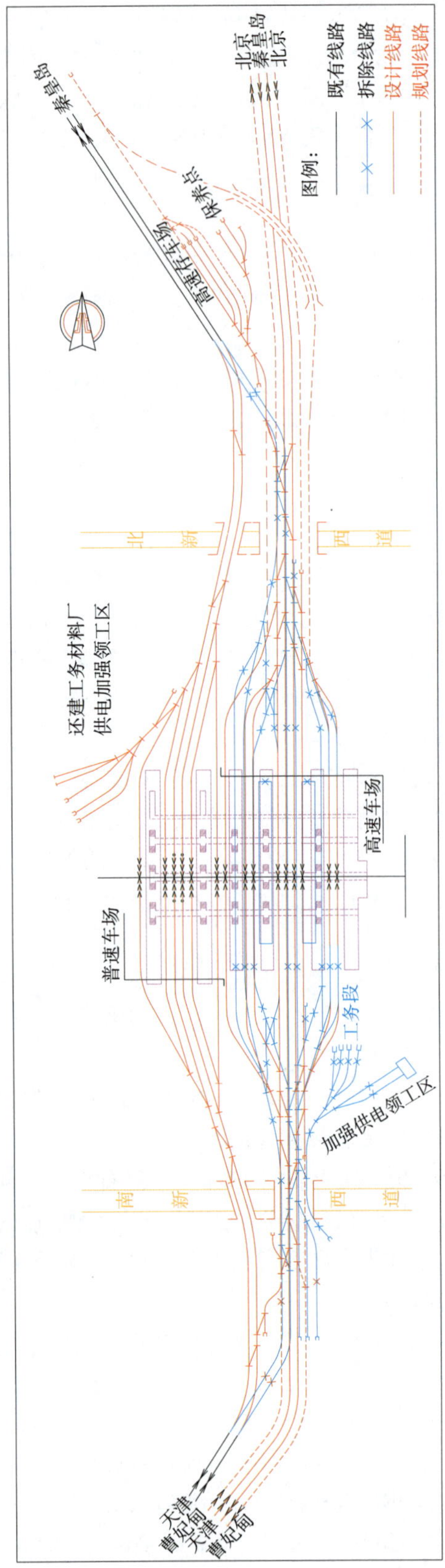

图2-4-8 Ⅱ方案：高速车场占用既有车场配京山线南侧方案

(2)京山线改建工程

唐山站两端京山线改建长度合计 4.684 km。

(3)京哈高速铁路衔接条件

京哈高速铁路引入新唐山北站线路走向基本顺直,线路长度比Ⅰ方案长 3.6 km。

(4)优缺点分析

该方案的优点是高速车场靠近城市一侧,方便旅客乘降,京山正线改建长度短;缺点是唐山站两端津秦高速铁路和京山线形成两个通道,对城市规划的影响比较大;新唐山北站拆迁量大,与环城公路干扰,不符合规划;再有唐山站既有普速系统全部拆除,新建普速车场,工程量比较大。

3. Ⅲ方案:高速车场占用既有车场配京山线北侧方案

该方案车站改建工程同Ⅱ方案;京山线改建工程亦与Ⅱ方案相同;同时由于高、普速对调,配合在京山线北侧设置新唐山北站的线路走向,在唐山地区津秦正线需要两次上跨京山线,津秦正线与京山线间形成两个通道,对城市规划的影响比较大。

4. Ⅳ方案:高速车场设于既有车场西侧京山线南侧方案

该方案车站改建工程与Ⅰ方案相同,唐山站小里程端京山线改建、丰南站搬迁;大里程端配合在京山线南侧设置新唐山北站的线路走向,津秦正线需上跨京山线,由于跨线角度小,京山线需改建 4 km;改建的京山线以及与津秦正线间的通道均对唐山市城市用地分割较大,且对于京山干线来讲,改建线型比较差。

综上所述,本着节约土地资源,和城市总体规划协调一致的原则,配合在京山线北侧设置新唐山北站的线路走向,采用高速车场设于既有车场西侧的方案,即Ⅰ方案;从对城市影响、京山线改建工程量和津秦正线的线路条件来分析,配合在京山线南侧设置新唐山北站的线路走向,采用高速车场占压普速车场方案,即Ⅱ方案。并将Ⅰ方案、Ⅱ方案进行了投资比较。

5. 方案比选及推荐意见

方案优缺点分析及综合评价见表 2-4-4。

表 2-4-4　方案优缺点分析及综合评价表

<table>
<tr><th rowspan="2">项　目</th><th rowspan="2">方案优缺点分析</th><th colspan="2">综合评价</th></tr>
<tr><th>Ⅰ方案</th><th>Ⅱ方案</th></tr>
<tr><td>正线长度运行条件</td><td>Ⅰ方案在唐山站北侧从京山线外围通过,正线长度 37.8 km;规划京哈高速铁路长度比Ⅱ方案短 3.6 km。
Ⅱ方案在唐山站北侧从京山线内侧通过,正线长度比Ⅰ方案短 2.077 km;规划京哈高速铁路引入长度较长</td><td>良</td><td>良</td></tr>
<tr><td>服务质量吸引客流</td><td>Ⅰ方案唐山站高速车场在城市对侧,旅客进出站走行距离较长。
Ⅱ方案唐山站高速车场靠近城市一侧,方便旅客乘降,旅客进出站走行距离短</td><td>一般</td><td>良</td></tr>
<tr><td>与城市总体规划的结合</td><td>Ⅰ方案高速正线和京山线共通道,减小了对唐山市丰南区规划的影响;在京山线北侧设置新唐山北站,有利于吸引丰润新区的客流,符合城市总体规划。
Ⅱ方案高速正线与京山线形成两个通道,对城市规划的影响比较大;新唐山北站拆迁量大,与环城公路干扰,不符合规划</td><td>优</td><td>差</td></tr>
<tr><td>对既有设施的影响</td><td>Ⅰ方案唐山站无改建工程,施工过渡简单;京山线改建工程量大,正线改建长度为 11.7 km,比Ⅱ方案长 7.016 km。
Ⅱ方案唐山站普速车场拆迁重建,对既有设施的干扰大,施工过渡较复杂;京山线改建工程量较小,改建长度为 4.684 km</td><td>一般</td><td>差</td></tr>
<tr><td>工程投资投资效益</td><td>Ⅰ方案工程投资为 288 129.5 万元,较Ⅱ方案 296 016.9 万元,节省 7 887.4 万元,投资效益较好</td><td>良</td><td>差</td></tr>
</table>

综上所述，Ⅰ方案高速车场设于既有车场西侧配京山线北侧方案符合唐山市总体规划；唐山站新建高速车场对既有设施影响小，施工过渡简单；在京山线北侧预留新唐山北站的线位有利于京哈高速铁路的引入；工程投资较省，因此推荐Ⅰ方案。

三、引入秦山地区方案

津秦高速铁路可行性研究阶段根据秦山地区铁路特点和秦皇岛城市总体规划，津秦高速铁路引入秦山地区研究如下两大方案。

设新客站方案：经北戴河站，近期一次修建新线从秦皇岛市北侧绕行，在山海关以东与秦沈客运专线贯通，在秦皇岛市北部设新客站。简称“设新客站方案”。

引入既有客站方案：经北戴河站，近期修建新线或利用既有线引入秦皇岛站，并与秦沈客运专线贯通，并预留修建客运直通线的条件。简称“引入既有客站方案”。

1. 设新客站方案

该方案考虑既有秦山地区存在引入干线多、秦皇岛站改建困难、秦沈线线路标准低等问题，研究了在地区内设新客站方案，该方案不利用秦沈客运专线修建客车直通线，新客站办理地区内的高速客车的始发、终到和通过作业，地区内最终形成高速直通车流和停站列车均在新建客站办理，京秦城际利用地区内既有通道、在既有站办理的格局。

在北戴河站设新客站方案，秦皇岛市海港区、山海关区的居民出行距离很远，极为不便，该方案研究后，不予采纳。

在京沈高速公路南侧设新客站方案，线路跨越京沈高速公路的角度太小，实施比较困难，且线位横穿海阳镇、北港镇，对秦皇岛市北部工业区造成很大影响；新设客站距既有车站300 m，形成高速客运在北侧远离城市，货运、普速在南侧靠近城市的格局，新建客运站位置与城市总体规划不符，不能体现“以人为本”的设计理念，且投资高，因此设新客站方案研究后不予采纳，地区方案重点研究引入既有秦皇岛站方案。

2. 引入既有客站方案

在历次的研究过程中曾经研究了京山外绕方案和占压大秦车场方案，一侧式引入方案等方案。2007 年 5 月补充可研根据部省会谈精神以及北京铁路局和秦皇岛市初步协商意见，拟结合津秦高速铁路建设实施京秦线北戴河站至秦皇岛站的改线工程，南大寺至秦皇岛南站线路结合港口的搬迁适时拆除，并关闭秦南站。

补充可研在考虑上述因素的基础上，对一侧引入和京山外绕方案作了相应修改，提出一侧引入和京山外绕相结合的组合方案，即Ⅰ方案：一侧结合外绕方案，Ⅱ方案：一侧式引入方案，Ⅲ方案：京山外绕方案，进行了技术经济比选。

(1) Ⅰ方案：一侧结合外绕方案

津秦高速铁路经北戴河车站，北绕城市规划区沿既有京山线引入秦皇岛车站，在车站南侧设独立的客运专线车场，并与秦沈客运专线贯通，预留客车直通线；京秦线出北戴河车站改线与客运专线并行接既有京山线引入秦皇岛车站，与京秦线贯通，京秦线出秦皇岛站按线路别接入龙家营站；京山线外绕接柳村站，预留京秦京山进出秦东的联络线。车站东端秦东上下联下钻京山、津秦双线，既有秦东下联环线拆除。地区内配套施柳山复线、取消龙山上、龙山下线路所工程。柳江地方铁路沿秦青路下钻大秦双线后改线东折，与秦东下联并行接入秦皇岛站（图 2-4-9）。

地区内形成高、普速分场分线，秦皇岛站客货分场的格局。京秦城际引入时，北戴河站、秦皇岛站无须改建，实施京秦线留守营站至京山线义卜寨站的货运单线、京山转大秦下行联络线和秦东上联转京山联络线，届时地区内城际、普速共场，城际可延伸至山海关。静态工程投资62.17亿元。

(2)Ⅱ方案：一侧式引入方案

津秦高速铁路经北戴河车站，北绕城市规划区沿既有京山线引入秦皇岛车站，靠车站南侧设独立的客运专线车场，并与秦沈客运专线贯通，预留客运专线直通线；京秦线出北戴河车站与客运专线并行，与京山线疏解引入秦皇岛车站；枢纽配套新建秦东上行联络线、柳山疏解线直接引入山海关车站等工程，见图2-4-10。

地区内形成高、普速分场分线，秦皇岛站普速客货混场的格局。京秦城际引入时，实施地区内客运直通线工程或京山线外绕工程。若实施客运直通线工程，北戴河站、秦皇岛站高速、城际共用车场，普速客、货共用车场，城际延伸至秦皇岛站。若实施京山线外绕工程，则北戴河站、秦皇岛站高速独立车场，城际、普速共用车场，客货分场，城际延伸至山海关站。静态工程投资54.85亿元。

(3)Ⅲ方案：京山外绕方案

津秦高速铁路引入既有北戴河车站接京秦线，出站后京秦线改线北绕规划区利用京山线线位引入秦皇岛车站，秦皇岛车站高普速混场布置，预留客运专线直通线；新建京秦线留守营车站和京山线义卜寨车站的货运联络线，京山线外绕接柳村站，柳山疏解线直接引入山海关车站；秦东联络线改线；该工程同时考虑了京山、京秦货物列车进出秦东的联络线，见图2-4-11。

地区内形成高速、普速共线运行，北戴河、秦皇岛站高速、普速共场办理的格局。京秦城际引入时，北戴河站新建高速车场，实施地区内客运直通线工程。静态工程投资52.91亿元。

(4)推荐意见

Ⅰ方案在地区内线路标准比较高，实现了高、普速分场分线，且秦皇岛站高速客运车场靠近城市一侧，方便旅客和运营管理，与城市总体规划一致，体现了"以人为本"的设计理念；同时该方案结合京秦线改建实施京山线外绕工程，有利于彻底实现地区内客、货分场分线，有利于改善车站的客运设施布置条件，可优化秦皇岛站东端的秦东上下联改建工程，将秦东下联环线拆除，大大减少了对城市土地的分割，而且由于大量货车外绕走行，施工过渡相对简单。经综合分析，推荐采用Ⅰ方案，即一侧结合外绕方案。

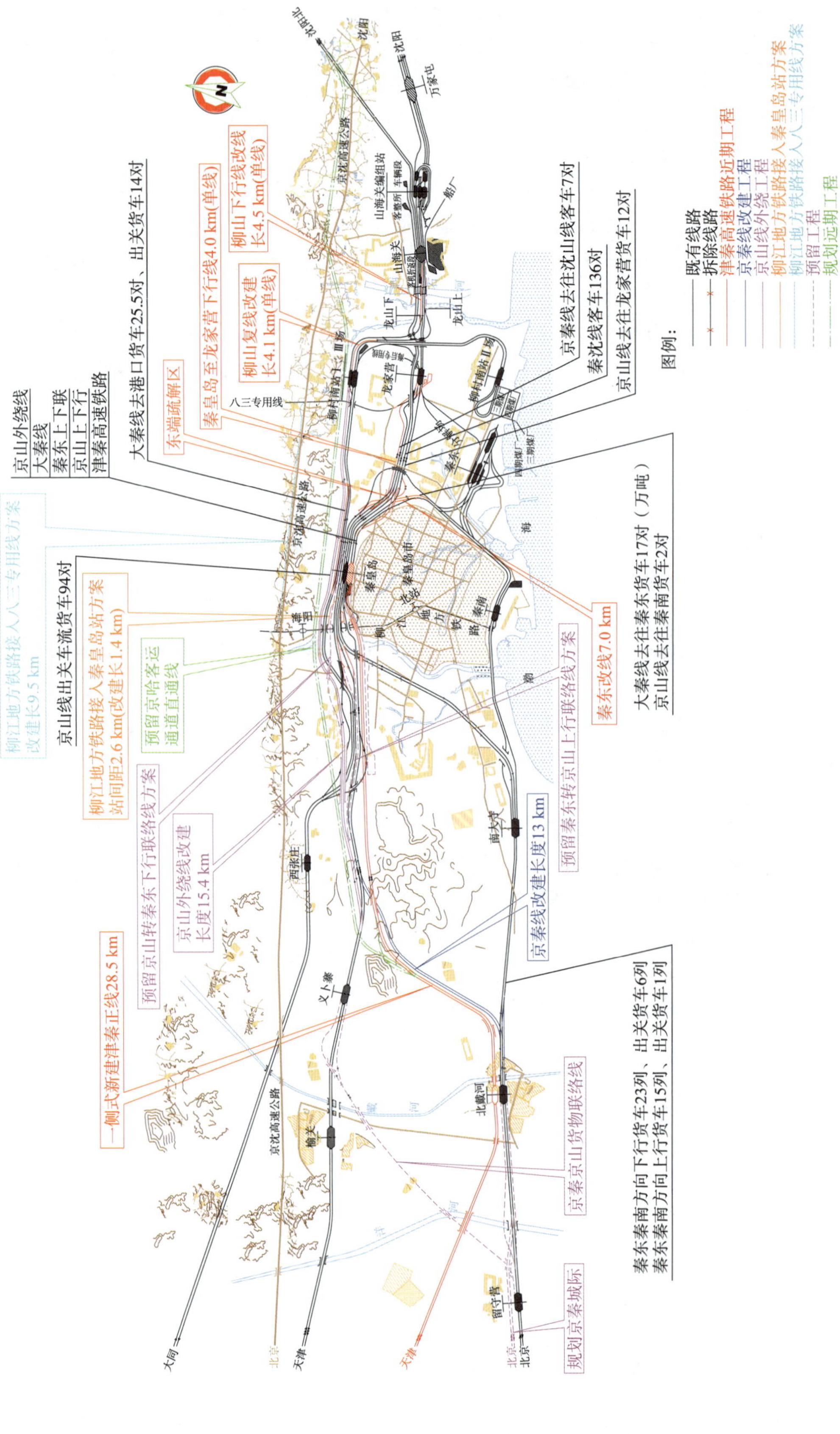

图2-4-9 津秦高速铁路引入秦山地区铁路方案示意图（一侧结合外绕方案）

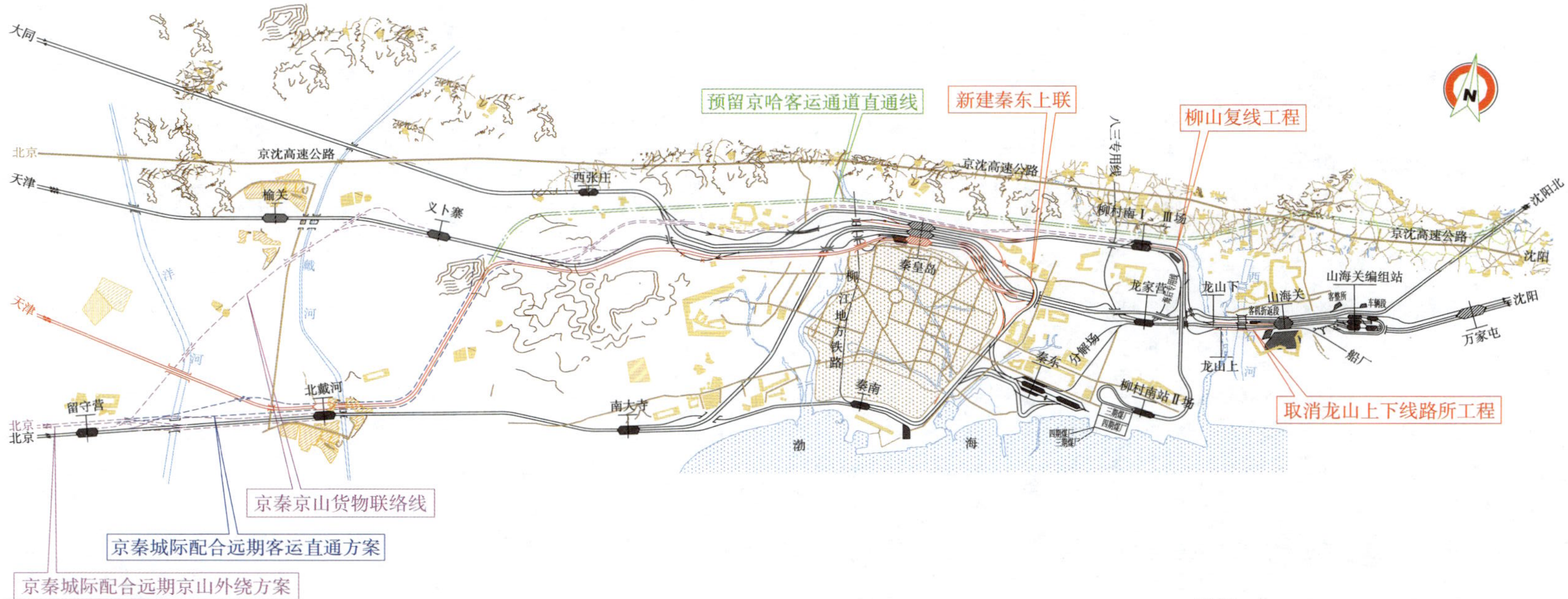

1. 北戴河站（高速）工程；
2. 客运专线引入北戴河站引起的京秦线改线工程；
3. 北戴河至秦皇岛站新建津秦正线工程；
4. 秦皇岛站改建工程；
5. 秦东上联改建工程；
6. 取消龙山上、下线路所工程；（中检后有变化）；
7. 柳山复线工程；
8. 大秦转京山上行联络线拆除。

图例：
- 既有线路
- 拆除线路
- 津秦高速铁路近期工程
- 京秦城际工程
- 远期规划工程

图 2-4-10　津秦高速铁路引入秦山地区铁路方案示意图（一侧式方案）

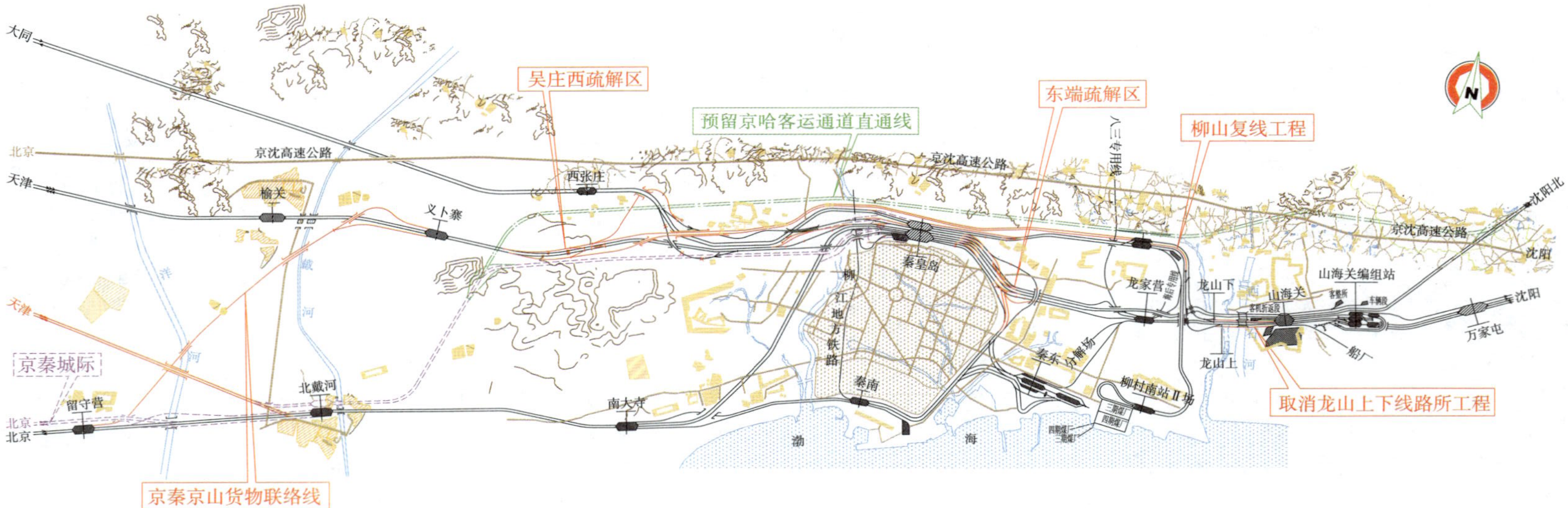

秦皇岛站内改建正线：

1. 北戴河站改建工程；
2. 北戴河站前京秦上下行线改线工程；
3. 留守营至义卜寨站的货物单线工程；
4. 秦皇岛站改造工程；
5. 柳山复线工程；
6. 取消龙山上、下线路所工程；（中检后有变化）；
7. 津秦正线CK229+000至北戴河站中心工程；
8. 大秦转京山上行线拆除，既有秦东下联拆除；
9. 京山外绕上、下行线；
10. 京山改上、下行线；
11. 京山下转秦东下联络线；
12. 改建秦东上、下联；
13. 秦东上转京山下联络线；
14. 秦东下转京山上联络线；
15. 大秦上、下行改线；
16. 站中心至秦沈K302+800左右新建津秦高速铁路双线。

图例：

- 既有线路
- 拆除线路
- 津秦高速铁路近期工程
- 京秦城际工程
- 规划远期工程

图 2-4-11　津秦高速铁路引入秦山地区铁路方案示意图（京山外绕方案）

第三篇　专业设计

第一章　精 密 测 量

第一节　精密测量控制系统的建立

一、概　　述

1. 坐标系统和高程系统

(1)坐标系统

全线为了满足铁路施工需要，体现“三网合一”的测量要求，涵盖高速铁路工程勘测设计、施工和竣工验收测量全过程，保证控制网施工测量的精度，控制网采用任意带高斯正形投影抵偿坐标系——工程独立坐标系。坐标系采用WGS-84坐标系椭球参数，任意带高斯投影，依据线路设计方案位置东西(Y)方向坐标差值及路肩设计高程计算中央子午线值及投影面高程，满足测区投影长度变形值不大于1/100 000(10 mm/km)的要求。

全线工程独立坐标系投影带划分情况见表3-1-1。

表3-1-1　全线工程独立坐标系投影带划分情况表

起点里程	终点里程	中央子午线	投影面大地高(m)
DK5	DK75	117°30′00″	0
DK73	DK174	118°09′00″	10
DK172	DK224	118°52′12″	60
DK220	DK302	119°27′18″	30

每两套相邻坐标系统的重叠处布设的GPS控制点提供两套坐标成果。为了将津秦铁路高速铁路的测量成果纳入国家坐标系统，同时满足规划和利用其他测量部门的成果，全线精测网提供1954年北京坐标系成果，在天津市辖区提供1990年天津市任意直角坐标系成果。1954年北京坐标系和1990年天津市任意直角坐标系成果不作为施工依据。为了确定新建精测网与原定测控制网的关系，新建精测网与原定测GPS控制点每隔50 km左右联测一对，确定新布精测网与原定测控制网间转换关系。

(2)高程系统

全线采用1985国家高程基准，勘测设计和施工阶段一致。

2. 精测网的布设

精密工程测量平面控制网在框架控制网(CP0)基础上分三级布设，第一级为基础平面控制网(CPⅠ)，主要为勘测、施工、运营维护提供坐标基准；第二级为线路平面控制网(CPⅡ)，主要为勘测和施工提供控制基准；第三级为轨道控制网(CPⅢ)，主要为轨道铺设和运营维护提供控制基准。

三级平面控制网之间的相互关系见图3-1-1。

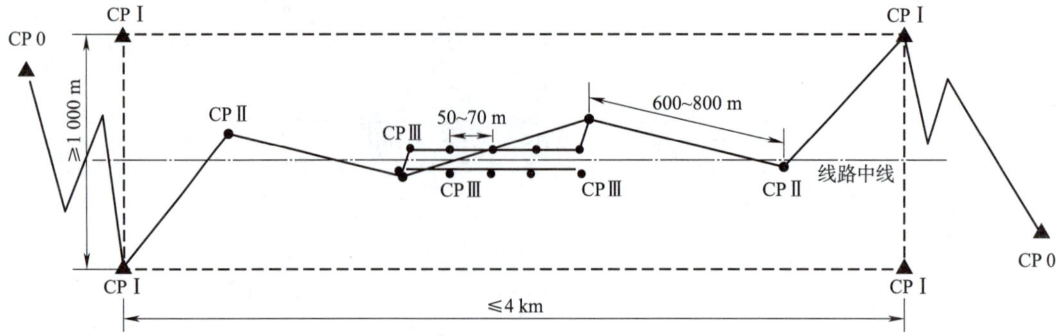

图 3-1-1 精测网三级平面控制网示意图

高程控制网在基岩点的基础上，沿线布设深埋水准基点和一般线路水准基点，组成统一的高程控制网。

二、框架控制网(CP 0)测量

1. 布网

框架控制网 CP0 采用 GPS 测量方法建立，全线一次性布网，统一测量，整体平差。按每 50 km 左右设置一座，全线共布设了 7 个 CP0 点，分别为：TJ02、TG03、NH04、TS05、JBH06、FN07 和 QHD08。CP0 点选在建成时间 5 年以上稳固的楼顶，布设强制归心标。CP0 网形见图 3-1-2。

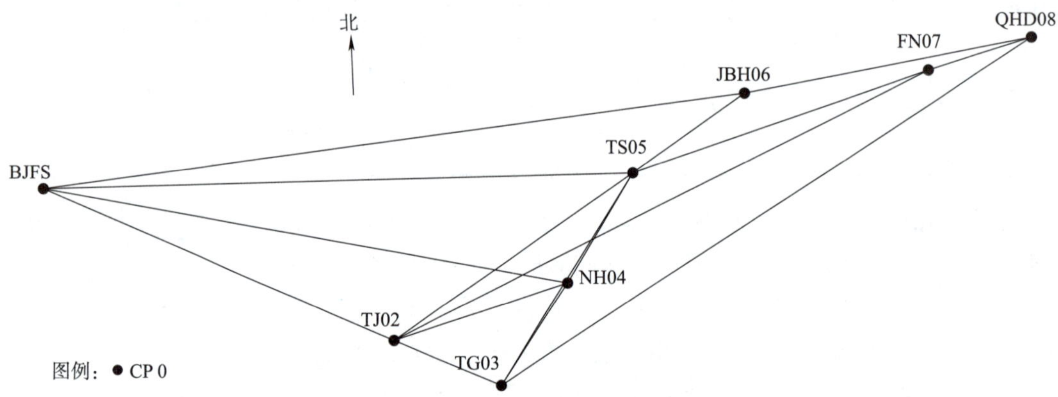

图 3-1-2 CP0 网示意图

2. 观测

GPS 框架控制网 CP0 于 2008 年布设、观测，全线统一测量。GPS 观测采用 7 台(其中 5 台 Trimble R8，2 台 Trimble 4800)双频接收机观测，同时联测北京房山和武汉 IGS 跟踪站。2008 年 5 月 18 日和 6 月 1 日进行了同步观测。GPS 观测满足以下技术要求见表 3-1-2。

表 3-1-2　GPS 框架控制网测量的技术要求

项目 \ 级别	GPS 基站网的技术指标
卫星截止高度角	15°
同时有效观测卫星数	5
有效观测卫星总数	9
观测时段数	2
时段长度(h)	24
采样间隔(s)	30
PDOP 或 GDOP	6

3. 数据处理

津秦高速铁路 CP0 网采用 ITRF2000 框架，参考历元为 1997.0，以 IGS 跟踪站 BJFS 为起算点。IGS 提供了参考历元为 1997.0 的各站点坐标和速率。

CP0 网中 TJ02 点在 2007 年 4 月京沪高速铁路控制网中已有平差结果，为了保持 TJ02 坐标的延续性，津秦高速铁路 CP0 网采用与京沪高速铁路控制网相同的起算数据，即采用 ITRF2000 框架，历元 1997.0 的 BJFS 为起算点。控制网的平面坐标采用 WGS-84 椭球元素(长半径 6 378 137 m，扁率 1/298.257 223 563)。投影面为 WGS-84 椭球面，中央子午线经度为 117 °，Y 坐标的加常数为 500 km。

(1)基线解算

基线向量采用 IGS 精密星历，由 10.20 版本的精密基线解算软件 GAMIT 计算。解算时固定 BJFS 站，采用 baseline 模式。

(2)控制网平差

平差计算时固定 TJ02 平面坐标，进行约束平差的坐标成果作为津秦高速铁路的坐标框架网成果。

三、基础平面控制网(CPⅠ)测量

1. 布网

CPⅠ主要为勘测、施工、运营维护提供坐标基准。全线一次布网，统一测量，整体平差。

CPⅠ按二等 GPS 点沿线路小于 4 km 布设一对点，点对间形成大地四边形网，按边联式带状布网。CPⅠ控制点沿线路成对布设，相邻点对长边≤4 000 m，点对间短边在 800～1 000 m 且相互通视，困难地段不短于 600 m，选在距线路中线 100～200 m 地方，困难地段有一点靠近线路。埋深为 1.4 m。

2. 观测

CPⅠ观测采用的测量 GPS 接收机，标称精度均为±5 mm+1 ppm，所用 GPS 接收机均经测绘仪器计量定点单位检定合格，并在有效期内。

GPS 测量前按要求进行仪器检校，定期对基座的整平对中器进行检校。GPS 作业时对中误差小于 1 mm，每个时段观测前、中、后各量天线高一次，三次较差值小于 1 mm，取均值作为最后成果。观测过程中不在天线附近 50 m 以内使用电台，10 m 以内使用对讲机；在观测过程中未出现以下操作：接收机关闭又重新启动，进行自测试，改变卫星仰角限，改变数据采样间隔，按动关闭文件和删除文件等。观测时用仪器电子手簿进行自动记录点号、天线高，同时认真填写 GPS 静态观测手簿。

迁站方式分为平推式和跳跃式两种，保证每条基线观测 2 次，见图 3-13。平推式是指观测时间到达后，四台同步作业仪器同时向前推进；跳跃式是在地形及人员调配有利于提高工作效率的前提下，前进方向两台仪器不动(但要改变仪器高)，另外两台跳到前进方向下一对点进行同步观测。

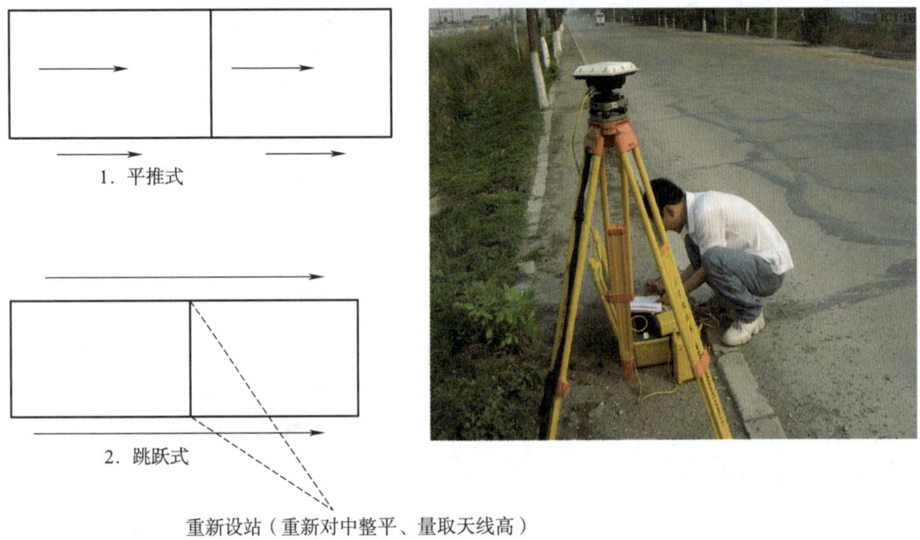

图 3-1-3　迁站方式示意图

技术指标要求执行见表 3-1-3。

表 3-1-3　CPⅠ级网 GPS 测量作业的基本技术要求

项目 \ 级别		二等
静态测量	卫星高度角	≥15°
	有效卫星总数	≥5
	时段中任一卫星有效观测时间(min)	≥30
	时段长度(min)	≥90
	观测时段数	≥2
	数据采样间隔(s)	15
	PDOP 或 GDOP	≤6

3. 数据处理

基线向量解算采用广播星历和商用软件，重复基线及环闭合差检验均满足要求。网平差以 CP0 点三维空间坐标作为起算点进行全线整网平差，采用同济大学 TGPPS Win32 软件进行计算，并用武汉大学 COSAGPS 进行复核，平差成果可靠。

CPⅠ控制点的成果点位中误差均小于±10 mm 的限差，基线边方向中误差均小于 1.3″的限差，最弱边相对中误差均小于 1/170 000 的限差，满足规范要求。

四、线路平面控制网(CPⅡ)测量

1. 布网

CPⅡ主要为勘测和施工提供控制基准,CPⅡ按三等 GPS 标准在 CPⅠ基础上附合布网。CPⅡ网满足靠近线路点为等边直伸形式,选在距线路中线 50～300 m 稳固可靠且不易被施工破坏的范围内,CPⅡ控制点便于长期保存和布设 CPⅢ点,点间距在 800～1 000 m,困难地段不短于 600 m,保证每一个点至少有一个通视方向,埋深 1.4 m。

2. 观测

CPⅡ级网测量观测操作要求和迁站方式同 CPⅠ级网,每点重复设站数为 2,CPⅡ级网观测技术指标要求执行见表 3-1-4。

表 3-1-4　CPⅡ级网 GPS 观测基本技术要求

项目＼级别		三等
静态测量	卫星高度角	≥15°
	有效卫星总数	≥4
	时段中任一卫星有效观测时间(min)	≥20
	时段长度(min)	≥60
	观测时段数	1～2
	数据采样间隔(s)	15
	PDOP 或 GDOP	≤8
	重复设站	2

3. 数据处理

CPⅡ数据方法及要求与 CPⅠ基本相同,基线解算、重复基线、同步环、独立环检验合格后,以 CPⅠ为起算点进行平差计算。全线分段进行平差计算。CPⅡ控制点的成果点位中误差均小于±15 mm 的限差,基线边方向中误差均小于 1.7″的限差,最弱边相对中误差均小于 1/100 000 的限差,满足规范要求。

五、高程控制测量

1. 布网

高程控制网沿线布设基岩点、深埋水准点和一般线路水准基点三种类型的高程控制点,组成统一的高程控制网。各类高程控制点沿津秦高速铁路线路布设,水准点位设在线路施工的影响范围外(图 3-1-4)。

图 3-1-4　铁三院基岩标(JY02)

基岩(深埋)水准点选点:距离线位 500 m 以上,具备长期保管条件。一般线路水准基点多数与 CPⅠ、CPⅡ共用,在建筑物密集的城区点位无法与 CPⅠ、CPⅡ共用的,选取稳固的不易被破坏的建筑物、构筑物根部钻设墙标或单独埋设混凝土桩。线路水准基点埋深同 CPⅠ点。

2. 观测

津秦高速铁路高程控制网为二等水准网,使用 Trimble Dini12 精密电子水准仪、Leica DNA03 精密电子水准仪与之配套的 3 m 铟瓦条形码水准尺,自动观测记录。仪器标称精度均高于 DS1 级,所用电子水准仪及配套条码尺均经测绘仪器计量定点单位检定合格,并在有效期内,在测量前、测量过程中进行常规检校均合格。

采用单路线往返观测,一条路线的往返测使用同一类型仪器和转点尺垫,沿同一路线进行。观测成果的重测和取舍按《国家一、二等水准测量规范》(GB/T 12897—2006)有关要求执行。观测时视线长度≤50 m,前后视距差≤1.0 m,前后视距累积差≤3.0 m,视线高度≥0.3 m;测站限差:两次读数差≤0.4 mm,两次所测高差之差≤0.6 mm,检测间歇点高差之差≤1.0 mm;观测时按后—前—前—后,前—后—后—前分奇偶站的顺序进行,每一测段均为偶数测站。一组往返测一般安排在不同的时间段进行;由往测转向返测时,均互换前后尺再进行观测;晴天观测时给仪器打伞,避免阳光直射;扶尺时均借助尺撑,使标尺上的气泡居中,标尺垂直。

3. 数据处理

外业数据采集完成后,利用随机软件进行数据传输和预处理。各段往返测高差不符值均满足不大于 $4\sqrt{L}$ 的要求。全线按测段往返测高差不符值计算偶然中误差小于 1 mm,满足规范要求。以联测的基岩点和国家一等水准点作为起算点,采用清华山维 NASEW 网平差软件、武汉大学 COSA 平差软件进行整体严密平差计算。

全线共联测国家Ⅰ等水准点 6 个,国家Ⅱ等水准点 2 个,分别为 JY02(铁三院)、JC1170、NH014、Ⅰ绥津 58 基上、Ⅰ绥津 45-1、Ⅰ绥津 27-1、Ⅰ绥津 13 基上、Ⅱ京昌 35-3。其中 JY02(铁三院)为京沪高速铁路和京津城际的基岩点,用以上 8 个点作为起算点,全线形成一个基本水准网,深埋点及分层标水准点(大直沽分 12 上、汉沽分 9 下、军粮城分层标上、天碱分 12 上)作为未知点加入基本水准网中一并计算。

六、轨道控制网(CPⅢ)测量

1. 轨道控制网(CPⅢ)平面测量

CPⅢ平面网测量采用自由测站边角交会法施测,点间距 50～70 m 一对点,相邻点相对中误差限差 1 mm。

CPⅢ平面网测量在线下工程竣工,通过沉降变形评估后施测。CPⅢ测量前对全线的 CPⅠ、CPⅡ控制网进行复测,并采用复测后合格的 CPⅠ、CPⅡ成果进行 CPⅢ控制网测设(图3-1-5)。

CPⅢ平面网附合于 CPⅠ、CPⅡ控制点上,每 600 m 左右(400～800 m)联测一个 CPⅠ或 CPⅡ控制点,自由测站至 CPⅠ、CPⅡ控制点的距离不大于 300 m。当 CPⅡ点位密度和位置不满足 CPⅢ联测要求时,按同精度扩展方式加密 CPⅡ控制点。

CPⅢ标志一般埋设于接触网杆基础、桥梁固定支座端的防撞墙、隧道边墙或排水沟上,相

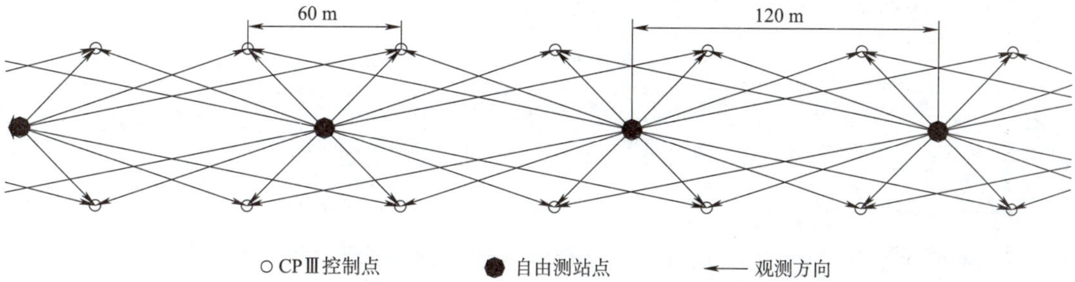

图 3-1-5　CPⅢ平面网观测网形示意图

邻CPⅢ控制点大致等高，其位置高于设计轨道面0.3 m。

CPⅢ点设置强制对中标志，标志连接件的加工误差不大于0.05 mm。由预埋件、棱镜测量杆、水准测量杆等三部分组成。全线采用统一的CPⅢ棱镜组件。

CPⅢ点编号采用7位编号形式(0000300)，为避免长短链地段编号重复的问题，前4位采用连续里程的千米数，第5位正线部分为"3"，第6、7位为流水号，01～99号数循环。由小里程向大里程方向顺次编号，上行线轨道左侧的标记点，编号为奇数，处于上行线轨道右侧的标记点编号为偶数。

CPⅢ平面网观测的自由测站间距一般约为120 m，自由测站到CPⅢ点的最远观测距离不大于180 m；每个CPⅢ点至少保证有三个自由测站的方向和距离观测量。并按规范要求填写观测手簿，记录测站信息(图3-1-5)。

水平方向观测满足表3-1-5的规定。

表 3-1-5　CPⅢ平面水平方向观测技术要求

控制网名称	仪器等级	测回数	半测回归零差	不同测回同一方向2C互差	同一方向归零后方向值较差
CPⅢ平面网	0.5″	2	6″	9″	6″
	1″	3	6″	9″	6″

CPⅢ平面网距离测量满足表3-1-6的规定。

表 3-1-6　CPⅢ平面网距离观测技术要求

控制网名称	测回	半测回间距离较差	测回间距离较差
CPⅢ平面网	≥2	±1 mm	±1 mm

注：距离测量一测回是全站仪盘左、盘右各测量一次的过程。

CPⅢ平面网可根据施工需要分段测量，分段测量的区段长度不小于4 km，区段间重复观测不少于6对CPⅢ点。区段接头不应位于车站范围内。

CPⅢ平面网数据处理软件通过铁道部主管部门评审。

CPⅢ平面网平差计算满足下列要求：

(1)CPⅢ平面自由网平差后满足表3-1-7的规定。

表 3-1-7　CPⅢ平面自由网平差后的主要技术要求

控制网名称	方向改正数	距离改正数
CPⅢ平面网	3″	2 mm

(2)CPⅢ平面网约束平差后的精度,满足表 3-1-8 的规定。

表 3-1-8 CPⅢ平面网平差后的主要技术要求

控制网名称	与 CPⅠ、CPⅡ联测		与 CPⅢ联测		点位中误差
	方向改正数	距离改正数	方向改正数	距离改正数	
CPⅢ平面网	4.0″	4 mm	3.0″	2 mm	2 mm

区段之间衔接时,前后区段独立平差重叠点坐标差值≤±3 mm。满足该条件后,后一区段 CPⅢ网平差,采用本区段联测的 CPⅠ、CPⅡ控制点及重叠段前一区段连续的 1～3 对 CPⅢ点作为约束点进行平差计算。

坐标换带处 CPⅢ平面网计算时,分别采用相邻两个投影带的 CPⅠ、CPⅡ坐标进行约束平差,并分别提交相邻投影带两套 CPⅢ平面网的坐标成果。提供两套坐标的 CPⅢ区段长度不小于 800 m。

2. 轨道控制网(CPⅢ)高程测量

CPⅢ控制点按精密水准测量技术要求施测,水准测量附合于线路水准基点,附合长度不大于 2 km。

CPⅢ控制点水准测量按矩形环单程水准网或往返测水准网构网观测。CPⅢ水准网与线路水准基点联测时,按精密水准测量要求进行往返观测。

CPⅢ控制点水准测量对相邻 4 个 CPⅢ点所构成的水准闭合环进行环闭合差检核,相邻 CPⅢ点的水准环闭合差不大于 1 mm。

区段之间衔接时,前后区段独立平差重叠点高程差值≤±3 mm。满足该条件后,后一区段 CPⅢ网平差采用本区段联测的线路水准基点及重叠段前一区段连续 1～2 对 CPⅢ点高程成果进行约束平差。相邻 CPⅢ点高差中误差不大于±0.5 mm。

当桥面与地面间高差大于 3 m,线路水准基点高程直接传递到桥面 CPⅢ控制点上困难时,采用不量仪器高和棱镜高的中间设站光电测距三角高程测量法传递。

中间设站光电测距三角高程测量仪器与棱镜的距离一般不大于 100 m,最大不超过 150 m,前、后视距差不超过 5 m。前后视使用同一个棱镜且观测时棱镜高度不变。中间设站三角高程测量外业观测技术要求见表 3-1-9。

表 3-1-9 中间设站三角高程测量外业观测技术要求表

垂直角测量				距离测量			
测回数	两次读数差	测回间指标差互差	测回差	测回数	每测回读数次数	四次读数差	测回差
4	5.0″	5.0″	5.0″	4	4	2.0 mm	2.0 mm

中间设站光电测距三角高程传递应进行两组独立观测,两组高差较差不大于 2 mm,满足限差要求后,取两组高差平均值作为传递高差。

七、津秦高速铁路天津至唐山段区域地面沉降监测

施工期间的区域地面沉降观测主要考虑精测网和沉降严重地段的观测网,结合搜集地方资料,预测区域地面沉降的发展变化趋势。观测主要工作范围为天津至唐山段 DK9＋000～DK122＋000。

依据《地面沉降水准测量规范》和《津秦客运专线区域地面沉降监测网布设方案》，除了将监测段落沿线已经布设完成的精测网水准点纳入观测网范围统一观测外，还将施工单位埋设的沉降观测加密点和桥墩沉降观测点一并纳入观测网内。从已知精测网的观测点引出水准路线，观测施工单位的沉降观测加密点和桥墩沉降观测点，约 2 km 左右闭合到已知精测网的水准点上，进行往返观测。

观测按变形测量三等精度要求施测，在全线二等高程控制测量布设的基岩点、深埋水准点和线路水准基点的基础上布设，增加线下工程施工监测的工作基点和成型构筑物的变形监测点。

区域地面沉降成果各项精度指标均满足《高速铁路工程测量规范》(TB 10601—2009)要求。通过监测及与津秦高速铁路精测高程网的对比分析，客观真实地反映了津秦铁路高速铁路天津至唐山段区域地面沉降趋势及沉降量，为津秦铁路高速铁路的施工监测提供了准确的基础资料。

第二节　精密测量控制系统管理程序

1. 技术方案设计与评审

在津秦高速铁路精测网建设中严格按相关程序进行。2007 年 8 月，津秦高速铁路公司筹备组委托铁三院进行精测网方案设计和实施，铁三院根据铁道部 2006 年底颁布的《客运专线铁路无砟轨道测量技术暂行规定》进行了方案设计，2007 年 10 月 10 日，《新建铁路天津至秦皇岛客运专线精密工程控制测量技术方案设计》通过了津秦高速铁路筹备组组织的专家评审。

2. 精密控制测量及成果评审

2008 年 4 月铁三院组织开始精测网(CP0、CPⅠ、CPⅡ和高程控制网)外业测量，至 2008 年7 月完成内业计算及资料整理工作。

2008 年 9 月 17 日，《新建铁路津秦铁路客运专线精密工程控制测量成果报告》通过了津秦铁路客运专线有限责任公司组织的专家评审。专家组对精测网建设给予充分肯定。评审意见认为：“精密工程控制测量网布网合理，控制点的选埋、观测及平差计算复核规范要求，成果质量优良；精密工程控测测量网与京沪高速、京津城际等相邻工程的控制测量网衔接合理。”

全线 CPⅢ网测量由各施工单位完成。

3. 精测网的交桩

2008 年 11 月完成了津秦公司组织的精测网交桩工作。

交桩成果资料包括以下内容：

(1)CP0、CPⅠ、CPⅡ控制点成果及点之记；

(2)CPⅠ、CPⅡ测量平差计算资料；

(3)线路水准基点成果及点之记；

(4)水准测量平差计算资料；

(5)测量技术报告(含平面、高程控制网联测示意图)；

(6)CP0、CPⅠ、CPⅡ控制桩和线路水准基点桩。

4. 定期复测与维护

控制网复测维护分为定期复测维护和不定期复测维护。

定期复测维护是对高速铁路控制网全面复测，复测频次为：

(1)施工单位接桩后进行交桩复测。

(2)建设期间每年复测一次，在区域地区沉降地段高程每年复测两次。

(3)CPⅢ建网前，对精测网复测一次。

(4)工程静态验收前，对精测网及 CPⅢ进行复测一次。

2009 年 5 月，完成了精密控制测量平面和高程控制网的第一次复测工作；

2010 年 4 月，完成了精密控制测量高程控制网的第二次复测工作；

2010 年 8 月，完成了精密控制测量平面网第二次复测、高程控制网第三次复测工作；

2011 年 6 月，完成了精密控制测量平面网第三次复测、高程控制网第四次复测工作；

2012 年 6 月，完成了精密控制测量平面网第四次复测、高程控制网第五次复测工作；

2013 年 4 月，完成了津秦公司组织的静态验收交桩工作。

2009 年底，铁道部颁发了《高速铁路工程测量规范》，津秦高速铁路精测网复测成果满足新的规范要求。

第二章　地质勘察

第一节　勘察内容与方法

一、勘察内容

在充分搜集、分析现有区域、同类工程及既有地质资料的基础上，查明采用线路方案的工程地质和水文地质条件，为各类工程建筑物设计、施工提供工程地质资料。主要包括：

1. 充分熟悉各个阶段研究资料及方案比选过程，补充收集有关的区域地质和工程地质资料，积极采用综合勘探方法，按工点进行工程地质勘察工作。

2. 研究各个阶段研究报告批复意见及定测任务书，结合工程地质条件提出对线路方案的改善意见。了解可能出现的局部修改方案地段的工程地质条件。

3. 查明拟建铁路沿线及各类工程范围内地形地貌、地层岩性、地质构造的类型、分布范围及特征等，采用勘探、试验、测试等手段查明各类工程范围内地基土的主要物理力学指标。

4. 查明沿线及各工程范围内不良地质及特殊土的分布、埋深、厚度及工程地质特征，预测工程设置、施工可能出现的工程地质问题。

5. 查明工程场地的水文地质特征，包括地下水的类型、水位及其变化情况、埋藏情况、渗透系数及补给、径流、排泄等动态特征，取水样评价地表水和地下水对混凝土等建筑材料的侵蚀性。

6. 对工程地质条件做出评价，包括岩土施工工程分级、各岩土层主要物理力学指标统计及设计建议值、不良地质与特殊土的评价等，并判定场地土类型、场地类别。

7. 提出工程设计及施工的措施建议，包括基础类型的选择、不良地质与特殊土的处理对策、侵蚀性地表水和地下水的处理对策、设计及施工中的注意事项、环境工程地质等。

8. 对区域性地面沉降及活动性断裂问题，开展专项研究，评价其对客运专线的影响，提出解决方案。

二、勘察工作方法

1. 广泛搜集有关区域地质资料及既有铁路、公路以及工民建等工程地质勘察成果，详细分析、研究区域地质条件、地质构造及构造发展史，近期构造表现特征以及对高速铁路的潜在影响等，明确勘察过程中需要注意的主要问题及工作重点，并在勘察过程中逐一解决。

2. 进一步分析研究沿线的地质构造、地层岩性、水文地质特征，不良地质形态、规模，特殊岩土分布范围等自然特征，并与工程地质调绘相结合。

3. 认真做好野外地质调查测绘工作，在勘察过程中，始终将地质调查工作作为重点和先导。结合工程设置采用远观近察、由面到点、点面结合的方法进行。结合平原区地形平坦的特点，特别注意对微地貌的划分，区分人工堆积层、新近沉积层等。对重要的、代表性的地质观测点进行素描或拍照，做好沿线工程地质调查记录，为有针对性地开展勘探、测试工作做准备。

4. 大力开展综合勘察，在详细地质调绘的基础上，结合不同段落的地层特点和工程需要，采用钻探、挖探、物探及原位测试(静力触探、动力触探、标准贯入试验等)相结合的综合勘察手段，并采取土样开展室内常规土工试验和三轴、固结、无侧限抗压强度、有机质含量等特殊试验。对地下水、地表水均取水样进行水质分析，必要时要分层取水进行分析，部分地段必要时应结合工程进行水文地质试验。

5. 重点抓好重大工程及不良地质和特殊土的勘察工作。对沿线重点工程要派专人进行现场重点控制。对采空区、软土、松软地基、地震液化层等不良地质和特殊岩土问题进行专门研究，采用综合勘察方法，针对不同工程特点分别开展相应的特殊试验和测试，并采用综合分析方法确定岩土参数，评价场地的稳定性和适宜性，为各类工程的设计提供依据。

6. 针对津秦高速铁路工程的高烈度区活动性断裂问题、地震安全性评价问题，地面沉降对高速铁路的影响、地质灾害评价以及压矿评价，委托权威部门进行专门的研究评价。

第二节　勘探原则与实施

一、勘探原则

1. 工程地质勘探应在工程地质调绘的基础上，综合分析既有勘察资料，根据工程类型和场地地质条件有针对性地合理布置勘探点。采用钻探、原位测试、物探、简易勘探等相结合的综合勘探方法，相互验证和补充，查明沿线各类工程建筑物的工程地质及水文地质特征。勘察过程中应积极采用新技术、新方法，查明沿线工程地质及水文地质特征。

2. 勘探点的布置应满足对各类地质问题的工程地质条件评价的需要，满足各类构筑物基础设计的需要，并满足液化判定、地基稳定性分析、地基沉降计算和地基处理设计的需要。

二、各类工程勘探孔布置原则

1. 桥涵工程

地质人员应在充分调绘的基础上，根据桥梁专业提供的桥梁墩台位置进行勘探孔的布置，勘探点应布置在基础轮廓线的中心或周边。

天津至唐山第四系覆盖层较厚的平原区，逐墩勘探，当地层条件较简单、层序有规律、孔跨不大于 32 m 时，可采用隔墩勘探，一般第四系地区的勘探孔按 65～70 m，大跨度梁孔深 75～90 m。

唐山至秦皇岛低山丘陵区及第四系覆盖层厚度较小的地区，逐墩勘探，勘探孔深 45～55 m，当软土和松软土层较厚时，孔深适当加深。

沿线每一个特大桥桥址区至少有一个钻孔进行剪切波速测试。

2. 路基工程

(1)路堤地段

天津至唐山段，勘探孔间距 50 m 左右，钻触比例 1∶4～1∶3，钻探孔深一般 45 m，触探孔深 35～40 m。

唐山至秦皇岛段，勘探孔间距一般为 100 m 左右，松软及软土地基勘探孔间距 50 m 左右，地质横断面一般不超过 100 m，勘探孔深度 23～45 m。选择代表性的软土及松软地基工点布置钻触对比孔，以综合确定合理的地基计算参数。

(2)路堑地段

勘探点间距根据堑坡高度和地质复杂程度确定，一般 50～100 m，勘探深度一般达路肩设计高程以下 3～5 m，条件复杂时适当加深。当存在地下水时，根据地下水含水层及埋藏情况等布置水文地质试验。

(3)路基支挡工程

一般情况下勘探孔间距 50～70 m，地质情况复杂时每 30～50 m 布置一个勘探点，必要时布置代表性横断面勘探，勘探孔深度不小于建筑基底以下 5 m 或满足查明基底地质条件的要求，地层软弱时，穿透软弱层至硬层以下 5 m。

3. 隧道工程

隧道勘探采用综合勘探，加强重点段落地段的调查和测绘工作，隧道勘探以物探为主，重点和物探异常地段采用钻探核对验证，并辅以适量的坑探、槽探。每座隧道均布置钻探孔控制，钻孔间距 500～1 000 m，勘探孔深达路肩设计高程以下 3～5 m。

4. 房屋勘察

勘探点宜布置按建筑物周边线和角点布置，勘探手段宜采用钻探和触探相配合。勘探点间距按表 3-2-1 执行。

表 3-2-1　房屋勘察勘探点间距表

地基复杂程度等级	勘探点间距(m)
一级(复杂)	10～15
二级(中等复杂)	15～30
三级(简单)	30～50

勘探孔深度应能控制地基主要受力层，当基础底面宽度不大于 5 m 时，勘探孔的深度对条形基础不应小于基础底面宽的 3 倍，对单独柱基础不应小于 1.5 倍，且不应小于 5 m。对高层建筑和需要做变形验算的地基，控制性勘探孔的深度应唱过地基变形计算深度；高层建筑的一般性勘探孔应达到基底下 0.5～1.0 倍的基础宽度，并深入稳定分布地层。

5. 建筑材料场地勘察

查明开采范围内的地层成因、地层结构、剥土厚度以及水文地质情况。调绘精度 1∶2 000～1∶10 000，填绘 1∶50 000 地质平面图。必要时进行勘探，并绘制平面示意图。

(1)调查测绘

详细记录地形地貌、交通情况、岩土的名称及性状等，尤其注意山皮土的调查测绘及取样，做好观测点记录。现场填绘平面地质图。对建筑材料场地、材料进行拍照。

(2)勘探及取样、试验

①路基填料

包括各类路基填料：土、砂、卵砾石、级配砂砾石、风化岩石。所有土源应布置勘探，勘探点及勘探断面间距一般不大于 200 m，当地层单一或丘陵区有天然断面可做观测点时，勘探孔可适当放宽。采用钻探、简易勘探(挖探、螺钻等)相结合的勘探方法，取样试验。取大样数量不少于 100 kg，土源储量大于 20 万方的，土样数量一般不少于 2 组，取土厚度较大且岩性变化时，应根据岩性分层取样。根据需要做 CBR 试验、夯后剪(90％和 95％)和无侧限抗压强度

(90%)。其中,IP≤10时加做筛分试验,砂类土筛分(粉砂加做细颗分)并做不均匀系数。

现场根据需要确定是否进行土质改良试验,取样数量应满足土质改良试验的要求。

土场编制说明书及柱状图(标识填料组别)、地质图(平原区地形地貌地层岩性简单的不做)。计算出合乎实际的储量。按《铁路工程岩土分类标准》附录A(2004.12局部修订条文)进行填料定名。

②砂、石料

做大筛分试验样品数量不少于100 kg,工程用砂不少于10 kg,填料用砂不少于100 kg,工程用卵砾石土不少于80 kg,工程用碎石不少于80 kg,块石30 cm×20 cm×15 cm取2块。用作粗骨料和细骨料的砂、石料除常规试验外,还应做碱活性试验。

③级配碎石

取样试验应符合《铁路碎石道床底砟》(TB/T 2897)的有关要求。每一石场同一岩性取1~2组样品(各粒径碎石共计150 kg,块石30 cm×20 cm×15 cm取4块)。

④碎石道砟

新建碎石道砟应现场调绘并填绘1∶2 000~1∶10 000工程地质图,勘探采用观测点、简易勘探、钻探相结合的手段进行,勘探间距100~300 m,控制性勘探孔应穿透开采深度1~2 m。道砟质量应符合特级道砟要求。取样数量:碎石不少于200 kg,块石30 cm×20 cm×15 cm取6块。

第三章 线路设计

第一节 线路平面设计

一、曲线半径

1. 设计曲线半径

设计线路平面的曲线半径因地制宜合理选用，曲线半径宜采用下列数值：12 000 m、11 000 m、10 000 m、9 000 m、8 000 m、7 000 m，必要时也可采用上列半径间 100 m 整倍数的曲线半径。

2. 最小曲线半径

最小曲线半径一般采用 7 000 m，困难采用 5 500 m。

进出车站需加、减速的地段以及引入枢纽等限速地段，采用与路段最高设计速度相适应的曲线半径。

3. 最大曲线半径

最大曲线半径一般不大于 10 000 m，个别不大于 12 000 m。

4. 全线各区段正线直线、曲线长度

全线各区段正线直线、曲线长度见表 3-3-1。

表 3-3-1 各区段正线直线、曲线长度统计表

类别＼区段	天津站(不含)至秦皇岛站(站中心)DK9＋000～DK298＋900
曲线长度(km)	91.654
曲线占区段百分比(%)	35.60
直线长度(km)	165.778
直线占区段百分比(%)	64.40
全段长度(km)	257.432

5. 曲线半径分布情况

曲线半径分布情况见表 3-3-2。

表 3-3-2 全线曲线分布表

类别＼区段	天津站(不含)至秦皇岛站(站中心)DK9＋000～DK298＋900(km/处)
$R<2\ 800$ m	3.826/3
$2\ 800\leqslant R<4\ 000$ m	1.340/1
$4\ 000\leqslant R<5\ 500$	1.935/1
$5\ 500\leqslant R<7\ 000$	20.074/5

续上表

类别＼区段	天津站(不含)至秦皇岛站 (站中心)DK9＋000～DK298＋900(km/处)
7 000≤R＜10 000	52.400/18
10 000≤R≤12 000	12.080/10
12 000＜R	0/0

小半径曲线使用情况说明：

自天津站起，根据行车速度，曲线半径逐渐加大，在 DK10＋700～DK12＋100 段采用了1处3 400 m 的曲线半径，与行车速度相适应。

在滨海站两端，考虑与规划相符，避开开发区西区，减少与京津唐高速公路的干扰，各采用了 1 处 5 500 m 的曲线半径。

引入唐山站前经过丰南区地段，为减少拆迁、减少津山线改建工程，采用了 1 处 5 500 m 的曲线半径。

秦山地区自北戴河站外起，结合秦皇岛市规划，线路与既有铁路并行，考虑减少拆迁，曲线半径从 5 500 m 开始至秦皇岛站，逐渐减小，并与行车速度相适应。北戴河出站后采用了 1 处 5 500 m 的曲线半径，秦皇岛站前采用了 3 处 1 800 m 的曲线半径。

二、缓和曲线线型及长度的选用标准

直线与圆曲线间应采用缓和曲线连接，缓和曲线采用三次抛物线型。

(1)区间高速区段一般选用最大长度，困难条件下不小于最小长度。缓和曲线长度见表 3-3-3。

(2)位于车站两端减、加速地段，根据设计速度，按表 3-3-3～表 3-3-5 相应速度条件规定的数值选用。

表 3-3-3 缓和曲线长度表 单位：m

曲线半径	缓和曲线长度		
	最大长度	一般长度	最小长度
14 000	280	250	220
12 000	330	300	270
11 000	370	330	300
10 000	430	390	350
9 000	490	440	400
8 000	570	510	460
7 000	670	590	540
6 000	670	590	540
5 500	670	590	540

表 3-3-4　限速地段缓和曲线长度表(一)　单位:m

曲线半径	300 km/h		250 km/h		200 km/h	
	最大长度	最小长度	最大长度	最小长度	最大长度	最小长度
14 000	190	150	130	110	60	50
12 000	220	180	140	120	70	60
11 000	240	190	160	130	80	70
10 000	270	220	170	140	90	80
9 000	300	250	190	150	100	90
8 000	340	270	210	170	120	90
7 000	390	310	240	190	130	100
6 000	440	350	280	230	150	120
5 500	470	380	310	250	160	130
5 000	500	410	340	270	170	140
4 500	540	430	370	300	190	160
4 000	570	460	390	320	220	170
3 500	—	—	420	340	250	200
3 200	—	—	450	360	170	220
3 000	—	—	460	370	290	240
2 800	—	—	480	390	320	260
2 500	—	—	—	—	350	280
2 000	—	—	—	—	370	300
1 800	—	—	—	—	380	310

表 3-3-5　限速地段缓和曲线长度表(二)　单位:m

曲线半径	160 km/h		140 km/h		120 km/h	
	推荐长度	最小长度	推荐长度	最小长度	推荐长度	最小长度
10 000	50	40	40	30	20	20
9 000	60	50	40	30	20	20
8 000	70	50	40	30	30	30
7 000	80	60	50	40	30	30
6 000	80	70	60	50	40	30
5 500	90	80	60	50	40	30
5 000	100	80	70	50	40	40
4 500	110	90	70	60	40	40
4 000	120	100	80	70	50	40
3 500	130	100	90	70	60	50
3 000	150	120	110	90	60	50
2 500	180	150	130	100	80	604
2 000	230	180	160	130	100	80

续上表

曲线半径	160 km/h		140 km/h		120 km/h	
	推荐长度	最小长度	推荐长度	最小长度	推荐长度	最小长度
1 800	240	200	180	140	110	90
1600	270	220	190	160	120	100
1400	290	230	210	170	140	120
1300	300	240	230	190	160	130
1 200	310	250	250	200	170	140
1 000	—	—	270	220	200	160
900	—	—	270	220	210	170
800	—	—	—	—	220	180
700	—	—	—	—	230	190

三、线间距

区间正线线路一般按线间距不变的并行双线设计，曲线地段以左线（下行线）为基准，右线设计为左线的同心圆。

（1）正线按 5.0 m 线间距设计，曲线地段线间距不予加宽，站内、桥梁、隧道同区间正线线间距。

（2）位于大型车站两端减、加速等限速地段，采用与设计速度相适应的较小线间距。

（3）与联络线、动车组走行线、既有线并行地段的线间距，根据相邻一侧高速线的行车速度及其技术要求和相邻线的路基高程关系，考虑站后设备、路基排水设备、声屏障、桥涵等建筑物以及保障技术作业人员安全的作业通道等有关技术条件综合研究确定，最小不小于 5.3 m。

四、夹直线和圆曲线最小长度

一般不小于 280 m，困难条件下不小于 210 m。

位于车站两端减、加速地段以及利用既有铁路地段，根据相应的设计速度按一般 $0.8v_{max}$，困难条件 $0.6v_{max}$ 计算确定。

五、区间正线上道岔两端基本轨的接头以外的直线段长度

（1）渡线及跨线旅客列车联络线等出岔地段，一般不小于 210 m，困难条件下不小于 140 m。

（2）位于车站两端减、加速以及利用既有铁路等地段，根据相应的设计速度按下列公式计算：

一般条件下：
$$L \geqslant 0.6\,v \tag{3-3-1}$$

困难条件下：
$$L \geqslant 0.4\,v \tag{3-3-2}$$

式中 L——直线段长度（m）；

v——设计速度（km/h）。

六、其他地段平面设计

(1)连续梁、钢梁及较大跨度桥梁宜设在直线上,困难条件下,经技术经济比选,也可设在曲线上,但宜采用较大的曲线半径。

(2)隧道宜设在直线上。如因地形、地质等条件限制可设在曲线上,并采用较大的曲线半径,但曲线宜设在洞口附近。

(3)车站应设在直线上。困难条件下,经技术经济比选,可设在曲线上,但站内正线最小曲线半径应结合设计速度合理确定。

该设计中车站全部位于直线上。

第二节 纵断面设计

一、线路最大坡度

区间正线的最大坡度不大于20‰。最大坡度不考虑平面曲线阻力和隧道折减,全线坡度设计情况见表3-3-6。

表3-3-6 全段各区段坡度设计表

区段 类别	天津站(不含)至秦皇岛站(站中心)/DK9+000~DK298+900(km/处)
i≤2‰	104.609/58
2‰<i≤4‰	50.243/32
4‰<i≤6‰	27.532/20
6‰<i≤8‰	21.450/15
8‰<i≤10‰	19.052/10
10‰<i≤12‰	12.919/9
12‰<i≤20‰	21.627/13
i>20‰	0/0
合计	257.433/157
平均坡段长度(km)	1.640
最大坡度(‰)	19.9

全段共采用13处大于12‰的坡度,大部分在丘陵地区和跨线处,其余均小于12‰。

二、最小坡段长

区间正线设计为较长的坡段,最小坡段长度不小于900 m,且不连续使用。

全线正线平均坡段长度1.64 km,使用900 m的最小坡段长度共计12处,小于900的坡段5处,均为车站两端减加速地段,具体情况如下:

天津站东端减加速地段DK9+350~DK10+150采用了1处801.3的坡段,DK16+100~DK17+000段下钻外环东路之后上跨外环路辅道采用了1处899.3的坡段;秦皇岛站西端减加速地段 DK296+500～DK298+090 分别采用了与设计速度相匹配的 400 m、500 m、690 m 连续 3 个坡段。

三、相邻坡段最大坡度差

相邻坡段坡度差不作限制。

四、竖曲线的设置

1. 竖曲线的设置条件

正线旅客列车行车速度大于或等于 160 km/h 区段，当相邻坡段坡度差大于或等于 1‰时采用竖曲线连接；旅客列车行车速度小于 160 km/h 区段，当相邻坡段坡度差大于 3‰时采用竖曲线连接。

2. 竖曲线类型及半径的选用

正线采用圆曲线型竖曲线，正线最小竖曲线半径根据所处区段远期设计最高速度按表 3-3-7 选用。

最大竖曲线半径不大于 30 000 m，最小竖曲线长度不小于 25 m。

表 3-3-7　最小竖曲线半径采用标准

设计行车速度(km/h)	350	300	250	200	160 以下
最小竖曲线半径(m)	25 000		20 000	15 000	10 000

竖曲线与竖曲线、缓和曲线、道岔均不重叠设置。

竖曲线与平面圆曲线不宜重叠设置，困难条件下，应符合表 3-3-8 的规定。

表 3-3-8　竖曲线与平面圆曲线重叠设置的曲线半径最小值

设计行车速度(km/h)		350	300	250
平面最小曲线半径(m)	有砟轨道	7 000	5 000	3 500
	无砟轨道	6 000	4 500	3 000
最小竖曲线半径(m)		25 000	25 000	20 000

五、其他地段纵断面设计

(1)隧道内可设置为单面坡道或人字坡道，地下水发育的长隧道宜采用人字坡，其坡度不小于 3‰。

(2)一般桥梁及高架线路上纵断面标准同一般线路标准。采用连续梁、钢梁及较大跨度桥梁上线路纵断面设计应满足桥梁设计技术要求。跨越通航河流的桥梁地段纵断面设计除满足水文条件、桥梁结构要求外，还应满足通航净空的要求。

(3)路堑地段线路纵坡不小于 2‰。

(4)高速铁路两线并行在共同路基上时，两线轨面高程按等高(曲线地段为内轨面等高)设计。

六、沿线路肩控制高程要求

津秦高速铁路全线采用全封闭设计，凡与该线交叉的公(道)路均按立交设计。

控制路肩高程的主要因素是与该线交叉的等级公(道)路、铁路、河流,以及沿线周边的水库、滨河地段、行洪和滞洪区。

跨越高速公路结合梁式及施工方法,净空均按照不小于5.5 m设计,国省干道原则上按照5 m净高设计,其他等级公路及乡村道路行车道部分按照3.0～4.5 m净高设计,其中该线跨杨北公路依据其使用情况及地方要求按照大件路办理;跨越铁路依据铁路等级、行车速度等按照国家标准规范执行,该线跨越津山铁路和北环铁路按照双箱净高标准办理,跨越京哈铁路按照160 km/h客货共线的标准办理;跨越河流按照满足河流百年水位设计,有通航要求的满足通航条件,同时河堤路作为等级公路使用的按照河道部门意见以满足其使用要求办理。线路经行滨河地段、行洪、滞洪区域的浸水路基地段,路肩高程按照现行设计规范结合国家防洪标准设计。

跨越该线的公路、铁路立交净高按最小7.25 m考虑。

1. 线路平面位置控制说明

沿线平面主要受天津站至外环线段的东风立交桥、昆仑路立交桥、外环东路立交桥、滨海新区路网与建设规划、唐山站前唐山市丰南规划区、京沈高速公路、津山铁路、京哈铁路以及沿线的主要等级公路及河流控制。

(1)DK9＋000～DK16＋100段落,线路并行既有津山铁路北侧,为协调城市规划,结合地方对景观的要求,线路依次下钻东风立交桥、昆仑路立交桥及外环东路立交桥。

(2)DK34＋000～DK53＋000段落,结合京津城际延伸线工程、滨海新区城市规划及滨海站位,采用了两处5 500 m的曲线半径。

(3)唐山站西端为协调丰南区路网规划设置了一处5 500 m的曲线半径。

2. 沿线高程控制说明

津秦高速铁路采用全封闭,凡与该线交叉的公(道)路均按立交设计。

津秦高速铁路控制高程要求:一般地段均受铁路立交、道路立交净高控制。对于有通航要求的河流,按其河道的通航等级要求净高标准办理。

铁路上跨高速公路、等级道路立交净空按照相关协议办理。

第三节　铁路线路安全设施设计

1. 安全保护区范围

铁路线路两侧设立铁路线路安全保护区。铁路线路安全保护区的范围,从铁路线路路堤坡脚、路堑坡顶或者铁路桥梁外侧起向外的距离分别为:

(1)城市市区,不少于8 m;

(2)城市郊区居民居住区,不少于10 m;

(3)村镇居民居住区,不少于12 m;

(4)其他地区,不少于15 m。

2. 安全保护区标桩

铁路安全保护区标桩分为A、B两种类型。

A型标桩(基本型),沿铁路线路安全保护区边界每200 m左右设置一个,特殊地段可增加或减少设置数量,人烟稀少地区可不设置。标桩应在铁路线路两侧按规定距离相错设置。

B 型标桩(辅助型),适用于人员活动频繁地段道口、公铁立交桥附近醒目地点、民居附近和人身伤害事故多发地段的铁路线路安全保护区边界设置。

标桩的制作和安装详见专线设(05)8043《铁路线路安全保护区标桩设计图》。

3. 安全保护区标志

铁路沿线按规定设置线路安全保护标志。安全保护标志按每 500 m 左右设置一处,并于线路两侧交错设置。

4. 防护栅栏设计

津秦高速铁路贯通封闭。在永久用地界内 0.5 m 设置防护栅栏。该线在路基两侧及桥梁墩高小于 3 m 地段设置防护栅栏。跨线列车联络线根据实际情况设置,一般设置范围为离开高速线道岔处起 1.0 km。动车组走行线等线路并行正线地段与正线一同考虑;不并行地段另设置防护栅栏。

防护栅栏在维修人员进出口及每隔 200 m 处左右设警示标志。

在综合维修段(工区)及车站等处设置维修养护车辆进出口,区间地段应根据地面道路的交通情况及其他维修养护要求,设置维修用进出口。

5. 维修通道

津秦高速铁路初步设计未考虑维修通道设置,施工图设计同初步设计,考虑沿线不单独设置维修通道,利用与铁路交叉的既有道路进行养护维修。

但随着我国高速铁路运营里程的不断增加,对保障高速铁路运输安全意识也日益提高。津秦高速铁路全线桥梁达到 62.9%,长大桥梁的检修工作越来越受到重视。沿线桥下设置维修通道能保证维修作业人员方便、快速到达设施维修工点,确保高速铁路的正常运营,保障运输安全。

此外,维修通道能与桥上救援疏散设施相连通,可以保证高速铁路救援及时、迅速组织旅客疏散,最大限度地保证旅客的人身安全。

因此,施工期间,根据津秦公司《关于开展津秦高速铁路维修通道方案设计的函》(津秦铁工管函〔2012〕122 号)的要求,按照铁道部《铁路建设项目变更设计管理办法》(铁建设〔2012〕253 号)进行了变更设计,增加桥下维修通道设置。

6. 绿化设计

正线与其他设计线统一设计,区间用地界内考虑绿化,并应路基、桥梁连续设置。设计采用内灌外乔的原则,靠近线路部分栽种草、灌等植物,远离线路地带宜栽种灌木、乔木,形成立体复层的绿化带。

第四章　轨 道 设 计

第一节　轨道工程概况

津秦高速铁路天津(DK9＋000)至秦皇岛(DK298＋900)正线长度为 257.432 km，其中无砟轨道 239.832 m(包括路基地段 70.57 km，桥上 158.15 km，隧道内 11.1 km)，有砟轨道 17.600 km，见表 3-4-1。

表 3-4-1　轨道长度统计表

序号	范　围	轨道型式	长度(km)
1	DK9＋000～DK11＋400	有砟轨道	2.400
2	DK11＋400～DK254＋200	CRTSⅡ型板式无砟轨道 (岔区采用板式无砟轨道)	239.832
3	DK254＋200～DK298＋900	有砟轨道	15.200

正线一般地段采用 CRTSⅡ型板式无砟轨道，共铺轨 474.096 km，岔区采用板式无砟道岔，共铺轨 5.568 km。全线预制板 74 224 块，其中标准轨道板 72 721 块，补偿板 131 块，道岔板 1 252 块，特殊板 120 块。

第二节　设计原则与标准

一、设计原则

1. 按一次铺设跨区间无缝线路设计。

2. DK11＋400～DK254＋200 段集中成段铺设无砟轨道，其余铺设有砟轨道。

二、主要技术标准

正线轨道静态平顺度铺设精度标准应符合表 3-4-2～表 3-4-4 的规定。

表 3-4-2　无砟轨道静态铺设精度标准

序号	项　目	容许偏差	备　注
1	轨距	±1 mm	相对于标准轨距 1 435 mm
		1/1 500	变化率
2	轨向	2 mm	弦长 10 m
		2 mm/测点间距 8 a 10 mm/测点间距 240 a	基线长 48 a 基线长 480 a
3	高低	2 mm	弦长 10 m

续上表

序号	项　　目	容许偏差	备　　注
3	高低	2 mm/测点间距 8 *a* 10 mm/测点间距 240 *a*	基线长 48 *a* 基线长 480 *a*
4	水平	2 mm	不包含曲线、缓和曲线上的超高值
5	扭曲	2 mm	基线长 3 m 包含缓和曲线上由于超高顺坡所造成的扭曲量
6	与设计高程偏差	10 mm	站台处的轨面高程不应低于设计值
7	与设计中线偏差	10 mm	

注：表中 *a* 为扣件节点间距，单位 m。

表 3-4-3　有砟轨道静态铺设精度标准

序号	项　　目	容许偏差	备　　注
1	轨距	±1 mm	相对于标准轨距 1 435 mm
		1/1 500	变化率
2	轨向	2 mm	弦长 10 m
		2 mm/5 m 10 mm/150 m	基线长 30 m 基线长 300 m
3	高低	2 mm	弦长 10 m
		2 mm/5 m 10 mm/150 m	基线长 30 m 基线长 300 m
4	水平	2 mm	不包含曲线、缓和曲线上的超高值
5	扭曲	2 mm	基线长 3 m 包含缓和曲线上由于超高顺坡所造成的扭曲量
6	与设计高程偏差	10 mm	站台处的轨面高程不应低于设计值
7	与设计中线偏差	10 mm	

表 3-4-4　道岔（直向）静态铺设精度标准

	高低	轨向	水平	扭曲（基线长 3 m）	轨　　距	
幅值（mm）	2	2	2	2	±1	变化率 1/1 500
弦长（mm）	10			—		

第三节　轨道结构设计

一、有砟轨道结构设计

1. 钢轨

正线钢轨采用 60 kg/m、100 m 定尺长、非淬火无螺栓孔新轨，钢轨质量应符合相关技术要求。正线绝缘接头应采用胶接绝缘接头，其钢轨应与相邻钢轨同轨型、同钢种，并符合相关技术条件的规定。

2. 轨枕及扣件

路基地段采用 2.6 m 长有挡肩Ⅲ型预应力混凝土枕，铺设根数为 1 667 根/km。铺设护轮轨地段采用混凝土桥枕，铺设根数为 1 667 根/km。

轨道电路地段采用配套电容枕和电气绝缘节专用枕。

3. 道床

(1)DK254＋200～DK262＋200(白庙中桥前)段：道床采用特级碎石道砟。

正线单线道床顶面宽度 3.6 m，道床厚度 35 cm，道床边坡 1∶1.75，砟肩宽 50 cm，堆高 15 cm，双线道床顶面宽度分别按单线设计。

道床顶面低于轨枕承轨面 4 cm，同时不应高于轨枕中部顶面。

道床分层铺设、分层碾压和捣固。线路开通前，道床密实度不小于 1.75 g/cm^3，支承刚度不小于 120 kN/mm，纵向阻力不小于 14 kN/枕，横向阻力不小于 12 kN/枕。

(2)DK262＋200(白庙中桥前)～DK298＋900 段：道床采用特级碎石道砟。

单线道床顶面宽度 3.40 m。曲线地段按规范进行加宽，无缝线路轨道半径小于 800 m 的曲线地段，曲线外侧道床顶面宽度增加 0.10 m。道床边坡 1∶1.75，砟肩堆高 15 cm。双线道床顶面宽度分别按单线设计。

道床分层铺设、分层碾压和捣固。线路开通前，道床密实度不小于 1.7 g/cm^3，支承刚度不小于 100 kN/mm，纵向阻力不小于 12 kN/枕，横向阻力不小于 10 kN/枕。

二、无砟轨道结构设计

(一)钢　　轨

正线钢轨采用 60 kg/m、100 m 定尺长的 U71Mn(k)无螺栓孔新钢轨，其质量应符合《350 km/h 客运专线 60 kg/m 钢轨暂行技术条件》(铁科技〔2004〕120 号)、《关于印发〈350 km/h 客运专线 60 kg/m 钢轨暂行技术条件〉等三个技术条件局部修订条文的通知》(铁科技〔2007〕164 号)及《客运专线 250 km/h 和 350 km/h 钢轨检验及验收暂行标准》(铁建设〔2005〕402 号)等相关技术要求。

正线绝缘接头应采用胶接绝缘接头，其钢轨应与相邻钢轨同轨型、同钢种，并符合相关技术条件的规定。

(二)扣　　件

1. WJ-8C 型扣件

铺设 CRTSⅡ型板式无砟轨道地段采用 WJ-8C 型扣件系统。

CRTSⅡ型板式无砟轨道标准轨道板和特殊轨道板地段扣件节点间距为 650 mm，补偿板地段扣件节点间距为 600 mm 或 650 mm。

2. 道岔区扣件

道岔区铺设岔枕地段，采用与岔枕配套扣件。

(三)CRTSⅡ型板式无砟轨道

1. 桥梁地段 CRTSⅡ型板式无砟轨道

该轨道主要由钢轨、WJ-8C 型扣件、预制轨道板、砂浆调整层、纵连底座、滑动层、侧向挡块等部分组成，一般情况下，每孔梁固定支座上方设置剪力齿槽，梁缝处设置高强度挤塑板，台后路基上设置摩擦板、端刺及过渡板等结构，见图 3-4-1。

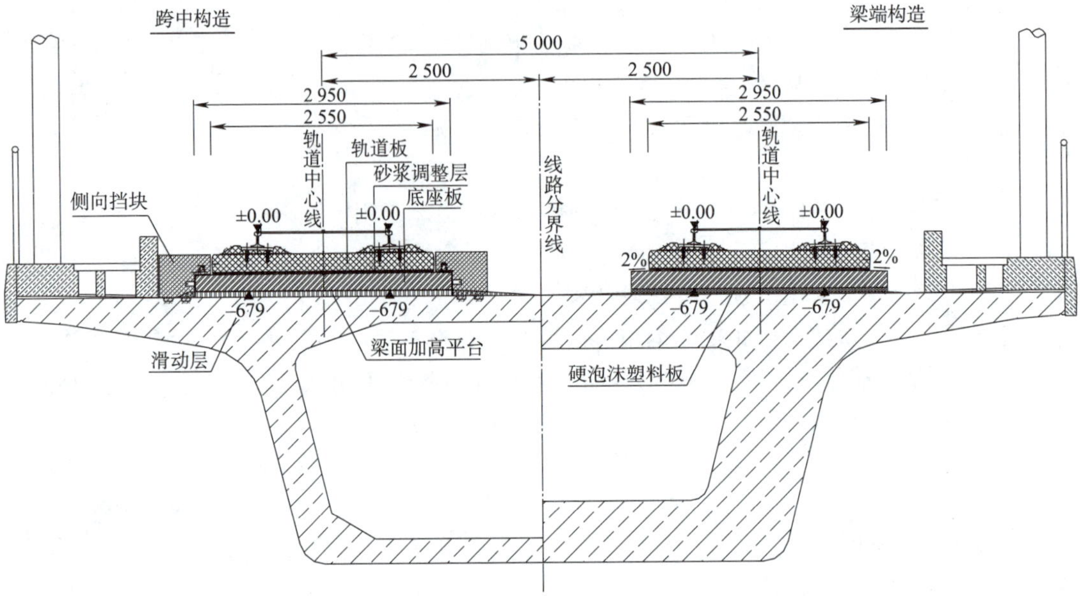

图 3-4-1 桥梁地段 CRTSⅡ型板式无砟轨道横断面图(直线地段)(单位:mm)

2. 路基地段 CRTSⅡ型板式无砟轨道

该轨道主要由钢轨、WJ-8C 型扣件、预制轨道板、砂浆调整层及支承层等部分组成，见图 3-4-2。

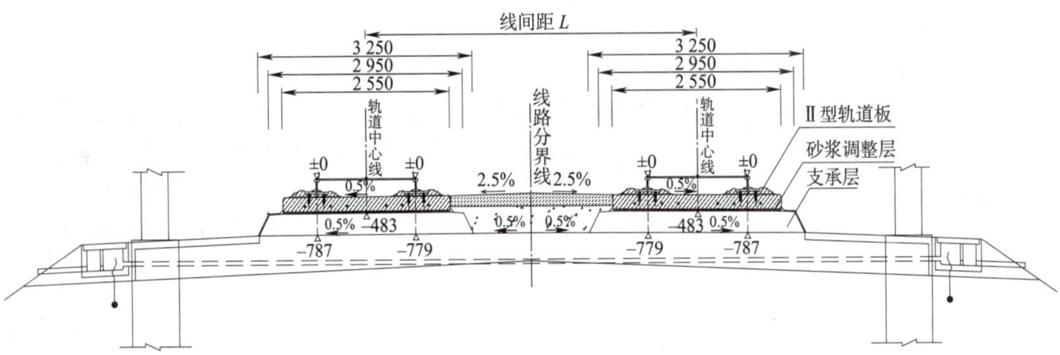

图 3-4-2 路基地段 CRTSⅡ型板式无砟轨道横断面图(直线地段)(单位:mm)

3. 隧道地段 CRTSⅡ型板式无砟轨道

该轨道主要由钢轨、WJ-8C 型扣件、预制轨道板、砂浆调整层及支承层等部分组成，见图 3-4-3。

(四)岔区板式无砟轨道

1. 路基地段岔区板式无砟轨道

路基地段岔区板式无砟轨道结构主要由道岔部件、预制道岔板、底座及找平层等部分组成，道岔板与底座间设置门形筋，见图 3-4-4。

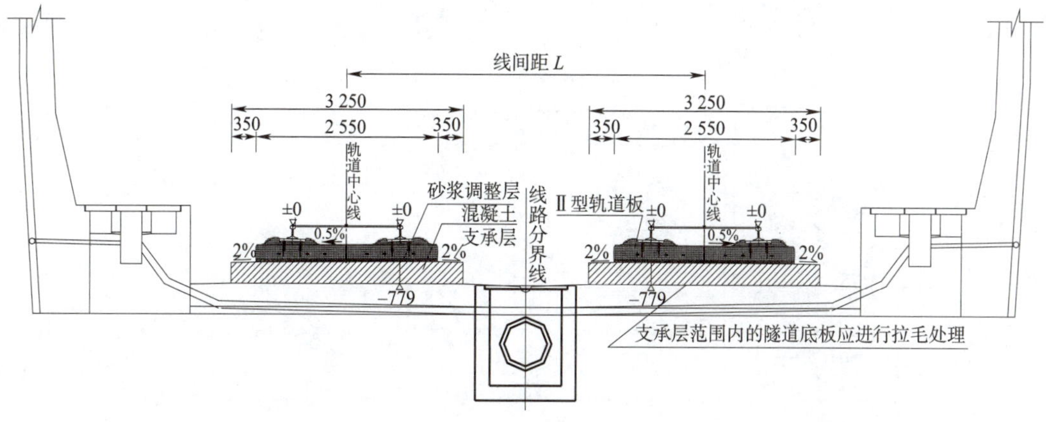

图 3-4-3　隧道地段 CRTSⅡ型板式无砟轨道横断面图(直线地段)(单位:mm)

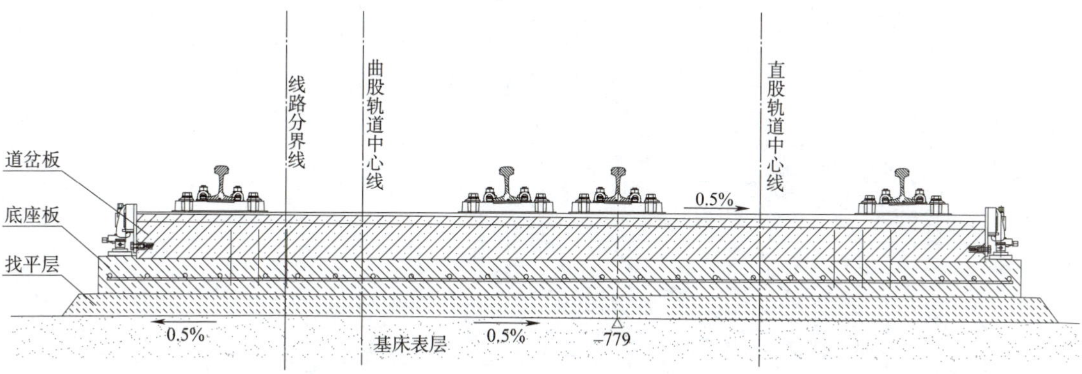

图 3-4-4　岔区板式无砟轨道结构横断面

2. 桥梁地段岔区板式无砟轨道

桥梁地段岔区板式无砟轨道结构主要由道岔部件、道岔板、砂浆调整层、连续底座、滑动层、高强度挤塑板、纵横向限位机构等部分组成,见图 3-4-5。

结构形式基本与桥梁地段 CRTSⅡ型板式无砟轨道一致,采用滑动层把道岔底座和梁面隔离,底座全桥连续铺设,通过剪力齿槽进行纵向限位、扣压式挡块进行横向限位,台后路基设置摩擦板和端刺,齿槽预埋件设计见图 3-4-6。主要区别在于,桥上道岔板下面的底座宽度沿着道岔纵向方向渐变。

(五)到发线路基双块式无砟轨道

津秦高速铁路滨海北、滦河和北戴河站到发线采用路基上双块式无砟轨道。

由 60 kg/m 钢轨、WJ-8C 型扣件、预制双块式轨枕(SK-2 型轨枕)、道床板和支承层等部分组成。

(六)正线有砟无砟轨道过渡

在 CRTSⅡ型板式无砟轨道与有砟轨道间、岔区板式无砟轨道与有砟轨道间均需设置过渡段进行过渡,具体工程措施如下。

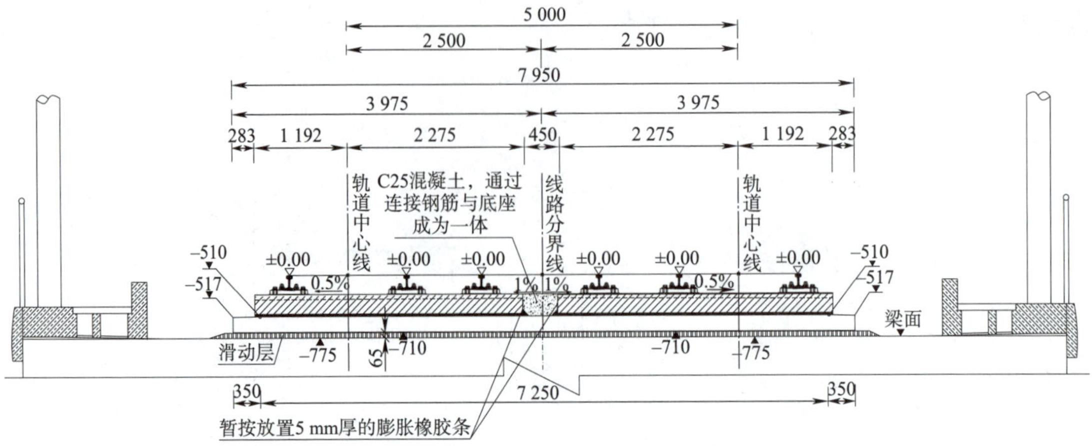

图 3-4-5 全桥底座纵连地段单渡线岔区轨道横断面设计图(单位:mm)

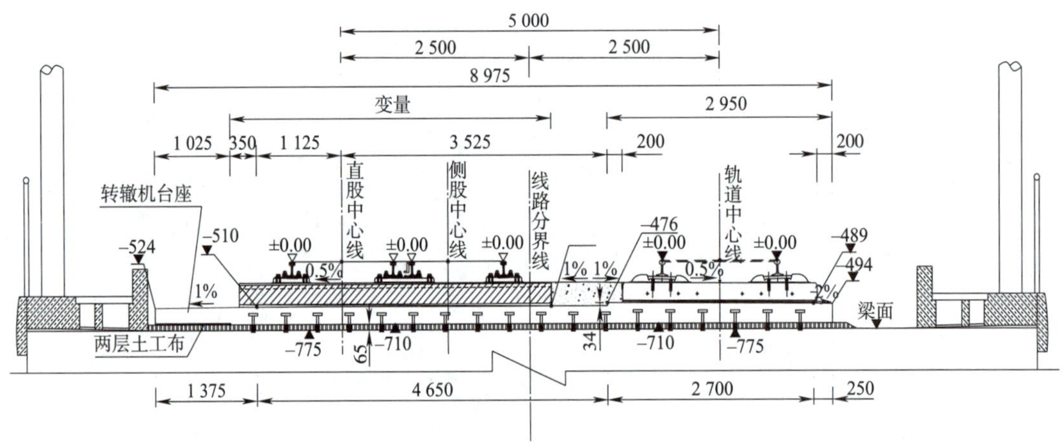

图 3-4-6 齿槽预埋件设计(单渡线转辙机台座处截面)(单位:mm)

1. 混凝土支承层

路基地段混凝土支承层从无砟轨道末端向有砟轨道延伸 8～10 m(一般情况下)，混凝土支承层厚 30 cm。

2. 道砟黏结

无砟轨道末端向有砟轨道方向的道砟分为三段黏结，第一段为全部黏结，第二段为轨枕下道砟和肩砟黏结，第三段为轨枕下道砟黏结。黏结总长度一般为 30～45 m，也可根据实际情况缩短黏结长度。

3. 辅助轨

一般情况选用 25 m 标准轨做辅助轨，其中，5 m 设置在无砟轨道上，20 m 设置在有砟轨道上。根据轨道结构高度的不同，选用符合轨道结构的过渡枕、特殊枕及配套扣件和垫板。

4. 路基处理

在过渡段范围路基基床表面高程及坡度应逐渐过渡，过渡范围的长度应在 5.0 m 以上，轨道施工前必须对路基基床表层进行过渡处理。

(七)线间防排水

路基地段 CRTSⅡ型板式无砟轨道和路基地段岔区板式无砟轨道地段线间填筑级配碎石，其顶面采用 C25 混凝土填充，混凝土封闭层最小厚度为 150 mm。填充混凝土沿线路纵向与轨道板、道岔板间，以及沿线路横向每隔 5 m 均设置伸缩缝，采用热沥青进行灌缝处理。

直线地段利用线间 C25 混凝土封层上的人字坡向线路两侧排水；曲线地段利用线间封闭层和线间集水井进行排水。

(八)综合接地设计

1. 内部接地

CRTSⅡ型轨道板和道岔板内设置综合接地钢筋，并预埋接地端子；双块式无砟轨道在道床板内设置综合接地钢筋，并预埋接地端子。

2. 外部接地

原则上按每 100 m 与线路两侧桥梁、隧道、路基接触网基础预埋的接地端子单点 T 形连接，每 100 m 段落内的轨道板单元之间进行等电位连接，T 形连接及板间等电位连接均采用不锈钢连接线。

第四节　跨区间无缝线路设计

津秦高速铁路采用一次铺设跨区间无缝线路(图 3-4-7)。

图 3-4-7　跨区间无缝线路

一、设计锁定轨温

DK254＋200～DK298＋900 有砟轨道地段设计锁定轨温为(27±5) ℃；CRTSⅡ型板式无砟轨道地段设计锁定轨温为(23±3) ℃；有砟轨道与无砟轨道锁定轨温通过 1 个单元轨节进行过渡，过渡的单元轨节设置在无砟轨道地段。

无缝线路应在设计锁定轨温范围内锁定，相邻单元轨节间的锁定轨温差不大于 5 ℃，同一单元轨节左右股钢轨锁定轨温差不大于 3 ℃，同一区间内单元轨节的最高与最低锁定轨温差不大于 10 ℃。

二、单元轨节布置

单元轨节的布置根据线路条件、工点情况、施工工艺等因素综合研究确定，其长度除车站范围外，一般按 1 000～2 000 m 设置。

三、桥上无缝线路

桥上无缝线路的设计锁定轨温与两端区间无缝线路设计锁定轨温一致，根据计算确定有砟轨道地段小阻力扣件的设置。

四、岔区无缝线路

岔区无缝道岔设计锁定轨温与两端区间无缝线路设计锁定轨温一致，单组或相邻多组一次锁定的道岔(含其间线路)及其前后各一定范围的钢轨组成一个单元轨节。

五、位移观测桩

根据相关文件，建议无缝线路位移采用准直仪观测，按单元轨节设置位移观测桩，观测桩间距 100～500 m。位移观测桩必须预先埋设牢固，在单元轨节两端就位后立即进行标记，标记应明显、耐久、可靠，见图 3-4-8。

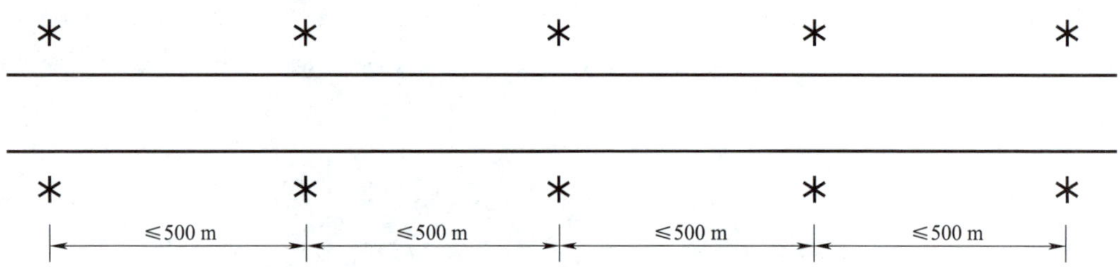

图 3-4-8　单元轨节位移观测桩布置图

第五章　路基设计

第一节　设计原则与标准

一、路基设计原则

1. 路基面形状

正线线路无砟轨道路基面形状为梯形(按Ⅱ型无砟轨道板形式),混凝土支承层范围内自线路中心至混凝土支承层边缘为0.5%横坡,混凝土支承层边缘以外向两侧设4%横向排水坡;路基基床底层顶面及基床下路基面自中心向两侧设4%横向排水坡,形状为三角形。无砟轨道采用Ⅱ型板式轨道,曲线地段在路基基床表层实现超高。

区间双线直线无砟轨道地段路基面宽度为13.6 m,线间距为5.0 m,单线宽度8.6 m。无砟轨道路基不考虑曲线加宽,当轨道结构和接触网支柱等设施的设置有特殊要求时,根据具体情况计算确定。无砟地段直线地段标准路基面宽度见表3-5-1。直线地段无砟轨道双线标准模断面示意图见图3-5-1。

表3-5-1　无砟地段直线地段标准路基面宽度　　单位:m

单　线		双　线		
路　堤	路　堑	路　堤	土质路堑	线 间 距
8.6	8.6	13.6	13.6	5.0

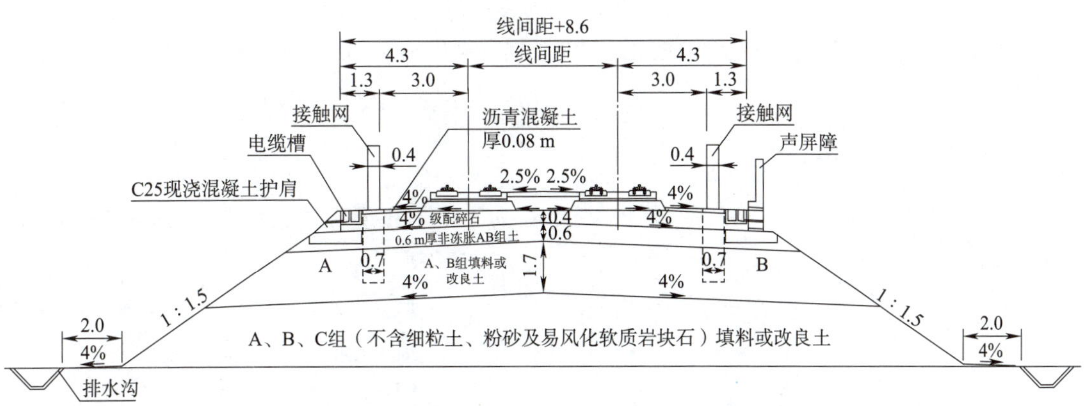

图3-5-1　直线地段无砟轨道双线标准横断面示意图(单位:m)

曲线地段无砟轨道双线标准模断面示意图见图3-5-2。

2. 路基基床

路基基床由表层和底层组成,表层厚度与无砟轨道的混凝土支承层或混凝土底座的

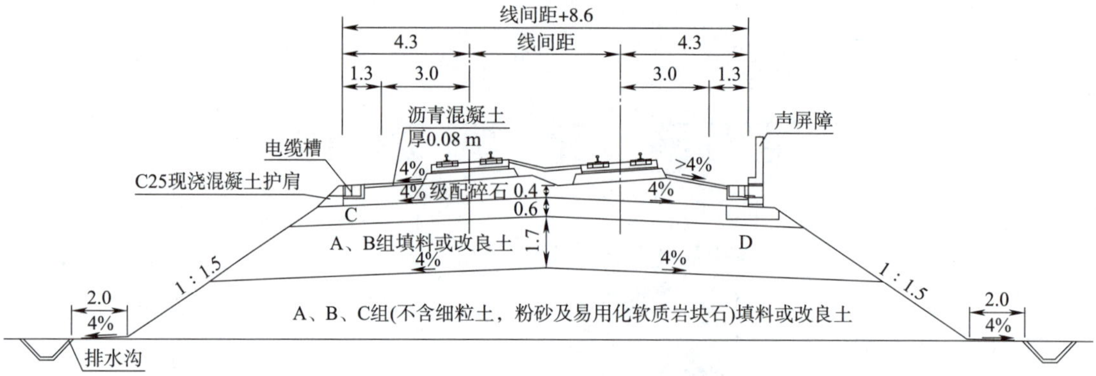

图 3-5-2　曲线地段无砟轨道双线标准横断面示意图(单位：m)

总厚度不小于 0.7 m，底层厚度为 2.3 m。基床表层采用级配碎石填筑，基床底层采用 A、B 组土填筑。

3. 过渡段

过渡段路基设计主要包括路桥过渡段、路堤与横向结构物(立交框构、箱涵)过渡段、路隧过渡段、堤堑过渡段、桥隧过渡段、半填半挖路基及不同岩土组合的横向过渡段等。过渡段一般采用掺水泥级配碎石填筑。

4. 一般路堤基底处理

路堤基底应进行清表处理，清表厚度 0.3 m，水田地段清表 0.5 m。地面横坡为 1∶5～1∶2.5 时，原地面应挖不小于 2 m 宽台阶。地面横坡陡于 1∶2.5 时，检算路堤稳定性，必要时考虑增设支挡结构加强稳定性。

5. 边坡坡度

(1)路堤填高小于 8 m 时，边坡坡率采用1∶1.5；路堤填高大于 8 m 时，边坡坡率采用 1∶1.75。

(2)路堑防护原则上在保证边坡稳定的前提下，并结合地质情况，采用放缓边坡结合绿色防护。

二、路基主要技术标准

津秦高速铁路在 DK11＋400～DK254＋200 为 CRTSⅡ型板式无砟轨道地段，其他段落为有砟轨道。

第二节　基床、填料及过渡段设计

一、基床结构形式、填料及压实标准

有砟轨道基床由表层与底层组成，表层厚度 0.7 m，底层厚度 2.3 m，总厚度为 3.0 m。一般情况下采用级配碎石填筑。无砟轨道路基表层厚度与无砟轨道的混凝土支承层(混凝土底座)总厚度不小于 0.7 m(级配碎石厚 0.4 m)，基床底层 2.3 m。混凝土支承层以外的路基面设 C25 纤维混凝土防排水层，厚 8 cm。对于高度小于基床厚度的路堤，其基床范围包括地基

的一部分，对于路堑则为路基面以下 2.7 m 范围的厚度。

1. 基床表层

基床表层采用级配碎石填筑，压实标准见表 3-5-2。

表 3-5-2　基床表层压实标准

轨道类型	填　料	厚度(m)	压实标准				附　注
			地基系数 K_{30}(MPa/m)	变形模量 E_{v2}(MPa)	动态变形模量 E_{vd}(MPa)	压实系数 K	
无砟轨道	级配碎石	0.4	≥190	≥120	≥55	≥0.97	
有砟轨道	级配碎石	0.70	≥190		≥55	≥0.97	

注：无砟轨道可采用 K_{30} 或 E_{v2}。当采用 E_{v2} 时，其控制标准为 E_{v2}≥120 MPa 且 E_{v2}/E_{v1}≤2.3。

基床表层级配碎石的粒径级配应符合表 3-5-3 规定，其不均匀系数 C_u 不得小于 15，0.02 mm 以下颗粒质量百分率不得大于 3%。

表 3-5-3　基床表层级配碎石粒径级配

方孔筛孔边长(mm)	0.1	0.5	1.7	7.1	22.4	31.5	45
过筛质量百分率(%)	0～5	7～32	13～46	41～75	67～91	82～100	100

基床表层级配碎石与下部填土之间应满足 $D_{15}<4d_{85}$ 的要求，不符合要求时，基床表层采用颗粒级配不同的双层结构，或在基床底层表面铺设土工合成材料。

在粒径大于 22.4 mm 的粗颗粒中，带有破碎面的颗粒所占的质量百分率不小于 30%。

级配碎石粒径大于 1.7 mm 颗粒的洛杉矶磨耗率不大于 30%，硫酸钠溶液浸泡损失率不大于 6%，粒径小于 0.5 mm 的细颗粒不大于 25%，塑性指数小于 6，不得含有黏土及其他杂质。

2. 基床底层

基床底层填筑 A、B 组填料，填料最大粒径应小于 60 mm，其粒径级配应符合压实性能要求，其压实标准应符合表 3-5-4 规定。

表 3-5-4　基床底层填料及压实标准

压 实 标 准	砂类土及细砾土	碎石类及粗砾土
压实系数 K	≥0.95	≥0.95
地基系数 K_{30}(MPa/m)	≥130	≥150
动态变形模量 E_{vd}(MPa)	≥40	≥40
7d 饱和无侧限抗压强度(kPa)	—	—

注：无砟轨道可采用 K_{30} 或 E_{v2}。当采用 E_{v2} 时，其控制标准为 E_{v2}≥80 MPa 且 E_{v2}/E_{v1}≤2.5。

3. 基床以下路堤填料及压实标准

基床以下路堤选用 A、B 组填料和 C 组碎石、砾石类填料，其粒径级配应符合压实性能要求，其压实标准应符合表 3-5-5 规定。

表 3-5-5　基床以下路堤填料及压实标准

压实标准	砂类土及细砾土	碎石类及粗砾土
压实系数 K	≥0.92	≥0.92

续上表

压实标准	砂类土及细砾土	碎石类及粗砾土
地基系数 K_{30}(MPa/m)	≥110	≥130
7d 饱和无侧限抗压强度(kPa)	—	—

注:无砟轨道可采用 K_{30} 或 E_{v2}。当采用 E_{v2} 时,其控制标准为 E_{v2}≥45 MPa 且 E_{v2}/E_{v1}≤2.6。

二、路基土石方调配原则

1. 路基土石方调配,贯彻节省用地、少占良田和有条件时改地造田的原则;充分利用挖方、移挖作填。当移挖作填的填料性质不符合要求时,需进行进一步的加工或另选择符合规定的土源作为路基填料。

2. 与站场专业、隧道专业调配协调一致,互补有无,隧道弃渣应合理利用,避免不必要的弃方和外购土,以节省工程投资。

3. 对填方地段,分别选择满足基床表层、底层,路基下部填料要求的土源,进行调配。

4. 由于该线部分地处山区,冲沟较深,调配时应注意实施的可行性。

5. 根据土源化验报告,地质勘探报告核实填料是否需要晾晒、翻压,挖方是否弃掉等。

三、弃 土 场

1. 弃土场的设置原则

铁路弃土必须符合水保、环保要求,不得随意倾倒。弃土应远离路堑堑顶,不得在堑顶上方、不良地质体、不稳定斜坡、软土上弃土,对占压沟槽的弃土场,必须在渣脚设置挡渣墙,并采取有效防排水措施,以防发生泥石流。对临近江河、交通线、重要建筑物的弃土场,应确保弃土不影响河道排洪及构筑物的使用安全。

2. 弃土场的防护

弃土场一般选择在低洼处,设计采用先挡后弃,并进行绿化植树、种草,有条件时可以将弃土堆摊开改地造田,还地与民。弃土堆边坡一般不陡于 1∶1.5。柳辛庄隧道弃土场见图 3-5-3。

图 3-5-3 柳辛庄隧道弃土场

四、过渡段设计

路堤与桥台连接处,路堤与横向结构物连接处,路堑与隧道连接处,路堤与路堑连接处,半堤半堑地段，无砟轨道和有砟轨道连接处，均设置过渡段，以保证轨道平顺过渡。路桥、路涵过渡段采用沿线路方向倒梯形过渡形式，并满足防冻设计要求。过渡段地基需要加固时应考虑与相邻地段协调渐变，还应符合轨道特殊结构的要求。

1. 路基与桥台之间过渡段

过渡段路基基床表层掺入5%水泥，基床表层以下倒梯形部分分层填筑掺入5%水泥的级配碎石，压实标准应符合压实系数 $K \geqslant 0.95$，地基系数 $K_{30} \geqslant 150$ MPa/m，动态变形模量 $E_{vd} \geqslant 50$ MPa。

过渡段总长度 $L=a+(H-h)\times n$ 且 $L \geqslant 20$ m（无砟轨道设置端刺和摩擦板地段，根据摩擦板长度确定过渡段长度），式中，L 表示过渡段长度(m)，H 表示台后路堤高度(m)，h 表示基床表层厚度(m)，a 表示常数（一般取5 m），n 表示采用常数2～5。有砟轨道桥路过渡段见图3-5-4。

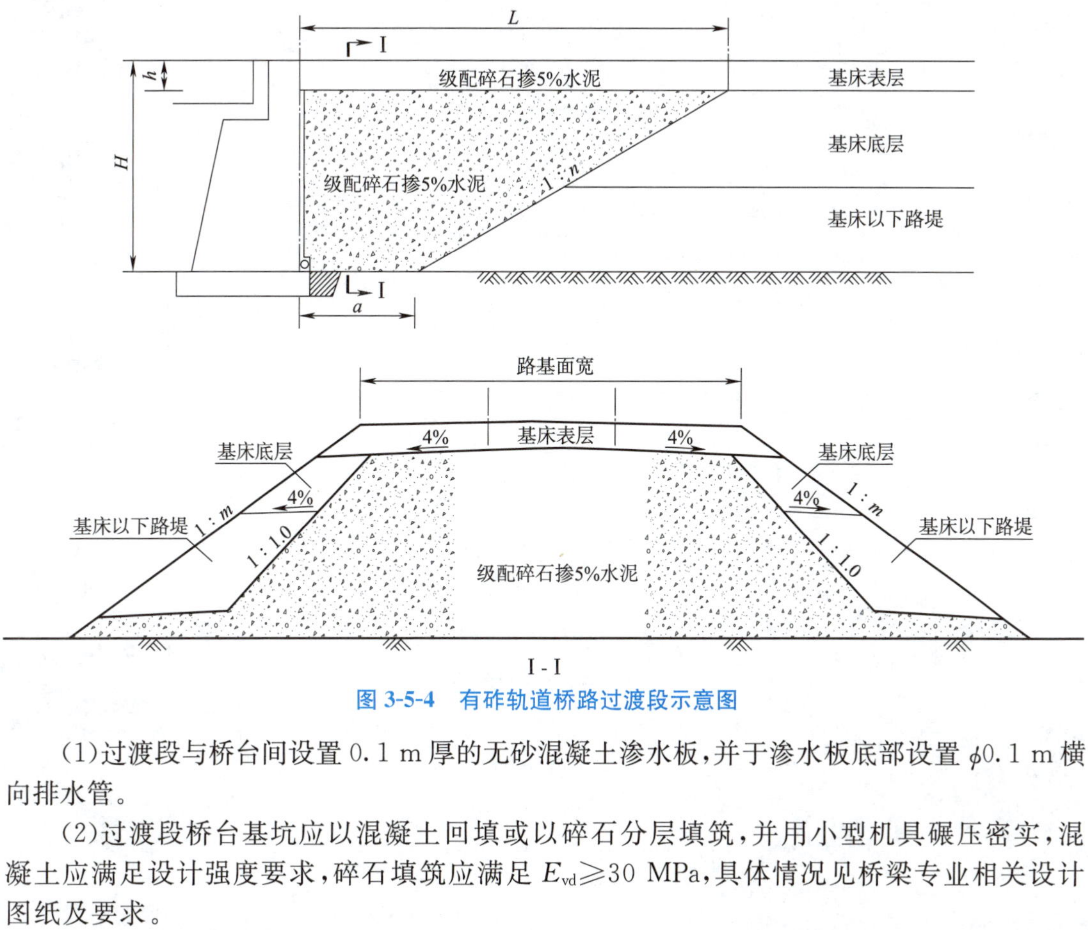

图3-5-4 有砟轨道桥路过渡段示意图

(1)过渡段与桥台间设置0.1 m厚的无砂混凝土渗水板，并于渗水板底部设置 ϕ0.1 m横向排水管。

(2)过渡段桥台基坑应以混凝土回填或以碎石分层填筑，并用小型机具碾压密实，混凝土应满足设计强度要求，碎石填筑应满足 $E_{vd} \geqslant 30$ MPa，具体情况见桥梁专业相关设计图纸及要求。

(3)过渡段路堤应与其连接的路堤同时施工，并按大致相同的高度分层填筑。距离台背2.0 m范围内应用小型机具碾压密实，并适当减小分层填筑厚度。

2. 路堑与桥台连接处

桥台与土质和软质岩石路堑间应在路堑基床范围内设置过渡段。基床表层采用级配碎石掺入5%水泥渐变过渡，基床底层采用级配碎石掺入3%水泥渐变过渡，长度不小于20 m。当路堑长度短于20 m时，按照实际长度设置，见图3-5-5、图3-5-6。

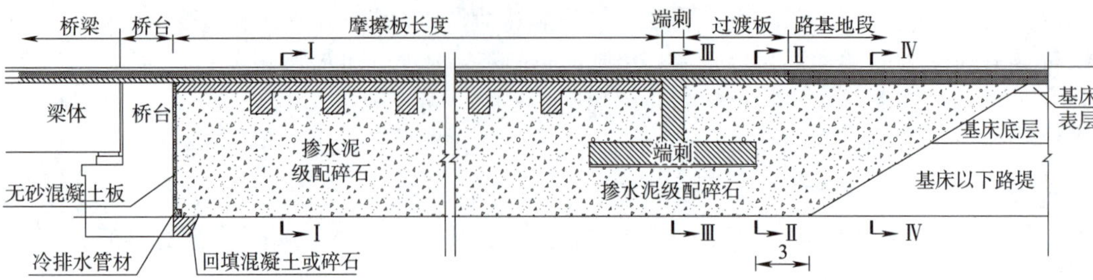

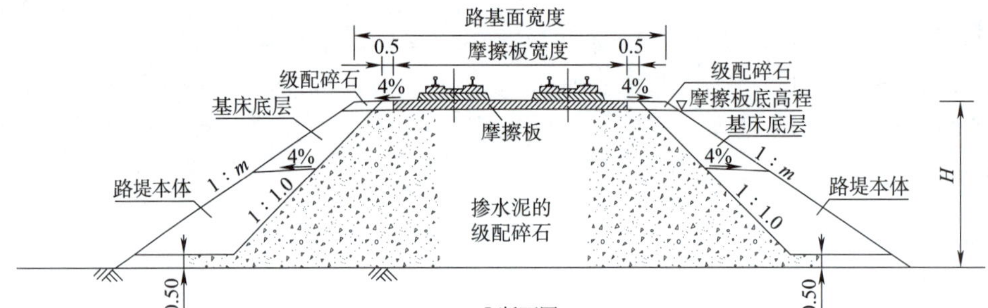

(a) Ⅰ断面图

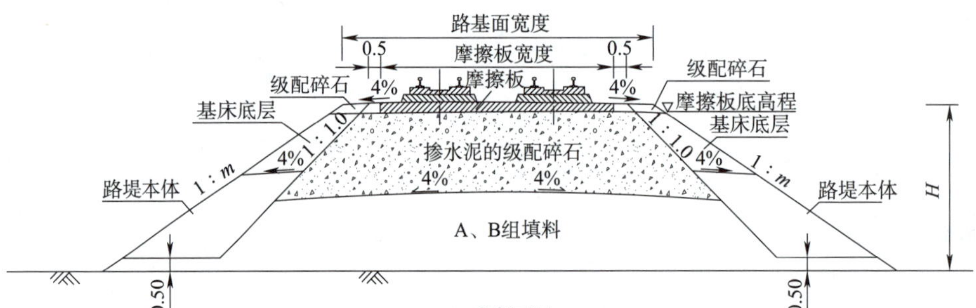

(b) Ⅱ断面图

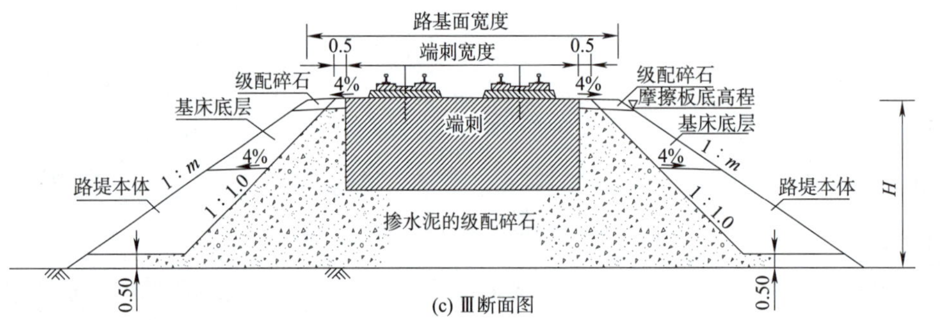

(c) Ⅲ断面图

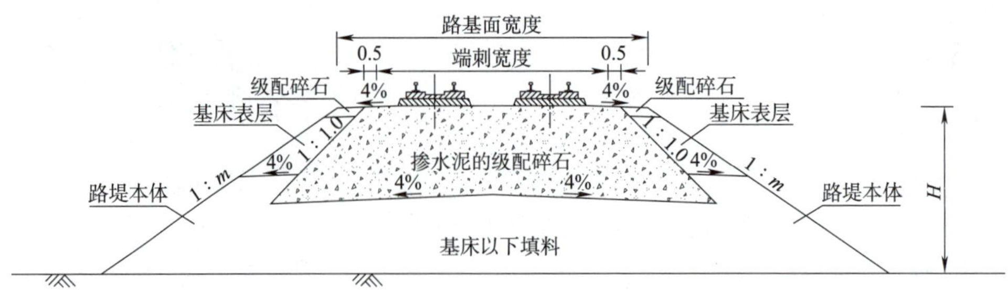

(d) Ⅳ断面图

图 3-5-5　无砟轨道桥路设置端刺过渡段示意图(单位:m)

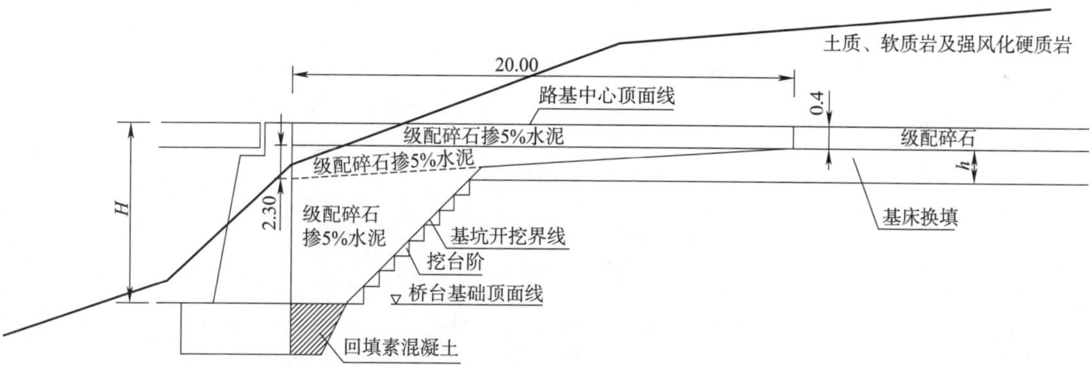

图 3-5-6　路堑与桥台过渡段纵向示意图(单位:m)

3. 路堤与横向结构物过渡段

路堤与横向结构物(立交框构、箱涵等)连接处,采用沿线路纵向倒梯形过渡形式,横向结构物顶部和过渡段路基基床表层应符合基床表层要求;过渡段填料、压实标准及基坑回填应符合路桥过渡段的相关规定。横向结构物顶面填土厚度不大于 2.0 m 时,横向结构物及两侧 20 m 范围基床表层级配碎石应掺加 5%水泥,见图 3-5-7。横向结构物顶面填土厚度大于 2.0 m 时,充分考虑与横向结构物接触区冻结影响范围填料的防冻,见图 3-5-8。

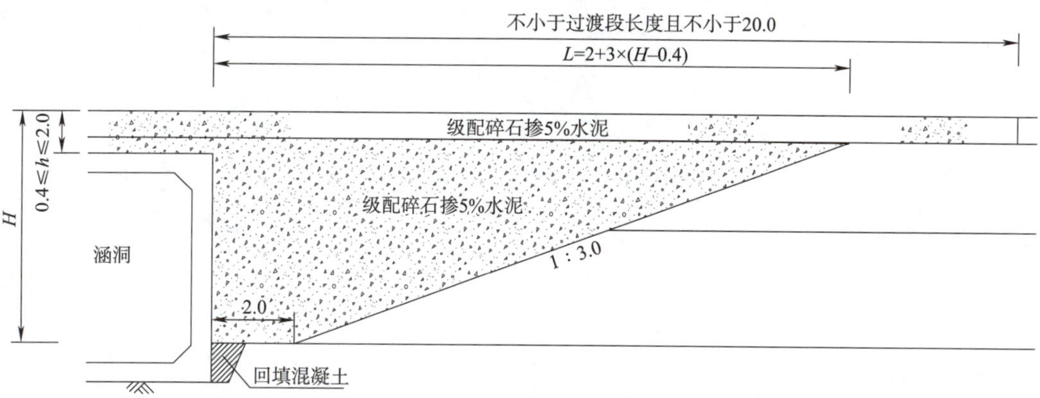

图 3-5-7　路堤与横向结构物($h \leqslant 2.0$ m)过渡段示意图(单位:m)

当横向结构物与线路斜交时,过渡段应采用斜交正做,即沿线路方向结构物与路基的两交点之间部分路基填料全部为水泥稳定级配碎石,按照与过渡段相同的标准进行碾压,之后设置标准的正交过渡段。站内仅正线及两侧相邻到发线外侧各 3.55 m 范围内设置过渡段,站台及其他非相邻到发线下部按站场专业相关要求办理。

4. 路堤与路堑过渡段

路堤与路堑连接处设置过渡段,路堤与硬质岩路堑连接处过渡段采用水泥稳定级配碎石填筑。

(1)当路堤与路堑连接处为硬质岩石路堑时,在路堑一侧顺原地面纵向开挖台阶,台阶自原坡面的挖入深度不应小于 1.0 m,台阶高度 0.6 m 左右。在路堤一侧,应设置过渡段,过渡段填筑要求应符合路桥过渡段要求,见图 3-5-9。

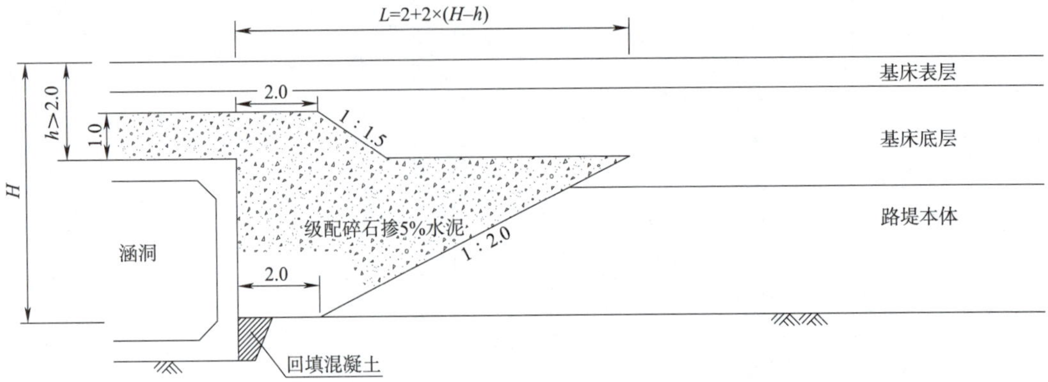

图 3-5-8　路堤与横向结构物($h>2.0$ m)过渡段示意图(单位:m)

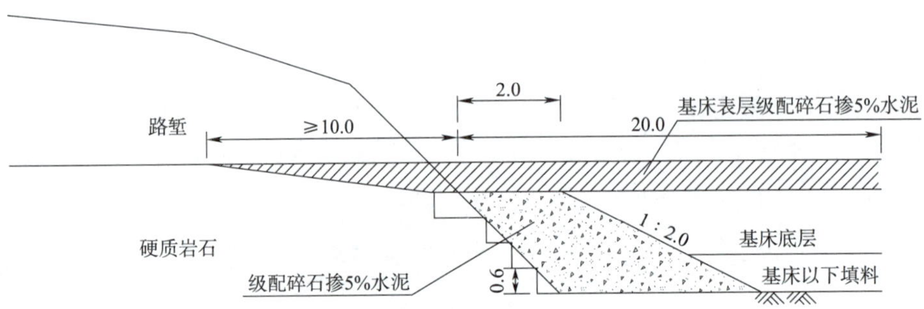

图 3-5-9　硬质岩石堤堑过渡段示意图(单位:m)

(2)当路堤与路堑连接处为软质岩石或土质路堑时,应顺原地面纵向开挖台阶,台阶自原坡面的挖入深度不应小于 1.0 m,台阶高度 0.6 m 左右,见图 3-5-10,其开挖部分填筑要求应与路堤相应位置相同。

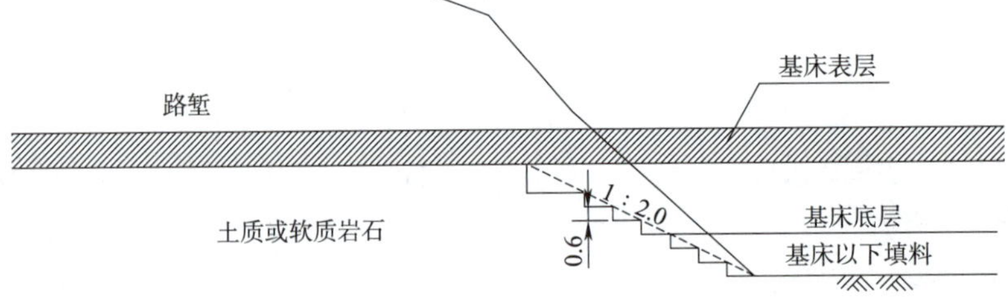

图 3-5-10　软质岩石或土质堤堑过渡段示意图(单位:m)

5. 半填半挖过渡段

半填半挖路基在靠山侧的路堑为土质或软质岩时,基床底层换填 2.3 m,原地面横向挖台阶,台阶高度 0.6 m 左右,换填与路堤相同的填料,达到相应部位的压实标准,并应设置向外 4%的排水坡。

半填半挖路基在靠山侧的路堑为硬质岩时,原地面挖成高 0.6 m 左右的台阶,基床底层无砟轨道混凝土底座应力扩散范围以内部分填筑级配碎石,并掺入 5%水泥,级配碎石压实标准

应满足 $K_{30}\geqslant150$ MPa/m，$E_{vd}\geqslant50$ MPa，$E_{v2}\geqslant80$ MPa，孔隙率 $n<28\%$。其他部分按路堤相应部位要求填筑。

半堤半堑路基填筑应同时考虑两侧堤堑过渡，以保证路基纵横向刚度均匀过渡，见图 3-5-11、图 3-5-12。

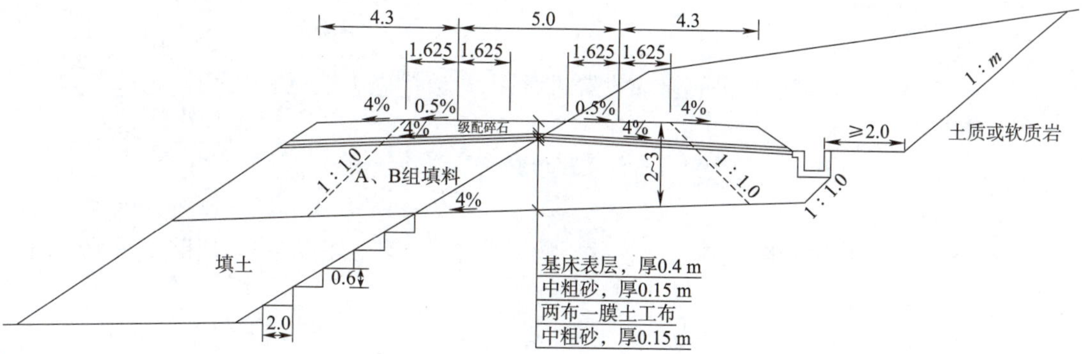

图 3-5-11　土质及软质岩半填半挖路基横断面示意图(单位：m)

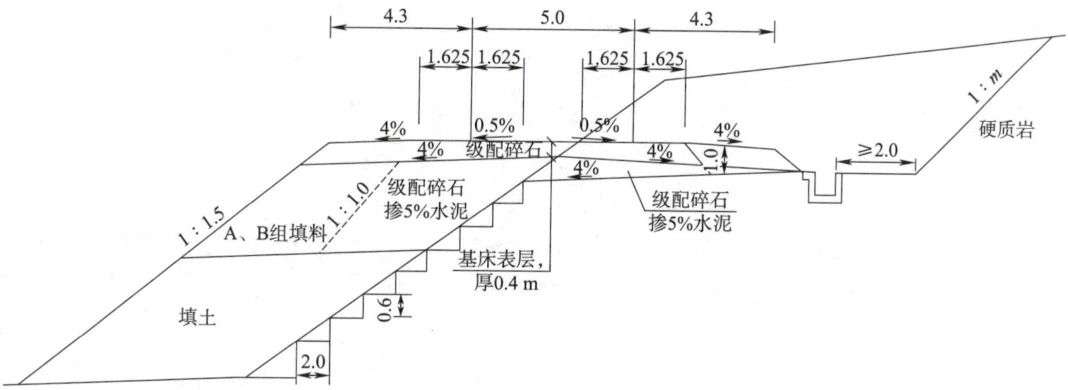

图 3-5-12　硬质岩半填半挖路基横断面示意图(单位：m)

6. 路堑与隧道过渡段

无砟轨道路基路堑基床需换填或加固处理的路隧连接处设置过渡段，设置形式见图 3-5-13。

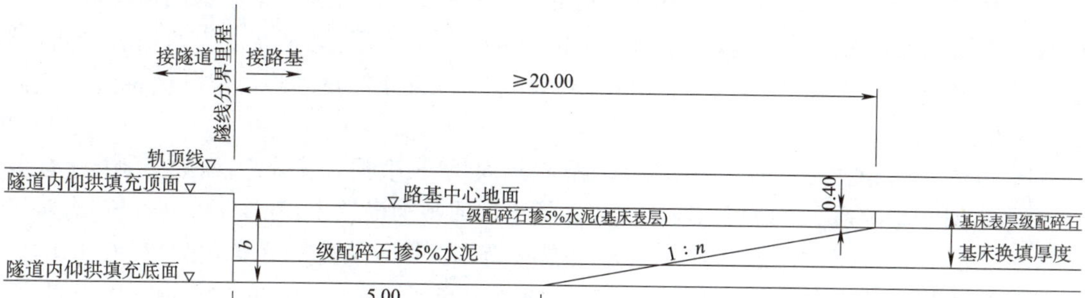

图 3-5-13　路堑与隧道过渡段示意图(单位：m)

过渡段采用倒梯形，倒梯形底宽 5.0 m，路堑侧坡度 1∶n，n 取值 5～10。

过渡段基床表层采用级配碎石掺 5%（重量比）42.5 级普通硅酸盐水泥填筑，填筑长度不小于 20 m，并满足相应基床表层的压实标准。过渡段倒梯形范围内采用级配碎石掺 5%（重量比）42.5 级普通硅酸盐水泥填筑，其压实标准应满足 $K_{30} \geqslant 150$ MPa/m，$E_{vd} \geqslant 50$ MPa，$E_{v2} \geqslant 80$ MPa，$n < 28\%$。

7. 连接处路基过渡段

无砟轨道与有砟轨道连接处路基应设置过渡段，过渡措施由轨道专业实施。

第三节　特殊路基设计

特殊路基主要有浸水路基、软土及松软土地基路基、岩溶地段路基、顺层路堑边坡及高陡路堑边坡、挡土墙等。

一、浸水路堤

1. 抽出水塘积水，挖除淤泥，回填渗水土，必要时设置草袋围堰。当坑、塘规模较小时，则坑、塘全部填平。

2. 防护高程：坑、塘岸边地面高程＋0.5 m。

3. 填料：防护高程以下填渗水土，以上填筑满足路堤相应部位要求的填料。

4. 护道：于防护高程处设 2.0 m 宽护道。

5. 边坡坡度：防护高程以上 1∶1.5，以下 1∶1.75。

6. 护道及防护高程以下边坡设 C25 混凝土或浆砌片石护坡，厚 0.3 m，勺形基础，底宽 0.6 m，深 1.0 m，护坡下设 0.15 m 厚的碎石垫层。

二、软土及松软土地基

土质地基均进行沉降检算和工后沉降分析，根据分析结果，采取综合处理措施进行地基加固。

1. 当松软土位于地表 3.0 m 范围内，并处于地下水位以上时，挖除松软土层，换填填料及压实标准执行路堤相应部位的要求。

2. 软土、松软土地段，且无硬夹层时，有砟轨道或车站站线范围，采用水泥搅拌桩（水泥砂浆搅拌桩），桩长根据计算确定，原则上须穿透软弱层至硬底，处理宽度为两坡脚之间，桩径 0.5 m，梅花形布置，间距 1.2～1.3 m，桩顶设置 0.5 m 厚的垫层，垫层内铺设两层高强土工格栅。

3. 当软土、松软土较厚时，一般采用 CFG 桩加固，桩长根据计算确定，原则上须穿透软弱层至硬底，对于第四系土质地层一般应嵌入砂类土层或硬塑黏性土，深度不小于 2.0 m，对于下伏基岩地段应嵌入全风化层不小于 0.5 m；处理范围为两坡脚之间，CFG 桩桩径 0.4 m，正方形布置，间距一般为 1.6～1.8 m，并于桩顶设置 1.0 m×1.0 m×0.3 m 钢筋混凝土桩帽，以上设厚 0.5 m 碎石垫层，垫层内铺设两层高强土工格栅。

4. 施工条件受限时，可选用旋喷桩及钻孔灌注桩。

钻孔灌注桩和旋喷桩加固处理后，地基应满足承载力和工后沉降要求。

旋喷桩直径 60 cm，正方形布置，桩间距一般 1.3～1.5 m。

钻孔灌注桩直径 60～80 cm，正方形布置，桩间距一般 2.0～2.4 m。

5. 路桥路涵过渡段加固区采用与其相邻地基相同的处理形式，适当提高置换率，桩间距向相邻路基过渡，过渡区长度不小于过渡段长度，并不小于 20 m，以保证路基沉降沿纵向渐变。一般在桥头设置摩擦板过渡段范围，将桩帽＋碎石垫层结构改为桩筏结构。

6. 对天津段深厚软土及松软土地层，为保证工后沉降及成桩质量，采用预应力管桩进行地基处理，管桩直径 0.45～0.5 m，间距一般为 2.0 m，正方形布置，桩顶设置钢筋混凝土筏板结构。

7. 地基存在松散粉细砂地段，地基采用碎石桩加固处理，桩径 0.5 m，间距 1.2 m，梅花形布置，桩顶设厚 0.5 m 碎石垫层，垫层内铺设两层高强土工格栅。

8. 存在可压缩性土层的路基地段，设置堆载预压的方式来加速工前沉降的完成。底宽等于基床底层顶面宽度减 2.0 m（每侧各留 1.0 m 平台），预压土两侧边坡坡度 1∶1，预压土高度 3.0 m（填土容重 18 kN/m^3），底部铺设一层 CB150 土工布，预压时间不小于 6 个月。堆载预压期间应进行沉降观测，并进行路基工后沉降推测，当评估工后沉降满足要求后方可卸载。

三、岩溶地段路基

1. 岩溶弱发育至岩溶中等发育地段，注浆加固地段长度控制在溶洞地段或溶隙发育带前后 10 m。岩溶强发育地段注浆加固地段，长度控制在溶洞地段或溶隙发育带按计算的安全距离以外 10 m。横断面方向，对于路堤及路堑边坡高度小于 1.0 m 地段，加固宽度为坡脚外 5.0 m；对路堑边坡高度大于 1.0 m 地段，加固宽度为两侧堑脚范围内；当堑脚有挡土墙等支挡结构时，加固宽度为挡墙外侧范围以内。

2. 与 CFG 桩加固处理重叠地段，注浆孔布置为正方形，间距为 4.5～5.4 m（间距为 CFG 桩间距的 3 倍），注浆孔位于 CFG 桩之间；其他地段注浆孔布置为三角形，孔间距 5.0 m。注浆孔孔径 110 mm。注浆孔深度按照工点设计要求布置。

3. 注浆地段路堤基底铺设一层厚 0.5 m 碎石垫层，垫层内加铺两层 100 kN/m 双向高强土工格栅，当岩溶注浆与 CFG 桩处理段落重合时按 CFG 桩褥垫层要求铺设。

4. 路堑基床位于岩溶弱发育且岩层为弱风化地段，基床换填 0.4 m 厚级配碎石；位于岩溶弱发育且岩层为强风化地段，基床换填 0.4 m 厚级配碎石，其下部换填层总厚度 1.0 m；位于岩溶中等至强发育地段且岩层为弱风化至强风化地段，基床换填 0.4 m 厚级配碎石，其下部换填层总厚度 1.0 m。

四、顺层路堑边坡及高陡路堑边坡

当有倾向于线路的岩石结构面或顺层滑动可能时，根据工点地质资料、边坡高度等采取放缓边坡、设置挡土墙、锚杆、锚索加固及坡脚预锚固桩加固等措施。

边坡分级平台设置应综合考虑，并将边坡截水沟排水顺接至路堑天沟或天然沟渠内。

当边坡高度较大时，根据地质资料，通过稳定性分析，采取锚杆或锚索及坡脚预锚固桩等措施进行加固，确保边坡稳定。高陡边坡均设置位移观测设备，长期观测边坡的稳定状态。

高陡路堑边坡存在危石地段，设置柔性防护网防护，保证铁路运营安全。

五、挡 土 墙

1. 城市内为减少占地或避免占压既有建筑物设置支挡工程。

2. 挡土墙采用钢筋混凝土悬臂式或扶壁式挡土墙，挡土墙基底承载力如不满足要求，采用换填及桩基加固处理。

3. 挡土墙墙背设渗水片材或砂夹卵石反滤层，墙面上下左右每隔 2.0 m 设泄水孔一处，泄水孔采用 ϕ50 mm 的 PVC 管，顺线路方向于单元间设置伸缩缝，缝宽 0.03 m，缝内填塞沥青木板。

4. 路堑地段，设置支挡结构能明显降低边坡高度地段，采用重力式挡土墙或桩板墙收坡处理。

5. 车站站台范围，结合站房及上下站台楼扶梯设计方案，在站台外侧一般设置悬臂式或扶壁式挡土墙收坡。

六、路堑设计

软质岩石、强风化、构造破碎的岩石路堑，均设置坡面防护工程。

1. 路堑边坡坡度一般情况下采用 1∶0.75～1∶1.5。

2. 堑坡防护类型选取原则：土质边坡坡度一般为 1∶1.5，采用骨架护坡，骨架内种紫穗槐防护；均质混合岩（Ⅲ）、变粒岩（Ⅲ）、花岗岩（Ⅲ），边坡坡度一般为 1∶1.25～1∶1.5，采用骨架护坡，骨架内种紫穗槐防护；均质混合岩（Ⅳ）、变粒岩（Ⅳ）、花岗岩（Ⅳ），岩芯风化成土状适宜植物生长情况，边坡坡度一般为 1∶1.25～1∶1.5，采用骨架护坡，骨架内种紫穗槐防护；对于岩芯成块状地段，边坡坡率采用 1∶1.25，边坡采用空窗式护坡防护；对于白云岩、砂岩、花岗岩等弱风化岩层，边坡坡度一般为 1∶0.5～1∶0.75，边坡采用护墙、框架格梁防护。

当堑坡高度大于 20 m 应加大分级平台宽度，当设支挡结构能够显著降低边坡高度时，设置挡土墙收坡。

3. 侧沟平台及边坡平台上全部通长设种植池，底宽 0.5 m，高 0.5 m，厚 0.15 m，池内种植爬山虎等藤本植物，穴距 0.25 m，每穴 2 棵。

4. 土层及岩石路堑地下水发育地段，于路基两侧侧沟平台下设置渗水暗沟截排地下水。根据地下水流向及流量在一侧或两侧设置渗沟，渗沟宽 1.2 m，沟内填洗净碎石。沿线路方向每隔 30 m 及平纵断面转折处设检查井。出口采用保温措施，并宜设在向阳侧。路堑工程防护见图 3-5-14。

图 3-5-14　路堑工程防护

第四节　路基排水及防护设计

一、地面排水设施

1. 排水系统设计原则

路基地段应有良好、完善的排水系统。排水设备应布置合理，并与桥涵、车站、隧道等排水设备衔接配合，形成完整的排水系统。排水设备应有足够的过水能力，保证水流畅通。排水工程应结合具体条件，适当加强路基的横向排水设施，并及时实施，防止在施工期间因地表水及地下水的侵入而造成路基松软和坡面坍塌。排水系统的设置，应与水土保持及农田水利的综合利用相结合，不利用边沟作为灌溉渠道。对于桥涵等过水建筑物的布置，切实遵循"一沟一涵"的原则，不要勉强改沟或合并天然沟。在天然沟槽不甚明显的漫流地段，应布置足够数量的过水建筑物，并在其上游设置必要的束流设施，以防发生水害。当水沟经过不宽的凹地，可在凹地横坡不太陡的地方采用培堤成沟的方法通过，以保持水沟的圆顺、排水畅通。

2. 路堤排水设计原则

排水沟的设计要满足因地制宜、经济适用的原则，尽量选择在地形、地质较好的地段通过，以降低加固工程投资。

(1)排水沟的出水口尽可能引接至天然沟河，不能直接使水流入农田，损害农业生产。

(2)地面横坡不明显时，于路堤两侧设置排水沟。排水沟平面应尽量采用直线，如必需转弯时，其半径不宜小于 5 m，单面排水沟的长度不宜大于 400 m，必要时增设横向排水设施，并引入天然沟渠或涵洞。

(3)排水沟的纵坡，不应小于 2‰，困难条件下可减小至 1‰。

(4)排水沟横断面应按 1/50 洪水频率的流量进行计算，排水沟最小尺寸为 0.6 m×0.6 m，边坡 1∶1。

(5)排水沟加固。视石料分布情况采用厚度 0.3 m 的 M7.5 浆砌片石防护，或采用 C20 混凝土预制构件。

(6)边坡骨架的排水槽与路堤坡脚排水沟之间应设置连接排水槽，避免边坡集中水流冲刷路堤坡脚。

(7)路基与桥台衔接处的排水沟应与天然沟槽衔接，避免冲刷桥台锥坡。排水沟与涵洞衔接处的沟底高程不应低于涵洞流水面高程。

3. 路堑地面排水设计原则

(1)路堑地段纵坡不宜小于 2‰。

(2)路堑堑顶边缘以外 5 m 设置单侧或双侧天沟。由不同地层组成的深路堑，宜在边坡中部或不同地层分界处设置的平台上设置截水沟。天沟、截水沟横断面应按 1/50 洪水频率的流量进行计算，一般采用梯形沟，个别施作梯形沟困难的陡坡地段，可采用矩形沟，梯形沟与矩形沟间过渡段长度不小于 5.0 m，梯形沟最小尺寸底宽 0.6 m，沟深 0.6 m，内、外侧边坡坡率 1∶1。

(3)路堑侧沟设计。客运专线正线路堑侧沟底宽 0.6 m，深 0.8 m，采用 C25 钢筋混凝土浇筑或预制；每 10～20 m 设伸缩缝一道，缝宽 0.02 m，其内填塞沥青麻筋。侧沟与梯形排水沟要顺接，顺接长度不小于 5.0 m。

(4)天沟不应向路堑侧沟排水，受地形限制需排入侧沟时，必须设急流槽，并根据天沟流量调整下游侧沟截面尺寸。边坡平台截水沟必须引入相邻排水设施。

(5)排水设施应满足 30 年使用年限。排入自然沟、渠的天沟、排水沟，其末端应设置消能、沉淀设施，避免集中水流对地表冲蚀。

4. 路基本体防排水设计

(1)路基本体。高速铁路路基必经受年复一年的周期性冻融循环作用，在冻结期间，若水分补给充足的条件下，就会引起冻胀的发生，另外，在融化期，由于上部土体已经开始融化，而下部仍处于冻结状态，这样未融化的土层起到隔水层的作用，在上部动荷载反复作用及土体自重作用下，就会形成翻浆冒泥。

为消除季节性冻土对线路的影响，保证路基的高度平顺性，在设计中采用在路基面以下冻结深度范围内全部换填非冻胀土和在路堑地段基床表层下设两布一膜不透水土工布相结合的措施，在路堑设计中采用路堤式路堑的形式。当采用非冻胀土作填料时，施工中控制其最优含水率小于起冻含水率；对地下水位较高的地段，设置渗水暗沟排除地下水；路堑换填地段设置毛细水隔断层和采用渗水盲沟排水措施；同时路堤边坡设置带截水槽的拱形骨架护坡，以加强排水等多种措施解决季节性冻土对路基造成的问题。

(2)路基面采用纤维混凝土封闭层防止表水下渗，伸缩缝处采用凸台结构，减少路基面水通过伸缩缝下渗。

(3)无砟轨道路基线间防排水：直线地段两线轨道之间填筑级配碎石，并加做封闭层向两侧排水。曲线地段线间设置纤维混凝土排水沟，并顺线路方向每 50 m 左右设置一处线间设集水井，集水井与埋入基床内的排水管连接排除积水。排水管出口位置：路堑地段接入侧沟内；路堤地段对于采用骨架护坡的地段通过调整主骨架位置将排水管出口置于主骨架中间，其他地段于边坡上设 0.2 m 深，0.5 m 宽的 C15 混凝土槽，将水引至坡脚排水沟内。集水井宜在基床表层施工完成、开挖级配碎石后现浇，深度根据超高不同可适当调整，但应保证横向排水管埋入基床底层顶面以下不小于 0.1 m，其向外的排水坡度根据集水井位置等调节，一般为 4%～5%。

(4)路基面纤维混凝土防水层与路肩电缆槽间的处理：纤维混凝土与轨道板底座及电缆槽回填混凝土接缝处，设塑料薄膜隔离层，并采用热沥青砂浆浇筑。纤维混凝土与路基面的其他预埋设备(如接触网基础)的接缝处理均采用上述方式处理。

二、路基防护工程设计

路堑边坡根据工程地质和水文地质条件、岩土类别、边坡高度，并结合岩体结构、结构面产状、风化程度等因素综合确定；路堤边坡防护依据路堤边坡高度、填料性质以及地基条件等确定。津秦线路基采用的边坡防护措施主要包括：植草、小灌木等绿色防护(图 3-5-15)，三维柔性生态护坡(图 3-5-16)，拱形骨架护坡(图 3-5-17)，浆砌片石护坡、护墙防护(图 3-5-18)，挡土墙及桩板挡土墙等支挡结构(图 3-5-19)，格梁锚杆(索)防护(图 3-5-20)，浆砌片石孔窗式护坡(图 3-5-21)。

图 3-5-15　绿色植被边坡

图 3-5-16　三维柔性生态边坡防护

图 3-5-17　拱形骨架护坡

图 3-5-18　浆砌片石护坡

图 3-5-19　挡土墙支挡结构

图 3-5-20　格梁防护结构

图 3-5-21　浆砌片石孔窗式护坡

1. 路堤边坡防护

(1)路堤边坡高度小于或等于 3 m 时，采用正六边形混凝土空心块防护，空心块内种紫穗槐。

(2)路堤边坡高度大于 3 m 时，边坡坡面采用 C25 混凝土带截水槽拱形骨架护坡，骨架内种植紫穗槐防护，骨架嵌入路堤边坡深 0.6 m。路堤两侧边坡水平宽度 3.0 m 范围内，自坡脚至基床表层下，每隔 0.6 m 铺设一层双向 30 kN/m 土工格栅。

2. 路堑坡面防护

路堑边坡根据工程地质和水文地质条件、岩土类别、边坡高度，并结合岩体结构、结构面产状、风化程度等因素综合确定。路堑边坡一般采用 M7.5 水泥砂浆砌片石护墙、护坡、孔窗式护坡、三维柔性生态护坡、框架格梁或采用 C25 混凝土拱形骨架(主骨架间距 3.0 m，支骨架 3.0 m)护坡，骨架内铺六边形混凝土空心块，内种紫穗槐或爬藤植物防护。当路堑边坡较高时，采用多级护墙，护墙每级高 8 m，最多不超过三级，两级边坡之间设不小于 2.0 m 的平台，并于分级平台设置截水沟。

第六章　桥 涵 设 计

第一节　设计原则与标准

一、设计原则

（一）采用洪水频率

桥梁：1%，新建涵洞：1%。

（二）设计活载

1. 高速铁路、动车走行线等，采用“ZK 标准活载”。

2. 相关既有线的改造，采用“中-活载”。

3. 公路桥按现行公路规范办理。

（三）建筑限界

1. 跨越高速铁路正线，按《新建时速 300～350 公里客运专线铁路设计暂行规定》及《高速铁路设计规范》办理，即净高为 7.25 m，双线净宽为 9.88 m。

2. 跨越速度目标值 160 km/h 及以下的相关线，采用《标准轨距铁路建筑限界》(GB 146.2—83)“建限—1”电气化净空规定。

3. 跨越开行双层集装箱铁路净空按相关要求办理，即一般桥下净高为 7.96 m。

4. 跨越主要公路、城乡道路采用《公路工程技术标准》(JTG B01—2003)或根据与地方主管部门签订的协议办理。

5. 通航净空采用《内河通航标准》(GB 50139—2004)或根据地方航道部门对各通航河流签订的协议办理。

6. 桥梁限界：按“客运专线铁路建筑限界基本尺寸及轮廓”图办理。其桥下净高应不小于 7.25 m，双线净宽不小于 9.88 m。

（四）高速铁路正线桥涵设计原则

1. 一般原则

为了满足高速铁路列车运行安全和旅客乘坐舒适度的要求，高速铁路桥梁结构应具有安全舒适、构造简洁、设计标准化及便于施工架设和养护维修的特性，并须具有足够的耐久性和良好的动力性能。桥梁上部结构一般采用预应力混凝土结构，下部结构一般采用混凝土或钢筋混凝土结构。32 m 及以下跨度的简支梁桥，其上部结构一般采用架桥机架梁；40 m 跨度的简支箱梁一般采用支架现浇；大跨度预应力混凝土梁一般采用悬臂灌注法施工。

2. 桥跨结构及标准跨度

高速铁路正线 $v>200$ km/h 时，标准梁跨主要采用《客运专线铁路工程建设标准设计(通用参考图)》的系列箱梁；160 km/h$<v\leqslant 200$ km/h 时采用 T 形梁[通桥(2005)2201]，速度 $v\leqslant 160$ km/h以下时采用 T 形梁[通桥(2005)2101]。

预应力混凝土简支箱梁(以下简称简支箱梁):跨度包括:20 m、24 m、32 m、40 m。

钢筋混凝土刚构连续梁跨度主要包括:(16+2×22+16) m、(18+24+18) m、(12+2×17.5+12) m、(18+2×24+18) m。

大跨预应力混凝土连续箱梁跨度包括:(32+48+32) m、(40+56+40) m、(40+64+40) m、(48+80+48) m、(60+100+60) m。

非标准跨度异形简支梁跨度 24～32 m 之间。

其他特殊孔跨:(45+2×70+45) m 连续箱梁、(40+64+2×80+48) m 连续箱梁、(7×16) m连续箱梁(框架墩)、(80+128+80) m 连续箱梁、(45+3×70+45) m 连续箱梁、113 m 简支系杆拱加(5×16) m 连续箱梁(框架墩)、(48+2×80+48) m 连续箱梁、(60+2×100+60) m 连续箱梁、(40+2×56+40) m 连续箱梁、(2×56) m 简支拱桥、64 m 简支拱桥等。

3. 桥跨布置

(1)除受控制点影响外,尽量按等跨布置,等跨布置以 32 m 梁跨为主。一座桥尽量以同一梁跨布置。

(2)跨越主要河流,以 32 m 梁跨为主。当水利部门有要求时,应采用大跨度连续箱梁。

(3)跨越一般公(道)路,当铁路与道路交角较小且道路旁有较大边沟时,常用跨度不能满足立交要求,应采用斜交刚构连续梁,以降低路肩高程。

(4)特殊工点的桥跨结构型式,结合工点的实际情况,采用切实可行的桥梁方案。

4. 梁型的选择

(1)跨度 20 m、24 m、32 m、40 m 采用双线简支箱梁。

(2)跨度 24 m 及以下可用框构、斜交刚构连续梁。

(3)非标准跨度,跨高速公路、高等级城市道路、大型河流的主桥可采用特殊结构,主要形式如下。

跨塘沽外环线采用(45+2×70+45) m 连续箱梁,跨蓟运河对应既有津山线桥梁采用(40+64+2×80+48) m 连续箱梁,DK73+171.31 跨既有津山线采用(7×16) m 连续箱梁(框架墩)、跨唐津高速采用(80+128+80) m 连续箱梁,跨文化大街、铁西路采用(45+3×70+45) m 连续箱梁,DK115+495.2 跨既有津山线及丰胥联络线采用 113 m 简支系杆拱加(5×16) m 连续箱梁(框架墩),DK145+693.27 跨京沈高速公路匝道采用(48+2×80+48) m 连续箱梁,DK157+657.5 跨京沈高速公路匝道采用(60+2×100+60) m 连续箱梁、跨大秦线采用(40+2×56+40) m 连续梁,跨戴河采用(2×56) m 简支拱桥、跨秦东下联采用 64 m 简支拱桥。

5. 涵洞

(1)正线一般采用框架涵,轨底至板顶填土高度不宜小于 1.5 m。

(2)保护既有管线时采用桩盖板涵。

6. 桥墩及基础设计

(1)墩台

桥墩采用流线型圆端实体桥墩,桥台一般采用一字台。

(2)桥梁基础

当地基为岩石、碎石、圆砾土、卵石土等工后沉降量较小、承载力较大的土层时,考虑采用明挖基础,但基坑开挖深度不宜过大,如遇较强水流时,采取切实可行的防水降水措施。

桩基础选用钻孔桩,一般采用 ϕ1.0 m、ϕ1.25 m 的桩径,大跨桥梁设计时需要采用 ϕ1.5 m

桩径。

同一基础底面置于性质相同的地基上，不论何种基础类型，都应满足基底或桩尖处在同一地层的要求。

当地层含有地震可液化层或处在软土地基上时，墩台基础采用桩基等深基础，且进入稳定土层内 1～2 m。桩身钢筋延长至液化层或软土层以下。

河堤两侧和软弱土层地段设置的较高桥台基础，应考虑纵向滑动体的土推力。桥墩位于山坡上时，不宜大清坡处理，考虑墩侧土偏压，必要时墩身设置相对基础的恒载预偏心，以降低偏压影响，施工时要切实加强防护和监测，确保安全。

(3)沉降控制

桥墩台基础的沉降按恒载计算，对于外静定结构，有砟桥面桥梁工后沉降不大于 3 cm，相邻墩台沉降差不大于 1.5 cm。无砟桥面桥梁工后沉降不大于 2 cm，相邻墩台沉降差不大于 0.5 cm。对于超静定结构，相邻墩台沉降差应根据沉降对结构产生的附加应力的影响确定。

涵洞基础的沉降：铺设有砟轨道时工后沉降量不大于 50 mm，铺设无砟轨道时工后沉降量不大于相应地段路基的控制标准。

7. 其他

(1)长钢轨作用力

根据相关专业资料进行检算。

(2)二期恒载

正线无砟桥面二期恒载根据桥梁属性（直曲线、有无声屏障等）按 99.41～135.28 kN/m 计算。

(3)紧急疏散通道

为便于意外应急事故及养护维修，当桥长超过 3 km 时，每隔 3 km(单侧 6 km)设置一处紧急疏散通道，并相应设置指示引导装置。

(4)桥上栏杆

当桥上不设置声屏障时，应设置栏杆。

(5)吊篮

水中墩上均设置吊篮，墩全高超过 4 m 的旱桥，每隔 200 m 设置一处吊篮。

(6)综合接地

正线铁路桥均进行设置综合接地。

(7)地震设防

地震力的计算，必须符合 2009 年 12 月开始执行的《铁路工程抗震设计规范》(GB 50111—2006)(2009 年版)的有关规定。全线桥梁在墩台顶均设置防止落梁措施。

位于 7 度、8 度地震区的正线桥梁，在进行多遇地震抗震设计时，乘以提高系数，以提高桥梁的抗震设防能力。

(8)桩基检测

为检测桩身混凝土的均质性和完整性，全线所有钻孔桩均进行无破损检测，检测方法包括低应变反射波法和声波透射法。

一般情况下，对于桩长小于或等于 40 m 的灌注桩，桩径小于 2 m 时采用低应变反射波法进行检测，桩长超过 40 m 或地质变化异常复杂的地区，采用声波透射法进行检测。

(9)设置桥涵沉降观测标

为满足桥梁变形观测的需要,基础、墩台、梁、涵洞、框构等结构要按照规定设置观测标。

(五)正线以外的联络线、到发线及动车走行线桥涵设计原则

1. 桥跨结构

一般采用标准的混凝土T形梁,个别工点根据需要配以其他非标梁。

2. 墩台形式

桥墩一般采用圆端形实体墩,桥台采用T形台。

3. 基础类型的选择

根据具体地质条件,选用钻孔桩、明挖基础等。框构及涵洞采用CFG桩、预制桩等方法进行地基处理加固。

4. 涵洞式样和孔径的选择

结合津秦线的具体情况,一般采用框架涵、矩形涵、圆涵。与既有线相邻的涵洞,参照既有涵接长。

二、采用的主要技术标准

(一)高速铁路桥梁设计活载图式

设计活载图式的大小直接影响桥梁的承载能力和建造费用,是重要的桥梁设计参数。图式的设计应满足运输能力和车辆的发展。

津秦高速铁路桥梁列车竖向活载采用“ZK活载”。

(二)结构刚度与变形控制限值

按《高速铁路设计规范(试行)》对桥梁设计有关规定执行。

(三)桥面布置

桥面布置直接影响结构耐久性和桥梁使用方便,其特点为:

1. 用防护墙(挡砟墙)替代护轨,以便于线路维修养护。
2. 桥上有砟轨道,线路中心至挡砟墙内侧净距2.2 m。
3. 接触网支柱设在桥面,线路中心至支柱内侧净距3.0 m。
4. 桥面应设置性能良好的防、排水设施。
5. 两侧设置电缆槽存放通信光缆、信号电缆和低压电力电缆。
6. 设置人行道遮板。

(四)支座与墩台

1. 支座

高速铁路桥梁对支座的要求包括:

(1)应明确区分固定和活动支座,保证桥上无缝线路的安全;

(2)支座应纵、横向均能转动,并能使结构在支点处可横向自由伸缩;

(3)支座应便于更换。

盆式橡胶支座能符合上述要求,被广泛应用于各国高速铁路桥梁。每孔简支箱梁的四个支座采用四种型号。采用架桥机架设箱形梁时,要保证四个支点在同一平面上。

2. 墩台

墩台基础的纵向刚度应满足纵向力安全传递的要求，横向刚度应保证上部结构水平折角在规定的限值以内。桥墩构造要点包括：

(1)为保证桥墩具有足够的刚度，墩高 20 m 以内一般为实体墩，禁止使用轻型墩；

(2)为便于养护，在墩顶设有凹槽，梁底进人孔位于墩顶；

(3)墩顶预留千斤顶顶梁位置；

(4)简支梁墩顶支座纵向间距由普通铁路桥梁 70 cm 放大至 120 cm；

(5)桥位制梁时，应考虑千斤顶张拉空间。

第二节　基础工程设计

津秦高速铁路的桥梁基础有桩基础、明挖基础两种，以桩基础为主，部分地质条件、地形条件适宜的情况下，墩台采用明挖基础。桩基础采用钻孔灌注桩。

桥梁下部结构投资占桥梁总投资的一半以上，下部结构系统研究对桥梁设计的经济性意义重大。结合沿线地质条件，对无砟轨道无缝线路与桥梁下部结构的关系、影响桥梁下部结构刚度的主要因素、不同地质条件下桥墩和基础刚度的合理分配、基础布置型式等做了系统研究。

一、影响桥梁下部结构刚度的主要因素

桥梁设计除了应注重强度、经济性外，还应注重刚度、耐久性设计，特别是结构刚度，对运行高速列车的高速铁路来说，尤为重要。

高速铁路桥梁对结构横向刚度控制的主要目的包括：保证桥上列车运行的安全性和舒适性，保证桥上轨道结构的稳定性，保证结构不出现过大的附加受力和振动，减少桥上轨道的养护维修。对桥墩纵向刚度控制的主要目的，是满足无缝线路轨道的受力要求。下部结构的刚度是桥梁结构整体刚度的主要组成部分，分析影响桥梁下部结构刚度的主要因素，对桥梁下部结构设计，特别是桩基础的合理设计十分必要。

研究表明，在采用已有桥墩参考图的情况下，墩形、桩身混凝土强度等级、桩的受力类型对桥梁下部结构刚度影响较小，摩擦桩桩长 30 m 以内时，刚度变化很小。影响桥梁下部结构刚度的主要因素为墩高、桩间距、桩的布置形式、柱桩的桩长、桩的自由长。

二、桥墩墩身基础刚度比例

桥梁下部结构刚度由墩身刚度和基础刚度组成，桥墩墩身基础刚度比例对墩身尺寸和下部结构的经济性影响较大。一般来说，地下基础单价比地上墩身单价高得多，同样圬工，基础施工费用比墩身大。墩身刚度不宜太小，否则需要较大的基础刚度来满足整体刚度的需要，投资势必增加，墩身刚度也没有必要太大，否则会加大墩身尺寸，影响桥梁的美观。

津秦高速铁路绝大部分梁跨采用 32 m 简支箱梁，研究 32 m 简支箱梁的墩身基础刚度比例关系表明：地质条件较好时，单位力墩身位移占单位力总位移的 40%，桥墩和基础总圬工最省，而且刚度容易满足。

三、桩径选择

在同等满足承载力和刚度条件下，桩径、桩数的不同选择对基础造价有一定影响。

对于墩高 20 m 以下的桥墩基础，在一般地质条件下，按 8ϕ1.00 m、9ϕ1.00 m、10ϕ1.00 m、11ϕ1.00 m、12ϕ1.00 m 布置，如采用 ϕ1.25 m 桩径，则按 6ϕ1.25 m、8ϕ1.25 m、9ϕ1.25 m 布置。

陆上施工直径 ϕ1.00 m、ϕ1.25 m 钻孔桩的费用，在相同刚度情况下，在软弱地层，ϕ1.00 m、ϕ1.25 m 钻孔桩的综合费用相当，在一般地层，小直径钻孔桩的经济性比大直径钻孔桩的经济性好。多数情况下，从分散受力的角度出发，应尽可能采用小直径钻孔桩，但当桩长超过 50 m 时，由于构造的原因，应采用较大直径的钻孔桩。

四、桩的排列方式

高速铁路桥梁下部结构的横向刚度应尽可能大，因为较大的横向刚度是列车运行安全性和舒适性的保证，桩基础的平面布置形式应以尽可能加大下部结构横向刚度为原则。

桩基础的平面布置形式有行列式和梅花式之分，在纵向刚度不控制的情况下，桩基础的平面布置应尽量采用行列式布置，行列式比梅花式施工方便。

五、常用跨度简支箱梁桩基础设计结论

结合地质特点，通过大量桩基础比较计算表明，对于矮墩，为桩的承载力控制设计，对于高墩，则为纵横向刚度控制设计。

桩基础设计时，需要考虑墩顶的纵向刚度，还应考虑墩顶的横向刚度。按照规范梁的水平折角不应大于 1‰的规定，墩顶横向刚度基本上不控制设计，但车桥耦合动力响应分析及大量墩顶横向振幅现场检测表明，高速铁路桥墩应在设计时考虑墩顶横向刚度。桥墩越矮，需要的横向刚度越大；桥墩越高，需要的横向刚度越小。

经比较分析，32 m 标准跨桥墩的桩基础按如下标准选用：

(1)墩高 20 m 以内时，一般采用直径 1.00 m 的桩，地质条件复杂时，如岩溶地区的桥墩，应采用直径 1.25 m 的桩；

(2)墩高 20 m 以上时一般采用直径 1.25 m 的桩基础。

六、明挖基础适用条件

(1)大量的计算表明，基底基本承载力宜满足 $\sigma_0 \geqslant 350$ kPa。

(2)基坑开挖深度不大于 6.0 m。

(3)陡坡地形不宜采用明挖基础。

(4)在岩层面倾斜度较大、抽水困难且难以将岩层面凿平的地基上，不宜采用明挖基础。

(5)在难以排水施工，且可能发生流沙现象的地基上，不宜采用明挖基础。

七、桩基础配筋

(1)桩基础配筋根据计算确定，并满足规范轴心受压构件纵筋截面积不小于构件截面积 0.5%的规定。

(2)钻孔灌注桩的主筋在 7 度地震区采用 HPB235 钢筋，在 8 度地震区采用 HRB335 钢筋。

(3)主筋一般按单根钢筋布置，当主筋根数较多，相邻主筋净距＜8.0 cm 时，采用两根一束布置。

(4)桩身配筋根据桩身内力计算要求确定,可根据受力情况及主筋根数分段配筋。

(5)主筋净保护层厚度采用 70 mm。桩顶伸入承台内的主筋长度按 45 倍主筋直径设置,主筋弯成向上 15°扩散角的喇叭形。主筋上端设弯钩,下端不设弯钩。

(6)桥梁桩基础,所有桩径的箍筋直径采用 10 mm,承台底以下 2.5D 范围内箍筋间距均采用 100 mm,其余范围内箍筋间距均采用 200 mm。间隔 2 m 设置 1 根直径 20 mm 的箍筋。

八、承台配筋

承台是桥梁的主要受力结构。桥梁上部结构的力通过桥墩传至承台,再通过承台传给桩基础。由于其受力复杂,不易计算,常见的分析方法是在满足刚性角的情况下将其假设为刚体,承台底按构造配筋,按照《铁路工程抗震设计规范》(2009 年版)进行,具体如下。

承台采用六面配筋,地面钢筋的设置应根据受力计算确定;顶面钢筋的直径应不小于 16 mm,间距不应大于 15 cm;其余四面按构造要求配筋。

桩基承台的计算方法,除公路规范明确外(撑杆理论),铁路规范未予明确。一般根据受弯构件计算与公路规范计算结果进行比较,取其控制进行配筋。

九、岩溶桥梁基础设计

根据不同的地质条件、覆盖层厚度及岩溶特征,将桩基础设计分为以下三种类型。

(1)溶洞层数少,在不深的地层内有完整的岩溶支承顶板厚度,则设计为不等桩长的柱桩基础,桩底必须嵌入岩层。

(2)覆盖层较厚,岩溶埋藏较深,溶洞内有填充物,则设计以下为短桩大承台基础,桩支承在覆盖层内,群桩按摩擦桩计算,但应注意桩底至岩石的距离及溶洞顶板的厚度,确保不致坍塌。

(3)多层串珠状溶洞(槽),在较深的底部难以确定稳定基岩作为桩的支承面,此时桩身连续穿透几个溶洞(槽),其累计岩壁厚度达到一定数值,桩身受力按柱桩计算,桩承载力则按摩擦桩理论计算。应考虑基础的不均匀沉降。由于岩石裂隙发育,赋存丰富的裂隙水和岩溶水,桩基施工可能出现渗水、漏浆等现象,桩底沉淀土难以清除。因此,设计中不计桩尖抗力的作用。

第三节　墩 台 设 计

一、概　　述

为满足无缝线路轨道的受力要求,桥梁墩台需要一定的纵向线刚度,为满足高速行车车桥动力响应要求,桥墩需要有一定的横向刚度,无砟轨道的扣件可调量小,对墩台工后沉降控制要求非常严格。总的来说,桥墩设计需综合考虑功能、受力、施工、耐久性、景观、维修、经济性等多方面的因素。

津秦高速铁路桥墩大部分采用圆端形桥墩,个别水中墩采用双圆柱墩,墩全高小于 4 m 时采用实体矮墩。大跨度连续梁桥墩、其他特殊跨度桥墩特别设计,根据工点具体情况,考虑功能、景观因素确定墩形。

二、墩顶功能划分

桥墩顶除通过支座支承梁部，其他功能包括更换支座时摆放千斤顶、防止落梁、防止梁部设施移动、检查或更换支座、墩顶排水等。

三、桥墩构造

圆端形桥墩能使水流顺畅地通过桥孔，与矩形桥墩相比，它可减少水流对桥墩周围河床的局部冲刷，一般用于水流方向与桥梁法线的斜交角度不大于15°的水中桥墩。它是铁路桥梁上常用的一种桥墩，广泛应用于各级铁路。该线选择流线型圆端桥墩，桥墩与顶帽圆顺连接，顶帽厚度 3.0 m，以下为墩身部分。

四、连续梁桥墩墩顶纵向水平力计算

连续梁合龙后梁体收缩徐变、温度变化、列车制牵力、制动力、无缝线路长钢轨力等作用下，对墩均产生纵向水平力。

由于连续梁活动支座摩阻力的存在，连续梁常具有固定支座“不固定”，活动支座“不活动”的特性，连续梁固定墩、活动墩共同承受纵向水平力。

为方便计算，无缝线路长钢轨力由固定墩承受。

高速铁路连续梁墩顶荷载大，连续梁固定墩纵向刚度须满足无砟轨道无缝线路的要求，固定墩纵向刚度往往较大，出于外形协调的考虑，活动墩墩身尺寸一般同固定墩一致，因此，活动墩的纵向刚度也较大。在桥墩纵向刚度较大时，即使较小的纵向变形也会产生较大的纵向水平力。

连续梁桥墩墩顶纵向水平力计算原则：

(1)活动墩按支座摩阻力计算。

(2)支座摩阻系数 μ 取值为 0.03。

(3)固定墩承受无缝线路长钢轨力、制动力与支座摩阻力之和，其中，制动力根据桥墩纵向刚度分配，如分配的制动力大于活动墩的摩阻力，则该活动墩退出，根据桥墩纵向刚度重新分配；支座摩阻力为固定墩左侧摩阻力合力与右侧摩阻力合力的差。

五、桥　　台

正线地段均采用一字形桥台，它是在原耳墙式桥台的基础上，依据现行的规范，优选出的一种介于耳台与 T 形台之间的新台形：为了缩短不必要的台长节省圬工，避免锥体过多进入桥孔，一字形(矩形)桥台以混凝土砌块代替耳墙部分与路基相连；为提高桥台整体线刚度，适当增加台身长度；为便于台后施工，保证台后填料振捣压密实，台身后坡采用直墙式；为满足高速铁路大吨位梁体自重及架桥机运、架梁引起桥台前端更成为受力控制工况，台身前墙采用斜坡式并适当加大前墙伸入桥孔的长度，以利于结构受力。一字形(矩形)桥台身截面采用矩形截面，从平面看，台身纵向尺寸较横向小得多，形状似一字形。桥台无论从结构受力方面，还是从施工方面，都较原耳墙式桥台、T 形桥台有着显著的优越性。适宜在中等高度的桥上广泛使用，在深基础或双线桥上使用时，经济效益更好。

一字形(矩形)桥台附属结构设计包括以下几个方面：

(1)台后混凝土块

为避免锥体过多进入桥孔，减小台后路基过渡段与桥台主体刚度相差悬殊对行车的不利影响，同时解决架桥机运架梁的支腿放置位置的问题，一字形（矩形）桥台设计时自台身尾部起，根据锥体护坡线距离顶帽后缘≥30 cm，台尾伸入路肩最少 75 cm 的原则，确定台后混凝土块纵向设计长度应在 2～3 m，高度自台顶以下 2～3 m，混凝土块横向与路基宽度相同。混凝土块材料采用 C20 混凝土，其下部及两侧填料采用级配碎石＋5％的水泥填筑。

（2）空心砖隔离层设置

在台背尾部与台后混凝土块之间，紧贴台身砌筑空心砖墙至桥台顶面；其他与填料相接触的三面，亦从基顶起砌筑空心砖墙至锥体护坡面。基础襟边上及四面均设置空心砖，空心砖作为桥台主体与附属结构的隔离层，使桥台主辅结构受力明确。

（3）检查设备

当托盘底至地面高度较高时，利用台前锥体做一段检查台阶。检查台阶以上采用检查梯（在台身前墙预埋 U 形钢筋）至顶帽检查口。

为便于养护维修人员自梁内下到顶帽上检查维修支座，在顶帽横向中心 1.5 m 宽，自顶帽顶向下 1.0 m，顶帽纵向长度范围内挖凹槽；凹槽纵向深入胸墙 0.5 m，自顶帽顶向上一定高度。胸墙内侧正对梁端检查口的墙面设爬梯，以便于从梁端进出。

第四节　桥 跨 设 计

一、常用跨度桥梁设计

1. 桥式方案

桥式方案主要有两方面内容：一是桥梁设置的范围即桥长；二是桥梁的孔跨布置。设计原则分述如下。

（1）沉降不宜控制的区段设桥通过。

路基工后沉降包括路基填方本体沉降和地基沉降。路基填方本体压实度达到规定要求，其后期沉降很小，地基沉降则主要受填土荷载大小及地基岩土性质控制，对于津秦高速铁路，软土地区、浅表层岩溶发育区，如填土高度超过 6.0 m，一般以桥通过。

（2）桥路相接处，为减少过渡段，桥台伸入路堑。

路基填土相对桥梁结构具有可压缩性，提供的竖向刚度比桥梁弱。在路基、桥梁交变地段，竖向刚度的突变将对高速行车造成影响。为了保证高速行车的安全和舒适，适应高速铁路对线路高平顺性的要求，桥路之间、路堤与路堑之间需设过渡段，当桥梁台尾与路堑相隔很近、路堤长度很短时，将桥台台尾伸入路堑，减少桥路之间的过渡段。

（3）桥梁孔跨满足交通、通航、防洪的需要；桥梁跨越公路、通航河流时，桥式方案要满足相关规划的要求，桥梁跨越河流时，桥式方案要满足防洪评价的要求。

（4）以 32 m 简支箱梁为主，24 m 简支箱梁调整跨度用，跨路、跨河桥梁如 32 m 简支箱梁不适应时，尽量采用标准跨度的连续梁，如（32＋48＋32）m、（40＋56＋40）m、（40＋64＋40）m、（48＋80＋48）m、（60＋100＋60）m 连续梁。

经济分析表明，在桩基础条件下以跨度 32 m 简支箱梁为最经济的梁型，预制架设为最经济的施工方法。在地质条件较好或采用明挖基础情况下，24 m 简支梁要比 32 m 简支梁略显经济，但考虑架设工期、车桥耦合振动等因素，仍应首推 32 m 双线整孔简支桥式。

简支箱梁对地基的适应性较强，连续梁对地基的适应性较差，支座不均匀下沉量控制严格，一方面对梁部设计起着控制作用；另一方面也控制下部结构的设计，要求严格的不均匀沉降控制值无疑将增加基础的工程量。

2. 梁部施工方法

简支箱梁主要有预制架设、支架现浇、造桥机施工等几种施工方案。预制架设方案可以工厂化生产，能保证箱梁制造质量，改善了施工进度和工效，较其他方案投资省、效益好。长大桥梁或桥梁集中地段(一般按 100 孔以上)，按运梁半径不超过 20 km 设置一个制梁场，超出合理半径的零星桥梁或隧道间分散桥梁综合工程情况、工期要求等因素，经技术经济比选可采用支架现浇或造桥机施工。部分隧道之间的简支箱梁根据施工组织的综合要求，采用满布支架现浇的施工方案。

常用跨度连续梁采用悬臂浇筑法，部分连续梁采用支架现浇。

3. 简支箱梁截面

简支箱梁截面见图 3-6-1。

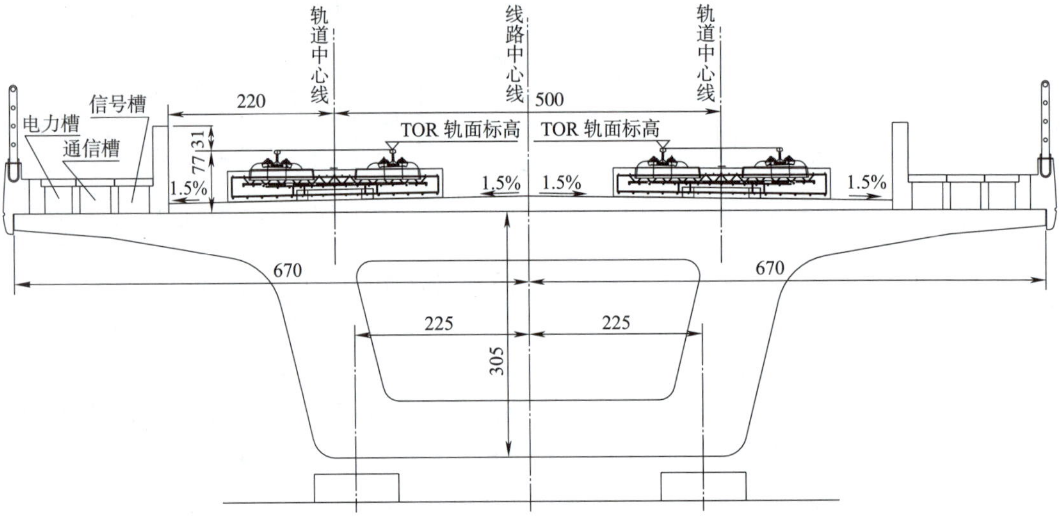

图 3-6-1 简支箱梁截面(单位：cm)

4. 使用铁道部发布的通用参考图应注意的问题

(1)梁型的选用

预应力混凝土简支箱梁梁型多达 28 种。每种梁型均有一定的使用条件和适用范围，如组合梁仅用于整孔箱梁不能通过、架桥机不易架设的桥隧相连或有钢桁梁、钢拱桥的特殊地段，现浇梁仅用于孔数较少、设立预制梁场困难的地段，等高度梁仅用于考虑美观要求的地段。因此，选用何种梁型应根据桥梁总体设计要求、桥位处地理环境等因素而定。同时，还要注意现浇梁、组合梁对下部结构设计、制梁和架梁工艺的特殊要求。

(2)梁轨的相互作用

对于采用无砟轨道的桥梁，为了保证桥梁与轨道之间相互作用的影响得到控制，并使桥梁和轨道均能发挥其功能，所以必须按实际选用的无砟轨道型式，进行梁轨间相互作用力计算，从而确定轨道与桥梁间合理的连接处理措施。

(3)预应力的调整

通用参考图二期恒载与施工中实际采用的二期恒载可能与图中不一致，应根据桥上实际的二期恒载值合理调整顶应力钢束布置及张拉力。此外，预应力管道摩阻按波纹管成孔计算，若用其他方式成孔，应按实际管道摩阻试验数据调整张拉力和钢束伸长量。

(4)梁体线形的控制

为保证线路在运营状态下的平顺性，梁体应预设反拱。反拱的设置应根据具体情况，充分考虑收缩徐变的影响预计的二期恒载上桥时间来确定。残余徐变拱度按预加应力后 60 天二期恒载上桥进行计算。桥上铺设无砟轨道，必须在梁体终张拉 60 天且二期恒载完成后进行。

(5)施工荷载的检算

通用参考图均按照相应的施工方法对梁体结构进行施工荷载检算，如实际施工荷载与图示施工荷载不一致时，应根据其施工荷载重新进行检算。

(6)桥面附属设施的设置

铁路桥梁桥面附属设施较多，包括挡砟墙、电缆槽、接触网立柱、人行道栏杆及声屏障、防水和排水系统、伸缩缝、综合接地、通信信号电缆过轨预留孔等，且涉及多个不同专业。若附属设施荷载发生变化，应重新对相关结构进行计算。

二、大跨度桥梁设计

(1)设计原则要求。

当桥梁要求较大跨度时，采用预应力混凝土连续梁，可使跨度拓宽至 48～128 m。预应力混凝土连续梁，具有受力明确、动力性能好、形式简洁、外形美观、跨越能力大等优点，不仅可取代钢梁节约大量钢材，且外形简洁美观，养护维修工作量小，在上述跨度范围内一般也较其他桥跨结构经济，技术也比较成熟。常用的施工方法为悬臂灌注法、悬拼法和顶推法，个别也有造桥机上制造的。箱形连续梁受力性能好，纵横向刚度大、适用性强、振动小、噪声小、优点突出，是大跨度桥梁中常用的形式。

(2)津秦高速铁路常用大跨连续梁通用参考图目录见表 3-6-1。

表 3-6-1　常用梁部通用参考图目录

序号	图　　号	名　　称	规格和内容提要	容许最小曲线半径(m)
时速 350 km 高速铁路(无砟轨道)				
1	通桥(2008)2368A-Ⅱ～Ⅴ	无砟轨道现浇预应力混凝土连续梁(双线)	梁体跨度为(40＋56＋40) m、(40＋64＋40) m、(48＋80＋48) m、(60＋100＋60) m，最高运行速度 350 km/h，单箱单室截面，线间距 5.0 m，防撞墙内侧净宽 9.4 m，人行道栏杆内侧 13.2 m，桥面宽 13.4 m，桥梁建筑总宽 13.8 m，悬臂灌注法施工	7 000
时速 200 km 客货共线铁路				
2	叁桥(2006)2201、2203、2205	有砟轨道预应力混凝土连续梁(单线、直曲线)	梁体跨度为(32＋48＋32) m、(40＋64＋40) m、(48＋80＋48) m，客车 200 km/h、货车 120 km/h(转 8A 货车为 80 km/h)及以下，单箱单室截面，桥面宽 7.2 m	2 800

续上表

序号	图 号	名 称	规格和内容提要	容许最小曲线半径(m)
3	叁桥(2006)2202、2204、2206	有砟轨道预应力混凝土连续梁(双线、直曲线)	梁体跨度为(32+48+32) m、(40+64+40) m、(48+80+48) m,客车 200 km/h、货车 120 km/h(转 8A 货车为 80 km/h)及以下,单箱单室截面,线间距 4.4 m,桥面宽 11.7 m	2 800

(3)时速 350 km 连续箱梁主要采用部颁通用图[通桥(2008)2368A-Ⅱ～Ⅴ]系列梁图。时速 200 km 以下连续箱梁主要采用院颁通用图[叁桥(2006)2201、2203、2205]、[叁桥(2006)2202、2204、2206]。

(4)悬浇法施工大中跨度预应力混凝土连续箱梁。

速度 350 km/h 高速铁路的大中跨度预应力混凝土连续梁均采用悬臂灌注法施工,适应其施工特点、梁体采用变高度,根据现有国外高速铁路桥梁的统计资料表明,支点处梁高 $H_{支}$ 与梁体跨度 L 的比值 $H_{支}/L=1/16\sim1/12$,支点处梁高 $H_{支}$ 与跨中处的梁高 $H_{中}$ 的比值 $H_{支}/H_{中}=1.3\sim2.0$,据此,(40+56+40) m 的梁高 $H_{中支点}=4.35$ m,$H_{跨中}=3.05$ m,$H_{边支点}=3.05$ m;(40+64+40) m 的梁高 $H_{中支点}=6.05$ m,$H_{跨中}=3.05$ m,$H_{边支点}=3.05$ m;(48+80+48) m 的梁高 $H_{中支点}=6.65$ m,$H_{跨中}=3.85$ m,$H_{边支点}=3.85$ m;(60+100+60) m 的梁高 $H_{中支点}=7.85$ m,$H_{跨中}=4.85$ m,$H_{边支点}=4.85$ m。梁底下缘按二次抛物线变化。为简化模板类型,无砟轨道梁设计在选取结构尺寸时,应尽量与有砟轨道梁保持一致,因对无砟轨道梁徐变拱要求较高,在结构残余徐变拱度不能满足要求时,则应进一步调整截面尺寸。主要设计参数见表 3-6-2～表 3-6-4。

表 3-6-2 无砟轨道大中跨度现浇预应力混凝土连续箱梁主要设计参数(1) 单位:m

梁型		全长	跨度	梁高(跨中/支点)	顶宽	底宽(跨中/支点)	顶板厚(跨中/支点)	腹板厚(跨中/支点)	底板厚(跨中/支点)	支座中心距边墩/中墩
悬臂浇筑	(40+56+40) m	137.5	40.75+56+40.75	3.05/4.35	12.0	6.7/7.7	0.4/0.4	0.48/0.8	0.4/0.8	5.60/5.9
	(40+64+40) m	145.5	40.75+64+40.75	3.05/6.05	12.0	6.7/7.7	0.4/0.4	0.48/0.8	0.4/0.8	5.60/5.9
	(48+80+48) m	177.5	48.75+80+48.75	3.85/6.65	12.0	6.7/7.7	0.4/0.4	0.48/0.9	0.4/1.0	5.60/5.8
	(60+100+60) m	221.5	60.75+100+60.75	4.85/7.85	12.0	6.7/7.9	0.4/0.4	0.60/1.0	0.4/1.2	5.42/5.7

表 3-6-3 无砟轨道大中跨度现浇预应力混凝土连续箱梁主要设计参数(2)

梁型		竖向刚度ZK活载	梁端转角ZK活载(rad)	基频(Hz)	徐变拱度(mm)	混凝土体积(m^3)	预应力钢筋			普通钢筋(t)	图号
							纵向(t)	横向(t)	竖向(t)		
悬臂浇筑	(40+56+40) m	1/(3 971)	0.664‰	2.559	4.30	1 866.9	76.6	18.7	10.7	327.2	通桥(2008)2368A-Ⅱ
	(40+64+40) m	1/(3 862)	0.619‰	2.441	3.90	2 130.3	84.6	20.4	14.0	352.4	通桥(2008)2368A-Ⅲ
	(48+80+48) m	1/(3 590)	0.559‰	1.950	6.60	2 897.7	121.9	24.0	18.4	522.0	通桥(2008)2368A-Ⅳ
	(60+100+60) m	1/(3 424)	0.576‰	1.560	7.60	4 352.1	198.4	29.1	27.6	689.9	通桥(2008)2368A-Ⅴ

表 3-6-4　典型断面尺寸参数表　单位:m

梁　型	中支点				跨　中			
	梁高	腹厚	顶厚	底厚	梁高	腹厚	顶厚	底厚
	H	B	D_1	D_2	H	B	D_1	D_2
(40+56+40) m	4.35	0.80	0.40	0.80	3.05	0.48	0.40	0.40
(40+64+40) m	6.05	0.80	0.40	0.80	3.05	0.48	0.40	0.40
(48+80+48) m	6.65	0.90	0.40	1.00	3.85	0.48	0.40	0.40
(60+100+60) m	7.85	1.00	0.40	1.20	4.85	0.60	0.40	0.40

第五节　桥面系工程设计

高速铁路桥面附属设施包括六个组成部分，从外向内依次为人行道遮板及栏杆、电缆槽、防水系统、排水系统、伸缩系统及综合接地系统，见图 3-6-2。

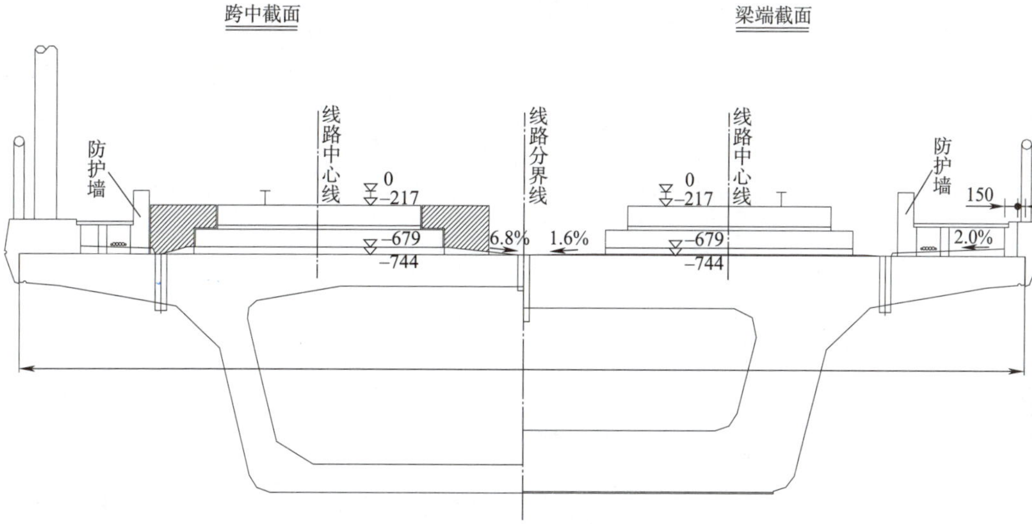

图 3-6-2　桥面布置示意图(单位:mm)

津秦高速铁路桥梁附属设施及接口主要根据《客运专线铁路常用跨度梁桥面附属设施》中的桥面布置、桥面附属构造、排水体系、伸缩缝、桥梁综合接地部分[通桥(2008)8388A]确定，栏杆、防水、支座有所调整。

1. 排水系统采用三列排水方式，一般桥梁不设纵向排水管，直排地面，环境敏感区桥梁、跨越铁路、公路的孔跨设纵向排水管。后在北京局工务处的要求下，封闭了大部分跨线、跨路处泄水管，拆除了纵向排水管。

2. 伸缩缝由建设单位招标确定，采用耐候钢方案。

3. 支座采用 CKPZ 盆式橡胶支座。

4. 栏杆采用无机复合型混凝土(简称基材)桥梁组合栏杆，每 2 m 为一榀，分别由柱帽、立柱、扶手、栏片、托梁等构件组成。

5. 根据《客运专线铁路桥梁混凝土桥面喷涂聚脲防水层暂行技术条件》(科技基〔2009〕117 号)对无砟轨道桥梁桥面进行设计，防护墙内侧桥面防水层采用喷涂(纯)聚脲弹性防水涂料(裸露部位再喷涂脂肪族聚氨酯面层)，防护墙外侧桥面防水层采用聚氨酯防水涂料+C40聚丙烯腈纤维混凝土保护层。

第七章　隧道设计

第一节　设计原则与标准

一、建筑限界

津秦高速铁路隧道建筑限界采用《新建时速 300～350 公里客运专线铁路设计暂行规定》(铁建设〔2007〕47 号)客运专线铁路基本建筑限界。双线隧道轨面以上内净空面积不小于 100 m²,内轮廓按铁路工程建设通用参考图、《时速 350 km 客运专线铁路双线隧道复合式衬砌》(通隧〔2005〕0301)办理。同时隧道建筑限界也满足 2009 年 12 月发布的《高速铁路设计规范(试行)》(TB 10621—2009)。根据全线施工组织设计,峰山隧道需通过运梁车,为满足铺架运输需要,该隧道采用扩大断面,轨面以上内轮廓净面积设计为 115.53 m²。

二、路段旅客列车设计行车速度

路段旅客列车设计行车速度为 300 km/h,基础设施预留 350 km/h 条件。

三、隧道建筑限界及标准断面内轮廓

1. 标准断面

隧道建筑限界及标准断面轮廓图见图 3-7-1。

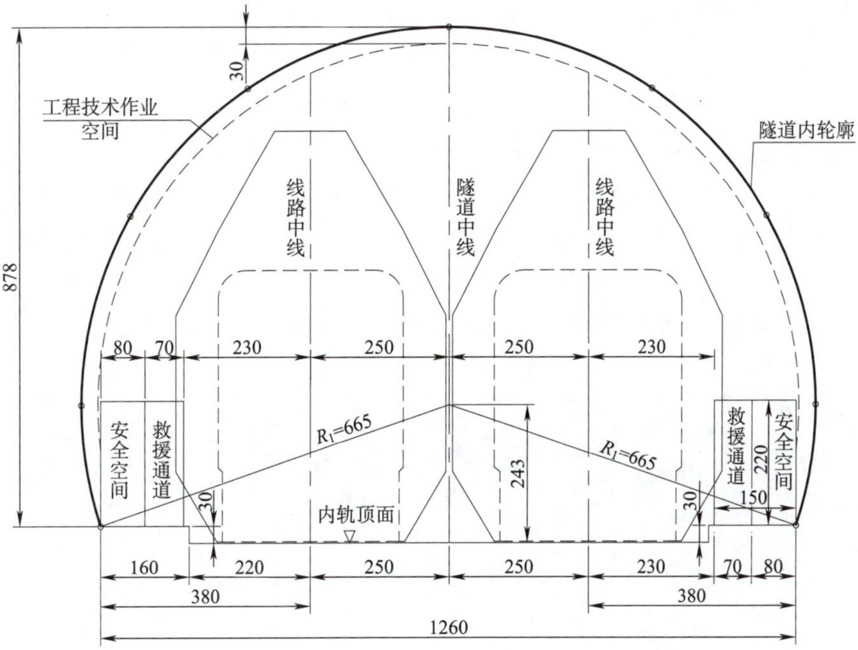

图 3-7-1　隧道建筑限界及标准断面内轮廓图(单位:cm)

标准断面内轮廓净面积不小于 100 m²，隧道内线间距为 5 m(曲线地段不考虑加宽)。

隧道断面内主要尺寸如下。

(1)隧道内设双侧救援通道，救援通道宽 1.5 m(自线路中线外 2.3 m 起算)、净高 2.2 m，救援通道走行面高于轨面 30 cm。

(2)隧道内设置双侧电缆槽，外侧电缆槽结构外缘距同侧线路中线 2.2 m。

(3)隧道内均铺设Ⅱ型板式无砟轨道，轨道高度 779 mm。

2. 特殊断面内轮廓

根据全线施工组织设计，峰山隧道需通过运梁车，为满足铺架运输需要，该隧道采用扩大断面，轨面以上内轮廓净面积设计为 115.53 m²。峰山隧道断面内轮廓图见图 3-7-2。

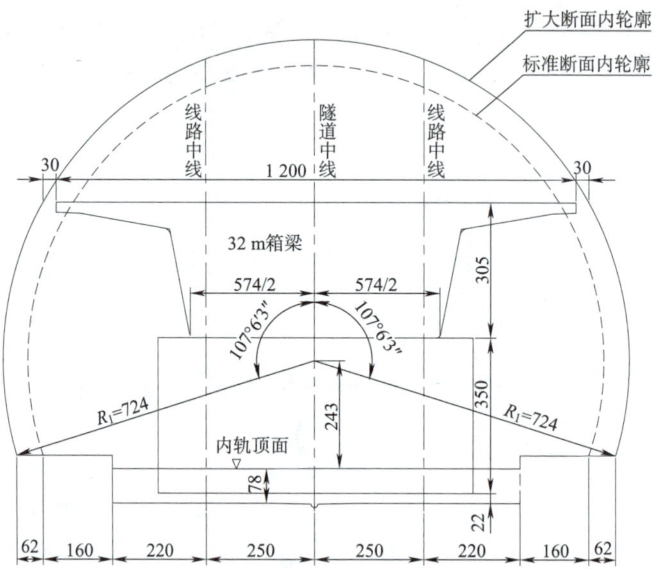

图 3-7-2 峰山隧道断面内轮廓图(单位:cm)

四、衬砌支护类型

(1)隧道围岩级别为Ⅱ、Ⅲ、Ⅳ、Ⅴ级。全部按新奥法原理设计与施工，采用喷混凝土初期支护与模筑混凝土二次衬砌的复合式衬砌。Ⅱ级围岩地段采用曲墙带底板结构型式，其他地段采用曲墙带仰拱结构型式。系统锚杆拱部采用中空锚杆，边墙采用全长黏结砂浆锚杆。Ⅳ、Ⅴ级围岩段，二次衬砌采用钢筋混凝土，具体设计参数见表 3-7-1。

峰山隧道由于运梁车通过隧道，隧道断面采用扩大断面，具体设计参数见表 3-7-2。

表 3-7-1 隧道标准断面衬砌参数表

衬砌类型	初期支护							二次衬砌		预留变形量(cm)
	喷混凝土	钢筋网(ϕ8)		锚杆		钢架		拱墙(cm)	仰拱/底板(cm)	
	设置部位/厚度(cm)	网格间距(cm)(环×纵)	设置部位	长度(m)	间距(环×纵)(m)	规格	每榀间距(m)			
Ⅱ	拱墙/10	—	—	2.5	1.5×1	—	—	35	/30*	3~5
Ⅲ	拱墙/15	25×25	拱部	3	1.2×1	—	—	40	55/	5~8

续上表

衬砌类型	初期支护							二次衬砌		预留变形量(cm)
	喷混凝土	钢筋网(ϕ8)	锚　杆			钢　架				
	设置部位/厚度(cm)	网格间距(cm)(环×纵)	设置部位	长度(m)	间距(环×纵)(m)	规格	每榀间距(m)	拱墙(cm)	仰拱/底板(cm)	
Ⅳ	拱墙/25、仰拱/15	20×20	拱墙	3.5	1.0×1	格栅	1.0(拱墙)	45*	55*/	8～10
Ⅳ加强	拱墙、仰拱/25	20×20	拱墙	3.5	1.0×1	格栅	1.0(全环)	50*	60*/	8～10
Ⅴ加强	拱墙、仰拱/28	20×20	拱墙	4	0.8×1	型钢	0.5(全环)	55*	65*/	10～15

注:①表中带“*”表示钢筋混凝土。

②拱部采用中空锚杆、边墙采用砂浆锚杆。

③双线隧道复合式衬砌设计详见《隧道复合式衬砌参考图》(津秦高速铁路施隧参01)。

表3-7-2　峰山隧道扩大断面衬砌参数表

衬砌类型	初期支护							二次衬砌		预留变形量(cm)
	喷混凝土	钢筋网(ϕ8)	锚　杆			钢　架				
	设置部位/厚度(cm)	网格间距(cm)(环×纵)	设置部位	长度(m)	间距(环×纵)(m)	规格	每榀间距(m)	拱墙(cm)	仰拱/底板(cm)	
Ⅱ	拱墙/15	—	—	2.5	1.5×1	—	—	40	/40*	3～5
Ⅲ	拱墙/22、仰拱/5	20×20	拱部	3.5	1.2×1	型钢	1.5(拱墙)	45	55/	5～8
Ⅳ加强	拱墙、仰拱/28	20×20	拱墙	4.0	1.0×1	型钢	1.0(全环)	55*	65*/	8～10
Ⅴ加强	拱墙、仰拱/30	20×20	拱墙	4.0	0.8×1	型钢	0.75(全环)	60*	70*/	10～15

注:①表中带“*”表示钢筋混凝土。

②拱部采用中空锚杆、边墙采用砂浆锚杆。

③峰山隧道复合式衬砌设计详见《峰山隧道施工图》(津秦高速铁路施隧06)。

(2)部分地形平缓、隧道顶覆土较薄的浅埋地段采用明挖施工,衬砌结构采用整体式明洞衬砌。明洞衬砌设计详见《津秦高速铁路明洞衬砌结构参考图》(津秦高速铁路施隧参04)。

(3)为有效控制Ⅱ、Ⅲ级围岩素混凝土衬砌表面开裂问题,二次衬砌内掺加纤维素纤维,掺量为1.0 kg/m^3。

(4) Ⅱ、Ⅲ级围岩段衬砌采用素混凝土,在接触网滑道槽处增设钢筋网片,以确保安全。设计详见《隧道内综合接地参考图》(津秦高速铁路施隧参05)。

五、主要建筑材料

隧道主要建筑材料见表3-7-3。

表3-7-3　隧道主要建筑材料表

项　目		材料规格与性能指标
二次衬砌	拱墙、仰拱、底板	C35防水混凝土、C35钢筋防水混凝土
	钢筋	HPB235、HRB335、CRB550
	纤维素纤维	素混凝土二次衬砌掺纤维素纤维,掺量1 kg/m^3

续上表

	项　　目	材料规格与性能指标
初期支护	喷混凝土	C25 微纤维混凝土
	微纤维	掺量 1 kg/m^3
	钢筋网	HPB235 钢筋，钢筋直径：$\phi 8$
	砂浆锚杆	直径 22 mm，20MnSi、带垫板及螺母
	中空注浆锚杆	直径 25 mm，带垫板、螺母及排气装置
	格栅钢架	HPB235、HRB335 格栅钢架
	型钢钢架	I20a 型钢
	锁脚锚管	外径 42 mm
超前支护	超前小导管	热压无缝钢管，外径 42 mm，壁厚 3.5 mm
	管棚	热轧无缝钢管，外径 108 mm，壁厚 5 mm
防排水	防水板	厚度 1.5 mm，幅宽 2～4 m，拉伸强度≥12 MPa，断裂延伸率不小于 200%，低温 −20 ℃下不开裂，抗渗要求 0.2 MPa 下 24 小时不渗漏
	土工布	土工布重量≥400 g/m^2
	盲沟	具有一定弹性，透水性好，加劲能承受不小于 0.5 MPa 的压力，并不易锈蚀
水沟、电缆槽	水沟、电缆槽身	C25 混凝土
	水沟、电缆槽盖板	C25 钢筋混凝土
	混凝土预制管	C30 钢筋混凝土
仰拱填充		C25 混凝土
洞门	混凝土	C35 钢筋混凝土
	钢筋	HPB235、HRB335
	天沟及铺砌	M10 水泥浆砌片石
	添加剂	抗裂复合防水剂

六、耐久性设计

1. 隧道工程耐久性设计的理念

隧道结构物按设计基准期 100 年进行修建，对于高速铁路隧道而言，除考虑普通铁路隧道所必须考虑的耐久性要求外，还有一些独特的方面。

隧道工程的耐久性设计施工与地面结构有明显的不同：首先是设计寿命计算方法不同，地面结构一般以混凝土碳化深度达到钢筋处的时间作为使用年限，而隧道结构则不同，其极限状态由围岩、初期支护和二次衬砌共同确定，一定的混凝土碳化深度并不意味着隧道结构达到设计使用年限(结构仍可能维持稳定)；再者隧道结构大量采用了素混凝土，其耐久性判别与钢筋混凝土也不同；此外，除对模筑混凝土本身应提出耐久性指标要求外，对喷射混凝土、锚杆、防排水材料等也均应达到相应的耐久性要求。

2. 津秦高速铁路隧道耐久性设计措施

(1)隧道结构应具有足够的耐久性，主体结构设计使用年限按 100 年正常使用，设计使用年限级别按一级进行设计。

(2)各级围岩条件下二次衬砌均采用C35混凝土或钢筋混凝土(高性能混凝土),抗渗等级P8。其用料应满足《铁路工程高性能混凝土暂行配合比用料》及《铁路工程高性能混凝土补充材料》的要求。严格控制混凝土碱骨料反应和水泥中的碱量,衬砌结构混凝土原材料品质、配合比参数限制、材料使用量等耐久性指标要求,满足环境作用等级T2要求。

(3)衬砌结构钢筋外侧混凝土净保护层最小厚度按《铁路隧道设计规范》(TB 10003—2005)及《铁路混凝土结构耐久性设计暂行规定》(铁建设〔2005〕157号)执行。

(4)衬砌施工控制要求、跟踪检测要求以及养护维修按《铁路混凝土结构耐久性设计暂行规定》(铁建设〔2005〕157号)、《客运专线铁路隧道工程施工质量验收暂行标准》(铁建设〔2005〕160号)执行。

七、地震设防

根据《中国地震动参数区划图》(GB 18306—2001),隧道所处地区地震动峰值加速度为0.10g、0.15g或0.20g(地震基本烈度Ⅶ度、Ⅷ度)。

根据《铁路工程抗震设计规范》(GB 50111—2006),洞门结构、明洞及浅埋隧道均进行抗震设防,采用钢筋混凝土结构,设防段不小于35 m。

八、施工方法、工程措施及注意事项

1. 暗挖隧道施工方法

(1)标准暗挖断面。Ⅱ级围岩采用台阶法或全断面法施工;Ⅲ级围岩采用台阶法施工;Ⅳ级围岩浅埋地段采用三台阶临时仰拱法施工,深埋地段采用短台阶法施工;Ⅴ级围岩段全部为浅埋隧道,施工方法推荐交叉中隔壁法(CRD法),地层条件较好时也可采用三台阶临时仰拱法施工。

(2)扩大暗挖断面。Ⅱ级围岩采用台阶法施工;Ⅲ级围岩采用短台阶法施工;Ⅳ、Ⅴ级围岩段全部为浅埋隧道,施工方法推荐采用双侧壁导坑法或交叉中隔壁法(CRD法)。

(3)隧道开挖均应采用光面爆破技术,控制超挖和避免大范围扰动围岩。

(4)隧道初期支护采用湿喷工艺,二次衬砌要求采用整体式模板台车、泵送混凝土浇筑。

为保证暗挖隧道进洞安全,暗挖隧道进洞前,隧道开挖轮廓外拱部设置一排大管棚,作为超前支护加强措施。

Ⅳ、Ⅴ级围岩拱部设置超前小导管注浆。

2. 明洞施工方法

一般路堑式明洞采用墙底或墙顶放坡开挖,必要时采用喷锚防护临时开挖暴露面。

九、隧道修建对生态环境保护与水土保持的措施

(1)为了减少铁路修建对自然地貌的扰动和破坏,隧道进出洞时尽量贯彻“早进晚出、保护环境”的原则,选择简洁的洞口结构形式,结合绿色通道建设,做好洞口与周围景观的协调。

(2)开挖隧道可能对原始山体的地下水涵养造成影响或破坏,如果当地对水文环境有特殊要求,隧道采用洞内堵水措施、地表过水断面加固措施及地表储水建筑物的防渗处理措施。

(3)隧道应实现主要工序施工的机械化,从而改善隧道施工环境,实现文明施工。

(4)开挖隧道将产生大量的弃渣,设计中考虑弃渣不占良田,并尽量作为线路及站场范围的路基填料。经线路及站场土石方调配后,剩余的弃渣必须使用专门的弃渣场地进行弃渣。

(5)弃渣场可能对自然水土造成一定影响,但应同时满足水土保持和环境保护的要求。

为了防止因为设置弃渣场破坏水土涵养现状或造成水土流失,所设计的弃渣体的坡脚应设置防冲刷拦渣墙或收渣护脚墙。

弃渣场还有可能影响自然环境,设计考虑进行与周围环境相协调的恢复性绿化,有复垦要求的地点可考虑积渣造田,还可以用于地方规划平整场地使用,从而使弃渣场的设置符合可持续发展的要求。

(6)隧道施工期间将会生产大量的污水,污水未经处理自然排放后,可能对动植物甚至人类造成伤害,因此在隧道洞口设置污水沉淀池,施工废水经沉淀过滤池处理达到排放标准后排出。沉淀池的净尺寸为 4 m×4 m×1.5 m(长×宽×深),并用 30 cm 厚浆砌片石砌筑。

(7)隧道开挖使用炸药爆破,爆破时将出现巨大的声音和振动,可能对隧道周围的居民造成噪声及振动干扰,因此在隧道范围有居民居住地的情况下,应根据相互关系采用控制爆破技术手段,减小爆破施工振动对居民生活环境的影响。

在普通隧道设计中,隧道衬砌采用曲墙带仰拱的封闭结构,边墙与仰拱圆顺连接,二次衬砌均采用 C35 混凝土或钢筋混凝土,暗挖段采用复合式衬砌。隧道洞口、浅埋、偏压及明洞段,按抗震设防设计。

第二节　隧道设计方法

下面以葫芦山隧道为例介绍隧道设计方法。

一、隧道概况

葫芦山隧道地处燕山山脉东段南麓与华北平原交界处的低山丘陵区。区内山体基岩多裸露,植被较密,为人工林。隧道范围内地势总体中间高,四周低,隧道顶部山势雄伟,地形崎岖复杂,沟谷切割强烈。隧道所经山地海拔高程一般在 100~410 m 之间。

隧道进口里程 DK222+215,出口里程 DK226+015,隧道全长 3 800 m,为双线隧道;隧道位于直线上,隧道内纵坡为 9‰的下坡;隧道内最大埋深约 270 m。

二、工程地质和水文地质

1. 工程地质特征

隧道范围穿越地层较单一,为燕山期侵入的花岗岩。仅在出口处及山间沟谷地带局部表覆第四系上更新统坡洪积层(Q_3^{dl+pl})粗砂、碎石土,第四系上更新统坡残积层(Q_3^{dl+el})粉质黏土。

(1)第四系上更新统坡洪积层(Q_3^{dl+pl})

主要分布于隧道出口端的山前丘陵缓坡及冲沟处,表层粉质黏土,山麓边缘含少量砂砾石,底部为层状或透镜状碎石土,仅局部分布,在隧道出口附近揭露厚度大于 2 m 的碎石土。

(2)第四系上更新统坡残积层(Q_3^{dl+el})

主要分布于隧道进口处,仅局部出露,揭示厚度 1.5 m,含碎石角砾等。

(3)燕山期花岗岩(γ_5)

葫芦山隧道所经山体为燕山期侵入体,经过多次岩浆侵入而成,在不同侵入阶段,岩浆的成分及冷却结晶作用不同,形成了颗粒粗细不同的花岗岩,按其岩性特征描述如下。

花岗岩为黄褐色、肉红色、灰红色、灰白色,细晶～粗粒花岗结构,条带状、块状构造。以浅色矿物石英、长石为主,暗色矿物含量较少,可见很少量的黑云母。地表风化较强烈,全～强风化,一般厚度 0～37.5 m,多呈碎块状夹砂粒,随埋深的增加,渐变为弱风化～微风化,岩质坚硬,地表处露出垂直节理裂隙发育,呈块状或大块状。

2. 地质构造

隧道所在位置属于二级构造单元的华北断坳,区内地质构造较为复杂。构造形迹以断裂为主,褶皱相对弱,岩浆活动比较强烈。

该隧道全部贯穿于花岗岩地层,隧道范围内存在正断层,断层走向 25°,倾向小里程,洞身位置里程为 DK223+250 附近。

3. 水文地质

(1)地表水类型

地表水主要以下降泉的形式出露,主要分布在山间冲沟交汇处及基岩陡坎裂隙处,泉水分布相对集中,泉点高程较高,泉水顺沟壁流下,在第四系覆盖层处渗入地下。泉水水量不大,受季节影响变化较大。在村庄处被村民蓄水储存后做生活用水及灌溉用水。

(2)地下水类型

隧道区地下水类型主要有第四系孔隙潜水和基岩裂隙水。

第四系孔隙潜水主要赋存于土石界面处和沟谷内砂类土及碎石类土中。该层透水性好,含水丰富,通过基岩节理裂隙、地质构造带等通道传输补给到下伏岩层中。

基岩裂隙水,分布较广,以浅部为主,含于基岩风化带、风化裂隙及构造节理裂隙中,水位和水量受季节降雨量影响明显。由于该隧道内花岗岩的岩性较单一,完整性较好,隧道水主要为基岩裂隙潜水。

4. 隧道围岩分级统计

隧道围岩长度及比例为:Ⅱ级围岩 2 650 m,约占全长 70%;Ⅲ级围岩 705 m,约占全长 19%;Ⅳ级围岩 170 m,约占全长 4%;Ⅴ级围岩 275 m,约占全长 7%。

5. 气象资料

(1)地震动峰值加速度:0.10g(地震基本烈度为Ⅶ度)。

(2)土壤最大冻结深度:0.90 m。

(3)隧道衬砌结构环境作用等级:T2。

6. 主要工程地质问题

(1)岩爆

由于隧道最大埋深 270 m,除进出口外埋深较浅外,隧道埋深均大于 100 m,围岩等级较高,可能会在施工过程中产生岩爆现象。施工中加强地质超前预报工作,根据岩爆强度规模大小,采取相应措施。

(2)围岩失稳

隧道开挖后,由于围岩应力出现重分布现象,会在洞室周边局部形成应力集中,如果围岩岩体承受不了重分布的应力作用,就可能发生塑性变形或破坏。

(3)放射性异常

隧道所穿越地层大部分为燕山期花岗岩,洞身围岩中有可能含有放射性物质。放射性作业环境对人体会造成极大的伤害。如果施工人员长期在放射性超标的环境中进行施工作业,会破坏人体生理机能,对施工人员的身体健康造成极大危害。

经取样进行放射性试验,外照射指数介于 0.5~0.7 之间,内照射指数介于 0.2~0.3 之间,放射性指标在国家允许范围之内。

三、隧道施工方法及结构设计

(1)隧道洞门及隧道浅埋段衬砌按照Ⅷ度地震设防要求进行设计,进出口洞门采用帽檐斜切式洞门。葫芦山隧道进口、出口见图 3-7-3、图 3-7-4。

图 3-7-3 葫芦山隧道进口

图 3-7-4 葫芦山隧道出口

(2)Ⅱ级围岩采用台阶法或全断面法施工;Ⅲ级围岩采用台阶法施工;Ⅳ级围岩浅埋地段采用三台阶临时仰拱法施工,深埋地段采用短台阶法施工;Ⅴ级围岩段全部为浅埋隧道,施工方法推荐交叉中隔壁法(CRD 法),洞门段采用明挖法。

(3)在隧道进口端 DK222+030~DK222+050 和出口端 DK225+965~DK225+985,进暗洞时拱部采用外径 108 mm 大管棚配合小导管超前注浆加固地层,其余Ⅳ、Ⅴ级围岩地段拱部设外径 42 mm 超前小导管注浆加固地层。

(4)DK223+240~DK223+260 段落为断层影响带,为确保施工安全,此段落采用外径 42 mm超前小导管注浆及径向注浆措施加固地层。

第三节　洞口设计

一、隧道洞口位置确定

隧道洞口位置应通过地形条件、地质条件综合比较确定。津秦高速铁路隧道工程在选定洞口位置时，为确定合适的洞口位置，贯彻高速铁路隧道“零仰坡”进洞理念。

一般情况下，铁路隧道工程采取如下步骤确定洞口位置：在勘测、设计期间采取设定洞门高度确定隧道缺口里程，初步设计期间根据1/500地形图、1/200纵横断面最终确定洞口位置及洞门型式，施工图设计期间再进行微调。

项目确定洞口位置和设定洞门型式，并为最终施工图设计阶段逐渐接近最佳洞口位置，采取了首先确定明暗分界位置，一般情况下，边仰坡的允许开挖高度及坡率，应根据工程地质和水文地质条件确定，具体原则如下。

1. 隧道贯彻“早进晚出、保护环境”进洞的原则，尽量减少边仰坡刷方高度。

2. 当线路中线与洞口等高线夹角小或顺等高线等偏压洞口，采用明洞或接长明洞的措施。

3. 当洞口地质存在倾斜岩层、层理、片理结合很差或存在软弱面时，采用提早进洞或明洞进洞。

4. 当洞口处于堆积层时不宜采取清方的措施，宜采取接长明洞。

二、隧道洞门结构

洞门型式综合考虑地形、地貌、地质条件及附近建筑物和周边自然环境等因素，按照“确保安全、因地制宜、结合环境、美观实用”的方式进行设计。隧道进出口选择了帽檐斜切式新型洞门结构形式，以适应高速铁路的特点，既满足洞门抗震（Ⅶ、Ⅷ度抗震）要求，又减少了洞口边仰坡开挖、保护了环境。洞门施工完成后，恢复地形并喷播植草绿化边仰坡，可使洞门与周围环境协调统一，浑然天成。

三、洞口防护措施

隧道洞口开挖过程中应及时对边仰坡进行防护，对于地质条件差、高陡边仰坡更应及时予以防护，做到自上而下、随挖随支，以确保边仰坡施工的安全。

隧道洞口边仰坡防护分为临时边仰坡防护和永久边仰坡防护。临时边仰坡指洞口开挖后施做完洞门或明洞需要回填覆盖的边仰坡，临时边仰坡只需考虑洞口开挖至洞门或明洞施工期间的短期稳定，故可以采取临时措施。永久边坡指洞口工程完工后需要永久保持的边仰坡，永久边仰坡应考虑长期稳定问题，应采取永久防护措施。隧道洞口边仰坡防护的原则如下。

1. 隧道洞口边仰坡

隧道洞口边仰坡防护在确保稳定的前提下，做到与自然环境及洞口相邻工程协调，有景观设计的洞门结合景观设计进行防护。

2. 自然山坡的防护

（1）当隧道洞口山坡较陡，有顺层现象或地表覆盖第四系松散地层或风化严重的地层，施工中易出现滑塌时，根据具体情况采用较强的加固措施。

(2)当洞口上方有危岩落石时,除了尽量接长明洞,采取稳妥的山坡防护手段外,结合需要增加被动网防护措施,以确保施工及运营期安全。

3. 临时边仰坡防护

暗洞进洞前,洞口及明洞临时边仰坡采用锚杆和网喷混凝土加固边仰坡。

4. 永久坡面防护

隧道洞口边仰坡根据不同的地质条件,采用混凝土拱形骨架护坡、浆砌片石孔窗护墙或护坡等防护形式,骨架或孔窗内种植灌木及植草进行绿化。

四、洞口危岩落石的防护

东新店子隧道进出口、七家岭 2 号隧道进口、柳新庄隧道出口、葫芦山隧道出口、郑庄隧道进口等 6 座隧道洞口设置 RXI-200 型被动防护网,以预防洞口危岩落石向正线滚落。

第四节 洞内设施设计

一、隧道内洞室

隧道内设备洞室设置以满足专业要求为主。长度大于 500 m 的隧道洞内应设综合设备洞室,洞室间距单侧 500 m,两侧交错布置,长度小于 500 m 的隧道在有专业特殊要求时,在洞内设置相关的设备空间。其他专业洞室根据相关专业提供要求具体设置。

二、隧道内沟槽

隧道内设置双侧电力电缆槽和通信、信号电缆槽(其中通信、信号电缆同槽合设,并采用分束敷放),且电缆槽结构外缘距同侧轨道中线距离为 2.2 m。电缆槽尺寸:电力电缆槽 30 cm×30 cm(宽×高),通信信号电缆槽 35 cm×30 cm(宽×高)。

三、隧道内过轨

隧道信号电缆槽原则上每隔 300 m 左右,垂直于线路方向预埋 2 根外径 100 mm 热浸塑钢管,两侧分别与信号电缆槽沟通。

隧道内通信洞室至通信电缆槽间均预埋 4 根外径 100 mm 涂塑钢管。

隧道内电力变电所处均预埋 4 根外径 150 mm 镀锌浸塑钢管和 10 根外径 100 mm 镀锌浸塑钢管。

四、隧道照明

隧道内设固定电力照明,长度大于 500 m 的隧道内加设应急照明设备,专用洞室设置固定照明。救援通道内按规定设图像文字标记,指示两个方向分别到洞口的整百米数,并配备灯光显示方向。

五、隧道内接触网槽道预埋

针对高速铁路隧道内活塞风和弓网振动对接触网基础稳定性的要求,接触网采用了预埋槽道式基础。预埋槽道方式无论在整体结构的稳定性、隧道内防灾、长期运行安全等方面，还是便于站后施工组织方面，与后植锚栓方式相比均具有明显的优势。隧道内接触网预埋槽道通过模板台车定位，隧道二衬已有配筋可以满足受力需要，保证隧道的安全性及结构耐久性。

六、综合接地

1. 隧道地段贯通地线敷设于隧道两侧信号电缆槽内，并采用砂防护。以台车位为单元和间隔，利用隧道底板的下层结构钢筋作为接地极；利用横向连接钢筋将接地极与两侧电缆槽壁纵向接地钢筋连接。津秦高速铁路双线隧道两侧各敷设一根 70 mm^2 贯通地线。

2. 利用两侧电缆槽侧壁处最上端的纵向结构钢筋作为纵向接地钢筋(ϕ16 mm)。隧道上、下行电缆槽底部每间隔 100 m 预制一个接地端子，每间隔 50 m 在上、下行电缆槽线路侧外壁预制一个接地端子或母排。

3. 在隧道综合洞室内侧壁预制 2 个接地端子或母排，并预埋引接钢筋与电缆槽壁纵向接地钢筋连接，分别供通信、电力设备等接地使用。

4. 隧道内其他需接地的电气设备或其他金属构件接地装置，根据需要可与贯通地线等电位连接。其引接线等由相关工程自行实施，引接线数量纳入相关工程中。

第五节　防排水设计

一、防排水设计原则

1. 隧道防排水设计遵循“防、排、截、堵结合，因地制宜、综合治理”的原则，采取切实可靠的措施，达到“防水可靠、排水畅通、经济合理、不留后患”的目的。

2. 隧道防水以衬砌结构自防水为主体，以施工缝、变形缝防水为重点，辅以注浆防水和防水层加强防水。主体结构的抗渗等级为 P8。

3. 防水标准和设防要求

防水等级满足《地下工程防水技术规范》(GB 50108—2001)规定的一级防水标准，衬砌表面无湿渍。

二、洞口及地表防排水设计

隧道洞口排水系统设计遵循截、排水相结合的原则，一是保证洞内水顺畅排出，二是避免洞外水冲刷隧道洞门及边仰坡。

1. 隧道出洞为下坡时，洞内中心水沟和侧沟均应与路基侧沟顺接；当隧道为单面坡时，高洞口端洞外侧沟做成不小于 2‰的反坡排水沟，并在洞外 2.0 m 处设置横向盲沟一道，其断面尺寸 30 cm×40 cm(深×宽)，洞外水不得通过隧道引排。

2. 隧道洞口与边、仰坡开挖边缘线约 5～10 m 处设截水天沟，其坡度根据地形设置，但不应小于 3‰，以免淤积。截水天沟设防水层。

截水天沟应接入路基天沟或线路两侧既有自然沟渠，排水严禁天沟断头、漫流或直冲铁路工程。

3. 当隧道洞口或洞身浅埋地段、地表有洼地、自然沟形等可能汇集地表水的不良地形地貌时，应根据地表汇水量调查情况，对洼地、自然沟形采用必要措施进行截排、引流地表水，以避免地表水的汇集。

三、暗洞防排水

1. 防水措施

隧道采用防水板加土工布防水，二次衬砌混凝土采用防水混凝土，防水混凝土的抗渗等级不小于 P8。

环向施工缝采用中埋式橡胶止水带，间距按 8～12 m 一道设计，纵向施工缝表面清洗干净后刷涂界面剂。

变形缝在地层显著变化处、明暗分界处设置，采用背贴式橡胶止水带加中埋式钢边橡胶止水带。

2. 排水措施

(1)隧道设置双侧侧沟加中心排水沟，侧沟主要用于汇集地下水并通过横向导水管引排至中心水沟，同时起到沉淀和排除部分汇水的作用，为防止淤积堵塞，便于检查维修，中心水沟间距 30 m 设一处方形检查井。

(2)衬砌防水板背后环向设置外径 50 mm 透水管盲沟，一般地段每 8 m 设置一道，地下水发育地段增设 1～2 道；在隧道两侧边墙墙脚外侧设置外径 100 mm 的纵向透水管盲沟，盲沟均与隧道侧沟连通。

3. 截堵水措施

在一般裂隙水较发育地段，施工中围岩能够自稳时，采用开挖后围岩径向注浆等形式进行局部注浆，以封堵地下水。注浆材料选择水泥浆。

4. 明洞防排水措施

洞门回填段及明洞结构外表面防水材料采用 4 mm 厚的自黏式防水卷材。

第八章　枢纽与站场设计

第一节　设计原则与标准

一、高速铁路系统

(一)平面设计原则

1. 车站站型

车站均采用横列式站型，引入既有站按高速、普速分场分线设计。

动车组存车场在站内与到发线接轨，纵列布置于车站一端。

综合维修工区(保养点)根据车站地形等条件，采用与车站纵列布置。

2. 车站线间距

正线间距 5.0 m，无砟地段正线与相邻到发线间距 6.5 m，枢纽内有砟地段采用 6.0 m。中间不设站台的到发线，如两线路间无建筑物或设备，线间距 5.0 m；如两线路间设有建筑物或设备，则根据建筑物和设备至线路中心线的距离和建筑物及设备的结构宽度计算确定；中间有岛式站台的到发线，根据站台宽度确定线间距。

动车组存车场、维修工区(保养点)等段所内线路线间距按有关专业要求设计。

3. 到发线进路

站内正线及到发线进路均按双方向设置。

4. 到发线有效长度

到发线有效长度采用 650 m。

5. 车站渡线

一般中间站两端咽喉区正线间各设一组单渡线组成八字渡线；个别与相邻站间距较近的车站，可不设渡线；始发站的两端和有始发作业的中间站有发车作业端，应设一组八字渡线。

八字渡线开口方向根据综合维修工区(保养点)的位置确定，便于养护维修车辆出入。

6. 站内正线平面设计标准

新建车站设在直线上。枢纽(地区)内始发、终到站在既有站改造困难条件下，可设在曲线上，但站内正线曲线相关资料及要求，应结合区段旅客列车速度目标值合理确定，尽量满足旅客舒适度要求。

正线上缓和曲线与道岔间的直线段长度不小于正线速度目标值的 0.6 倍，困难情况下不小于正线速度目标值的 0.5 倍。

7. 站线平面设计标准

车站咽喉采用 18 号道岔，列车到发进路上的曲线半径不小于 800 m。

列车到发进路上的曲线应设外轨超高，曲线超高值根据平面曲线半径以及列车通过速度计算确定，并应满足允许欠超高、允许过超高以及过、欠超高之和允许值的规定，且不应小于 20 mm。

列车到发进路上的曲线应设缓和曲线，缓和曲线长度应根据列车通过速度、曲线设计超高、(欠)超高时变率、超高顺坡率计算确定，且不应小于 20 m。当曲线半径大于或等于 1 200 m

时，可不设缓和曲线；当设置缓和曲线时，长度不应小于 20 m。列车到发进路上的曲线设缓和曲线时，圆曲线和两曲线间夹直线长度不应小于 25 m。不设缓和曲线时，两曲线间应满足无超高直线段长度不小于 20 m 的要求。

列车到发进路上的道岔至曲线超高顺坡终点之间的直线长度不应小于 20 m，岔后直线段还应不小于道岔跟端至末根岔枕的距离。其他线路道岔距曲线的距离按当时《铁路车站及枢纽设计规范》(GB 50091—2006)的有关规定办理。

综合维修工区(保养点)的平面设计标准应符合《铁路车站及枢纽设计规范》(GB 50091—2006)的有关规定。

(二)纵断面设计原则

1. 站内正线纵断面

新建车站站坪设在平道上，困难条件下，可设在不大于 1‰的坡道上。

车站咽喉区的正线坡度与站坪坡度一致，困难条件下可适当加大，但不大于 2.5‰，特别困难条件下不大于 6‰。

2. 站线纵断面

车站到发线有效长范围内设计为一个坡段，困难条件下站台范围内的坡段长度不小于 450 m。

动车组存车场、综合维修工区(保养点)内的线路设在平道上，困难条件下可设在不大于 1‰的坡道上。咽喉区可设在不大于 2.5‰的坡道上，困难条件下可设在不大于 6‰的坡道上。动车组走行线的最大坡度不大于 35‰。养护维修列车走行线的坡度，困难条件下不大于 30‰。

二、普速铁路系统

(一)车站站型

改建车站原则上维持既有站型不变。

(二)到发线进路

站内正线及到发线均按双进路设计。

(三)到发线有效长

改建站到发线有效长原则上维持现状。唐山站、秦皇岛站普速车场到发线有效长考虑仅办理旅客列车接发作业。

(四)信号机类型

各站均采用透镜式色灯信号机。站内正线出站信号机采用高柱信号机，站内正线逆向出站信号机、到发线出站信号机采用双机构带进路表示器的矮型信号机。

(五)站内正线设计标准

1. 站内正线平面

改建车站正线平面标准原则上维持既有标准不变。

2. 站内正线纵断面

站坪设在平坡上，困难条件下，设在不大于 1.0‰的坡道上。

咽喉区的正线坡度与站坪坡度相同。特殊困难条件下，将咽喉区设置在限制坡度减 2‰的坡道上，咽喉区外的个别道岔和渡线可设在不大于限制坡度的坡道上。

(六)站线设计标准

1. 站线平面

通行列车的站线，两曲线间设置不小于 20 m 的直线段。不通行列车的站线，两曲线间设置不小于 15 m 的直线段，在困难条件下，可设置不小于 10 m 的直线段。

站线的曲线可不设缓和曲线。到发线上的曲线和连接曲线设曲线超高，曲线地段超高 20 mm，连接曲线超高 15 mm，超高顺坡率不大于 2‰。其余站线可不设曲线超高。

2. 站线纵断面

到发场设在平道上，在困难条件下，设在不大于 1.0‰的坡道上。

到发线坡段长度，到发线有效长度 1 050 m 时不小于 400 m，到发线有效长度 850 m 时不小于 350 m，到发线有效长度 650 m 时不小于 250 m，其他通行列车的站线，其坡段长度不小于 200 m。不通行列车的站线和段管线，可采用不小于 50 m 的坡段长度，但应保证竖曲线不相互重叠。

第二节　引入枢纽工程设计

一、引入天津枢纽

津秦高速铁路自天津站外 JQDK9＋000 起，沿津山线下钻东风立交桥、东兴立交桥、昆仑路立交桥、外环线立交桥，经保元村、新兴村、东大桥至军粮城镇，并在津山线与京津城际延伸线之间设军粮城北站。后至七号山附近后线路折向东北，跨过津滨高速公路、唐津高速公路、京津塘高速公路后设滨海站。出站后，线路跨过北环铁路、杨北公路、京津高速公路二通道后在津山线西侧、茶淀站附近设滨海北站。天津铁路枢纽总平面布置示意图见图 3-8-1。

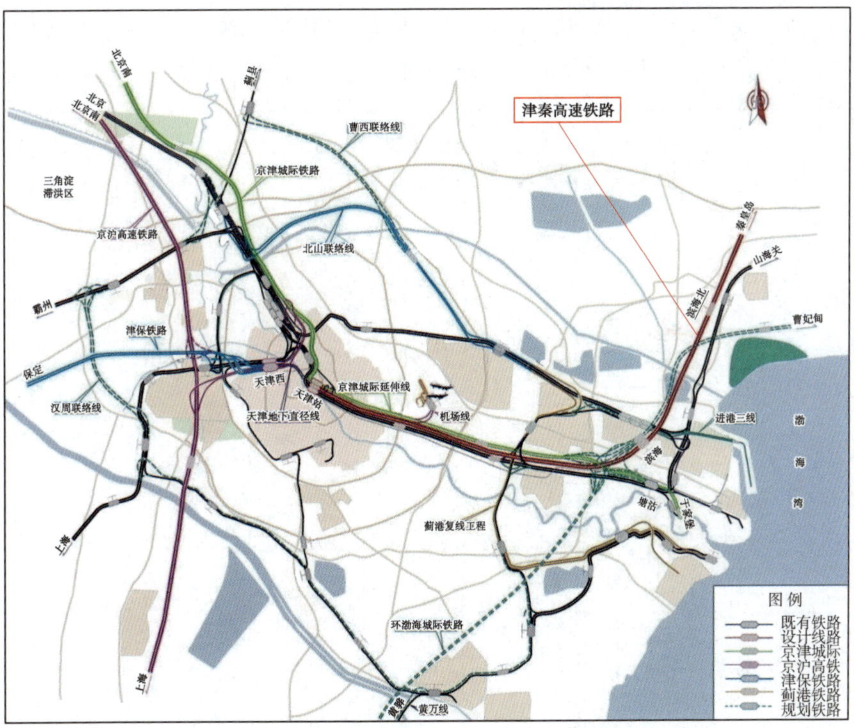

图 3-8-1　天津铁路枢纽总平面布置示意图

（一）军粮城北站

军粮城北站为津秦高速铁路和京津城际延伸线共用车站、高架站。津秦高速铁路和京津城际延伸线设计规模均为 2 台夹 4 线(含正线 2 条),其中中间站台为两场共用。军粮城北站平面布置示意见图 3-8-2。

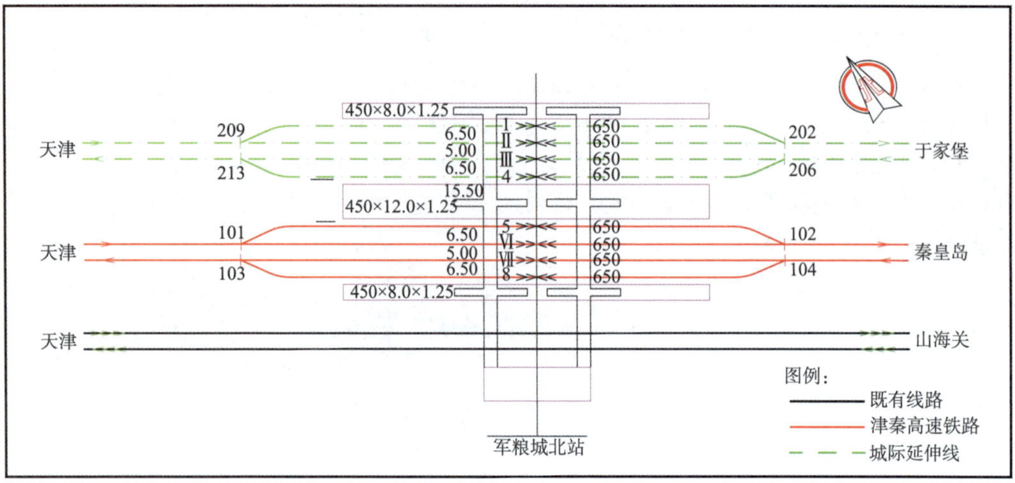

图 3-8-2　军粮城北站平面布置示意图(单位:m)

(二)滨 海 站

滨海站按高速、城际分场设置,高速场规模 4 台 9 线(含正线 2 条),预留 4 台 9 线规模的城际车场。

动车走行线末端设津秦高速存车场和综合维修作业点各一座,统一布置于津秦高速铁路西侧,与规划北塘西编组站横列布置,咽喉区预留远期城际场动车走行线引入的条件,见图 3-8-3。

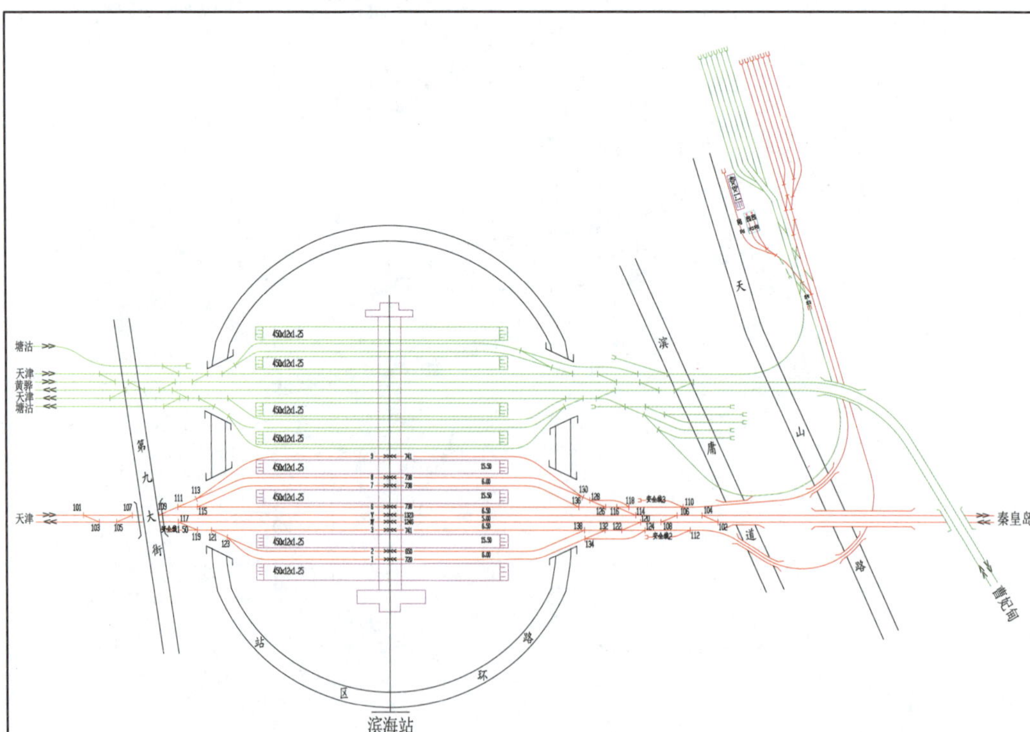

图 3-8-3　滨海站平面布置示意图(单位:m)

(三)滨海北站

滨海北站站房位于线路左侧,见图 3-8-4。

该站设计为 2 台夹 4 线,站台规模为 450 m×9 m×1.25 m。设无站台柱雨棚,进出站旅客地道 1 处,宽 8 m。

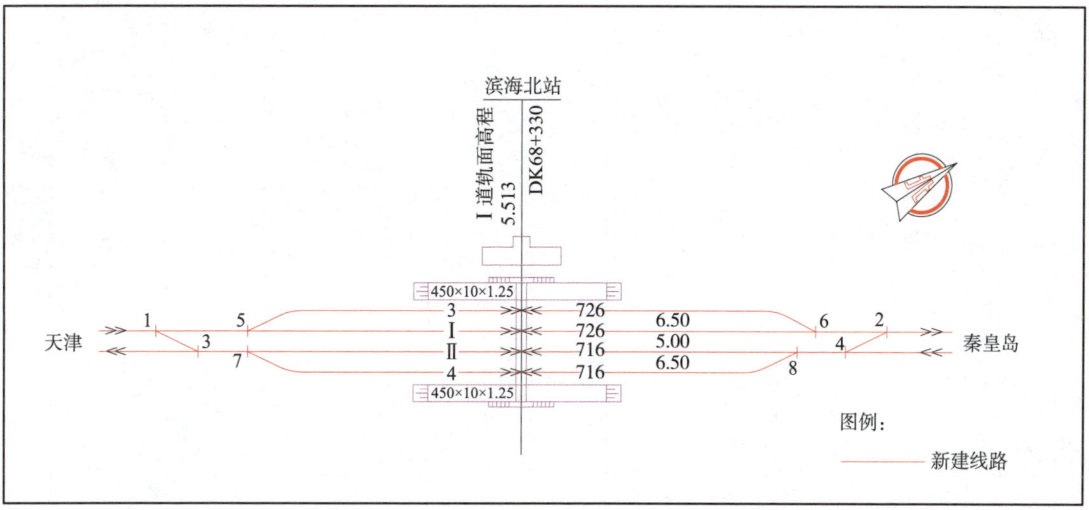

图 3-8-4　滨海北站平面布置示意图(单位:m)

二、引入唐山地区

津秦高速铁路跨过津山线,引入既有唐山站,并在原普速车场位置新建高速车场,原普速车场拆除改移至高速车场西侧。规划京唐城际铁路引入唐山站普速车场,在三女河机场南侧新建机场站,京唐城际转津秦联络线自机场站引出,与津秦高速铁路在老庄子线路所接轨。

(一)唐　山　站

唐山站自东向西依次为高速车场、普速(城际)车场,其中城际与普速共场,见图 3-8-5。

高速车场规模为 3 台 7 线(含正线 2 条),普速场采用津山线贯通方案,并预留远期城际引入的条件,规模为 4 台 9 线(含正线 2 条)。利用车站大里程端城际和津秦正线之间的夹角地设置高、普速存车场和保养点各一座。

(二)滦　河　站

滦河站站房按线路两侧布置,设计为 2 台夹 4 线,站台规模为 450 m×9 m×1.25 m,进出站旅客地道 1 处,宽 8 m。综合维修保养点设于小里程端线路左侧,见图 3-8-6。

(三)杨家口站

由于津秦正线引入,工务段材料场和供电加强领工区通路被切断,在杨家口站进行还建。还建工务材料场设材料厂专用线 3 条,供电加强领工区设工区线 2 条,见图 3-8-7。

三、引入秦山地区

津秦高速铁路经北戴河车站,北绕城市规划区沿既有津山线引入秦皇岛车站,在车站南侧

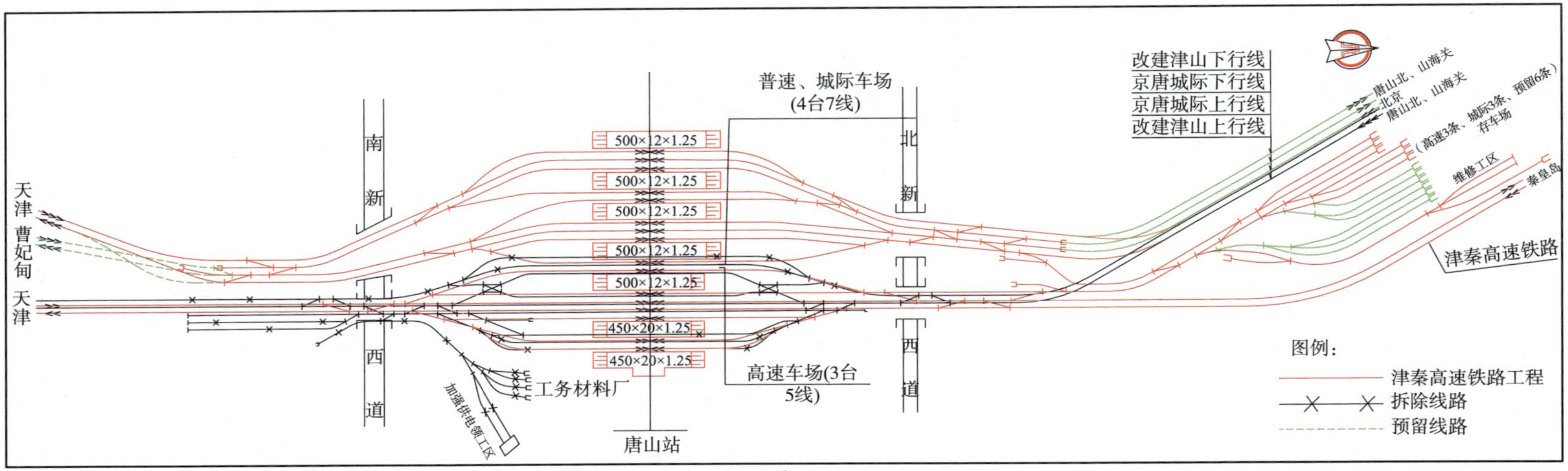

图 3-8-5 唐山站平面布置示意图(单位：m)

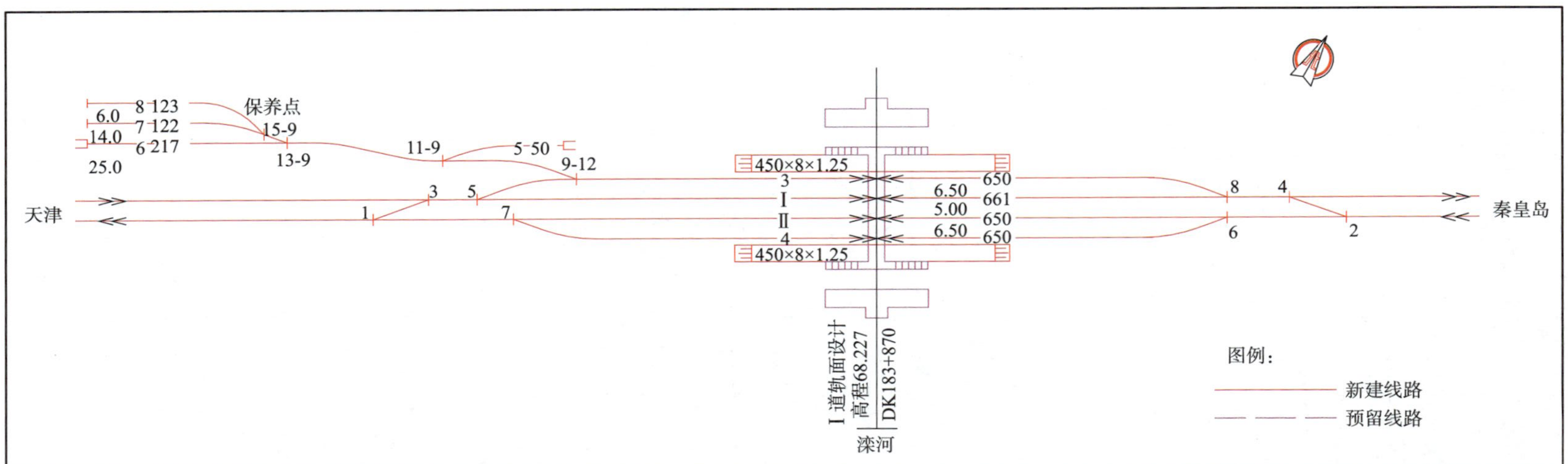

图 3-8-6 滦河站平面布置示意图(单位：m)

设独立的高速车场，并与秦沈客运专线贯通，预留客车直通线。京哈线出北戴河车站后改线，与津秦高速铁路并行接既有津山线引入秦皇岛车站，并与津山线贯通。津山线外绕接柳村南站Ⅲ场(后更名为柳村北站)，预留津山线进出秦东的联络线。秦皇岛站东端秦东上下联下钻津山、津秦双线，既有秦东下联环线拆除。地区内配套实施柳山复线，实施拆除龙山上、下线路所工程。地区内形成高、普速分场分线，秦皇岛站客货分场的格局见图 3-8-8。

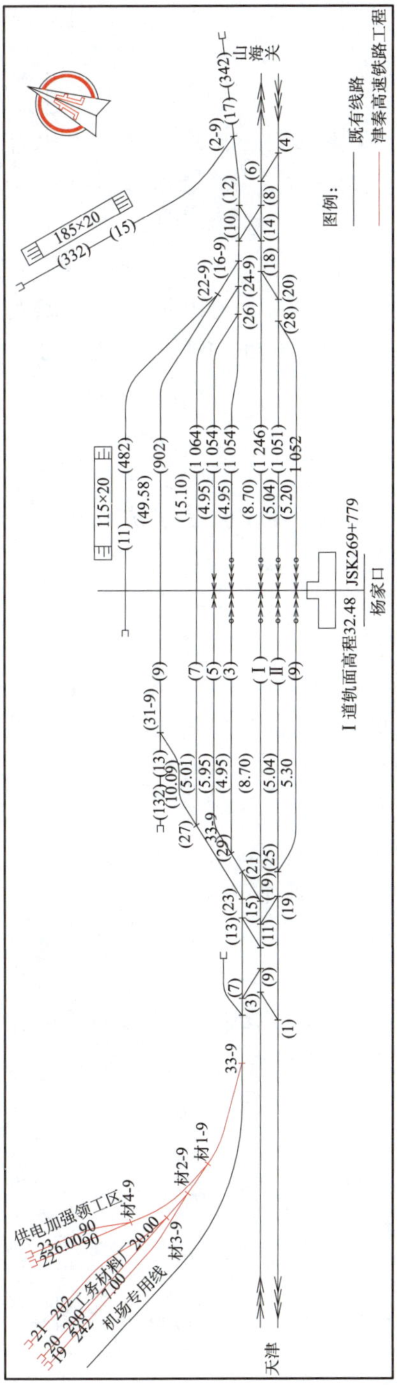

图 3-8-7　杨家口站平面布置示意图(单位：m)

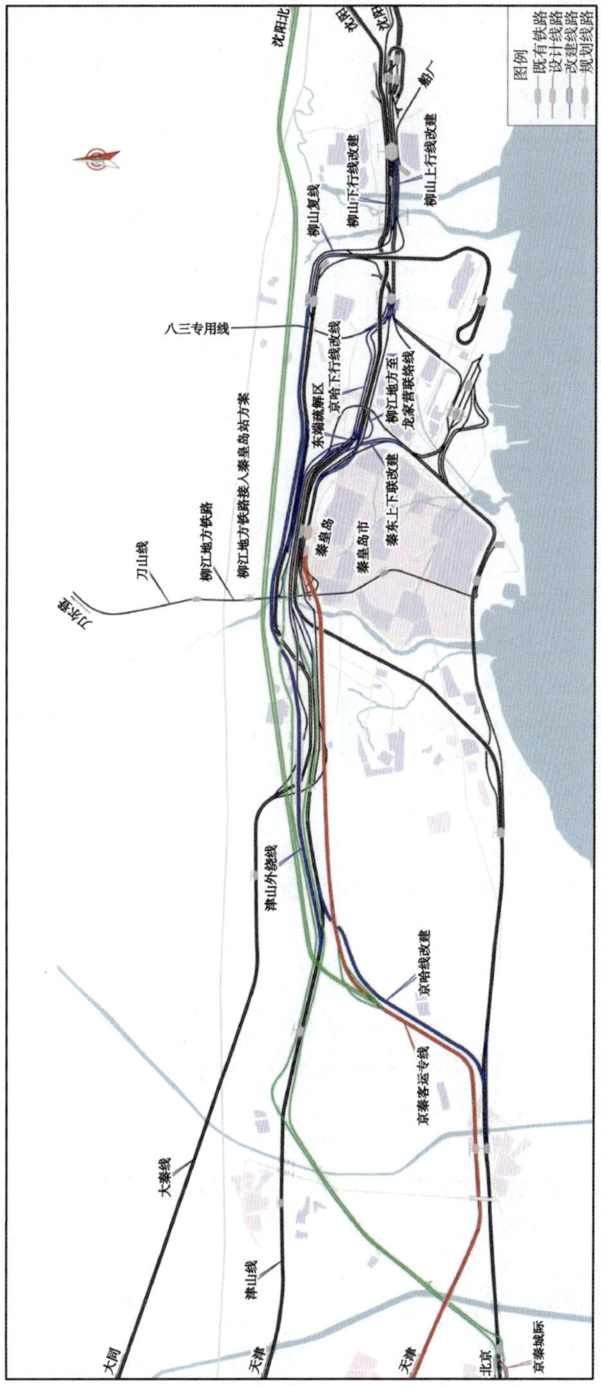

图 3-8-8　秦山地区铁路总布置示意图

(一)北戴河站

在北戴河既有车站北侧新建高速车场,与既有普速车场横列布置,设到发线 3 条(不含正线),北侧设侧式站台 1 座,南侧设置中间站台 1 座;另外在小里程端修建津秦高速铁路与京哈线间的动车组联络线,车站西端两场之间设综合维修保养点,见图 3-8-9。

由于小里程端津秦高速铁路引入占压既有北戴河站普速车场,引起普速车场小里程端咽喉区改建,车场取直,增加 1 条到发线,总规模为 3 台 5 线。

大里程端京哈正线改线,去南大寺方向的通路保留。

(二)秦皇岛站

秦皇岛站自南而北依次为高速车场、普速车场、秦东上下联、柳江地方铁路、大秦正线及津山外绕正线,见图 3-8-10。高速车场 3 台 7 线(含正线 2 条),普速场设 3 台 8 线(含正线 2 条),京山外绕线北侧设到发线 1 条,用于接发通勤车。

高速存车场考虑在高速车场西端线路南侧、货场北侧占用既有存车场位置修建;在津秦高速铁路两侧各设动车组走行线 1 条,南侧走形线在车站西端下钻津秦高速铁路与北侧走形线汇合,并设折返线 1 条;在既有京哈上行线和津山上行线之间夹角地还建 3 条普速存车线。

(三)山海关站

取消龙山上、龙山下线路所,柳山上、下行正线引入山海关站。在柳山下行线与京山下行线之间、京山上行线与柳山上行线之间分别设置一组 18 号渡线。在车站西咽喉秦沈客运专线下方设机待线 1 条,有效长 70 m,满足双机同时停车条件,出入段线相应改建,见图 3-8-11。

(四)柳村北站

津山外绕线引入原柳村南站Ⅲ场,与原柳山上下行正线贯通,大量的津山线出关车流和大秦线出关车流经由该车场出关,原柳村南站Ⅲ场更名为柳村北站。考虑到该站为局界站,因此在原规模基础上增设 3 条到发线,两端咽喉区相应改建,见图 3-8-12。

(五)龙家营站

秦皇岛至龙家营之间新建京哈下行客车通路,引起龙家营站前改建。京哈下行客车线占用八三专用线位置下钻秦沈线,八三专用线相应改建;柳江地方铁路与到发线贯通,引起往秦东、分解场方向线路改建。增设京哈至秦沈联络线,作为京哈线改造后至秦沈客运专线的通路。

秦皇岛站货场拆除,并在龙家营站进行还建,设尽头式货物装卸线 3 条,为了增加作业的灵活性,提高装卸作业效率,按规划总规模的 3 束货物线中各修建 1 条货物装卸线实施,功能分别为零担货物装卸线、长大笨重集装箱货物装卸线、散堆装货物装卸线。龙家营站平面布置示意图见图 3-8-13。

柳江地方铁路改线,线路经秦皇岛车站与秦东下行联络线并行下穿京哈线和秦沈客运专线,再利用既有京哈上行线接入龙家营车站,并在龙家营站设交接场。

(六)义卜寨站

秦皇岛站由于津秦高速铁路的引入,引起工务检修车间的拆迁,在义卜寨站废弃的货场还建秦皇岛工务检修车间,共还建工务段线 3 条,并设货物站台 1 座,见图 3-8-14。

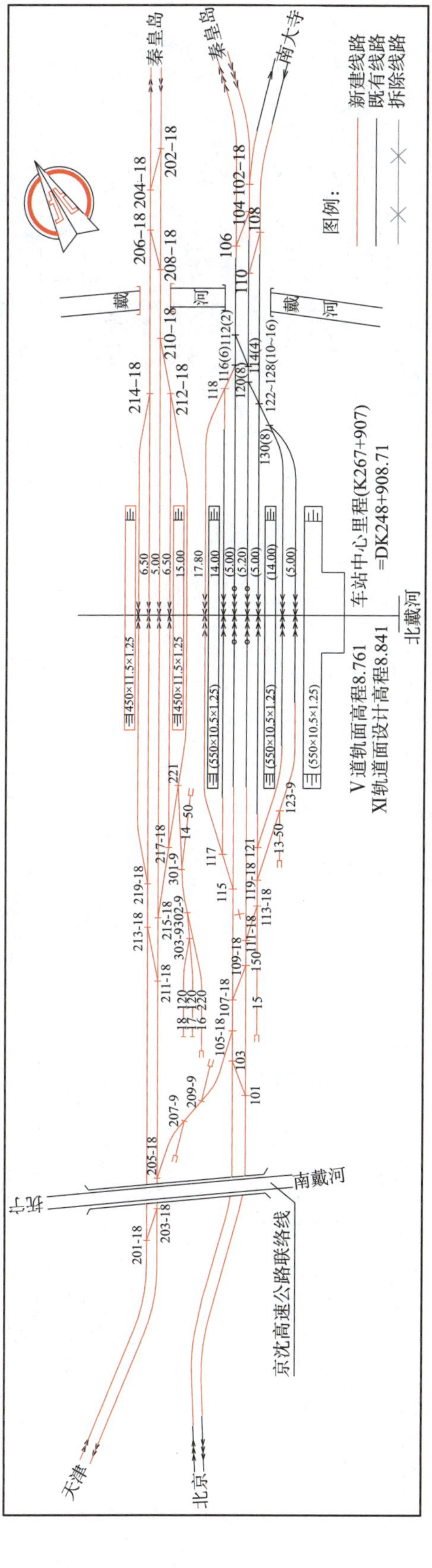

图 3-8-9　北戴河站平面布置示意图(单位：m)

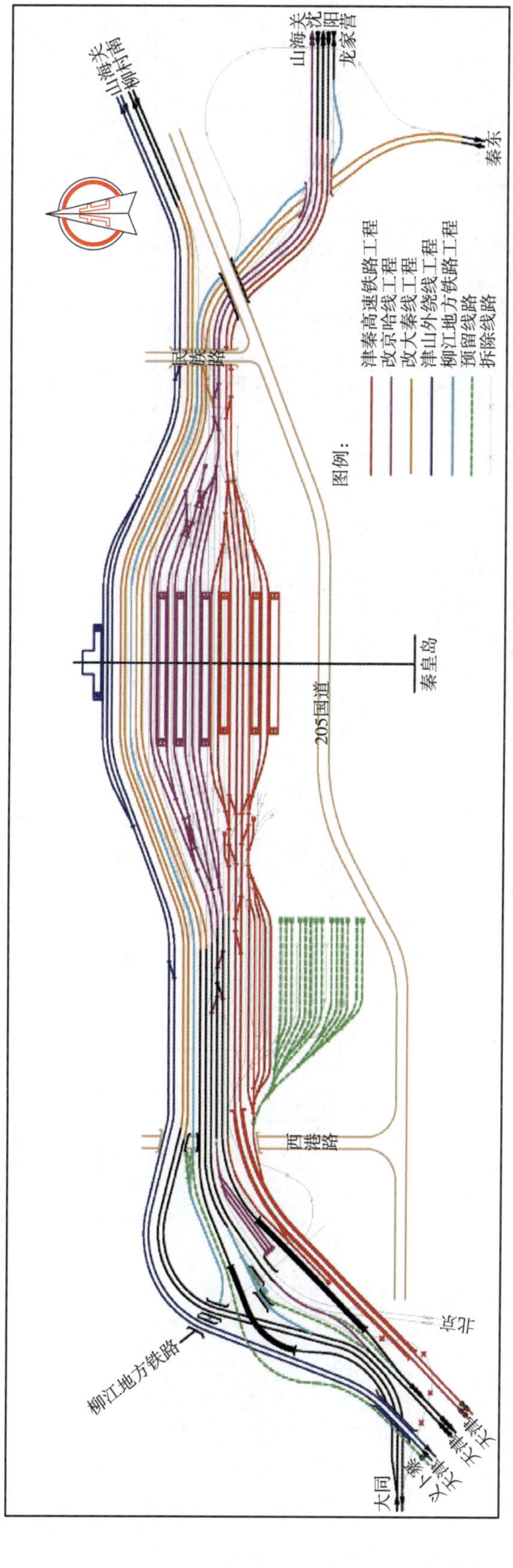

图 3-8-10　秦皇岛站平面布置示意图

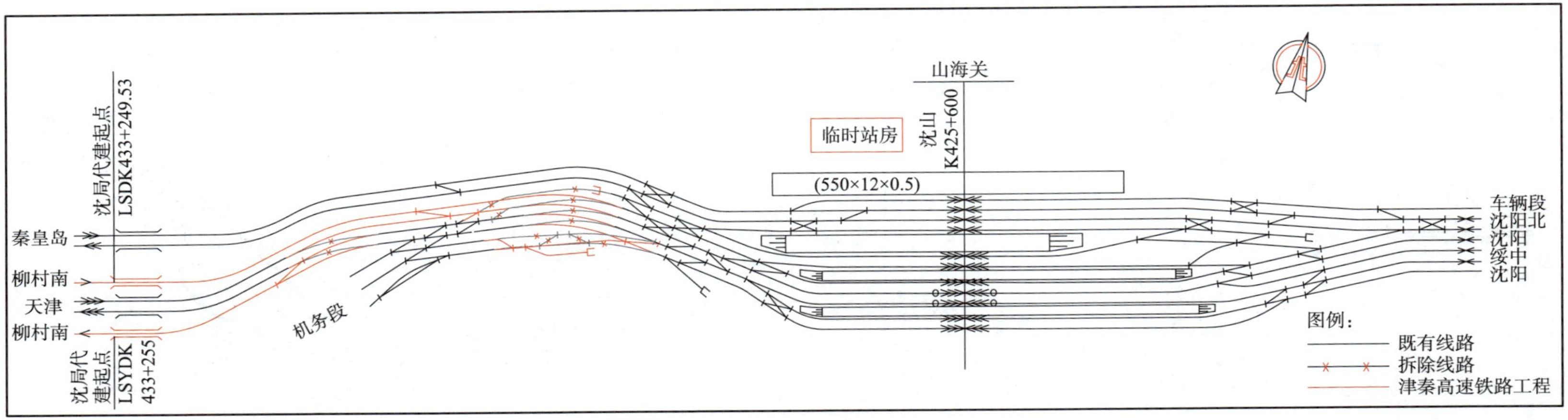

图 3-8-11　山海关站平面布置示意图（单位：m）

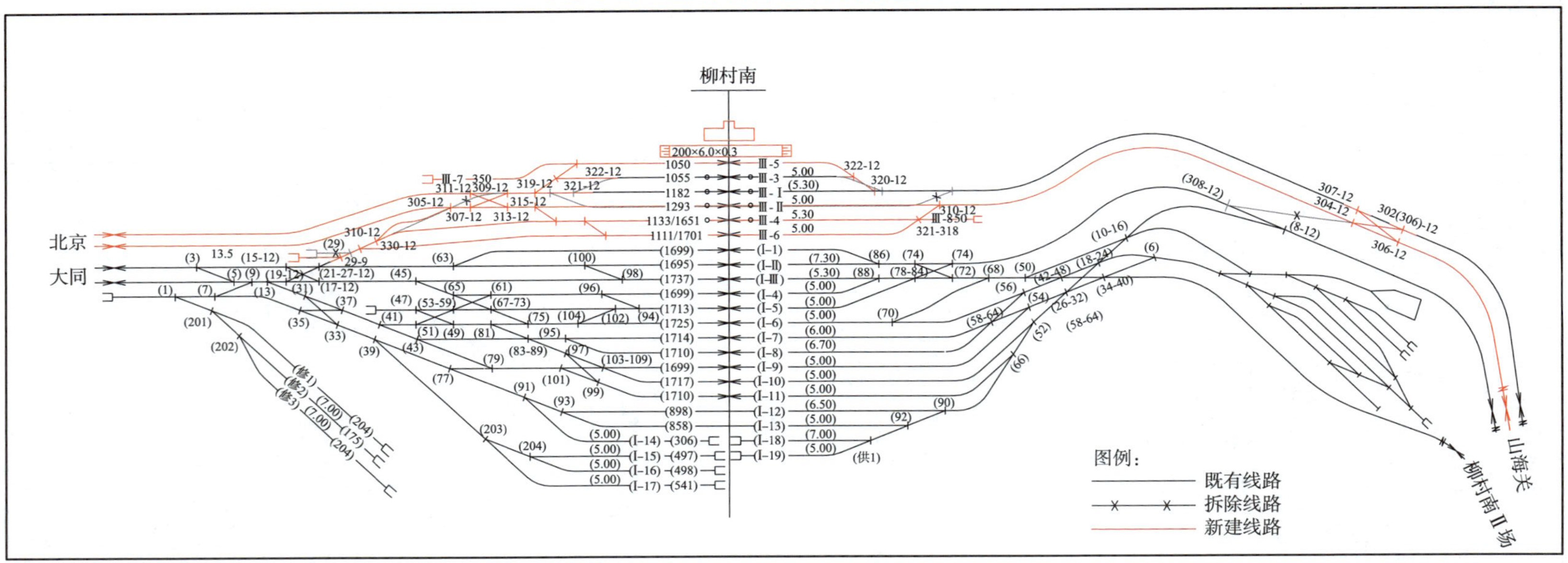

图 3-8-12　柳村南站平面布置示意图（单位：m）

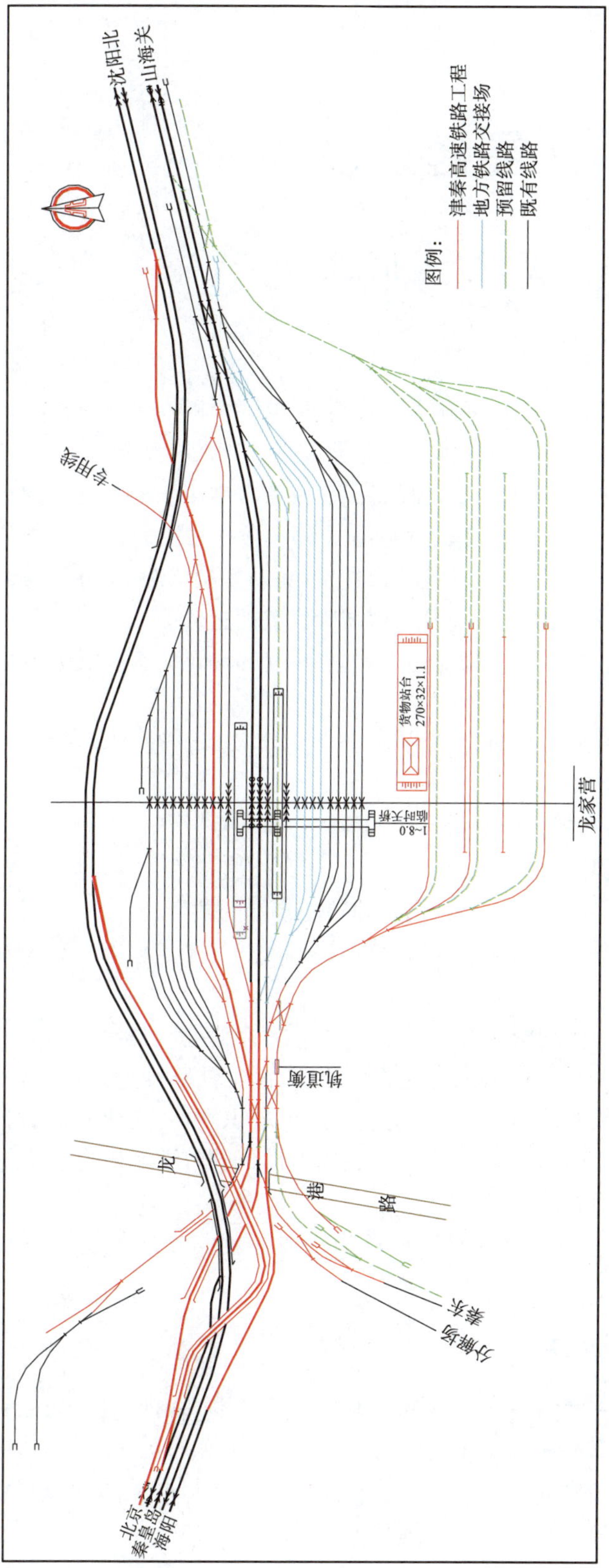

图 3-8-13　龙家营站平面布置示意图（单位：m）

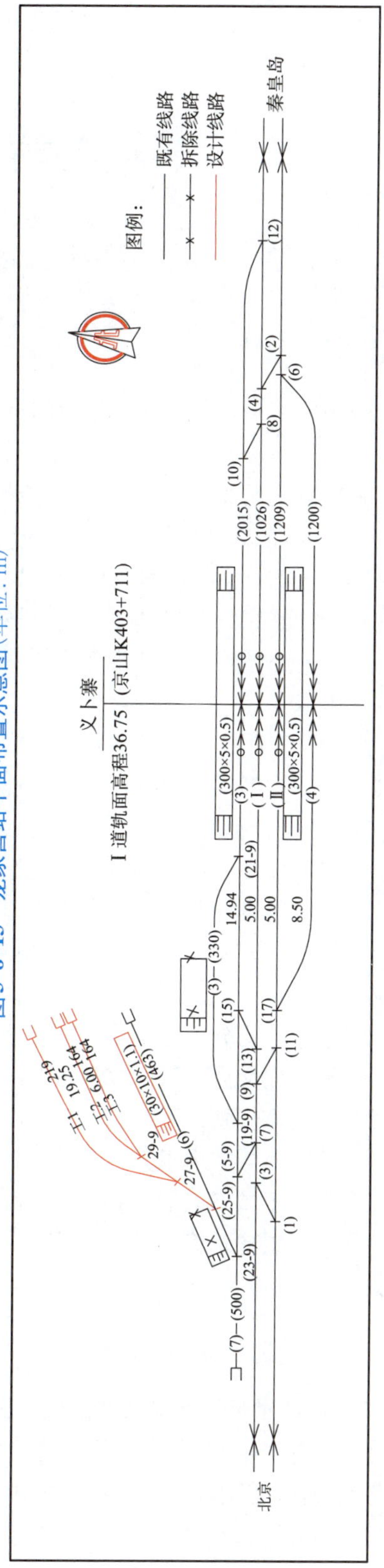

图 3-8-14　叉卜寨站平面布置示意图（单位：m）

第九章　房屋建筑设计

第一节　设计理念与原则

一、站房设计理念

铁路旅客站房作为铁路建设的重要组成部分，是旅客出行的重要环节和体现高速铁路高效便捷的重要场所，站房设计在整个高速铁路的设计中显得尤为重要。

采用容纳站场、站台、雨棚、跨线设施、与运营相关的设备用房及旅客专用场地为一体的车站建筑设计理念。结合高速铁路的特点，对旅客候车的出行方式、进出站模式、内部空间与外部空间形式的确定进行重新定位与思考。强化出行功能的通过性，减弱其滞留性，充分体现以人为本、方便旅客的设计原则，使车站建筑在功能上充分适应城际铁路的运营模式。

高效——适应现代铁路客运公交化，与城市各种交通方式紧密衔接，满足旅客换乘方便快捷的需求。

合理——根据基地现状及功能要求，合理划分功能分区，组织各类交通流线，确定适合功能要求的结构形式，构建可靠的设备系统。

可读——内部空间简洁、清晰可读，与现代化的快速交通模式协调一致。

建立津秦高速铁路的房屋建筑形象共性识别系统。

全线房屋设计要充分考虑生态、环保、节能等因素、力求建筑与自然的共生。

人性——充分体现以人为本，设置齐全的功能满足旅客的各种需求，并带给旅客一种全新的旅行体验。

绿色——充分考虑客站全寿命成本，体现资源节约、环境友好的绿色理念。

作为现代交通建筑，站房设计除在功能上最大限度地方便旅客，满足铁路客运组织外，还要强调从城市规划入手，与城市整体形象的风格一致，体现建筑的地域识别性、文化性和时代性。设计要充分体现以人为本的设计理念，以乘客的使用需要作为设计的首要出发点。车站建筑应服务于城市人群，最大限度地吸引客流。

强调房屋建筑工程先进性的同时，强调工程的经济性，力求先进性与经济性之间达到平衡。

二、站房设计原则及采用的主要技术标准

1. 车站建筑设计要从城市规划出发，注重车站与城市广场的配合，确定合理用地界，做好铁路运输与市政配套交通、包括城市轨道交通的接驳以及景观、竖向的协调。结合津秦高速铁路特点，对既有站区结合车站所在城市的规划条件与要求，进行交通、功能与形式的整合与完善；新建站区注重与城市交通接驳的条件并与周围环境协调统一。

2. 站房的布置应结合城市规划及现有的城市道路布局，通过站房、通站道路等的设置，有

效解决线路对整个城市的分割问题，使铁路两侧有机连接，形成顺畅、便捷的环状交通体系，带动铁路两侧区域的同时发展。

3. 车站建筑规划方面，将车站、站场、站前广场作为一个整体来考虑，结合城市规划、城市的路网状况，合理组织人流、车流，避免交叉干扰。广场规划设计功能分区应明确，区域之间的联系应紧密有序，并重视与轻轨、公交、长途汽车、出租车、社会车、自行车等其他交通形式之间转换的顺畅，使每一个车站都成为一个高效、便捷的交通中转枢纽。注重同周围环境景观的配合，为城市提供一个良好的视觉空间效果(图 3-9-1)。

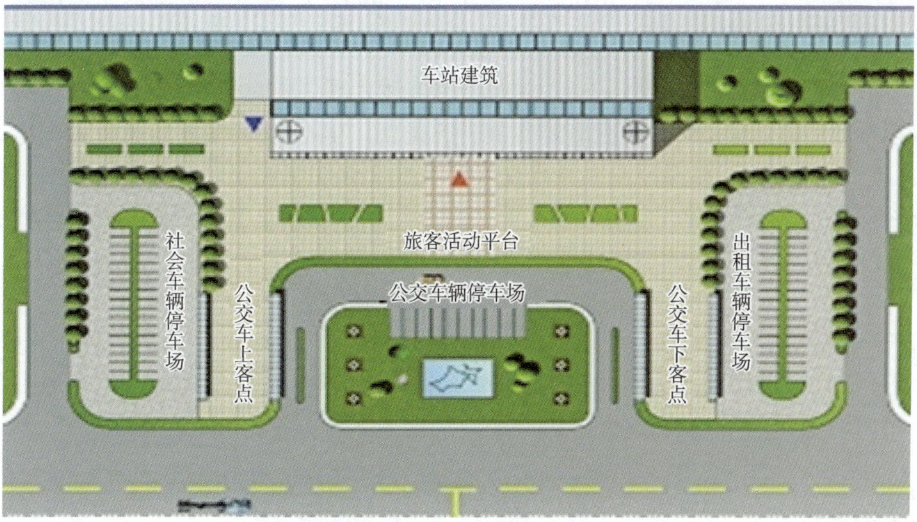

图 3-9-1　车站平面布置效果图

4. 生产、生活用房的布置遵循集中综合的设计原则。集中布置、统一规划，改变传统铁路用房布置零乱，缺乏规划的格局，使铁路站区成为城市规划的有机组成部分。集中综合布置的原则为：

(1)集中修建综合维修工区；

(2)把生产作业流程相近的房屋集中起来修建综合楼；

(3)把为生产服务的单身宿舍、食堂、浴室集中起来修建综合楼。

5. 站区的规划应以节约用地、降低使用期能耗为原则统筹安排。结合城市规划设计集中预留用地，为今后高速铁路的发展建设留有充分的余地。在站区内预留用地，近期可以作为绿化用地，布置灌木，周围点缀绿色草皮，用以配合基地内规整的建筑群、简洁的单体建筑，使整个基地布局整齐划一、协调统一。锅炉房、给水、污水站及变电所等建筑利用围墙形成单独院落，隐入绿色植被之中。

6. 重视站区周围环境绿化设计，要使旅客穿行其中时处处都有绿色环绕其周围。生产、生活用房规划与绿化相交融。在绿化平面布置时，本着多绿化少硬化的原则进行设计，通过成规模的绿化布置，彻底改善站区环境，提升环境质量。

7. 站区的规划设计以车站建筑为中心。规划设计突出车站建筑的主导地位，体现车站地区的主体形象。同时其他生产、生活用房在规划设计时应注重群体效果，来烘托车站建筑的主体形象，从而形成特色鲜明，风格统一的完整和系统的规划设计。

8. 站房设计以功能性为首要因素，设计中执行《铁路旅客车站建筑设计规范》(GB 50226—2007)。大型客站设计要针对津秦高速铁路的客流特点，对于关键部位的客流组织模式和空间规模，旅客服务设施的设置等，专题研究校核确定，以保证车站安全高效的运营。

9. 立面造型总体要求。整体形象应庄重，具有现代气息，能体现出中国铁路的飞速发展。建筑材料和构造的选择，适应华北地区的气候特征，建筑形象具有地域特色。

10. 站场雨棚。全覆盖式无站台柱雨棚，雨棚形式与站房匹配，接触网尽量与无站台柱雨棚合设，轨道上方适度开敞，开洞范围要认真研究。

11. 系统性设计。对车站整体的防水、排水、减振降噪、保温隔热等进行专项研究，注意接口部位的衔接，避免差漏错碰。对设备专业用房、管线通道进行系统整合，力争土建资源共享。在保证功能合理的前提下，在设计中采用创新思维，运用现代的计算机仿真模拟、模型等手段，解决难题，鼓励技术创新，争取创造出津秦全线的亮点。车站的形象设计，从外延到内部装修，要具有高度的文化内涵，在保证全线突出现代化铁路交通的基调下，弘扬本土文化。

12. 经济性原则。关键环节进行多方案比选，装修标准因地制宜，强本减末，建筑材料优先选用本土材料，坚持可持续发展的原则，注重节能环保设计。做好近远期结合，为未来发展预留条件。

13. 安全性原则。根据规范要求，确定消防设计的标准，同时可参照消防性能化研究的成果用于指导设计。贯彻以人为本的原则，注重细节设计，基本站台要满足小汽车通行条件，车站执行无障碍设计规范。

第二节 站房立面方案设计

一、军粮城北站

军粮城北站位于海河中游，是天津发展战略的重点区域，作为连接京、津、滨至东北的交通站点，是重要的综合交通枢纽。建筑设计主题“水”这一自然元素，将其动态和属性作为方案的母题，展现出简洁、流畅、现代的效果。

军粮城北站设计效果正视图见图 3-9-2，侧视图见图 3-9-3。

图 3-9-2 军粮城北站设计效果正视图

图 3-9-3　军粮城北站设计效果侧视图

二、滨 海 站

滨海站位于天津滨海新区，建筑造型以发展的新型城市为出发点，与当地文化、环境、气候、地貌相和谐，结合当前中国国情，适度超前，充分体现“地标性”的特点。整体造型以“津风海韵”为建筑意象，“津”指天津，“海”指滨海，形成舒展大气、简洁稳重、轻巧现代的建筑形象。

滨海站设计效果正视图见图 3-9-4，侧视图见图 3-9-5。

图 3-9-4　滨海站设计效果正视图

图 3-9-5　滨海站设计效果侧视图

建筑立面采用横长线条，水平舒展，简洁明快，体现了交通建筑的延展性与流畅感。建筑流线型屋顶飘逸，轻盈、乘风欲飞，极具动势，具有很强的现代感。站房建筑满足功能需求的同时，体现滨海特色，形成强烈的入口形象，体现车站作为城市门户的建筑个性。

三、滨海北站

滨海北站位于天津东部滨海新区汉沽境内。汉沽是天津滨海新区的重要组成部分，西距天津市中心区 60 km，南濒渤海湾，北接宁河区。滨海北站距离京山线上的茶淀站约 4 km，与既有京山线隔河相望。

滨海北站以“曲水流觞”为设计概念，既反映出汉沽未来的城市发展方向，又表现了汉沽人民激情澎湃、敢为人先的时代精神。站前设置宽阔的广场，既满足了旅客集散要求，又为展示车站形象提供了良好的视野，将车站形象直接地呈现在人们的眼前。通过现代抽象的手法，强调整体性和简洁，精简到极致的现代构成赋予滨海北站独特的魅力和时代的内涵。

滨海北站设计效果正视图见图 3-9-6，鸟瞰图见图 3-9-7。

图 3-9-6 滨海北站设计效果正视图

图 3-9-7 滨海北站设计效果鸟瞰图

四、唐 山 站

新建唐山站位于唐山市区正西，是市区跨站前路西拓的重要衔接点。唐山站迎着东方初升的旭日，沐浴在和谐温暖的晨光中，将成为城市主干道——新华西道西尽端的城市名片。

唐山站站房造型具有独特的现代结构造型美，造型舒展，简洁大气，展现出一种力量美、现代美和未来感，与唐山的城市气质不谋而合。“旭日初升”契合了唐山站在城市空间发展中的重要地位，寓意了唐山新世纪蓬勃发展、蒸蒸日上的朝气，预示了唐山城市发展的美好未来，唐山站设计效果正视图见图 3-9-8。

图 3-9-8　唐山站设计效果正视图

五、滦 河 站

滦河站以“钢城流韵”为设计概念，既反映出其钢铁工业城市属性，又表现了滦河曲折优美的自然景色，更寓意着该区现代发展的高速性和高速铁路时代的高速性。站前设置宽阔的广场，既满足了旅客集散要求，又为展示车站形象提供了良好的视野，将车站形象直接地展现在人们的眼前。滦河站通过现代抽象的手法，强调整体性和简洁性，经典而流动的现代构成赋予其独特的魅力和时代的内涵。

滦河站设计效果正视图见图 3-9-9，鸟瞰图见图 3-9-10。

图 3-9-9　滦河站设计效果正视图

图 3-9-10　滦河站设计效果鸟瞰图

六、北戴河站

白色舒展的屋顶，如同海浪连绵的韵律，主体白色基调体现了北戴河轻松闲适的氛围。建筑立面采用竖向构建序列排布的方式使建筑更加端庄秀美，简洁的建筑语言使之精致而现代，一字展开的建筑形式凸显了北方建筑的大气恢宏，又展现出一种积极向上、拥抱未来的开放姿态，契合新时代的象征精神。

北戴河站设计效果正视图见图 3-9-11，侧视图见图 3-9-12。

图 3-9-11 北戴河站设计效果正视图

图 3-9-12 北戴河站设计效果侧视图

七、秦皇岛站

秦皇岛站设计以“雄关凤舞”为构思主题，从秦皇岛所具有的历史文化名城和滨海旅游城市的双重特色出发，以建筑庄重大气的整体轮廓凸显秦皇岛市厚重的历史感，利用建筑虚实剪影同山海关形成文脉上的呼应。檐部流畅的线条取自先秦帝王图腾“秦夔凤”，用来反映这座唯一以帝王为名的城市独特的历史。

秦皇岛站设计效果正视图见图 3-9-13，侧视图见图 3-9-14。

图 3-9-13 秦皇岛站设计效果正视图

图 3-9-14 秦皇岛站设计效果侧视图

第三节 重点站房设计

津秦高速铁路全线新建 6 座车站，主要有军粮城北站、滨海站，滨海北站、唐山站、滦河站、北戴河站。本节以滨海站为例、阐述重点站房的设计方案。

一、设计概述及参数

滨海站位于天津滨海新区，为大型高速铁路旅客车站，属线侧式站房与高架候车相结合的方式。滨海站按环渤海城际铁路和津秦高速铁路两个高速分场设置，共 8 台 18 线。远期(2030 年)高峰小时发送量 2 071 人/小时，最高聚集人数为 4 000 人。

主要进站方式为“上进下出”，车辆通过高架车道，经落客平台直接进站，或者经站前广场进站，出站经地下通道出站。高架车道与高架层平接，与站房在结构及外观上均为一个整体。

滨海站由主站房和站台雨棚组成，站房地上 2 层，地下 1 层，局部夹层。滨海站用地面积 127 000 m^2，站房总建筑面积 80 000 m^2，建筑高度 34.4 m。

设计标准：站房主体按设计基准期 50 年，耐久性设计年限 100 年。耐火等级：站房、站台雨棚为二级，地下为一级；结构安全等级：站房为一级，站台雨棚为二级。

滨海站站房主体面宽 207 m，进深 267 m，高架层候车大厅面宽 99 m，进深 193 m，其中无柱部分面宽 66 m。

剖面设计：出站层层高 10.8 m；站台层层高 9.6 m，站台层夹层 5.2 m；高架层层高 19.3 m（最高点），高架层夹层 5.4 m，商业平台 8 m。

天津滨海站内、外部效果图见图 3-9-15、图 3-9-16。

图 3-9-15　天津滨海站内部设计效果图

图 3-9-16　天津滨海站外部设计效果图

二、设计特点、难点及解决方案

滨海站为大型客运专线铁路旅客车站，滨海站站房由三层平面即地上站台层、高架候车层及地下出站层构成，局部设置夹层，见图 3-9-17。

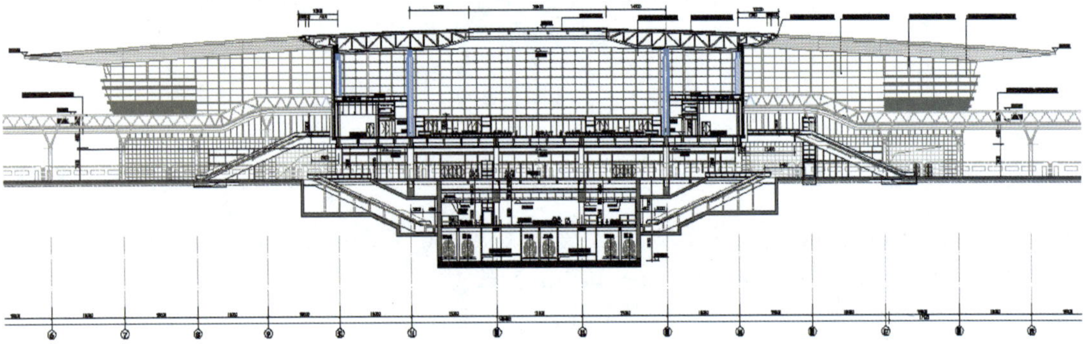

图 3-9-17　天津滨海站建筑造型剖面图

高架候车厅由进站广厅和候车大厅构成，进站广厅分别设在南北两侧，候车厅为无柱空间，位于站房的中部并贯穿整个站房的南北，在候车厅两侧，对应每个站台布置有 2 组进站口（基本站台设 1 组进站口）。在进站广厅的两侧布置售票厅、旅客服务及办公、生产用房，问询咨询等旅客服务实施。候车大厅两侧设有为旅客服务的卫生间、旅客服务；候车大厅两侧夹层各设有长 193 m、宽 13 m 的商业平台。

站台层中间部位设有进站广厅、基本站台候车室，旅客可通过广厅内设置的扶梯进入高架候车层。基本站台候车室左侧设有售票厅及相应票务用房，站房南北两侧均设贵宾候车区，两侧站房内还设置有公安用房及客站管理用房。

出站层联系通道与南北广场的地下空间相连。到站旅客经联系通道进入广场地下空间至最近交通换乘点换乘。

雨棚屋面覆盖每个站台，屋面采用铝镁锰合金板，对应站台边缘雨棚屋面出挑长度在 2 m。每个站台上雨棚在垂直轨道方向采用双坡排水方式，排水坡度为 5%，在雨棚屋面两侧天沟，天沟雨水管沿雨棚柱将雨水排至站场地面排水沟，见图 3-9-18。

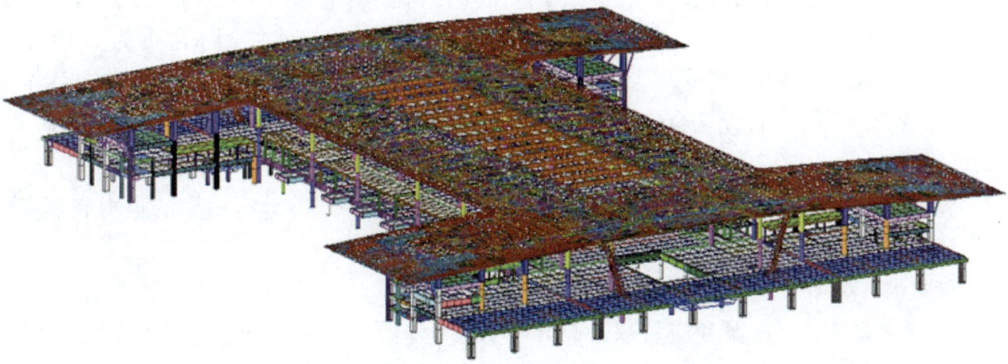

图 3-9-18　天津滨海站整体结构造型设计

滨海站的开通运营，极大地方便了滨海新区对外出行，由此促进了高速铁路沿线地区文化、旅游、合作和交流；滨海站的开通运营极大地提高了滨海新区对周围城市的辐射力和凝聚力，体现了滨海新区作为“发展第三极”的功能定位要求，极大地改善了滨海新区的环境质量水平。

滨海站结构设计特点和难点具体如下：

1. 速度 350 km/h 高速列车通过站房，带来的巨大冲击和振动必然沿整个结构扩散，对站房建筑和下面的地铁建筑的使用环境和结构安全性产生影响。结构设计中，将正线采用桥梁结构与主体框架分离，切断列车激励源的传播途径。

2. 站房大体量，雨棚大面积；楼盖屋盖大跨度；建筑造型独特，主体结构与复杂幕墙一体化设计。

3. 抗震效果好，提高结构的抗震性能，满足结构安全是设计的重点之一。该工程选用的结构体系具有良好抗震性能。

4. 设计应满足结构分片立体施工的要求。楼面采用钢骨梁，承载力高，设置少量支撑后，大型吊装设备能在楼面行走，便于高架层及钢结构屋盖施工组织。

5. 大跨度、大悬挑、大体量、大风环境、分片施工的网架结构设计。结合建筑造型，采用正交正放焊接球节点网架；提出了复杂节点联结形式和构造措施；进行施工模拟分析，考虑了分期施工对屋盖钢网架构件在重力荷载作用下的影响外，还考虑了整体提升、安装合龙对结构挠度及杆件应力的影响。网架设计满足分块提升、合龙及卸载全过程的内力及变形要求。

三、空调、暖通、通风、排烟设计方案

1. 空调设计范围

空调设计范围为整个站房空调系统、采暖系统、通风系统、防排烟系统等。

2. 空调采暖能热源设计

(1)整个站房集中空调系统计算总冷负荷 9 300 kW，总热负荷为 7 100 kW，其中地板采暖系统耗热量为 4 600 kW。铁路专用“四电用房”、贵宾候车区、售票室及办公区夏季空调冷负

荷为 1 700 kW,冬季空调采暖热负荷为 1 500 kW。

(2)在站房地下层设换热站,接入市政热网热媒管道,输入总热量为 9 200 kW,作为中央空调系统及采暖系统的热源。

(3)在地下出站层的南北通道附近各设 1 座集中冷冻换热站,每个冷冻换热站内各设 3 台制冷量为 1 583 kW 的水冷离心式冷水机组作为公共区的冷源。冷冻水供回水温度为 6 ℃/13 ℃。

(4)每个冷冻换热站内各设两台换热量为 1 930 kW 的板式换热器为中央空调系统提供 60 ℃/50 ℃的空调热水,各设两台换热量为 1 620 kW 的板式换热器为地板采暖系统提供 50 ℃/40 ℃的采暖热水。

(5)铁路专用"四电用房"、贵宾候车区、售票区、办公区采用寒冷地区适用的强力制热多联空调机组,满足其夏季制冷和冬季制热的需求。

3. 空调水系统

(1)空调水系统为一次泵变流量双管制异程式系统,夏季空调供回水温度为 6 ℃/13 ℃;冬季空调供回水温度为 60 ℃/50 ℃。循环水泵均配置智能型变频控制装置。

(2)空气处理机组的回水支管上均设置动态平衡电动调节阀。

(3)空调水系统补水均采用软化水,空调水系统采用落地式定压罐补水、排气、定压。

(4)空调冷冻供回水管、空调热水供回水管、冷却供回水管、膨胀管、给水管、排水管、排气管、地板采暖干管等全部采用碳素钢管。空调供回水管、凝结水管、地板采暖干管采用难燃 B1 级橡塑材料保温。

4. 空调风系统

(1)售票厅、候车厅、旅客服务等高大空间采用全空气系统,采用节能的分层空调方式,喷口侧送风,顶部集中回风,高架进站口门斗顶下方设鼓形喷口侧送。新风采用全热新风换气机系统,新风补给量由室内 CO_2 浓度探测器控制新风阀的开启大小确定。

(2)变频多联机系统采用适用于寒冷地区的强力制热多联机组,并根据房间功能和使用时间的不同,划分为不同的系统。变频多联室外机分别设在南北站房 15 m 标高处的阳台上,各机组的进风阳台上的百叶引入,排风通过导风筒排至室外。新风采用全热新风换气机系统。

(3)候车区空调系统的送风管上装设纳米光子空气净化装置。

(4)空调风管采用镀锌钢板制作,均采用难燃 B1 级橡塑材料保温。

5. 采暖系统

(1)一层楼进站广厅及基本站台候车厅、二层高架候车厅、售票厅及一层的旅客服务等高大空间和贵宾候车室采用地板辐射采暖系统,辐射采暖供回水温度为 50 ℃/40 ℃。各环路选用热压黄铜分水器。

(2)地下室消防水泵间结合空调系统设置散热器系统采暖。

(3)售票厅、候车厅、旅客服务等高大空间均可以辅助空调供暖,铁路专用"四电用房"、客运总控室、贵宾候车室、售票室、办公室及相关配套用房等采用多联机系统采暖。

6. 通风及防排烟系统

(1)依据《建筑设计防火规范》(GB 50016—2006)、《铁路工程设计防火规范》(TB 10063—2007)进行消防设计。

(2)售票厅、候车厅、旅客服务等房间由设在上部的电控远程可开启外窗自然排烟,上部外窗可通过消防控制室远程开启,可开启外窗面积不小于房间面积的 3%。

(3)地上超过 300 m^2 的房间和有外窗的走道均采用自然排烟,可开启外窗面积不小于房间面积的 2%。不能自然排烟的内走道及售票室设机械排烟系统,排烟量按 60 $m^3/m^2 \cdot h$ 设计,排烟风机采用高温离心风机箱。

(4)风管在穿越变形缝处两侧均加装防火阀,风管在穿越防火分区或重要房间时均装有防火调节阀。

(5)排烟风管采用镀锌钢板制作,吊顶内的排烟风管均采用厚度 25 mm 容重为 64 kg/m^3 的带防火铝箔离心玻璃棉管壳保温隔热。

(6)各防烟分区内均装有烟感器,当有火灾发生时,由烟感向消防控制中心报告火灾发生区域,由消防控制中心控制相关防烟分区的排烟风机、相应的送风机及排烟口(阀)投入运行,排烟口设有手动和自动开启装置。

(7)站房内公共厕所、吸烟室设机械排风系统,排风量按每小时 12 次换气次数设计。

(8)配电房、冷冻站、水泵房等房间设机械通风系统,风机采用温控风机,可以根据设定的温度控制风机的启停。配电房的排风量按每小时 12 次换气次数设计,冷冻站、水泵房的排风量按每小时 6 次换气次数设计。进风量按排风量的 80%设计。

(9)设有气体灭火的房间设有事故排风系统,气体灭火后进行排风,排风量按不小于每小时 6 次换气次数设计,排风口设置在房间下部。

第十章　给排水设计

第一节　设计原则与标准

一、给水站分布

津秦高速铁路共设 4 个给水站，分别为：滨海站、唐山站、北戴河站、秦皇岛站，滨海站为新建给水站，其余 3 个站均为既有给水站。

天津枢纽改建站：张贵庄站，为既有给水站。

秦山地区相关工程 2 个给水站，分别为柳村北站、山海关站，均为既有给水站。

二、生活供水站数量

新建 3 个生活供水站、点，分别为：滨海北站、军粮城北站、滦河站。

既有生活供水站 1 个：杨家口站。

京哈转津秦新建 1 个生活供水点：老庄子线路所。

秦山地区 1 个既有生活供水站和新建 1 个生活供水点：既有义卜寨站改建，新建秦东上联线路所。

三、主要技术标准

生活饮用水执行如下标准：

《生活饮用水卫生标准》(GB 57489—2006)；

《铁路给水排水设计规范》(TB 10010—2008)；

《室外给水设计规范》(GB 50013—2006)；

《室外排水设计规范》(GB 50014—2006)；

《建筑给水排水设计规范》(GB 50015—2003)；

《给水排水制图标准》(GB/T 50106—2001)；

《铁路工程设计防火规范》(TB 10063—2007)；

《建筑设计防火规范》(GB 50016—2006)；

《高速铁路设计规范(试行)》(TB 10621—2009)；

《铁路旅客车站消防给水标准补充规定》(铁建设函〔2006〕517 号)以及铁建设〔2009〕62 号。

四、旅客列车卸污点分布及卸污方式

该线旅客列车卸污与列车日整同时进行，设在天津运用所(由京沪高速统一考虑)。滨海站、唐山站、秦皇岛站设有存车线，每处设置 2 辆移动式卸污车作为备用。

五、水源性质概述

既有站中唐山站、北戴河站、杨家口站、义卜寨站为自建水源，张贵庄站、秦皇岛站、柳村北站为接城市自来水。设计中充分利用既有水源，能力不足的予以补强。唐山站增设加压泵站1座；杨家口站增建水源井1座；秦皇岛站新增接管点1处，引入既有水池；其他站维持现状。

滨海站接城市自来水，经加压后供给；滨海北站接城市自来水，采用无负压供水方式。军粮城北站接城市自来水直供；老庄子线路所、滦河站自建水源，采用管井开采地下水；秦东上联线路所采用自来水直供。

六、水处理和主要给水设施概述

1. 水处理

秦皇岛和北戴河站无消毒设施，设计增设消毒设备，其余既有站充分利用既有消毒设施。

采用自来水直供和无负压供水的车站不设消毒设施，二次加压的车站设二氧化氯发生器消毒，采用自建水源变频供水的车站采用紫外线消毒设施。滨海站、滨海北站、秦东上联线路所不设消毒设施；滨海站、唐山站设次氯酸钠发生器消毒设施；丰润东线路所、大杨庄线路所、滦河站、杨家口站新增管井采用紫外线消毒设施。

2. 主要给水设施

既有站充分利用既有贮配水构筑物。新建站中采用城市自来水进行二次加压的车站（滨海站、唐山站）采用矩形钢筋混凝土水池作为贮水构筑物；自来水直供或无负压供水的车站不设贮配水构筑物；自建水源的车站按井用变频泵气压供水设备设计。

七、污水处理设施及排除方案概述

生活粪便污水采用化粪池，锅炉排污采用降温井，少量含油污水采用隔油池处理。

站区附近有城市下水道的车站，生活污水直接排入城市排水系统；附近无城市下水道时，根据水质及排放标准新建污水处理设施，经处理达标后就近排放至站区附近沟渠、河流，并预留排入规划的市政排水系统的接口。全线污水处理工艺及设备选型按统一技术要求设置。

既有唐山站、北戴河站、秦皇岛站、柳村北站新增污水主要为生活污水，粪便污水经化粪池处理后与其他生活污水汇集排入城市排水系统。张贵庄站维持既有排水方式不变。杨家口站、义卜寨站还建工务工厂污水量为5 m^3/d，集中排入土地慢速过滤沟。

军粮城北站、滨海站、滨海北站排入市政污水管道。

老庄子线路所污水量较少，采用化粪池存放、定期外运。新建秦东上联线路所少量生活污水采用化粪池处理后渗滤。

八、消防方式选择

既有站（唐山站、北戴河站、秦皇岛站）的消防采用生活、生产与消防共系统的消防方式，按高速场和普速场分标准设计，高速场基本站台设置消火栓，间距不大于100 m，其他站台的两端各设置一座消火栓，消防用水量为15 L/s；普速场没有改造的，按新规定进行完善，新建站台两端各设置一座消火栓。

滨海站采用消防与生活生产用水共用的系统，设置消防泵房1座（与给水所合建）。站台消防满足水枪充实水柱不小于 10 m，在基本站台设置消火栓，间距不大于 100 m，消防流量为 15 L/s；兼夜间存车的到发线站台设置消火栓，间距不大于 100 m，消防流量为 20 L/s；其他站台的两端各设置一座消火栓，消防流量为 10 L/s。消防流量大于 15 L/s 时，管网成环状布置。存车场采用消防与生活生产用水共用的系统。

军粮城北站、滨海北站、滦河站站区消防采用临时高压消防系统与站房室内消防共系统，室外消防从站房预留的消防管道接管。基本站台消火栓间距不大于 100 m，其他站台 2 端设消防栓。

杨家口站没有消防系统，按《铁路工程设计防火规范》(TB 10063—2007)完善消防设计，在基本站台 2 端各设置 1 座消火栓。

义卜寨站维持现状，还建的工务检修车间设 150 m^3 矩形消防水池，设手台式消防泵 3 台。

九、自动控制标准

新建的中间站以及既有站新设的给排水设备均设有给排水集中控制系统。

1. 设计原则

(1)给排水集中控制系统的设计，应按铁路给排水设计规范要求，对用水量、用电量等重要参数进行计量统计，对水泵机组运行实施实时监控，以达到节电、节水并提高水泵机组运行效率、降低水泵运行能耗的目的。

(2)给排水集中控制系统的结构设计，应本着控制必需、简洁可靠、维护简便、投资节省的原则，以标准的电话网络或互联网作为自控系统所有数据和控制命令的传输通道，以标准化的、具备上网功能的液位/压力采集终端、泵阀远控箱、累计电量采集器、远传流量计等作为控制系统的智能化节点，构成一个各车站给排水设备既能分散独立控制运行、又便于远程集成所有系统设备的高效简洁自控网。

(3)在给排水机械设备间、综合维修车间给排水设备监控室等处设置计算机，通过网络对网上设备实施远程访问和控制。根据运输生产管理需要，生成各类参数统计报表，实现用电量、用水量远程抄读管理等要求。

(4)系统中涉及的各站消毒、加药等设备，应具备现场闭环控制功能，满足各自工艺要求，并预留与网线或电话线远程通信的接口。

2. 系统结构说明

津秦高速铁路给排水集中控制系统由标准化的功能终端设备和标准化的网络传输通道组成。

(1)标准化功能终端

给排水集中控制系统共涉及四类标准化功能终端，即水泵和阀控制功能终端(泵阀远控箱)、水计量功能终端(远传流量计)、模拟量采集功能终端(液位/压力采集终端)和电计量功能终端(累计电量采集器)，系统中以泵阀远控箱、远传流量计、液位/压力采集终端、累计电量采集器四类终端分别实现以上四项功能，对自控系统所涉及的液位、压力、流量、电量、水泵阀门开停关闭状态等模拟和数字量进行采集、传输和控制。

这四类终端均为标准化配置，各站间同类功能终端硬件可以相互替换，参数可以独立灵活设置。

(2)标准化网络通道

系统采用标准化的电话网和互联网作为自控系统信息和控制命令的传输通道。通过标准化的电话线插座和网络端口，即可将任一标准化功能终端挂到网上，将全线各站给排水自控设备连接成网络。通过该网络通道，可以对各个站的水泵和阀门进行远程控制，对各个站的用电量、用水量实施远程抄读，对具备标准化网络接口的消毒、加药设备等实施远程访问，经授权可以在任何具备电话端口或网络接口的地点实现给排水工艺的日常管理，自动实现用水量、用电量等数据的自动记录和保存，实现设备和终端的台账管理、月报表的打印等。

津秦线自控系统具体实施方案为：在天津供电段设立给排水调度室，对全线各站新建的给排水设备终端进行远程控制和管理。在各站配备相应标准化终端，进行给排水自动控制，同时在各站也配备计算机、打印机等(采用自来水直供的车站不配备计算机)，对该站的各个给排水设备和控制终端进行监控。

3. 各站自控要求

(1)基本功能包括：对用水量、污水量进行计量并上传；管道水压、水池水位具有远传功能；能够监控水泵运行状态，并能根据相关的数据自动启停水泵，设置泵阀控制箱；用电量计量并上传。

(2)给水加压泵站控制要求如下：

采集水泵运行信息、压力、水池水位、流量、电流、电压及管网的水压等。

系统提供给水所泵房电泵的五重保护，过电压保护、过流保护、缺相保护、三相不平衡保护、空抽保护。

对给水系统设备的异常情况应实现自动报警及自动处理，当子系统中各设备电参数、构筑物及管网的工艺参数异常时，监控设备应自动进行报警，并根据要求进行自动处理。

系统软件应实现站区给排水系统运行情况的自动记录、历史信息查询、计量等功能。

所有的水泵均具备现场就地启泵和停泵功能，同时控制中心也能发出信号进行启泵和停泵。

(3)设加压泵站的车站，监控设备设在给水控制室或值班室内(可根据运营部门的需求调整摆放位置)，对应的房间内设网络接口和电话接口。

(4)设客车上水的车站在站房内设集中控制，并将相关数据上传至该站的给水加压泵站(秦皇岛站除外)。

第二节　技术方案与主要工程内容

一、给水站技术方案

1. 滨海站

(1)给水工程

设计年度用水量近期为 850 m^3/d，消防用水量为 360 m^3/d。

水源：从站区内第九大街接管，接管管径为 DN200。站区设加压泵站 1 处，采用变频加压后供给站区和存车场用水。

水源采用城市自来水，站区接管点 1 处，管径为 DN200，生产、生活共用的给水系统，消防满足水枪充实水柱为 10 m，管网呈环状布置，站房内设客车上水加压泵站 1 座。消防采用独立的消防系统，在站房内设消防水池 1 座。存车场接管点 1 处，管径为 DN200，采用生活生产消防共用的系统，存车场设加压泵站 1 处。

(2)排水工程

设计年度污水量近期为 148 m^3/d，粪便污水采用化粪池处理后就近排入市政污水系统。

(3)消防工程

消防采用独立消防方式，站房内设消防水池 1 座，并配备消防水泵。站台消防满足水枪充实水柱不小于 10 m，在基本站台设置消火栓，间距不大于 100 m，消防流量为 15 L/s；兼夜间存车的到发线站台设置消火栓，间距不大于 100 m，消防流量为 20 L/s，其他站台的两端各设置一座消火栓，消防流量为 10 L/s。消防流量大于 15 L/s 时，管网成环状布置；建筑消防执行《建筑设计防火规范》。车站各站台设置消防器材架、水龙带及水枪。

(4)集中控制

给水设集中控制系统 1 套。

2. 唐山站

(1)给水工程

新增用水量为 149 m^3/d，其中客车上水 45 m^3/d，既有用水量 4 600 m^3/d，其中客车上水 67 m^3/d。设计年度近期昼夜用水量为 4 749 m^3/d。

水源充分利用既有水源，既有水源为管井 4 座，水源能力不足，增设自来水接管点 1 处。既有 200 m^3×32 m 钢筋混凝土倒锥壳水塔 1 座，继续利用。高速车场到发线间新建 2 排客车上水栓(单栓)，普速车场新建 5 排客车上水栓；普速存车场和高速存车场各设置 1 排客车上水单栓，采用只带回转功能的标准型客车栓。保养点设 3 座普通客车上水栓供给打磨车及宿营车上水。

(2)排水工程

新增排水除保养点有少量含油污水外，其余均为生活污水，污水量为 26 m^3/d，既有污水量为 3 600 m^3/d，设计年度近期污水量为 3 626 m^3/d。

全站有较完整的排水系统，排水管网畅通，污水自流排入市政排水系统，使用良好，不影响该工程的部分继续使用。新增污水主要为生活污水，根据排水条件，采用集中与分散排放的原则，距离市政管网和既有排水管网较近易收集的污水，粪便污水经化粪池处理，就近排入既有排水系统，最终排入市政排水系统。保养点少量含油污水采用隔油池处理，与生活污水(粪便污水经化粪池处理)汇合，排入规划路下的市政管道内。

(3)卸污方式及污物的排放

高速存车线场原则不进行卸污作业，列车回原段、所卸污，设移动式卸污车作为应急备用，每辆车污物箱容积暂按 500 L 计，充满度为 0.85，每列车(按 16 辆计)的污物量为 6.8 m^3，故设 5 m^3移动式卸污车 2 辆，卸完后污物运到当地环保部门指定的地点。

(4)集中控制

给水集中控制：设置客车上水集中控制系统 1 套，预留既有井群控制纳入该系统的接口条件。

(5)消防工程

该站采用消防与生产生活共用的给水系统，站台消防满足水枪充实水柱不小于 10 m，站台消防流量为 15 L/s。按高速场和普速场分标准设计，高速场基本站台设置消火栓，间距不大于 100 m，其他站台的两端各设置一座消火栓，各站台上配备消防器材架、水龙带及水枪。

高速、普速存车场每两股道间设置消火栓，间距为 50 m，消防流量为 201 L/s。建筑消防执行《建筑设计防火规范》。

3. 北戴河站

(1)给水工程

新增用水量为 95 m^3/d，既有用水量 890 m^3/d，设计年度昼夜用水量为 985 m^3/d。

既有水源为自建水源，共有管井 5 座，设 150 m^3×24 m 钢筋混凝土倒锥保温水塔 1 座，运营状况良好，继续使用。新增的用水点就近接管。

(2)排水工程

新增排水均为生活污水，污水量为 31 m^3/d，既有污水量 150 m^3/d，设计年度污水量为 181 m^3/d。

车站站房一侧已形成完善的雨水、污水管道系统，既有系统维持不变。设计新增房屋和还建房屋的污水就近排入站前广场的市政污水管道内。

(3)集中控制

设井群集中控制系统 1 套。

(4)消防工程

该站采用消防与生产生活共用的给水系统，站台消防满足水枪充实水柱不小于 10 m，消防流量 10 L/s。该工程未涉及既有普速站台的改造，消防方式维持既有不变。新建高速基本站台消火栓间距不超过 100 m，其他站台两端各设消火栓 1 座，在各站台上配备口径 65 mm，长度 25 m 的消防水龙带 4 条，口径 19 mm 的直流水枪 2 支，消防设备箱 1 套。

4. 秦皇岛站

(1)给水工程

新增用水量 396 m^3/d，既有用水量 2 400 m^3/d，设计年度近期用水量 2 796 m^3/d，消防用水量 450 m^3/d。

水源：秦皇岛站既有水源为秦皇岛市自来水，既有接管点共计 2 处，其中 1 处为站前广场附近，1 处为铁新里居民区。根据初步设计审查意见：在站前广场增加 1 路接管点，接管点管径为 DN200，直接引入加压泵站的清水池内。普速存车场距离站区较远，就近接市政自来水，接管点管径为 DN150。

给水处理：新增 200g/h 化学法二氧化氯消毒设备 2 台。

输配水管网：由于站内拆改，股道间的给排水管道和客车上水均按新建设计。配水主管道呈环状布置，局部采用枝状，管材采用 PE 管，新增房屋就近接管。

客车上水设施的布置：客车上水设施设在到发线间，采用在股道间作业的方式，共设 6 排客车上水栓，采用带自动回转功能、自动回水、防冻、智能化集控系统的客车上水单栓。股道 XV 与 14、13 与 12、11 与 X、X 与 9、8 与 7、2 与 1 间设客车上水栓井，其中 2 与 1 间为 17 座，其余每排 21 座。

每排客车栓的两端设置阀门井，井内设 2 个软密封法兰闸阀、远传脉冲水表(具有数据上传功能)，每排客车栓设股道管理机采集每列车的上水量数据和显示每个客车栓的工作状态，输送到电脑中，以备核查和进行成本核算。

(2)污水工程

新增排水均为生活污水，污水量为 80 m^3/d，既有污水量 1 000 m^3/d，设计年度近期污水量为 1 080 m^3/d。

既有排水系统维持现状不变，该站南侧新增污水主要为生活污水，粪便污水经化粪池处理后与其他生活污水汇集就近排入市政污水系统。北侧还建秦北养路工区的污水采用化粪池处理后存放，普速信号楼污水采用化粪池、厌氧生物滤罐处理后就近排入站场排水沟。

(3)卸污方式及污物的排放

高速存车线原则不进行卸污作业，设 2 辆 5 m^3 移动式卸污车作为应急使用，卸完后污物运到当地环保部门指定的地点。

(4)集中控制

设客车上水集中控制系统 1 套。

(5)消防工程

该站采用消防与生产生活共用的给水系统，站台消防满足水枪充实水柱不小于 10 m，消防流量 10 L/s。基本站台每隔 100 m 设置消火栓 1 座，其他各站台两端各设消火栓 1 座，在各基本站台上配备口径 65 mm，长度 25 m 的消防水带 6 条，口径 19 mm 的直流水枪 3 支。存车场每 2 股道设置消火栓，间距为 50 m，消防流量 20 L/s，存车场每条消防线端部设长度 25 m 的消防水带 4 条，口径 19 mm 的直流水枪 2 支。

5. 张贵庄站

(1)给水工程

张贵庄站为既有工业站，既有用水量为 120 m^3/d，对占压既有房屋进行还建，不新增用水量，设计年度日用水量仍为 120 m^3/d。

既有水源采用自来水，该设计仍采用自来水，还建的房屋就近接管。

(2)污水工程

既有污水量约为 96 m^3/d，均为生活污水，该设计不新增污水量。

还建的房屋粪便污水经化粪池处理，就近排入站区的既有排水系统。

6. 柳村北站

该站为大秦线上的货运站，新增信号楼 1 处，无新增定员。

(1)给水工程

既有用水量 500 m^3/d，无新增用水量，设计年度昼夜用水量为 500 m^3/d。

既有水源采用自来水，该站设计仍采用自来水，新建房屋用水就近接管。

(2)污水工程

既有污水量 400 m^3/d，无新增污水量，设计年度污水量为 400 m^3/d。

新增房屋的污水就近排入市政污水系统内。

二、生活供水站、点技术方案

正线新建 3 个生活供水站、点，分别为：军粮城北站、滨海北站、滦河站。

唐山地区既有生活供水站 1 个：杨家口站，由于津秦高速铁路正线引入，工务段材料场和供电加强领工区通路被切断，在杨家口站进行还建。

京哈转津秦新建 1 个生活供水点：老庄子线路所。

秦山地区 1 个既有生活供水站和新建 1 个生活供水点：义卜寨站，新建秦东上联线路所。秦皇岛站由于津秦高速铁路的引入，引起工务检修车间拆迁，在义卜寨站废弃的货场还建秦皇岛工务检修车间，义卜寨站按生活供水站设计。

1. 水源类型选择

滨海北站从站前广场接引泰达水务的自来水，采用箱式无负压供水设备加压后供给。接管点管径为 DN100。

新建老庄子线路所、滦河站、杨家口站还建工区自建水源，采用管井开采地下水，井壁管采用钢管，老庄子线路所规格为 DN200 mm×65 m，杨家口站、滦河站规格为 DN300 mm×80 m。

义卜寨站既有水源为自建水源，继续利用。

新建军粮城北站、秦东上联线路所采用自来水直供。

2. 贮配水构筑物

自建水源的车站（老庄子线路所、滦河站）采用井用变频泵气压供水设备。滨海北站采用 8 m^3不锈钢水箱作为贮水设备。

杨家口站既有贮配水构筑物为 50 m^3×20 m 钢筋混凝土倒锥壳水塔 1 座，义卜寨站既有贮配水构筑物为 15 m^3×12 m，继续利用。

3. 给水处理

自建水源的车站（老庄子站、杨家口站、滦河站）采用紫外线消毒设备；滨海北站采用无负压供水设备，不设消毒设备；既有站维持现状。

4. 输配水管道

管材：给水管道采用 PE100 管，压力为 1.0 MPa，采用热熔或电熔焊接；穿越公路设防护钢管，穿越高速正线时，采用防护涵洞。

管道基础选择 PE 管采用 200 mm 厚的砂垫层。

附属构筑物给水管道在最低点设排泥井，在最高点设排气井；在管道转弯、交汇处或每隔 500 m 设水道标。

阀门井均采用钢筋混凝土矩形阀门井。

水表井采用不带旁通的，水表井土建按国家标准图集进行施工，新建滨海北站、滦河站水表采用远传脉冲水表并具有上传功能，其他站、点采用脉冲水表不带远传功能。

5. 污水处理和污水排除

滨海北站污水采用化粪池处理后，设污水泵站提升后排入市政污水管道。在总出水压力管道上设超声波流量计进行污水量计量。

滦河站污水量 21 m^3/d，均为生活污水，其中站区污水量为 10 m^3/d。根据滦县规划局的意见，污水处理后达到《污水综合排放标准》(GB 8978—1996)一级标准，贮存或用于绿化；待市政配套具备排入条件时，再排入市政污水管道。处理工艺采用沉淀＋两段式生物混合床，其工艺流程如下：全站生活污水→格栅→污水提升泵井→预处理池→两段式生物混合床→达标排放。在污水排入贮存池前设污水流量计进行污水量计量。

杨家口站、义卜寨站还建工务工厂污水量 5 m^3/d，集中排入土地慢速过滤沟，经处理达到《污水综合排放标准》(GB 8978—1996)中规定的一级标准后排放。

老庄子线路所污水量较少，采用化粪池贮存，定期外运。新建秦东上联线路所少量生活污水采用化粪池处理后渗滤。

6. 消防工程

滨海北站、滦河站站区消防采用临时高压消防系统，与站房室内消防共系统，消防水池和消防水泵的配置详见站房设计单位，室外消防从站房预留的消防管道接管。基本站台消火栓间距不大于 100 m，其他站台 2 端设消防栓。消防设备每个站台配置 4 条水龙带，2 支水枪，

1 个不锈钢消防器材架。

军粮城北站采用临时高压消防系统，与站房室内消防共系统，室外设 300 m^3 消防水池 1 台座，内配 2 台潜水消防泵，1 用 1 备。

杨家口站没有消防系统，此次按《铁路工程设计防火规范》(TB 10063—2007)完善消防设计，在基本站台 2 端各设置 1 座消火栓。给水干管管径由 DN75 调整为 DN125。

义卜寨站区维持现状，还建的工务检修车间设 150 m^3 矩形消防水池，设手台式消防泵 3 台。

7. 自动控制

滨海北站在加压泵站内设给排水集中控制系统 1 套，滦河站在给水所内设给排水集中控制系统 1 套。军粮城北站设集控控制系统 1 套。

三、警务工区技术方案

全线设 11 座警务工区，均为生活供水点。

1. 水源

各生活供水点用水量约 2 m^3/d。附近有自来水的，优先采用自来水供给；没有自来水或自来水距离用水点比较远的，自建水源，在津秦铁路最外侧线位 200 m 以外建水源井；距离站区较近的采用车站水源。现场调查有自建水源 3 处，7 处接自来水二次加压供给，1 处接自来水直接供给。

2. 给水处理及贮配水构筑物

自建水源的生活供水点：根据现场调查和各阶段的水质分析，自建水源的生活供水点采用分质供水，做饭及饮用采用紫外线消毒和净水器处理后供给用户，淋浴和卫生间用水采用紫外线消毒后供给；水源井采用地下室安装方式，采用变频气压供水方式，设 0.2 m^3 的气压罐，位于地下室内。

采用自来水直接供给的供水点 1 处，不设贮配水构筑物。

采用自来水供给的生活供水点 7 处(非自来水直供)，自来水为附近村庄的水源，定点供水，室外设地埋式一体化气压供水设备(包括 2 m^3 不锈钢水箱、气压罐和变频离心泵)，采用紫外线消毒后供给用户。

3. 污水处理及排放方案

每个生活供水点污水量约为 1 m^3/d，水质均为生活污水。

生活供水点附近有市政污水系统的，优先排入市政排水系统，共有 1 处生活供水点附近有市政排水管道，生活粪便污水采用化粪池处理后就近排入市政污水管道；没有市政污水管道，附近有沟渠的，采用 2 m^3 化粪池、厌氧生物处理后，就近排入附近的沟渠，共有 4 处；附近既没有市政污水管道，又没有沟渠的，采用 20 m^3 化粪池处理后存放，定期清掏外运，共 6 处；全线配 1 辆移动吸粪车。

四、主要工程

既有给水站 5 个：唐山站、北戴河站、秦皇岛站、柳村北站、山海关站；新建给水站：1 个，滨海站；新建生活供水站 3 个：滨海北站、军粮城北站、滦河站；既有生活供水站 2 个：杨家口站、义卜寨站；新建生活供水点 13 个；新建加压泵站 4 座，铺设给水管道总长达 52 km；新建污水处理站 1 座，铺设污水管道总长达 32 km。

第十一章　通 信 设 计

第一节　技 术 方 案

一、传输及接入系统

津秦高速铁路工程传输系统采用骨干及本地中继层、接入层两层网络结构。骨干汇聚层采用 STM-64 ADM 设备组建多业务传输平台(MSTP),接入层采用 STM-4 ADM 设备组建多业务传输平台(MSTP)。

1. 骨干及本地中继层

新设基于 MSTP 的 SDH 10 Gb/s 骨干传输系统,设置在天津站、军粮城北站、滨海站、滨海北站、唐山站、滦河站、北戴河站、秦皇岛站、秦皇岛通信站,北京调度所。沿线各站节点利用敷设于铁路两侧的不同物理径路的 2 条 32 芯光缆中的各两芯光纤,构成线路 1+1 保护系统。

2. 接入层

新设基于 MSTP 的 SDH 622 Mb/s 多业务接入层传输系统,为提高 GSM-R 系统可靠性,GSM-R 区间点传输及接入系统按照间隔接入不同的保护环考虑,利用新设干线光缆的各 4 芯光缆构成 2 个 SDH 622 Mb/s 二纤通道保护环。沿线车站、区间基站、信号中继站、牵引变电所、开闭所、分区所等信息接入点设 SDH622 Mb/s ADM 设备。

为实现各车站站房、10 kV 变配电所、综合维修保养点等处的 2 M、10 M/100 M 通道需求,在以上地点设置 SDH 622 Mb/s ADM 设备,分别与各站信号楼构成站内通道保护环。

3. 传输系统网管设置

北京调度所新设传输系统网元级网络管理系统各 1 套,对 SDH 10 Gb/s 和 SDH 622 Mb/s 进行管理,同址设置网管终端,并在天津站、唐山站、秦皇岛站通信站设复示终端。

传输系统网元级网络管理系统,按照与通信综合网管系统之间所定义的规范和接口,预留接入通信综合网管系统的接口,传输系统示意图见图 3-11-1。

车间设置复示终端。

二、电话交换及接入网系统

1. 电话交换系统

该工程不新设程控交换设备,天津至唐山(不含)段利用天津本地交换机,唐山(含)至滦河(含)段利用唐山本地交换机,滦河(不含)至秦皇岛(含)段利用秦皇岛本地交换机,对既有交换机中继端口、V5 处理板进行扩容,与该工程新设的接入网系统互联。

2. 接入网

在天津站、唐山站、秦皇岛通信站各新设一套 OLT 设备。在沿线各车站站房、动车所、线

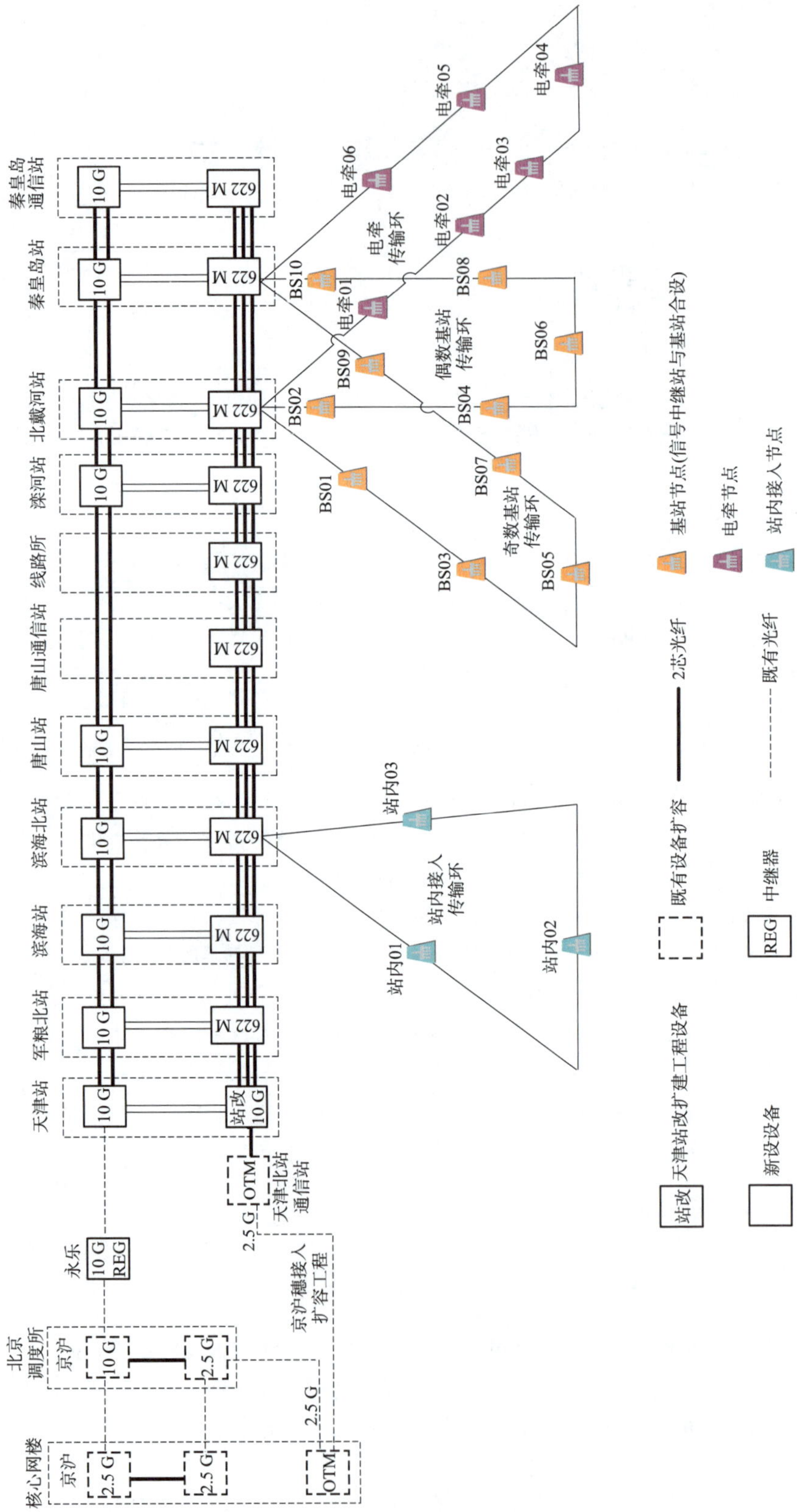

图 3-11-1 传输系统示意图

路所、信号中继站、综合维修保养点、牵引变电所、分区所、AT 所、电力配电所、信号楼设置 ONU 设备，根据管辖范围分别接入相应的 OLT 设备，构成该线的接入网系统。

在北京调度所设置 1 套接入网网管系统（含网管终端），完成标准管理信息的交换及安全管理、配置管理、故障管理和性能管理，配置 112 测试功能，并提供与通信综合网管的接口。在天津站、秦皇岛通信站、唐山通信站各新设 1 套网元远程复示终端，实现按权限对全线新设接入网设备的监控和管理。

三、数据通信网

1. 核心节点

扩容京沪工程北京调度所的 2 台核心层路由器（每台路由器扩 4 个 POS 155M，其中 1 台扩 1 个 GE 用于网管）。

2. 汇聚层

在天津站和秦皇岛站分别新设 2 台汇聚路由器，实现各数据接入点的数据流量高速汇聚与转发。2 台汇聚路由器通过一个 GE 光口进行直联，每台汇聚路由器以 2×155 Mb/s(POS) 上联至归属的核心路由器，通道由骨干（汇聚层）传输系统提供。

3. 接入层

接入节点在天津站、军粮城北站、滨海站、滨海北站、唐山站、滦河站、北戴河站、秦皇岛站共 8 处分别配置 1 台接入层路由器及三层交换机，负责数据的接入、交换。

接入节点与汇聚节点之间、接入节点之间通过 MSTP 系统提供的 155 Mb/s 通道互连构成环形连接。以太网交换机与接入路由器通过 GE 接口互联，实现业务的高速上传。同时，未设置数据网设备的节点，数据业务利用 MSTP 的专线透传与汇聚功能，实现其数据业务的接入。

在北京调度所设置 1 套数据网管理系统。

四、专用移动通信系统

利用北京核心网机房设置的 MSC、GPRS、智能网等子系统，在铁路沿线根据车站分布和场强覆盖的需要设置基站设备(BTS)。在北京调度所设置 1 套 BSC，负责管辖津秦高速铁路正线的 BTS 设备以及京津城际引入泰达联络线二期工程的设备。BTS 通过有线传输系统提供的 2M 环通道接入 BSC，并与 BSC 同址设置分组控制单元(PCU)，在北京 MSC 所在地设置 1 套 TRAU 负责接入津秦高速铁路的 BSC。

津秦高速铁路基站系统正线采用单层交织覆盖方案，即奇数站组成一层网，偶数站组成另一层网，每一层网均满足场强覆盖要求。

正线基站位置的设置满足移动终端在高速(350 km/h)运行状态下的使用，相邻基站的站距及场强覆盖重叠区满足高速(350 km/h)移动终端越区切换的需要。

五、调度通信系统

利用北京调度所内京沪高速铁路设置的主备用调度所型调度主系统扩容，沿线车站设置车站型 FAS 设备。通过与 GSM-R 系统互联，实现有线无线调度一体化。

津秦高速铁路各站点构成 2 个数字环，在唐山站相切。每个数字环都将 2 个调度所型调度交换机串在2M数字环内。

主、备调度所型调度交换机分别通过30B+D接口与MSC互联，采用DSS1信令。

调度所型主、备调度交换机之间通过E1接口互连，采用内部信令。

保养点、牵引变电所、电力配电所的调度电话通信采用ONU用户延伸解决。

车站值班台均采用触摸屏式调度台，接入车站FAS设备，调度系统示意图见图3-11-2。

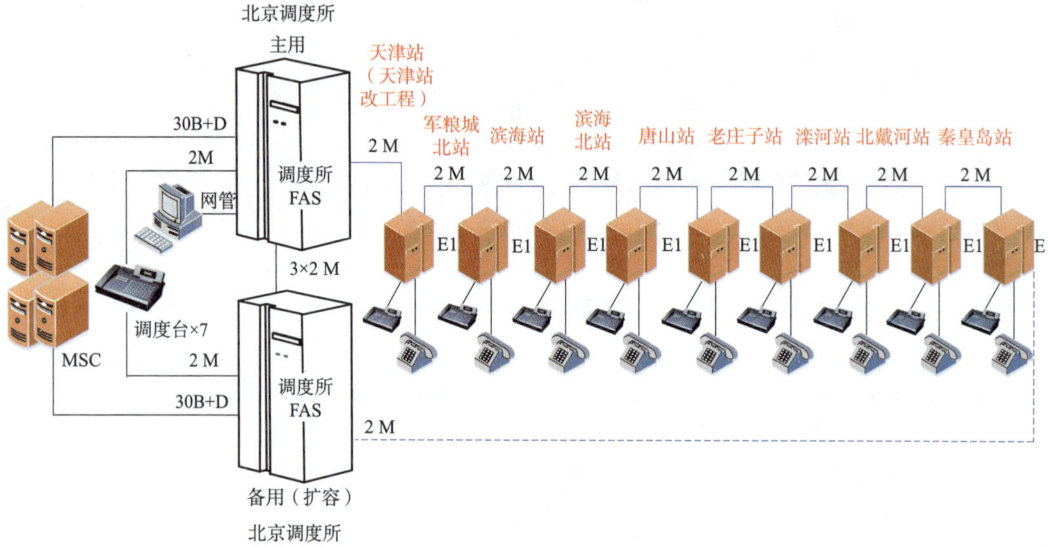

图3-11-2 调度系统示意图

六、会议电视系统

基于H.323架构建立该线会议电视平台，并由该线数据网进行承载，视频编码采用H.264压缩编码格式。

在北京调度所新设1套会议中心设备，配置网守(GK)、多点控制单元(MCU)、资源管理和网管设备，支持H.320和H.323协议，资源管理设备实现对MCU、电视会议和全网资源的统一调度，GK实现对IP终端入会时鉴权认证。

沿线各车站、保养点设置会议终端，接入北京MCU。

系统除满足系统内部会议功能外，加入全路会议电视系统，与铁路现有的H.320会议电视系统及应急视讯会议系统可以通过网关实现互通。

七、应急通信系统

应急救援指挥通信系统由事故抢险现场设备和应急中心设备构成。该线利用北京调度所工程设置的应急通信主系统。同时配置2套现场接入设备，为该线现场及相应的应急指挥中心提供话音、数据及图像等信息的采集传输手段。事故现场采集到的语音、数据、图像等业务信息通过有线或无线方式(两种方式互为备用)传送到区间接入点，再通过传输设备传送到应急指挥中心，建立应急指挥中心与事故现场间的应急通信网络。

应急设备考虑卫星等多种方式。

八、综合视频监控系统

新设综合视频监控系统，系统由视频区域节点、视频接入节点、视频采集点、视频网络和用户终端构成。

利用京沪高速铁路在北京建设的视频区域节点。

沿线车站新设Ⅱ类视频接入点。

通信、信号机房内设置视频采集点，无图像内容分析和夜视功能；区间通信、信号机房外设置视频采集点，具备图像内容分析和夜视功能。

牵引供电机房内设置视频采集点，无图像内容分析和夜视功能；机房外设置视频采集点，具备夜视功能，无图像内容分析功能。

公路跨铁路立交桥设置视频采集点，具备夜视功能，除安装防灾安全监控系统异物侵限监控装置的跨线桥外，其余采集点应按具备图像内容分析功能设计。

车站咽喉区设置视频采集点，按具备夜视功能，无图像内容分析功能设计。

桥梁救援疏散通道设置视频采集点，按具备图像内容分析和夜视功能设计。

铁路数字移动通信系统（GSM-R）基站铁塔设置视频采集点，按无图像内容分析和夜视功能设计。

路基地段治安复杂区利用邻近的GSM-R基站铁塔等视频采集设备进行视频监视。

公安（处、派出所、警务区）、车务（段、车间）、工务（段、车间）、信号（段、车间）、通信（段、车间、工区）、供电段设置视频监视终端。

综合视频监控系统与机房电源及环境监控系统、电力照明系统实现联动。

九、通信电源与防雷接地系统

1. 通信设备用电类型

一种是－48 V直流用电设备；一种是220 V/380 V交流用电设备。

电源系统采用－48 V高频开关电源设备和阀控式密封铅酸蓄电池组为各车站、信号中继站、区间无线基站、牵引变电所、分区所、AT所等信息接入节点的传输接入、GSM-R、调度系统等直流用电设备提供－48 V直流电源供电。采用不间断交流电源（UPS）系统和后备电池组为各车站、综合维修工区、区间基站、光纤直放远端站等节点设置的各种网管终端、会议电视设备、监控设备等交流用电设备提供交流电源供电。

高频开关电源整流模块采用$N+1$方式备份，区间后备时间满足3 h。车站及通信站满足后备时间1 h的要求。

不间断交流电源配置蓄电池组，后备时间与直流电源系统相同。

具体配置容量：

在秦皇岛站、天津站设－48 V/350 A高频开关电源设备各1套，400 Ah密封阀控蓄电池组各2组。在军粮城北站、滨海站、滨海北站、唐山站、滦河站、北戴河站设－48 V/180 A高频开关电源设备各1套，200 Ah密封阀控蓄电池组各2组。

区间基站设置直放站近端机时通信机械室设－48 V/120 A高频开关电源设备各1套，150 Ah密封阀控蓄电池组各2组，区间基站不设置直放站近端机时，通信机械室设－48 V/90 A高频开关电源设备各1套，150 Ah密封阀控蓄电池组各2组。

区间电牵节点及保养点，在通信机械室设－48 V/60 A 高频开关电源设备各 1 套，100 Ah 密封阀控蓄电池组各 1 组。

车站配置 20 kVA UPS 设备 1 套，区间基站、中继站、电气化所亭等区间接入点配置 1 台 2 kVA UPS 设备。

2. 防雷接地

通信机房内电源设备设置分级防雷对外供电源进行保护。

室外视频设备应在视频线路两端增加视频防雷器设备。

铁塔与天馈线系统设置防雷与接地系统设备。

十、电源及环境监控系统

新设通信电源及环境监控系统，实现对通信交、直流电源设备工作运行状况及通信、信号机房环境的监控。环境监控系统具备与综合视频监控系统、照明等系统联动功能。

在北京调度所新设电源及环境监控系统中心设备。

沿线各通信、信号机房设置监测分站 RTU 设备，对机房温度、湿度、烟雾、水浸、门磁等进行监测所需的传感器和协议转换设备以及对照明、通信开关电源、UPS 设备、蓄电池组、机房空调工况进行监测所需的采集模块和协议转换设备，从而实现对通信交、直流电源设备、通信、信号机房空调的工作运行状况、照明以及机房环境的监控。

十一、同步及时间分配系统

1. 时钟同步系统

该工程在北京调度所新设一套 BITS 设备，作为该工程的主用时钟源。利用秦皇岛通信站既有的 BITS 时钟同步系统作为该工程的备用时钟源，采用主从同步方式，为津秦高速铁路传输系统提供同步时钟信号。

传输系统的骨干层 SDH 设备从北京调度所的 BITS 设备引接所需的主用定时信号，从秦皇岛通信站 BITS 设备引接备用定时信号，接入层 SDH 设备分段从骨干传输层提取线路时钟信号。该工程在北京调度所新设 BITS 时钟设备作为主用时钟，秦皇岛通信站既有 BITS 时钟设备作为备用时钟。

2. 时间同步系统

该工程利用京沪高速铁路所设的时间分配单元扩容，通过 NTP 方式为通信系统各网管提供同步时间信号。

十二、综合网管

该工程不新设综合网管系统。

十三、综合布线系统

综合布线系统由工作区子系统、水平子系统、主干子系统、管理区子系统、设备间子系统等 5 个子系统构成。

数据系统主干采用光纤系统，可以满足 1 000 Mb/s 的数据网络传输；语音主干采用 3 类大对数电缆。

数据和语音系统水平线采用增强型 5 类布线产品。

十四、通信仪器仪表

为铁路维护部门配备通信仪器仪表，其配置应尊重运营部门并以运营维护需求为前提。

第二节　主要工程内容

一、通信线路工程

1. 长途光缆通信线路。沿铁路两侧通信信号电缆槽内各敷设 1 条 32 芯光缆，用以组成不同光缆物理径路的通信保护环。

干线光缆采用 T 接 8 芯光缆方式引入区间节点，引入时采用不同物理径路、不同沟槽防护。奇数基站使用 A 缆分歧方式引入，偶数基站采用 B 缆分歧方式引入，区间电气化所亭通信机械室采用 A 缆分歧方式引入。信号中继站、车站采用环引方式左右两侧干线光缆引入，左右缆原则上在机房引入坑（含引入坑）以外不能有交叠区域。

2. 站场光缆线路。根据工程实际需要采用 8 芯或 12 芯单模直埋充油光缆。

3. 各站通信管道工程。

二、新设通信各子系统工程

1. 天津东站、秦皇岛站、沿线各车站、区间各信号中继站、无线基站、牵引变电所、分区所、电力配电所等处通信各子系统（传输系统、电话交换及接入系统、数据通信系统、专用移动通信系统、数字调度通信系统、会议电视系统、应急通信系统、时钟及时间同步系统、通信电源、电源及环境监控系统、综合视频监控系统、通信防雷系统等）设备安装工程。

2. 10 000 m^2以下（不含）车站、段（所）保养点综合布线系统工程。

三、既有通信系统扩容及改造工程

1. 天津东站、秦皇岛站既有传输及接入、交换等设备与津秦线新设设备的互联，既有交换设备的扩容工程。

2. 北京铁路局既有会议电视系统与该线新设设备的互联，既有设备的扩容工程。

3. 该线接入北京调度所相关工程。

四、其他工程

GSM-R 系统接入北京核心网工程、GSM-R 系统的编号工作、GSM-R 系统的测试、调试、频率申请，网络优化、场强测试、电磁环境测试、清频等的配合工作。

第十二章　信号设计

第一节　设计原则

1. 信号系统设计应符合津秦高速铁路列车最高运营速度，并兼顾跨线动车共线运行的要求。列控子系统按超速防护系统（ATP）设计，正线区间不设地面通过信号机，列车运行以列控车载设备显示作为行车凭证，采用目标-距离连续速度曲线控制模式，关键设备冗余设置。

2. 运输调度指挥系统应充分考虑属地化管理的需求，以满足运输、方便运输为原则，充分利用既有调度所中心设备，统筹考虑，良好衔接。

3. 采用调度集中（CTC）系统，接入北京调度所 CTC 总机系统，具备临时限速命令编制及下达功能。

4. 列控系统应满足运行速度 300～350 km/h 并兼顾运行速度 200～250 km/h 动车组在该线双线双方向运行。正向追踪间隔应满足运输需求，反向按自动站间闭塞设计。

5. 列控车载设备应满足确定的不同速度等级列车控制的要求，并兼容相邻既有线列控制式，车载设备应采用模块化结构，适应所选系统地车信息传输方式，便于功能扩充与升级。

6. 正线车站及动车存车场联锁系统均采用硬件安全冗余型计算机联锁设备。既有接轨站结合具体情况原则上参照既有标准改造。

7. 信号集中监测系统由电务段、信号车间、信号工区三级构成。

8. 正线新建车站（场、线路所）、中继站配置智能电源屏及 UPS。道岔融雪系统采用专用动力变压器独立供电。

9. 动车组经由的列车进路上的道岔以及相关的防护道岔配置道岔融雪系统，按人工确认后启动的原则设计，有关信息传输至运营管理部门。

10. 信号地面设备应适应该线多数区段为无砟轨道的要求。

11. 信号系统应具有高安全性、可靠性、可用性、可扩展性及可维护性，满足故障-安全原则。

12. 信号系统应具有方便的接口拓展能力，易实现信息共享。

13. 信号系统应具有抗电磁、牵引电流干扰，防雷电干扰的能力，电磁辐射应符合国家标准及相关设备防护要求。

14. 关键设备采用硬件多重冗余结构，提高安全性和可靠性。设备设计符合铁路信号故障-安全原则，联锁及列控设备安全完整性等级应达到《轨道交通　可靠性、可用性、可维修性和安全性规范及示例》（GB 21562—2008）规定的安全等级 SIL4 级。

15. 信号列控、联锁等涉及行车安全的控制设备或关键部件须符合相关准入规定，并具备上道许可资质或 CRCC 认证。

第二节　技术方案

津秦高速铁路信号系统由四个子系统构成，分别为运输调度指挥子系统、列车运行控制子系统、车站联锁子系统、信号设备集中监测子系统。

各信号子系统以车站信号计算机局域网为基础，以数据通信网专用通道构成的计算机专用广域网为骨架，以调度所 CTC 中心局域网为龙头构成信息和资源广泛共享的信号系统。

信号系统结构示意图见图 3-12-1。

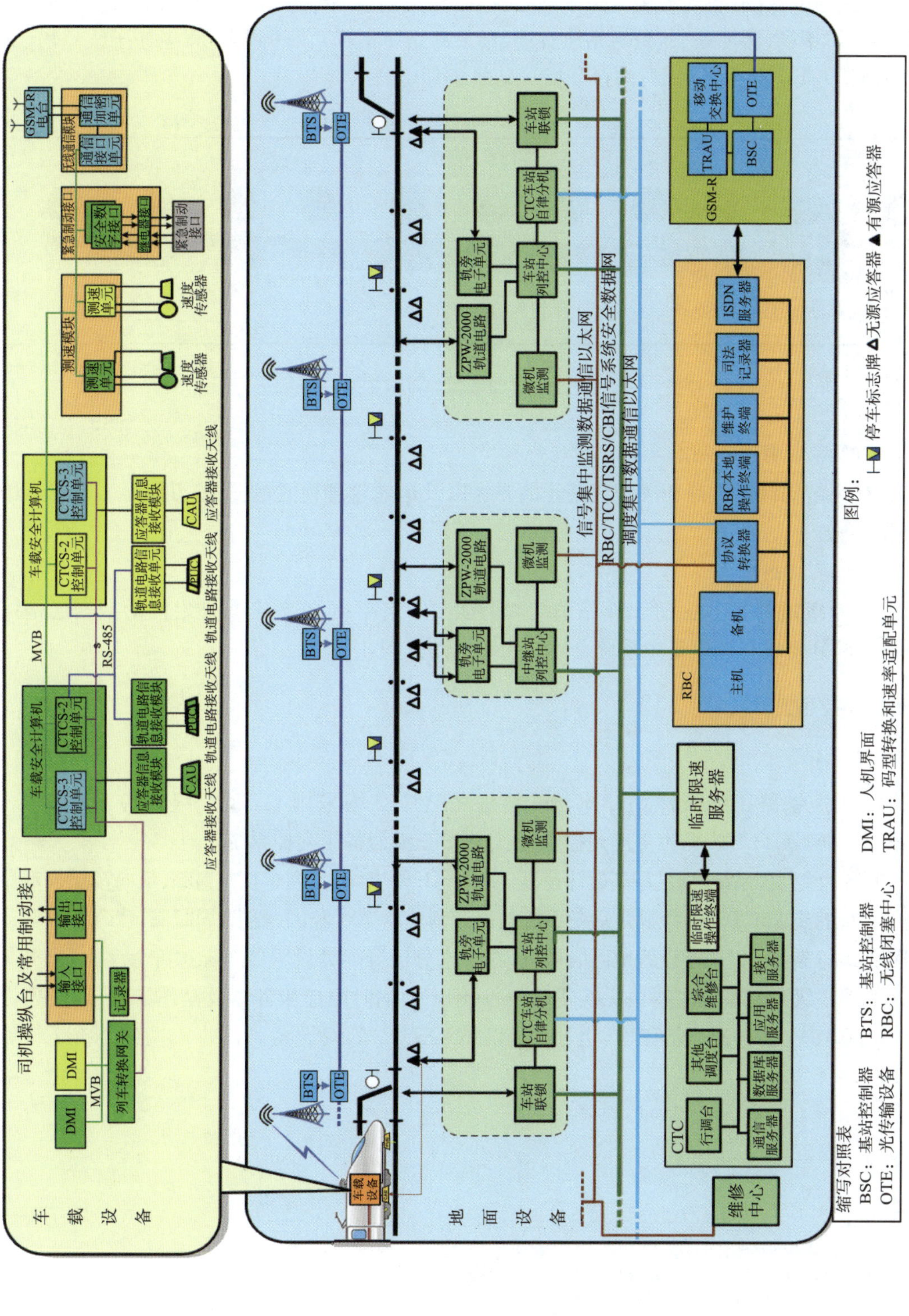

图 3-12-1　津秦客运专线信号综合系统结构图

一、运输调度指挥子系统

津秦高速铁路正线采用 CTC 调度集中系统，全线设置 1 个调度台，管辖天津站津秦场至龙家营线路所间区间，正线设置 8 个车站(天津站津秦场、军粮城北站津秦场、滨海站、滨海北站、唐山站津秦场、滦河站、北戴河站津秦场、秦皇岛站津秦场)、2 个线路所(老庄子线路所、龙家营线路所)、1 个存车场(滨海站存车场)，见图 3-12-2。

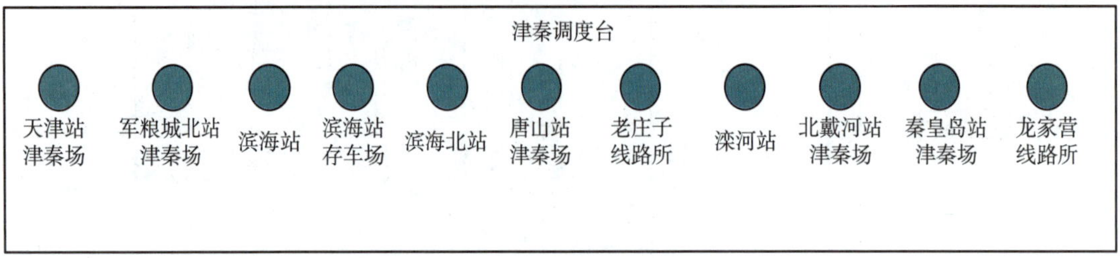

图 3-12-2　津秦调度台示意图

(一)系统主要设计原则及完成功能

CTC 系统需满足铁路相关规范规程的要求以及运输管理模式的需求，并满足 CTCS-3 级列控系统需求。

(二)系统设备构成

CTC 系统由调度中心系统、车站系统和调度中心与车站、车站与车站之间的数据通信网络系统三部分组成。调度集中系统总体结构示意图见图 3-12-3。

二、列控系统

(一)总体方案

津秦高速铁路正线天津站津秦场—秦皇岛站津秦场采用 CTCS-3 级列控系统(兼容 CTCS-2 功能)，CTCS-3 级为主用列控系统，CTCS-2 级为备用列控系统。

CTCS-3 级列控系统，满足最高设计速度 350 km/h 要求，满足列车正向追踪、反向按照自动站间闭塞运行的要求；CTCS-2 级满足后备系统最高运营速度 300 km/h 要求，同时满足 250 km/h 动车组跨线运行需要。区间不设置地面信号机，在闭塞分区分界处设置停车标志牌。

CTCS-3 级列控系统主要由无线闭塞中心(RBC)、临时限速服务器及操作终端、地面列控中心(TCC)、轨道电路、应答器、电子编码器(LEU)、车载设备、GSM-R 网络等组成，见图3-12-4。

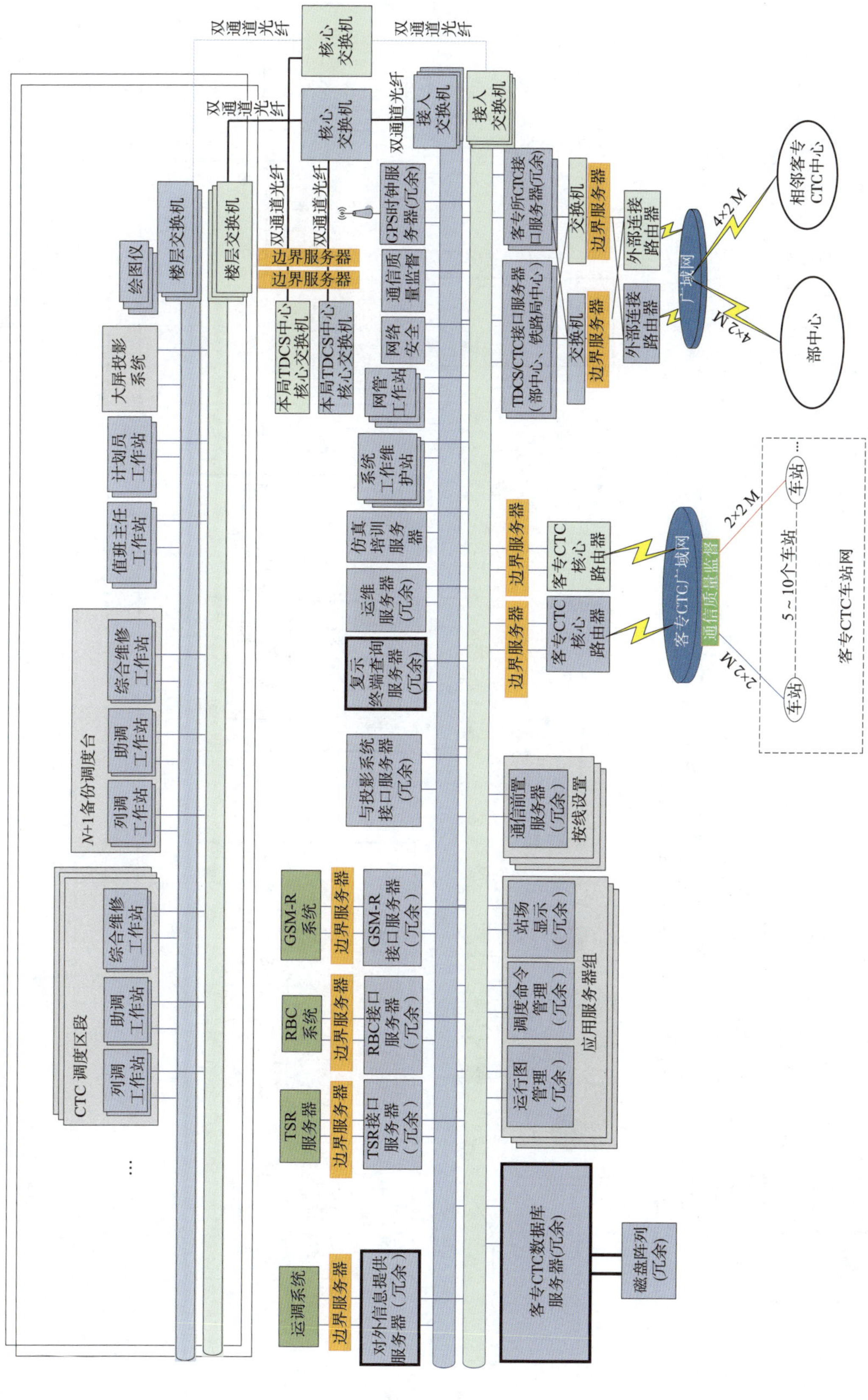

图 3-12-3　调度集中（CTC）系统总体结构示意图

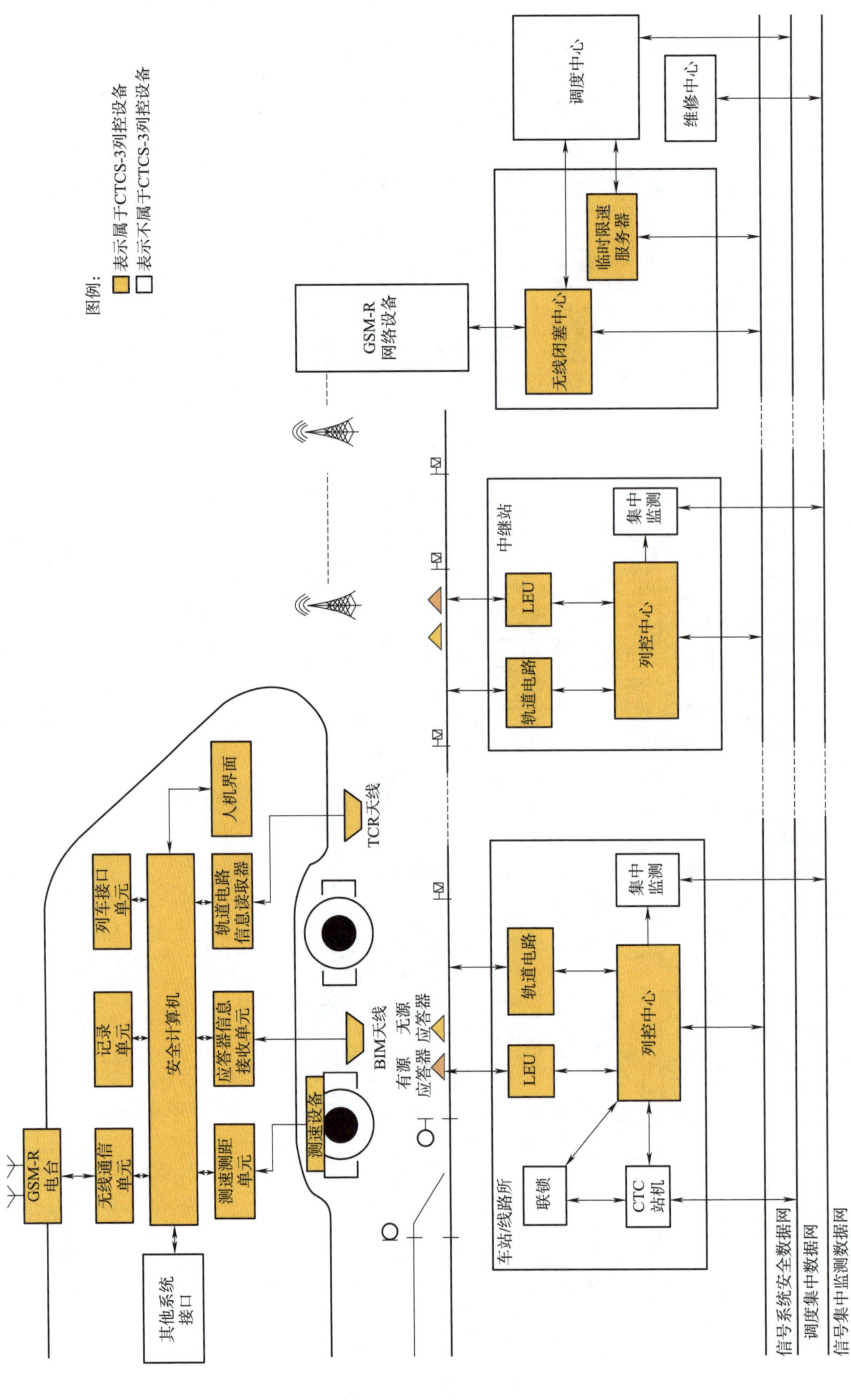

图 3-12-4 CTCS-3级列控系统结构示意图

津秦高速铁路设置 3 套 RBC 设备、1 套 TSRS 设备，均集中设置于天津站综合站房内（图 3-12-5）。

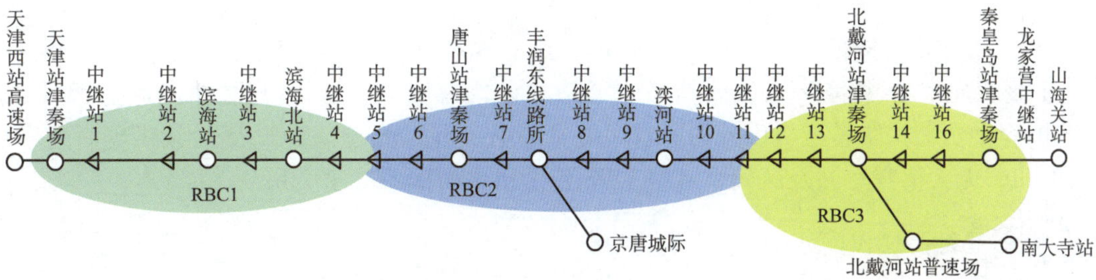

图 3-12-5　RBC 管辖范围示意图

津秦高速铁路正线 8 个车站（天津站津秦场、军粮城北站津秦场、滨海站、滨海北站、唐山站津秦场、滦河站、北戴河站津秦场、秦皇岛站津秦场）、2 个线路所（老庄子线路所、龙家营线路所）、1 个存车场（滨海站存车场）、14 处区间中继站均设置客运专线列控中心设备，南大寺站设置既有线列控中心设备。

按照 CTCS-3 级列控系统标准配置地面设备。

（二）相关联络线特殊设计说明

1. 津秦城际联络线

该联络线为京津城际与津秦高速铁路联络线，按照 CTCS-2 级列控系统进行设计，联络线设置 CTCS-3/CTCS-2 级间切换点，CTCS-2→CTCS-3 级切换点位于天津站津秦场下行离去口，CTCS-3→CTCS-2 级切换点位于津秦城际联线。

2. 北戴河站高、普速联络线

由于北戴河站高、普速联络线距离较短，无法实现级间切换，故北戴河站普速场按照 CTCS-3 级贯通进行设计。在北戴河普速场与南大寺区间设置 CTCS-3/CTCS-2 级间切换点，CTCS-2→CTCS-3 级切换点位于北戴河站津秦场上行离去口，CTCS-3→CTCS-2 级切换点位于北戴河站普速场与南大寺区间。

3. 秦皇岛至龙家营线路所间区间

在秦皇岛站津秦场与龙家营线路所间区间设置 CTCS-3/CTCS-2 级间切换点。

三、车站联锁系统

正线车站及线路所各新设一套“二乘二取二”的硬件安全冗余型计算机联锁设备。

为满足老庄子线路所开通初期不设置调度值班员的特殊要求，在唐山站运转室设置老庄子线路所控显终端设备，完成老庄子线路所在唐山站远程控制的功能。

四、信号集中监测系统

正线新建车站（场）、线路所以及各中继站，分别设置集中监测采集机、站机及相应的网络通信设备，纳入所属的天津电务段既有总机系统，信号集中监测系统总机设备在既有基础上进行改造。

该线在唐山设置综合维修车间，在滨海站、滦河站、北戴河站、设置综合维修作业点，在天津站、军粮城北站、滨海北站、老庄子线路所、秦皇岛站设置综合维修值守点。在车间和作业点配置信号集中监测终端设备，值守点利用所在车站（线路所）的集中监测终端设备。

五、电源系统

正线新建车站、线路所及区间信号中继站均设置智能电源屏，并配置不间断电源 UPS，UPS 的容量负荷按除转辙机以外的所有用电量考虑。有人值守车站 UPS 持续供电时间不小于 30 min，无人值守车站及区间中继站 UPS 持续供电时间不小于 2 h。

六、信号数据通信网络的配置

信号数据通信网络由信号安全数据通信网、CTC 数据通信网、集中监测数据通信网构成，实现联锁、列控、CTC、集中监测系统内及系统间的数据传输。均由通信专业统一配置。

七、道岔融雪

津秦高速铁路正线设置道岔融雪系统。道岔融雪范围为津秦高速铁路新建车站、线路所的道岔。道岔融雪系统按照先人工确认、后启动系统的原则设计。在北京调度所设置远程控制终端，实现远程及现场两级控制功能。

道岔融雪系统以车站集中控制为主，现场控制为辅。车站控制终端通过通道防雷后采用内屏蔽电缆连接至现场控制柜，然后通过控制柜由近到远，依次用电力控制电缆串联。为确保联锁安全，道岔融雪信号电缆不经过联锁信号电缆分线盘连接到室外。

道岔融雪系统结构见图 3-12-6。

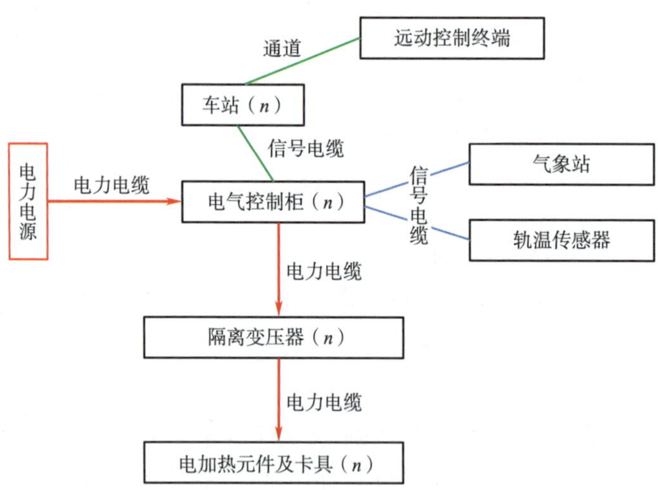

图 3-12-6　道岔融雪系统结构图

八、电务综合监督系统

天津站设置电务综合监督总机系统，全线各车站（中继站）均设置电务综合监督系统车站分机设备。

第三节　主要工程内容

津秦高速铁路正线共设置天津站津秦场(天津站改扩建工程)、军粮城北站津秦场、滨海站、滨海存车场、滨海北站、唐山站津秦场、老庄子线路所、滦河站、北戴河站津秦场、秦皇岛站津秦场、龙家营线路所共11个车站(场、线路所)。

一、运输调度指挥系统

(一)调度中心

津秦高速铁路调度集中系统中心按接入北京调度所考虑。津秦高速铁路在北京调度所设津秦高速铁路调度台。

在北京调度所增设调度台、通信服务器、应用服务器、接口服务器、通信质量监督、防火墙等设备。其余设备利用北京调度所既有。

津秦调度台预留防灾安全监控系统监控终端位置。

(二)车　　站

津秦高速铁路正线11个车站(场、线路所)均新设CTC车站子系统设备。

CTC车站子系统主要设备包括车站自律机、车务终端、电务维护终端、网络设备、电源设备、防雷设备、网络安全设备、通信质量监督设备、打印机、运转室桌椅等。

二、列控系统

全线11个车站(场、线路所)、14个中继站均新设列控中心，北戴河普速场、南大寺站结合动车组下线设置列控中心设备。

天津站津秦场RBC机房设置3套RBC、1套临时限速服务器。

全线各站、线路所、中继站及区间按要求配置相应的有源及无源应答器组。

正线车站及区间动车组列车进路均配置ZPW-2000型轨道电路。

各站、中继站、RBC机房均设置安全数据网，RBC机房设置一套安全数据网网管服务器，天津电务段设置安全数据网网管终端。

三、联锁系统

全线11个车站(场、线路所)均新设计算机联锁设备，各站均设置智能电源屏，设置交流电液转辙机，正线通过速度大于160 km/h的道岔配置密贴检查器。

四、信号集中监测系统

全线11个车站(场、线路所)、14个中继站均设置信号集中监测分机设备，总机纳入天津电务段集中控制，并对天津电务段集中监测总机系统进行结合改造。各站均配置道岔视频缺口监测系统。

五、综合接地及防雷

全线11个车站(场、线路所)、14个中继站均设置综合防雷系统。正线设置综合接地系统，其中 350 km/h 区段贯通地线截面积采用 70 mm²，250 km/h 及以下区段贯通地线截面积采用 35 mm²。

六、电务综合监督系统

全线 11 个车站(场、线路所)、14 个中继站均设置电务综合监督系统车站分机，天津站 RBC 机房设置电务综合监督系统总机一套。

七、综合维修设计

在唐山站设置综合维修车间，在滨海站、滦河站、北戴河站设置综合维修作业点，在军粮城北站、滨海北站、老庄子线路所、秦皇岛站设置综合维修值守点。在综合维修车间及作业点分别配置信号集中监测终端设备，各维修点分别配置相应的仪器仪表。

第十三章　电力设计

第一节　设计原则与标准

一、主要设计原则

铁路电力系统是系统集成的重要组成部分，是确保调度指挥、信号、通信、旅客服务等系统重要负荷安全、可靠、不间断运行的基础设施。为满足高速铁路安全、可靠供电的要求，严格执行以下原则。

1. 为保证铁路各用电设备的可靠安全用电，铁路电力系统保证各级供配电系统的相互匹配，除发生不可抗拒因素外，其可靠性满足每天 24 h 的运输需要(含“维修天窗”时间)，并满足以下要求：

(1)当供电网络中的一条外部电源线路停电时，不能导致一级负荷停电。

(2)当供电网络中的一条供电线路停电时，不能导致一级负荷停电。

(3)当供电网络中的一台供电设备停止供电时，不能导致一级负荷停电。

2. 铁路电力系统的主要设备标准为模数化、标准化、免维护、少维修，并选用先进、成熟、经济、适用、可靠的电气设备。

3. 与行车相关的一级负荷或重要负荷至少从供电网络接取 2 路相互独立的电源，一级负荷中特别重要的负荷，除设两路电源外，另设置应急电源；二级负荷有条件时由两路电源供电，其中一路必须为可靠电源；三级负荷由一路电源供电。

4. 铁路电力系统遵循国家强制性标准，认真贯彻执行国家能源政策，因地制宜，保护环境，节约土地，积极采取节能措施，降低电能消耗。在设计过程中选用节能环保型电气设备，并采取防止污染以及谐波对电网污染的措施。

二、主要设计标准

1. 高低压电力线路

除部分 10 kV 电源线路采用架空外，其余高低压电力线路全部采用电力电缆。

(1)架空线路：导线采用 JKLYJ-型架空绝缘导线和 LGJ-型钢芯铝绞线。选用环形预应力混凝土电杆，采用镀锌铁横担。

(2)电缆线路：10 kV 电源线路及站内高压线路采用三芯铜芯电力电缆，低压线路采用铜芯低压电力电缆；电力贯通线路采用单芯电力电缆，为减少电容电流，沿线区间设固定并联电抗器进行补偿。

2. 变配电所

110/10 kV 变配电所的 110 侧引入两路 110 kV 地方电源，采用同时运行方式。内桥接线，单母线断路器分段。正常运行时，母联断路器打开。当其中一路电源失电时，该进线断路器断开，母联断路器自动投入。

35/10 kV 变配电所的 35 kV 侧采用两路电源同时运行方式。正常运行时，母联断路器打开，两段母线分段运行，当任一路电源失电时，母联断路器自动投入。

10 kV 配电所采用单母线分段接线，两路电源同时运行。

新建 35 kV、10 kV 设备采用室内封闭式组合电器，35 kV 及 10 kV 开关柜均选用 GIS 设备。变压器设备均实现无油化。秦东 110/10 kV 变配电所为改造既有设备。

各变配电所按无人值班设计。

3. 箱式变电站

箱式变电站采用预装式，由 SF6 气体绝缘环网柜、干式变压器、低压开关柜、RTU 装置等组成，操作电源采用交流并配备 UPS 装置。

4. 电力远动系统

除道岔融雪箱式变电站外，各箱式变电站及变配电所均纳入 SCADA 系统进行监控。监控终端包括 35/10 kV 变配电所，10 kV 配电所，各车站站房、信号楼 10/0.4 kV 变电所，车站及区间 10/0.4 kV 箱式变电站的所有高、低压供电回路等。

第二节　技术方案与主要工程内容

一、供电方案

1. 天津枢纽

津秦高速铁路工程用电负荷的供电，利用京津城际铁路工程在建的天津客站 35/10 kV 变电所，并新建馈出至秦皇岛方向的两条 10 kV 电力贯通线（YJY62-101×70）。

2. 区间正线

区间 I 级负荷电力贯通线为信号、通信 I 级负荷供电，同时为信号通信房屋空调提供备用电源；综合电力贯通线为牵引变电所、分区所、AT 所等负荷供电，并作为信号、通信 I 级负荷的备用电源。区间线路所的信号、通信 I 级负荷分别由两条电力贯通线路供电（图 3-13-1）。

图 3-13-1　贯通线路单芯电力电缆

区间 I 级负荷电力贯通线、综合电力贯通线全部采用电缆线路，在路基路肩上沿电缆槽敷设，通过桥梁、隧道时，沿预制的电缆槽敷设。为信号中继站、通信基站供电的 10 kV 变电室为通过式，当线路发生故障时，可及时发现和切除故障段，减少停电概率。其他各用电点在适当的位置设置电缆分歧箱，以便于从贯通线路上接引 10 kV 电源。

全线供电方案为：在滨海北站、滦河站、北戴河站、秦皇岛站分别新建 1 座双电源 10 kV 配电所，滨海站、唐山站为新建双电源 35/10 kV 变配电所。自天津至秦皇岛沿铁路全线新建 10 kV综合电力贯通线路和 I 级负荷电力贯通线路各 1 条。

3. 唐山站、秦皇岛站

(1)唐山站

在唐山站区新建 35/10 kV 变配电所一座(图 3-13-2、图 3-13-3)，引入两路 35 kV 电源，两台主变容量为 2×12 500 kVA。唐山既有 10 kV 配电所所有负荷全部改由新建 35/10 kV 变配电所供电，同时新 35/10 kV 变配电所为唐山站区、站房所有新增负荷供电，并分别向天津及秦皇岛方向的既有铁路和津秦高速铁路各馈出两条 10 kV 电力贯通线。

图 3-13-2　唐山 35/10 kV 变配电所 35 kV 高压柜

图 3-13-3　唐山 35/10 kV 变配电所 10 kV 高压柜

(2)秦皇岛站

在秦皇岛站房内新建 1 座双电源 10 kV 配电所(图 3-13-4)，仅向高速铁路设施供电，其 10 kV 电源接引自既有铁路秦皇岛东站 110/10 kV 变电所(图 3-13-5)，同时对既有铁路秦皇岛东站 110/10 kV 变电所进行增容改造。

图 3-13-4　秦皇岛 10 kV 配电所

图 3-13-5　秦东 110/10 kV 变配电所高压部分

经过对既有设施的进一步调查，将两台主变容量增容更换为 10 000 kVA，并更换 110 kV 侧流互、隔离开关、小电阻接地装置，更换 10 kV 侧的进线、母联、隔离、站馈回路的高压真空断路器。为保证既有铁路和津秦高速铁路供电安全可靠性，保留既有配电所电源线路，该工程新建秦皇岛站房 10 kV 配电所的电源线路(YJV22-103×240)。

新建秦皇岛站房 10 kV 配电所(图 3-13-6)馈出的站馈为综合维修工区、新站房供电，并馈出至天津方向的两条 10 kV 电力贯通线。

4. 综合维修工区

津秦高速铁路设计有 4 个综合维修工区，分别是北戴河站、唐山站、滦河站、滨海站，每个综合维修工区建筑面积 1 099 m^2，总建筑面积 4 396 m^2。相应的电力配套工程主要是在每个维修工区新建双电源 10/0.4 kV 箱式变电所一座(图 3-13-7)，两路 10 kV 电源来自配电所的站馈回路，高压采用 YJV22-10 型电力电缆，低压按照铜芯电力电缆 VV22-1 的标准为每个维修工区动力设备和照明设施供电。

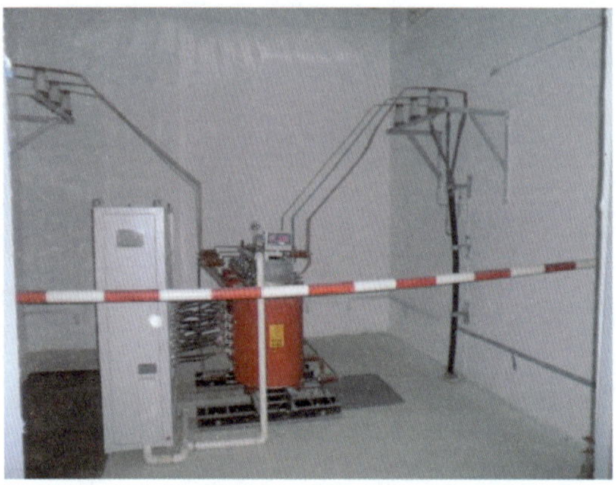

图 3-13-6　秦皇岛 10 kV 变配电所调压器室

图 3-13-7　滦河综合维修工区双电源箱式变电所

5. 其他供电

在秦山地区相关工程中柳村南站的改建工程，利用既有大秦线 10 kV 自闭、电力贯通线和站馈线路为新增各级用电负荷供电；山海关站的改建工程，利用既有京山线 10 kV 自闭、电力贯通线和站馈线路为新增各级用电负荷供电。

沿线机械排水泵站产权归铁路的由铁路引电；产权归地方的就近接引地方 10 kV 电源为其供电。

二、变、配电所配置

1. 变、配电所位置

根据津秦高速铁路负荷分布情况及负荷性质，新建滨海北站、滦河站、北戴河站、秦皇岛站 4 座双电源 10 kV 配电所，滨海站、唐山站两座双电源 35/10 kV 配电所。滨海站、秦皇岛站新建的配电所均与站房综合楼合建，滨海北站、滦河站、北戴河站 10 kV 配电所和唐山站新建的 35/10 kV 配电所为单体建筑，10 kV 配电所均按无人值班、初期有人值守设计，唐山站、滨海站 35/10 kV 配电所按有人值班设计。

各站配电所为该站供电的同时，并向区间馈出四路(2 个方向)电力贯通线路。

2. 变、配电所的电气主接线

(1)35 kV 主接线为两路电源同时运行方式。正常运行时，母联断路器打开，两段母线分段运行。当任一路电源失电时，母联断路器自动投入。10 kV 配电所主接线采用单母线真空断路器分段，母联自投。高压计量、高压无功补偿，微机综合自动化装置，二次保护采用集中组屏的保护方式，见图 3-13-8～图 3-13-11。

图 3-13-8　唐山 35/10 kV 变配电所 35 kV 高压柜

图 3-13-9　唐山 35/10 kV 变配电所所用变

图 3-13-10　唐山 35/10 kV 变配电所分组投切电抗器

图 3-13-11　唐山 35/10 kV 变配电所电容器柜

35 kV 和 10 kV 配电装置采用气体绝缘柜，配真空断路器，弹簧操作机构。调压器采用密闭安全型干式有载调压变压器。直流电源装置采用智能型高频开关、铅酸免维护蓄电池装置(图 3-13-12)。

(2)全线 10/0.4 kV 变电所共分 2 种设计形式：与站房合建和单独设置的箱式变电站。

室内变电所、箱式变电站主接线为双电源进线，低压母联自投。室内变电所按实际供电情况可采用终端式或通过式；为区间信号中继站、通信 GSM-R 基站供电的箱式变电站采用通过式(图 3-13-13、图 3-13-14)。

图 3-13-12　唐山 35/10 kV 变配电所小电阻接地装置

图 3-13-13　区间基站箱式变电站

图 3-13-14　区间中继站及固定并联电抗器

高压开关柜采用金属封闭环网式开关柜。合建在主体建筑物内的变电所采用干式节能型电力变压器，独立变电所采用油浸自冷式电力变压器。低压开关柜采用智能化、模数化、抽出式。箱式变电站采用预装式。

3. 变、配电所保护及自动装置配置表

变、配电所保护及自动装置配置表 3-13-1。

表 3-13-1　变、配电所保护及自动装置

被保护对象		保护及自动装置
35 kV	电源进线	三相电流速断、复合电压闭锁过电流保护、低电压保护
	主变	设差动、三相过流、过负荷、变压器中性点零序过电流保护、零序过电压保护、变压器中性点间隙过电流保护、温度保护
	主变馈出	三相电流速断、过流
	母联	三相电流速断、过流、备自投
10 kV	电源进线	两相延时电流速断、过电流、低电压
	母联	两相电流速断、母联自投
	馈出	两相电流速断、两相过流、单相接地保护、低波减载装置
	电容器	两相电流速断、低电压、过电压
	调压器	两相过流
	贯通(自闭)	两相电流速断、两相过流、低电压、单相接地、自动重合闸、备自投、同期检查
	母线	绝缘监察

三、电力远动系统

为保障全线铁路供电的安全正常运行，全线设置电力远动调度系统，由北京铁路局综合调度中心统一管理。各车站变配电所、信号楼、10 kV 箱式变电站、区间信号中继站、通信GSM-R基站处设置电力远动终端。在 10 kV 综合电力贯通线路和Ⅰ级负荷电力贯通线路上设置高压分段开关，分别设置在为各处信号中继站供电的箱式变电站内，各处为信号、通信负荷供电的低压电源均设置了实时监控远动终端(图 3-13-15)。

四、电力线路

该工程采用全电缆贯通线路方案，在可靠性、运营维护、征地拆迁量小、城市整洁美化方面

图 3-13-15　唐山 35/10 kV 变配电所综合自动化系统控制室

具有很大的优势。由于线路较长易产生容性电流，因此沿线考虑设置补偿装置。

电缆线路的具体敷设方式：路基地段电缆沿两侧路肩电力电缆槽敷设；桥梁地段电缆沿桥梁两侧电力电缆槽敷设，需要由桥上引下时，沿桥体、桥墩上架设的钢制电缆槽敷设；隧道内高压电缆沿双侧电力电缆槽敷设；区间电缆过路基时穿钢管埋地敷设；站台处电缆沿综合电缆沟敷设；穿越股道时穿钢管埋地敷设；为避免二次开挖对土建工程造成破坏，各种电缆沟(槽)、钢管、排管由相关专业一次建成或预埋。

10 kV 高压电力电缆采用 YJY62-8.7/10 型交联聚乙烯绝缘铜芯电缆。

0.4 kV 低压线路全部采用铜芯电缆线路，电缆线路以直埋敷设为主，站台上无电缆沟区段采用穿钢管敷设，穿越股道时采用穿钢管保护，两端设电缆井。

五、站场照明及控制方式

无雨棚站台、车站道路、牵出线采用可倾式灯柱照明，车站广场、综合维修工区采用高杆投光灯照明，车场采用投光灯桥照明。站场照明光源采用透雾性强的气体放电灯，站台灯柱采用手动和自动方式集中控制，高杆灯、灯桥采用手动和自动方式集中或就地控制(图 3-13-16)。

图 3-13-16　滦河站投光灯塔

六、室内动力、照明设计及配线

大型车间、大库等净空较高的生产房屋采用金属卤素灯，合理设置开关以利节能；其余的照明灯具均采用节能、紧凑型，节能荧光灯以管吊灯具为主。

高速站台无柱雨棚采用吸顶式或嵌入式雨棚灯照明，站房内根据装修风格采用吊杆式、吸顶式或嵌入式灯具照明，检查库、整备库等大型库房采用专用库房灯照明。面积较大、净空较高的候车室及库房照明光源采用高效节能灯。

房屋内采用 TN-S 接地系统，电源引入口处预埋扁钢至户外做重复接地，其阻值不大于 10 Ω，入户后设 PE 线。照明、空调、动力一般分别计费，不同使用单位分别计费。导线采用 BV-750 铜芯塑料绝缘型，通信、信号及与行车有关负荷均采用耐火阻燃型导线。电缆预埋保护管采用镀锌水煤气钢管，动力、控制及插座回路配线穿厚钢电线管保护，照明配线穿硬质难燃PVC电线管保护，插座回路设漏电保护。低压断路器主要采用C65N、NSX、MT系列断路器。

七、隧道照明

全线隧道均设置固定照明，长度大于500 m的隧道均设置应急照明设备。隧道内照明采用正常照明与应急照明相间布置，交叉供电的方式。

隧道照明灯具采用防潮、防尘、防腐、防震动、防电燃、抗活塞风的专用灯具，照明控制箱设于隧道进出口处，采用就地手控或遥控方式。隧道照明灯具、配电箱防护等级为IP65。

隧道内箱式变电站安装在隧道出入口或隧道内预留的电力设备洞内，箱式变电站采用密闭好的小型化结构，以节省占用设备洞室容积及适应潮湿的运行环境，变压器采用干式。

配管配线采用铜芯导线穿钢管明配，其中应急照明配线采用耐火型导线。

八、防雷及接地

1. 全线建筑物按防雷分类设置防直击雷保护措施，利用避雷针或避雷带作为接闪器，将建筑物内混凝土的柱、基础内钢筋作为引下线及接地极。

2. 所有建筑房屋在低压电源进线处的配电箱内设置浪涌保护器，作为过电压保护措施。

3. 所有建筑物内的金属构件等均采取等电位连接的保护措施。

4. 站区采用综合接地方式，接地电阻为各类设备接地电阻的最小值。区间电力设备接地采用专用接地线引至沿线敷设的综合接地装置(贯通地线)。

5. 配电系统的接地保护以TN-S系统为主要形式。

九、无功补偿标准及原则

当自然功率因数不能满足要求时，在变配电所进行无功功率补偿，10 kV侧补偿后应为0.9以上；0.4 kV侧补偿后应为0.9以上。

十、主要工程

1. 既有铁路110/10 kV变电所改造1座，新建35/10 kV变配电所2座，新建10 kV配电所4座。

2. 新建通信信号变电所4座，新建箱式变电站101座。

3. 35 kV电源线路34.8 km，10 kV电源线路69.34 km，10 kV电力贯通线1 899.75 km。

4. 车站供电6站。

第十四章　电气化设计

第一节　设计原则与标准

一、牵引供电系统

津秦高速铁路自天津站至秦皇岛站新建电气化铁路 257.0 km，牵引供电系统按高速铁路标准设计，主要设计原则如下。

1. 采用单相工频(50 Hz)交流制、接触网额定电压为 25 kV 的牵引供电系统。

2. 牵引供电系统应保证其独立性和完整性。在确保客运专线供电前提下，有条件时兼顾相邻线和枢纽的供电。

3. 牵引变电所采用两路独立 220 kV 电源进线，互为热备用。

4. 高速铁路正线采用 AT 供电方式，对于枢纽地区跨线列车联络线、动车组走行线和动车段等采用带回流线的直接供电方式。

5. 牵引供电设施的分布，按满足设计行车速度的本线动车组和跨线动车组的追踪运行间隔设计。

6. 牵引网采用同相单边供电，在分区所及 AT 所处上、下行接触网实现并联运行，分区所实现越区供电，越区供电按适当增大追踪间隔或降低列车运行速度设计。

7. 接触网的标称电压应为 25 kV，长期最高电压应为 27.5 kV，短时(5 min)最高电压应为 29 kV，设计最低电压应为 20 kV。

8. 牵引变压器采用三相 VX 接线形式，固定备用方式。变压器的安装容量按交付第五年运量确定，并按远期运量预留条件，其过负荷能力满足高峰小时牵引负荷的需要。

9. 牵引变电所选择短路容量大的公共连接点，并采用相序轮换方式接入电力系统以降低负序影响。牵引变电所不设并联电容无功补偿装置，预留滤波装置条件。

10. 供电方案、运行方式的确定应考虑节约电能，并尽量减少电磁辐射对周围环境的影响。

二、牵引变电所、开闭所、分区所、AT 所

1. 牵引变电所 220 kV 侧采用分支接线，两组牵引变压器一主一备方式运行，并设置变压器自投装置。

2. 牵引变电所 2×27.5 kV 侧采用单母线接线。

3. 牵引变电所、开闭所、分区所、AT 所均纳入远动和自动监控系统，按无人值班设计。

4. 牵引变电所、分区所、AT 所自用交流电源，采用 1 路外接 10 kV 电力的 10/0.4 kV 电源，1 路取自所内 27.5 kV 母线的 27.5/0.23 kV 电源。

5. 全线设置牵引供电远动系统，对全线牵引供电设施进行集中监控。

三、接 触 网

1. 正在线采用全补偿弹性链形悬挂，满足运行速度要求；其他采用全补偿简单链形悬挂。

2. 承力索、接触导线采用高强度铜合金材质，附加导线一般采用耐腐蚀铝包钢芯铝绞线。高压电缆采用 27.5 kV 铁路专用铜芯电缆，低压电缆采用 1 kV 铜芯电缆和铝芯电缆。

3. 正线箱梁、连续梁及路基区段腕臂柱采用 H 型钢柱；车站内多股道并行地段采用轻型硬横跨结构。T 梁桥区段采用格构钢柱安装于桥墩预留平台上。

4. 平腕臂与斜腕臂间设置腕臂支撑，正定位处采用防风支撑形式，反定位处采用定位管吊线形式。腕臂装置、定位装置均采用铝合金材质。

5. 一般采用具有限位功能的定位装置，并按定位点最大抬升校验值取 1.5 倍抬升量进行校验。特殊情况如关节内、道岔处采用弯形定位器。腕臂、定位管等接触网带电部分不得侵入高站台范围内。

6. 腕臂绝缘子一般采用抗弯 16 kN 瓷质绝缘子。接触网下锚、分段绝缘器、开关引接线等处采用复合绝缘子；在铁粉厂、水泥厂、炼钢厂、炼油厂附近采用绝缘泄漏距离不小于 1 600 mm 的复合绝缘子。正馈线悬挂、架空供电线采用悬式棒形绝缘子。绝缘泄漏距离不小于 1 400 mm。

7. 分段绝缘器采用消弧型分段绝缘器。

8. 采用吊弦线为 10 mm^2 铜合金绞线的铜合金载流整体吊弦。

9. 接触网下锚采用棘轮下锚，传动效率≥97%；传动比均为 1∶3。桥梁区段补偿坠砣的行程充分考虑声屏障的影响。

10. 正线区段接触网接地纳入综合接地系统。

第二节　技 术 方 案

一、牵引供电系统

1. 牵引网供电方式

津秦高速铁路干线采用 AT 供电方式，引入枢纽地区及与该线相关的联络线、疏解线、动车走行线，采用带回流线的直接供电方式。

2. 牵引供电设施分布

津秦高速铁路全线新建 AT 牵引变电所 6 座：新兴村（DK22＋039）、留庄（DK71＋900）、唐山（DK127＋500）、柳新庄（DK172＋000）、上荆子（DK215＋200）、吴庄（DK262＋600）。

新建 AT 分区所 5 座：分别在天津站（DK6 引入既有京津城际分区所）、孔庄（DK99＋350）、小山子（DK150＋000）、于家河（DK194＋926）、南沙地（DK238＋650）。

新建 AT 分区所兼开闭所 2 座：滨海（DK49＋062）、秦皇岛（DK298＋100）。

在各供电臂中部新建 AT 所 10 座：滨海西（DK34＋368）、清河（DK60＋000）、张绪庄（DK84＋000）、果园（DK113＋900）、崔马庄（DK137＋440）、陡河（DK159＋000）、滦县（DK182＋028）、常家沟（DK204＋560）、第九营（DK227＋000）、马坊店（DK252＋000）。

3. 牵引变压器类型与容量

牵引变压器采用三相 220/(2×27.5) kV 的 VX 接线形式;固定备用方式,一组运行,一组备用。

牵引变压器安装容量执行现行《新建时速 300～350 公里客运专线铁路设计暂行规定》,按交付运营第五年运量确定,并按远期运量预留条件,其过负荷能力满足高峰小时牵引负荷需要。各牵引变电所安装容量为:新兴村变电所 2×(50+63) MVA,该所为津秦高速铁路和京津城际延伸线合用,津秦高速铁路采用 63MVA 牵引变压器,京津城际延伸线采用 50MVA 牵引变压器;唐山牵引变电所 2×(40+50) MVA 为津秦高速铁路和唐山客车线合用牵引变电所;其他 4 所留庄、柳新庄、上荆子、吴庄均为 2×(40+40) MVA 变压器。

二、牵引变电所、开闭所、分区所、AT 所

1. 主接线及运行方式

(1)牵引变电所

新兴村牵引变电所为津秦高速铁路和京津城际延伸线合用牵引变电所。牵引变电所引入两路热备用电源,采用线路变压器组形式,进线隔离开关外侧设置计费及保护用电压互感器;设置2×(63+50)MVA 牵引变压器,两台运行两台备用。津秦高速铁路采用 63MVA 牵引变压器,城际延伸线采用 50MVA 牵引变压器,计费采用高压侧计费方式,2×27.5 kV 侧采用单母线通过电动隔离开关分段接线形式,馈线断路器采用上、下行馈线断路器互相备用的方式,为正线上、下行供电的馈线之间设置网上联络开关。

唐山牵引变电所为津秦高速铁路和唐山客车线合用牵引变电所。牵引变电所引入两路热备用电源,采用线路变压器组形式,进线隔离开关外侧设置计费及保护用电压互感器;设置2×(50+40)MVA 牵引变压器,两台运行两台备用。天津方向采用 40MVA 牵引变压器,秦皇岛方向采用 50MVA 牵引变压器,计费采用高压侧计费方式,2×27.5 kV 侧采用单母线不分段接线形式,馈线断路器采用上、下行馈线断路器互相备用的方式,为正线上、下行供电的馈线之间设置网上联络开关。秦皇岛方向母线通过电动隔离开关引出两路直供馈线为唐山客车线供电,设置单独计费装置。

留庄、柳新庄、上荆子、吴庄牵引变电所引入两路热备用电源,采用线路变压器组形式,进线隔离开关外侧设置计费及保护用电压互感器;设置 2×(40+40)MVA 牵引变压器,两台运行两台备用。计费采用高压侧计费方式,2×27.5 kV 侧采用单母线不分段接线形式,馈线断路器采用上、下行馈线断路器互相备用的方式,为正线上、下行供电的馈线之间设置网上联络开关。

(2)分区所

每个供电臂的上、下行接触网之间用两台断路器相联,正常运行时,断路器闭合,实现供电臂上下行并联供电。

在每个供电臂通过断路器设两台自耦变压器,自耦变压器互为备用。在每回进线上均设置氧化锌避雷器用于过电压保护。

(3)AT 所

所内两台自耦变压器通过断路器与接触网连接,在 AT 所处实现上、下行接触网的并联供电。

(4)开闭所

滨海分区所兼开闭所从天津和秦皇岛方向上、下行接触网引入四回进线,每路进线通过断路器设一台自耦变压器,每个供电臂的两台自耦变压器互为备用。从津秦沈线上引入一路直供备用电源,引出馈线向车场供电。

秦皇岛分区所兼开闭所从接触网方向上、下行接触网引入两回进线,通过断路器设两台自耦变压器,自耦变压器互为备用。从秦北变电所引入一路 AT 备用电源,并引出馈线向车场供电。

(5)接触网开关控制站

接触网设置柱上电动隔离开关,实现上下行并联供电或分场分束供电。

(6)还建军粮城牵引变电所和秦西分区所

还建军粮城牵引变电所引入两路热备用电源,在两进线之间设置带隔离开关分段的跨条,跨条上设置计费及保护用电压互感器;设置两台牵引变压器。计费采用高压侧计费方式,27.5 kV 侧采用单母线分段接线形式,馈线断路器采用旁路母线备用的方式。牵引变电所 110 kV 侧采用电缆进线方式,预留动态补偿安装场地。高压侧设备采用户外中型布置,27.5 kV 侧采用户内钢结构形式。设置高压室、控制室和生产配套房屋。

秦西分区所从一侧接触网上下行引入所内通过断路器并联运行,上下行分别通过快分开关设置自耦变压器。另一侧接触网上下行引入所内,设置越区隔离开关。分区所高压侧采用户外布置形式,设置控制室和生产配套房屋。

2. 主要电气设备选择

采用技术先进,运行稳定、质量可靠的设备;各设备具有成熟的运行经验,且免维护或少维护,以满足无人值班的要求;设备采用标准化、系列化产品,以减少设备选型种类;除牵引变压器、AT 变压器外其余均采用无油化设备。

(1)变压器

220 kV 牵引变压器采用户外单相油浸自冷变压器。

(2)220 kV 配电装置

断路器:SF6 断路器,弹簧储能操动机构;额定电流为 1 600 A。

隔离开关:除了用于检修的隔离开关采用手动操作机构外,其余均采用电动操作机构。额定电流为 1 600 A。

电流互感器:干式,根据电力系统要求计费线圈采用 0.2 s 级;

电压互感器:油浸式,根据电力系统要求计费线圈采用 0.2 级;

其中新兴村牵引所互感器参数:

220 kV 电流互感器:

变比:计量线圈 2×500/5、测量和保护线圈 2×600/5/5/5;

精确度等级:计量线圈为 0.2 s 级,测量和保护线圈 0.5/10P20/10P20 级;

220 kV 电压互感器:

变比:$(220/\sqrt{3})/(0.1/\sqrt{3})/(0.1/\sqrt{3})/0.1$;

精确度等级:计量线圈为 0.2 级,测量和保护线圈为 0.5/3P 级;

其余所亭互感器参数:

220 kV 电流互感器:

变比：计量线圈 2×400/5、测量和保护线圈 2×500/5/5/5；

精确度等级：计量线圈为 0.2 s 级，测量和保护线圈 0.5/10P20/10P20 级；

220 kV 电压互感器：

变比：$(220/\sqrt{3})/(0.1/\sqrt{3})/(0.1/\sqrt{3})/0.1$；

精确度等级：计量线圈为 0.2 级，测量和保护线圈为 0.5/3P 级；

(3)2×27.5 kV 和 27.5 kV 配电装置

选用占地面积小、供电可靠性高、可基本做到免维护的 SF6 气体绝缘开关柜(GIS)设备。

(4)自用变压器采用干式变压器。

3. 总平面布置

(1)牵引变压器采用室外低式布置。

(2)牵引变电所的 220 kV 配电装置采用单体设备室外中型布置。

(3)2×27.5 kV 及 27.5 kV 配电装置采用 GIS 室内布置。

(4)新建新兴村牵引变电所 220 kV 进线采用电缆引入方式，还建的军粮城牵引变电所 110 kV 进线采用电缆引入方式；其他牵引变电所外电源采用架空进所方式。

(5)2×27.5 kV 的进、馈线采用电缆方式。

(6)设有与外部公路衔接的运输道路和巡视小道，变电所设 2.5 m 高的实体围墙，并设置激光对射防非法闯入的安全防护装置。

4. 生产房屋配置

(1)新建牵引变电所、AT 分区所、AT 所、AT 所兼开闭所、分区所兼开闭所均采用平房布置方式。

(2)新建牵引变电所设置 27.5 kV 高压室、主控室、通信机械室、检修室、值守人员休息室及卫生间等生产及辅助生产房屋，并设电缆夹层。

(3)分区所、AT 所、AT 所兼开闭所、分区所兼开闭设置 27.5 kV 高压室、控制室、通信机械室、检修室等生产及辅助生产房屋，并设电缆夹层。

(4)新建牵引变电所、分区所、AT 所、AT 所兼开闭所、分区所兼开闭屋内设有防灾安全监控装置和视频监控装置，视频监控装置由视频安全监控专业设计。

5. 架构类型及计算条件

(1)220 kV 进线架构采用 H 型架构，支柱采用格构式钢支柱，横梁采用钢桁梁结构。

(2)设备支架采用 H 型钢支柱。

(3)架构、设备及支架基础均采用现浇混凝土独立基础。对于特殊地质状况，各架构、支架及设备基础将视具体地质情况进行处理。

(4)架构计算条件，进线导线的允许张力为 4 kN，避雷线的允许张力为 2.5 kN，偏角不大于 10°。

6. 继电保护及自动装置

牵引变电所采用综合自动化系统，并纳入综合供电调度(SCADA)系统。继电保护装置均采用微机综合保护测控单元。

(1)继电保护设置方案

牵引变压器：设重瓦斯、纵差动、带低电压启动的过电流保护，动作于跳闸；设轻瓦斯、过负荷、过热发预告信号。

2×27.5 kV 及 27.5 kV 馈线设两段距离、过流、速断、电流增量保护及自动重合闸装置。

AT 分区所、AT 所：馈线断路设置设失压保护及检压合闸保护。自耦变压器设碰壳、差动速断、低压启动过电流、重瓦斯保护，动作于断路器跳闸；设轻瓦斯、过热用于发预告信号。

分区所兼开闭所、开闭所：开闭所进线设失压、过电流及距离保护。馈线设一段距离保护、速断、过电流及一次重合闸装置。

(2)自动装置设置

牵引变电所的两路 220 kV 进线间及两台变压器间，设置电源自投及变压器自投。

7. 自用电系统

(1)交流自用电

牵引变电所设两组交流自用电源，一组引自 27.5 kV 母线，另一组引自 10 kV 电源，两路电源互为备用，容量均为 100 kVA。

开闭所、AT 分区所及 AT 所设两组交流自用电源，一组引自 27.5 kV 母线，另一组引自 10 kV 电源，两路电源互为备用，容量均为 50 kVA。

(2)直流自用电

牵引变电所、开闭所、AT 分区所及 AT 所操作电压为直流 110V。

牵引变电所、开闭所、AT 分区所及 AT 所设带监控装置的免维护铅酸蓄电池直流电源成套装置，蓄电池组的容量允许全所事故停电 2 小时的放电容量和事故放电末期最大冲击负荷容量的要求。牵引变电所和开闭所直流系统采用 2×100 Ah 配置，分区所采用 1×100 Ah 配置，AT 所采用 1×65 Ah 配置。

直流系统设置智能集中监控单元，采用标准通信接口与所内自动化系统进行通信。

8. 防雷与接地

(1)防雷

牵引变电所、开闭所、分区所和 AT 所设独立避雷针，作直击雷防护。

220 kV 电源进线侧设氧化锌避雷器。牵引变压器和 AT 变压器出口设置氧化锌避雷器。

综合自动化系统的保护柜、测控柜、故障录波装置及其他自动装置等应设直流防雷装置；UPS 电源等加交流防雷装置，并加装防涌流保护单元。

(2)接地

牵引变电所、分区所、开闭所和 AT 所采用复合接地体接地，接入综合接地系统，接地电阻值不大于 0.5 Ω。

牵引变压器外壳接地。

各电气设备、架构底座、外壳、电缆沟电缆支架均采用扁钢与主接地网相连。

水平体接地采用铜铰线、垂直接地体采用圆铜，均采用铜材质。

9. 电力调度所及调度管理自动化

(1)津秦高速铁路按纳入北京调度所调度管理。在滨海、唐山、滦河、北戴河综合维修工区设置复视终端。

(2)牵引供电设施及电力供电设施均采用通信光缆、光端机进所方式。

(3)牵引供电设施远动通道带宽采用于 2×(1×2 Mb/s)，FE 接口。

(4)接触网开关站采用光缆敷设至开关站，接入附近车站或变电所亭通信机械室，接入牵引供电所亭的环状远动通道与调度所进行通信。

三、接 触 网

1. 正线接触线采用150 mm^2铜镁合金线，张力为30 kN；承力索采用120 mm^2铜镁合金绞线，张力为21 kN。站线接触线采用120 mm^2铜锡合金线，张力为15 kN；承力索采用95 mm^2铜镁合金绞线，张力为15 kN。

2. 导线高度

正线区段悬挂点处工作支接触线距轨面均为5 300 mm，接触线最低点高度不宜小于5 150 mm。

与既有线衔接处考虑既有线导高的影响，津秦高速铁路进入秦皇岛站后，与既有秦沈线衔接，秦沈线接触线悬挂点距离轨面高度一般为5 500 mm。

津秦高速铁路天津站与地下直径线相衔接，地下直径线采用刚性悬挂，在隧道口进行刚柔过渡，接触线悬挂点距轨面均为5 300 mm。

既有线导线高度维持不变，一般为6 000 mm，接触线最低点高度不宜小于5 750 mm。

3. 结构高度

正线的接触网结构高度一般为1 600 mm，困难时不低于1 100 mm。其他区段结构高度一般为1 400 mm，困难时可根据不同速度等级适当降低结构高度。

速度在300～350 km/h区段，最短吊弦长度不宜小于600 mm；速度在250 km/h区段，最短吊弦长度不宜小于500 mm；其他区段最短吊弦长度不宜小于500 mm，困难时最短吊弦长度不宜小于400 mm。

4. 侧面限界

区间支柱距正线的侧面限界在无砟轨道地段为3.0 m，有砟轨道地段为3.1 m；软横跨柱侧面限界一般不小于3.3 m；牵出线一般不小于3.5 m。站内线间立柱时，支柱距正线的侧面限界在无砟轨道地段一般为3.0 m，有砟轨道地段一般为3.1 m，支柱距侧线的侧面限界一般不小于2.5 m，设置困难时，距正线的侧面限界不小于2.5 m。

5. 道岔处布置方式

与高速正线相交道岔采用无交叉布置方式，其他道岔采用交叉布置方式。

6. 电分相

在变电所、分区所处设置6跨关节式电分相。为满足跨线车自动过分相的需要，在接触网电分相处同时安装地面磁感应器。

7. 隔离开关

正线在车站两侧以及AT所处一般设绝缘关节，绝缘关节设一台双极电动隔离开关。电分相处设两台双极电动隔离开关，在变电所、分区所的分相两端一般各设一台上下行双极隔离开关，在AT所附近设一台上下行双极并联开关，开关均采用双极电动隔离开关。

供电线上网点一般均设置电动隔离开关。变电所处供电T线、F线分别采用一台单极电动隔离开关，分区所、AT所线处供电线采用一台双极电动隔离开关。

该线县级以上的车站为天津站、滨海站、唐山站、秦皇岛站，天津站津秦场在京津城际场和津山普速场之间，未靠近基本站台。滨海站、唐山站、秦皇岛站基本站台侧的到发线一侧设置单极电动隔离开关，均具备独立停电检修条件。

以上所有电动隔离开关均纳入远动系统。

8. 锚段关节

正线绝缘、非绝缘锚段关节采用四跨或五跨锚段关节形式，电分相锚段关节内采用四跨绝缘锚段关节。

车站两端有条件时均设绝缘锚段关节。AT 所附近的上、下行接触网分别设置一处绝缘锚段关节。正线绝缘、非绝缘锚段关节两导线间距为 500 mm。

9. 接地措施

由于高速铁路需要大负荷供电，为保障设备和旅客人身安全，保证接触网可靠性和安全性，需要采取接地措施：

根据《铁路防雷、电磁兼容及接地工程技术暂行规定》(铁建设〔2007〕39 号)以及《高速铁路设计规范(试行)》(TB 10621—2009)，结合《客运专线综合接地实施办法(暂行)》(铁集成〔2006〕220 号)和信号等专业的接地要求，客运专线设计接地回流系统如下。

(1)一般接地及回流方式

全线 AT 区段架设保护线(PW)作为钢轨回流的并联通道，工作接地兼闪络保护。保护线区间地段兼做安全接地。保护线非绝缘架设，根据信号完全横向连接设置的密度，约每隔 1 500 m 左右，保护线通过信号扼流圈中点与钢轨连接，并接入综合接地系统。

在邻近变电所、分区所、AT 所的扼流变压器中性点及 PW 线均由回流电缆连接。

路基地段接触网支柱在 H 型钢柱翼板的预留孔，通过软编钢绞线与基础预留的桥隧型接地端子相连，站场范围内 PW 线与支柱不绝缘架设，股道间支柱利用综合地线分支线与接触网支柱及基础连接。股道外支柱及基础与综合地线连接。

若接触网支柱附近设有弱电设备接地，此处不设软扁钢绞线连接；桥梁地段不设独立接地引接线，通过地脚螺栓与综合地网实现接地；接触网基础槽型滑道通过隧道衬砌的钢筋实现接地。

(2)变电所、分区所处的回流

①与所亭接地的连接

一般采用截面积 300 mm^2的 1 kV 等级铜芯电力电缆将 PW 线、钢轨、贯通地线与所亭集中接地箱之间进行连接。

变电所附近设扼流变压器，上、下行回流各通过 3 根截面积为 300 mm^2 1 kV 等级铜芯电力电缆连接扼流变压器与集中接地箱；AT 所、分区所附近，设扼流变压器，上、下行回流各通过 2 根截面积为 300 mm^2的 1 kV 等级铜芯电力电缆连接扼流变压器与集中接地箱。

②回流处的上下行并联

在所亭回流用的扼流变处，由信号专业进行扼流变中性点的上下行并联，并接入综合贯通地线。

在所亭回流用的扼流变上下行并联处，PW 线采用铜芯电力电缆与扼流变相连，并接入综合贯通地线。同时，PW 线通过扼流变中性点与钢轨连接。

(3)设备接地

路基、桥梁地段的接地一端接 PW 线，另一端单独打接地极；困难情况下，桥梁区段的接地一端接 PW 线，另一端接入贯通地线，在贯通地线上的接入点与其他设备在贯通地线的接入点间距不应小于 15 m。

隔离开关、避雷器设置位置尽量避开弱电设备接地点处的支柱。上网高压电缆接地采用一端接地、一端加保护器方式，接地端应选在接地电阻容易保证足够小的一侧。

10. 防雷保护

在供电线或 AF 线连接到接触网上的接线处、分相和站场端部绝缘锚段关节、长大隧道两端、AT 所增设绝缘关节处等地点设置避雷器。

11. 附加导线防护

为防止导线破损，满足载流要求，AF 线悬挂采用悬垂线夹，并沟线夹采用带有力矩螺母的高耐腐蚀铝合金线夹。

12. 绝缘防护

上跨构筑物(桥、隧道、明洞、站房等)施工期间，其下方的接触网承力索、供电线、正馈线、加强线、回流线、保护线可采用绝缘护套进行临时防护。

距接触网带电线索垂直距离小于 2 m 的上跨构筑物(桥、隧道、明洞、站房等)渗漏水点处，其下方的接触网承力索、供电线、正馈线、加强线可采用绝缘护套进行防护。

未安装防抛网的公路和人行上跨桥出口处，其下方的接触网承力索、供电线、正馈线、加强线可采用绝缘护套进行防护。

接触网使用的绝缘护套必须符合《电气化铁路接触网绝缘护套》(TB/T 3253—2010)。不得使用绝缘护套作为接触网带电部分至接地体间及不同线索间的绝缘隔离部件，不因使用绝缘护套而减小相互间的电气绝缘距离。

13. 电气化设计应注意的关键点

(1)由于站场内咽喉区站线影响，平面布置时应考虑附加导线的转角问题，避免绝缘子被拉平，绝缘距离难以保证，且绝缘子受力不良。

根据现场实际情况，在 H 型支柱向硬横梁过渡时，H 型支柱 AF 线安装方式由线路外侧悬挂调整为柱顶复合绝缘子安装，明显改善了转角过大问题(图 3-14-1)。

图 3-14-1　接触网柱顶复合绝缘子安装

(2)根据以往经验，多股道并行区段采用硬横跨时，吊柱可能因为线间距不足难以满足限界要求，所以正线之间常常出现上、下行正线共用一个吊柱的现象。

解决此问题的方式有两种，第一种方式为采用两组硬横梁，分别用吊柱悬挂上行或下行正线(图 3-14-2)，此种方式应优先使用，但有的位置设置硬横跨很困难，所以当不能设置另一组硬横跨时，只能采用第二种方式；第二种方式为采用特殊吊柱悬挂腕臂，拉大两组腕臂的底座距离，使其满足上、下行“V”停的条件。

(3)秦皇岛站内高速铁路线路和其他线路均并列布置，线间距难以满足正馈线正常悬挂，故需增高支柱高度，正馈线挑高内侧悬挂，设计时应注意距离既有线的距离和正馈线与接触网之间的绝缘间隙(图 3-14-3)。

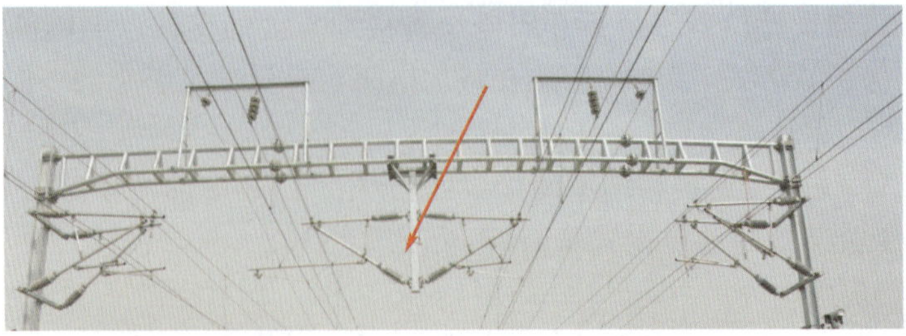

图 3-14-2　上下行正线共用吊柱

图 3-14-3　临近既有线正馈线架设

（4）对于上跨接触网的上跨桥，有些因地形或桥墩限制，正馈线难以正常通过，遇到此类问题时，应及时到现场，掌握第一手资料，正馈线可以采用绕行方式通过（图 3-14-4）。

图 3-14-4　上跨桥下正馈线通过方式

第三节　主要工程内容

一、牵引变电所、开闭所、分区所、AT 所

津秦高速铁路正线采用 AT 供电方式，对于枢纽地区跨线列车联络线、动车组走行线和动

车段等采用带回流线的直接供电方式。全线新建 6 座 AT 牵引变电所，新建 5 座 AT 分区所，新建 2 座分区所兼开闭所，在新建牵引变电所和 AT 分区所之间设置 AT 所 10 座，新建接触网开关控制站 6 处。改造既有山海关 AT 所及秦北牵引变电所，还建津秦沈线军粮城牵引变电所和京哈客运通道秦西分区所，在北京调度所内新建津秦高速铁路调度台。

新建牵引变电所 220 kV 侧采用线路变压器组接线，所内设置两台三相 220/2×27.5 kV 的 VX 接线型式牵引变压器，一主一备运行，每台牵引变压器由两台单相变压器构成。新建牵引变电所 220 kV 电气设备按室外布置设计，新建牵引变电所、AT 分区所、AT 所、分区所兼开闭所 2×27.5 kV/27.5 kV 设备按室内布置设计，2×27.5 kV/27.5 kV 断路器采用 GIS 形式。

二、接 触 网

新建工程为津秦高速铁路正线区段，包括区间正线、车站站线、供电线。既有线改造包括津山线、京哈线改造及秦山地区相关配套工程，正线采用全补偿弹性链形悬挂，满足运行速度要求；其他采用全补偿简单链形悬挂。

承力索、接触导线采用高强度铜合金材质，附加导线一般采用耐腐蚀铝包钢芯铝绞线。高压电缆采用 27.5 kV 铁路专用铜芯电缆，低压电缆采用 1 kV 铜芯电缆和铝芯电缆。新建区段接触网专业全线承力索、接触线各 762.91 条公里（天津站至 K20＋496 共 32.971 条公里，K20＋496 至秦皇岛站 729.939 条公里）。

全线附加线 1091.93 条公里（天津站至 K20＋496 共 11.64 条公里，K20＋496 至秦皇岛站 1080.29 条公里）。

供电线 108.103 条公里（天津站至 K20＋496 共 15.015 条公里，K20＋496 至秦皇岛站 93.088 条公里）。

第十五章　防灾安全监控设计

第一节　设计原则

津秦高速铁路防灾安全监控系统由风、雨、地震以及异物侵限现场监测设备、现场监控单元、监控数据处理设备、工务终端、调度所设备、传输网络等组成。系统设备设置的主要原则如下。

1. 高安全性、可靠性

硬件配置、网络构成等设计应采用高安全可靠性技术，确保系统连续、稳定的运行；提供系统容错机制和故障恢复功能，保证数据信息的安全性；系统本身不发生误报和漏报，不对其他系统正常工作产生不良影响。

特别是异物侵限监控系统的接口应采用“故障-安全”的设计，以确保安全、可靠地实现落物事件的检测及其与信号列控系统的联动控制。

2. 技术先进性及可扩展性

系统设计应采用先进并具有发展前景的技术和产品，并且具有良好的系统扩展功能，保证系统内各子系统之间和与其他相关系统间的互联与扩展，便于用户最大限度地选择硬件设备和应用软件。

3. 布点合理

防风预警、雨量监测、异物侵限监控、地震监控等各类防灾系统现场监测点的布置，应综合考虑沿线的主要技术条件、气候条件、地质条件、动车组技术参数等因素，做到布点科学、合理，起到正确监测、分析、决策的目的。

4. 可维护性

防灾安全监控系统应具有对其设备及网络运行进行管理的能力，以便及时对发现的故障进行处理；系统应便于维护和维修，提供方便的维护手段，维护维修工作应不导致整体系统停机或中断。

第二节　技术方案

一、系统总体构成

结合津秦高速铁路的调度指挥权限的划分及综合维修机构的设置情况，在北京调度所设置防灾系统调度所设备；在秦皇岛站防灾机房设置防灾监控数据处理设备；在北京铁路局工务调度、天津工务段及秦皇岛工务段设置防灾工务终端；根据防灾现场监测点接入的需要，在沿线相关区间 GSM-R 基站防灾机房、牵引变电所、分区所、车站防灾机房等处相应设置防灾安全监控单元；根据铁路沿线气象、地质、线路等情况，设置风、雨、地震及异物侵限现场监测设备。

防灾安全监控系统构成图详见图 3-15-1。

二、系统设备设置

防灾安全监控系统设备，主要包括防灾安全监控数据处理设备、调度所防灾安全监控设备、防灾接入点监控单元、现场监测设备等。

（一）防灾安全监控数据处理设备

在秦皇岛站防灾机房新设防灾安全监控数据处理设备，主要包括：

1. 三层 48 口千兆以太网交换机（主、备用）2 台；
2. 数据库服务器（主、备用）2 台，配置 1 套磁盘阵列；
3. 应用服务器（主、备用）2 台；
4. 接口服务器（主、备用）2 台、防火墙 2 套（与京沪高速铁路、京津城际铁路防灾系统接口）；
5. 时间服务器 1 套；
6. 系统维护管理终端（含激光打印机）1 台，设置于防灾机房；
7. 2 台 10 kVA UPS，每台 UPS 备用时间为 60 min。

（二）调度所防灾安全监控设备

在北京调度所设置防灾安全监控调度所设备，主要包括：

1. 24 口 10M/100 Mb/s 以太网交换机（主、备用）2 台，用于各设备接入；
2. 列调台防灾安全监控终端 2 台（备用 1 台）；

由于北京调度所工程中已考虑津秦高速铁路防灾调度终端，故不考虑调度所设备，仅考虑将系统数据引入北京调度所防灾接入交换机。

（三）防灾系统工务终端

该工程在北京局工务调度、天津工务段、秦皇岛工务段设置防灾系统工务终端。

工务终端由工业控制计算机（含显示器）、通信设备、黑白激光打印机、报警音箱、短信模块、UPS 电源等组成。

工务终端按单套配置，液晶显示器不小于 17 英寸；UPS 电源按单机配置，供电时间不少于 30 min。

（四）防灾监控单元

根据现场监测点接入的需求，监控单元由处理主机、各种监测功能模块、通信模块、继电器组合模块、防雷单元、UPS 电源、机柜等组成。除继电器组合模块外，监控单元主机模块、各种监测功能模块、通信模块均按双机热备配置、支持热插拔，并且双机热备配置的主机和功能模块应在两块不同的电路板上。UPS 电源应选用在线式产品，按双机冗余配置，不间断供电时间不少于 3 h（含风速计加热用电）。

防灾监控单元设置于沿线的 GSM-R 基站、车站防灾机房、牵引变电所、分区所、AT 所防灾机房及中继站等处。

（五）现场监测设备

1. 现场监测设备的构成

现场监测设备主要包括各种采集设备（探测器、传感器、控制器）等。

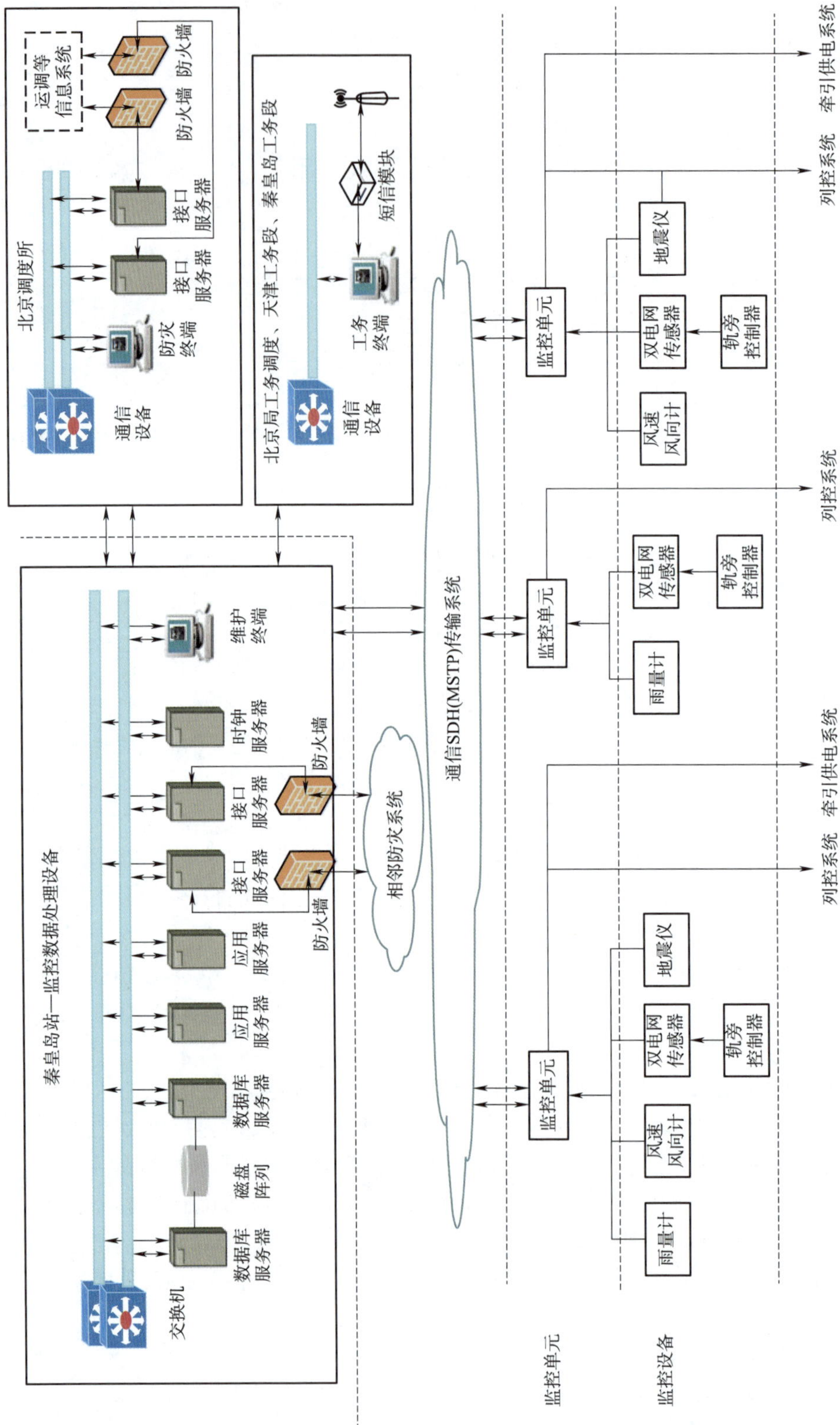

图 3-15-1 防灾安全监控系统构成示意图

2. 现场监测设备的设置

根据铁路有关规范、规定及该线的具体特点，借鉴已开通运营高速铁路及国内外铁路防灾安全监控系统的实施经验，设置该线防灾现场监测设备。

风、雨、地震监测设备由风速计（含气温、气压监测功能）、雨量计、地震仪等组成。

异物侵限监测设备由异物侵限监测传感器和现场控制器组成。

（1）风速风向监测设备

风速风向现场监测设备由风速风向仪、通信接口设备等组成。风速风向计及通信接口设备按双套冗余设置。

风速风向计的设置，根据线路的主要技术条件（线路设计高度、周边地形地貌等），以历史积累的风速资料为基础，确定津秦高速铁路风监测系统的布点方案。风速风向计布设原则如下：

①山区垭口、峡谷、河谷等特殊区段，风速风向监测点的平均间距为 1～5 km。

②轨面高度 10 m 及以上的高架桥、5 m 及以上的高路堤区段，风速风向计的平均间距为 5～10 km。

③除上述情况外的平原区段，风速风向计的平均布设间距不大于 15 km。

其中山区垭口处设置风监测点 8 处，跨河处设置风监测点 6 处，高路堤地段设置风监测点 3 处，高桥地形处设置风监测点 11 处，其他均匀布置设置风监测点 6 处，共计 34 处。

（2）雨量现场监测设备

该工程雨监测点布设于路堑、隧道口及不良路基地段等易产生塌方、水冲线路的处所。

每处雨监测点设置一台雨量计。

雨量计安装于接触网立柱上，距轨面垂直高度 4 m±0.1 m 处，通过数字内屏蔽电缆与邻近的设置于 GSM-R 基站的防灾接入点监控单元联接。该工程雨量计共计 18 处，其中与风速计合设的有 5 处。

（3）地震监测

地震监测点布设原则如下：

津秦高速铁路全线地震动峰值加速度均为 0.1g 及以上，在沿线全部牵引变电所、分区所及部分 AT 所设置地震监测点，设置间距为 13～24 km。

每处地震监测点设置 2 台强震仪，2 台强震仪间距不宜小于 40 m。

其中，东兴路立交桥、昆仑桥及既有外环东路为津秦高速铁路与京津城际延伸线并线地段，该地段防灾监控网、现场控制器及中继站侧继电器由两个工程分别计列，共用津秦高速铁路设置在 GSM-R 基站的监控单元，并分别接入各工程独立的列控中心。

（4）异物侵限现场监测设备

①设置原则

根据《关于印发〈高速铁路防灾安全监控系统—公跨铁立交桥异物侵限监测方案〉的通知》（运技基础〔2010〕739 号）中“线路允许速度不大于 160 km/h 区段内的公跨铁立交桥不设置异物侵限监测装置”有关精神，在线路允许速度大于 160 km/h 区段内的公跨铁立交桥设置异物侵限监测装置，共 12 处。

②设置方案

公跨铁立交桥异物侵限监测装置由竖直监测电网、水平承重网、L 形支架等三部分组成，见图 3-15-2。

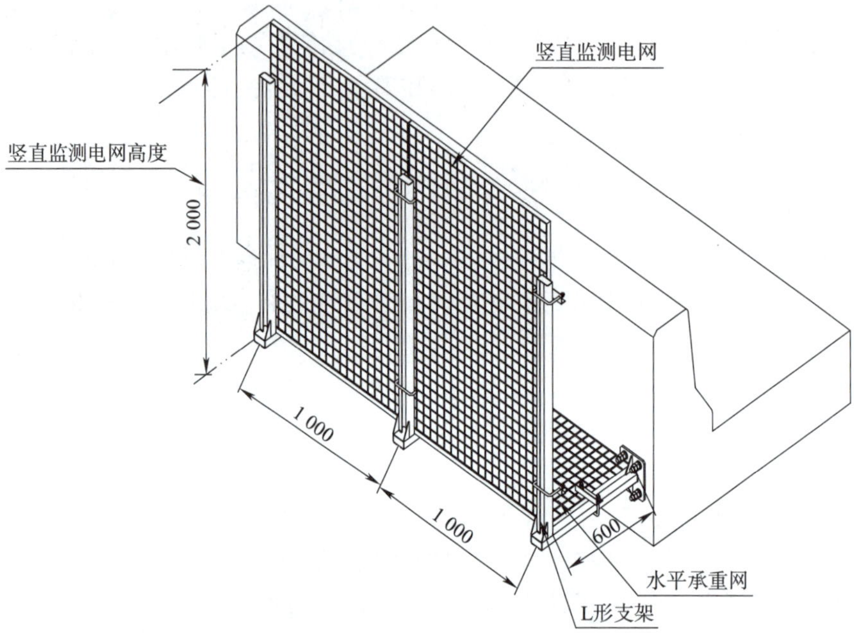

图 3-15-2 公跨铁立交桥异物侵限监测装置

异物侵限监测装置长度的计算。根据“关于印发《高速铁路防灾安全监控系统—公跨铁立交桥异物侵限监测方案》的通知”(运技基础〔2010〕739 号)有关精神，公跨铁立交桥与津秦高速铁路铁路线路的关系见图 3-15-3～图 3-15-5。

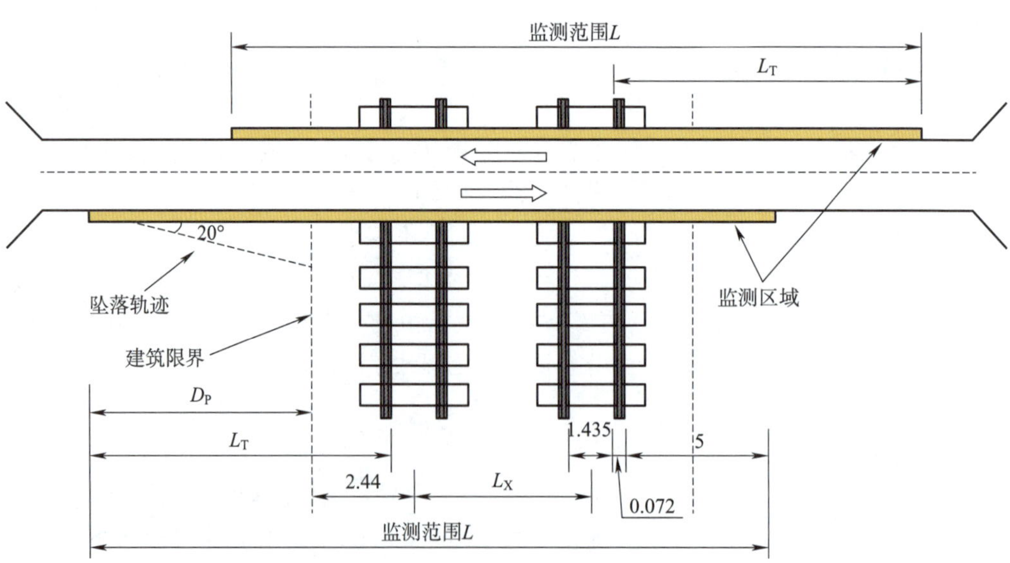

图 3-15-3 公跨铁立交桥与高速铁路线路正交(单位:m)

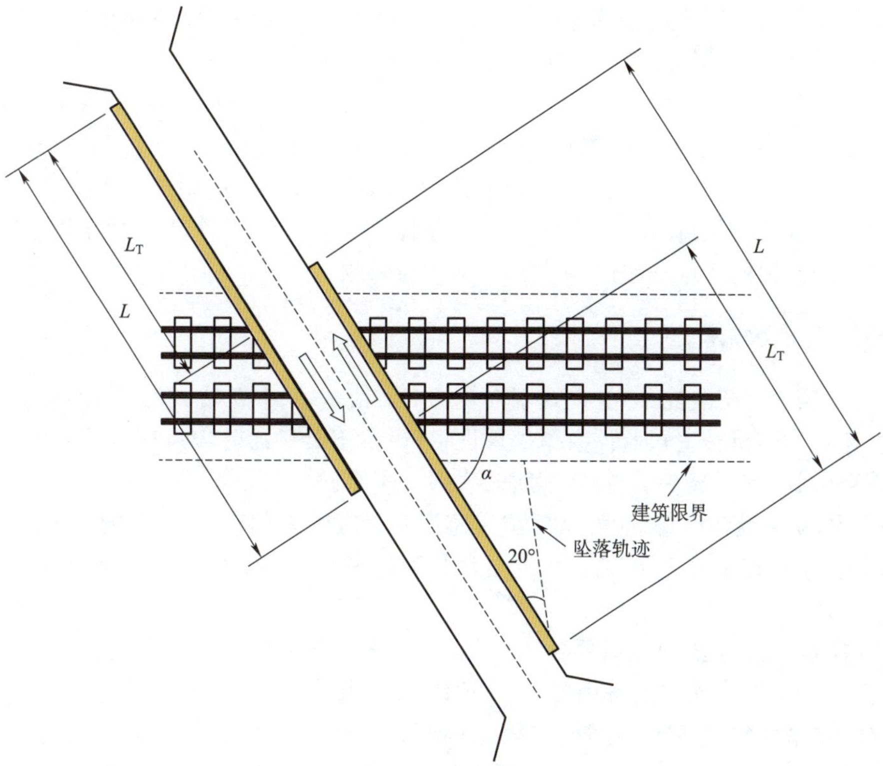

图 3-15-4　公跨铁立交桥与高速铁路线路斜交(锐角)

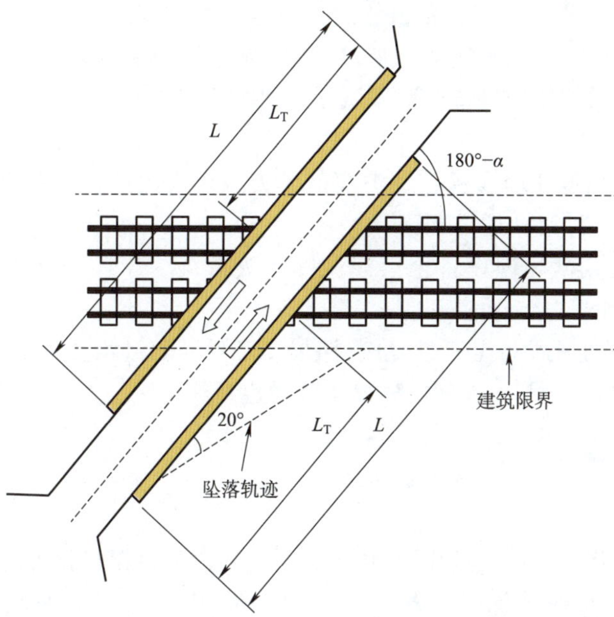

图 3-15-5　公跨铁立交桥与高速铁路线路斜交(钝角)

监测网设置。竖直监测网高度 2 000 mm±55 mm，每单元宽度为 1 000 mm±10 mm，双电网传感器内置于竖直监测网栅格且不得有任何外露，栅格大小为 115 mm×115 mm 至

125 mm×125 mm 之间(中心线到中心线),质量不大于 15 kg;竖直监测网在 50 kg/m^2 静载荷作用下不得开裂(中间部位加载30 min),抗风能力不小于 50 m/s。

水平承重网不设置电网传感器,仅起结构支撑、维护检修平台作用;水平承重网每单元(1 000 mm±10 mm)(平行于公跨铁桥方向)×(600 mm±100 mm)(垂直于公跨铁桥方向),栅格面积不大于 1 200 mm^2(漏空部分),能够承载不小于 100 kg 的附加荷载。

一套异物侵限监测装置单元(包括一个竖直监测电网单元、一个水平承重网单元、一个 L 型支架以及螺栓等)的质量不超过 50 kg。

三、防灾系统传输网络

防灾安全监控系统监控单元(设置于沿线相关通信基站、中继站、牵引变电所、分区所内)、网络汇聚(车站通信机械室)、监控数据处理设备(设置于秦皇岛防灾机房)、调度所设备、工务终端设备等构成防灾系统专用网络,其间的联网方式如下。

1. 风、雨、现场监测设备、地震仪至防灾监控单元之间采用信号数字内屏蔽电缆;异物侵限现场控制器至监控单元之间,监控单元至信号列控中心之间采用信号对称电缆传输现场监测信息。

2. 各区间监控单元通过主备用各 1×FE 口、主备用各 1×2M 通道接至邻近车站,滨海、滨海北及唐山传输系统通过主备用各 1×FE 口、主备用各 2×2M 通道接入秦皇岛防灾机房的防灾监控数据处理设备核心网络交换机;滦河、北戴河及秦皇岛传输系统通过主备用各 1×FE 口、主备用各 2×2M 通道接入秦皇岛防灾机房的防灾监控数据处理设备核心网络交换机。

3. 秦皇岛防灾监控数据处理设备核心交换机至北京调度所防灾系统网络之间通过主备用各 1×FE 口、主备用各 2×2M 通道互联(实现列调防灾终端的接入)。

秦皇岛防灾监控数据处理设备至京津城际延伸线监控单元间通过主备用各 1×FE 口、主备用各 2×2M 通道互联。

秦皇岛防灾监控数据处理设备至京沪高速防灾系统天津西监控数据处理设备间通过各 G. 703 接口、主备用各 2×2M 通道互联。

秦皇岛防灾监控数据处理设备至京津城际防灾系统永乐监控数据处理设备间通过各 G. 703 接口、主备用各 2×2M 通道互联。

4. 防灾监控数据处理设备至工务终端(路局工务处、工务段)之间点对点配置路由器,其间通过主备用各 2×G. 703 口、主备用各 2×2M 通道互联。

四、电源、防雷及接地

1. 电源系统

防灾安全监控系统按一级负荷供电,由电力系统提供带自投自复的配电箱。

在防灾监控数据处理设备中设置 2 台 10 kVA UPS;在各防灾监控单元内配置 2 台 2 kVA UPS。在北京调度所设置 1 台 2 kVA UPS。在各相关工务段设置 1 台 2 kVA UPS。现场设备的不间断供电时间为 3 h,监控数据处理设备处的不间断供电时间为 1 h,其他设备的不间断供电时间为 30 min。

防灾安全监控系统现场监测设备的供电,利用现场信息监测设备至监控单元至间敷设的信号电缆提供电力传输。

2. 防雷及接地

设置于室外的现场监测设备均装设防雷装置，所有区间线路两侧均做电源及通信防雷保护，所有区间线路进入设备机房之前均做防雷接地。

设置于室内、外的现场监测设备的接地均接入综合接地系统，接地电阻值≤1 Ω。

第三节　主要工程内容

1. 系统设置

(1)风监测系统

风速风向计就近安装在接触网立柱上，距轨面垂直高度 4 m±0.1 m 处，每处监测点风速风向计按双套设置，全线共设置 34 处。

(2)雨监测系统

该工程经过地区年降雨量均在 200 mm 以上，雨量计原则上设于路基区段，在邻近路堤、路堑及隧道口等易产生塌方、水冲线路的处所设置雨量计，全线共设置 18 套，其中 5 套与风速计合设。

(3)地震监控系统

根据地质资料，震动峰值加速度均大于 0.1g，结合该线牵引变电所、分区所、AT 所布置，地震监测点设置于全线牵引变电所、分区所及 AT 所。全线共设置 13 处地震监测点，对于 DK53+200～DK171+790 段震动峰值加速度为 0.2g 的地区，地震监测点按加密设置，间距 13～15 km，其他处间距 25 km 左右。每个地震监测点设 2 套地震仪，2 套地震仪的间距一般不小于 40 m。

(4)异物侵限监控系统

根据站前专业提供资料，在 16 处公跨铁处，共设置 12 处上跨公路桥异物侵限监控系统。

(5)监控单元

防灾监控单元由系统主机、UPS 电源设备、数据接收和发送模块、继电器组合模块、防雷单元、网络接口和机柜等设备组成。设置在沿线风、雨、落物、地震及异物侵限现场监测设备附近的通信基站牵引变电所、分区所、AT 所、车站等处，共设置 46 套监控单元。

(6)监控终端的设置

①调度所防灾系统设备

该工程为在北京调度所津秦行车调度台分别配置 1 个防灾监控终端，同时设置 1 个备用防灾监控终端(冷备)。

②工务终端

在北京局工务处设置工务调度终端；在津秦高速铁路管辖范围内的天津、秦皇岛工务段设置防灾系统工务段终端。另外，在通信段设置终端 1 套。

(7)监控数据处理设备

该工程在秦皇岛站房防灾机房设置津秦高速铁路监控数据处理设备。

监控数据处理设备由数据库服务器、应用服务器、磁盘阵列、网络交换机、维护终端、打印机、电源设备等组成。

2. 电源及接地

(1)电源

根据工程的具体情况,新设的防灾系统设备均为一级负荷,采用～380V/～220V 交流电源供电。在防灾机房等处设置 UPS 电源集中供电,其中秦皇岛防灾机房的 UPS 备用时间为 0.5 h;区间防灾机房的电源设备电池备用时间为 3 h。

(2)接地及防雷

防灾机房及室外各类现场监测设备的接地均纳入综合接地系统,接地电阻值不大于 1 Ω。

新设的防雷设施,对防灾安全监控系统 UPS 电源设备进行防雷保护。通信及信息系统的雷电电磁安全防护,应符合行业标准《计算机信息系统雷电电磁脉冲安全防护规范》(GA 267—2000)的规定。

第十六章 客运服务系统设计

第一节 技术方案

津秦高速铁路客运服务信息系统主要包括票务系统、旅客服务信息系统、办公管理信息系统、公安管理信息系统。票务系统由北京局票务系统、车站级票务系统构成。旅客服务信息系统采用路局中心、车站两级结构，在各站新设旅客服务信息系统包括旅服集成管理平台、综合显示子系统、广播子系统、视频监控子系统、时钟子系统及安检仪等。

一、票务系统

1. 总体架构

票务系统由路局级票务系统及车站级票务系统构成，路局级系统设置有数据库服务器、应用服务器、存储设备等，负责津秦各站票务系统业务处理。在沿线各站设置自动售检票服务器、安全防护设备、路由器、网络交换机、窗口售票机、自动售票机、自动检票机、补票机、实名制验票设备等。为满足车站互联网、实名制售票需求，在各自动售票机、人工售票机、自动检票机处设置安装二合一（身份证和银行卡）的读卡设备，在车站入口设置实名制验票设备，通过对身份证及车票的检测，确保进站旅客票、证、人一致。

2. 票务系统功能

票务系统是以席位管理和交易处理为核心，建立广泛的销售渠道，适应多种售检票方式与多种支付形式、灵活的营销策略，售票以人工与自助式售票相结合，检票以自动检票为主的实时交易系统。

各站票务系统主要完成售票、退票、预约预订、检票、收入管理、车站计划管理、车站业务管理监控、系统管理监控、统计分析、综合查询、接口服务等功能。

3. 设备设置

票务系统由北京局票务系统、车站级票务系统构成。在沿线各车站新设车站级票务系统。根据《铁路客运专线客运服务系统总体技术方案》，该工程票务系统的票制采用磁介质纸质客票。

在车站设置服务器（滨海站为自动售检票服务器、其余站为应急服务器）、安全防护设备、网络设备、窗口售票机、自动售票机、自动检票机、补票机等。为满足车站互联网、实名制售票需求，在各自动售票机、人工售票机、自动检票机处增设安装身份证、中铁银通卡及银行卡的读卡设备，确保旅客顺利乘车。

车站建立票务系统专用局域网，并采用二级物理架构，由核心层和接入层交换机组成，核心层采用千兆核心骨干交换机，接入层采用百兆交换机，接入层交换机通过双星形链路与核心层网络交换机互联。

票务系统具备与火灾自动报警系统(FAS)的接口，具备灾害及设备停电等紧急情况下自动或手动控制自动检票机开放的功能。

二、旅客服务信息系统

(一)旅客服务信息系统

1. 系统功能

旅客服务信息系统以信息的自动采集为基础，以为旅客提供全方位信息服务为目标，实现客运车站广播、显示、监控等功能，运用多样化的服务手段为旅客提供优质的服务，实现旅客服务的信息化。

2. 系统构成

在各站新设旅客服务系统包括集成应急管理平台、综合显示子系统、广播子系统、监控子系统、时钟子系统、查询子系统、安检子系统、入侵报警子系统及紧急求助子系统等。

3. 设备设置

采用路局集中管控运维模式。旅客服务信息系统，由路局级旅客服务信息系统及车站旅客服务信息系统构成。

既有北京局中心旅客服务信息系统可满足京沪高速铁路、京石高速铁路接入需求。津秦高速铁路对旅服数据库服务器、应用服务器、操作员站、远程语音等设备进行相应扩容。新设数据库服务器 1 台、应用处理器 2 台、客户端操作员站(4 屏)3 套等硬件设备及相关软件。

车站级旅客服务信息系统主要包括集成应急管理平台、综合显示、客运广播、视频监控、时钟、入侵报警、安检仪等子系统，实现数据交换及信息共享，并为车站旅客及时提供有关客运信息，以提高铁路旅客车站的服务水平，并与路局客服中心联网。

旅客服务信息系统各子系统设备设置根据《铁路旅客车站客运信息系统设计规范》，结合站房建筑平立剖及功能，按照以人为本的设计理念进行设置，满足车站内旅客、生产及管理人员的信息需求。

(二)旅客服务信息系统子系统

1. 集成应急管理平台

(1)集成管理平台

①系统构成

集成管理平台主要包括集成管理平台数据处理主机、应用处理器、接口控制器、磁盘阵列、身份认证模块、客户端操作员工作站及网络设备。

②系统设置

该线在滨海、唐山、北戴河、秦皇岛信息机房设置旅服集成管理平台。

(2)应急管理平台

①系统构成

应急管理平台主要包括应急控制器、接口控制器、客户端操作员工作站及网络设备。在路局客服中心丧失控制权的情况下，启动车站应急管理平台，执行站控模式。

②系统设置

该线在滨海北站、滦河站设置应急管理平台。

(3)综合监控室

①系统构成

主要由液晶监视器、客户端操作员工作站、维护终端、网管终端等构成。

②系统设置

各站客运总控室设置综合监控设备。

2. 综合显示子系统

(1)系统构成

综合显示子系统由控制器和终端显示部分组成。显示屏按旅客流向分别设置于进站厅、出站厅、售票厅、候车厅、进站检票口、站台等处。

(2)系统设置

①北戴河站

北戴河站信息机房设置 LED 显示屏同步控制器、异步控制器。一层进站大屏配置 3 台显示屏同步控制器,二层进站大屏配置 2 台显示屏同步控制器,票额屏配置 2 台显示屏同步控制器,全站其余 LED 显示屏共配置 1 台显示屏异步控制器,每台 PDP 显示屏配置 1 台 PDP 控制器。

②滨海北站、滦河站

车站信息机房设置 LED 显示屏同步控制器、异步控制器。进站大屏配置 2 台显示屏同步控制器,票额屏配置 2 台显示屏同步控制器,全站其余 LED 显示屏配置 1 台显示屏异步控制器。

③唐山站、滨海站、秦皇岛站

车站信息机房设置 LED 显示屏同步控制器、异步控制器及 PDP/LCD 控制器。每块进站大屏各配置 3 台显示屏同步控制器,每块票额屏各配置 2 台显示屏同步控制器,全站其余 LED 显示屏共配置 2 台显示屏异步控制器,每台 PDP/LCD 显示屏配置 1 台 PDP/LCD 控制器。

3. 广播子系统

(1)模拟广播

①系统构成

系统主要包括广播控制台(含信源设备)、广播控制及功放设备(含控制模块、检测单元、功率放大器、接口设备等)、扬声设备及回路检测、区域广播控制盒及噪声传感器等。该线北戴河站、滨海北站、滦河站、秦皇岛站采用模拟广播系统。

②系统设置

车站广播系统覆盖售票厅、候车厅、出站厅、站台、办公区域、站前广场等。

在车站的售票厅、候车厅、出站厅、站台放置无线呼叫站进行人工插播。在候车室、售票厅、出站厅等处所设置噪声检测设备,系统根据背景噪声自动调节该区域广播音量。

(2)数字广播

①系统构成

系统主要包括广播音频控制器、音频切换控制器、功放及扬声设备及回路检测等。该线唐山站、滨海站采用数字广播系统。

②系统设置

车站广播系统覆盖售票厅、进站大厅、车站出口、候车区域、检票区域、站台、办公区域、公共区域等。

在车站的检票口、服务柜台、售票厅、站台等处放置人工呼叫站进行人工插播。在候车室、售票厅、出站厅等处所设置噪声检测设备,系统根据背景噪声自动调节该区域广播音量。

4. 监控子系统

(1)系统构成

视频监控子系统分为"售票室视频监控系统"和"其他区域视频监控系统"两部分。售票室视频监控系统由硬盘录像机、摄像机及监控终端等组成;其他区域视频监控系统由前端视频采集设备、解码器及监控终端组成,纳入通信专业设置的综合视频监控系统。前端视频采集设备、解码器、视频监控终端、售票室视频监控系统的存储设备由信息专业负责设计,其他区域视频监控系统的视频服务器、编码器、存储设备、系统管理工作站等设备由通信专业负责设计(纳入综合视频监控系统统一考虑)。

(2)系统设置

监控系统覆盖进出站口、售票厅、候车区域、检票区域、站台、设备机房、票款室、通道区域(防火通道、紧急疏散、自动扶梯、垂直电梯)等。候车室、进出站大厅、站台等开阔区域采用一体化变焦摄像机,售票室设置半球摄像机,票据、进款室等狭窄财务办公区域采用定焦摄像机。

5. 时钟子系统

(1)系统构成

在北戴河站设置二级母钟及子钟等设备。二级母钟通过 RS-422 接口从通信"时间同步与分配系统"获取标准时间,按标准时间信号同步子钟统一进行时间显示,并通过 NTP 接口为旅客服务信息系统提供统一时间信号。

(2)系统设置

在各站站台设置指针式子钟并与站台信息显示屏结合,见表 3-16-1。

表 3-16-1 各站查询终端设置数量表

车　　站	子钟设置数量(面)
北戴河站	20
滨海北站	8
滦河站	8
唐山站	28
滨海站	16
秦皇岛站	24

6. 查询子系统

(1)系统构成

查询子系统主要由查询终端组成,将查询终端与集成平台进行系统连接,基于服务器/客户端模式,对数据信息中的票务信息、列车运行图、列车时刻、天气情况等信息进行下载、整理,生成本地动态数据库,旅客或工作人员通过方便易用的界面得到这些信息。

(2)系统设置

各站查询终端设置数量表见表 3-16-2。

表 3-16-2　各站查询终端设置数量表

车　　站	查询终端设置数量(台)
北戴河站	2
唐山站	6
滨海站	6
秦皇岛站	2

7. 安检子系统

(1)系统构成

为确保旅客列车运行安全,在各站进站口设置旅客行包安全检查仪(含安检门),配备防爆罐、毯及手持金属探测器。

每台安检仪配置 2 台准高清摄像机,用于对放包、提包过程进行视频监控,在安检仪或安检门适当位置设置 1 台准高清摄像机,用于旅客通过安检过程的视频监控,设置 1 台准高清摄像机,用于旅客面部特征的视频图像采集。在现场设置硬盘录像机存储安检视频图像,不接入综合视频监控系统,在安检仪操作台各设置 1 台视频监控终端。

(2)系统设置

各站安检仪设置数量表见表 3-16-3。

表 3-16-3　各站安检仪设置数量表

车　　站	安检仪设置数量(台)
北戴河站	2
滨海北站	1
滦河站	2
唐山站	2
滨海站	8
秦皇岛站	2

8. 入侵报警系统

(1)系统构成

入侵报警系统由报警主机、现场控制箱、报警按钮和各种探测器组成。

每个售票厅为一个探测区,现场控制箱设置于探头附近,负责接收、辨别探头报警信号、布/撤防设置并向探头供电。报警主机设置于综合监控室,负责接收现场传输来的报警信号,提供电子地图显示,进行防区设置、布/撤防设置和系统配置管理,并存储报警记录。

(2)系统设置

在售票室各房间窗户及票据、进款室门口设置双鉴探测器。

9. 紧急求助系统

(1)系统构成

紧急求助系统由求助主机、值班分机、求助按钮和录音仪组成。

(2)系统设置

在滨海站设置求助主机 1 台,录音工作站 1 台,值班分机 3 台,招援按钮 12 个。

第二节　主要工程内容

客运服务信息系统包括票务系统和旅客服务信息系统。站房客服系统按照路局集中管控考虑，在路局设置自动售检票系统及旅客服务信息系统集成管理平台，沿线大型站设置自动售检票服务器、旅服集成平台服务器，中、小站配置应急服务器。

路局集中管控模式，将数据处理、应用处理向路局集中，能够实现以局为单位的统一指挥、统一管理，全线信息实时同步更新，优化系统资源，减少各车站的设备和人力投入，最终实现减员增效、统一指挥、统一管理和统一维护，实现系统安全、可靠运营。

一、票务系统

津秦高速铁路票务系统由北京局票务系统、车站级票务系统构成。在沿线各车站新设车站级票务系统。根据《铁路客运专线客运服务系统总体技术方案》，该工程票务系统的票制采用磁介质纸质客票。

在车站设置服务器（滨海站为自动售检票服务器、其余站为应急服务器）、安全防护设备、网络设备、窗口售票机、自动售票机、自动检票机、补票机等。为满足车站互联网、实名制售票需求，在各自动售票机（图 3-16-1）、人工售票机、自动检票机（图 3-16-2）处增设安装身份证、中铁银通卡及银行卡的读卡设备，确保旅客顺利乘车。

图 3-16-1　自动售票机

图 3-16-2　自动检票机

车站建立票务系统专用局域网，并采用二级物理架构，由核心层和接入层交换机组成，核心层采用千兆核心骨干交换机，接入层采用百兆交换机，接入层交换机通过双星形链路与核心层网络交换机互联。

票务系统具备与火灾自动报警系统（FAS）的接口，具备灾害及设备停电等紧急情况下自动或手动控制自动检票机开放的功能。

二、旅客服务信息系统

旅客服务信息系统由路局级旅客服务信息系统及车站旅客服务信息系统构成，采用路局集中管控运维模式。

车站级旅客服务信息系统主要包括集成管理平台、综合显示、客运广播、视频监控、时钟、入侵报警、安检仪等子系统，实现数据交换及信息共享，并为车站旅客及时提供有关客运信息，以提高铁路旅客车站的服务水平，并与路局客服中心联网。

旅客服务系统应急管理平台通过与火灾自动报警系统(FAS)等系统的互联，完成系统间信息共享和功能联动。

旅客服务信息系统各子系统设备设置根据《铁路旅客车站客运信息系统设计规范》，结合站房建筑平立剖及功能，按照以人为本的设计理念进行设置，满足车站内旅客、生产及管理人员的信息需求。

1. 集成管理平台

集成管理平台在大型站设置数据库服务器、应用服务器、存储设备，在小型站设置应急控制器、接口控制器，此外还包括客户端操作员工作站(图 3-16-3)及网络设备。在铁路局旅服中心丧失控制权的情况下。启动车站应急管理平台，执行站控模式。

图 3-16-3　旅服系统客户端操作员工作站

2. 综合显示子系统

综合显示子系统由控制器和终端显示部分组成，见图 3-16-4～图 3-16-8。显示屏按旅客流向分别设置于进站大厅、候车厅、出站厅、售票厅、候车厅、进站检票口、站台等处。在信息机房设置 LED 显示屏同步控制器、异步控制器及 PDP/LCD 控制器。

图 3-16-4　候车厅候车引导屏、进站大屏

图 3-16-5　站台到发信息屏

图 3-16-6　检票屏

图 3-16-7　票额屏及售票窗口屏

图 3-16-8　PDP 显示屏

3. 广播子系统

广播子系统主要包括广播音频控制器、音频切换控制器、功放及扬声设备(图 3-16-9)以及回路检测等组成。车站广播系统覆盖售票厅、进站大厅、车站出口、候车区域、检票区域、站台、办公区域、公共区域等。在车站的检票口、服务柜台、售票厅、站台等处放置人工呼叫站进行人工插播。

4. 监控子系统

监控子系统主要由前端音视频采集设备,包括摄像机(图 3-16-10)、拾音器、视频服务器、存储设备、视频监控终端、系统管理终端、视频显示设备等组成。前端视频采集设备、解码器及视频监控终端由信息专业负责设计,视频服务器、编码器、存储设备、系统管理站等设备由通信专业负责设计(纳入综合视频监控系统统一考虑)。监控系统覆盖进出站口、售票厅、候车区域、检票区域、站台、设备机房、票款室、通道区域(防火通道、紧急疏散、自动扶梯、垂直电梯)等。候车室、进出站大厅、站台等开阔区域采用一体化变焦摄像机,售票室设置半球摄像机,票据、进款室等狭窄财务办公区域采用定焦摄像机。

5. 时钟子系统

时钟子系统包括三级母钟及子钟等设备。三级母钟通过 RS-422 接口从通信“时间同步与分配系统”获取标准时间,按标准时间信号同步子钟统一进行时间显示,并通过 NTP 接口为旅客服务信息系统提供统一时间信号。在站台设置指针式子钟并与站台信息显示屏结合。

图 3-16-9　壁装扬声器

图 3-16-10　壁装快球摄像机

6. 自助查询子系统

自助查询子系统将查询终端与集成平台进行系统连接，基于服务器/客户端模式，对数据信息中的票务信息、列车运行图、列车时刻、天气情况等信息进行下载、整理，生成本地动态数据库，旅客或工作人员通过方便易用的界面得到这些信息。自助查询子系统主要由查询终端组成(图 3-16-11)，在售票厅、候车厅、出站厅等处设置查询终端。

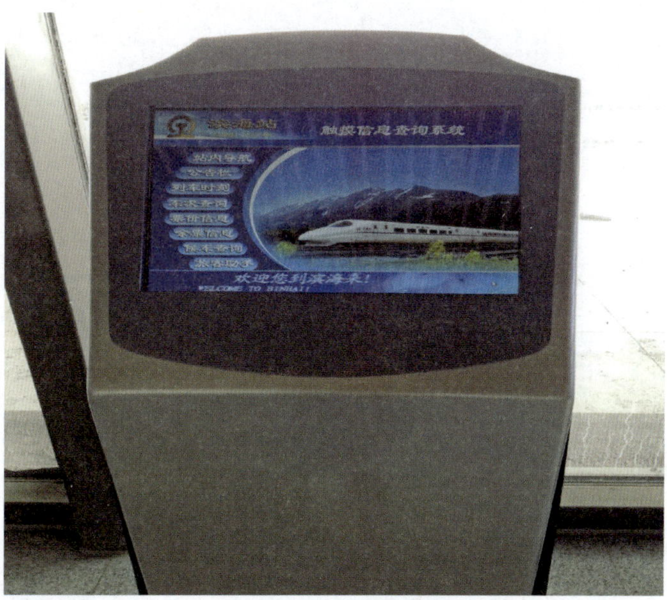

图 3-16-11　查询机

7. 安检子系统

为确保旅客列车运行安全，在进站口设置旅客行包安全检查仪(图 3-16-12)(含安检门)，配备防爆罐及防爆毯，手持金属探测器。每台安检仪配置2台准高清摄像机，用于对放包、提包过程进行视频监控，在安检仪或安检门适当位置设置1台准高清摄像机，用于旅客通过安检过程的视频监控，设置1台准高清摄像机，用于旅客面部特征的视频图像采集。在现场设置硬盘录像机存储安检视频图像。

图 3-16-12　安检仪

第十七章　综合接地系统

第一节　设计原则与标准

一、概　　述

将铁路沿线的牵引供电回流系统、电力供电系统、信号系统、通信及其他电子信息系统、建筑物、道床、站台、桥梁、隧道、声屏障等需接地的装置通过贯通地线连成一体，构成综合接地系统。

综合接地系统技术要求参照《客运专线综合接地技术实施办法(暂行)》(铁集成〔2006〕220号文)、《铁路防雷、电磁兼容及接地工程技术暂行规定》(铁建设〔2007〕39 号)执行。

二、设计原则与标准

(1)为保证人身安全和设备安全，客运专线采用综合接地系统方式。综合接地系统由贯通地线、接地装置及引接线等构成。

(2)距接触网带电体 5 m 范围，以内各专业需要接地的构筑物和设备应接入综合接地系统。

(3)距线路两侧 20 m 范围以内的铁路设备房屋的接地装置应接入综合接地系统。

(4)不便与铁路综合接地系统等电位连接的第三方设施(路外公共建筑物、公共电力系统、金属管线等设施)必须采取可靠的隔离或绝缘等措施。

(5)在综合接地系统中，建筑物、构筑物及设备在贯通地线接入处的接地电阻不大于 1 Ω。

(6)贯通地线应耐腐蚀并符合环保要求。

(7)贯通地线的设置应便于设备就近接入和工程实施。

(8)接地装置应优先利用建筑物中的非预应力结构钢筋作为自然接地体，当自然接地体的接地电阻达不到要求时应增加人工接地体。

(9)路基地段按线路两侧铺设贯通地线；贯通地线在路肩上通信、信号电缆槽下距轨底不小于 1.5 m 处敷设，困难地段也可采用坡脚外埋设，DK9＋000～DK16＋000 处四线并行段津秦高速铁路敷设两根 70 mm^2 贯通地线，上行侧敷设于电缆槽下方，下行侧敷设于津秦高速铁路下行线路路肩下方，其埋设方式同上行线，并保证每 500 m 上下行贯通地线进行一次横向连接。

(10)桥梁地段贯通地线铺设在两侧的信号电缆槽内，每侧一根；接地装置充分利用桥墩基础设置，以满足接地电阻值的要求，接地装置应与贯通地线可靠连接；梁体及桥墩内的接地钢筋充分利用非预应力结构钢筋，原则上不再增加专用的接地钢筋；并在结构物内预埋外联接地端子。

(11)隧道地段贯通地线铺设在两侧的信号电缆槽内，每侧一根，并采取砂防护措施；接地装置充分利用隧道的初期支护锚杆或底板钢筋、非预应力结构钢筋，以满足接地电阻值的要求，接地装置与贯通地线可靠连接；二次衬砌内的接地钢筋充分利用隧道的非预应力结构钢筋，原则上不再增加专用的接地钢筋，并在结构物内预埋外联接地端子。

(12)无砟轨道板内的接地钢筋充分利用非预应力结构钢筋，原则上按每 100 m 与综合贯通地线单点 T 形连接，并在结构物内预埋外联接地端子。

(13)结构钢筋、锚杆、钢架等用于接地目的时应满足：接触网短路电流不大于 25 kA 时，截面应不小于 120 mm^2；接触网短路电流大于 25 kA 时，截面应不小于 200 mm^2(钢筋直径不小于 16 mm)；工程实施中，若单根结构钢筋的截面不足，可将截面之和满足上述要求的相邻两根结构并接使用且无须改变结构钢筋的间距，或者用截面满足上述要求的钢筋替换。

(14)除有特殊要求外，钢筋间的连接应采用搭接焊工艺，焊缝长度为单面焊接长度不小于 100 mm、双面焊接长度不小于 55 mm，钢筋间十字交叉时采用 14 mm($I_k \leqslant 25$ kA)或 16 mm($I_k > 25$ kA)的 L 形钢筋进行焊接(焊接长度同前)；锚杆与钢架或专用环相接地钢筋间的焊接面积应不小于 360 mm^2。

(15)为防止对预应力钢筋的影响，预应力钢筋不应接入综合接地系统。

(16)300～350 km/h 段落贯通地线及引接线采用截面积为铜当量 70 mm^2 的环保铜线；200～250 km/h 段落贯通地线及引接线采用截面积为铜当量 35 mm^2 的环保铜线。

第二节　技 术 方 案

一、路基地段综合接地

路基地段应区别不同地质条件的路段，原则上线路两侧的贯通地线埋设于路基基床内部。在不影响路基工程质量的前提下，贯通地线和引接线的敷设工艺如下。

(1)路堤、土质及软质岩路堑地段的贯通地线埋设于距基床底层顶面以下 30～40 cm 处；硬质岩路堑地段，将贯通地线埋设于通信、信号电缆槽下约 20 cm，沟中回填细粒土；个别困难情况下贯通地线可敷设于电缆槽内，但需采用砂防护。

(2)贯通地线通过分支引接线 T 引接线侧向水平引至路基边坡，沿护肩底以及电缆槽底引入电缆槽靠线路侧内壁位置，与电缆槽靠线路侧内壁预留的接地端子引接线相连接(C 形压接)。

分支引接线以接触网支柱为间隔设置(约 50 m)，每处留一根长度约为 6 m 的分支引接线和一个接地端子，分支引接线与贯通地线同材质。

(3)为进一步提高路基地段接地性能，沿线接触网支柱基础钢筋均作为接地极使用。在制作接触网支柱基础时，应预埋满足综合接地要求的接地端子和连接线，与电缆槽内接地端子连接。

(4)长度超过 1 000 m 的路基地段，每间隔 500 m 左右将上下行贯通地线连接一次；长度为 500～1 000 m 的路基地段，在中间将上下行贯通地线连接一次。

(5)贯通地线的主要埋设工序和工艺原则要求：路基填筑并压实至高于贯通地线埋设深度约 60 mm 高程的同时，预留出 60 mm 深、宽度略大于贯通地线直径的“小槽”，以敷设贯通地线；先向“小槽”内回填 40 mm 粒径不大于 5 mm 的土壤，敷设贯通地线，再次回填 40 mm 粒径不大于 5 mm 的土壤后，进行人工夯实；人工夯实后，必须在“小槽”上方覆盖不少于 100 mm、粒径不大于 5 mm 的土壤，才能进行正常的路基填筑和机械压实作业。

信号工程计列电缆槽内接地端子、分支引接线、横向连接线等数量，接触网基础接地端子等纳入路基工程中；接触网支柱至接地端子连线纳入接触网专业。

二、桥梁地段综合接地

(1)桥梁地段贯通地线敷设于桥梁两侧信号电缆槽内。

(2)利用桥梁结构物(梁体、墩帽、墩身、承台、基础桩等)中的非预应力结构钢筋作为接地钢筋，并由接地钢筋实现横向上、下行线路两侧贯通地线之间的连接。

(3)无砟轨道桥梁和道砟厚度小于 0.3 m 的有砟轨道桥梁，在梁体上表面适当位置处应设纵向接地钢筋，纵向接地钢筋设于防撞墙和无砟轨道板间的 1/2 处和上、下行无砟轨道板间的 1/3 和 2/3 处并贯通整片梁。

当梁体上表面的纵向结构钢筋距混凝土表面的距离小于 100 mm 时，应将纵向结构钢筋作为纵向接地钢筋使用，否则设专用纵向接地钢筋。

(4)在梁一端的顶面及底面预留接地端子，以便与需要接地的构件及下部结构接地体连接，梁部接地钢筋利用梁部相应位置处的结构钢筋。

(5)综合接地系统钢筋在每个桥墩及其基础上布置。桩基础桥梁，应利用每根桩中的至少一根通长结构钢筋作为接地钢筋；利用承台中的结构钢筋将桩中的接地钢筋环接；应利用桥墩中的至少两根结构钢筋作为接地钢筋使用，接地钢筋的一端与承台中的环接钢筋相连，另一端与墩帽处的接地端子(或接地母排)相连。在每个桥墩垂直于线路方向的某个侧面、距地面深 200 mm 处，设一个不锈钢接地端子(水中墩除外)，供测试之用。

(6)明挖基础桥梁，在基底底面设一层钢筋网作为水平接地极，水平接地极钢筋网格约为 1 m×1 m，网格节点应焊接。在各层基础的四周设置垂直接地钢筋，垂直接地钢筋的间隔为层高的 2 倍。垂直接地钢筋在基顶顶面处用连接钢筋环接，并用墩身中的两根结构钢筋引至墩帽处的接地端子(或接地母排)。水平和垂直接地钢筋的外缘距混凝土表面的距离不大于 70 mm。在每个桥墩垂直于线路方向的一个侧面、距地面深 200 mm 处，设一个不锈钢接地端子，供测试和拴接附加接地极之用。

(7)桥梁和桥墩之间的接地钢筋用 70 mm^2 接地铜缆相连，此部分连接应在桥梁施工中完成。

(8)津秦高速铁路正线接地钢筋截面积不小于 200 mm^2($\phi16$)、动车出入段线不小于 120 mm^2($\phi14$)，并与桥梁工程同步施工。

(9)各接地点设接地端子，接地端子直接浇筑在混凝土结构内，表面与结构面齐平。

(10)有防撞墙设置的段落，每块防撞墙顶端应利用原有纵向构造钢筋与梁体内纵向接地钢筋可靠连接。

(11)每个桥墩接地电阻要求小于 10 Ω，但贯通地线接地电阻要求小于 1 Ω。

三、隧道地段综合接地

(1)隧道地段贯通地线敷设于隧道两侧信号电缆槽内，并采用砂防护。以台车位为单元和间隔，利用隧道底板的下层结构钢筋作为接地极；利用横向连接钢筋将接地极与两侧电缆槽壁纵向接地钢筋连接。津秦高速铁路双线隧道两侧各敷设 1 根 70 mm^2 贯通地线。

(2)利用两侧电缆槽侧壁处最上端的纵向结构钢筋作为纵向接地钢筋，直径 16 mm。隧道上、下行电缆槽底部每间隔 100 m 预制 1 个接地端子，每间隔 50 m 在上、下行电缆槽线路侧外壁预制 1 个接地端子或母排。

(3)在隧道综合洞室内侧壁预制 2 个接地端子或母排，并预埋引接钢筋与电缆槽壁纵向接地钢筋连接，分别供通信、电力设备等接地使用。

(4)隧道内其他需接地的电气设备或其他金属构件接地装置，根据需要可与贯通地线等电位连接。其引接线等由相关工程自行实施，引接线数量纳入相关工程中。

(5)涉及综合接地的钢筋用量、焊接、接地端子或母排等纳入隧道工程中。

四、无砟轨道综合接地

(1)在无砟轨道地段利用轨道板中部分上层不小于 16 mm 的 4 根非预应力结构钢筋作为接地钢筋(该钢筋不做绝缘处理)，钢筋截面不小于 200 mm^2(ϕ16)。

(2)为方便工程实施，在每 100 m 无砟轨道板中心位置横向设 1 根 50 mm×4 mm(宽×高)普通扁钢与纵向接地钢筋焊接。

(3)纵向接地钢筋按 100 m 分段连接，段间钢筋不得连接，每块轨道板两端各设 1 个不锈钢接地端子，每 100 m 范围内轨道板间接地端子相互连接，每段轨道板(100 m)中点附近与贯通地线单点 T 形连接 1 次并注意接地钢筋不得构成电气环路。轨道板接地端子应预埋在靠两侧信号电缆槽侧的轨道板侧面。

轨道板间连接线、T 形单点连接线均采用 200 mm^2 的多股裸不锈钢连接线(联络线、动车走行线为 120 mm^2)。

五、站台范围综合接地

(1)站台范围内的贯通地线与路基地段贯通地线同径路沿线路两侧埋设；在站台两端的电缆槽内预留分支引接线及接地端子或母排。

(2)在站台两端分别对两侧贯通地线作横向连接；横向连接线的规格、埋设深度、埋设工序及工艺与路基地段贯通地线的要求相同。

(3)站场内线路侧的站台墙需设置纵向接地钢筋，以解决旅客跨步电压及接触网防断落保护。纵向接地钢筋在站台两端露头预留接地端子，并与电缆槽内预留的接地端子或母排等电位连接。

(4)站台范围内金属结构物(雨棚、栏杆等)的接地，在站台结构内采用接地连接钢筋将其基础内的结构钢筋与站台墙设置的纵向接地钢筋连接。

(5)车站信号楼或行车室的综合接地网，采用接地连接钢筋将其与站台墙内的纵向接地钢筋连接。

(6)靠线路侧站台墙下部沿线路方向每 90 m 预留接地端子；接地端子通过连接钢筋与站台墙内的纵向接地钢筋可靠连接。

(7)接地端子与混凝土面齐平；接地钢筋均可利用站台内非预应力结构钢筋。

(8)涉及综合接地的钢筋用量、焊接和端子等纳入房建工程中。

六、声屏障专业

(1)声屏障长度小于 100 m 的路基地段，两端声屏障基础设接地端子并与贯通地线各连接一次；超过 100 m 的路基地段，除两端声屏障基础与贯通地线各连接一次外，每隔 100 m 设接地端子并连接贯通地线一次。声屏障接地钢筋可利用非预应力结构钢筋。

（2）如声屏障采用非导电材料时，在顶部安装纵向接地钢筋作为保护导体，并与贯通地线可靠连接。

（3）涉及综合接地的钢筋用量、焊接和端子等纳入声屏障工程中。

七、其　他

（1）沿线通信、接触网、电力、信息等工程中需接入综合接地系统的设施（如无线通信铁塔、箱式变电站等），在自设满足要求的接地装置之后，可就近与贯通地线等电位连接，其引接线等由该工程统一实施，数量纳入相关工程。

（2）沿线距贯通地线 20 m 范围以内的设备房屋、设备接地装置等，由各自工程实施完成后，根据需要可就近与贯通地线等电位连接。为降低等电位连接的接入电位，等电位连接线的规格采用与贯通地线相同的材质。接入综合接地系统的建筑不允许设避雷针。

（3）牵引变电所、分区所应通过轨（地）回流，接触网 PW 线（回流线）应通过扼流变压器中点或空心线圈中点进行完全横向连接。

（4）贯通地线要求尽可能直，禁止形成环状；隧道、路堤、路堑、桥梁间的过渡地段贯通地线应平顺连接。

第十八章　系统接口设计

系统接口设计包括站前和站后之间的接口以及站后专业之间的接口。站前和站后接口设计主要内容为接触网基础预留、声屏障基础预留，区间路基段电缆上下路基、电缆井及过轨管预留、桥梁段电缆上下桥槽道预留、锯齿孔预留及电缆洞预留，隧道内设备洞室、过轨及接触网槽道预留、车站内综合管线预留(包括综合电缆槽、电缆过轨管、电缆井、手孔等)、综合接地系统等。分专业接口设计说明如下。

第一节　通　　信

一、接口设计主要内容

通信系统与土建工程等相关专业的接口设计主要内容包括通信线路所需的电缆槽、预设钢管、通信机房等，涉及的专业包括线路、站场、地质物探、路基、桥梁、建筑、结构、暖通、隧道等。

1. 与路基专业的接口

路基专业为通信系统在线路两侧提供通信电缆槽，并间隔一定距离或在特殊地段设置光电缆接头或预留手孔，以及预埋过轨及引下护坡或引出路基钢管。

2. 与桥梁专业的接口

桥梁专业为通信系统在桥两侧提供通信电缆槽，并间隔一定距离预留通信光缆上、下桥条件。在桥上光、电缆引下孔洞沿桥体至地面间架设通信电缆防护槽，固定在桥体、桥墩上，并设置砖砌防护。

桥梁专业在区间视频采集点位置处为通信专业预留的视频杆基础条件。

桥梁专业在桥梁疏散平台位置处除预留上下桥条件外，疏散平台护栏上还需预留 1 处摄像头悬挂条件。

3. 与隧道专业接口

隧道专业为通信系统在隧道内提供设备洞室、隧道设通信电缆槽，并在设备洞室底部设置余长电缆腔。隧道内通信机械室处均预埋过轨钢管，隧道壁距轨面 4.5～4.8 m 为吊挂漏泄同轴电缆提供位置。

4. 与站场专业的接口

在各新建车站(含线路所)中心铁路里程及站台两端，分别埋设穿越站场的防护管 1 处(6 根/处、每根钢管直径为 100 mm)，同时在过轨点两端设置手孔，与线路两侧电缆槽沟通。

分支槽道与主槽道连接处及分支槽道引入主体建筑前均需设置手孔。

沿线路方向站台上设置的电缆槽每隔 200 m 设置手孔 1 处。

手孔需设盖板，盖板应承受一般养护维修车辆等碾压，并考虑排水。

5. 与建筑专业的接口

为避免光、电缆布线及通信设备安装对建筑物结构造成破坏，土建工程中应在通信机房内预制适合光、电缆布放的线缆槽道；在车站内提供满足通信系统建设要求的光缆进线、配线室。各新建站站台由建筑专业设置通信管道人孔，以及提供站台电缆槽道并引至通信机械室引入口处。各通信机械室由建筑专业在室外设置 2 个引入井。

6. 与线路专业的接口

线路专业为区间通信机房的建设提供征地。

二、接口设计说明

1. 通用要求

(1)电缆槽

①过轨管、槽采用材质、规格应在满足站后工程要求的基础上，与相关站前主体工程设计寿命相同的，在寿命期内不应损毁。

②路基、桥梁、隧道设计的电缆槽(含过轨管、槽)及结合部要求平顺，弯曲时的弯曲度不小于 120°。

③电缆槽、电缆井、手孔等设施应考虑排水设施。

④通信信号电缆槽设于最靠近线路侧，电力电缆槽设置于远离路基侧。

⑤区间路基段通信、信号及电力电缆槽需设置于路肩上。路、桥、隧、站相连部位需按[通路(2010)8401]做好电缆槽的有效衔接。

⑥牵引供电电缆布置时，原则上应考虑与通信电缆近距平行布置不小于 2 m。

⑦声屏障设置于电缆槽的外侧(图 3-18-1)。

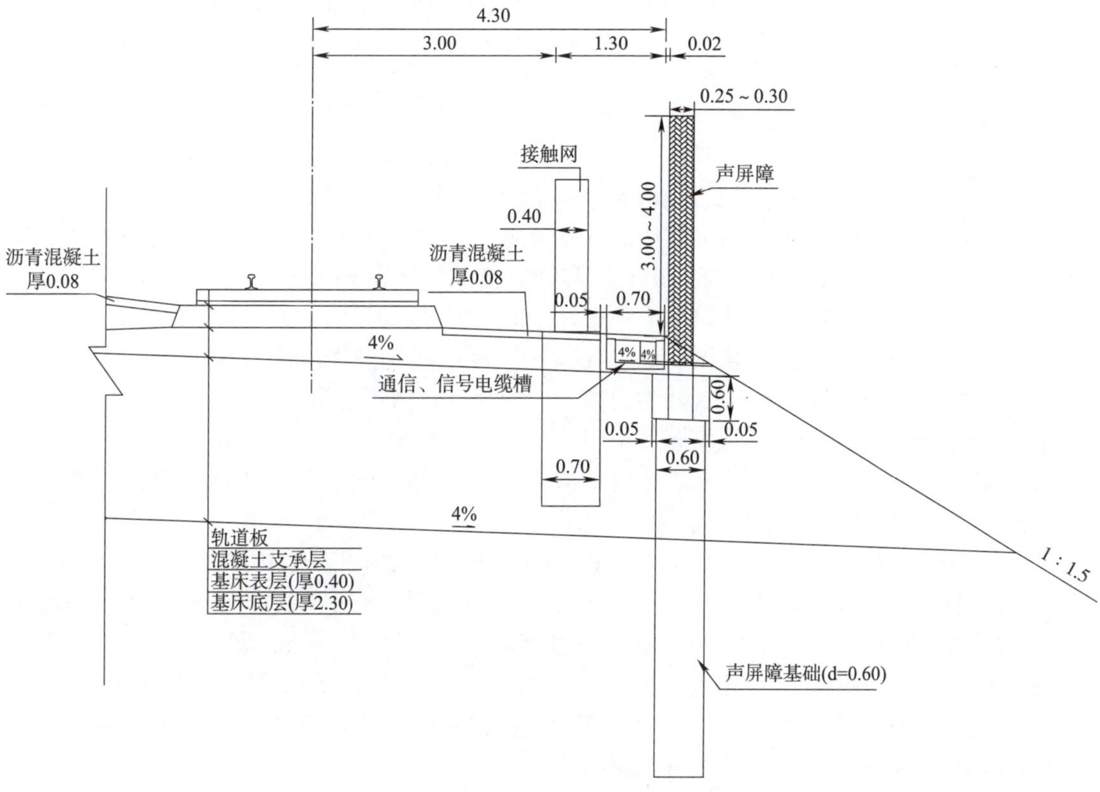

图 3-18-1　通信、信号电缆槽、声屏障设置位置示意图(单位：m)

(2)过轨管线埋设

①在路基内的埋置深度不得小于 600 mm(过轨管的顶部外边缘至轨枕下混凝土承载板顶部间距离)。

②站内过轨管的埋设应结合站内排水设计进行,过轨管线的埋设不宜对站内排水产生较大的影响。

③路基上的各种设备修建和埋设宜与路基同步施工,并不得因其设置而损坏和危及路基的稳固和安全。

④各种下坡脚防护管的弯曲度应大于 120°,以保证电缆敷设平顺的要求。

2. 与区间路基的接口

(1)通信电缆槽要求

全线路基地段线路两侧设置通信电缆槽(附盖板)。线路双线上下行并行时,通信双侧电缆槽沿并行双线外侧设置;线路双线上下行分开时,通信双侧电缆槽分别沿线路上、下行外侧设置。

(2)通信手孔、过轨及下坡要求

通信区间点传输系统采用环网进行设计,使用不同径路的不同光缆构成环网,在以下区间点及其所在里程±100 m 处预留过轨条件及下坡条件:

①区间 GSM-R 基站处;

②区间 GSM-R 直放站处;

③区间视频采集点位置处;

④区间电力独立箱变所在地;

⑤牵引供电专业区间各种所、亭及接触网开关站所在地;

⑥信号专业区间中继站所在地;

⑦区间线路所所在处;

⑧区间公安营房及警务区所在地。

在上述地点对应的位置及其所在里程±100 m 处设置过轨,线路两侧通信电缆槽处设置手孔,房屋所在一侧坡脚外设置手孔,预埋下坡防护管,过轨条件及下坡条件具体要求如下。

在路基上过轨处两侧的通信电缆槽的位置分别设置手孔,手孔净尺寸依据《铁路路基电缆槽》[通路(2010)8401]图Ⅰ型电缆手孔;在房屋所在侧坡脚外设手孔,坡脚外手孔设于排水沟、电缆槽外,手孔净尺寸依据《铁路路基电缆槽》[通路(2010)8401]图Ⅰ型电缆手孔。

以上过轨位置除区间视频采集点位置处过轨外,路基专业在路基处为通信专业预埋过轨钢管 4 根/处,区间视频采集点位置处为通信专业预埋过轨钢管过轨 2 根/处。同时,以上过轨位置处还须为防灾专业预埋过轨钢管 2 根/处。

过轨钢管采用内径为 100 mm 的热浸塑钢管,要求距电力过轨管在 1 m 以上。过轨管应垂直轨道,埋设深度要求在手孔下底面向上约 300 mm 处。

在房屋所在侧以及区间视频采集点位置处的护坡上预埋 6 根(其中通信 4 根,防灾 2 根)下坡防护钢管,防护钢管采用内径为 100 mm 的热浸塑钢管,垂直正线方向,并穿越电力电缆槽、排水沟外 500 mm,深度要求在路基手孔、坡脚手孔底面向上 300 mm 处。

过轨管、下坡防护管、穿越排水沟防护管,应穿过手孔内壁 50 mm;过轨管打磨光滑,以保护电缆;过轨管埋设后,管端两头应暂时用麻油或软布封堵,以免异物进入;所有预埋通信用过轨钢管内预穿 ϕ4 mm 铁线,在两端各预留 1 m。

过轨管、防护管的抗震、抗压强度应能够抵抗路基、桥梁正常行车时的影响,做到不变形,不影响电缆的敷设。

(3)通信引出线路外要求

设有房屋的一侧需要将通信线路引出路基外，要求从坡脚手孔预埋 6 根 ϕ100 mm 钢管至可开挖电缆沟处。

通信线路需引出路堑外时，从护坡上手孔预埋 6 根 ϕ100 mm 钢管至可开挖电缆沟处。

3. 与桥梁的接口

(1)通信电缆槽要求

全线桥梁上线路两侧设置通信电缆槽。线路双线上下行并行时，通信双侧电缆槽沿并行双线外侧设置；线路双线上下行分开时，通信双侧电缆槽分别沿线路上、下行外侧设置。

(2)通信光电缆接头及余留、过轨及引下要求

通信区间点传输系统采用环网进行设计，使用不同径路的不同光缆构成环网，在以下区间点就近墩台以及其相邻墩台里程处为通信专业预留下桥条件，(通信、信息利用同一墩台，与电力不同墩台下桥)，每个墩台为通信专业预留墩台角 1、角 4 下桥条件，为信息专业预留墩台角 2、角 3 处预留下桥条件：

①区间 GSM-R 基站处；

②区间 GSM-R 直放站处；

③区间电力独立箱变所在地；

④牵引供电专业区间各种所、亭、接触网开关站在地；

⑤信号专业区间中继站所在地；

⑥区间线路所所在地；

⑦区间公安营房及警务区所在地；

⑧桥梁疏散平台位置处；

⑨区间视频采集点处。

在上述地点就近墩台及相邻墩台对应位置处光缆要进行上下桥，桥梁专业应在距离上述位置就近桥墩垂直线路方向左右侧对称位置的相邻两孔梁的梁端，设置与通信电缆槽相对的锯齿形槽口。

在以上各上下桥位置所在墩台两侧通信电缆槽下均预设通信光、电缆引下孔洞，同时在桥上光、电缆引下孔洞沿桥体至地面间设置通信电缆钢槽，预留通信电缆槽安装接口，电缆钢槽在地面以下部分埋深不得小于 50 cm，地面以上的电缆钢槽外部应采用砖砌围桩防护，围桩高度不得小于 2 m。

光缆在区间电力专业、牵引供电专业所在地下桥时，避免与电力、牵引供电电缆下桥使用同一桥墩，当无法避免时采用同一桥墩的不同侧。

(3)视频杆基础

桥梁区间视频采集点位置处为通信专业预留的视频杆基础条件，视频杆基础参考 QJ-A1，视频杆用于悬挂摄像头。

(4)桥梁疏散平台

桥梁专业在全线桥梁疏散平台位置处通信、电力电缆槽下为通信、电力专业预留电缆下桥孔洞及下桥条件。另外，疏散平台护栏上预留 1 处摄像头悬挂条件。

4. 与隧道的接口

(1)隧道设备洞室设置地点

隧道内光纤直放站机房处需设置通信设备专用洞室，面向大里程方向左侧，设置防护门，

防护门满足列车最高设计时速运行时防护要求。隧道内光纤直放站设备洞室(圆拱及光电缆余长腔除外)尺寸为 4 m×4 m×3 m(宽×深×高)(不含开门距离)。

隧道内通信机械室均应满足一级防水要求,洞口封墙,并应满足装设防护门的要求(防护门高 2.2 m,宽 1.2 m)。

(2)隧道电缆槽设置要求

在隧道左右侧设置通信信号电缆槽,电缆槽尺寸为 350 mm×300 mm(宽×深),上设盖板,盖板顶面与通信机械室底面平齐。

隧道内通信机械室(直放站)底部、电力设备洞室及综合洞室底部均应设置光、电缆余留腔,净空尺寸不小于 1 000 mm×800 mm×300 mm(长×宽×深),并满足一级防水要求。

(3)区间路基、桥梁及隧道间过渡段要求

路基、桥梁、隧道设计的电缆槽(含过轨管、槽)及结合部要求平顺,弯曲角度应不小于 120°。

(4)隧道内壁挂漏泄同轴电缆位置

隧道洞壁距轨面 4.5~4.8 m 为通信专业吊挂漏泄同轴电缆预留条件(每隔 1 m 固定 1 次),挂设于面向大里程方向左侧的隧道壁。考虑吊挂安装漏泄同轴电缆时对隧道防水层的影响。

(5)隧道内过轨预留钢管要求

①预埋位置和数量

隧道内直放站位置处,每处均需预埋 4 根过轨钢管;

隧道内电力设备洞室处(具体位置由电力专业提供),每处均需预埋 4 根过轨钢管;

隧道内与通信洞室同侧各综合洞室位置处,每处均需预埋 4 根过轨钢管;

隧道进出口处,每处均需预埋 4 根过轨钢管;

隧道斜井、紧急出口、救援平台、射流风机处,每处均需预埋 4 根过轨钢管。

②过轨钢管规格

内径为 ϕ100 mm 热浸塑钢管,内穿 ϕ4 mm 铁线并在两端各预留 1 m 以备穿缆使用,管口用油麻封堵,钢管均需抗震抗压。钢管埋设深度需保证过轨钢管在施工后不断裂、不变形、不堵塞。

③预埋方式要求

过轨钢管垂直于线路平行排列,间距 50 mm;要求距电力过轨管净距在 1 m 以上。

钢管一端与通信电缆槽沟通,另一端延伸至对侧通信设备洞室、电力设备洞室、综合洞室的光/电缆预留腔内,钢管底部应高出电缆槽底 3~5 cm,当预埋过轨钢管有弯曲时,弯曲角度应大于 120°,以利光电缆穿放。

(6)隧道内预埋接地要求

隧道内通信设备洞室处接地利用隧道内信号贯通地线,通信设备洞室预留出供通信设备接地用的接地端子 2 处,接地端子设在高出地面约 200 mm,与防静电地板基本平齐。隧道大避车洞内预留出供通信应急救援电话接地用的接地端子,接地端子设在高出地面约 200 mm。

(7)对给排水要求

应保证通信电缆槽、设备机房等基础设施无积水。

5. 与站场的接口

(1)通信电缆槽要求

区间电缆槽与站内电缆槽贯通,并且站台范围内电缆槽与区间电缆槽平顺衔接,光电缆槽须设置分支槽道与单体建筑连接,通信线路采用环引方式,站房需预留 2 处不同引入位置,站房引入前设带水泥盖板的电缆余留坑，分别与基本站台光电缆槽沟通。

(2)通信手孔及过轨要求

各新建车站(含线路所)中心铁路里程、站台两端及车站两端咽喉区，分别埋设穿越站场的防护管1处(6根/处、管内径为 ϕ100 mm热浸塑钢管)，管内预穿 ϕ4 mm铁线2根，两端各预留1 m，并用油麻或软布封堵；过轨钢管内径为 ϕ100 mm，要求距电力过轨管在1 m以上。同时在过轨点两端设置手孔，与线路两侧电缆槽沟通，手孔净尺寸为1 000 mm×1 000 mm×900 mm(长×宽×深)。

分支槽道与主槽道连接处及分支槽道引入主体建筑前均需设置手孔，手孔净尺寸为1 000 mm×1 000 mm×1 000 mm(长×宽×深)。沿线路方向站台上设置的电缆槽每隔200 m设置手孔一处，尺寸为1 000 mm×1 000 mm×1 000 mm(长×宽×深)。

手孔需设盖板，盖板应承受一般养护维修车辆等碾压，并考虑排水。

6. 与房建(站房雨棚)的接口

沿线在车站、段所、区间信息接入点等处设置通信机房，并满足抗50年不遇洪水或内涝水位要求(并考虑0.5 m安全超高)，通信机房(含防灾机柜安装位置)的环境、装修应满足相关的技术指标。

为避免光、电缆布线及通信设备安装对建筑物结构造成破坏，土建工程中应为通信系统预留沟槽管洞，在通信机房内预埋适合光、电缆布放的线缆槽道；在车站内提供满足通信系统建设要求的光缆进线、配线室。各新建站站台由建筑专业设置通信管道人孔以及提供站台电缆槽道并引至通信机械室引入口处。各通信机械室由房建专业在室外设置2个引入井。

结构专业负责通信铁塔基础的设计。

7. 四电专业内部接口

通信、信息专业与四电其他专业接口见图3-18-2、图3-18-3。

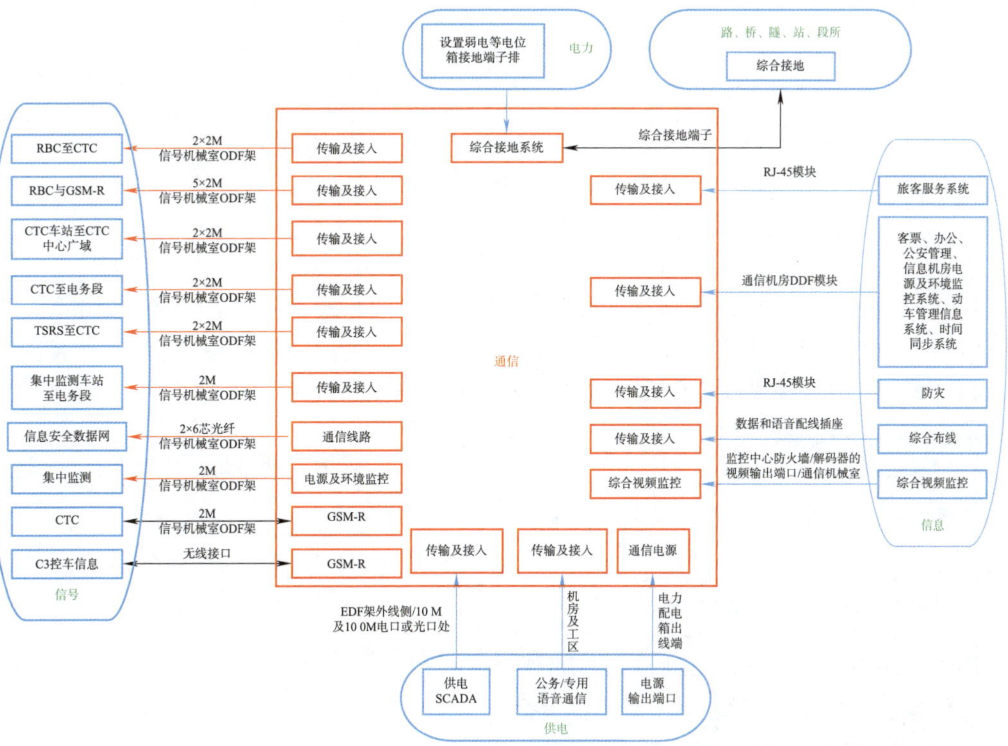

图3-18-2　通信专业与其他专业接口示意图

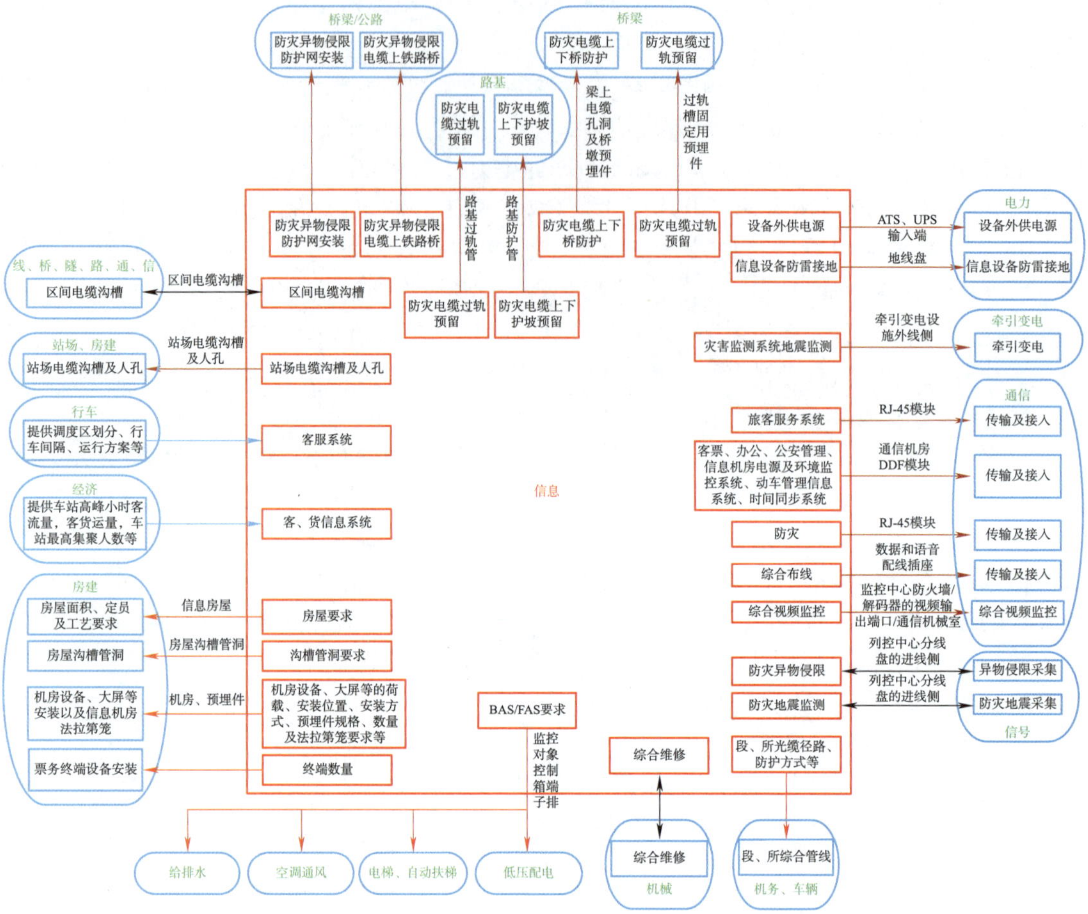

图 3-18-3　信息专业与其他专业接口示意图

三、其他说明

1. 应特别注意：过轨管、衔接段保护管埋设后，管端两头应暂时可靠封堵，以免异物进入，并在管内预设两根贯通的铁丝。需要弯曲的保护管，必须严格保证达到弯曲半径要求。

2. 电缆槽应考虑在路基、桥梁间的过渡防护条件，电缆槽连接要平缓，弯曲角度不得小于120°，保证电缆敷设要求。

第二节　信　　号

一、接口设计主要内容

高速铁路由线路、桥梁、站场、路基、隧道、建筑等相关专业为信号专业提供电缆槽、电缆井、贯通地线、接地端子等预留，主要内容包括：

1. 全线线路两侧设置区间信号电缆槽；

2. 站场线路两侧设置站场信号电缆槽；

3. 车站站台范围内设置综合电缆沟；

4. 区间信号中继站、线路所及其他区间、站场内信号电缆过轨处设置过轨电缆井并预埋过轨包塑金属软管；

5. 区间路基段信号中继站、线路所等电缆下边坡处预留上下边坡电缆槽；

6. 区间桥梁段信号中继站、线路所等电缆上下桥处预留上下桥锯齿孔及电缆钢槽；

7. 站场范围内根据信号专业要求设置电缆过轨井、预埋过轨包塑金属软管、预留上下边坡电缆槽；

8. 站台范围内根据信号专业要求在电力设施对应处设置综合电缆沟、信号电缆沟。

二、接口设计说明

1. 与路基的接口

路基地段线路两侧设置通信信号电缆沟槽(附盖板)，合槽共用且共用盖板，尺寸按《铁路路基电缆槽》(通路〔2010〕8401)图册执行。

原则上路基双线并行段信号电缆分走两侧，不设过轨钢管。有砟地段，考虑横向连接的过轨，每处横向连接处设置 2 根预埋钢管。

对应中继站处，线路两侧路肩应设置电缆井，中继站一侧坡脚也应设置电缆井。电缆井采用Ⅱ型电缆井，深度不小于过轨钢管底部埋深。预埋过轨热浸塑钢管 ϕ100 mm×8(含通信2 根)沟通路肩两侧电缆井，过轨管间距 20～40 mm；从路肩手孔至坡脚设置下护坡电缆槽，并与坡脚至中继站电缆槽连通。

坡脚处电缆井应高出地面 200 mm 以防渗水，电缆井应预留通往中继站的电缆槽孔洞，净尺寸为 400 mm×400 mm，孔底部距电缆井底部 100 mm 以上。过轨管与电缆井内壁平齐；过轨管打磨光滑，以保护电缆；过轨管内预设 2 根直径 ϕ4 mm 的铁丝。电缆槽及路肩上电缆井的排水由路基专业统一考虑。坡脚处电缆井的底部考虑排水。路基段中继站处电缆井及电缆槽示意图见图 3-18-4。

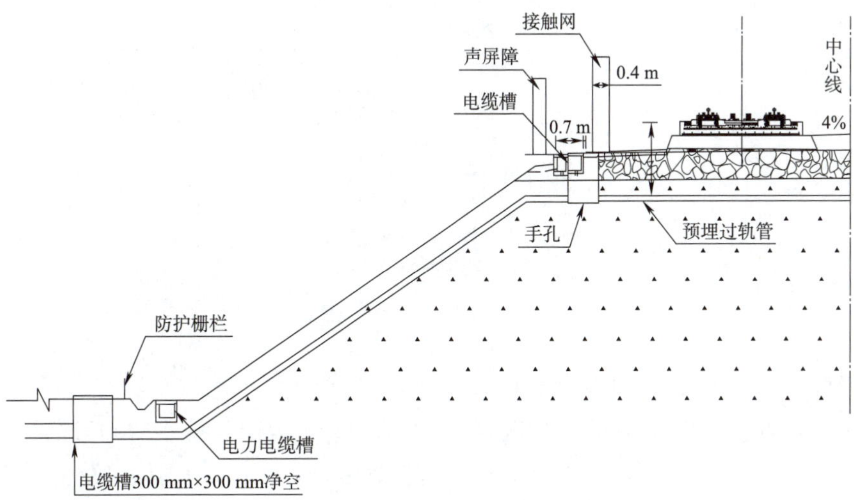

图 3-18-4　路基段中继站处手孔及电缆槽示意图

2. 与桥梁专业接口

双线桥梁地段线路两侧均预留信号电缆槽，单线桥梁地段，在列车正向运行方向的左侧设置信号电缆槽。在路桥、桥隧过渡段参照路基及桥梁专业通用图，应保证强、弱电电缆槽隔离。

对应信号中继站的桥上信号电缆槽设电缆引下孔洞（在就近桥墩处，误差不大于30 m）。在孔洞沿桥体至地面间桥梁专业安装钢制信号电缆槽（固定在桥体、桥墩上），在电缆引至墩台下之后，如有条件，可通过明挖方式将电缆引入信号中继站，或通过电缆槽或敷设钢管的方式引入信号中继站内。钢槽在地面以下部分，电缆槽下端部距地面埋深不应小于500 mm。

为避免电缆在梁缝处裸露，在桥梁伸缩缝处，通信信号电缆槽内各设置不小于400 mm×200 mm×150 mm（长×宽×高）的复合电缆槽，复合槽采用SMC材料，材质要求见表3-18-1，复合电缆槽需有防火功能，复合电缆槽一端采用2个M16化学锚栓固定于桥面电缆槽内，另一侧活动，以保证梁面伸缩时电缆槽能在梁面上自由滑动。通信信号电缆槽采用带隔板的电缆槽，隔板与电缆槽壁间的距离为40 mm±2 mm，见图3-18-5。

表3-18-1 SMC复合材料的物理、力学及电性能指标

序号	项目		单位	指标
1	密度		g/cm³	≤1.95
2	吸水性		mg	≤20
3	弯曲强度		MPa	≥170
4	简支梁冲击强度		kJ/m²	≥90
5	热变形温度		℃	≥240
6	绝缘电阻	常态	Ω	$\geq 1.0\times 10^{11}$
		浸水24 h	Ω	$\geq 1.0\times 10^{12}$
7	可燃性及燃烧性	氯指数	%	>28
		燃烧性	级	V-0
		灼热丝可燃性	℃	850

图3-18-5 带隔板的电缆槽

T梁区段均采用SMC材质的复合电缆槽。

设置护轮轨的桥梁地段，根据《铁路桥梁铺设护轨暂行规定》（铁运〔2007〕243号）的要求，当桥上线路中心设置有应答器时，护轨应在应答器处断开。根据《中国铁路总公司关于进一步加强客专工程桥梁地段综合贯通地线防盗工作的通知》（铁总运〔2013〕64号）文件要求，应将贯通地线埋设于保护层内。贯通地线施工于桥面防水层铺设和保护层铺设间进行，即在防水层涂刷后，敷设贯通地线，贯通地线与接地端子连接后再进行保护层施工。在桥梁伸缩缝处，

应与梁缝处 SMC 复合电缆槽平顺衔接，贯通地线敷设于复合槽内。

3. 与隧道专业接口

新建双线单孔隧道的两侧均设置信号用电缆槽(附盖板)。桥梁、路基过渡段电缆槽需平滑衔接，弯曲角度不小于 120°。

停车标志牌安装在隧道壁上，隧道专业提供隧道壁上安装固定螺栓的技术要求。

分向电缆盒、调谐单元、匹配变压器、空芯线圈等安装于电缆槽边墙内方(线路侧)，要求电缆槽边墙内侧轨面以下有 620 mm 高的安装空间。

高速铁路正线原则上不设信号机，设信号停车标志牌，原则上采用隧道侧壁安装。

4. 与站场专业的接口

(1)站场范围内沿站场两侧设信号电缆槽，信号电缆槽靠近线路侧，与区间信号电缆槽平顺衔接。

规模较大的车站电缆槽净尺寸为 500 mm×300 mm(宽×深)或更大尺寸，中间站车站电缆槽净尺寸为 350 mm×300 mm(宽×深)，从信号电缆间的电缆引入孔处开始设置电缆槽 1 000 mm×600 mm(宽×深)，垂直于线路与信号电缆引入孔所在侧的信号电缆槽贯通，并在相交处设置电缆井。

在靠近综合站房(信号楼)一侧车站站台范围内设置综合管沟，要求净尺寸 1 800 mm×2 200 mm(宽×深)，综合管沟内单侧设热浸塑镀锌电缆支架(支架伸出部分 400 mm)，前后间隔1 m，垂直间隔 0.3 m，垂直方向布置 6～7 层，每层承重不小于 300 kg；综合管沟与电缆引入间应通过电缆槽，电缆槽尺寸为 800 mm×300 mm(宽×深)，支架应光滑无毛刺，避免划伤电缆。

在综合站房(信号楼)对侧站台上设置电缆槽，电缆槽尺寸为 300 mm×300 mm(宽×高)并与站场范围内电缆槽平顺连接。

(2)进站信号机处设置过轨钢管，过轨钢管垂直于线路平行排列，与线路两侧信号电缆槽连通。

车站出站信号机至进站信号机范围内(即咽喉区)，每个出站信号机外方(靠近站中心侧)3 m 及 30 m 位置、每组道岔岔尖前方 1 m 位置均预埋过轨钢管，连通上、下行干线电缆槽，过轨钢管垂直于线路平行排列。

(3)各站站场两侧的信号电缆槽在位于站台两端设钢管跨股道连通两侧电缆槽并设电缆井进行连接。

(4)车站范围内电缆过轨及径路示意图见图 3-18-6。

(5)完成站内正线以外的胶结绝缘的设置，完成站内有砟区段除正线外的电容枕的设置。

5. 房建、暖通

房建专业完成车站基本站台范围内设置电缆槽或电缆廊道的设置；新建和接建信号房屋的设计；信号电线路进室、穿跨楼板等处防火封堵；与电力专业配合完成信号设备房屋综合防雷——室内法拉第笼、屏蔽网钢筋预埋设计。

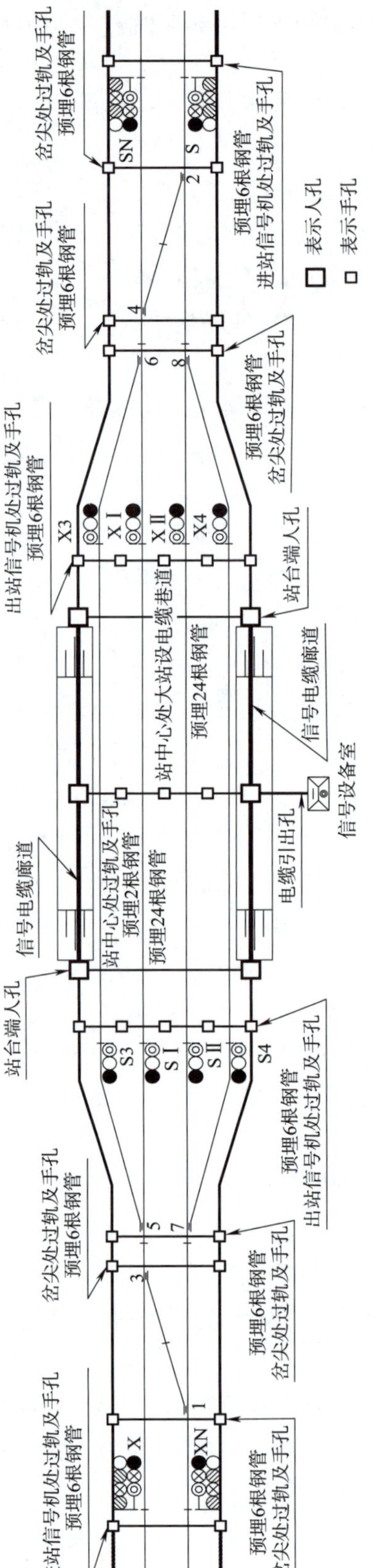

图 3-18-6 车站范围内电缆过轨及径路示意图

暖通专业为信号设备用房配置冗余的机房专用空调，并设置消防设施和采暖设施。

6. 与四电其他专业

信号专业与四电其他专业接口见图 3-18-7。

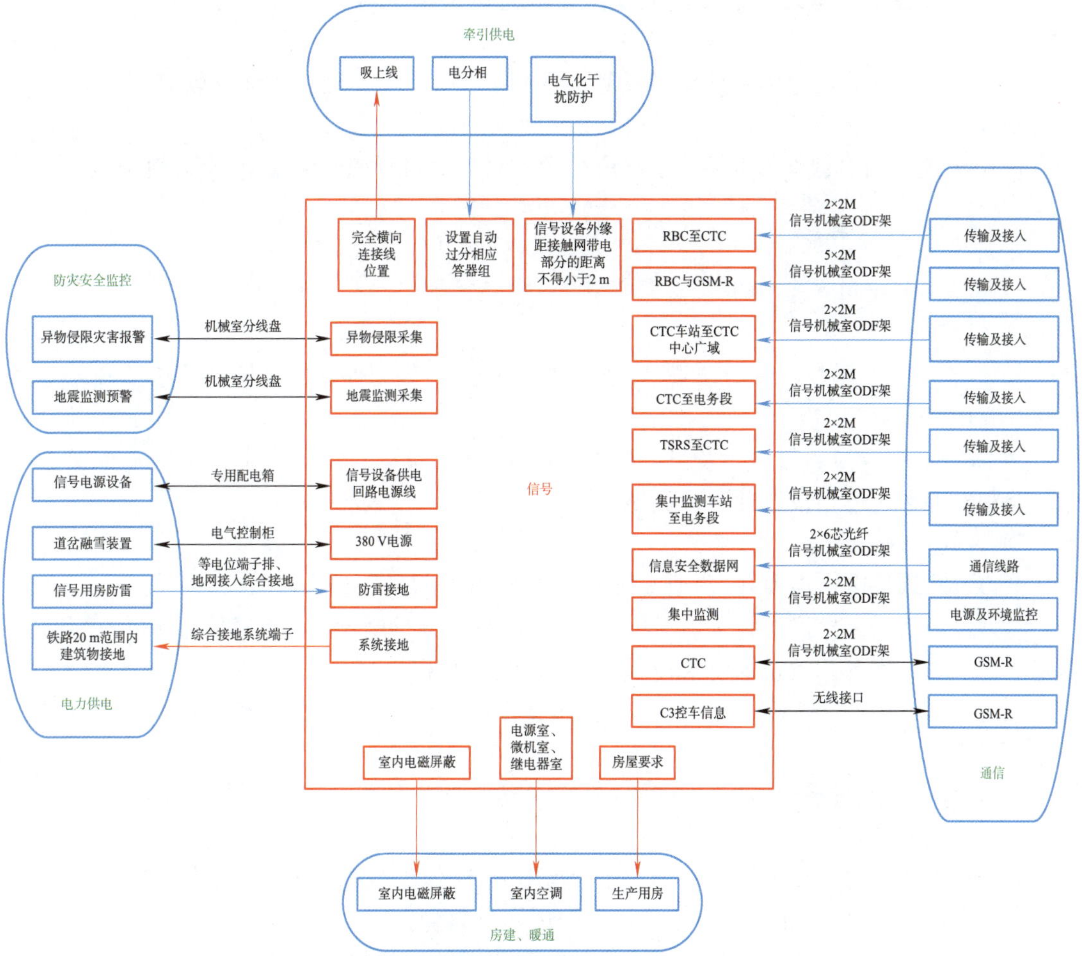

图 3-18-7　信号专业与其他专业接口示意图

第三节　电　　力

一、接口设计主要内容

由线路、桥梁、站场、路基、隧道、建筑等相关专业为电力专业提供电缆槽、电缆井、设备洞等预留，主要内容包括：

1. 全线线路两侧设置区间电力电缆槽；
2. 站场线路两侧设置站场电力电缆槽；
3. 车站站台范围内设置综合电缆沟；
4. 区间通信基站、直放站、中继站、线路所及其他区间、站场内电力电缆过轨处设置过轨电缆井并预埋过轨包塑金属软管；

5. 区间路基段通信基站、直放站、中继站、线路所等电缆下边坡处预留上下边坡电缆槽；

6. 区间桥梁段通信基站、直放站、中继站、线路所等电缆上下桥处预留上下桥锯齿孔及电缆钢槽；

7. 区间隧道根据电力设备设置位置预留电力设备洞室，并预埋过轨包塑金属软管至洞室内；

8. 站场范围内根据电力专业要求设置电缆过轨井、预埋过轨包塑金属软管、预留上下边坡电缆槽；

9. 站台范围内根据电力专业要求在电力设施对应处设置综合电缆沟、电力电缆沟。

二、接口设计说明

1. 与路基的接口

(1)电缆槽要求

区间、站场内电缆槽的相对位置、尺寸及防排水根据《铁路路基电缆槽》(通路〔2010〕8401)及路基等相关专业要求设计。

路基电缆槽(含过轨管、槽)及与桥梁、隧道段的结合部要求平顺，弯曲角度应不小于120°。

路基电缆槽应适当设置过渡、冗余电缆井。

(2)区间过轨要求

电力过轨采用电力电缆井，预埋4根直径ϕ150 mm过轨包塑金属软管。

电力过轨管采用模注防腐工程塑料工艺，应具备防腐、防水性能，并满足运输、保存和现场施工工况下的强度等相关技术要求，外形不应受外力破坏。

电力过轨管中心间距为150 mm，交叉时距离不小于500 mm。与通信、信号、信息过轨管净距不应小于1 m。

电力过轨管内、外壁(特别是连接处)和端口应光滑无毛刺，过轨管内预穿ϕ4 mm镀锌铁丝2根，两端各预留1 m。

电力过轨管端口采用电缆保护套等保护措施，以确保穿电缆时无外皮划伤，施工前两端应用油麻或软布封堵，以防止异物在施工过程中进入过轨管。

电力过轨管可满足现场电缆任意敷设方向和角度的无损折弯性能，且弯曲处横截面不能变形，以确保电缆平顺敷设。允许弯曲半径小于直径20倍。

现场弯曲定型就位后，先进行水泥包封再填埋。

当同一里程有几种过轨时应适当错开布置。当电缆井设置位置与接触网支柱位置干扰时，需将电缆井顺线路方向平移至接触网支柱基础之外。

(3)上下边坡电缆槽、站场电缆沟要求

从上下边坡处电力电缆井至线路路基坡脚排水沟外防护栅栏处、坡顶防护栅栏处及站场范围内预设电缆槽，并考虑相应排水措施。上、下行电缆处需分槽设置。电缆所用电缆槽、电缆井均设置盖板，盖板材质与路基段一致，应考虑养护维修人员通行及放置小型养路机械的要求。

2. 与桥梁专业接口

(1)电缆槽要求

双线桥梁上线路两侧设置电力电缆槽，单线桥原则在电缆槽设置于列车正常行车方向的右侧，桥梁电缆槽布置见图3-18-8。

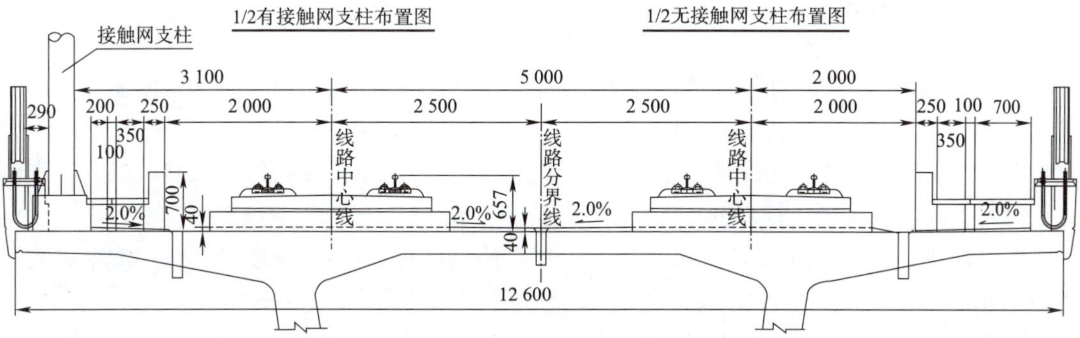

图 3-18-8　桥梁电缆槽布置示意图(单位:mm)

(2)电缆上下桥要求

桥梁上对应电力电缆槽所预留锯齿孔(图 3-18-9)与桥墩上所预留的电力电缆上下桥槽道(图 3-18-10)应相对应。

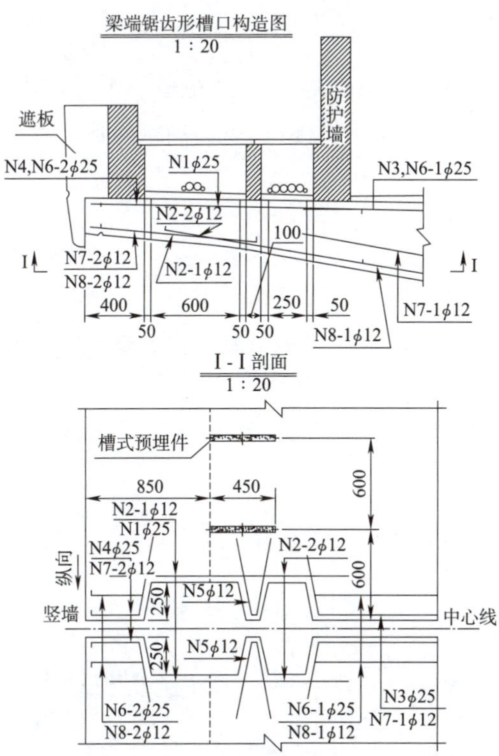

图 3-18-9　电缆引下锯齿孔示意图(单位:mm)

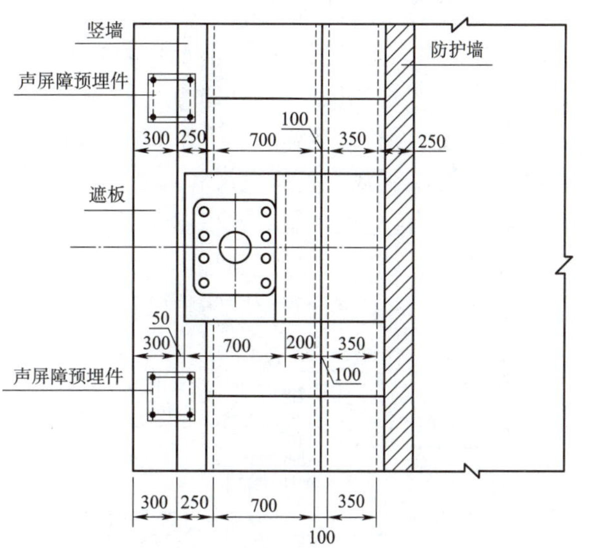

图 3-18-10　电缆槽平面布置图(单位:mm)

单线桥时电缆上下桥位置需根据电缆敷设的方向确定,原则上电缆敷设于正常行车方向的右侧,电缆上下桥预留需与电缆敷设路径保持一致。

基站、直放站、中继站、牵引变电所、分区所、AT 所、线路所、警务区等铁路设备房屋对应就近的两个桥墩预留接地端子,并做好标记。

3. 与隧道专业接口

(1)电缆槽要求

全线隧道两侧设置电力电缆槽。

(2)隧道内过轨要求

隧道内过轨管包括电力洞室过轨预埋管、通信等设备洞室电力过轨预埋管、隧道口电力预埋管。

电力过轨管采用模注防腐工程塑料工艺,应具备防腐、防水性能,并满足运输、保存和现场施工工况下的强度等相关技术要求,外形不应受外力破坏。

电力过轨管中心间距为 150 mm,交叉时距离不小于 500 mm。与通信、信号、信息过轨管净距不应小于 1 m。

电力过轨管内、外壁(特别是连接处)和端口应光滑无毛刺,过轨管内预穿 ϕ4 mm 镀锌铁丝 2 根,两端各预留 1 m。

电力过轨管端口采用电缆保护套等保护措施,以确保穿电缆时无外皮划伤,施工前两端应用油麻或软布封堵,以防止异物在施工过程中进入过轨管。

电力过轨管可满足现场电缆任意敷设方向和角度的无损折弯性能,且弯曲处横截面不能变形,以确保电缆平顺敷设。允许弯曲半径小于直径 20 倍。

现场弯曲定型就位后,先进行水泥包封再填埋。

电力过轨管预埋管,无隧道洞室处,两端均位于两侧电力电缆槽内;隧道洞室处,一端位于电力(通信等)洞室侧电缆槽管沟内,另一端位于洞室对侧的电力电缆槽(电力洞室内管沟可直接与电缆电力电缆槽联通)。

(3)隧道内电力设备洞室

一般电力设备洞室容积不小于 6 000 mm×3 000 mm×8 000 mm(宽×高×深)(不含设备洞室外大门、通风设备所占尺寸)。

防灾电力设备洞室容积不小于 6 000 mm×3 000 mm×10 000 mm(宽×高×深)(不含设备洞室外大门、通风设备所占尺寸)。

防灾风机配电设备洞室容积不小于 2 000 mm×3 000 mm×2 000 mm(宽×高×深)(不含设备洞室外大门、通风设备所占尺寸)。

隧道电力洞室应设置相应防护门。

4. 与四电其他专业接口

电力专业与四电其他专业接口见图 3-18-11。

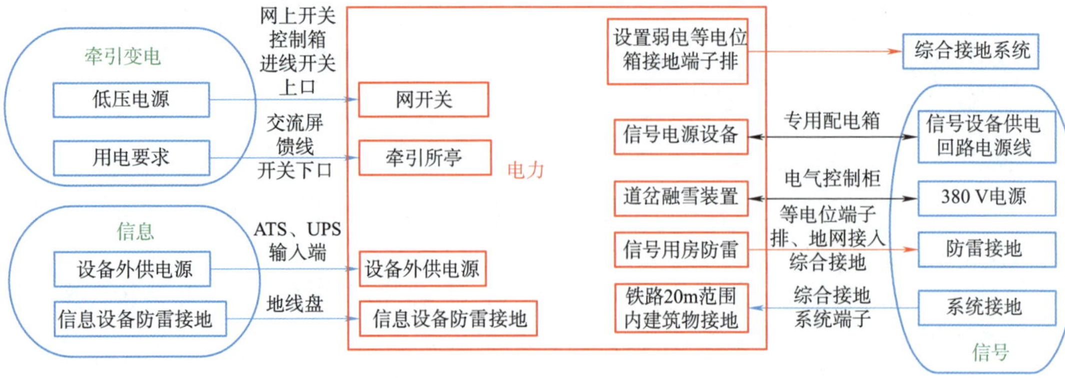

图 3-18-11　电力与其他专业接口示意图

三、其他说明

1. 应特别注意过轨管、衔接段保护管埋设后，管端两头应暂时可靠封堵，以免异物进入，并在管内预设两根贯通的铁丝。需要弯曲的保护管，必须严格保证弯曲度要求。

2. 电缆槽应考虑在路基、桥梁间的过渡防护条件，电缆槽连接要平缓，弯曲角度不得小于120°，保证电缆敷设要求。

第四节　牵 引 变 电

一、接口设计主要内容

牵引变电接口设计主要内容为路基段电缆上下路基、电缆井及过轨管预留，桥梁段电缆上下桥预留，通所道路等。以上接口设计预留工程均与土建工程同步实施。

二、接口设计说明

1. 与路基的接口

牵引变电过轨两端和电缆井相连，路基护坡设置电缆槽与电缆井相通，牵引变电过轨管采用内径 ϕ110 mm 高强度 CPVC 管，埋深为路基下不小于 1 m。

牵引变电各类过轨管埋设应保证过轨管底面以下不小于 100 mm 的素混凝土，过轨管中心之间距离为 150 mm，过轨管采用内径 110 mm 的高强度 CPVC 管控制电缆预埋过轨管距离接触网支柱为 1 m 左右。牵引变电所、分区所、AT 所处附近设过轨管用于接触网电动隔离开关控制电缆过轨；车站附近两端设轨管均用于接触网电动隔离开关控制电缆过轨。过轨两端和电缆井相连，路基护坡设置电缆槽(外延至护栏)与电缆井相通。

电缆槽、井均需设盖板，盖板应能承受一般养护维修车辆等碾压。当手孔、电缆井设置位置与接触网支柱位置干扰时，需将手孔、电缆井顺线路方向平移至接触网支柱基础之外。

2. 与桥梁的接口

牵引变电所专业工作人员需要在桥上各个接触网上网开关、上下行并联开关、电分相处接触网分相隔离开关、车站处接触网分段隔离开关等处预留 3 个 ϕ80 mm 的孔，预留孔位于接触网上网支柱和设爬架桥墩间。在预留孔位置最近桥墩和桥墩至预留孔处设置电缆爬架(接触网专业设置有电缆爬架时利用其爬架)。

3. 与站场、线路接口

(1)通所道路设置

牵引变电设施需要设置通所道路由邻近公路或道路接引至各所亭，设置在车站范围内的牵引变电设施由站场专业负责设计通所道路；设置在区间的牵引变电设施由线路专业负责设计通所道路。

(2)牵引变电过轨要求

过轨要求同上“与路基的接口”中的相关要求。

4. 与四电其他专业接口

与四电其他专业接口见图 3-18-12。

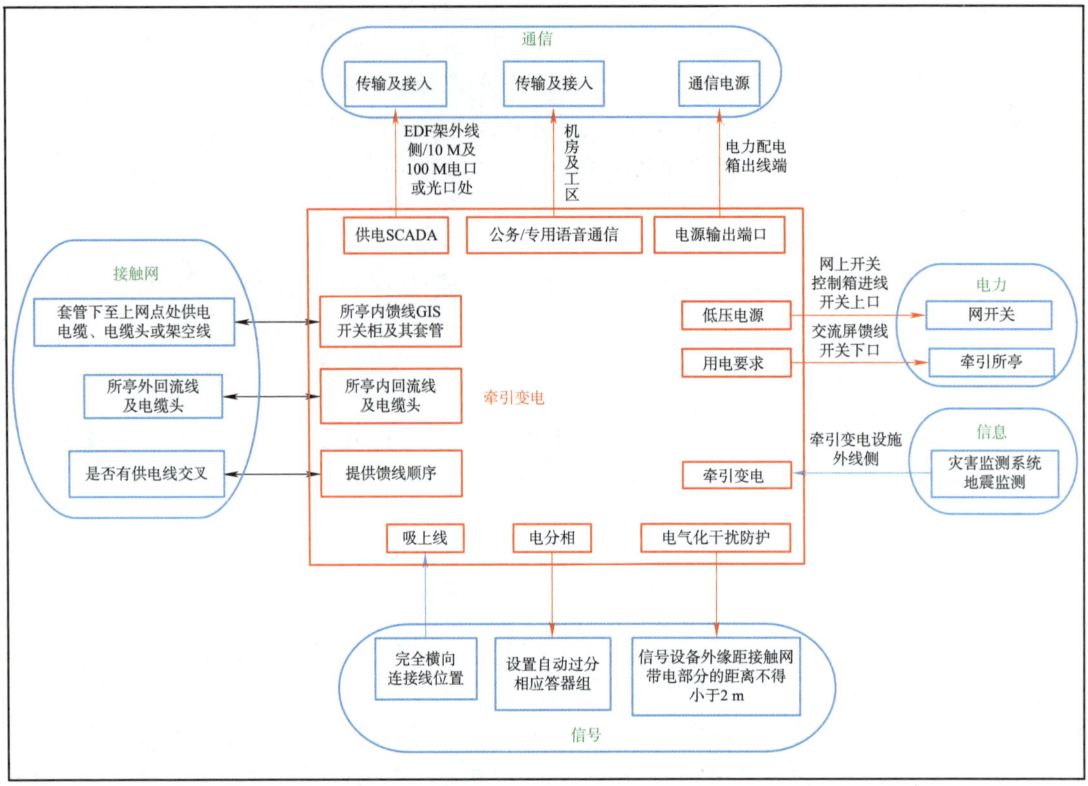

图 3-18-12　牵引变电专业与其他专业接口示意图

第五节　接　触　网

一、接口设计主要内容

接触网接口设计主要为接触网基础预留，区间路基段电缆上下路基、电缆井及过轨管预留，桥梁段电缆上下桥预留，综合接地系统等。以上接口设计预留工程均与土建工程同步实施。接口预留主要内容如下：

1. 接触网立柱、拉线基础说明；
2. 区间路基段电缆上下路基、电缆井及过轨管预留；
3. 通用参考图采用说明。

二、接口设计说明

1. 与路基的接口

(1)路基预留要求

①新建高速铁路路基区段接触网支柱基础、拉线基础由土建施工单位预留在路基上，支柱与基础采用法兰地脚螺栓连接方式。接触网基础于基床表层级配碎石施工完成后，采用钻机一次成孔，孔内灌注钢筋混凝土的方式施工，顶部预留法兰盘接口。

②土建施工单位进行接触网基础施工时，需核对站前专业线路、站场、路基、桥梁、隧道等图纸和《接触网预留接口平面布置图》，并要求路基钻孔桩施工应在桥梁等核测定位确定后方可进行，按照每个区间及区间两端车站为一个定测单元进行定测，特别注意核对支柱与道岔、构筑物（桥墩、涵洞、跨线建筑物、天桥、地道、隧道进出口等）的相对位置，若发现图纸与现场不一致时请及时反馈线路、站场、路基、桥梁、隧道、接触网等相关专业，不得野蛮施工，经确认后方可继续施工。

③区间正线一般每 45～55 m 布置接触网支柱基础，相邻跨距之差一般不大于 10 m。拉线基础距下锚支柱基础纵向位置为 7 m，拉线基础中心与支柱基础中心纵向位于同一水平线上。

《接触网预留接口平面布置图》中里程均为接触网支柱基础中心里程，施工误差±0.5 m，下锚拉线基础距离下锚支柱基础的距离施工误差为 0～0.5 m。

在有砟轨道地段：腕臂柱（H 型钢柱）基础中心与线路中心距离为 3.25 m，硬横跨支柱基础中心与线路中心距离为 3.3 m，拉线基础中心距线路中心距离与对应下锚支柱基础距线路中心的距离一致。

在无砟轨道地段：腕臂柱（H 型钢柱）基础中心与线路中心距离为 3.15 m，硬横跨支柱基础中心与线路中心距离为 3.2 m，拉线基础中心距线路中心距离与对应下锚支柱基础距线路中心的距离一致。

④路基段设置声屏障时，站前施工单位应根据路基、环保等专业及相关图纸要求实施，避免声屏障基础或声屏障与接触网设施（支柱及基础、下锚装置、开关设备等）冲突。

⑤声屏障连续长度大于 500 m 时，根据疏散和检修要求设置安全门（抢修门）。安全门位置应结合接触网设施设置，不正对接触网支柱及支柱拉线，不影响接触网设备安装空间等。

⑥基础上露出的螺栓应采取内涂黄油，外用黄胶带缠裹措施进行保护，确保后续施工不受影响。

⑦路基段支柱基础、下锚拉线基础地脚螺栓所配套的螺母、垫片和下锚拉线基础底座属于站前基础工程范围，站前施工单位采购后不安装，移交电化施工单位安装；电气化施工单位根据图纸对接触网基础的施工进行配合，提高工程施工质量，为后续接收创造条件。

⑧为了避免出现 CPⅢ桩与接触网下锚补偿发生冲突，在接触网支柱补偿装置处不得设置 CPⅢ桩。接触网补偿装置的装设方向为在接触悬挂下锚柱上远离下锚拉线基础的支柱侧，即在有接触网补偿装置的支柱处 CPⅢ桩必须放在拉线基础侧。CPⅢ桩施工单位在施工前应主动与电气化施工单位现场进行核实，避免接触网下锚装置、开关柱操作机构等设备与 CPⅢ桩基冲突，进而影响接触网设备的安装。

⑨预留地脚螺栓应考虑线路的坡度，保证地脚螺栓处于铅垂状态，其垂直度误差为±1 mm，地脚螺栓相邻间距误差为±1 mm，螺栓对角线间距误差为±1.5 mm。

⑩H 型钢柱基础靠近线路侧的螺栓连线的法线应垂直对应线路中心线；每组硬横梁对应的两个钢柱基础中心的连线一般应垂直正线线路中心线。一组基础螺栓的整体扭转误差为±1.5°。

(2)路基综合接地要求

为进一步提高路基地段接地性能，沿线接触网支柱基础钢筋均作为接地极使用，在制作接触网支柱基础时，应预留满足综合接地要求的接地端子和连接线与电缆槽内接地端子连接。

因此要求电缆槽内,对应每个接触网基础处应设有接地端子,由制作接触网基础的专业或单位负责将电缆槽内接地端子与接触网基础相连。

路基区段接触网支柱基础处,一般在沿线路方向小里程基础面预留 2 个桥隧型接地端子,接触网开关、避雷器等设备安装支柱(柱型 GHS240B/9.0、GHT240B/11.0)则在沿线路方向小里程基础面各预留 3 个桥隧型接地端子,大里程侧预留 3 个桥隧型接地端子,见图 3-14-13、图 3-18-14。

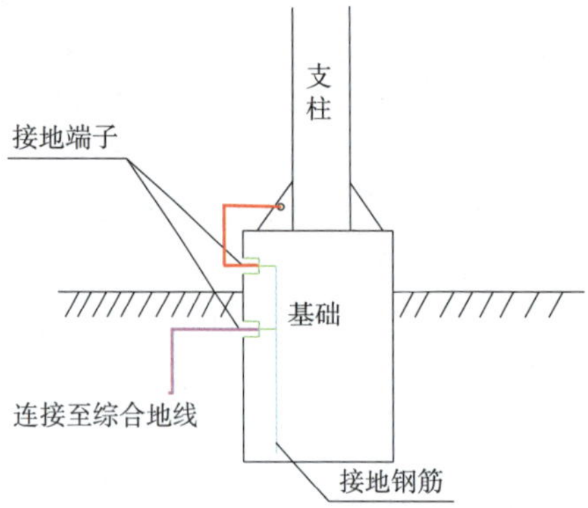

图 3-18-13　路基一般支柱基础接地端子预留示意图

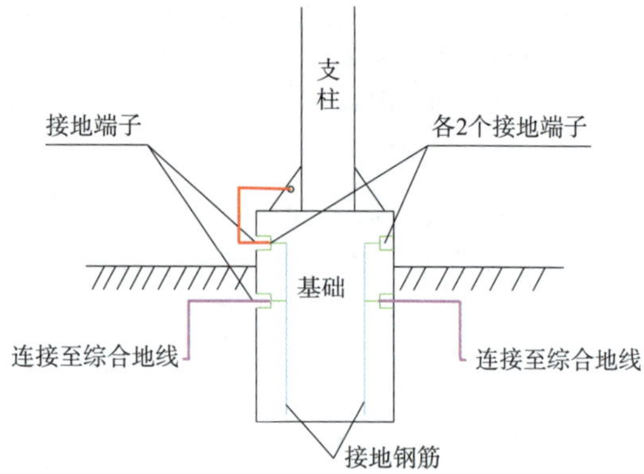

图 3-18-14　路基开关避雷器等设备支柱基础接地端子预留示意图

(3)路基过轨要求

①接触网过轨两端和电缆井相连,路基护坡设置电缆槽(外延至护栏)与电缆井相通,接触网过轨采用直径(内径)ϕ150 mm 高强度 HDPE 管,过轨管强度应保证运营中不腐不碎,寿命不低于道床本体;材料符合国家环保要求,耐腐蚀,耐低温。每根过轨管内预穿 ϕ4 mm 铁丝 2 条,两端各预留 1 m,并用软布作临时封堵,以防止异物在施工过程中进入过轨管。

②过轨埋深为路基下不小于 1 m,距排水沟底不宜小于 0.3 m,并应满足碾压及机车动应力产生的强度要求。接触网各类过轨管埋设应保证过轨管底面以下不小于 100 mm 的素混凝土,过轨管中心之间距离为 200 mm。

③当不同专业在同一里程过轨时,强、弱电之间不可以合并设置,过轨管距离弱电电缆必须保证平行时距离不小于 250 mm,交叉时距离不小于 500 mm。

④电缆槽、井均需设盖板,盖板应承受一般养护维修车辆等碾压。当预留电缆手孔、电缆井设置位置与接触网支柱位置干扰时,需将预留电缆手孔、电缆井顺线路方向平移至接触网支柱基础之外。控制电缆预埋过轨管距离接触网支柱距离为 1 m 左右。

⑤过轨管弯曲半径不小于 1.5 m。

⑥电缆过轨预留要符合电力工程电缆设计规范要求。

⑦具体过轨管根数及位置按接触网要求设置。

2. 与桥梁的接口

(1)桥梁预留要求

①桥梁上支柱与基础采用法兰锚栓连接方式。

桥上支柱基础、拉线基础由桥梁专业根据接触网专业要求进行设计。接触网支柱跨距一般为 40~50 m,最大不超过 55 m,相邻跨距之差一般不大于 10 m。

接触网支柱布置除满足上述跨距要求外,支柱沿桥纵向布置一般原则如下:32 m 简支箱梁设在梁的1/4或3/4处，24 m简支箱梁设在梁的1/3或2/3处，20 m简支箱梁设在梁的1/3或2/3处，40 m简支箱梁设在梁的1/4或3/4处，拉线基础与对应锚柱基础在同一片梁上，不能跨梁缝设置，一般距支柱基础7 m，施工误差为0～1 m。简支箱梁接触网支柱中心距梁端距离应不小于5 m，困难时不应小于4 m；连续梁接触网支柱中心距梁端距离应不小于4 m，困难时不应小于3 m。

在有砟轨道地段：腕臂柱(H型钢柱)基础中心与线路中心距离为3.25 m，硬横跨支柱基础中心与线路中心距离为3.3 m，拉线基础中心距线路中心距离与对应下锚支柱基础距线路中心的距离一致。

在无砟轨道地段：腕臂柱(H型钢柱)基础中心与线路中心距离为3.15 m，硬横跨支柱基础中心与线路中心距离为3.2 m，拉线基础中心距线路中心距离与对应下锚支柱基础距线路中心的距离一致。

②预留地脚螺栓应考虑线路的坡度，保证地脚螺栓处于铅垂状态，其垂直度误差为±1 mm，地脚螺栓相邻间距误差为±1 mm，螺栓对角线间距误差为±1.5 mm。

③接触网提供接触网在桥面上的安装空间要求，桥梁与声屏障专业统筹考虑桥面布局，避免声屏障基础或声屏障与接触网设施(支柱及基础、下锚装置、开关设备等)冲突。

声屏障连续长度大于500 m时，根据疏散和检修要求设置安全门(抢修门)。安全门位置应结合接触网设施设置，不正对接触网支柱及支柱拉线，不得影响接触网设备安装空间等。

(2)桥梁综合接地要求

桥梁地段梁体上预留的接触网支柱基础接地钢筋应与桥梁接地钢筋连接，接触网支柱基础接地端子设置于接触网支柱基础顶面上，一般在沿线路方向小里程基础面预留1个桥隧型接地端子，接触网开关、避雷器等设备安装支柱(柱型GHS240B/9.0、GHT240B/11.0)则在沿线路方向小里程基础面各预留1个桥隧型接地端子，大里程侧预留1个桥隧型接地端子，见图3-18-15、图3-18-16。

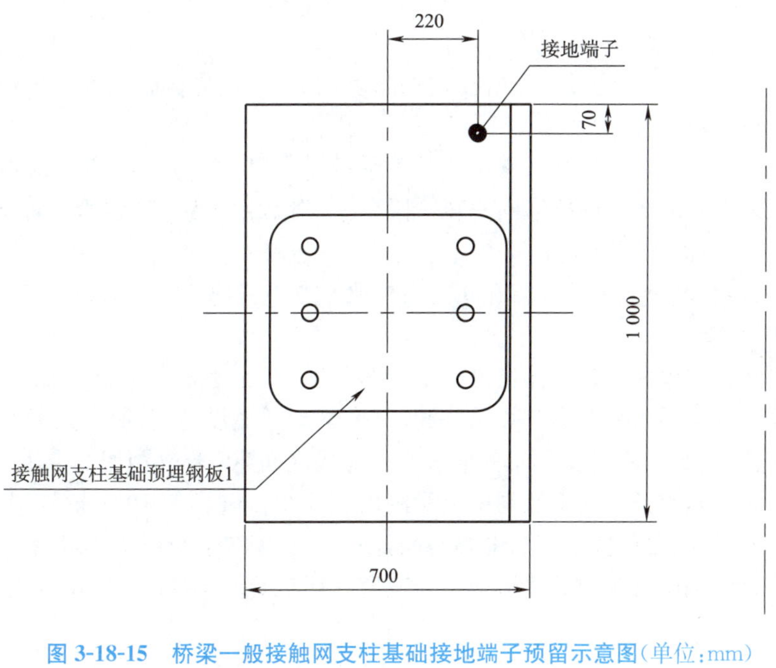

图3-18-15　桥梁一般接触网支柱基础接地端子预留示意图(单位：mm)

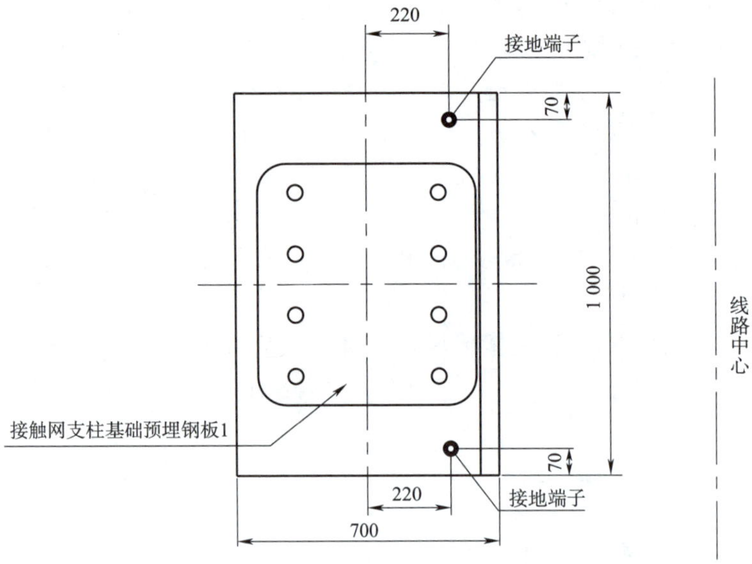

图 3-18-16 桥梁隔离开关、避雷器等设备支柱基础接地端子预留示意图(单位:mm)

(3)电缆上桥预留要求

①上桥孔的预留说明

供电线电缆上桥孔原则上紧邻接触网支柱设置,相距 2.5 m 的两个上网支柱基础之间预留 6 个 ϕ150 mm 的孔,上网电缆沿桥墩爬上,通过爬架沿梁底顺线路方向走行至预留孔处,从孔中穿过上接触网支柱后上网。

N 线电缆上桥锯齿孔原则上在 N 线上桥所在桥墩处的相邻两个箱梁梁端设置,在 N 线所在桥墩处上下行的梁端各预留锯齿孔,上网电缆沿桥墩爬上,从锯齿孔中穿过后沿电缆槽敷设至信号扼流变压器。

②桥墩侧面电缆爬架的预留说明

滑道槽应设置在靠近电缆预留孔所在梁端的桥墩上,并且是在面向电缆预留孔方向的桥墩侧面预留,上下行对称设置。

桥梁段滑槽预埋时需保证精度,避免滑槽不平行而出现“八”字等情况。滑槽需及时填充发泡填充物(聚苯乙烯泡沫),待接触网安装阶段剔除,避免滑槽内遗留混凝土等杂物。

③梁下电缆滑道槽的预留说明

电缆上下桥墩至电缆上下桥预留孔间需由桥梁专业预埋槽道固定电缆爬架。

3. 与隧道的接口

(1)接触网预留槽道施工时具体位置应结合四电管、槽及设备洞室等综合考虑。

(2)接触网根据需要预留电动开关设备洞,每个电动开关设备洞的尺寸:长 5 000 mm,深 2 500 mm,高 6 000 mm。在开关洞里侧洞壁上距洞内底面 200 mm 预留 2 个桥隧型接地端子(供开关底座接地用),在开关洞里侧洞壁上距洞内底面约 4 m 预留 10 个桥隧型接地端子(供上网电缆接地用),顺线路位置距离洞中心两侧各 5 个,每个端子间距 200 mm。

(3)隧道内接触网所有预埋的槽道均需与隧道内环向或纵向接地钢筋电气上有效连通。

4. 与站场接口

(1)站场预留要求

站场范围内的路基预留要求与区间路基段类似,进行接触网基础及过轨预留。

站场范围内的桥梁预留要求与区间桥梁段类似,进行接触网基础预留。

(2)站场综合接地要求

站场范围内股道间支柱利用接地扁钢接地,接地扁钢与综合接地分支线相连。若接触网支柱 15 m 范围内设有弱电设备接地,此处不设软扁钢绞线连接。

车站内支柱基础地面以下的接地端子接接地扁钢。要求接地钢筋与基础地脚螺栓在基础内不连接。

侧线铺轨前,在线间碎石层下方敷设热镀锌扁钢(规格 50 mm×4 mm,厚度不小于 4 mm,下同),将接触网基础上的接地端子与站台墙靠钢轨侧预留的接地端子连接起来。

当正线为无砟轨道区段或线间有客车上水设施等金属物时,在线间敷设一根热镀锌扁钢,将线间接触网基础的接地端子等电位连接,无砟轨道板及相关金属设置的接地均可就近与扁钢连接。

5. 与环保专业的接口

设置声屏障时,站前施工单位应根据路基、桥梁、环保等专业及相关图纸要求实施,避免声屏障基础或声屏障与接触网设施(支柱及基础、下锚装置、开关设备等)冲突。

声屏障连续长度大于 500 m 时,根据疏散和检修要求设置安全门(抢修门)。安全门位置应结合接触网设施设置,不正对接触网支柱及支柱拉线,不影响接触网设备安装空间等。

6. 与站房雨棚的接口

(1)站场内根据股道间距及雨棚型式确定接触网悬挂方式,根据相关专业的设计方案,采用线间立柱时,站台范围支柱均采用与雨棚柱对齐的布置方式。

(2)接触网悬挂与雨棚合建时,可通过吊柱在雨棚顶部安装或腕臂底座直接在雨棚柱上安装,接口处由房建专业预留。

(3)正馈线悬挂于线间支柱上时,支柱增高,正馈线悬挂肩架与区间相同。

7. 与四电其他专业间的接口

与四电其他专业间的接口见图 3-18-17。

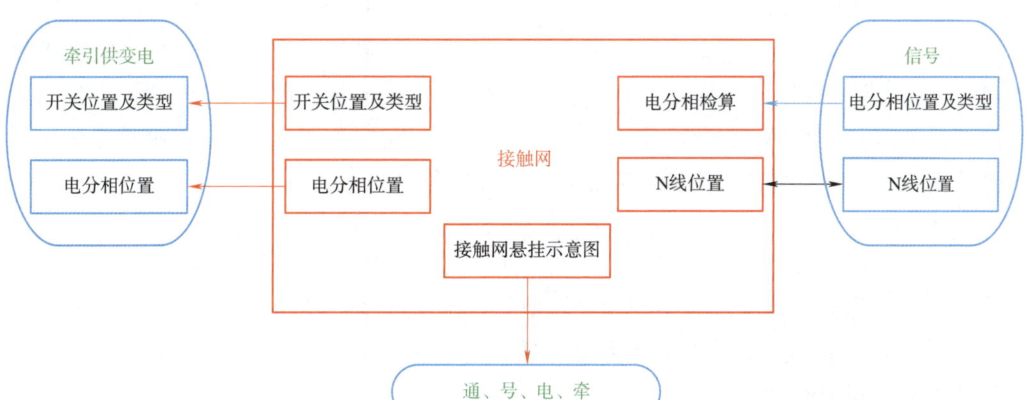

图 3-18-17　接触网与其他专业接口示意图

第十九章　综合检测与维修

第一节　概　　述

铁路基础设施也称铁路固定设施，是行车的基础和保障，由多个专业设备系统构成，主要包括线路、路基、桥涵、隧道、牵引供电、电力、通信、信息、信号、房屋建筑等设施设备。

铁路基础设施是列车运行的基本条件，为保持铁路基础设施处于经常良好的状态，使列车能以规定速度安全、平稳和不间断地运行，并尽量延长基础设施的使用寿命，需要适度适时的将基础设施进行维修。为实现上述目的，需要构建完整的基础设施维修系统，负责轨道、桥涵、隧道、路基、牵引供电、电力、通信、信息、信号、灾害监测、建筑、给排水等基础设施的检查、维修。

津秦高速铁路综合维修系统是我国高速铁路基础设施维修系统设计转型的成功实例之一，其以基础设施综合设置为基础，兼顾我国铁路既有维修体制分专业修的特点，及时、快速地吸收了先期项目设计的成功经验和深刻教训，较好地实现了设施场地的共用、管理和技术的专业化。

津秦高速铁路本线不设置综合检测中心及大机段，仅考虑设置基层维修机构——维修车间、维修工区。其管理暂实行“既有各路局业务段—本线维修车间—本线维修工区(含值守点)”的分专业管理。各专业维修车间与维修工区设置地点及设置密度由专业根据自身要求确定，多专业在同一地点设置的维修车间及工区合并设置。

第二节　综合维修设计方案优化

一、第一阶段

第一阶段包含设计阶段中的预可研、可研、初步设计阶段，时间跨度为 2005 年～2008 年 1 月。初步设计批复的综合检测与维修方案为：津秦高速铁路全线在滨海、唐山、滦河、北戴河设保养点，分别承担对各自辖区内固定设施的检测、保养及抢修工作。另外，利用京沪高速铁路天津西保养点停放 1 辆确认车。各保养点房屋规模相同均为 1 000 m^2；在机具配置上考虑到线路长度及较高修程作业，唐山保养点作了适当加强。

二、第二阶段

第二阶段为综合检测与维修系统设计转型的开始及过渡阶段，时间跨度为 2010 年 4 月～2012 年底。该阶段形成了综合检测与维修系统设计转型的雏形，是我国高速铁路综合检测与维修格局形成的重要时期。

综合维修设计大背景：北京铁路局作为运营维护单位，从使用角度发起了综合维修设计优化的要求。2010 年 4 月 5 日，召开了京沪、津秦、京石、石武(河北段)综合维修设计方案研讨会，此后综合检测与维修设计进入了新阶段，京沪、津秦、京石武等项目也成为率先实施综合检测与维修设计转型的项目。会议提出上述各条客运专线的基础设施维修拟按两级管理，即综合维修段—综合维护部，综合维修段按路网确定，不含在各条线路的工程建设中，各线综合维修机构考虑设置综合维护部，其下设置基层作业机构综合维修作业点及值守点。随后，铁道部运输局针对京沪高速铁路、京石武客运专线等项目召开了一系列关于综合检测与维修系统设计优化的会议，研讨了综合维修机构布点、股道房屋配置、设备配置等原则。2011 年 5 月，铁道部鉴定中心首先批复了京沪高速铁路综合维修设施Ⅰ类变更设计。2011 年底，鉴定中心做了关于综合检测与维修设施建设标准的签报，在京沪高速铁路综合维修变更设计批复意见基础上对综合检测与维修设计规模作了较正式的规定。之后，各条客运专线及高速铁路综合维修变更陆续上报并得到铁道部的批复。在此过程中，综合维修机构名称以综合维修车间及综合维修工区形式逐渐稳定。

津秦高速铁路具体实施过程：津秦高速铁路综合检测与维修设计是在客运专线及高速铁路综合维修设计转型的大背景下展开的，虽然并非第一条批复综合维修变更的客运专线项目，但相关工作开展较早，基本经历了上述大背景的全过程。2010 年 4 月 5 日，北京局组织召开的关于综合维修研讨会初定津秦高速铁路在唐山设置维护部，在北戴河及滨海设置作业点，取消初步设计批复中的滦河作业点改设值守点，其余车站及线路所也均设置值守点。综合维护部设置轨道车停放线、接触网作业车停放线、绝缘子水冲洗车停放线及大机停放线各 1 条；每处作业点设置轨道车停放线、接触网作业车停放线及大机停放线各 1 条；维护部及作业点均设标准货物站台 1 座。本着重配套的原则，在维护部及作业点内除考虑了轨道车库、油库、材料库、综合楼等生产、办公房屋外，还考虑了职工住宿、食堂、浴室等生活房屋，综合维护部面积约 6 000 m^2、综合维修工区面积约 2 700 m^2。该次研讨会后，铁三院与北京局相关部门针对津秦高速铁路各综合维修机构所在地的具体情况，共同研究股道及总平面布置方案。2010 年 6 月，铁三院完成了综合维修变更设计初步方案，并于 6 月 10 日召开了与北京局的方案对接会议。2011 年 1 月，根据与北京局对接会议精神、铁道部对京沪高速铁路的批复及鉴定中心关于综合维修设计的签报精神，铁三院进行了综合维修变更的方案优化工作。2011 年 12 月，津秦公司、北京铁路局对该方案作了预审，根据京沪高速铁路运行情况，提出了恢复设置滦河作业点的意见。设计单位随后进行了综合维修变更正式文件的编制，并于 2012 年 2 月底完成上报。北京铁路局于 2012 年 4 月 19 日对变更文件进行了预审。鉴定中心于 2012 年 9 月完成了该变更设计文件的批复。

至此，津秦高速铁路综合维修设计方案及规模最终得以确定。

三、第三阶段

第三阶段为综合维修变更设计批复后的施工图及施工配合阶段，时间跨度为 2013 年初至工程竣工验收。该阶段铁三院在完成施工图设计的过程中，多次与使用单位配合相关细节设计，进行实地踏勘，进一步对施工图设计进行完善。

形成最终设计方案如下。

（一）维修机构设置

唐山站设置综合维修车间，滨海站、滦河站及北戴河站设置综合维修工区。秦皇岛站、老庄子线路所、滨海北站、军粮城北站设置值守点。其中，秦皇岛站值守点仅配置机具设备，房屋由北京局在既有维修机构内调剂解决，滨海北站及军粮城北站值守点房屋与车站生产生活设施合建。综合维修机构分布见图 3-19-1。

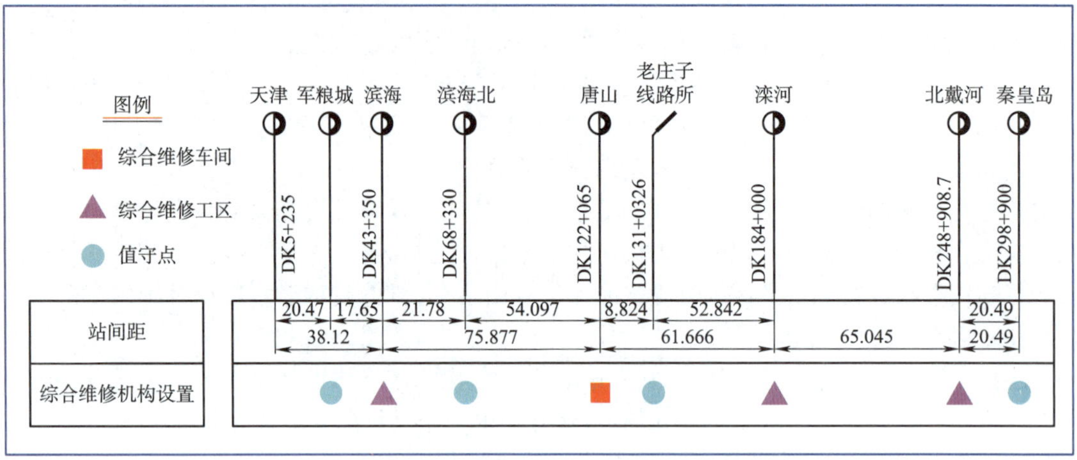

图 3-19-1 综合维修机构分布图

(二)总平面布置

1. 股道设置

唐山车间：变更设计上报为设置股道 4 条，后根据北京局要求，将大机停放线与供电抢修列停放线合并成一条长线，并在轨道车库与该长线间设置道路，因此，唐山车间设置股道 3 条，其中 1 条较长股道供停放大型养路机械及供电抢修列，另两条分别用于停放接触网作业车及轨道车。

滨海、北戴河、滦河工区：每个工区设置股道 3 条，其中 1 条较长股道为大型养路机械停放线，另外两条较短线分别为接触网作业车停放线及轨道车停放线。

值守点不设股道线。

2. 厂区布置

车间及工区内生产区及生活区分开布置，设置材料堆放、生产车辆停放、职工活动场地等。在场地条件允许的车间和工区内考虑设置标准货物站台。桶装燃油库的布置满足防火规范要求。

3. 房屋设置

车间内主要生产房屋有轨道车库、综合办公楼、桶装油库，生活房屋有宿舍、门卫、食堂及换热站。

工区内主要生产房屋有轨道车库、综合楼(含宿舍)、桶装油库，生活房屋包括门卫、食堂。其中，北戴河工区由于防火要求限制未设桶装油库，轨道车用油由社会供应。

第二十章　环 境 保 护

津秦高速铁路工程按照“保护优先，预防为主，因地制宜，综合防治”的原则，依法依规开展铁路工程建设，确保环境保护与水土保持措施使用功能、质量、安全、进度满足环境影响报告与水土保持方案批复、设计和投产运营要求。铁路沿线的水体功能、水土资源得到有效保护，水土流失得到有效防治，最大限度减少人为新增水土流失，确保自然生态环境和人文环境不受影响，噪声、振动、大气、污水、电磁等的环境影响得到有效控制，铁路设施、建筑与沿线城市环境、自然景观和谐相容，努力建设资源节约型、环境友好型的铁路。

第一节　铁路绿化设计

一、铁路区间绿化

津秦高速铁路区间绿化设计分为区间路堤绿化、区间路堑绿化、桥下绿化三部分。

1. 区间路堤绿化

(1)设置排水沟路段：路堤坡脚至排水沟内侧(2 m 护道范围)居中位置种植 1 排灌木，株距 1 m；排水沟外侧至防护栅栏内侧间距离防护栅栏 0.5 m 处种植 1 排乔木，株距 2 m，内侧距离乔木 1 m 处种植 1 排灌木，株距 1 m，乔木、灌木呈三角形栽植，见图 3-20-1。

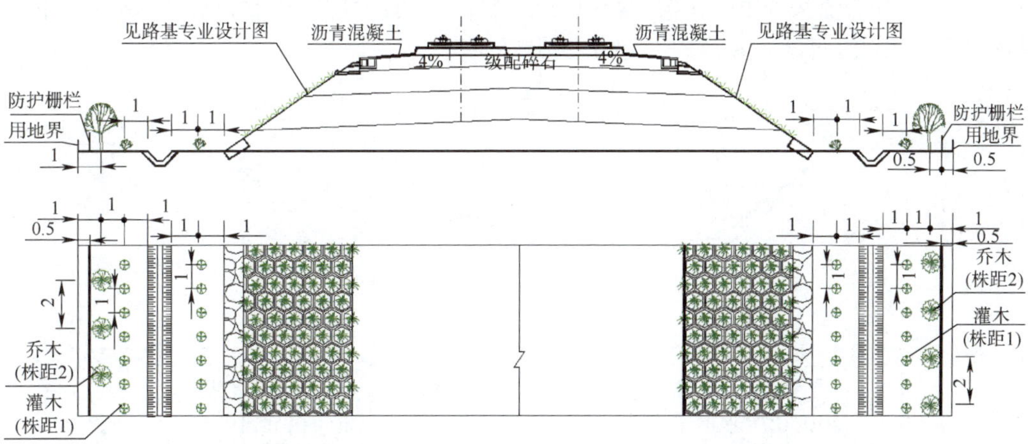

图 3-20-1　路堤地段(设置排水沟)(单位：m)

(2)无排水沟路段：路堤坡脚至防护栅栏间自外至内距离防护栅栏 1 m 种植 1 排乔木，株距 2 m，距离乔木 1 m 依次种植 2 排灌木，株行距均为 1 m，乔木、灌木呈三角形布置，见图 3-20-2。

(3)树木种植不得妨碍行车瞭望及信号机显示，不能遮挡养护维修安全瞭望。乔、灌木与接触网、建筑物和各种管线之间的距离应符合国家现行标准的有关规定。

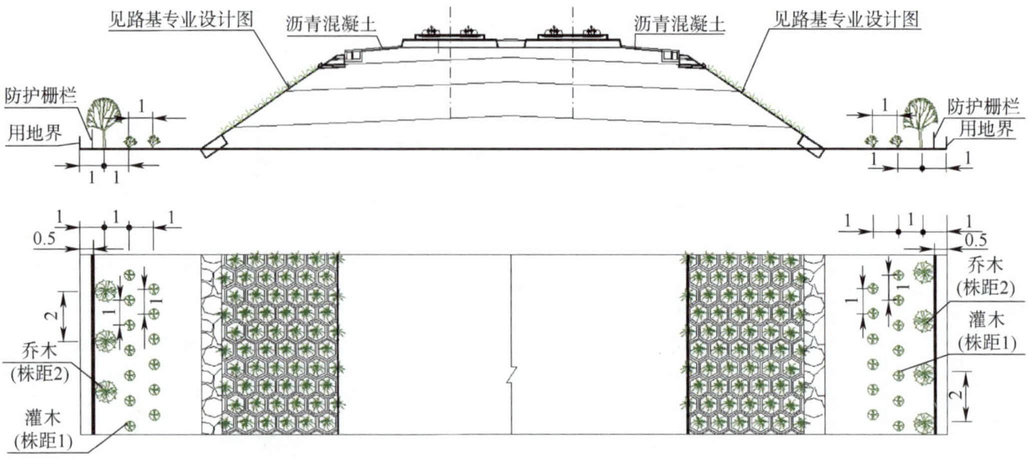

图 3-20-2 路堤地段(不设置排水沟)(单位:m)

下列地段绿化种植灌木或低矮经济林:

曲线内侧及信号机前方 1 500 m 范围内;

距线路外轨 8 m 以下(路堤高度小于等于 4 m)地段。

下列地段绿化种植乔木:

距线路外轨 8 m 以上(路堤高度大于等于 4 m)地段;

曲线内侧路堤高 8 m 以上地段。

2. 区间路堑绿化

堑顶边线与天沟内侧间居中位置种植 1 排灌木,株距 1 m;防护栅栏与天沟外侧间自栅栏向里 0.5 m 处开始依次种植 2 排灌木,株行距 1 m,两排灌木呈三角形布置;紧贴防护栅栏内侧种植 1 排爬山虎,每米 4 穴,每穴 2 株,见图 3-20-3。

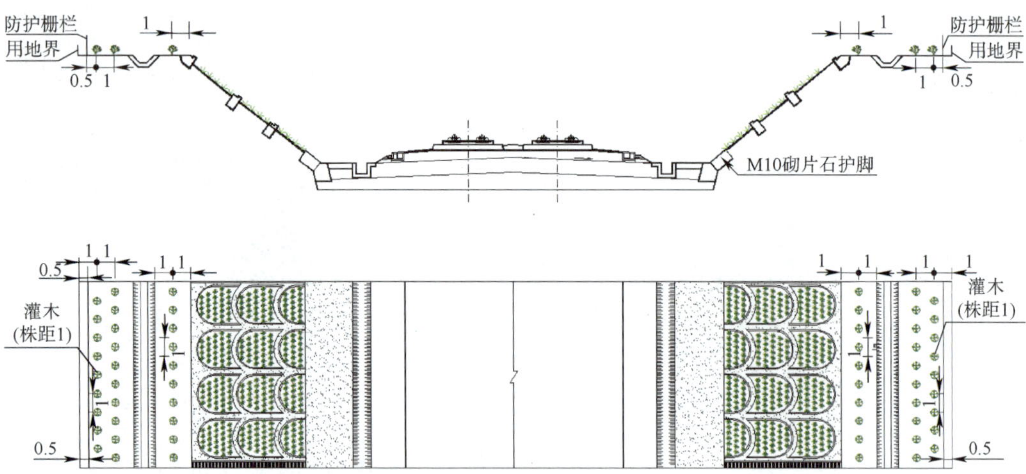

图 3-20-3 路堑地段(单位:m)

3. 桥下绿化

(1)桥下设置紧急救援通道地段:通道设置于征地界 7.2 m 一侧,不绿化。征地 5.8 m 一侧，自地界向内 1 m 处依次种植 2 排灌木，株行距均 1 m，呈三角形布置。

(2)桥下不设紧急救援通道地段：征地界 5.8 m 一侧，自地界向内 1 m 处依次种植 2 排灌木，株行距均为 1 m，呈三角形布置；征地界 7.2 m 一侧，自地界向内 2 m 处种植 2 排灌木，株距 1 m。

(3)桥梁椎体绿化，选用爬山虎，沿椎体坡脚种植 1 排，每米 4 穴、每穴 2 株。

4. 苗木规格

(1)乔木采用垂柳、火炬或国槐，车站两端种植国槐，其余植垂柳或火炬；灌木采用紫穗槐、夹竹桃或丁香，车站两端种植夹竹桃或丁香，其余植紫穗槐。

(2)乔木胸径采用 4～5 cm，一穴一株种植。

(3)紫穗槐采用高 40 cm，一穴四株种植，丁香、夹竹桃等灌木采用高 100～120 cm，一穴一株种植。

二、站场绿化

1. 绿色通道建设主要在铁路用地界内进行，除地方政府有特殊要求外，不因绿化工程而新增用地。

2. 绿化设计与车站所在城市景观相协调。

3. 植被的选择与项目所在地的气候相适应，并且不得影响铁路的运营安全。

4. 绿色通道设计采用内灌外乔的绿化形式。靠近线路地带栽种草、灌植物，远离线路地带宜栽种灌木、乔木，形成立体复层的绿化带。栽植乔木时，其成年树高不宜高于旅客列车车窗下缘。

5. 路堤地段：

路堤 2 m 护道上种植两排灌木，穴行间距为 1 m×1 m，交错种植，每行每千米 1 001 穴，每穴 4 株。排水沟外侧至防护栅栏间，种植 1 排灌木或乔木，当种植灌木时，穴间距为 1 m，每行每千米 1 001 穴，每穴 4 株；当种植乔木时，株间距为 2 m，每行每千米 501 株，并应满足相关乔木种植地段的要求，见图 3-20-4。

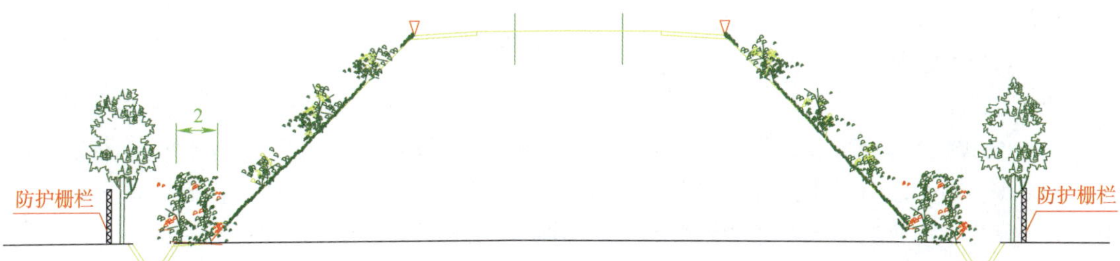

图 3-20-4　路堤地段绿化(单位：m)

6. 路堑地段：

路堑天沟内侧种植两排灌木，穴行间距 1 m×1 m，交错种植，每行每千米 1 001 穴，每穴 4 株。天沟外侧至防护栅栏间，种植 1 排灌木或乔木，当种植灌木时，穴间距 1 m，每行每千米 1 001 穴，每穴 4 株；当种植乔木时，株间距 2 m，每行每千米 501 株，并应满足前述对乔木种植地段的要求，见图 3-20-5。

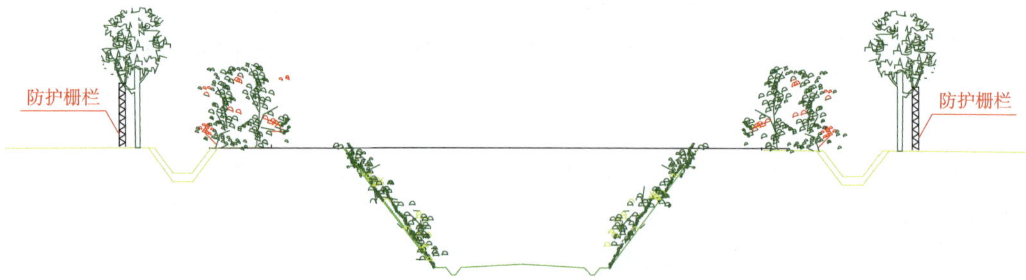

图 3-20-5　路堑地段绿化

7. 其他绿化设计：

(1)站区各工区、段所及楼宇之间的空地应充分绿化，绿地率指标不宜小于 20%(指各类绿化用地总面积占该范围用地面积的百分比)。

(2)站台上设花坛，每个站台上设 2 座花坛；沿站台栅栏应种爬山虎，间距 1 m、每穴 3 株，每千米 3 003 株。

(3)通站道路、存车场、综合维修工区(车间)通路每侧植 1 排乔木；乔木株间距为 2 m，每行每千米 501 株。

(4)新建存车场、综合维修工区(车间)院内沿围墙植两排树木，乔木、灌木结合；乔木株间距为 2 m，每行每千米 501 株；灌木穴间距为 1 m，每行每千米 1 001 穴，每穴 4 株；另外沿围墙种植爬山虎等藤本植物，间距为 1 m、每穴 3 株，每千米 3 003 株。办公(楼)房前设花坛、绿地、观赏性等树木。

三、隧道进出口绿化

隧道进出口坡面绿化设计方案为种植灌木与撒草籽。

第二节　生态防护设计方案

1. 路基边坡防护设计方案

路基边坡防护设计贯彻绿色防护理念，一般路基边坡尽可能采用绿色防护，主要采用拱形骨架或孔窗式护坡防护，以美化环境，减少对自然环境的破坏。对于岩层较破碎的深路堑或顺层路堑边坡，在设计中采用预加固桩板式挡土墙、格梁锚索(杆)等防护措施，既保证了路堑边坡的稳定，又有效地减小了路堑边坡挖深以及用地和挖方数量(图 3-20-6、图 3-20-7)。

路堤边坡高度小于等于 3 m 时，采用正六边形混凝土空心块防护，空心块内种紫穗槐。路堤边坡高度大于 3 m 时，边坡坡面采用 C25 混凝土带截水槽拱形骨架护坡，骨架内种紫穗槐防护，骨架嵌入路堤边坡深 0.6 m，且于路堤两侧边坡水平宽度 3.0 m 范围内，自坡脚至基床表层下每隔 0.6 m 铺设一层双向 30 kN/m 土工格栅。

路堑地段于路基面两侧设 0.8 m×0.6 m(深×底)的矩形侧沟，采用 C25 钢筋混凝土浇筑，并设盖板；为防止水土流失及环境保护，侧沟外留不小于 2 m 宽的平台，设花坛种植常青灌木或花草。边坡一般采用 M7.5 水泥砂浆砌片石护墙、护坡、孔窗式护坡、三维柔性生态护坡、框架格梁或采用 M7.5 水泥砂浆砌片石拱形骨架(主骨架间距 3 m，支骨架 3 m)护坡，骨架内铺六边形混凝土空心块内种紫穗槐或爬藤植物防护。当路堑边坡较高时，采用多级护墙，护墙每级高 8 m，最多不超过三级，两级边坡之间设不小于 2 m 的平台，并于分级平台设置截水沟。

图 3-20-6　路堑边坡防护

图 3-20-7　路基边坡防护

2. 路堤排水设计方案

路基排水沟的设计要满足因地制宜、经济适用的原则，尽量选择在地形、地质较好的地段通过，以降低加固工程投资。

(1)排水沟的出水口尽可能引接至天然沟河，不能直接使水流入农田，影响农业生产。

(2)地面横坡不明显时，于路堤两侧设置排水沟。排水沟平面应尽量采用直线，如必需转弯时，其半径不宜小于 5 m，单面排水沟的长度不宜大于 400 m，必要时增设横向排水设施引入天然沟渠或涵洞。

(3)排水沟的纵坡，不应小于 2‰，困难条件下可减小至 1‰。

(4)排水沟横断面应按 1/50 洪水频率的流量进行计算，排水沟最小尺寸为 0.6 m×0.6 m，边坡 1∶1。

(5)排水沟加固方案：采用厚度 0.3 m 的 M7.5 浆砌片石防护，或采用 C20 混凝土预制构件。

(6)边坡骨架的排水槽与路堤坡脚排水沟之间设置连接排水槽，避免边坡集中水流冲刷路堤坡脚。

(7)路基与桥台衔接处的排水沟与天然沟槽衔接，避免冲刷桥台锥坡。排水沟与涵洞衔接处的沟底高程不低于涵洞流水面高程。

3. 路堑排水设计方案

正线路堑侧沟底宽 0.6 m，深 0.8 m，采用 C25 钢筋混凝土浇筑或预制；每 10～20 m 设伸缩缝一道，缝宽 0.02 m，其内填塞沥青麻筋。侧沟与梯形排水沟要顺接，顺接长度不小于 5.0 m。

天沟不向路堑侧沟排水，受地形限制需排入侧沟时，设急流槽，并根据天沟流量调整下游侧沟截面尺寸。边坡平台截水沟必须引入相邻排水设施。

排水设施满足 30 年使用年限。排入自然沟、渠的天沟、排水沟，其末端设置消能、沉淀设施，避免集中水流对地表冲蚀。

4. 桥梁工程防护设计方案

(1)桥梁、涵洞均按百年洪水位设计,并充分考虑了桥涵的选址、跨度、孔径,尽量顺洪水天然流向设置,避免过多压缩河道,避免大的改沟,保证桥涵有足够的孔径排泄不超过设计频率的洪水,以避免上游壅水和涵前积水过高。

桥涵设计方案是进行详细的现场水文调查和地形测绘,并充分收集历年流量和洪峰资料的基础上,经过分析、计算、比较确定的,充分考虑桥涵对河道行洪排泄、上下游河堤河岸的影响。

(2)沿线桥梁水中墩基础的施工,采用钢围堰或草围堰袋防护。明挖基础开挖产生的泥渣运至岸边,晾晒后再统一选择合适地点遗弃,严禁随意排入河体,可以作为附近路基填料加以利用,或选择附近的低洼处、取土坑弃土,经过平整,可以复耕、绿化或作它用,以利于水土保持;钻孔桩产生的泥浆,在河边设泥浆贮存池,循环利用,并设沉淀池。施工结束打捞清理土方、草袋围堰等填筑物,避免堵塞河道、污染水体。

(3)大跨度预应力混凝土连续箱梁采用悬臂浇筑法施工,施工过程中加强防护,以防施工物质、施工材料坠入水中,污染水体。

5. 隧道工程防护设计方案

(1)隧道贯彻"早进晚出"的设计原则,洞口边仰坡尽量少开挖或不开挖,必须开挖时对边、仰坡进行防护,做到保护植被、绿化环境、水土保持。明洞开挖恢复填土至原地面,并进行绿化处理(图 3-20-8、图 3-20-9)。

图 3-20-8 张家沟隧道洞口及仰坡防护

图 3-20-9 马头峪隧道洞口及仰坡防护

(2)隧道洞门的结构型式根据洞口地形、地貌特征等条件综合确定,尽量与周围环境协调一致。

(3)沉淀池设在洞口附近,两端施工时隧道两端设沉淀池,单口掘进时一端设置;大于 500 m 的隧道两端设置,小于 500 m 的隧道一端设置;沉淀池的净尺寸为 4 m×4 m×1.5 m(长×宽×深),并用 30 cm 厚浆砌片石铺砌。

(4)隧道开挖产生一定数量的弃渣,设计考虑弃渣不占良田,并尽量作为线路及站场范围的路基填料。经线路及站场土石方调配后,剩余的弃渣使用专门的弃渣场地进行弃渣。

6. 工程弃土(渣)场防护措施

(1)弃土(渣)场选址禁止占用耕地、良田,一般选择荒坡、荒地等植被稀疏的场所,以减少对植被的毁坏；弃土未置入河中侵占河滩，减小河道过水面积，影响河流行洪；禁止任意堆放弃土，避免对农田耕地造成淤积；选址均选择地形低洼、汇水面积较小、不会有较大流量径流汇集冲刷的地区。选址充分考虑其下游建筑、设施的安全性，禁止弃土(渣)场设在村庄的上游，避免由于弃土的坍塌对居民安全造成威胁。

(2)弃土(渣)场的工程防护措施先于弃土实施，位于冲沟内的弃土(渣)场，堆弃从每个冲沟的沟头开始，沟下游修建挡土墙防护，弃土顺坡形成排水沟渠。弃土(渣)场恢复结合当地的实际情况，对场地进行平整修复，采取复垦、造地、种草、植树等绿化措施，尽快恢复其水土保持功能。

在弃土(渣)过程中，坚持"先挡后弃"的原则，采用浆砌片石分阶挡护，各阶挡墙高度不超过 10 m，各阶挡墙顶连线坡度小于 1∶1，按高度分设挡墙排水孔，如张家沟隧道弃渣场(图 3-20-10)，马头峪隧道出口弃渣场(图 3-20-11)。弃土(渣)场斜坡采用植树或种草进行植物防护。荒地由于受地形条件的限制，一般很难开垦利用，植物防护措施结合当地的有关水土保持规划和林业规划，依据恢复生态学原理，选择当地分布比较广的灌丛植被的优势树种及草种，恢复植被，恢复生态系统，灌木树种以紫穗槐、胡枝子、荆条为主，适当种植三裂绣线菊、蚂蚱腿子等，草种选择白羊草、狗尾草、马唐草等。

图 3-20-10　张家沟隧道弃渣场

图 3-20-11　马头峪隧道出口弃渣场

弃土(渣)场顶部铺砌排水侧沟，收集上方的雨水集中排放，避免形成雨水对弃土(渣)场的冲刷。

第三节　穿越环境敏感区的保护措施

津秦高速铁路穿越唐山陡河水库饮用水源保护区的准一级保护区及二级保护区范围，在工程施工阶段采取了有效的环境保护与水土保持治理措施，未对饮用水源保护区产生环境影响。

1. 设计优化水源保护区范围桥梁孔跨设计方案，陡河 1 号、2 号特大桥采用大跨度通过，减少了水中墩数量，实际水中墩分别为 9 处和 6 处。

陡河 1 号、2 号特大桥在枯水期施工，采用管道泵送的方式将泥浆弃渣运到岸边的泥浆池，避免了钻孔泥浆进入水体，造成污染，经沉淀处理的泥渣运输到保护区以外。钻孔桩基坑开挖时禁止弃土进入水体，挖基余土及时运到保护区以外指定的弃土场。

陡河 1 号特大桥主河槽桥墩施工时设置了钢管桩便桥，在桥墩施工完毕后，滦县人民政府要求施工单位保留施工便桥，以便于地方建设利用，实现村村通公路。施工单位与地方政府签订移交协议，河道防洪及环保相关要求责任均由地方政府负责，并在唐山市水务局进行了备案。

2. 禁止在暴雨时进行挖方和填方施工，雨天在弃土表面放置稻草和其他覆盖物，减少了对地表水的污染。

铁路建设避免在水源保护区范围内设置施工营地等临时设施。调整施工组织计划，将制梁场、拌合站设置在水源保护区以外区域。

施工单位制定了施工组织方案和相应防止水污染的措施，严禁直接或者间接向水体排放污水、废液，倾倒垃圾、渣土和其他固体废弃物。

施工营地采用防渗贮水池，存储生活污水。定期将生活污水外运处理。建筑及生活垃圾收集统一交由地方环卫部门处理。遵守水源保护管理的法律、法规，配合环境保护、水利、规划等管理部门的监督检查。

保护区内禁止设置施工机械维修点，采用硬化地面及设置干化池，防止机械维修、清洗污水对水体、土壤的污染。定期检修机械，严格施工管理，减少施工机械的跑、冒、滴、漏油现象。设小型隔油、集油池预处理含油生产污水。

严格按照施工组织设计施工，隧道进洞采取“早进晚出”，洞口边仰坡尽量少开挖，减少对地表植被的破坏，隧道洞口边仰坡采用浆砌片石骨架与植草相结合。

韩新庄隧道弃渣调配用作附近路基的填料，剩余弃渣弃置临近的弃渣场，隧道洞口设沉沙池、沉淀池用于隧道施工出水的净化处理。

3. 设置专职环保监理工程师，负责水源保护区环保措施的执行和管理监督，进行源头控制，及时发现问题进行整改，积极预防污染事件的发生，防止对水土造成污染。

施工前组织对施工人员进行环保培训，加强施工人员的环境保护意识，规范施工行为，建立环境管理和惩罚机制。

施工前制定应急预警预案，施工过程中未发生意外事件造成水体污染。

第四节　水环境保护措施设计方案

1. 滨海站

该站新增污水均为生活污水，污水量 148 m^3/d，粪便污水采用化粪池处理后排入市政污水系统。滨海站存车场及综合维修工区粪便污水采用化粪池处理，轨道车库少量含油污水采用隔油池处理后排入市政排水干渠。

2. 滨海北站

污水均为生活污水，污水量约为 10 m^3/d，粪便污水采用化粪池处理、少量含油污水采用隔油池处理后排入距车站 2.5 km 的市政污水管道。

3. 唐山站

唐山站新增排水除保养点有少量含油污水外，其余均为生活污水，污水量为 26 m^3/d，既有污水量为 3 600 m^3/d，设计年度近期污水量为 3 626 m^3/d。

全站有较完整的排水系统，排水管网畅通，污水自流排入市政排水系统，状况良好且不影响该工程的部分继续使用。新增污水主要为生活污水，根据排水条件，采用集中与分散排放的原则，距离市政管网和既有排水管网较近易收集的污水，粪便污水经化粪池处理，就近排入既有排水系统，最终排入市政排水系统。保养点少量含油污水采用隔油池处理，与生活污水（粪便污水经化粪池处理）汇合，排入规划路下的市政管道内。

4. 滦河站

滦河站污水量 21 m^3/d，均为生活污水，其中站区污水量为 10 m^3/d。根据地方规划部门的意见，污水处理后达到《污水综合排放标准》(GB 8978—1996)一级标准，贮存或用于绿化；待市政配套具备排入条件时，再排入市政污水管道。处理工艺采用沉淀＋两段式生物混合床，其工艺流程如下：全站生活污水→格栅→污水提升泵井→预处理池→两段式生物混合床→达标排放。

5. 北戴河站

北戴河站新增排水量为 31 m^3/d，主要为生活污水，既有污水量 150 m^3/d，设计年度污水量为 181 m^3/d。既有污水处理和排放维持现状不动。新增粪便污水采用化粪池处理、轨道车库少量含油污水采用隔油池处理后，排入市政污水管道。还建房屋的污水排入市政污水管道。

6. 秦皇岛站

秦皇岛站新增排水量为 80 m^3/d，主要为生活污水，既有污水量 1 000 m^3/d，设计年度污水量为 1 080 m^3/d。新增生活污水（粪便污水经化粪池处理）直接排入城市排水系统，既有的排水系统维持现状不变。该站南侧新增污水主要为生活污水，粪便污水经化粪池处理后与其他生活污水汇集就近排入市政污水系统；北侧还建秦北养路工区的污水采用化粪池处理后存放，普速信号楼污水采用化粪池、厌氧生物滤罐处理后就近排入站场排水沟。

第五节　噪声污染防治设计方案

一、声屏障设计方案

津秦高速铁路工程桥梁和城市建成区路基地段声屏障设置为金属插板式声屏障，其他路基区段为采用非金属插板式声屏障。全线声屏障设置总长度 50 274 m，其中路基段声屏障 16 594 m，桥梁段声屏障 33 680 m。全线声屏障设计总面积 122 634 m^2，其中路基段声屏障 49 082 m^2，桥梁段声屏障 73 552 m^2。

二、声屏障设计结构与型式

1. 正线高速桥梁段

声屏障设计采用[通环(2009)8323A]《时速 350 km 客运专线铁路桥梁插板式金属声屏障》通用参考图。声屏障采用 H 型钢插板、直立结构形式，声屏障高度采用 2.15 m(轨面以上 2.05 m)及 3.15 m(轨面以上 3.05 m)两种高度，声屏障采用铝合金复合吸声板，3.15 m 高声屏障上部 1 m 采用通透隔声板，单元板两侧固定单管橡胶垫后与 H 型钢承插连接，H 型钢立柱与桥梁遮板采用螺栓连接（图 3-20-12、图 3-20-13）。

图 3-20-12　蒲兰庄声屏障

图 3-20-13　国税局家属院声屏障

2. 正线高速路基段

(1)城市建成区高速段路基声屏障

城市高速段路基声屏障设计采用[通环(2009)8325]《时速 350 km 客运专线铁路路基插板式金属声屏障》通用参考图。

声屏障上部结构采用 H 型钢插板、直立结构形式,声屏障高度 2.95 m(轨面以上 2.05 m),声屏障采用铝合金复合吸声板,单元板两侧固定单管橡胶垫后与 H 型钢承插连接,声屏障基础采用钢筋混凝土钻孔桩,H 型钢立柱与基础之间采用螺栓连接。

(2)其他地区路基声屏障

其他地区路基声屏障设计采用[通环(2009)8326]《时速 350 km 客运专线铁路路基插板式非金属声屏障》通用参考图。声屏障上部结构采用 H 型钢插板、直立结构形式,声屏障高度 2.95 m(轨面以上 2.05 m),声屏障采用钢筋混凝土、玻璃纤维增强复合材料、轻质水泥等非金属材料,单元板两侧固定单管橡胶垫后与 H 型钢承插连接,声屏障基础采用钢筋混凝土钻孔桩,H 型钢立柱与基础之间采用插入式连接。

3. 隔声窗设置

津秦高速铁路工程设计隔声窗 162 735 m^2,工程建设对沿线超标的零星分布声敏感点实施安装隔声窗的治理措施。

第二十一章　施工组织设计

第一节　施工组织设计

一、重点大型临时设施的设置

1. 长轨存放基地

全线设置两处长轨存放基地，一处考虑利用唐山站存车场位置，该铺轨基地负责全线高速正线铺轨工程；一处考虑利用既有秦皇岛货场位置，主要负责秦山地区相关工程的轨道铺设任务。

2. 制梁场

全线设计考虑设置 9 处箱梁预制场、1 处 T 梁预制场见表 3-21-1。

表 3-21-1　津秦高速铁路制梁场

序　号	制 梁 场	供应长度	制梁台座	存梁台座
L1	东大桥梁场	25.6 km	11	99
L2	永定新河梁场	19.2 km	11	99
L3	蓟运河梁场	19.3 km	11	99
L4	唐坊农场梁场	25.8 km	11	99
L5	崔马庄梁场	23.9 km	9	81
L6	前小寨梁场	14.0 km	9	81
L7	赤峰堡梁场	31.6 km	11	99
L8	上荆子梁场	9.6 km	5	45
L9	潘官营梁场	12.9 km	7	63
L10	秦皇岛站 T 梁制存梁场	全线 T 梁	36	216

3. 轨枕板制造场

正线采用 CRTSⅡ型板式无砟轨道，根据轨道板结构形式特点，采用台座法生产，每处板场设置 3 个台座，每个台座配备 27 套模板，每月按 26 个工作日考虑，每处轨道板厂月生产能力 1 900 块。

全线设计考虑设置两处轨道板场，各一条轨道板生产线，分别设置于唐山及秦皇岛地区。

二、总 工 期

全线设计总工期 4 年，拟于 2008 年 10 月开工建设，2012 年 10 月竣工(图 3-21-1)。

序号	工程项目	开工日期	完工日期	关键线路(月)
1	施工准备	2008/10/1	2009/3/31	6.0
2	路基工程	2009/3/1	2010/6/30	
3	桥梁下部工程	2009/4/1	2010/12/31	13.0
4	一般隧道工程	2009/4/1	2010/12/31	
5	隧道变形观测	2011/1/1	2011/3/31	
6	架梁工程	2010/3/1	2011/4/30	11.0
7	无砟道床	2011/4/1	2011/12/1	6.0
8	铺轨工程	2011/10/1	2011/12/31	3.0
9	四电及站后工程	2011/12/1	2012/3/31	3.0
10	联调联试及试运行	2012/4/1	2012/9/30	6.0

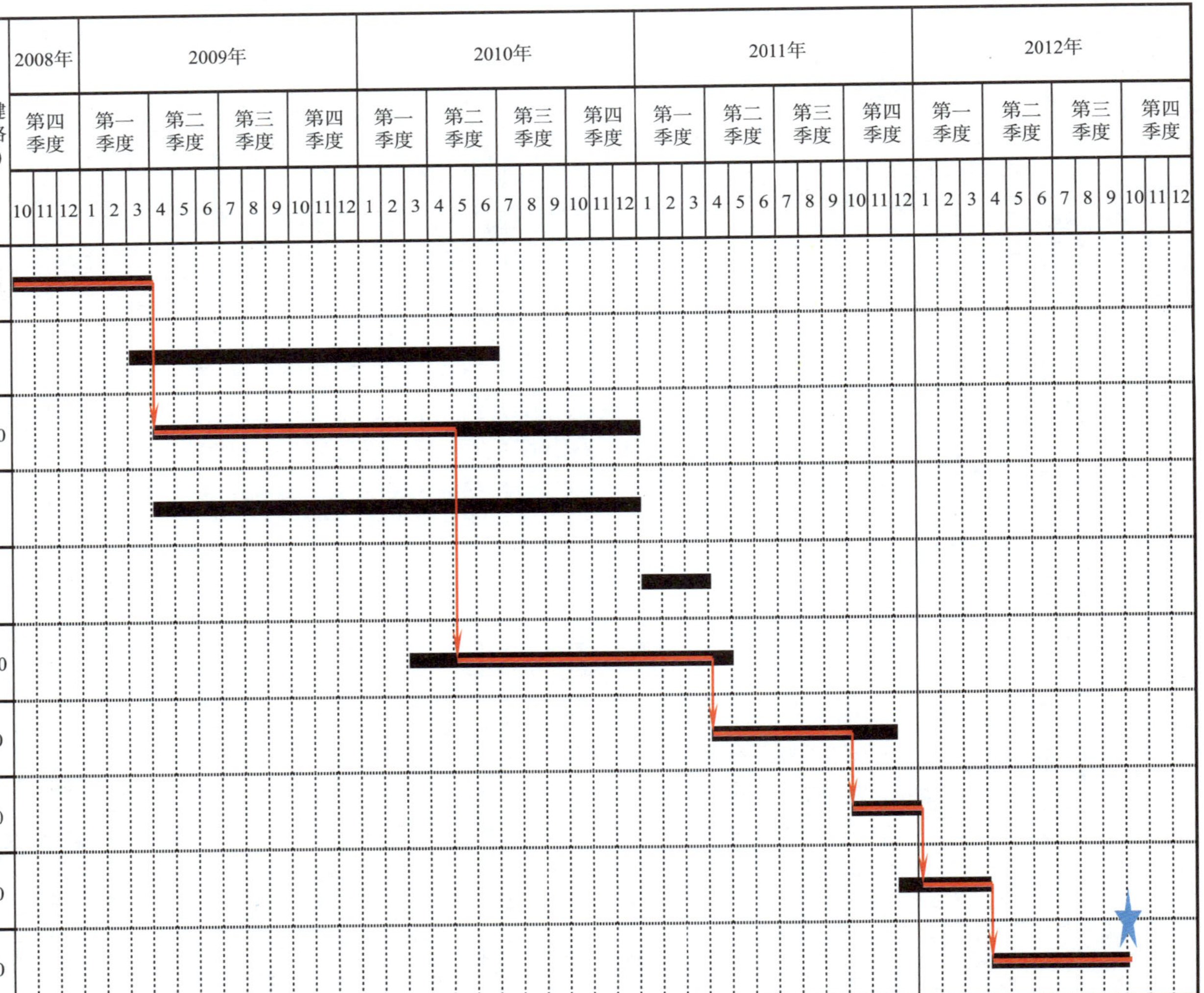

图 3-21-1　津秦高速铁路4年2期进度图

三、影响施工组织设计重大调整的因素

1. 总工期目标的调整

根据津秦高速铁路指导性施工组织的总体施工部署，要求两年完成线下工程，第三年完成铺轨站后配套，并有序调试确保开通，施工总工期较原批复工期压缩一年。

2. 外部条件引起总工期的停滞

环境影响补充报告引起停工，大的经济形势调整对建设资金的影响，重大征地拆迁节点推进滞后的影响等。例如站房方案的调整：原设计唐山站不再新设站房，对既有站房进行装修改造。后应地方的要求，唐山站站房调整为新建 5 万 m^2 的高架站房方案，同时为适应高架站房的实施方案，对唐山站车场过渡的方案提出新的要求，一是修建临时站房，客运本站过渡，二是运营线路转场的时机受高架站房上部结构完成时间的控制，相关调整引起新建高速车场滞后。

第二节　重大施工组织调整

一、重点大型临时设施的设置

1. 长轨存放基地

实施过程中，两处铺轨基地均按设计的位置及主要方案进行了设置。

全线设置两处长轨存放基地，一处考虑利用唐山站存车场位置永临结合，考虑利用唐山站北端高速、普速夹角地，局部利用高速存车场、保养点及预留城际存车场位置布置铺轨基地，该铺轨基地负责全线高速正线铺轨工程；一处考虑利用既有秦皇岛货场位置，主要负责秦山地区相关工程的轨道铺设任务。

主要的变化为：受唐山站站房方案调整的影响，唐山站高架站房的实施引起项目通过正线向天津方向铺轨受阻，后为了保证铺轨工期，新修铺轨便线。

2. 制梁场

全线设计考虑设置 9 处箱梁预制场、1 处 T 梁预制场；项目最终实施的梁场数量及位置基本同原设计方案，主要变化有以下两点。

(1)在项目实施的前期，施工单位考虑节省预制梁场区、运架设备等，主动提出变更，将赤峰堡梁场与上荆子梁场两处梁场合并为一处梁场；但在项目实施的中期，因部分地段征拆滞后引起运梁通道上的连续梁施工滞后，造成的整个工期的不可控，而又将上荆子梁场恢复。

(2)因总工期目标的调整，部分梁场增加制存梁台座，并增加架梁设备，双向架梁。

3. 轨枕板制造场

全线设计考虑设置两处轨道板场，各一条轨道板生产线，分别设置于唐山及秦皇岛地区。

建设过程中因岔区轨枕埋入式变更为岔区板式无砟轨道后，全线增加 58 组道岔板预制，为减少临时工程投入，利用丰润板场的位置增加 1 条道岔板生产线。

秦皇岛地区的轨道板生产线，考虑为减少临时工程的投入，调整为利用北京平谷原制梁场的场地进行建设，设置 1 条轨道板生产线。后根据铁道部工管中心《关于津秦高速铁路指导性施组设计专题会议纪要》(铁工管函〔2009〕214 号)的精神，根据总工期调整的需求，增加1 条轨

道板生产线,即平谷制板场设置 2 条轨道板生产线。

二、总工期的变化

津秦高速铁路从开工建设到开通运营共经历 5 年的时间,各主要时间节点如下。

开工日期:2008 年 11 月 8 日;

竣工日期:2013 年 12 月 1 日开通,总工期约 60 个月。

主要阶段工期

施工准备:2008 年 11 月 8 日~2009 年 3 月 31 日,工期约 5 个月;

站前工程:2009 年 4 月 1 日全面开工~2011 年 5 月 31 日完成,工期约 26 个月;

站后四电工程设备安装调试 4 个月,联调联试 3 个月,试运行 3 个月,站后总工期 10 个月。

第四篇　科技创新

第一章　总体技术创新

第一节　主要技术难点

津秦高速铁路经天津、唐山至秦皇岛，沿线经济发达，人口众多，公路及既有铁路交通发达。沿线途经天津古海岸与湿地国家级自然保护区，唐山陡河水库饮用水水源保护区等环境敏感点，丰台—野鸡坨断裂、陡河断裂、蓟运河断裂、滦县—乐亭断裂、卢龙断裂等不良地质区域，天津市域范围为软土地区，尤其军粮城站附近为主要沉降区，且沉降趋势呈漏斗状。上述重大控制因素对于总体方案的选择和确定造成了严重影响，制约着津秦高速铁路的设计和建设进度。特别是津秦高速铁路沿线的不良地质条件，对于方案的最终确定影响较大，例如津秦高速铁路经过唐山地区地震烈度高(8 度震区)，断裂带发育，给桥梁设计带来较大困难。如何在满足各设计规范的前提下，通过优化设计方案，提高桥梁结构抗震能力，成为津秦高速铁路设计和建设过程中面临的重大考验和技术难题。

同时，由于津秦高速铁路沿线不良的地质工程条件和众多的环境敏感区域，以及天津市、唐山市、秦皇岛市等大中城市中长期城市规划的限制条件，对线站方案的选择和确定以及其他工程设计均带来较大影响。在工程设计中，充分考量地方经济社会发展需求，为城市的规划和建设预留基础条件，满足城市总体规划要求，实现运输需求和铁路投资、运输效益的统一，为京津冀区域一体化协调发展，构建环渤海高速铁路网络，促进京津冀经济共同发展提供强大的交通运输支撑，是津秦高速铁路设计和建设过程中必须关注的重大问题。

另外，津秦高速铁路途经天津滨海地区，该地区属于海滨松软土地区。松软土地质条件下地基基础处理以及铁路建设完成后的工后沉降，一直以来都是铁路设计和建设的技术难题之一。特别是天津滨海地区不同松软土地质条件交互分布，给工程方案设计带来较大挑战。如何在满足各项技术规范要求的前提下，通过工程设计采取经济合理的工程措施，使工后沉降满足无砟轨道铺设和高速铁路安全平稳要求，是津秦高速铁路设计中需要关注的重点。

特别值得指出的是，津秦高速铁路在总体方案设计中，线路方案基本引入既有车站，例如唐山站、北戴河站、秦皇岛站等。线路接入既有车站，可以避免大量的拆迁工程，对于控制铁路建设投资，节约建设资金以及维护社会稳定有较好的促进作用，但同时也带来相关的技术难题，例如，在秦皇岛站，由于津秦高速铁路线的引入，引起秦皇岛站改造工程，使得途经秦皇岛站的津山线、京哈线、大秦线等铁路线路需要进行过渡。而秦皇岛站地处北京局、沈阳局、太原局分界处，此处有多条干线铁路经过，地理位置非常重要；此外，秦皇岛是国内的著名旅游城市，暑期属于客流高峰期，客流量大。因此，秦皇岛站施工过渡牵涉面之广，影响范围之大，在国内甚至世界范围内都少见。

津秦高速铁路在秦皇岛地区与大秦重载铁路线并线，GSM-R 系统同时覆盖两条线路，跨北京局、太原局 GSM-R 交换机，同时承载 CTCS-3 列控信息及 2 万 t 机车同步操控信息，这种情况在国内尚属首次。GSM-R 系统在组网设计时必须同时考虑两条线的列控信息数据、机车同步操控信息数据传送的安全性。因此需要在现有频率资源下统一考虑容量规划、两条线的组呼、紧急呼叫方案等，并在津秦高速铁路和大秦重载铁路并线区段对大秦线既有相关无线设备进行升级改造。

第二节　总体技术创新

津秦高速铁路设计团队在设计和建设过程中，坚持精细化、专业化和创新化设计，加强科技攻关和先进技术研究，集思广益，积极探索，解决了津秦高速铁路设计和建设过程中的诸多技术难题，在高速铁路选址规划设计、运营安全保障、系统集成与协调、特殊工程结构与工艺等方面实现了总体技术创新。

一、选址规划科学高效，站城和谐共融

高速铁路线路规划和车站枢纽布置关系到高速铁路设计和建设全局。在津秦高速铁路线路走向和车站布置设计中，设计团队在线路走向方案上充分考虑吸引客流和集约使用土地的原则，服从和服务国家及地方规划大局，助力国民经济发展。选线设计中，天津至唐山段选择经过滨海新区并设站，为天津滨海新区开发和开放提供快捷交通便利，加速天津滨海新区发展，助力高速铁路新城，优化环渤海经济区交通布局，促进京津冀一体化发展奠定了重要的交通基础。

天津—塘沽段、北戴河—秦皇岛段与既有铁路共用通道，既节约了用地，又减少对城市的分割，满足了地方政府城市建设规划的基本要求，为城市的发展建设预留基础条件，兼顾了城市历史现状和未来发展，实现了高速铁路与城市发展和谐相融。

在进行津秦高速铁路枢纽和车站布局设计时，设计团队充分考量沿线车站布局现状，深入研究沿线城市客流需求，并充分征求了地方政府对于枢纽和车站布局的意见。在“科学高效，便利经济”方针的指引下，津秦高速铁路在车站设置时结合地方规划，在拆迁增加不大的情况下，不限速引入既有站(例如唐山站和北戴河站)，开创了客运专线区间引入既有车站的先例。同时，枢纽设计方案具有枢纽内客车运行径路顺畅、运输组织灵活、管理方便，充分利用既有铁路和城市资源的特点，方便了旅客乘降和换乘，最大程度地吸引了客流。

此外，津秦高速铁路地处环渤海经济区，经济发达，铁路沿线城市密布，人口集中程度高，其经济腹地为广袤的华北平原，并有京津冀城市群作为依托，城际往来客流需求旺盛。鉴于上述特点，津秦高速铁路在车站布局时，加大车站密度，沿线设 8 个车站，车站平均间隔 30 km，较好地满足了沿线的客运需求。

二、坚持科学创新，为高速铁路安全运营保驾护航

津秦高速铁路在设计和建设过程中，遇到了一系列技术难题，通过开展科技攻关，取得了先进的科技创新成果，为高速铁路安全平稳运行提供了重要的安全保障。在桥梁设计中，在高烈度震区客运专线桥梁上采用了新型阻尼抗震体系，解决了以往刚性抗震体系无法通过地震力检算的技术难题。该技术方案的采用对于提高桥梁结构抗震能力，保障高速列车在地震等自然灾害的侵袭下安全运营起到重要作用，属于国内首例。针对津秦高速铁路穿越活动断裂带，采用在断裂带地段桥梁剪力齿槽解开，增加底座配筋等特殊技术方案，以满足此种结构的

轨道、桥梁受力要求，确保了无砟轨道及桥梁结构安全；同时，灵活采用已有的CRTSⅠ型双块式、CRTSⅡ型板式、岔区板式、岔区埋入式和有砟轨等5种型式的轨道结构，实现不同轨道结构型式间的合理衔接和平顺过渡，为保障列车高速、安全、平稳运行奠定了坚实基础。值得指出的是，在军粮城北站两侧咽喉区采用连续小刚架桥结构，通过考虑沉降及变形控制对小刚架基础的不均匀沉降限值后，提出纵连板式无砟轨道在连续小刚架桥上设置端刺结构的技术方案，实现了纵连轨道结构力的传递和位移控制，有助于实现轨道结构稳定和轨道平顺，保证了高速列车运行安全。

在四电系统设计上，首次采用了电务综合监督系统，通过采集计算机联锁、列控、CTC、信号集中监测、DMS等系统的信息，综合分析信号设备的实时数据，判断关键设备数据比对是否一致，基本逻辑是否正确，车地信息是否正常以及各信号设备板卡工作是否正常，监督信号设备的运行状况，并对设备故障、列车位置丢失、列车紧追踪、临时限速丢失、区间方向错误、应答器报文错误等进行比对分析和监督报警，提示相关人员及时处置。该系统的设置，大幅度提高信号系统的可靠性及安全性，同时该系统可实现故障定位功能，可有效定位故障点，缩小故障范围，缩短故障检测时间。电务综合监督系统的采用，对于保证高速铁路信号平稳有序起到了重要作用，成为保障列车安全运行，提高列车运营效率的重要技术装备。

同时，在秦皇岛站设置动车组运行故障图像检测系统（TEDS），可以消除影响动车组安全运行隐患，及时掌握动车组运行中的技术状态，同时监测预报雨雪冰冻天气对动车组运行造成的威胁。在津秦高速铁路防灾安全监控系统上，通过采用合理的系统架构、冗余配置（服务器、监控单元主机、网络、传输通道、传感器冗余）等各种手段，并制定系统的工作环境（考虑现场环境、区间机房极限环境）标准，采用统一系统整体架构，规范系统设备制造工艺，提高系统可靠性，降低系统误报及漏报率，实现现场风、雨、异物及地震信息的实时采集与信息处理，为高速铁路运营安全、维修防护智能化提供了重要的技术保障。

此外，在设计和建设过程中，首次采用绕前增加应答器防冰雪装置的方案，有效降低了应答器及尾缆受冰雪击打损坏的概率，提高了应答器对冰雪环境的适应性，大大降低了应答器损坏对列车运行安全的影响，提高了信号系统的可靠性，为高速铁路的安全运营提供了技术和装备保障。

三、优化系统设计，实现系统集成与协调

津秦高速铁路既具有庞大复杂的系统结构和功能，又因为其与外部系统的复杂联系而具有独特特点，因此，如何优化系统设计，协调其与外部系统的联系，成为设计和建设过程中的关键。为实现津秦高速铁路结构功能完备、系统科学协调、运行平稳高效的目标，设计团队进行了积极探索和有益尝试。

在优化系统设计方面，路基、桥梁、隧道、轨道等工务专业针对不同的工程地质和自然环境条件，积极探索，妥善解决了天津滨海地区软土路基沉降控制、铁路跨越高烈度地震区桥梁抗震加强、高速铁路框架墩连续梁、跨越活动断裂带桥梁上无砟轨道设置、无砟轨道自动布板等技术难题，为高速列车系统提供了坚实的轮轨基础，满足了高速列车系统平稳安全运行的要求。为满足牵引供电系统设计和建设需要，站前工程各专业结合站型规模、线路布置等因素，统筹考虑，在电缆沟槽、电缆廊道、电缆井、过轨形式等方面，进行了特殊优化设计；对路桥、路隧、桥隧过渡段四电过轨及设备布置进行优化布置，如过渡段应答器设置、过渡段基站选址结

合线下工程综合考虑、优化中继站及基站设置形式(通过品字形设置、桥下设置、采用箱式机房等方式)等,坚持系统协调,统筹实施,实现了隧道、桥梁、路基段四电综合管沟及基础等预留工程的集成设计。通过集成设计,实现了优化专业间接口的目标,既节省了工程造价,降低了施工难度,同时为运营单位的使用创造了便利条件,部分接口优化设计为其他项目设计提供借鉴经验。针对津秦高速铁路采用的CTCS-3级列控系统,根据运营和技术条件,对其进行优化和加强,使其与运营调度系统、客运服务系统的信息交换和控制及时准确,确保不同子系统功能协调。为保证高速列车系统和运营调度系统的指挥和调度信息反馈及时准确,津秦高速铁路采用电务综合监督设备,对铁路沿线通信信号实现全方位全天候监控、诊断与反馈,达到了车路协同的目标。通过系统优化设计和集成,津秦高速铁路在工务工程系统、牵引供电系统、列车运行控制系统、客运服务系统、运营调度系统上达到功能完备,技术先进、系统协调的目标,为高速列车系统的安全高效运行奠定了坚实基础。

在外部联系方面,津秦高速铁路引入枢纽地区与既有线并行地段GSM-R系统设计技术复杂,通过同时考虑两条线的列控信息数据、机车同步操控信息数据传送的安全性,在现有频率资源下统一考虑容量规划,编号方案中统一考虑两条线的组呼、紧急呼叫方案,实现了津秦高速铁路与大秦重载铁路GSM-R系统兼容和协调,为津秦高速铁路与其他铁路的并线协调运行奠定了重要基础。值得注意的是,秦皇岛站地处北京、沈阳、太原铁路局交界处,行车密度大,接触网检修天窗不一致,通过将各个不同局管线路的供电设备从机械和电气上均独立分开,保证了各铁路局对不同线路的独立运营管理,为津秦高速铁路建成后的运营维修提供了重要保障。另外,由于津秦高速铁路引入既有秦皇岛站,引起秦皇岛站改造工程,影响京哈、津山、大秦三大干线的运营,通过实施秦皇岛站过渡工程,实现了客货分离,彻底解决了既有线存在的运输组织不畅、养护维修不便等诸多难题,既保证了过渡方案的实现,也满足了铁路运输需求,实现了津秦高速铁路建设与其他铁路正常运营的协调,有力地促进了津秦高速铁路的建设进程。

四、因地制宜,创新结构形式和工艺

不同的高速铁路建设项目,因其所在区域的自然环境和工程地质条件的差异而存在较大不同。津秦高速铁路途经环渤海经济区,沿线自然环境和工程地质复杂多变。津秦高速铁路设计团队根据不同地形地质和自然环境条件,创新结构设计形式和施工工艺,取得了重要成果。在桥梁设计方面,首次在客运专线无砟轨道桥梁上采用了框架墩—连续梁柔性结构体系;在蓟运河特大桥及丰南跨津山铁路特大桥两次跨越津山铁路时均采用了框架墩加小跨度连续梁的结构形式,降低了线路纵断面,避免了采用大跨度桥梁跨越铁路的结构形式,极大地节省了投资。另外,首次采用56 m超低高度板式系杆简支拱新型结构,新结构大大降低了结构高度,既满足了高速行车对桥梁的刚度变形要求,又满足了跨越戴河洪水位要求,同时还满足了减少北戴河站新旧站坪高度差的需要。特别值得注意的是,津山外绕汤河特大桥津山绕DK293+727.33处跨越秦东下行联络线,为降低线路纵断面采用1×64 m简支系杆拱,施工时为减少对桥下既有铁路干扰,首次在跨越繁忙铁路时采用简支拱桥带拱顶推新技术,极大地减少了对既有线的干扰。

在滨海地区深厚软土地基处理方面,采用预应力管桩加固处理,桩顶设置钢筋混凝土筏板结构。为保证减少对邻近既有线影响,管桩施工时施做应力释放孔,保证了邻近既有线安全的

同时,工后沉降也得到了较好的控制。同时,滨海地区深厚软土有砟轨道采用水泥砂浆搅拌桩处理地基,既有效控制沉降和提高地基承载力,也避免了一般水泥搅拌桩在滨海地区软土地基成桩质量差的弊端。在唐山站高速车场路基地基处理采用浅埋入式桩板结构,准板宽 10 m,采用(2+3×6+2) m 三跨加两个边跨的结构,钻孔桩直径 1 m,横向 2 排桩,间距 5 m。经过桩板结构处理后的地基,既保证了工期又满足了无砟轨道工后沉降控制的要求。

在高速列车供水方面,设置集中控制系统,研究并解决流量的计量问题,信息数据首次直接取自于调度中心。列车进站、停靠股道、上水量、压力等信息传输至列车供水中控室,再传至列车上水工值班室,实现对每一靠站供水的客车进行单独上水计量,达到单列车供水费本局及跨局结算的目标。此外,列车供水采用软管自动回转、接头自动脱落、防冻的新型客车上水栓,上水过程操作方便,自动化程度高,劳动强度低,避免溢水现象,达到节水和保护场地环境整洁的目的,同时采用卷绕有序的卷管器,保证站场整齐美观。

第二章　重大技术创新

第一节　高烈度地震区抗震体系

一、研究背景

地震灾害让全世界的人们付出了沉痛的代价，特别是作为交通枢纽及生命线的桥梁工程，一旦在地震灾害中遭到破坏，救灾工作将产生巨大困难。

近百年来，国内外发生的大地震灾害都说明了科学合理的结构抗震构造措施是减轻地震灾害的最有效措施。

根据《津秦铁路客运专线工程场地地震安全性评价报告》，津秦高速铁路区域范围（铁路外围 150 km）涉及华北地震区内的华北平原地震带和汾渭地震带等。区域范围内历史地震活动水平和频度都很高，未来百年仍有发生 7 级地震的可能。

津秦高速铁路在跨越蓟运河、唐津高速、铁西路、京沈高速公路等交叉道路时采用了（40＋64＋2×80＋48）m、（80＋128＋80）m、（45＋3×70＋45）m、（48＋2×80＋48）m、（60＋2×100＋60）m 等跨度的预应力混凝土连续梁，而这几处工点也同时位于 8 度震区，地震动峰值加速度 0.2g，场地类别为Ⅲ类或Ⅳ类。对连续梁桥而言，由于一般只设一个固定墩，在地震作用下，纵桥向的地震荷载绝大部分均由固定墩来承受。因此，固定墩处于十分不利的受力状态，如果一味要求固定墩满足强度要求，在弹性范围内，不仅不经济，而且没有必要。因此，对高烈度震区大跨长联桥梁，采取减震措施，考虑由几个主墩共同承担地震力，使设计更加合理，确保地震时桥梁结构安全。

二、国内外现状

自 20 世纪 70 年代初期，法国、意大利、美国、日本等国家开始将减隔震装置应用于实践。截至目前，各个国家对于各类减隔震装置和减隔震设计方法都投入了大量的研究，取得了很大成就。在具体的结构设计时，虽然通过约束体系的选择，如漂浮体系等，可以大幅降低结构的地震力，但是会带来过大的地震位移。或者如小刚架或 T 构体系，可以分散地震效应，但会带来罕遇下的结构塑性变形，造成震后大规模的维修工作量。因此有时必须配合一些减隔震措施，才能解决以上工程难题。

为了减小地震引起桥梁结构的破坏，各国学者对桥梁结构的减隔震技术进行了广泛、深入的研究，并取得了大量的研究成果。在日本、美国、新西兰等国家，许多桥梁都安装了减隔震装置，并取得了较好的减隔震效果。目前，国内外技术减隔震装置有下面两种类型。第一，支座类。包括合成橡胶支座（低阻尼、高阻尼的橡胶和铅芯橡胶支座）及滑动支座（摩擦摆支座、平面滑动支座及回弹滑动支座）。第二，能量耗散装置。包括钢耗能体系（C 型钢耗能装置、E 型钢耗能装置和弯梁耗能装置等）、速度锁定器、液体黏滞阻尼器。其他类型的减隔震装置多是以上两种类型装置的组合。

减隔震技术是桥梁抗震的有效措施，减隔震技术在国外桥梁中的应用已经比较广泛，而在我国桥梁尤其是铁路桥梁中的应用还很少，相应的桥梁减隔震设计理论和设计方法还不够成熟。我国是世界上地震活动最强烈的国家之一，全国地震烈度大于或等于7度的地区面积占国土的1/3。作为生命线工程的桥梁在遭遇地震时能保持使用功能极为重要。因此对桥梁抗震进行深入研究，重点研究降低地震对结构影响的方法、装置已经十分急迫。

三、研究内容

在黏滞阻尼器中，有一种锁定装置(LUD)，又称为速度开关型阻尼器，见图4-2-1。该装置可近似看作是黏滞阻尼装置的一种特殊形式。在桥梁上的应用是利用在活动墩处设置速度开关型阻尼器来分担固定墩由于地震产生的载荷。它是一种速度激发型的装置，具有一定的锁止速度，装置在锁止速度以下的活动几乎不受限制，当超过锁止速度时，装置就会瞬间锁止，并且像一个刚性连杆一样在结构中作用，将结构所受到的冲击荷载分散开，分别由结构的不同部分承担。速度开关型阻尼器可以安放在结构中的合适位置，在结构受到突加荷载时改变荷载传递路线，使结构的受力更加均匀合理，从而很好地发挥保护结构的作用。速度开关型阻尼器已经陆续在国内外的旧桥加固和新桥抗冲击、抗震设计中得到了应用，其所起的作用逐渐受到重视。作为抗震保护装置使用在连续梁桥中时，速度开关型阻尼器通常设置在自由墩和梁桥之间，在地震来临时，安装了速度开关型阻尼器的自由墩与固定墩共同承担地震荷载的作用，装置使固定墩的内力减小，设置速度开关型阻尼器的自由墩内力增大，使各墩的内力趋于均匀。

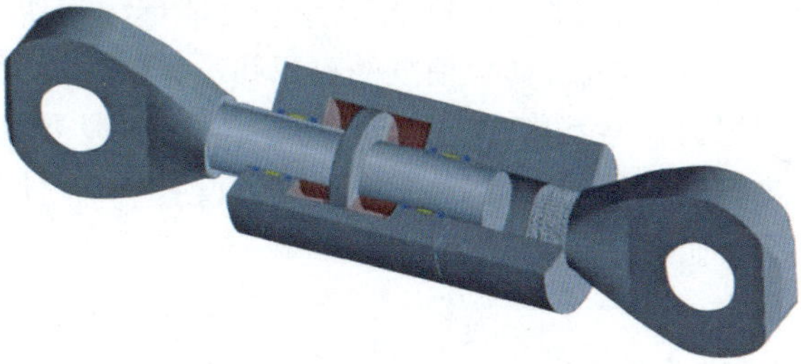

图4-2-1 速度开关型阻尼器

速度开关型液压阻尼器是一种用于解决高烈度震区大跨长联桥梁地震力的分配装置，可有效解决传统用单墩抵抗纵向地震水平力时固定墩难以设计的问题。我们从以下几个方面对速度开关型液压阻尼器进行研究。

1. 速度开关型液压阻尼器的构造及制造研究

(1)功能及构造特点研究；

(2)设计参数的确定；

(3)精确性、可靠性及耐久性研究。

2. 速度开关型液压阻尼器的抗震效能研究

(1)安装位置及对桥梁结构的受力影响分析；

(2)桥梁抗震设计研究。

3. 速度开关型液压阻尼器的模型试验研究

(1)静力耐压测试;
(2)慢速度位移测试;
(3)快速运动测试;
(4)模拟动力测试;
(5)过载测试;
(6)疲劳测试;
(7)快速运动测试。

四、研究方法

1. 搜集资料,借鉴已有的科研成果,明确选用速度开关型桥梁液压阻尼器,完成其设计制造。

黏滞阻尼器根据阻尼力产生原理不同,可分为液缸式黏滞阻尼器、圆筒式黏滞阻尼器和黏滞阻尼墙。桥梁上选用的为前两种。缸式黏滞阻尼器在外界激励下,活塞杆在缸体内运动,迫使受压流体通过孔隙或缝隙产生阻尼力。缸式黏滞阻尼器根据构造形式又可分为单出杆和双出杆黏滞阻尼器。依据活塞上耗能构件的构造不同,又可将其分为孔隙式、间隙式和混合式阻尼器三种类型,见图 4-2-2。

早期的流体阻尼器通常采用单出杆型式(图 4-2-3),但这种流体阻尼器在构造上存在缺陷。当活塞运动时,由于油缸和阻尼介质在理论上都是体积不可压缩材料(或有限可压缩),常常会导致油缸内压力的急剧变化。当导杆抽出时,被抽出的这部分活塞杆在油缸内所占据的体积无法得到补偿,油缸内会产生“真空”现象,使活塞杆不能继续运动;相反当活塞杆回缩时,因原在油缸外的部分活塞杆进入油缸内,但油缸的容积并没有增大,从而导致“顶死”现象。这种单出杆阻尼器产生的阻尼力非常不稳定,在“真空”或“顶死”阶段类似于刚性杆,其减振性能难以保证。为了改进单出杆阻尼器的缺陷,通常在油缸外设置一个附加调节装置(外加油路及伺服阀、单向阀等)来调节油缸内的压力变化。

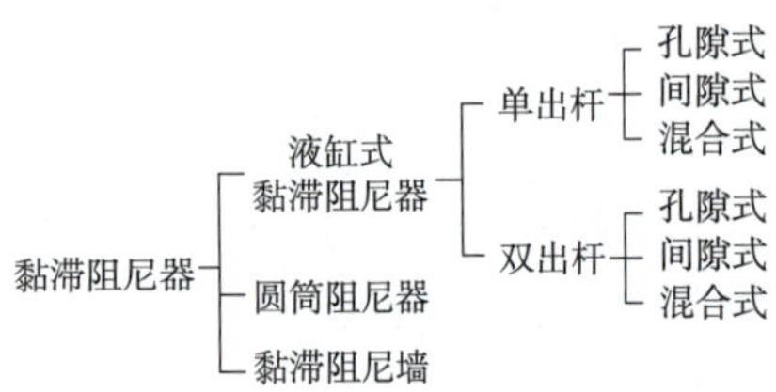

图 4-2-2 黏滞阻尼的类型

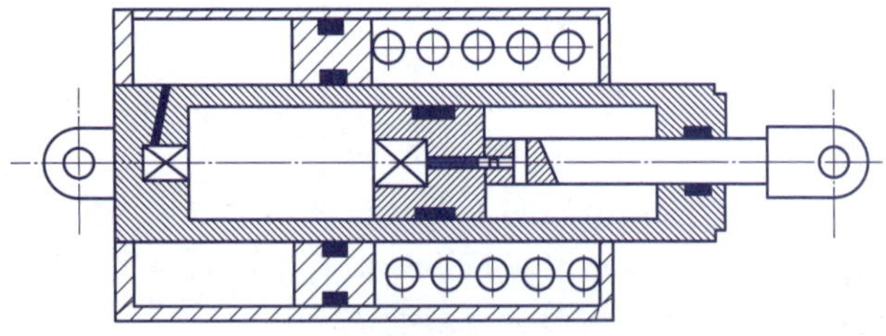
图 4-2-3 单出杆型流体阻尼器

双出杆型式的阻尼器(图 4-2-4)解决了“真空”问题。由于双出杆型流体阻尼器在活塞运动时,油缸内的总体积不会发生变化,油缸内的压强也不会产生过大变化,避免了主述单出杆流体阻尼器的弊病。在活塞两面对称开孔,其上安装阻尼螺钉,阻尼螺钉上开小孔作为阻尼孔,这样即使油缸及活塞杆规格不变,通过改变阻尼孔直径和长细比,即可获得不同的阻尼结果。

综合以上,选择双出杆型式的阻尼器结构,阻尼由间隙和阻尼孔共同产生。

2. 选取典型工点,采用有限元分析软件,建立整体模型,计算出地震力,得到阻尼器设计

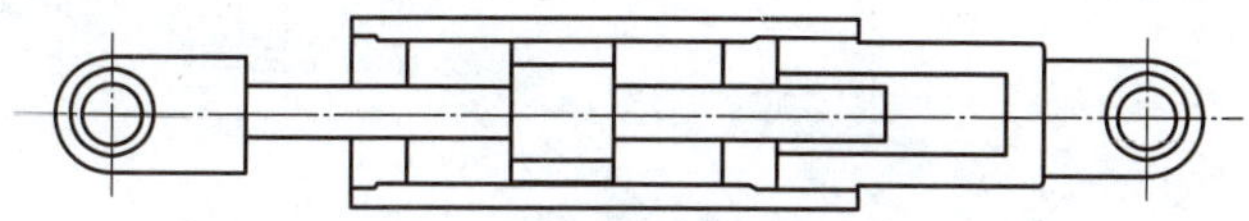

图 4-2-4　双出杆型流体阻尼器

参数及设置效果。

采用 MIDAS 程序建立有限元模型进行地震力的计算分析。预应力混凝土连续梁桥的梁、墩及承台均采用空间梁单元模拟，考虑邻跨简支梁质量的影响，利用集中质量单元实现，横桥向施加在边墩主梁横截面中心处，质量大小为邻跨简支梁的质量和二期恒载质量之和的一半。将地基土对结构的约束作用简化成转动弹簧及平动弹簧，施加在承台底。

建立桥梁的有限元模型，对其进行了速度开关型阻尼器锁定前后的反应谱分析和时程分析，给出了两种状态下的自振频率和墩顶纵向水平地震力，连续梁空间有限元模型见图 4-2-5～图 4-2-9，典型工点地震力比较分析见表 4-2-1。

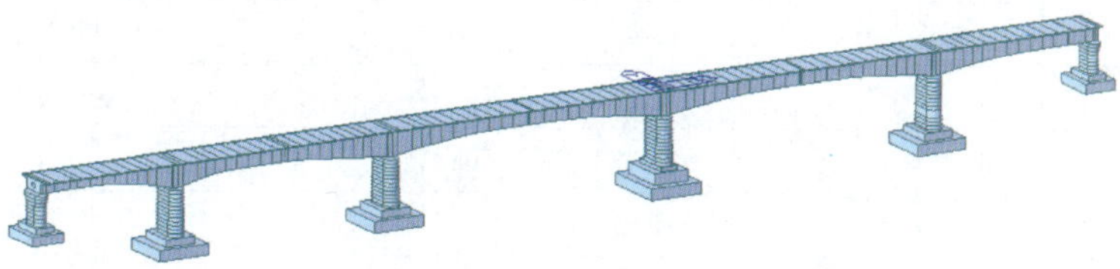

图 4-2-5　跨蓟运河(40＋64＋2×80＋48) m 连续梁空间有限元模型

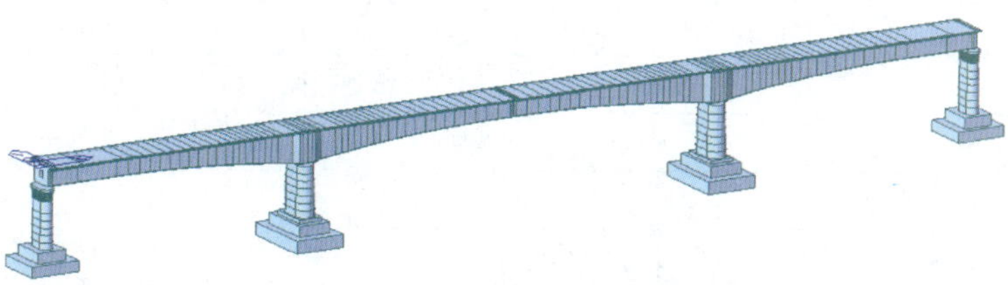

图 4-2-6　跨唐津高速(80＋128＋80) m 连续梁空间有限元模型

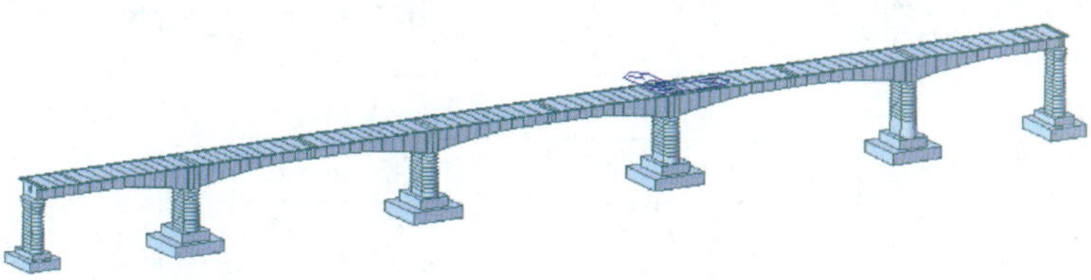

图 4-2-7　跨文化大街和铁西路(45＋3×70＋45) m 连续梁空间有限元模型

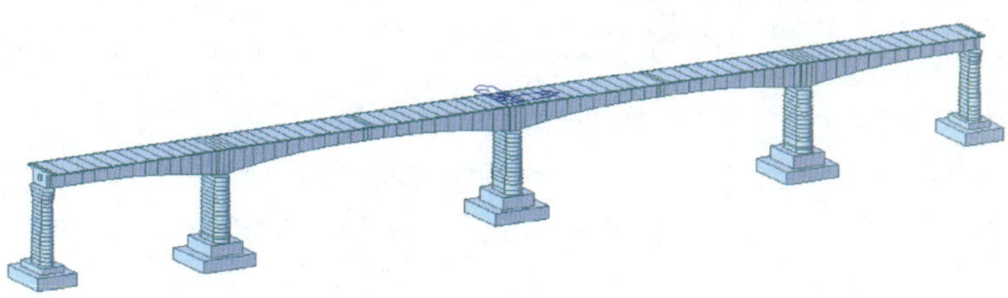

图 4-2-8　跨高速公路匝道(48＋2×80＋48) m 连续梁空间有限元模型

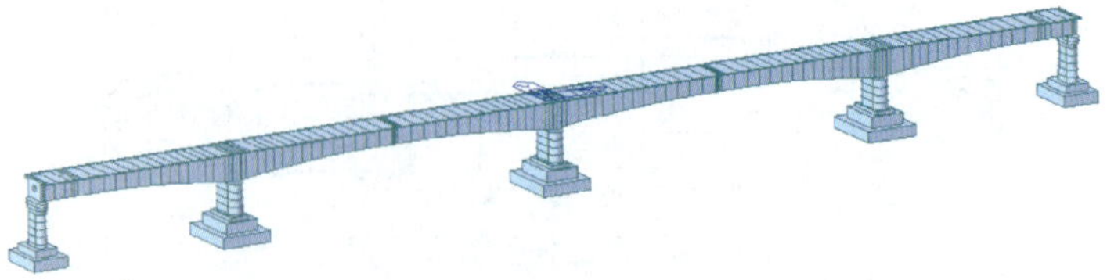

图 4-2-9 跨京沈匝道(60+2×100+60) m 连续梁空间有限元模型

表 4-2-1 速度开关型阻尼器锁定前后桥梁地震力比较分析

墩号	里　程	跨度(m)	自由状态时程分析地震力(kN・m)	锁定状态时程分析地震力(kN・m)	时程分析减震率	自由状态反应谱分析地震力(kN・m)	锁定状态反应谱分析地震力(kN・m)	反应谱分析减震率
跨蓟运河(40+64+2×80+48) m 连续梁								
82	DK72+285.71							
83	DK72+318.43	32.72						
84	DK72+359.33	40.9		13 023			11 662	
85	DK72+423.33	64		11 857			9 921	
86	DK72+503.33	80	35 986	12 988	64%	40 931	11 167	73%
87	DK72+583.33	80		11 978			10 425	
88	DK72+632.18	48.85						
89	DK72+664.88	32.7						
合　计				49 846			43 175	
跨唐津高速(80+128+80) m 连续梁								
124	DK73+632.9							
125	DK73+665.6	32.7						
126	DK73+747.2	81.6	41 239	22 670	45%	46 207	24 488	47%
127	DK73+875.2	128		21 642			23 185	
128	DK73+956.8	81.6						
129	DK73+989.52	32.72						
合　计				44 312			4 7673	
跨文化大街和铁西路(45+3×70+45) m 连续梁								
757	DK114+833.74							
758	DK114+866.46	32.72						
759	DK114+912.31	45.85		15 370			15 667	
760	DK114+982.31	70	43 885	14 385	67%	36 238	14 928	59%
761	DK115+052.31	70		14 112			14 566	
762	DK115+122.31	70		9 221			9 672	
763	DK115+168.16	45.85						
764	DK115+200.87	32.71						
合　计				53 088			54 833	

续上表

墩号	里　程	跨度（m）	自由状态时程分析地震力（kN·m）	锁定状态时程分析地震力（kN·m）	时程分析减震率	自由状态反应谱分析地震力（kN·m）	锁定状态反应谱分析地震力（kN·m）	反应谱分析减震率
跨高速公路匝道(48+2×80+48) m 连续梁								
108	DK145+580.36							
109	DK145+605.06	24.7						
110	DK145+653.91	48.85		15 168			12 221	
111	DK145+733.91	80	45 645	17 766	61%	34 748	14 498	58%
112	DK145+813.91	80		15 680			12 697	
113	DK145+862.76	48.85						
114	DK145+887.48	24.72						
合　计				48 614			39 416	
跨京沈匝道(60+2×100+60) m 连续梁								
111	DK157+489.15							
112	DK157+521.85	32.7						
113	DK157+582.7	60.85		18 008			19 462	
114	DK157+682.7	100	46 509	17 774	62%	53 131	19 550	63%
115	DK157+782.7	100		18 806			20 287	
116	DK157+843.55	60.85						
117	DK157+876.25	32.7						
合　计				54 588			59 299	

表 4-2-1 地震力分析表明，设置阻尼器能够大幅度减小连续梁固定墩的顺桥向地震力。为进一步确切了解设置阻尼器对连续梁桥墩、基础的设计影响，对工点进行基于相同安全度的设计对比，工程数量对比结果见表 4-2-2～表 4-2-7。

表 4-2-2　跨蓟运河(40+64+2×80+48) m 连续梁工程数量对比

	桥墩	84 号(非固定墩)	85 号(非固定墩)	86 号(固定墩)	87 号(非固定墩)
不考虑采用阻尼器	墩顶截面(m^2)	3.6×9.6	3.6×9.6	9.6×9.6	3.6×9.6
	坡度(%)	50	50	50	50
	墩高(m)	12	12.5	13	13.5
	墩底截面(m^2)	4.08×10.08	4.10×10.10	10.12×10.12	4.14×10.14
	桥墩混凝土(m^3)	456	475.9	1 318.1	516
	桥墩钢筋(t)	68.5	69.3	364.3	70.2
	承台尺寸(m)	14.6×14.6×3 (8.6×12.9×3)	14.6×14.6×3 (8.6×12.9×3)	24.4×24.4×4 (18.4×18.4×4)	14.6×14.6×3 (8.6×12.9×3)
	承台混凝土(m^3)	1 212	1 212	3 736	1 212

续上表

不考虑采用阻尼器	承台钢筋(t)	41.5	41.5	206.8	41.5
	桩基尺寸(m)	16×ϕ1.5×64	16×ϕ1.5×74	25×ϕ2.0×80	16×ϕ1.5×70
	桩基混凝土(m^3)	1 809.6	2 092.3	6 283.2	1 979.2
	桩基钢筋(t)	78.3	78.3	390.6	78.3
	混凝土合计(m^3)	桥墩 2 766,承台 7 372,桩基 12 164.3			
	钢筋合计(t)	桥墩 572.3,承台 331.3,桩基 625.5			
考虑采用阻尼器	墩顶截面(m^2)	4.2×9.6	4.2×9.6	4.2×9.6	4.2×9.6
	坡度(%)	50	50	50	50
	墩高(m)	12	12.5	13	13.5
	墩底截面(m^2)	4.68×10.08	4.7×10.10	4.72×10.12	4.74×10.14
	桥墩混凝土(m^3)	478	499.8	520.8	542.4
	桥墩钢筋(t)	81.1	83.3	86.2	88.7
	承台尺寸(m) (长×宽×高)	14.6×14.6×3 (8.5×11×2)	14.6×14.6×3 (8.5×11×2)	14.6×18.6×3 (9.6×13.4×3)	14.6×14.6×3 (8.5×11×2)
	承台混凝土(m^3)	826.5	826.5	1 200.6	826.5
	承台钢筋(t)	35.7	35.7	52.1	35.7
	桩基尺寸(m)	16×ϕ1.5×65	16×ϕ1.5×76	20×ϕ1.5×72	16×ϕ1.5×72
	桩基混凝土(m^3)	1 837.8	2 148.8	2 544.7	2 035.8
	桩基钢筋(t)	78.3	78.3	97.9	78.3
	混凝土合计(m^3)	桥墩 2 041,承台 3 680.1,桩基 8 567.1			
	钢筋合计(t)	桥墩 339.3,承台 159.2,桩基 332.8			

表 4-2-3　跨现状唐津高速(80+128+80) m 连续梁工程数量对比

	桥墩	127 号(非固定墩)	126 号(固定墩)
不考虑采用阻尼器	墩顶截面(m^2)	4×10	10.4×10.4
	坡度(%)	30	30
	墩高(m)	14.5	13.5
	墩底截面(m^2)	4.97×10.97	11.3×11.3
	桥墩混凝土(m^3)	650.7	1 723.8
	桥墩钢筋(t)	88.2	442.7
	承台尺寸(m) (长×宽×高)	14.6×14.6×3 (8.6×12.9×3)	24.4×29.7×4 (18.4×23.7×4)
	承台混凝土(m^3)	1 212	3 011.9
	承台钢筋(t)	41.5	367.5
	桩基尺寸(m)	24×ϕ1.5×79	30×ϕ2.0×88
	桩基混凝土(m^3)	3 350.5	8 293.8
	桩基钢筋(t)	46.2	712.3
	混凝土合计(m^3)	桥墩 2 374.5,承台 4 223.9,桩基 11 644.3	
	钢筋合计(t)	桥墩 530.9,承台 409,桩基 758.5	

续上表

考虑采用阻尼器	墩顶截面(m^2)	5×10.4	5×10.4
	坡度(%)	30	30
	墩高(m)	14.5	13.5
	墩底截面(m^2)	5.90×11.30	5.83×11.23
	桥墩混凝土(m^3)	772.64	712.95
	桥墩钢筋(t)	107.26	99.15
	承台尺寸(m) (长×宽×高)	14.6×22.6×3 (9.4×16.4×3)	14.6×22.6×3 (9.4×16.4×3)
	承台混凝土(m^3)	1 452.4	1 452.4
	承台钢筋(t)	53.6	53.6
	桩基尺寸(m)	24×ϕ1.5×80	24×ϕ1.5×83
	桩基混凝土(m^3)	3 393	3 520
	桩基钢筋(t)	69.3	69.3
	混凝土合计(m^3)	桥墩 1 485.6，承台 2 904.8，桩基 6 913	
	钢筋合计(t)	桥墩 206.4，承台 107.2，桩基 138.6	

表 4-2-4　跨文化大街和铁西路(45+3×70+45) m 连续梁工程数量对比

	桥墩	759 号(非固定墩)	760 号(固定墩)	761 号(非固定墩)	762 号(非固定墩)
不考虑采用阻尼器	墩顶截面(m^2)	3.6×9.6	9×9.6	3.6×9.6	3.6×9.6
	坡度(%)	50	50	50	50
	墩高(m)	10	10.5	11	13.5
	墩底截面(m^2)	4×10	9.42×10.02	4.04×10.04	4.14×10.14
	桥墩混凝土(m^3)	377.8	991.1	416.7	516
	桥墩钢筋(t)	66.9	364.3	68.2	70.2
	承台尺寸(m) (长×宽×高)	14.6×14.6×3 (8.6×12.9×3)	22.4×22.4×4 (16.4×16.4×4)	14.6×14.6×3 (8.6×12.9×3)	14.6×14.6×3 (8.6×12.9×3)
	承台混凝土(m^3)	1 212	3 082.9	1 212	1 212
	承台钢筋(t)	41.5	189.6	41.5	41.5
	桩基尺寸(m)	16×ϕ1.5×47	25×ϕ1.8×64	16×ϕ1.5×54	16×ϕ1.5×50
	桩基混凝土(m^3)	1 328.9	4 071.5	1 526.8	1 413.7
	桩基钢筋(t)	78.3	352.1	78.3	78.3
	混凝土合计(m^3)	桥墩 2 301.6，承台 6 718.9，桩基 8 340.9			
	钢筋合计(t)	桥墩 569.6，承台 314.1，桩基 587			
考虑采用阻尼器	墩顶截面(m^2)	4.2×9.6	4.2×9.6	4.2×9.6	4.2×9.6
	坡度(%)	50	50	50	50
	墩高(m)	10	10.5	11	13.5
	墩底截面(m^2)	4.6×10.0	4.62×10.02	4.64×10.04	4.74×10.14
	桥墩混凝土(m^3)	394.1	424	435.8	542.4

续上表

考虑采用阻尼器	桥墩钢筋(t)	68.4	72	75.6	88.7
	承台尺寸(m)(长×宽×高)	14.6×14.6×3 (8.8×11×2.5)	14.6×14.6×3 (8.8×11×2.5)	14.6×14.6×3 (8.8×11×2.5)	14.6×14.6×3 (8.8×11×2.5)
	承台混凝土(m^3)	881.5	881.5	881.5	881.5
	承台钢筋(t)	33.3	33.3	33.3	33.3
	桩基尺寸(m)	16×ϕ1.5×47	16×ϕ1.5×56	16×ϕ1.5×56	16×ϕ1.5×54
	桩基混凝土(m^3)	1 328.9	1 583.4	1 583.4	1 526.8
	桩基钢筋(t)	78.3	78.3	78.3	78.3
	混凝土合计(m^3)	桥墩 1 796.3,承台 3 526,桩基 6 022.5			
	钢筋合计(t)	桥墩 304.7,承台 133.2,桩基 313.2			

表 4-2-5 跨高速公路匝道(48+2×80+48)m 连续梁工程数量对比

	桥墩	110 号(非固定墩)	111 号(固定墩)	112 号(非固定墩)
不考虑采用阻尼器	墩顶截面(m^2)	3.6×9.6	9×9.6	3.6×9.6
	坡度(%)	50	50	50
	墩高(m)	15.5	14.5	15
	墩底截面(m^2)	3.98×9.98	9.58×10.18	3.96×9.96
	桥墩混凝土(m^3)	582.2	1414.1	568.1
	桥墩钢筋(t)	58.6	332.1	58.3
	承台尺寸(m)(长×宽×高)	14.6×14.6×3 (8.6×12.9×3)	22.4×22.4×4 (16.4×16.4×4)	14.6×14.6×3 (8.6×12.9×3)
	承台混凝土(m^3)	1 212	3 082.9	1 212
	承台钢筋(t)	41.5	189.6	41.5
	桩基尺寸(m)	16×ϕ1.5×56	25×ϕ1.8×56	16×ϕ1.5×59
	桩基混凝土(m^3)	1 583.4	3 563	1 668.2
	桩基钢筋(t)	46.2	352.1	46.2
	混凝土合计(m^3)	桥墩 2 564.4,承台 5 506.9,桩基 6 814.6		
	钢筋合计(t)	桥墩 449,承台 272.6,桩基 444.5		
考虑采用阻尼器	墩顶截面(m^2)	4×9.6	4×9.6	4×9.6
	坡度(%)	50	50	50
	墩高(m)	15.5	14.5	15
	墩底截面(m^2)	4.62×10.22	4.58×10.18	4.60×10.20
	桥墩混凝土(m^3)	607.4	629.6	652
	桥墩钢筋(t)	60.9	66.2	59.5
	承台尺寸(m)(长×宽×高)	14.6×14.6×3 (8.6×12.9×3)	14.6×14.6×3 (8.6×11.2×3)	14.6×14.6×3 (8.6×12.9×3)
	承台混凝土(m^3)	972.3	928.4	972.3
	承台钢筋(t)	41.5	40.8	41.5

续上表

	桩基尺寸(m)	16×ϕ1.5×56	16×ϕ1.5×51	16×ϕ1.5×59
考虑采用阻尼器	桩基混凝土(m^3)	1 583.4	1 442	1 668.2
	桩基钢筋(t)	46.2	66.2	46.2
	混凝土合计(m^3)	桥墩 1 889,承台 2 873,桩基 4 693.6		
	钢筋合计(t)	桥墩 186.6,承台 123.8,桩基 158.6		

表 4-2-6　跨京沈匝道(60+2×100+60) m 连续梁工程数量对比

	桥墩	113 号(非固定墩)	114 号(固定墩)	115 号(非固定墩)
不考虑采用阻尼器	墩顶截面(m^2)	3.6×9.6	9.5×10	3.6×9.6
	坡度(%)	50	50	50
	墩高(m)	9.5	9.5	9
	墩底截面(m^2)	3.98×9.98	9.88×10.38	3.96×9.96
	桥墩混凝土(m^3)	358.7	974.3	339.5
	桥墩钢筋(t)	37.7	154.3	35.8
	承台尺寸(m) (长×宽×高)	14.6×18.6×3 (9.6×13.4×3)	24.4×24.4×4 (18.4×18.4×4)	14.6×18.6×3 (9.6×13.4×3)
	承台混凝土(m^3)	1 212	3 736	1 212
	承台钢筋(t)	44.7	206.8	44.7
	桩基尺寸(m)	20×ϕ1.5×66	25×ϕ2.0×89	20×ϕ1.5×61
	桩基混凝土(m^3)	2 333	6 990	2 156
	桩基钢筋(t)	57.8	390.6	57.8
	混凝土合计(m^3)	桥墩 1 672.5,承台 6 160,桩基 11 479		
	钢筋合计(t)	桥墩 227.8,承台 296.2,桩基 506.2		
考虑采用阻尼器	墩顶截面(m^2)	4.2×10	4.2×10	4.2×10
	坡度(%)	50	50	50
	墩高(m)	9.5	9.5	9
	墩底截面(m^2)	4.58×10.38	4.58×10.38	4.56×10.36
	桥墩混凝土(m^3)	408.5	408.5	386.8
	桥墩钢筋(t)	39.7	49.7	37.6
	承台尺寸(m) (长×宽×高)	14.6×18.6×3 (9.6×13.4×3)	14.6×18.6×3 (9.6×13.4×3)	14.6×18.6×3 (9.6×13.4×3)
	承台混凝土(m^3)	1 212	1 212	1 212
	承台钢筋(t)	44.7	44.7	44.7
	桩基尺寸(m)	20×ϕ1.5×68	20×ϕ1.5×72	20×ϕ1.5×63
	桩基混凝土(m^3)	2 403	2 545	2 227
	桩基钢筋(t)	57.8	77.4	57.8
	混凝土合计(m^3)	桥墩 1 203.8,承台 3 636,桩基 7 175		
	钢筋合计(t)	桥墩 127,承台 134.1,桩基 193		

表 4-2-7 设置阻尼器工程造价差对比表

序号	跨度(m)	下部结构工程数量							造价差(万元)
			桥墩混凝土(m^3)	桥墩钢筋(t)	承台混凝土(m^3)	承台钢筋(t)	桩基混凝土(m^3)	桩基钢筋(t)	
1	40+64+2×80+48	未设	2 766	572.3	7 372	331.3	12 164.3	625.5	790
		设置	2 041	339.3	3 680.1	159.2	8 567.1	332.8	
2	80+128+80	未设	2 374.5	530.9	4 223.9	409	11 644.3	758.5	680
		设置	1 485.6	206.4	2 904.8	107.2	6 913	138.6	
3	45+3×70+45	未设	2 301.6	569.6	6 718.9	314.1	8 340.9	587	600
		设置	1 796.3	304.7	3 526	133.2	6 022.5	313.2	
4	48+2×80+48	未设	2 564.4	449	5 506.9	272.6	6 814.6	444.5	530
		设置	1 889	186.6	2 873	123.8	4 693.6	158.6	
5	60+2×100+60	未设	1 672.5	227.8	6 160	296.2	11 479	506.2	720
		设置	1 203.8	127	3 636	134.1	7 175	193	

注:根据桥墩混凝土 800 元/m^3,承台和桩基混凝土 1 000 元/m^3计算。

分析表 4-2-1~表 4-2-7,得出如下结论。

(1)通过设置阻尼器前后地震力计算分析,可看到设置阻尼器能够大幅度减小连续梁固定墩的顺桥向地震力,减震率在 45%~73%之间。

(2)基于同样安全度,对是否设置阻尼器进行了地震力计算结果和工程数量、结构尺寸比较分析,可看出设置阻尼器后桥墩、承台、桩基工程数量大幅减少,且桥墩、承台等设计简便,外形匀称,使得连续梁固定墩设计更加方便容易,设置阻尼器是十分必要的。

3. 阻尼器设计参数考虑以下几方面,见表 4-2-8。

(1)设计阻尼力

将阻尼器作为刚性连接装置,按照设计地震计算在阻尼器锁定时设置阻尼器各墩的受力和刚性杆受力,将刚性杆受力作为阻尼器设计阻尼力。

(2)最大行程

考虑设置阻尼器位置梁、墩在温度力、收缩、徐变作用下并考虑施工误差前提下的最大相对位移。

(3)锁定距离

设计固定桥墩在承受阻尼器锁定时地震力(多遇地震)之外,还能够承受对应锁定距离的外力。即固定墩在阻尼装置锁定之前能够发生的位移。

(4)控制加速度

固定墩所受地震力(阻尼器锁定时地震力+锁定距离对应外力)与梁体上部总质量的比值。

(5)锁定速度

根据地震波作用下墩梁相对位移和相对速度时程曲线(图 4-2-10、图 4-2-11),对应锁定位移求得锁定速度。

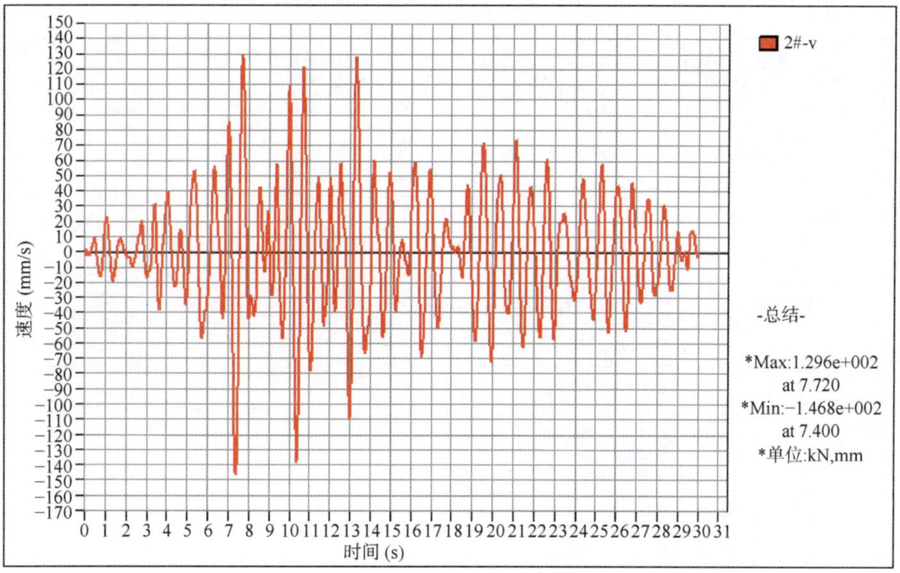

图 4-2-10　地震波作用下墩梁相对运动速度时程曲线

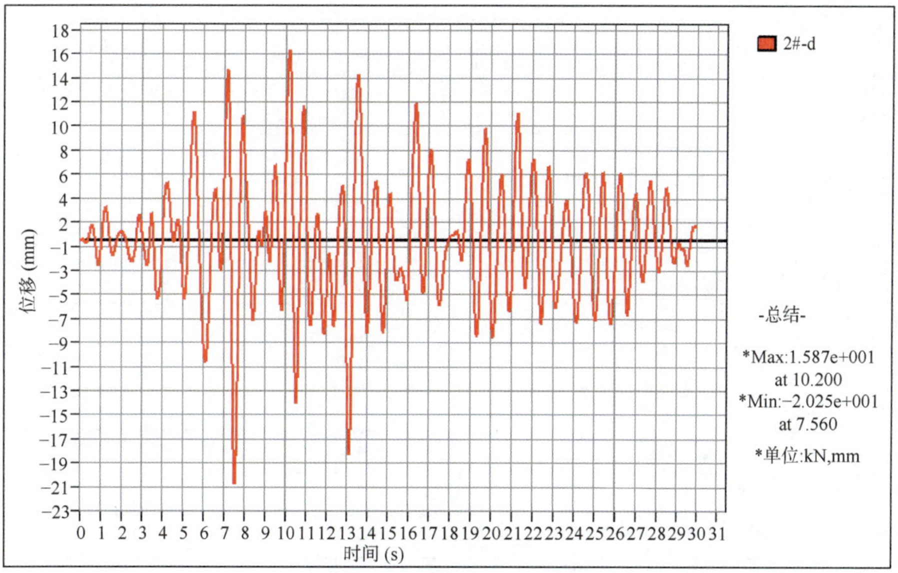

图 4-2-11　地震波作用下墩梁相对运动位移时程曲线

表 4-2-8　阻尼器设计参数汇总

墩号	里程	跨度 (m)	阻尼器设计阻尼力(kN)	阻尼器个数	控制加速度 (m/s^2)	最大行程 (mm)	锁定距离 (mm)	锁定速度 (mm/s)
跨蓟运河(40+64+2×80+48) m 连续梁								
82	DK72+285.71							
83	DK72+318.43	32.72						
84	DK72+359.33	40.9	4 000	4	0.5	±100	8	50
85	DK72+423.33	64	4 000	4	0.5	±100	8	50

续上表

墩号	里程	跨度(m)	阻尼器设计阻尼力(kN)	阻尼器个数	控制加速度(m/s^2)	最大行程(mm)	锁定距离(mm)	锁定速度(mm/s)
86	DK72+503.33	80						
87	DK72+583.33	80	4 000	4	0.5	±100	8	50
88	DK72+632.18	48.85						
89	DK72+664.88	32.7						
跨唐津高速(80+128+80) m 连续梁								
124	DK73+632.9							
125	DK73+665.6	32.7						
126	DK73+747.2	81.6						
127	DK73+875.2	128	5 000	6	0.7	±100	8	70
128	DK73+956.8	81.6						
129	DK73+989.52	32.72						
跨文化大街和铁西路(45+3×70+45) m 连续梁								
757	DK114+833.74							
758	DK114+866.46	32.72						
759	DK114+912.31	45.85	5 000	4	0.7	±100	8	75
760	DK114+982.31	70						
761	DK115+052.31	70	5 000	4	0.7	±100	8	75
762	DK115+122.31	70	4 000	4	0.7	±100	8	75
763	DK115+168.16	45.85						
764	DK115+200.87	32.71						
跨高速公路匝道(48+2×80+48) m 连续梁								
108	DK145+580.36							
109	DK145+605.06	24.7						
110	DK145+653.91	48.85	4 500	4	0.7	±100	8	50
111	DK145+733.91	80						
112	DK145+813.91	80	4 500	4	0.7	±100	8	50
113	DK145+862.76	48.85						
114	DK145+887.48	24.72						
跨京沈匝道(60+2×100+60) m 连续梁								
111	DK157+489.15							
112	DK157+521.85	32.7						
113	DK157+582.7	60.85	4 500	6	0.7	±100	8	50
114	DK157+682.7	100						
115	DK157+782.7	100	4 500	6	0.7	±100	8	50
116	DK157+843.55	60.85						
117	DK157+876.25	32.7						

4. 阻尼器适用条件分析

速度开关型液压阻尼器在静力、蠕变荷载条件下不改变桥梁结构的受力和使用功能，而在地震力等动力荷载作用下，装置锁定，使得该装置连接的相邻构件共同承担荷载。当然，速度开关型液压阻尼器锁定后，连续梁的结构特性发生了改变，即其动力特性发生了改变。当速度开关型液压阻尼器锁定前，仅设一个固定墩，纵向一阶自振周期 0.766 s；速度开关型液压阻尼器锁定后，多个桥墩共同受力，纵向一阶自振周期 0.730 s。

一般而言，高墩指桥墩较高(通常高度大于 20 m)，对应结构周期位于反应谱谱值平缓的长周期区域；矮墩指桥墩较矮(通常高度小于 20 m)，对应结构周期位于反应谱谱值陡峭的短周期区域。从图 4-2-12 中可以看到，高墩连续梁不设锁定装置时周期较长，设置锁定装置时周期缩短了，但由于周期基本位于设计反应谱的平坦区域，结构总的地震力并没有显著增加，设置锁定装置后，各桥墩共同承担总地震力，从而显著改善固定墩的地震力，提高了桥梁整体抗震能力。矮墩连续梁设置锁定装置后，结构震动周期位于设计反应谱的陡坡区域，周期缩短后，结构总的地震力显著增加，尽管分担地震力的桥墩适量增加了，但由于结构总的地震力增加了，并不能达到降低固定墩地震力的目的。

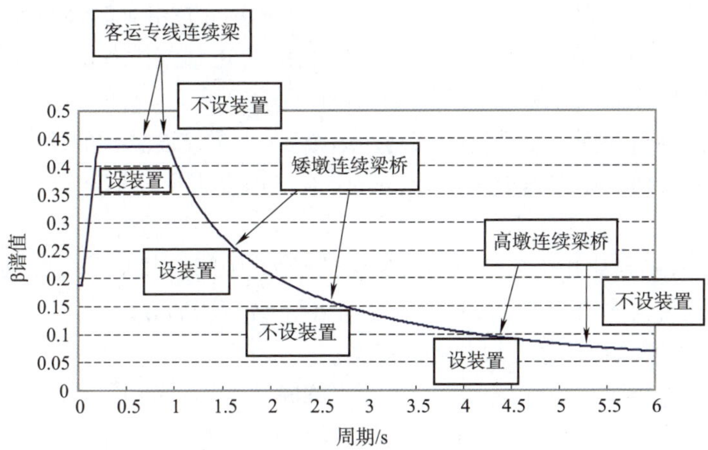

图 4-2-12　场地反应谱

但是，高速铁路连续梁刚度大，周期很短，设置锁定装置前后，结构周期都位于反应谱谱值平台区。与高墩连续梁桥类似，设置锁定装置后结构总的地震力不会显著增加，各桥墩共同承担总地震力。

(1)通过阻尼器工作过程模拟计算分析，在各活动墩顶设置速度开关型阻尼器后，导致活动墩的墩底截面内力急剧增大，同时明显降低了固定墩的墩底截面内力，速度开关型阻尼器能够充分发挥活动墩的抗震承载能力，有效地提高桥梁结构整体的抗震性能。

(2)当锁止速度小于 50 mm/s 时，各墩的墩底截面内力增大在 7%以内，在实际工程设计中，可以采用大刚度连杆模拟速度开关型阻尼器，并假定速度开关型阻尼器始终处于完全锁定状态。

(3)当锁止速度较大时，由于各活动墩墩梁之间相对运动速度的差异，在实际地震作用过程中，可能会产生各速度开关型阻尼器锁定的时间不同步，进而导致各墩的墩底截面内力呈增大趋势。因而，采用锁止速度较高的速度开关型阻尼器时，应考虑速度开关型阻尼器的实际工作反复锁止的特点，否则计算结果偏于不安全。

(4)当速度开关型阻尼器锁定时，由于结构受力体系的改变导致结构的动力特性发生了变化，会导致输入结构体系总的地震能量增加。具体分析可以看出高墩连续梁不设锁定装置时周期较长，设置锁定装置时周期缩短了，但由于周期基本位于设计反应谱的平坦区域，结构总的地震力并没有显著增加，设置锁定装置后，各桥墩共同承担总地震力，从而显著改善固定墩的地震力，提高了桥梁整体抗震能力。矮墩连续梁设置锁定装置后，结构震动周期位于设计反应谱的陡坡区域，周期缩短后，结构总的地震力显著增加，尽管分担地震力的桥墩适量增加了，但由于结构总的地震力增加了，并不能达到降低固定墩地震力的目的。

(5)高速铁路连续梁刚度大，周期很短，设置锁定装置前后，结构周期都位于反应谱谱值平台区。与高墩连续梁桥类似，设置锁定装置后结构总的地震力不会显著增加，各桥墩共同承担总地震力。

(6)不加阻尼器桥梁结构在刹车荷载作用下，连续桥主梁在列车制动力作用下的位移响应并不十分明显，主梁纵向位移峰值出现在停车的瞬间，制动过程结束后，主梁的速度瞬间增至0.06 m/s，此时主梁的速度响应非常明显。

(7)加设阻尼器后，在刹车荷载的作用下，主梁和桥墩间的相对位移最大值仍出现在制动过程结束后，但远远小于未加设阻尼器之前的数值，纵向位移最大仅为 0.5 mm，减振率几乎达到了 90%左右，阻尼器对结构在刹车荷载作用下的墩梁相对位移的控制效果非常显著。

(8)加设阻尼器后，在列车制动过程及制动结束后，主梁速度较大的现象得到了根本解决，制动结束的瞬时墩梁最大相对速度不足 0.1 mm/s，与加设阻尼器前相比，主梁最大速度减少了 90%以上。

(9)阻尼器出力在制动开始和结束前有显著的增大，中间阶段基本保持稳定。在刹车荷载工况作用下阻尼器最大出力为 50 t 左右，这远远小于装置设计的最大出力。因此，在刹车荷载工况下，阻尼器的安全性能是可以得到保障的。

(10)阻尼器的作用不仅是在罕遇的大荷载来临时减小结构的振动，保护结构的性能安全，在日常多遇小荷载作用下阻尼器也可以对结构的振动响应起到很好的控制作用。

5. 通过桥梁阻尼器模型试验验证设计结果

液压阻尼器在静态时，不会阻碍正常的热膨胀，当遇到超出限定速度的突然运动时，震动吸收器立刻锁住，形成刚性联结件，因此其性能包括静态和动态特性，相应地，试验台也需要完成这两种试验功能(图 4-2-13～图 4-2-15)。

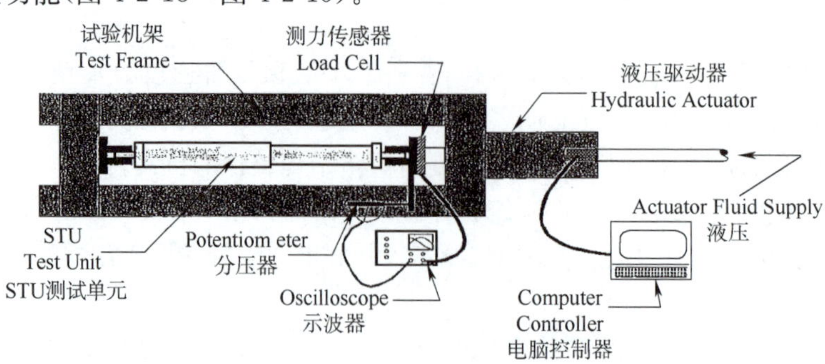

图 4-2-13　阻尼器试验图示

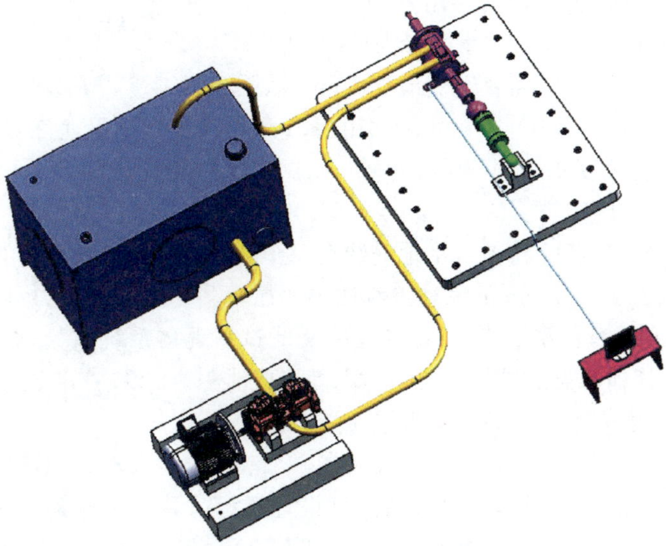

图 4-2-14　试验台元件布置图

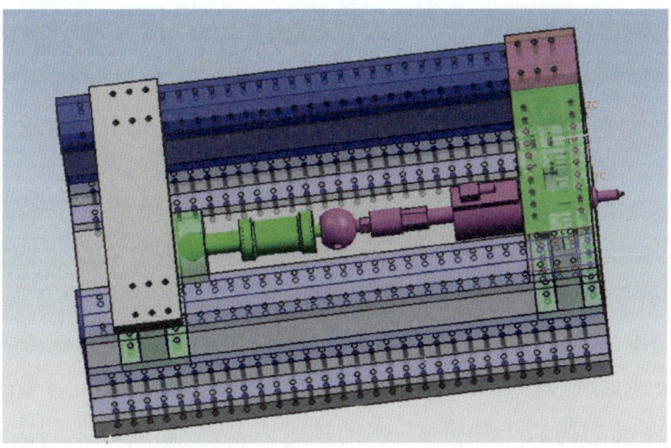

图 4-2-15　测试单元

(1)液压锁定阻尼器的试验主要有以下几项。

①液压阻尼器在设定速度下,进行低速运行检测运动阻力,即:设定速度,绘出低速运动阻力-时间曲线。

②液压阻尼器释放速度试验。在额定负载作用下,液压阻尼器控制阀处于关闭状态后,检测其活塞移动速度,即:设定负载,绘出速度-时间曲线。

③液压阻尼器闭锁速度试验。在 1～10 Hz 频率范围内。在不同振动负载作用下,液压阻尼器控制阀在某一速度内在某个速度下自动关闭(闭锁),这个速度称为闭锁速度,即:设定频率,绘出负载-速度曲线。

④耐久性与疲劳性试验。检测阻尼器活塞杆动密封在经历 N 次往复运动后是否有渗漏油现象,对其进行密封性和稳定性进行评估。

(2)阻尼器的试验内容应包括静力耐压测试、慢速度位移测试、快速运动测试、模拟动力测试、过载测试、疲劳测试和快速运动测试。

①静力耐压测试(实际使用中承压最大值的 110%)

每个速度锁定装置 STU 需要经受最少 3 min 承压 68 235$^{+5\,000}_{0}$ kPa(9 890 psi)的试验，这就等效于实际最大设计荷载 3 900 kN(ULS)的 1.1 倍。该过程中不允许有任何可见的结构损害、损坏、变形或泄漏，记录压力中值及最终值，测试中压力误差不多于 5%。

②慢速度位移测试

每个速度锁定装置 STU 将被水平地安装在一个液压检验器里。每个阻尼器将在低速状态下经受三次幅值为±12.7 cm 的完整连续测试。循环移动阻尼器出力不会超过 390 kN(最大力的 10%)。力和冲程的数据将由星波软件及试验室观察系统收集，并显示在相应图中。该过程中不允许有任何可见的结构损害、损坏、变形或泄漏。STU 在测试过程中不被锁定。

③快速运动测试

每个速度锁定装置 STU 将被水平地安装在一个液压检验器里。当速度达到 0.3 m/s 时，锁定装置开始锁定，并随后渗流，同时设备达到设计额定荷载(3 900 kN)。STU 需分别测试压力与拉力，但不需要进行循环。测量设备是 6 670 kN 荷载单元，用电位计控制位移。力和冲程的数据将由星波软件及试验室观察系统收集，并显示在相应图中。装置需在规定的冲程内(78 mm)达到设计额定载荷，达到设计等效刚度 50 kN/mm；要求装置从锁定开始到达到峰值额定载荷时形成的刚度线性化拉压双向偏差不超过 10%；该过程中不允许有任何可见的结构损害、损坏、变形或泄漏。

④模拟动力测试

测试装置在 EQ2 动力荷载下循环 100 次的锁定以及渗流(Bleed)的性能。

每个速度锁定装置 STU 将被水平地安装在一个液压检验器里。装置需要在 0.5 s 内提供最小 1 600 kN 的拉力，而后装置在此负荷下渗流。装置需要在 1 s 内施加 1 600 kN 的压力，而后装置在此负荷下渗流。力和冲程的数据将由星波软件及试验室观察系统收集，并显示在相应图中。报告样本中须有头 10 次循环及最后 10 次循环的数据记录。要求从零负荷到满载装置的变形(deflection)不超过 32 mm。该测试需报告完整的 100 次循环测试情况。

测试装置在 EQ1 动力荷载下循环 10 次的锁定以及渗流(Bleed)的性能。

每个速度锁定装置 STU 将被水平地安装在一个液压检验器里。装置需要在 0.5 s 内提供最小 3 900 kN 的拉力，而后装置在此负荷下渗流。装置需要在 1 s 内施加 3 900 kN 的压力，并在此负荷下渗流。力和冲程的数据将由星波软件及试验室观察系统收集，并显示在相应图中。要求从零负荷到满载装置的变形不超过 78 mm。该测试需报告完整的 10 次循环测试情况。

⑤过载测试

每个速度锁定装置 STU 将被水平地安装在一个液压检验器里。对装置施加 1.1 倍额定载荷(3 900 kN×1.1=4 290 kN)，装置锁定后渗流 30 s。测试需分别测试拉力和压力。该过程中不允许有任何可见的结构损害、损坏、变形或泄漏。

⑥疲劳测试

每个速度锁定装置 STU 将被水平安装在一个液压检验器中。装置在某一固定速度时，最小荷载±150 kN 下循环 100 万次。该过程中不允许有任何可见的结构损害、损坏、变形或泄漏。

⑦快速运动测试

每个速度锁定装置 STU 将被水平地安装在一个液压检验器里。装置需在原设计力(3 900 kN)(ULS)在快速运动下能够被成功锁定，并在此负荷下渗流。STU 需分别测试拉力和压力，测试不需要循环。测量用 6 670 kN 荷载单元，使用电位计控制位移。力和冲程的数据将由星波软件及试验室观察系统收集，并显示在相应图中。装置的力均值保持在 78 mm 冲程内。要求装置从锁定开始到达到峰值额定载荷时形成的刚度线性化拉压双向偏差不超过10％；该过程中不允许有任何可见的结构损害、损坏、变形或泄漏。

6. 应用于铁路建设后，进行技术跟踪，总结完善研究成果。

五、结论与建议

以津秦高速铁路工程建设为平台，主要进行针对高烈度震区长联大跨连续梁研究了设置速度开关型桥梁阻尼器的抗震措施。主要研究内容与结论如下。

(1)以津秦高速铁路 5 处高墩大跨度连续梁为例展开速度开关型阻尼器研究。速度开关型液压阻尼器是一种用于解决高烈度震区大跨长联桥梁地震力的分配装置，可有效解决传统用单墩抵抗纵向地震水平力时固定墩难以设计的问题。

(2)通过大跨度连续梁设置速度开关阻尼器前后的自振特性与墩底地震力比较分析，可以看出设置阻尼器能较好地改善高烈度地区桥梁的抗震能力，能大幅度减小连续梁固定墩的顺桥向地震力，减震率在 45％～73％之间。

(3)研究了速度开关型阻尼器的设置原则与方法，并针对津秦高速铁路 5 座桥梁给出了具体设计参数。

(4)提出了速度开关型阻尼器的有限元模拟方法，并对阻尼器的工作流程进行了模拟。当锁止速度小于 50 mm/s 时，各墩的墩底截面内力增大在 7％以内，在实际工程设计中，可以采用大刚度连杆模拟速度开关型阻尼器，并假定速度开关型阻尼器始终处于完全锁定状态。当锁止速度超过 50 mm/s 时，由于各活动墩墩梁之间相对运动速度的差异，在实际地震作用过程中，可能会产生各速度开关型阻尼器锁定的时间不同步，进而导致各墩的墩底截面内力呈增大趋势。因而，采用锁止速度较高的速度开关型阻尼器时，应考虑速度开关型阻尼器的实际工作反复锁止的特点，否则计算结果偏于不安全。

(5)高速铁路连续梁刚度大，周期短，设置锁定装置前后，结构周期都位于反应谱谱值平台区，因而，设置锁定装置后结构总的地震力不会显著增加，各桥墩共同承担总地震力，能明显减小固定墩地震力。

(6)加设阻尼器后，在刹车荷载的作用下，主梁和桥墩间的相对位移最大值远小于未加设阻尼器之前，纵向位移最大仅为 0.5 mm，减振率几乎达到了 90％。阻尼器在日常多遇小荷载作用下阻尼器也可以对结构的振动响应起到很好的控制作用。

(7)针对速度开关型阻尼器结构尺寸进行了设计计算，包括活塞杆、缸筒、销轴、活塞头等。对阻尼器预埋件进行了设计计算，通过增加轴套解决了锚板应力集中问题。

(8)针对阻尼材料的阻尼介质、钢构件、密封技术等进行了研究，选定了阻尼介质和钢构件材料，密封、防腐技术。

(9)为验证阻尼器的性能与技术指标，设计了一套试验系统，经过测试后发现选用产品满足试验全部要求，质量安全可靠。

第二节 高速铁路连续梁-框架墩技术体系

一、研究背景

由于高速铁路技术标准高，线路选线曲线半径大等原因，线路与既有铁路、公路、城市道路、管线等小角度交叉往往不可避免。高速铁路小角度跨越上述建筑物时，用小跨度梁和框架墩结构代替常规大跨梁结构，降低梁部施工难度，节省施工工期，具有技术经济优势。

简支梁-框架墩在速度不超过 160 km/h 的有砟轨道铁路上，应用较多，从设计到施工，技术比较成熟。连续梁-框架墩应用很少。尤其在铺设无砟轨道的客运专线桥梁上由于缺乏技术储备和经验，更少采用。因而有必要对连续梁-框架墩结构体系中涉及的关键技术开展设计研究，为我国在高速铁路无砟轨道铁路桥梁上采用连续梁-框架墩体系积累经验。

在铁道部科技司和工程设计鉴定中心指导和支持下，以津秦高速铁路 7×16 m 梁跨和 5×16 m 梁跨连续梁-框架墩为依托，针对连续梁-框架墩结构用于时速 350 km 无砟轨道客运专线上时的结构总体刚度、空间受力、高烈度震区地震反应分析、温度变形行为对体系的影响、对铺设无砟轨道的适应性等关键技术问题开展研究。

二、国内外现状

随着我国铁路、公路、管线等基础设施的飞速发展，新建铁路与既有铁路、公路、管线等工程的小角度交叉难以避免。特别是枢纽内跨线疏解时，新建线与既有铁路经常需要小角度交叉，往往成为新建线路选线的控制因素。若采用大跨度桥梁跨越，需要抬高线路纵坡，会导致增加工程投资、延长工期等。若采用双柱或多柱框架式桥墩，横向跨越既有铁路、公路，以减小梁部跨度，则成为较好的选择。

国内普速铁路和轨道交通桥梁，框架墩结构应用较为广泛。京津城际客运专线铁路跨越京山小三线(图 4-2-16)，采用了跨度 16 m 的预应力混凝土框架墩，上部承载梁为跨度 20 m 的钢混结合简支梁。跨越处位于半径为 400 m 的曲线上，设计速度 120 km/h。京津城际动车组开行至滨海新区工程为客运专线联络线，为有砟轨道，设计速度 160 km/h，采用了跨度 12～22 m 钢横梁框架墩，上部结构为跨度 16～20 m 的简支 T 梁等。京石客运专线永定河特大桥，设计速度 160 km/h，采用了横梁跨度 22 m 的框架墩，上部承载梁为 20 m 的单线箱梁。北京轨道交通大兴线(图 4-2-17)跨西红门西环路，设计速度 80 km/h，分别采用了跨度 13.25、15.5 m 的框架墩。其上部承载梁分别为(2×25.33) m、(4×27.08) m 的连续梁，墩梁采用丰字梁形式连接。津滨轻轨为双线轻轨铁路，跨越疏港公路采用了跨度 21 m 的先铰接后刚接的钢-混凝土混合框架墩，无砟轨道，设计速度100 km/h。唐山中低速磁浮试验线为单线，跨越厂区专用线，采用了跨度 7.4～12.1 m 钢横梁框架墩，设计速度 100 km/h。可以看出，国内铁路已有的框架墩结构体系，多用于标准较低的有砟轨道铁路上。

国外铁路连续梁-框架墩结构体系应用不多，日本轨道交通中低速磁浮 TKL 线(图 4-2-18)中采用了连续梁和框架墩刚性连接的结构体系，梁部结构和框架墩均采用钢结构，磁浮列车最大速度为 100 km/h。

综上所述，从结构体系上，目前有承载梁和框架墩以支座连接的结构体系，也有梁墩固结的结构体系。承载梁有钢筋混凝土、预应力混凝土和钢结构等类型。框架墩从采用的材料来区分，有钢筋混凝土结构、预应力混凝土结构、型钢混凝土结构和钢结构；从形式上区分，有双柱式和多柱式；从功能上区分，有铁路、轻轨、公路、管道等。

图 4-2-16　京津城际跨京山小三线

图 4-2-17　北京轨道交通大兴线

图 4-2-18　日本 TKL 商业运营线

三、研究内容

1. 满足时速 350 km 高速行车舒适性、安全性要求的连续梁-框架墩体系总体结构刚度研究

随着列车速度的提高，乘坐安全性、舒适度要求桥梁有较大的横向、竖向刚度；同时铺设无砟轨道要求桥梁有一定的刚度。合理的桥梁纵横向、竖向刚度是列车运行安全性、乘坐舒适性的关键。

《高速铁路设计规范(试行)》中对一般简支梁、连续梁的刚度和桥梁下部结构纵向刚度控制标准给了明确的规定，这些规定适用于常规的梁或墩。而连续梁-框架墩结构是一个整体的空间受力体系，框架墩横梁上支座的支撑相当于连续梁的一个弹性支撑点，横梁的变形直接影响连续梁的竖向刚度，这是连续梁-框架墩的特别之处，也是规范中没有涉及的一种结构。在铺设无砟轨道的客运专线桥梁上使用连续梁-框架墩体系，有必要对影响列车运行安全性、乘坐舒适性的结构刚度这一关键问题进行研究。

2. 连续梁-框架墩体系空间受力分析及设计对策研究

连续梁-框架墩结构是一个整体的空间受力体系。框架墩横梁上支座的支撑相当于连续梁的一个弹性支撑点，各个支撑点又位于横梁上不同的位置。也就是说各支撑点的竖向刚度不同，横梁的变形直接影响连续梁的支撑约束，所以，结构计算不能简单以平面结构进行分析。

为了掌握连续梁—框架墩体系墩、梁空间受力行为、受力特点，结构的变形、变位情况，温度变形以及基础沉降对结构变形的影响等，以津秦高速铁路 7×16 m 梁跨连续梁-框架墩为依托，对结构体系的受力进行空间分析研究。通过分析，掌握结构的受力特点、影响轨道变形的不利因素，提出应对措施。

3. 连续梁-框架墩体系地震反应分析及抗震措施研究

高速铁路上采用连续梁-框架墩结构是一种新型结构。由于该结构体系需跨越铁路、公路、重要管线等重要的结构物，结构地震破坏对所跨越的结构物影响较大。该结构体系又呈现明显的空间受力行为，对抗震而言属于技术复杂、修复困难的特殊结构桥梁，对于该结构体系进行抗震研究是十分必要的。

津秦高速铁路下坞蓟运河特大桥 7×16 m 连续梁-框架墩位于津秦高速铁路正线上，所处地区地震设防烈度为 8 度，场地类别为Ⅲ类，地震动反应谱特征周期为 0.45 s。以此工点为例进行高烈度震区的连续梁-框架墩体系的地震反应分析和抗震措施研究。

4. 连续梁-框架墩结构轨道板、梁、墩共同作用分析研究

CRTSⅡ型板式无砟轨道为纵连体系，底座板和桥面通过滑动层隔离，只是在桥梁固定支座上方与梁体在纵向设置剪力齿槽进行固定连接，这样作用在底座板内的纵向力就可以通过固定支座直接传入桥墩。为了防止纵连轨道横向失稳，保证轨道的几何形位，在轨道两侧间隔一定距离设置挡块，把轨道的横向力传入梁体。因此，剪力齿槽和侧向挡块受力均较明确。在温度和制动作用下纵连的底座板内力也较大，因此桥上纵连的Ⅱ型板轨道体系需要系统设计，既要使轨道与桥梁的接口满足受力要求，又要求轨道本身结构设计也需达到承载力和耐久性设计要求。

《高速铁路设计规范(试行)》中对桥梁地段 CRTSⅡ型板式无砟轨道的要求做了明确规定，这些规定一般针对常规的桥梁结构。而连续梁-框架墩结构是一个整体的空间受力体系，框架墩横梁上支座的支撑相当于连续梁的一个弹性支撑点，各个支撑点又位于横梁上不同的位置，也就是说各支撑点的竖向刚度不同。通过对 7×16 m 预应力混凝土连续梁-框架墩结构进行了轨道板、梁、墩共同作用研究，分析不同的基础竖向刚度、桥墩的不均匀沉降、桥墩的扭转变形、制动力、温度力等各种荷载工况作用下轨道系统的受力与变形，从而确定该桥梁结构体系对铺设无砟轨道的适应性。

5. 连续梁-框架墩体系温度变形行为及对车桥动力响应的影响研究

2000～2020 年，国内外修建的梁桥结构中，混凝土箱形梁占了大多数，由温度作用产生的混凝土箱梁的应力和变形直接影响到混凝土结构的安全性、耐久性和适用性。有关的工程研究表明，箱梁某些部位的温度应力比车辆荷载应力还大，这成为混凝土箱梁发生裂缝的主要原因之一。

温度作用的另一个效应是使桥梁结构产生变形，对支撑轨道结构的铁路桥梁而言，这种变形必然会影响线路的平顺性。而轨道不平顺是车桥系统振动最重要的激励源之一，对高速列车通过时车-桥系统的动力响应有不同程度的影响，车速越高，该问题也越突出。因此，温度变形引起的桥面线路不平顺对列车走行性的影响在设计时必须予以足够的重视。

按照对混凝土箱梁的影响，混凝土箱梁的温度作用可以分为两类。第一类使混凝土结构产生均匀伸缩。第二类是由于混凝土的热传导性能差，其周围气温以及日照辐射等作用使混凝土表面温度迅速上升或降低，但混凝土内部温度仍处于原来状态，在混凝土箱梁中形成较大的温度差，混凝土箱梁的各部分处于不同温度状态，将产生不同的温度变形。当这种变形被约束阻碍时，会产生相当大的温差应力及相应的温度变形。要确定混凝土箱梁的温度应力分布，首先必须确定其温度场。影响混凝土箱梁温度场的因素很多，有大气温度、混凝土的热参数、空气湿度和太阳辐射强度等。国内外学者对此进行了大量的研究。因为混凝土箱梁的温度场是一个三维的非稳态热传导问题，国内外研究人员为将其应用于设计，对混凝土箱梁的温度场进行了一些简化。

以津秦高速铁路 7×16 m 连续梁-框架墩桥为研究对象，该结构主梁及框架墩均为箱型断面，上述温度效应问题更加突出，且桥梁设计时速为 350 km，非常有必要对连续梁-框架墩体系温度变形行为及对车桥动力响应的影响进行深入研究，为该结构用于津秦高速铁路工程提供技术依据，为在速度 350 km/h 客运专线无砟轨道铁路桥梁上采用框架墩体系积累经验。

6. 连续梁-框架墩结构施工方法研究

一般的连续梁-框架墩的施工方法很多。跨线工程的施工，不具备线上满布支架现浇施工条件时，可以用移动防护棚架现浇施工、移动支架现浇施工、预制吊装施工、转体施工、纵向顶推施工、横移梁施工、先简支后连续施工等多种可行的施工方案。具体的施工方法应针对不同的现场条件、不同的结构形式而定。

四、研究方法

1. 以津秦高速铁路连续梁-框架墩工点为依托，从结构体系的特点和适用范围入手，对结构体系的总体刚度进行研究。分析上部连续梁、框架墩横梁、墩柱之间刚度匹配以及对整体刚度的影响，提出满足时速 350 km 时高速行车的舒适性、安全性的总体结构刚度，通过考虑初始变形的车线桥耦合动力分析和轨道-桥梁共同作用分析对总体结构刚度加以验证。

框架墩的上部结构跨度通常以 12～24 m 跨度居多，其结构形式可根据跨线路等级及施工工法选型。总体结构刚度与上部结构和框架墩的刚度匹配有关，总体结构刚度具体可以由挠跨比、梁端竖向转角、轨道最大扭曲变形等变形指标来反映。通过对墩梁结构形式以及不同刚度的研究，可以得到以下结论。

(1)连续梁-框架墩的结构类型受线路交叉情况和施工方法的影响，跨线施工，不具备满堂支架现场浇筑条件时，连续梁-框架墩结构是首选的结构体系。

(2)连续梁-框架墩结构的总体刚度受上部承载梁、框架墩横梁、墩柱刚度的影响，设计应根据承载梁的跨度、横梁的跨度、墩柱的高度，对三者之间的刚度进行合理匹配。其中主梁的刚度对整体刚度贡献最大。

(3)连续梁-框架墩结构体系为一个空间受力体系，各结构刚度之间互相影响，又相互制约。选择的结构刚度在满足结构总体刚度的同时，也要考虑各结构不同的刚度在温度、基础不均匀沉降、地震力等荷载作用下的不利影响。

(4)轨道板、梁、墩共同作用以及车桥耦合动力分析，进一步证明了连续梁-框架墩体系的刚度和变形满足无砟轨道的铺设要求，满足高速行车时安全性和乘坐舒适性要求。

(5)分析表明,横梁和立柱的刚度匹配关系一般控制在 1∶1～3∶1 较为合理,但如何确定系统各结构相互匹配的最小刚度限值,仍需要做大量的计算分析研究。

2. 建立梁与墩的整体空间模型,分析各种荷载及其组合情况下结构的变形、变位、轨面的不平顺变形;计算结构各部分的刚度和结构的自振频率;分析各种荷载工况下结构受力特点,对各种体系下各种工况的计算情况进行对比分析,掌握了结构的受力特点、影响轨道变形的不利因素,提出了应对措施。

以津秦高速铁路 7×16 m 连续梁-框架墩为依托,采用多固定框架墩体系,桥墩和承台按梁单元输入,上部连续梁用板单元输入,桩基折算成基础刚度输入。以 7×16 m 连续梁中间的三个框架墩作为固定墩,计算模型见图 4-2-19。

图 4-2-19 计算分析模型

连续梁-框架墩体系属于超静定体系,预应力、混凝土收缩徐变、基础的约束条件、不均匀沉降、温度对结构受力影响都比较大。对于多固定框架墩体系,预应力、混凝土收缩徐变以及温度等对结构产生纵向的附加力。在温度作用下,框架墩同时承受较大的轴力、弯矩、扭矩以及纵向水平力,结构处于较为复杂的受力状态。进一步分析得到以下结论。

(1)连续梁-框架墩体系的受力和变形都能较好地满足规范中各项设计指标,表明了体系用于客运专线的可行性。

(2)多固定框架墩体系中,连续梁的受力因为框架墩弹性支承刚度的减小,大大改善了基础不均匀沉降和温度对梁体内力的影响。但此时恒载(预应力、收缩徐变)引起的固定支座纵向水平力较大,加之温度、制动力和长钢轨作用力的影响,支座水平力比常规连续梁大许多,这是这种体系值得注意的一个受力特点。

针对多固定墩结构在恒载作用下水平力较大的问题,设计中可采取必要的措施。如预应力张拉应在临时支架上完成,此时,各固定支座不得承受荷载,也不安装启用,梁纵向为自由伸缩状态。张拉完一个月后,梁体收缩徐变大部分完成,安装各永久支座,进行支座转换。支座转换应在一天中温度较低时(t≤10℃)进行。支座转换后可使支座水平力尽量减小。

(3)连续梁-框架墩结构中框架墩横梁除受支座交错布置产生的扭矩外,还承受较大的面外弯矩。设计中要求横梁应具有一定的横向抗弯刚度和一定的抗扭刚度,可通过选取横梁截面为箱形截面或通过配筋来增强截面抗扭能力和横向抗弯能力。

(4)连续梁-框架墩体系对温度力的作用较为敏感。在温度作用下,框架墩同时承受较大的轴力、弯矩、扭矩以及纵向水平力，结构处于较为复杂的受力状态。同时，温度对结构变形、轨道不平顺变形的影响较大，设计中应根据工点处的气象条件，充分考虑整体升降温、不同部位温差及温度梯度作用，并结合规范选取合理的计算模式。

(5)对于小跨度连续梁-框架墩结构来说，基础的不均匀沉降是控制结构受力和轨面变形的重要因素，设计中应根据具体的地质条件和左右墩柱的恒载情况，通过调整基础设计控制基础沉降的影响。

3. 针对工点处的区域地质条件、结构体系特点，对连续梁-框架墩结构进行地震时程反应分析，提出合理的抗震设计。

抗震体系的选择是影响整个系统抗震性能的关键。多固定框架墩体系属于超静定体系，对预应力、混凝土收缩徐变、基础的约束条件、不均匀沉降、温度比较敏感。在普通荷载作用下单固定墩结构在纵向受力上有一定优势，但单固定墩体系在纵向地震力作用下的受力和位移比多固定墩体系大很多，采用单固定框架墩可能很难满足抗震设计要求。多固定墩体系将纵向力作用分配在多个框架墩上，避免受力集中，减少桥墩纵向位移，是一种合理的结构形式，而且各墩结构尺寸基本一致，刚度和质量分布匀称，提高了全桥的抗震性能。两种体系最大时程反应汇总表见表 4-2-9。

表 4-2-9　两种体系最大时程反应汇总表

作用体系	输入方向	最大剪力(kN)		最大弯矩(kN·m)		最大位移(m)
		纵向	横向	纵向	横向	与作用方向同
单固定墩体系	纵向地震力	4 697	2 707	68 113	17 866	0.034 2
	横向地震力	1 057	1 624	13 638	10 544	0.006 33
多固定墩体系	纵向地震力	2 617	904	35 278	5 836	0.017 3
	横向地震力	1 186	1 578	14 727	10 413	0.005 29

以津秦高速铁路 7×16 m 多固定框架墩体系连续梁-框架墩为依托进行研究，桥址处地震设防烈度为 8 度。根据地震动峰值加速度、场地类别和特征周期，采用 MIDAS Civil 进行全桥抗震分析，梁部用板单元、桥墩及承台采用梁单元模拟，桩群对结构的作用简化为转动弹簧施加在承台底部。通过建立空间有限元模型，进行多遇地震作用下的反应谱分析、时程分析；通过对桥墩塑性铰的模拟，进行罕遇地震作用下的非线性时程分析。7×16 m 连续梁-框架墩计算模型见图 4-2-20。

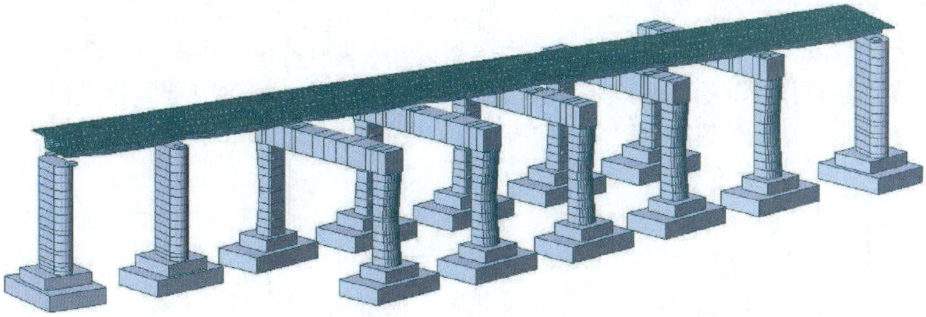

图 4-2-20　7×16 m 连续梁-框架墩计算模型

采用以下两种研究方法：

(1)通过建立空间有限元模型，进行多遇地震作用下的反应谱分析、时程分析(图 4-2-21)；

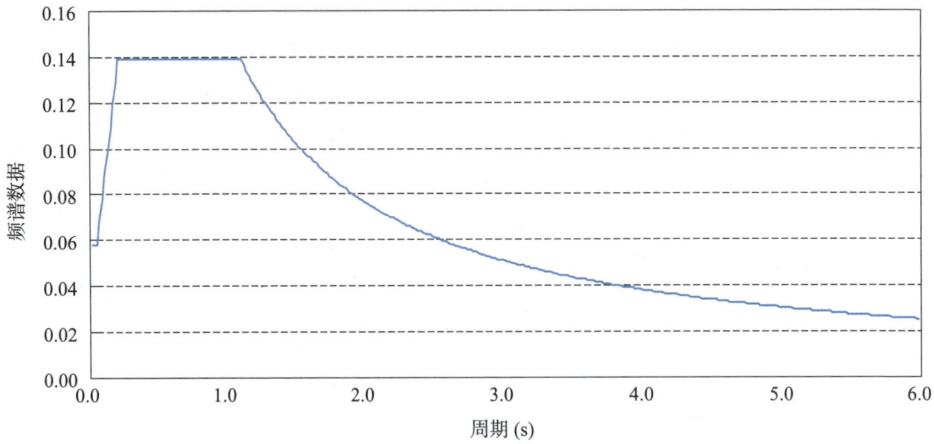

图 4-2-21 《地震安全性评价报告》拟合反应谱曲线

(2)通过对桥墩塑性铰的模拟，进行罕遇地震作用下的非线性时程分析。

对以下内容进行研究：

(1)通过时程分析验证地震力作用下连续梁与框架墩采用多固定墩连接形式的合理性；

(2)采用反应谱分析和时程分析的最不利结果对结构设计进行结构验算，以验证结构设计的安全性；

(3)通过罕遇地震作用下的非线性时程分析进行结构的延性验算；

(4)进行必要的抗震措施设置，提高结构的抗震安全性。

分析得到：

(1)采用《地震安全性评价报告》提供的地震动时程数据进行时程分析，对下坞蓟运河特大桥 7×16 m 连续梁-框架墩单固定墩和多固定墩体系进行对比，研究结果表明：多孔连续梁-框架墩体系采用多个固定墩具有抗震性能好、变形小的优点。

(2)通过时程分析和反应谱分析对结构进行抗震计算和对比分析表明，框架墩平面布置对地震响应的影响很大。应控制框架墩在线路中心两侧的横梁跨度比，避免地震响应过于集中在一侧墩柱。

(3)结构体系采用规范反应谱分析可以满足抗震计算要求。对最大地震作用下的框架墩结构进行验算表明，多遇地震作用下连续梁-框架墩具有良好的抗震性能。

(4)罕遇地震作用下的延性验算表明，连续梁-框架墩结构体系能满足延性设计要求。

(5)随着抗震意识的提高和抗震理念的变化，应加强抗震措施的设置，以更大地提高结构抗震安全性。

4. 通过建立空间有限元模型，模拟梁、轨、墩共同受力，分析梁、轨、墩共同作用的效应，使结构变形、受力等满足无砟轨道铺设要求。

纵连板式无砟轨道(由轨道板、CA 砂浆和底座板组成)变形和传力特性类似于无缝线路中的长轨条，必须考虑其对梁轨相互作用的影响。根据 CRTSⅡ型板式无砟轨道桥上连续底座板式无砟轨道纵向传力特点，建立图 4-2-22 所示的线板桥墩空间一体化纵向力计算模型。

线路纵向考虑钢轨、纵连轨道板、桥梁和桥墩的相互作用，线路横向考虑两股道的相互作用。根据已有试验结论，模型中认为CA砂浆能完全保证轨道板和底座板的协调同步变形，因此，将轨道板和底座板纵向看成一块板（模拟无砟道床）。钢轨和无砟道床通过扣件纵向阻力相互作用，无砟道床和桥梁通过固结机构和摩擦阻力进行相互作用。

为反映纵连轨道结构的纵向传力特性以及其影响因素，在模型中将结构都简化为层状体系的杆件，结构层之间的连接采用非线性弹簧单元进行模拟。

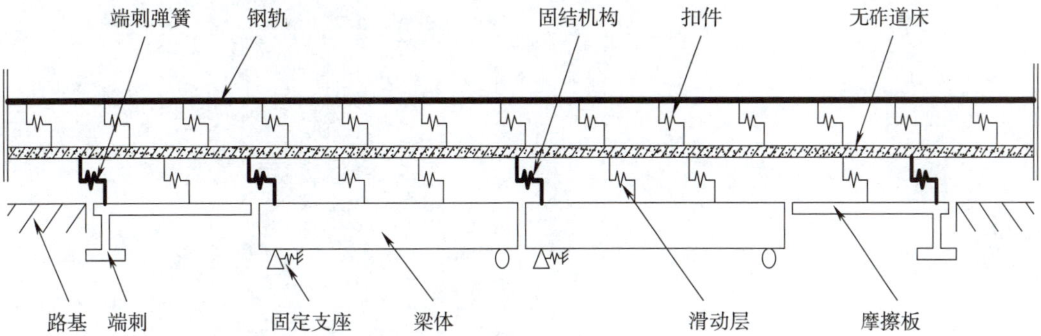

(a) 模型纵断面示意图

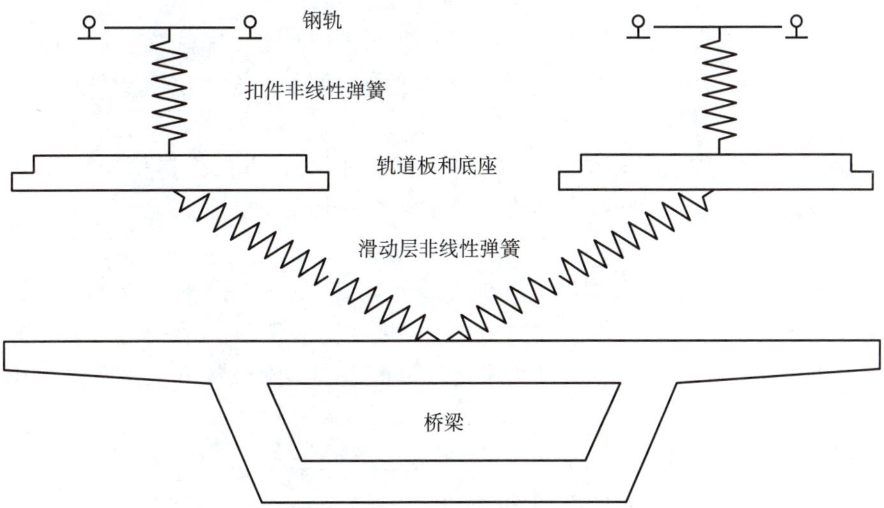

(b) 模型横断面示意图

图 4-2-22　空间计算模型

模型简化如下。

(1)钢轨、无砟道床以及桥梁单元

钢轨、无砟道床以及桥梁用2D弹性梁单元来模拟，单元是单轴承受拉力、压力及弯矩的单元。每个节点具有 X 与 Y 方向位移及绕 Z 轴旋转的3个自由度，对一个单元来说共有6个自由度，即 $\{\bar{\delta}^e\}=\{\bar{u}_i,\bar{v}_i,\bar{\theta}_i;\bar{u}_j,\bar{v}_j,\bar{\theta}_j\}$。由于该处所建模型只考虑其单轴拉压，不考虑其扭转及剪切，则 $\bar{v}_i=0,\bar{\theta}_i=0;\bar{v}_j=0,\bar{\theta}_j=0$。在单元坐标系中缩减后的单元刚度矩阵为：

$$\overline{\boldsymbol{K}}^{e}=\begin{bmatrix}\frac{EA}{l_0} & 0 & -\frac{EA}{l_0} & 0\\ 0 & 0 & 0 & 0\\ -\frac{EA}{l_0} & 0 & \frac{EA}{l_0} & 0\\ 0 & 0 & 0 & 0\end{bmatrix} \tag{4-2-1}$$

根据节点力与节点位移的关系可写出如下单元刚度(平衡)方程：

$$\overline{\boldsymbol{F}}^{e}=\begin{Bmatrix}\overline{N}_i\\ \overline{V}_i\\ \overline{N}_j\\ \overline{V}_j\end{Bmatrix}=\begin{bmatrix}\frac{EA}{l_0} & 0 & -\frac{EA}{l_0} & 0\\ 0 & 0 & 0 & 0\\ -\frac{EA}{l_0} & 0 & \frac{EA}{l_0} & 0\\ 0 & 0 & 0 & 0\end{bmatrix}\begin{Bmatrix}\overline{u}_i\\ \overline{v}_i\\ \overline{u}_j\\ \overline{v}_j\end{Bmatrix} \tag{4-2-2}$$

或写为：

$$\{\overline{\boldsymbol{F}}\}^{e}=[\overline{\boldsymbol{K}}]^{e}\{\overline{\boldsymbol{\delta}}\}^{e} \tag{4-2-3}$$

式中 $\{\overline{\boldsymbol{F}}\}^{e}$——单元坐标系中单元杆端力矩阵；

$\{\overline{\boldsymbol{\delta}}\}^{e}$——单元坐标系中单元杆端位移矩阵；

EA——单元抗拉压刚度；

l_0——单元长度。

通过以上对结构的离散，写出单元的单元刚度，再按照对号入座法则由单元刚度集成总体刚度，把非结点力等效为节点力，依据静力平衡和变形协调条件写出整体平衡方程，进而求解。

(2)连接单元

轨道扣件纵向阻力以及无砟道床与桥梁间的摩擦阻力以非线性的弹塑性弹簧单元来模拟。每个节点都具有三个自由度，即节点的 X、Y、Z 三个方向的平移自由度，不考虑弯曲和扭转。

桥梁墩台、固结机构以及端刺以线性弹簧单元来模拟，每个节点具有 X、Y、Z 三个方向的自由度，不考虑弯曲及扭转，当考虑为扭转弹簧阻尼时，该单元承受纯扭转，每个节点可具有 X、Y、Z 角度旋转方向的自由度，不考虑弯曲及轴向荷载，并且该单元也是无质量单元。

弹簧阻尼系统的总位能表示为：

$$\prod^{\text{spri}}=\frac{1}{2}M(\dot{u})^2+\frac{1}{2}Ku^2-C_v\dot{u}u \tag{4-2-4}$$

位移实函数 u 采用 2 节点线性插值，在自然坐标系中，其 2 节点形函数为：

$$\begin{aligned}N_i&=\frac{1}{2}(1-\xi)\\ N_j&=\frac{1}{2}(1+\xi)\end{aligned} \tag{4-2-5}$$

式中，$-1\leqslant\xi\leqslant1$。

线桥相互作用问题的基本方程就是车、线、桥作用在钢轨上的纵向力与钢轨力之间的平衡方程。在以下分析中，采用以下基本假设：假定钢轨为线弹性；假定简支梁的固定支座能完全阻止梁的伸缩；活动支座对梁活动端的伸缩阻力可忽略不计；计算伸缩量时不考虑梁在支座外悬出的部分；假定梁的温度变化，仅为单独的升温或降温，不考虑梁体温升。温降的交替变化，一般取一天内的最大梁温差计算梁的伸缩量。

通过计算分析得出以下结果：

①通过对轨道各个部件进行检算，在连续梁-框架墩结构上铺设 CRTSⅡ型板式无砟轨道能满足轨道本身的受力和变形要求，是可行的；

②连续梁-框架墩体系中，支点处不同的框架墩竖向刚度对轨道系统的平顺性影响很小。

5. 通过检测温度变化引起的桥面变形，验证计算中温度模式及取值的可靠性。考虑桥面预拱度及桥面因温度和徐变作用而产生的变形影响，建立空间振动分析模型，对结构动力性能、列车走行性能进行评价。

计算温度取值：

(1)合龙温度取 5～10 ℃，结构整体升、降温按均匀升温 25 ℃、降温 20 ℃计算；

(2)非线性温度变化，按《铁路桥涵钢筋混凝土和预应力混凝土结构设计规范》(TB 10002.3—2005)附录 B 取值，见表 4-2-10。

表 4-2-10　预应力混凝土连续梁-框架墩温度工况

编　号	工　况	公　式	参数取值
1	连续梁日照温差单向组合	竖向温差 $T_y=T_0\times e^{-ay}$	$T_0=21$ ℃，$a=5\ m^{-1}$
2	连续梁日照温差双向组合	竖向温差 $T_y=T_0\times e^{-ay}$	$T_0=14.5$ ℃，$a=7\ m^{-1}$
		横向温差 $T_y=T_0\times e^{-ax}$	$T_0=16$ ℃，$a=7\ m^{-1}$
3	连续梁降温温差	竖向温差 $T'_y=T'_0\times e^{-a'y}$	$T'_0=-10$ ℃ $a'=14\ m^{-1}$
		横向温差 $T'_x=T'_0\times e^{-a'x}$	
4	框架墩横梁日照温差	沿梁高温差 $T_y=T_0\times e^{-ay}$	$T_0=10$ ℃，$a=14\ m^{-1}$
5	框架墩横梁降温温差	沿梁高温差 $T'_y=T'_0\times e^{-a'y}$	$T'_0=-10$ ℃ $a'=14\ m^{-1}$
6	框架墩立柱日照温差	沿立柱纵向 $T'_y=T'_0\times e^{-a'y}$ $T'_0=T_0\times(1-e^{-a\delta})$	$a'=10\ m^{-1}$，$T_0=10$ ℃ $a=5\ m^{-1}$，δ 为板的厚度
7	全桥均匀整体升温 25℃	—	—
8	全桥均匀整体降温 20℃	—	—

表 4-2-10 中的温度荷载工况按照可能发生的情况组合如下：

①降温组合：工况 8＋工况 3＋工况 5；

②升温组合 1：工况 7＋工况 1＋工况 4＋工况 6；

③升温组合 2：工况 7＋工况 2＋工况 4＋工况 6。

选取刚成桥状态春季(5 月)、高环境温度状态夏季(8 月)这 2 个有典型意义的时间段对混凝土箱梁的温度场和温度变形进行观测与分析；测点分布见图 4-2-23。观测结果表明，混凝土箱梁的温度场与箱内外气温的变化规律较为类似，基本呈正弦曲线变化，根据实测温度对计算温度取值进行修正，对比梁体变形，实测值跟计算值吻合较好，见图 4-2-24。

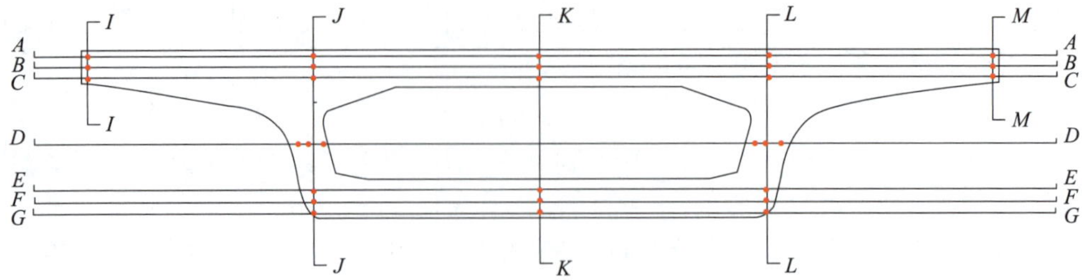

图 4-2-23　主梁跨中截面测点分布示意

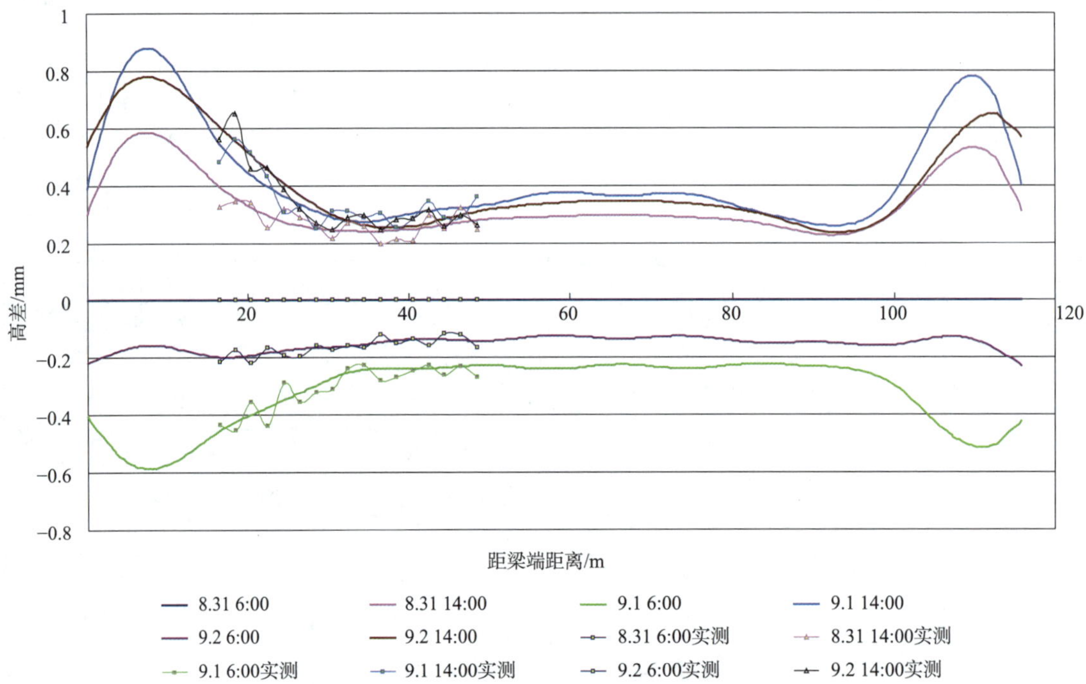

图 4-2-24　高温度环境测点高差值理论与实测对比

在车桥系统动力分析中，考虑桥面预拱度及桥面因温度和徐变作用而产生的变形影响，将其以组合曲线的形式叠加到轨道不平顺中进行列车走行性分析，计算中采用轨顶标高曲线组合工况，在具体计算时为消除突变扣除端点的位移形成的桥面相对竖向位移曲线。

建立空间振动分析模型，车体空间振动有：侧摆、侧滚、摇头、点头、浮沉等 5 个自由度；每个构架有侧摆、侧滚、摇头、点头、浮沉 5 个自由度；每个轮对有侧摆、摇头等 2 个自由度，故每辆四轴车辆共有 23 个自由度，每辆六轴机车共有 27 个自由度。客车车辆及机车均按二系弹簧计算。车辆(机车)空间振动分析模型见图 4-2-25。

对桥梁主梁采用梁段有限元法建模，对桥梁其他构件均采用空间梁元建模，所有构件的弹性模量 E 和泊松比 μ 按现行桥规取值。计算中考虑设计基础刚度。该桥的有限单元划分示意图见图 4-2-26。分析模型确定后，就可由动力学势能驻值原理及形成矩阵的“对号入座”法则，建立桥梁刚度、质量、阻尼等矩阵，得出以下研究结论。

①通过对津秦高速铁路跨京山铁路 7×16 m 连续梁-框架墩选取了刚成桥状态(春季 5 月

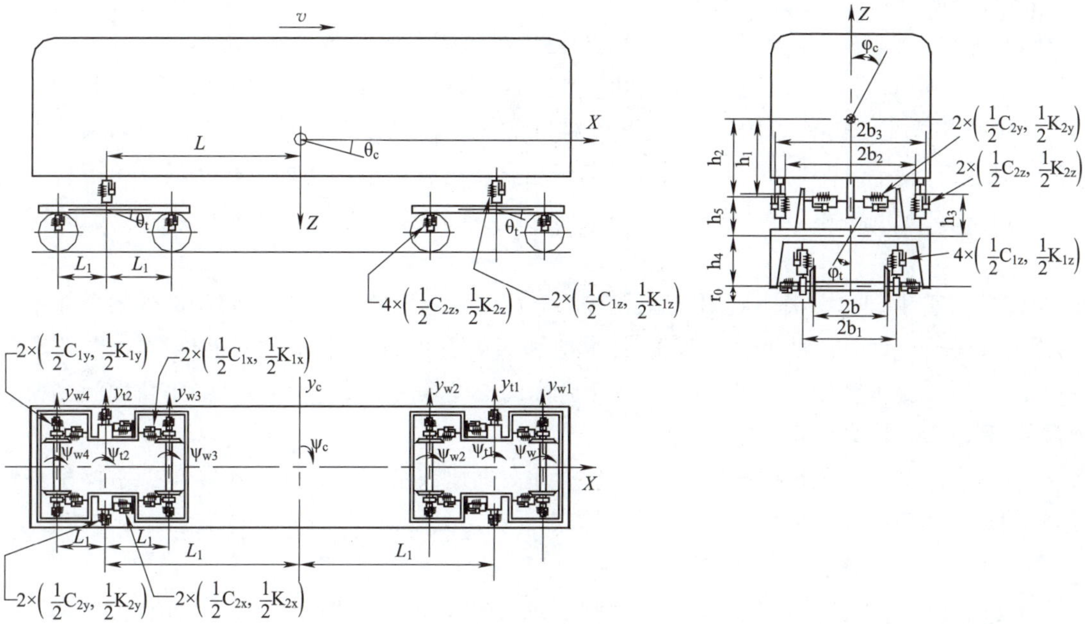

图 4-2-25　车辆(机车)空间振动分析模型

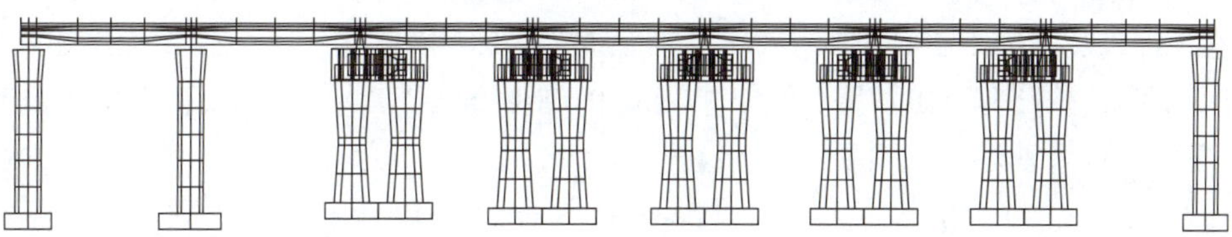

(a) 立面图

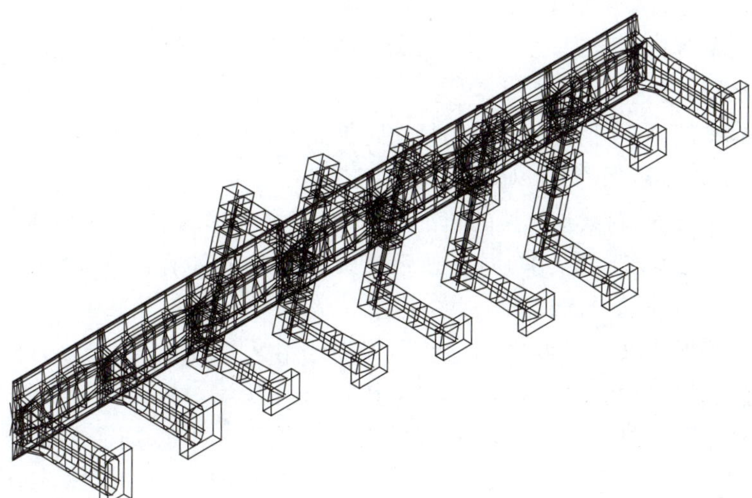

(b) 轴视图

图 4-2-26　7×16 m 预应力混凝土连续梁-框架墩桥有限单元划分示意图

份)、高环境温度状态(夏季 8 月份)2 个有典型意义时间段的温度场和温度变形进行了观测与分析,观测结果表明,混凝土箱梁的温度场与箱内外气温的变化规律较为类似,基本呈正弦曲线变化,其变化周期也与气温的变化周期基本一致;箱梁竖向温度梯度类似于英国 BS5400 规范、美国 AASHTO 规范关于箱梁竖向温度梯度的规定,与《铁路桥涵钢筋混凝土和预应力混凝土结构设计规范》(TB 10002.3—2005)关于箱梁温度梯度的规定即沿梁高呈单一指数变化的曲线存在一定的偏差,设计中按规范采用的温度模式及取值偏于安全并具有一定的安全裕度。

②根据实测温度场,采用通用有限元程序对津秦高速铁路 7×16 m 连续梁-框架墩体系的桥面变形进行了计算。结果表明,理论计算值和实测值较为接近,故建立的连续梁-框架墩体系空间有限元分析模型是适当的,可以用于全面的温度效应理论计算,以及考虑桥面温度变形时桥上列车走行仿真计算与分析研究。

③考虑温度变形及预拱和徐变效应时,对津秦高速铁路 7×16 m 连续梁-框架墩体系整体结构的空间动力特性及列车走行性进行了仿真计算与分析研究,结果表明在上述运营状态下,列车行车安全性和乘坐舒适性均满足要求。

6. 针对工点处的施工条件,从有利于结构受力和变形控制角度研究合理的施工方法。

随着铁路网密度的加大,高速铁路快速的建设及其线路的高标准,使得高速铁路与众多既有铁路以小角度进行交会。跨越既有铁路的方式众多,比如大跨度连续梁、斜拉桥、转体拱桥等,但这些桥式受制因素多且投入相对较大,经济效益低。因此,框架墩成为跨越铁路的首选。通过对津秦高速铁路跨京山铁路连续梁-框架墩的施工方法进行讨论,以便框架墩体系在以后铁路的建设中更好地进行运用。

一般的连续梁-框架墩的施工方法很多,跨线工程的施工,不具备线上满布支架现浇施工条件时,可以用移动防护棚架现浇施工(图 4-2-27)、移动支架现浇施工、预制吊装施工、转体施工、纵向顶推施工、横移梁施工、先简支后连续施工等多种可行的施工方案。具体的施工方法应针对不同的现场条件、不同的结构形式而定。

施工方案的选择应从美观、经济、安全、实用,特别是安全方面考虑,通过以上各施工方法的研究,得到以下结论。

①跨越既有铁路施工时,框架墩采用移动防护棚架可减少投入且能减小对既有营运铁路的安全威胁,经济效益显著、安全风险小。

②在结构受力方面,跨线连续梁的施工,在做好安全防护的前提下,移动防护支架现浇施工是个不错的选择,框架墩横梁作为主梁现浇支架的一部分,不存在体系转换,变形容易控制,又能减少对桥下既有线的干扰。

③在主要考虑既有线运营影响的前提下,优先选用纵向顶推施工方案,施工设备简单,质量容易保证,而且可以在场地狭小、不中断交通的情况下无噪声施工,施工风险较小,对既有线运营干扰最小;对于多联连续梁-框架墩中间联的连续梁施工,可采用横移梁施工,没有体系转换,对既有线干扰小,但主梁施工需要一定的场地,而且要求框架墩横梁垂直于新线布置为宜(图 4-2-28)。

图 4-2-27　移动式防护棚架结构

图 4-2-28　框架墩横梁施工

五、研究目标

(1)提出连续梁-框架墩体系满足时速 350 km 时高速行车的舒适性、安全性的总体结构刚度控制思路和方法。

(2)掌握连续梁-框架墩体系墩、梁空间受力行为、受力特点,分析其对铺设无砟轨道的适应性影响,采取适宜的设计对策措施。

(3)掌握高烈度震区连续梁-框架墩体系地震时程反应分析及抗震设计。

(4)研究梁、轨、墩共同作用,确保结构变形、受力等满足无砟轨道铺设要求。

(5)掌握温度变化对连续梁-框架墩体系的影响,提出合理的温度加载模式。

(6)通过对连续梁-框架墩体系施工方法的研究,提出能减小结构应力、轨道变形的合理施工工序。

六、结论与建议

主要以津秦高速铁路 7×16 m 连续梁-框架墩为依托,对连续梁-框架墩结构用于时速 350 km 无砟轨道客运专线上进行了结构总体刚度分析研究、体系空间受力分析研究、地震反应分析研究、温度变形行为对体系的影响研究、结构对铺设无砟轨道的适应性等关键技术问题的研究,获得如下成果和结论。

(1)通过研究提出了连续梁-框架墩体系满足时速 350 km 时高速行车的舒适性、安全性的总体结构刚度控制思路和方法。

连续梁-框架墩结构的总体刚度受上部承载梁、框架墩横梁、墩柱刚度的影响,设计应根据承载梁的跨度、横梁的跨度、墩柱的高度对三者之间的刚度进行合理匹配。其中主梁的刚度对整体刚度贡献最大。

(2)通过对连续梁-框架墩结构体系进行空间受力行为分析,了解了连续梁-框架墩体系的受力特点,表明了连续梁-框架墩体系理论的可行性。

多固定框架墩体系中连续梁的受力因为框架墩弹性支承刚度的减小,大大改善了基础不均匀沉降和温度对梁体内力的影响;但此时,恒载(预应力、收缩徐变)引起的固定支座纵向水平力较大,加之温度、制动力和长钢轨作用力的影响,支座水平力比常规连续梁大许多。针对多固定墩结构在恒载作用下水平力较大的问题,设计中可采取必要的措施。如预应力张拉应在临时支架上完成，此时，各固定支座不得承受荷载，也不安装启用，梁纵向为自由伸缩状态，张拉完一个月后，梁体收缩徐变大部分完成，安装各永久支座，进行支座转换。支座转换应在一天中温度较低时（$t \leqslant 10℃$）进行。支座转换后可使支座水平力尽量减小。

连续梁-框架墩结构中框架墩横梁除受支座交错布置产生的扭矩外，还承受较大的面外弯矩。设计中要求横梁应具有一定的横向抗弯刚度和一定的抗扭刚度，可通过选取横梁截面为箱形截面或通过配筋来增强截面抗扭能力和横向抗弯能力。

连续梁-框架墩体系对温度力的作用较为敏感，在温度作用下，框架墩同时承受较大的轴力、弯矩、扭矩以及纵向水平力，结构处于较为复杂的受力状态。同时，温度对结构变形、轨道不平顺变形的影响较大，设计中应根据工点处的气象条件，充分考虑整体升降温、不同部位温差及温度梯度作用，并结合规范选取合理的计算模式。

对于小跨度连续梁-框架墩结构来说，基础的不均匀沉降是控制结构受力和轨面变形的重要因素，设计中应根据具体的地质条件和左右墩柱的恒载情况，通过调整基础设计控制基础沉降的影响。

（3）通过对连续梁-框架墩结构体系进行时程分析和反应谱分析，并对体系结构的单固定墩、多固定墩体系进行了分析比较，多固定墩体系承载性能好、受力明确、结构具有良好的抗震性能。

（4）通过对连续梁-框架墩结构体系轨道板、梁、墩共同作用分析，结构体系的受力、变形等满足无砟轨道铺设要求。

（5）温度观测结果表明，混凝土箱梁的温度场与箱内外气温的变化规律较为类似，基本呈正弦曲线变化，其变化周期也与气温的变化周期基本一致；箱梁竖向温度梯度类似于英国BS5400规范、美国AASHTO规范关于箱梁竖向温度梯度的规定，与《铁路桥涵钢筋混凝土和预应力混凝土结构设计规范》（TB 10002.3—2005）关于箱梁温度梯度的规定即沿梁高呈单一指数变化的曲线存在一定的偏差，按规定温度模式及取值偏于安全并具有一定的安全裕度。考虑温度变形及预拱和徐变效应时，连续梁-框架墩体系整体结构的空间动力特性应满足高速行车时列车安全性、乘车舒适性要求。

（6）跨线工程的施工，不具备线上满布支架现浇施工条件时，有防护棚架现浇施工、纵向顶推施工、横移梁施工三种可行的施工方案。框架墩宜采用防护棚架施工，框架墩横梁作为主梁现浇支架的一部分，连续梁采用移动防护棚架施工，不存在体系转换，变形易于控制，对既有线有一定的干扰。纵向顶推施工，可用于较少联连续梁相连时，存在体系转换，但可以在场地狭小、不中断交通的情况下无噪声施工，施工风险较小。对于多联连续梁-框架墩中间联的连续梁施工，可采用横移梁施工，没有体系转换，对既有线干扰小，但主梁施工需要一定的场地，而且要求框架墩横梁垂直于新线布置为宜。

（7）报告成果。通过研究，为连续梁-框架墩结构应用于津秦高速铁路工程提供了技术依据，为在速度350 km/h高速铁路无砟轨道铁路桥梁上采用连续梁-框架墩体系提供有益的参考。

第三节　滨海深厚松软土路基沉降控制技术

一、研究背景

路基面的弹塑性变形直接反映了路基的综合刚度，与路基结构类型、基床表层厚度、基床底层刚度有关。铁路设计根据相应速度目标值和轨道型式，其路基的工后沉降应满足表 4-2-11 的数值，否则应进行地基加固处理。为保证地基土的强度和工后沉降能满足规范要求，目前客运专线铁路中地基处理最常用的措施是采用桩网、桩筏和桩板结构复合地基。此类复合地基结构是在软弱地基内打入刚性桩（如钻孔灌注桩、素混凝土桩、预应力管桩、CFG 桩等），并通过在桩顶设置加筋褥垫层、筏板或刚接承载板，使土、桩、网（板）三者协同作用，整体共同承担上部荷载，从而达到控制地基的沉降变形、提高路基的稳定性目的。

表 4-2-11 路基工后沉降控制值

<table>
<tr><th colspan="4">铁路类别</th><th>一般地段工后沉降(mm)</th><th>路桥过渡段差异沉降(mm)</th><th>沉降速率(mm/年)</th></tr>
<tr><td rowspan="8">有砟轨道</td><td rowspan="2">高速铁路</td><td colspan="2">300 km/h、350 km/h</td><td>≤50</td><td>≤30</td><td>≤20</td></tr>
<tr><td colspan="2">250 km/h</td><td>≤100</td><td>≤50</td><td>≤30</td></tr>
<tr><td rowspan="3">客货共线铁路</td><td colspan="2">200 km/h</td><td>≤150</td><td>≤80</td><td>≤40</td></tr>
<tr><td rowspan="2">200 km/h 以下</td><td>Ⅰ级</td><td>≤200</td><td>≤100</td><td>≤50</td></tr>
<tr><td>Ⅱ级</td><td>≤300</td><td>≤150</td><td>≤60</td></tr>
<tr><td rowspan="2">城际铁路</td><td colspan="2">200 km/h</td><td>≤150</td><td>≤80</td><td>≤40</td></tr>
<tr><td colspan="2">160 km/h、120 km/h</td><td>≤200</td><td>≤100</td><td>≤50</td></tr>
<tr><td colspan="3">重载铁路</td><td>≤200</td><td>≤100</td><td>≤50</td></tr>
<tr><td colspan="4">无砟轨道</td><td>≤15</td><td>5</td><td>—</td></tr>
</table>

《新建时速 300～350 公里客运专线铁路设计暂行规定》（铁建设〔2007〕47 号）中对于低路基高度的确定没有明确的标准，通常认为当路基填筑高度小于规范要求的基床厚度时该路基属于低路堤范围。由于低路堤基床厚度较薄，其地基部位受动荷载作用较为明显，当采用地基处理措施时，由于基底刚度的变化，其基床部位的动应力分布也会与常规路堤有所差异，基床结构的设计应该综合考虑地基处理选型和基床部位的动力特性。

有关高速铁路和客运专线，由于低路堤路基设计的相关理论研究与工程实践尚不丰富，通过对桩网、桩筏、桩板等结构复合地基低路基的现场试验和数值分析，研究低路基复合地基荷载分布与桩顶沉降和基床动力特性，以期为软土地区高速铁路低路基结构设计及地基处理方式提供指导，这十分必要和迫切。

二、研究方法

采用调研、理论分析与现场试验相结合的方法，对静荷载作用下混凝土板的荷载分布与桩顶沉降进行研究，依托试验段对成果进行验证。

1. 调研

收集国内外路基设计理论，对有关荷载分布及沉降计算理论进行系统分析，并与已有的测试成果进行比较，分析其合理性。收集管桩、素混凝土桩复合地基及钻孔灌注桩复合地基沉降及承载力计算方法；桩板结构的沉降（素混凝土灌注桩加固区：复合模量法；下卧层：Bounssinesq 法、联合 Mindlin-Bounssinesq 法；钻孔灌注桩最终沉降量：桩基础法和复合模量法）理论计算方法；筏板计算理论（刚性板带法、无梁楼盖法等）；既有高速铁路复合地基现场试验及理论研究报告。

2. 现场试验及研究目的

测试混凝土板在路基基床不同高度位置时板上的路基荷载分布;测试混凝土板内钢筋应力;测试不同基础形式下的地基沉降。

对监测数据进行处理。数据处理工作主要包括:第一,收集资料,有充分理论依据的基础上,剔除无关及偏差较大数据,检验数据的可靠性。第二,根据监测数据(桩间土分层沉降、桩身分层应力、板顶压力及路基分层土压力)分析:时间-荷载(填筑开始)-沉降、地基分层沉降、加固区-下卧层沉降、桩身-荷载-应变(或轴力)、基床压力分布。第三,两种桩型实测数据对比。

根据试验数据的分析成果,得出低路堤静荷载作用桩身及混凝土板受力特性、灌注桩复合地基沉降特性和路堤基床的受力特性。

根据不同沉降计算理论计算地基沉降,通过与实测对比,选出适合高速铁路低路堤的复合地基设计方法。进一步地,在选出适合高速铁路低路堤设计方法的基础上,按照相关理论,通过调整桩长与桩间距计算桩长、桩距的变化对地基沉降的影响,对沉降控制的低路基复合地基设计提出优化建议。

建立无砟轨道和有砟轨道低路基数值分析模型,研究不同路堤填高、不同地基处理形式(基底刚度)、筏板(混凝土板)厚度、轨道类型等对低路基基床动力特性的影响,根据动应力、动位移和动加速度等的分析结果,给出低路基基床优化设计和选型建议。

三、理论分析

根据不同沉降计算理论计算地基沉降,通过与实测对比,选出适合高速铁路路基沉降控制的理论设计方法。

1. 复合地基附加应力计算

复合地基的沉降研究是地基与基础工程中的核心问题。复合地基的沉降计算精确度往往与地基内的附加应力分析计算有关。因此,准确计算复合地基中的竖向附加应力是解决沉降计算的关键因素之一。只有明确复合地基中附加应力的分布情况,才可能对复合地基的沉降进行计算分析。

(1)基于 Boussinesq 解的地基中应力及附加应力系数

地基的附加应力是指外荷载作用下地基中增加的应力。传统的计算附加应力的方法是以 Boussinesq 解为根据,导出均布荷载作用下土中应力的计算公式。但 Boussinesq 公式的推导,是以荷载置于半空间无限弹性体的表面为基本条件的,即假定地基土是各向同性的、均质的线性变形体,而且在深度和水平方向上都是无限延伸的。Boussinesq 解计算附加应力的方法比较适用于路堤荷载直接作用在天然地基上的情况。

①地基中应力及附加应力系数

土体中应力的求解,一般归结为 Boussinesq 问题和 Cerruti 问题。Bardew 和 Gibson 将地基近似为各向异性的半无限体,Mitchell 求得了半无限体表面作用垂直集中力的解,Lekhnitskii 验证了 Mitchell 解,并给出了竖向应力的统一表达式,Gazetas 给出了地基表面作用圆形对称二次分布荷载的解,Hanson 用 Fabrikant 势函数研究了圆荷载问题,为了方便应用 Mccarthy 将各向同性的解列表以方便使用。假定地基为各向同性的半无限体,在地表荷载的作用下,地基中的应力分布,一般用弹性理论来求解。对于路堤荷载作用下,不考虑列车荷载时,荷载分布形式为梯形,考虑列车荷载时为楔形荷载,见图 4-2-29。

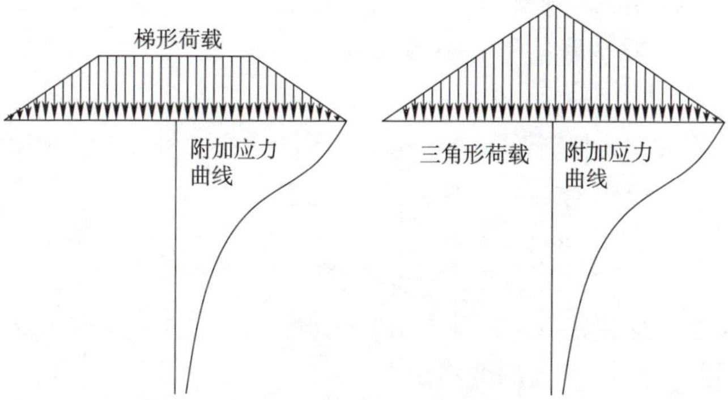

图 4-2-29　梯形荷载和三角形荷载下应力分布

对以上两种形式的荷载作用下，地基中的附加应力可由 Boussinesq 解，通过积分求解得到；或者根据简单荷载形式下的附加应力系数通过角点法叠加得出。

下面对上述两种荷载下的附加应力系数进行推导。带状荷载在宽度方向呈三角形分布，通过积分求解得出此荷载形式下的竖向应力为：

$$\sigma_z=\frac{p}{\pi}\left\{\frac{x}{b}\left[\arctan\left(\frac{\frac{x}{b}}{\frac{z}{b}}\right)-\arctan\left(\frac{\frac{x}{b}-1}{\frac{z}{b}}\right)\right]-\frac{z}{b}\cdot\frac{\frac{x}{b}-1}{\left(\frac{x}{b}-1\right)^2+\left(\frac{z}{b}\right)^2}\right\}=\alpha_c\cdot p \quad (4\text{-}2\text{-}6)$$

式中　α_c——附加应力系数，为$\frac{x}{b}$和$\frac{z}{b}$的函数；

p——三角形荷载最大值。

沉降计算中一般不考虑列车荷载，此时路堤荷载形式为梯形，假设梯形下半宽为 b，上半宽为 b'，见图 4-2-30。

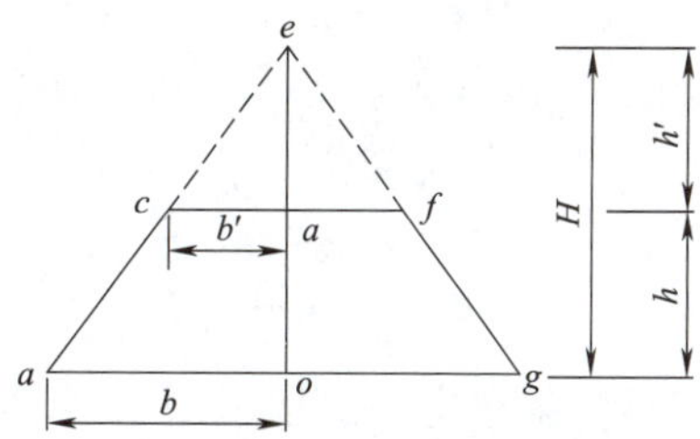

图 4-2-30　梯形荷载附加应力计算简图

从图 4-2-30 可以看出梯形荷载 $acfg$ 可以分解成两个三角形 aeg 与 cef 之差，而每个三角形荷载都可以分解成对称的两个条形三角形分布荷载，则梯形荷载的附加应力计算公式为：

$$\sigma_z=2(\sigma_z^{aeg}-\sigma_z^{cef})=2\left(\alpha_c^1\cdot p-\alpha_c^2\cdot p\frac{b'}{b}\right) \quad (4\text{-}2\text{-}7)$$

α_c^1 和 α_c^2 分别为对应三角形荷载的附加应力系数，代入到上式整理可得：

$$\sigma_z=\frac{2p}{\left(1-\frac{b'}{b}\right)}\cdot\frac{1}{\pi}\left[\arctan\left(\frac{b}{z}\right)-\frac{b'}{b}\arctan\left(\frac{b'}{z}\right)\right] \quad (4\text{-}2\text{-}8)$$

则梯形荷载路堤中心线下的附加应力系数[1]解析式为：

$$\alpha_z=\frac{2}{\left(1-\frac{b'}{b}\right)}\cdot\frac{1}{\pi}\left[\arctan\left(\frac{b}{z}\right)-\frac{b'}{b}\arctan\left(\frac{b'}{z}\right)\right] \quad (4\text{-}2\text{-}9)$$

式中　α_z——梯形荷载下中心线下附加应力系数；

b——路基底面半宽；

b'——路基顶面半宽；

z——计算点在路堤基底面中心下的深度。

②路堤荷载下平均附加应力系数

我国现行各种规范中对地基变形均采用各项同性均质线性变形体理论，《建筑地基基础设计规范》(GB 50007—2011)中对沉降计算公式的规定如下：

$$S=\psi_s S'=\psi_s\sum_{i=1}^{n}\frac{p_0}{E_s}(z_i\bar{\alpha}_i-z_{i-1}\bar{\alpha}_{i-1}) \tag{4-2-10}$$

式中 S——地基最终变形量；

S'——按分层综合法计算出的变形量；

ψ_s——沉降经验系数，查规范取值；

p_0——按照荷载效应准永久组合基础底面处的附加压力；

E_{si}——基础底面下第 i 层土的压缩模量，按照自重压力和附加压力段取值；

$\bar{\alpha}_i$、$\bar{\alpha}_{i-1}$——第 i 层土、第 $i-1$ 层土底面范围内平均附加应力系数。

从上式可以看出规范中沉降计算公式的表达形式和传统的分层总和法有所不同。传统分层总和法中最终沉降量为：

$$S=kS'=k\sum_{i=1}^{n}\frac{\bar{\sigma}_{zi}}{E_{si}}\cdot h_i=k\sum_{i=1}^{n}\frac{p_0}{E_{si}}\frac{\alpha_i+\alpha_{i-1}}{2}\cdot h_i \tag{4-2-11}$$

式中 k——沉降经验系数；

$\bar{\sigma}_{zi}$——第 i 层土的平均附加应力，等于该层土顶面附加应力与底面附加应力的平均值，$\bar{\sigma}_{zi}=\frac{1}{2}(\sigma_{zi-1}+\sigma_{zi})$；

h_i——第 i 层土厚度，$h_i=z_i-z_{i-1}$；

α_i、α_{i-1}——第 i 层、第 $i-1$ 层土的附加应力系数。

从上面的计算公式中我们可以发现传统分层总和法与规范方法的最大区别在于，规范中第 i 层土的变形量 ΔS_i 的计算采用的是该层底面以上土层变形量 S_i 减去该层顶面以上变形量 S_{i-1}。在计算的过程中 S_i、S_{i-1} 均为虚拟的，它们计算中都是采用的第 i 层土的压缩模量 E_{si}，虽然没有使用以上各土层的压缩模量，但是其差值 S_i-S_{i-1} 却能真实地反应第 i 层土的压缩变形量 ΔS_i。

对于传统分层总和法来讲，第 i 层的变形 ΔS_i 为：

$\Delta S_i=\frac{\bar{\sigma}_{zi}}{E_{si}}\cdot h_i=\frac{p_0}{E_{si}}\cdot\frac{\alpha_i+\alpha_{i-1}}{2}\cdot h_i$，其中 $\frac{\alpha_i+\alpha_{i-1}}{2}\cdot h_i$ 在图 4-2-31 表示的面积为梯形 $AA'BB'$ 的面积。

对于规范中第 i 层的变形 ΔS_i 为：

$$\Delta S_i=S_i-S_{i-1} \tag{4-2-12}$$

$$S_i=\frac{1}{E_{si}}\int_0^{z_i}\sigma_z\mathrm{d}z=\frac{p_0}{E_{si}}\cdot z_i\frac{\int_0^{z_i}\alpha\mathrm{d}z}{z_i}=\frac{p_0}{E_{si}}\cdot z_i\cdot\bar{\alpha}_i \tag{4-2-13}$$

$$S_{i-1}=\frac{1}{E_{si}}\int_0^{z_{i-1}}\sigma_z\mathrm{d}z=\frac{p_0}{E_{si}}\cdot z_{i-1}\frac{\int_0^{z_{i-1}}\alpha\mathrm{d}z}{z_{i-1}}=\frac{p_0}{E_{si}}\cdot z_{i-1}\cdot\bar{\alpha}_{i-1} \tag{4-2-14}$$

令 $\frac{\int_0^{z_i}\alpha \mathrm{d}z}{z_i}=\bar{\alpha}_i$，称之为平均附加应力系数，则：

$$\Delta S_i=S_i-S_{i-1}=\frac{p_0}{E_{si}}(z_i\bar{\alpha}_i-z_{i-1}\bar{\alpha}_{i-1}) \tag{4-2-15}$$

$z_i\bar{\alpha}_i$ 在图 4-2-31 中表示附加应力曲线与 Z 轴围成的面积，则 $z_i\bar{\alpha}_i-z_{i-1}\bar{\alpha}_{i-1}$ 在图中的含义则为两块面积之差，见图 4-2-31。

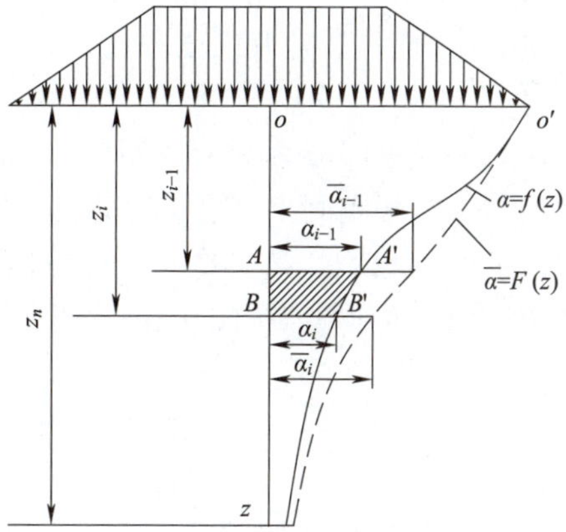

图 4-2-31　平均附加应力系数计算沉降

从图 4-2-31 中可以看出，规范方法中引入了平均附加应力系数的定义，和传统的分层总和法相比规范方法更精确、更简便。因为附加应力系数在 $\alpha=f(z)$ 地基土中的分布为非直线性的，因此传统分层总和法在计算中土层的划分不能过大，一般规定不能超过基础宽度的 0.4 倍，而规范方法中对均质土层则不受最大厚度的限制，一般只考虑土层压缩模量的差异性，按照地质土层来划分土层，大大简化了计算。

对于梯形荷载来说其附加应力系数为：

$$\alpha_z=\frac{2}{\left(1-\frac{b'}{b}\right)}\cdot\frac{1}{\pi}\left[\arctan\left(\frac{b}{z}\right)-\frac{b'}{b}\arctan\left(\frac{b'}{z}\right)\right] \tag{4-2-16}$$

根据平均附加应力系数定义 $\bar{\alpha}_i=\frac{\int_0^{z_i}\alpha \mathrm{d}z}{z_i}$

得出：

$$\bar{\alpha}_i=\frac{\int_0^{z_i}\frac{2}{\left(1-\frac{b'}{b}\right)}\cdot\frac{1}{\pi}\left[\arctan\left(\frac{b}{z}\right)-\frac{b'}{b}\arctan\left(\frac{b'}{z}\right)\right]\mathrm{d}z}{z_i} \tag{4-2-17}$$

即：

$$\bar{\alpha}_i=\frac{1}{z_i\pi(b-b')}\left[\begin{array}{l}2bz_i\arctan\left(\frac{b}{z_i}\right)+b^2\ln(z_i^2+b^2)-2b^2\ln b-2b'z_i\arctan\left(\frac{b'}{z_i}\right)\\-b'^2\ln(z_i^2+b'^2)+2b'^2\ln b'\end{array}\right] \tag{4-2-18}$$

上式即为梯形荷载作用下地基中平均附加应力的表达式。

(2)联合 Mindlin 解的复合地基附加应力

路堤荷载作用下的灌注桩复合地基，地基土的应力场发生了改变，复合地基中桩、土受力的情况与均质地基有了明显的区别，复合地基也非各向同性的、均质的线性变形体。因此，灌注桩复合地基除了要考虑表面荷载引起的土中附加应力外，还需考虑桩侧摩阻力及桩端阻力引起的土中附加应力。因此，直接利用 Boussinesq 解求解复合地基的附加应力场将会出现较大的误差。

美国学者 Mindlin 推导出了半无限弹性体内受集中力作用所引起的土中应力分量的公式。Mindlin 的研究结果表明：当荷载作用于半空间无限弹性体内部时，荷载面之下某一深度的应力值，明显小于按 Boussinesq 公式计算得出的结果。所以可以采用 Mindlin 解与

Boussinesq 解来联合求解复合地基中的附加应力，进而计算灌注桩复合地基的沉降。

灌注桩复合地基内任一点的附加应力是由桩和桩间土承担的两部分荷载产生的。Mindlin 解和 Boussinesq 解联合求解法是将桩、土分开来考虑。桩顶受到的荷载通过桩侧摩阻力和桩端阻力传递到土层中，产生的地基竖向附加应力 $\sigma_{z,p}$ 可以用 Mindlin 解求得。桩间土顶面上所受的荷载产生的附加应力 $\sigma_{z,s}$ 可以用 Boussinesq 解来求得，即与天然地基的附加应力计算方法相同。地基内任一点的附加应力 σ_z 为两部分应力的叠加：

$$\sigma_z=\sigma_{z,p}+\sigma_{z,s} \tag{4-2-19}$$

式中 $\sigma_{z,p}$——CFG 桩桩身受力所引起的地基附加应力(kPa)；

$\sigma_{z,s}$——桩间土所承受的荷载引起的地基附加应力(kPa)。

对于复合地基，其主要工作原理由桩和土协调作用共同承担上部路堤荷载，因此，地基中的应力由两部分叠加构成，即桩荷载在土中产生的附加应力和地基表面桩间土荷载产生的附加应力。采用 Mindlin-Boussinesq 联合求解法计算复合地基中的附加应力时，桩荷载在土中产生的应力采用 Geddes 公式计算，而地基表面桩间土荷载产生的附加应力按 Boussinesq 公式求出，两者叠加即为复合地基总的附加应力，再用分层总和法计算地基总沉降。

由于在路堤荷载作用下复合地基中各个位置的桩所发挥的作用有所不同，在路堤中心线附近的桩对复合地基承载力的贡献较大，靠近路边处的桩的贡献相对较小，因此在采用 Mindlin-Boussinesq 联合求解法计算时首先需要对其进行一定的假设，假设如下：

a. 视地基土体为半空间弹性体；

b. 不考虑桩体的存在对地基连续性的破坏，即不考虑桩体的“加筋”“遮帘”作用；

c. 群桩中每一根桩承受的荷载相同；

d. 以弹性连续介质理论为依据的单桩进行分析，以一定范围内的桩数叠加进行群桩分析；

e. 土的弹性模量及泊松比不因桩的存在而发生变化。

①桩荷载在地基中产生的附加应力

根据 Mindlin 课题，Geddes 对 Mindlin 公式积分导出了应力解公式，从而可计算出桩基荷载作用下的地基土附加应力，然后用叠加原理求得群桩荷载下的地基土附加应力。

Geddes 导出了下列三种情况下土中竖向应力的表达式：桩端压力引起的竖向应力、均匀分布摩阻力引起的竖向应力和随深度呈线性增长分布的摩阻力引起的竖向应力，见图 4-2-32。图中 α 为桩端荷载分配系数、β 为矩形分布形式的侧摩阻力荷载分配系数。

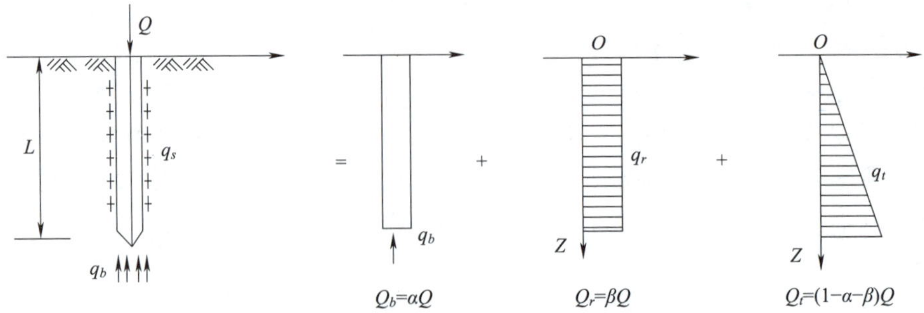

图 4-2-32 桩身荷载的分解示意图

土体中任一点(r,z)的竖向应力可表示为：

桩端集中力：
$$\sigma_{zb}=\frac{Q_b}{L^2}I_b \tag{4-2-20}$$

桩侧摩阻力呈矩形分布：
$$\sigma_{zr}=\frac{Q_r}{L^2}I_r \tag{4-2-21}$$

桩侧摩阻力呈三角形分布：
$$\sigma_{zt}=\frac{Q_t}{L^2}I_t \tag{4-2-22}$$

式中　L——桩入土的深度；

Q_b、Q_r、Q_t——桩端荷载、矩形分布侧摩阻力荷载和三角形分布侧摩阻力荷载；

I_b、I_r、I_t——桩侧集中力、侧摩阻力矩形分布、侧摩阻力三角形分布的情况下的竖向应力系数。

三种情况下应力系数如下：

$$I_b=\frac{1}{8\pi(1-\mu)}\left[-\frac{(1-2\mu)(m-1)}{A^3}+\frac{(1-2\mu)(m-1)}{B^3}-\frac{3(m-1)^3}{A^3}\right.$$
$$\left.-\frac{3(3-4\mu)m(m+1)^2-3(m+1)(5m-1)}{B^5}-\frac{30m(m+1)^3}{B^7}\right] \tag{4-2-23}$$

$$I_r=\frac{1}{8\pi(1-\mu)}\left\{-\frac{2(2-\mu)}{A}-\frac{2(2-\mu)+2(1-2\mu)(m/n)(m/n+1/n)}{B}\right.$$
$$-\frac{(1-2\mu)^2(m/n)^2}{F}+\frac{n^2}{A^3}+\frac{4m^2-4(1+\mu)(m/n)^2m^2}{F^3}$$
$$+\frac{4m(1+\mu)(m+1)(m/n+1/n)-(4m^2+n^2)}{B^3}+\frac{6m^2[(m^4-n^4)/n^2]}{F^5}$$
$$\left.+\frac{6m[mn^2-(1/n^2)(m+1)^5]}{B^5}\right\} \tag{4-2-24}$$

$$I_t=\frac{1}{4\pi(1-\mu)}\left[-\frac{2(2-\mu)}{A}+\frac{2(2-\mu)(4m+1)-2(1-2\mu)(m/n)^2(m+1)}{B}\right.$$
$$+\frac{2(1-2\mu)m^3/n^2-8(2-\mu)m}{F}+\frac{mn^2+(m-1)^3}{A}$$
$$+\frac{4m\mu n^2+4m^3-15mn^2-2(5+2\mu)(m/n)^2(m+1)^3+(m+1)^3}{B^3}$$
$$+\frac{2(7-2\mu)mn^2-6m^3+2(5+2\mu)(m/n)^2m^3}{F^3}$$
$$+\frac{6mn^2(n^2-m^2)+12(m/n)^2(m+1)^5}{B^5}-\frac{6mn^2(n^2-m^2)+12(m/n)^2m^5}{F^5}$$
$$\left.-2(2-\mu)\ln\left(\frac{A+m-1}{F+m}\cdot\frac{B+m+1}{F+m}\right)\right] \tag{4-2-25}$$

式中，$n=r/L$；$m=z/L$；$F^2=m^2+n^2$；$A^2=(m-1)^2+n^2$；$B^2=(m+1)^2+n^2$；μ 表示土的泊松比；r 表示计算应力点与桩轴线的水平距离；z 表示计算应力点的深度。

将上述三应力系数代入式(4-2-26)，可得出桩顶荷载在土中引起的附加应力：

$$\sigma_z=\sigma_{zb}+\sigma_{zr}+\sigma_{zt}=\frac{Q_b}{L^2}I_b+\frac{Q_r}{L^2}I_r+\frac{Q_t}{L^2}I_t$$
$$=\frac{Q}{L^2}[\alpha I_b+\beta I_r+(1-\alpha-\beta)I_t] \tag{4-2-26}$$

根据上述单桩荷载下土中应力的计算公式(4-2-26)，利用叠加原理可求出群桩中所有各桩在土体中任一点所产生的竖向应力 σ_z，即：

$$\sigma_z = \sum_{i=1}^{k} \sigma_{zi} \tag{4-2-27}$$

式中 σ_{zi}——单桩荷载下计算点的土中竖向应力；

k——群桩的桩数。

②地基表面桩间土荷载产生的附加应力

对于桩间土荷载产生的附加应力，按 Boussinesq 求解，即在半无限空间弹性体边界上作用有集中力 P 时，半无限空间体内任一深度 z 处的竖向附加应力为：

$$\sigma_z = \frac{3Pz^3}{2\pi R^5} \tag{4-2-28}$$

式中，$R=\sqrt{r^2+z^2}$，r 为力的作用线到所求附加应力点的水平距离。

根据叠加原理，可以推导出均布的、三角形分布的线荷载、带状荷载等各种分布荷载作用下的地基中某点处的附加应力。将桩顶荷载和地基表面桩间土荷载两者在土中产生的附加应力相加，即为土中总的附加应力，再按分层总和法计算复合地基沉降。但在应用 Mindlin-Boussinesq 联合求解法时首先需要确定几个重要参数，包括桩顶荷载及桩间土荷载计算、桩端摩阻力与桩侧摩阻力分配系数、桩侧摩阻力分布形式以及桩荷载产生的附加应力叠加范围的确定。

2. 复合地基沉降变形计算

(1)分层总和法

天然地基实际是由不同土层所组成的，地基中自重应力和引起地基变形的附加应力均沿深度变化，因此工程上计算地基沉降时，在地基可能产生沉降的土层深度内，按土的特性和应力状态的变化将地基分为若干层，假定每一分层土质均匀且应力沿厚度均匀分布，对每一分层分别计算其沉降量，将各分层的沉降量相加得到地基表面的最终沉降量，上述方法称为分层总和法。

分层总和法的基本思路是：将压缩层范围内地基分层，用式(4-2-29)计算每一分层的沉降量，累加得总沉降量，实际应用时根据确定 e 时可以根据 e-P 曲线求得，也可以由 e-lg$P$ 曲线确定。

①e-P 曲线法

如图 4-2-33 所示，根据每层的自重应力 P_{0i} 和附加应力 P_i，查对应该层地基土的压缩曲线查出对应的初始孔隙比 e_{0i} 和压缩稳定后孔隙比 e_i，代入式(4-2-29)中即可求得第 i 分层的压缩量，将计算深度内的每层地基的压缩量相加，即可求得地基的总压缩量。

$$S=\frac{e_{0i}-e_i}{1+e_{0i}}H_i=\frac{\Delta e}{1+e_{0i}}H_i \tag{4-2-29}$$

式中 e_{0i}——加载前该层地基土的孔隙比大小；

e_i——加载后该层地基土的孔隙比大小；

H_i——加载前该层地基土的厚度。

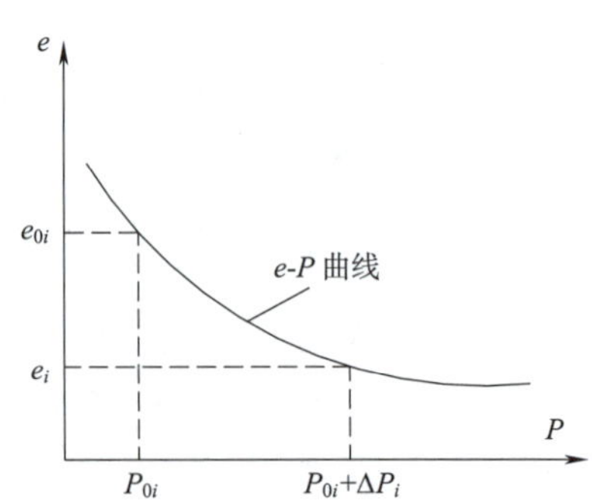

图 4-2-33 e-P 曲线法示意图

②e-lg$P$ 曲线法

根据应力历史的不同将地基土分为正常固结、超固结和欠固结土三种。一般情况下，压缩曲线是由室内单向固结试验得到的，但由于目前钻探取样的技术条件不够理想、土样取出地面后应力的释放、室内试验时切土人工扰动等因素的影响，室内的压缩曲线已经不能代表地基中现场压缩曲线。即使试样的扰动很小，保持土的原始孔隙比基本不变，但应力释放仍是无法完全避免的，所以室内单向固结试验得到的压缩曲线进行修正，以得到符合原位土体压缩性的现场压缩曲线，这样计算出的地基沉降才会更符合实际。

e-lg$P$ 曲线法(图 4-2-34)计算地基最终沉降的一般步骤如下：

①选择沉降计算断面和计算点，并将地基分层；

②计算地基中各分层面的自重应力及土层平均自重应力 P_{0i}；

③计算地基中各分层面的竖向附加应力及土层平均附加应力 P_i；

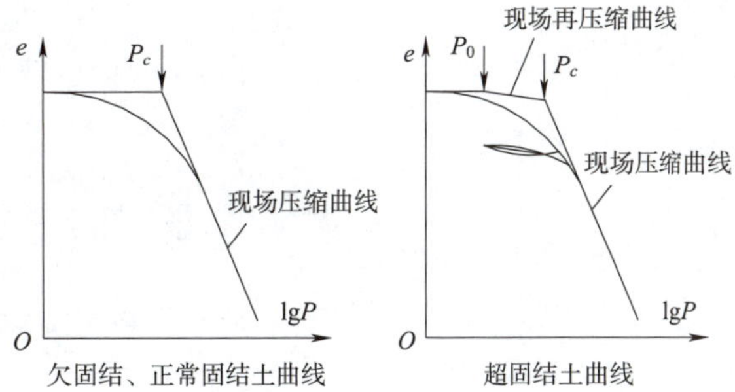

图 4-2-34　e-lg$P$ 曲线法示意图

④根据室内压缩曲线确定前期固结应力 P_{ci}，一般使用卡萨格兰德法，由前期固结应力与自重应力的大小关系此判定土层是属于正常固结土、超固结土或欠固结土；以此可推求出现场压缩曲线；

对正常固结土、超固结土和欠固结土分别用不同的方法求各分层的压缩量，后将各分层的压缩量累加得总沉降量。

根据不同的土体类型按下列四式得到其孔隙比的变化，后带入式(4-2-29)求得土体的沉降。

正常固结土：$\Delta e=-C_{ci}\cdot[\lg(P_{0i}+\Delta P_i)-\lg P_{0i}]$；

欠固结土：$\Delta e=-C_{ci}\cdot[\lg(P_{0i}+\Delta P_i)-\lg P_{ci}]$；

超固结土($P_{0i}+P_i\geqslant P_{ci}$)：$\Delta e=-C_{si}\cdot(\lg P_{ci}-\lg P_{0i})-C_{ci}\cdot[\lg(P_{0i}+\Delta P_i)-\lg P_{ci}]$；

超固结土($P_{0i}+P_i\leqslant P_{ci}$)：$\Delta e=-C_{si}\cdot[lg(P_{0i}+\Delta P_i)-\lg P_{0i}]$。

(2)复合模量法

《建筑地基处理技术规范》(JGJ 79—2012)中规定处理后的复合地基变形计算应按现行国家标准《建筑地基基础设计规范》的有关规定执行。复合地基的分层与天然地基分层相同，各复合土层的压缩模量等于该层天然地基压缩模量的 ζ 倍，见图 4-2-35。

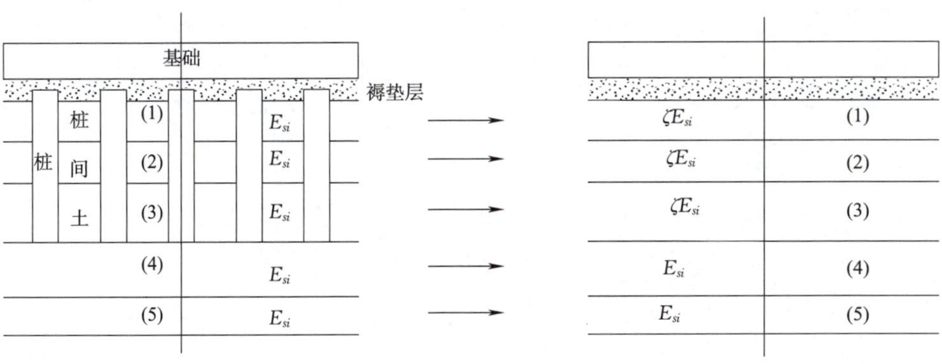

图 4-2-35　各土层复合模量示意图

(i)—土层；E_{si}—各土层压缩模量；ζ—加固区模量提高系数。

ζ可按式(4-2-30)确定：

$$\zeta=\frac{f_{spk}}{f_{ak}} \tag{4-2-30}$$

式中 f_{ak}——基础底面下天然地基承载力特征值(kPa)；

f_{spk}——复合地基承载力特征值(kPa)。

复合地基承载力特征值，应通过现场复合地基载荷试验确定，初步设计时也可按式(4-2-31)估算：

$$f_{spk}=m\frac{R_a}{A_p}+\beta(1-m)f_{sk} \tag{4-2-31}$$

式中 m——面积置换率；

R_a——单桩竖向承载力特征值(kN)；

A_p——桩的截面积(m^2)；

β——桩间土承载力折减系数，宜按地区经验取值，如无经验时可取 0.75～0.95，天然地基承载力较高时取大值；

f_{sk}——处理后桩间土承载力特征值(kPa)；宜按当地经验取值，如无经验时，可取天然地基承载力特征值。

单桩竖向承载力特征值 R_a 的取值，应符合下列规定：

①当采用单桩载荷试验时，应将单桩竖向极限承载力除以 2；

②当无单桩载荷试验时，可按式(4-2-32)估算：

$$R_a = u_p\sum_{i=1}^{n}q_{si}l_{si} + q_pA_p \tag{4-2-32}$$

式中 u_p——桩的周长；

n——桩长范围内所划分的土层数；

q_{si}、q_p——桩周第 i 层土的侧阻力、桩端阻力特征值，kPa；可按现行国家标准《建筑地基设计规范》有关的规定确定；

l_i——第 i 层土的厚度。

复合地基最终沉降量可按式(4-2-33)计算：

$$s = \varphi_s s' = \varphi_s\left[\sum_{i=1}^{n_1}\frac{P_0}{\zeta E_{si}}(z_i\bar{\alpha}_i - z_{i-1}\bar{\alpha}_{i-1}) + \sum_{i=n_1+1}^{n_2}\frac{P_0}{E_{si}}(z_i\bar{\alpha}_i - z_{i-1}\bar{\alpha}_{i-1})\right] \tag{4-2-33}$$

式中

$$s' = \left[\sum_{i=1}^{n_1}\frac{P_0}{\zeta E_{si}}(z_i\bar{\alpha}_i - z_{i-1}\bar{\alpha}_{i-1}) + \sum_{i=n_1+1}^{n_2}\frac{P_0}{E_{si}}(z_i\bar{\alpha}_i - z_{i-1}\bar{\alpha}_{i-1})\right] \tag{4-2-34}$$

n_1——加固区范围内土层分层数；

n_2——沉降计算深度范围内土层总的分层数；

P_0——对应于荷载效应准永久值组合时给出底面处的附加压力；

E_{si}——基础地面下第 i 层土的压缩模量；

z_i，z_{i-1}——基底以下第 i 和第 $i-1$ 层底面至基底的距离；

$\bar{\alpha}_i$，$\bar{\alpha}_{i-1}$——基底面计算点至第 i 和第 $i-1$ 层底面范围内平均附加应力系数，可由《建筑地基设计规范》中附录 K 查得。

φ_s——沉降计算经验系数，根据地区沉降观测资料及经验确定，无地区经验时可根据压缩层内平均压缩模量$\overline{E}_s$，由表 4-2-12 查得。

表 4-2-12 沉降计算经验系数 φ_s

$\overline{E}_s$(MPa)	2.5	4.0	7.0	15.0	20.0
φ_s	1.1	1.0	0.7	0.4	0.2

$\overline{E}_s$ 可采用式(4-2-35)计算：

$$\overline{E}_s=\frac{\sum A_i}{\sum \frac{A_i}{E_{si}}} \tag{4-2-35}$$

式中 A_i——第 i 层土的附加应力系数沿土层厚度的积分值。

复合地基变形计算深度 z_n 必须大于复合土层的厚度，并符合式(4-2-36)的要求：

$$\Delta s'_n \leqslant 0.025\sum_{i=1}^{n_2}\Delta s'_i \tag{4-2-36}$$

式中 $\Delta s'_i$——在计算深度范围内，第 i 层土的计算变形量；

$\Delta s'_n$——在由计算深度向上取厚度为 Δz 的土层计算变形量，Δz 按表 4-2-13 确定。如果确定的计算深度下部仍有软土层时，应继续计算。

表 4-2-13 Δz 值取值表

b(m)	$\leqslant 2$	$2<b\leqslant 4$	$4<b\leqslant 8$	$8<b$
Δz	0.3	0.6	0.8	1.0

当无相邻荷载影响，基础宽度在 1～30 m 范围内时，基础中点的地基变形计算深度也可按简化公式 $z_n=b(2.5-0.4\ln b)$计算，b 为基础宽度(m)。

在计算深度范围内存在基岩时，z_n可取至基岩表面；当存在较厚的坚硬黏性土层，其孔隙比小于 0.5、压缩模量大于 50 MPa，或存在较厚的密实砂卵石层，其压缩模量大于 80 MPa 时，z_n可取至该层土表面。

计算地基变形时应考虑相邻荷载的影响，其值可按应力叠加原理，采用角点法计算。

当建筑物地下室基础埋置较深时，需要考虑开挖基坑地基土的回弹，该部分回弹变形可按式(4-2-37)计算：

$$s_c=\varphi_c\sum_{1}^{n}\frac{P_c}{E_{ci}}(z_i\,\overline{\alpha}_i-z_{i-1}\,\overline{\alpha}_{i-1}) \tag{4-2-37}$$

式中 s_c——地基的回弹变形；

φ_c——考虑回弹影响的沉降计算经验系数，φ_c 取 1.0；

P_c——基坑底面以上土的自重压力(kPa)，地下水位以下应扣除浮力；

E_{ci}——土的回弹模量，按《土工试验方法标准》(GB/T 50123—1999)确定。

在同一整体大面积基础上建有多栋高层和低层建筑，应该按照上部结构、基础与地基共同作用进行变形计算。

复合模量法对以下的情况比较适用。

①复合地基绝大部分的沉降由加固区压缩引起，应力场分布与 Boussinesq 解相近的情况，如小面积群桩复合地基。

②基础对其下土体影响范围远超出桩长深度，对下卧层影响显著的情况。下卧层应力大小与按天然地基 Boussinesq 解相近，下卧层压缩量占沉降的绝大部分，如 $B/L \geqslant 6.0$ 的情况。

对其他情况则会有较大误差，对于桩端下卧层承载力较高的地基采用此方法较贴近实际。

(3)等效应力法

在竖向增强体复合地基中，增强体的存在使作用在桩间土上的荷载密度比作用在复合地基上的平均荷载密度要小。在采用应力修正法计算压缩量时，根据桩间土分担的荷载，按照桩间土的压缩模量，采用分层总和法计算加固区土层的压缩量。在计算分析中忽略增强体的存在。

竖向增强体复合地基中桩间土分担的荷载为：

$$p_s = \frac{p}{1+m(n-1)} = \mu_s p \tag{4-2-38}$$

式中 p——复合地基上平均荷载密度；

μ_s——应力较小系数或称应力修正系数；

n——复合地基桩土应力比；

m——复合地基置换率。

复合地基加固区土层压缩量采用分层综合法计算，其表达式为：

$$s_1 = \sum_{i=1}^{n} \frac{\Delta p_{si}}{E_{si}} H_i = \mu_s \sum_{i=1}^{n} \frac{\Delta p_i}{E_{si}} H_i = \mu_s s_{1s} \tag{4-2-39}$$

式中 Δp_i——未加固地基(天然地基)在荷载 p 作用下第 i 层土上的附加应力增量；

Δp_{si}——复合地基中第 i 层桩间土的附加应力增量；

s_{1s}——未加固地基(天然地基)在荷载 p 作用下相应厚度内的压缩量；

μ_s——应力修正系数，$\mu_s = \dfrac{1}{1+m(n-1)}$。

式(4-2-39)形式很简单，但设计计算中应力修正系数 μ_s 是较难合理确定的。复合地基置换率 m 值是由设计人员确定的，应该说是明确的。但桩土应力比 n 值影响因素较多，桩土相对刚度、荷载水平、荷载作用时间、置换率等都有影响，特别是当桩土相对刚度较大时，其变化范围较大，设计人员很难合理选用。

另外在设计中忽略增强体的存在将使计算值大于实际压缩量。采用该方法计算加固区压缩量往往偏大。

(4)Mindlin 应力法

对于加固区，由于是非均质体，因此复合地基中的附加应力不同于天然地基，故先用 Geddes 解和 Boussinesq 解来联合求解加固区土层中的附加应力；然后用复合模量法求加固区的压缩量 s_1。对于下卧层土体，用弹性力学的 Mindlin 解求解地基中的附加应力，然后用分层总和法求得下卧层的压缩量 s_2。将上述两部分叠加即为复合地基总沉降量 s，其计算公式为：

$$s = s_1 + s_2 = \sum_{i=1}^{n_1} \frac{\Delta p_i}{E_{spi}} H_i + \sum_{j=1}^{n_2} \frac{\Delta p_j}{E_{sj}} H_j \tag{4-2-40}$$

式中 n_1——加固区土层的分层数；

n_2——下卧层的土层分层数；

E_{spi}——加固区第 i 层的复合模量(N/mm)；

E_{sj}——下卧层第 j 层土的压缩模量(N/mm)；

H_i——加固区第 i 层土的厚度(m)；

H_j——加固区第 j 层土的厚度(m)；

Δp_i——加固区第 i 层土的平均附加应力(N/mm^2)；

Δp_j——下卧层第 j 层土的平均附加应力(N/mm^2)。

盖德斯(Geddes,1966)根据半无限体内作用一集中力的明德林(Mindlin)课题，研究了下列三种情况(图 4-2-36)：

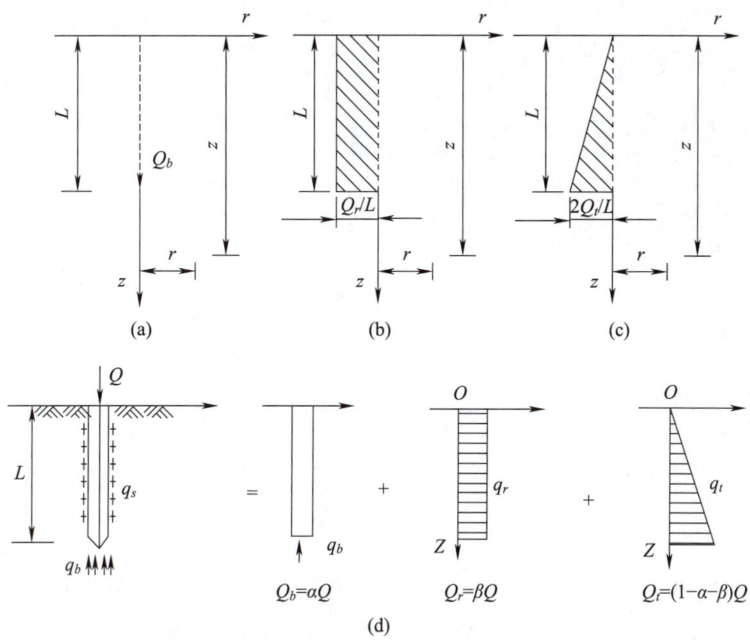

图 4-2-36　桩周土中应力解的基本图式

①桩端阻力简化为一集中荷载，见图 4-2-36(a)；

②桩侧摩阻力沿深度呈矩形分布，见图 4-2-36(b)；

③桩侧摩阻力沿深度呈三角形分布，见图 4-2-8(c)。

土体中任一点(r,z)的竖向应力可表示为：

①桩端集中力

$$\sigma_{zb}=\frac{Q_b}{L^2}K_b \tag{4-2-41}$$

$$K_b=\frac{1}{8\pi(1-\mu)}\left[\frac{(1-2\mu)(m-1)}{A^3}+\frac{(1-2\mu)(m-1)}{B^3}-\frac{3(m-1)}{A^5}-\frac{3(3-4\mu)m(m+1)^2-3(m+1)(5m-1)}{B^5}-\frac{30m(m+1)^3}{B^7}\right] \tag{4-2-42}$$

②桩侧阻力呈矩形分布

$$\sigma_{zr}=\frac{Q_r}{L^2}K_r \tag{4-2-43}$$

$$K_r=\frac{1}{8\pi(1-\mu)}\Bigg[-\frac{2(2-\mu)}{A}+\frac{2(2-\mu)+2(1-2\mu)\frac{m}{n}\left(\frac{m}{n}+\frac{1}{n}\right)}{B}$$

$$-\frac{2(1-2\mu)\left(\frac{m}{n}\right)}{F}+\frac{n^2}{m^3}+\frac{4m^2-4(1+\mu)\left(\frac{m}{n}\right)^2m^2}{F^3}$$

$$-\frac{2(1-2\mu)\left(\frac{m}{n}\right)}{F}+\frac{n^2}{m^3}+\frac{4m^2-4(1+\mu)\left(\frac{m}{n}\right)^2m^2}{F^3}$$

$$+\frac{4m(1+\mu)(m+1)\left(\frac{m}{n}+\frac{1}{n}\right)^2-4(m^2+n^2)}{B^3}$$

$$+\frac{6m^2\left(\frac{m^4-n^4}{n^2}\right)}{F^5}+\frac{6m\left(mn^2-\frac{1}{n^2}(m+1)^5\right)}{B^5}\Bigg] \tag{4-2-44}$$

③桩侧阻力呈正三角形分布

$$\sigma_{zt}=\frac{Q_t}{L^2}K_t \tag{4-2-45}$$

$$K_t=\frac{1}{4\pi(1-\mu)}\Bigg[\frac{-2(2-\mu)p}{A}+\frac{2(2-\mu)(4m+1)-2(1-2\mu)(\frac{m}{n})^2(m+1)}{B}$$

$$+\frac{2(1-2\mu)\frac{m^3}{n^2}-8(2-\mu)m}{F}+\frac{mn^2+(m-1)^2}{A^3}$$

$$+\frac{4\mu n^2m+4m^3-15n^2m-2(5+2\mu)\left(\frac{m}{n}\right)^2(m+1)^3+(m+1)^3}{B^3}$$

$$+\frac{2(7-2\mu)mn^2-6m^3+2(5+2\mu)\left(\frac{m}{n}\right)^2m^3}{F^3}$$

$$+\frac{6mn^2(n^2-m^2)+12\left(\frac{m}{n}\right)^2(m+1)^5}{B^5}$$

$$-\frac{12\left(\frac{m}{n}\right)^2m^5+6mn^2(n^2-m^2)}{F^5}$$

$$-2(2-\mu)\ln\left(\frac{A+m-1}{F+m}\cdot\frac{B+m-1}{F+m}\right)\Bigg] \tag{4-2-46}$$

式中 Q_b,Q_r,Q_t——桩端荷载,矩形分布侧阻力分担的荷载和三角形分布侧阻力分担的荷载;

K_b,K_r,K_t——桩端集中力、桩侧阻力矩形分布、桩侧阻力三角形分布情况下的地基中任一点的竖向应力系数;

μ——土的泊松比。

而 $n=r/L$,$m=z/L$,$F=m^2+n^2$,$A^2=n^2(m-1)^2$,$B^2=n^2+(m+1)^2$,L、r、z 见图 4-2-36。当根据式(4-2-44)~式(4-2-46)计算土体中沿轴线($n=0$)的竖向应力时,取 $n=0.002$ 近

似代替，因为若取 $n=0$，则计算中将会出现不连续。

对于桩侧阻力为其他图示的分布，可采用以上矩形、三角形分布竖向应力叠加求得。将作用在单桩桩顶的荷载 Q 分解为桩端荷载 $Q_b=\alpha Q$（α 为桩端荷载分担比），桩侧荷载 Q_s，而 Q_s 又可根据其分布图式分解为矩形分布荷载 $P_r=\beta Q$（β 为矩形分布侧阻力分担荷载之比），随深度线性增长的三角形分布荷载 $Q_t=(1-\alpha-\beta)Q$。

侧阻力呈随深度呈线性增长的梯形分布时，土中竖向应力表达式为：

$$\begin{aligned}\sigma_z &=\frac{Q_b}{L^2}K_b+\frac{Q_r}{L^2}K_r+\frac{Q_t}{L^2}K_t\\ &=\frac{Q}{L^2}[\alpha\cdot K_b+\beta K_r+(1-\alpha-\beta)K_t]\end{aligned}\tag{4-2-47}$$

若已知荷载分配的参数 α、β，则可利用式(4-2-47)，采用分层综合法按单项压缩计算单桩的桩端沉降。

复合地基加固区土体中任一点的附加应力，是由桩和桩间土承担的两部分荷载产生的，桩间土承担的荷载 $Q_s=Q_p/n$（其中，Q_p 为桩承担的荷载；n 为桩土应力比，由工程实测资料确定）。由 Q_s 在地基内产生的竖向附加应力为 σ_{zs}，可用 Boussinesq 解求得，即与天然地基的附加应力计算方法相同。此处假定 CFG 桩的桩侧摩阻力沿桩身梯形分布。由桩体荷载 Q_p 在地基内产生的竖向附加应力为 σ_{zp}，可用 Geddes 解求得。龚晓南院士认为复合地基加固区的压缩量在复合地基沉降总量中的比例较小，因此这样的假设所带来的误差对工程设计影响不会很大。复合地基加固区内任一点的附加应力 σ_z 可按式(4-2-48)计算，即：

$$\sigma_z=\sigma_{zs}+\sigma_{zp}\tag{4-2-48}$$

式中　σ_{zs}——桩间土所承担的荷载引起的地基加固区的竖向附加应力(kPa)；

σ_{zp}——CFG 桩桩身受力在地基加固区土层内产生的附加应力(kPa)。

单桩荷载作用下，地基内任一点竖向附加应力 σ_{zp} 可由式(4-2-49)确定：

$$\sigma_{zp}=\frac{Q}{L^2}[\alpha\cdot K_b+\beta K_r+(1-\alpha-\beta)K_t]\tag{4-2-49}$$

桩间土的荷载 Q_s 由桩土应力比可以确定，然后用 Boussinesq 解求得与 Q_s 对应的土中附加应力 σ_{zs}。刚性桩的桩身受力 P_p 在地基中产生的附加应力 σ_{zp} 由 Geddes 解求得：

$$\sigma_{zp}=\frac{\alpha Q_p}{H^2}K_d+\frac{\beta Q_p}{H^2}K_r+\frac{(1-\alpha-\beta)}{H^2}K_t\tag{4-2-50}$$

根据工程实测资料计算，得 $\alpha=0.04$，$\beta=0.92$。

对于群桩可利用线性叠加原理，求出群桩荷载作用下加固区土层内的附加应力。

加固区的复合模量由式(4-2-51)计算：

$$E_{sp}=mE_p+(1-m)E_{si}+\frac{4\,(\mu_p-\mu_s)^2K_pK_sG_s(1-m)m}{[mK_p+(1-m)K_s]G_s+K_pK_s}\tag{4-2-51}$$

式中　μ_p——桩体泊松比；

μ_s——土体泊松比；

E_p——桩体压缩模量；

E_s——土体压缩模量；

m——复合地基置换率。

$$K_p=\frac{E_p}{2(1+\mu_p)(1-2\mu_p)}\tag{4-2-52}$$

$$K_s=\frac{E_s}{2(1+\mu_s)(1-2\mu_s)} \tag{4-2-53}$$

$$G_s=\frac{E_s}{2(1+\mu_s)} \tag{4-2-54}$$

结合式(4-2-52)、式(4-2-53)、式(4-2-54)，利用分层总和法求得加固区的沉降量 s_1：

$$s_1=\sum_{i=1}^{n}\frac{\Delta Q_i}{E_{spi}}H_i \tag{4-2-55}$$

当弹性半空间体内某一深度处作用着矩形均匀分布的竖向荷载 Q(此法取加固区底层附加应力)时，可得矩形面积均布荷载角点 O 下距地面深度 z 处的竖向附加应力为：

$$\sigma_z=K_z^s\cdot Q \tag{4-2-56}$$

式中 K_z^s——矩形均布荷载角点 O 下的竖向附加应力系数。

利用式(4-2-56)求得下卧层的附加应力后，利用分层总和法求得下卧层的沉降量 s_2：

$$s_2=\sum_{j=1}^{n}\frac{\Delta Q_j}{E_{sj}}H_j \tag{4-2-57}$$

式中 H_j——第 j 层土的厚度；

E_{sj}——第 j 层土的压缩模量；

n——压缩层厚度内下卧层的分层数。

此方法需要确定桩土荷载分担比，另外，假设桩侧摩阻力梯形分布会给计算带来误差。此方法以加固区压缩量较小为前提，所以适用于加固区压缩量占沉降总量比例较小的情况。

3. 桩基沉降计算理论

群桩由桩群、土和承台组成，在竖向荷载作用下，其沉降的变形性状是桩、承台、地基土之间相互影响的结果。

群桩沉降(Settlement of pile group)及其性状同单桩明显不同，群桩沉降是一个非常复杂的问题，它涉及众多因素，一般来说，可能包括群桩几何尺寸(如桩间距、桩长、桩数、桩基础宽度与桩长的比值等)、成桩工艺、桩基施工与流程、土的类别与性质、土层剖面的变化、荷载的大小、荷载的持续时间以及承台设置方式等。对于影响沉降的主要因素，单桩与群桩也不相同。单桩主要受桩侧摩阻力影响，而群桩的沉降在很大程度上与桩端以下土层压缩性有关。

群桩沉降主要由桩身混凝土的压缩和桩端下卧层的压缩组成。这两种变形所占群桩沉降的比例与土质条件、桩距大小、荷载水平、成桩工艺(挤土桩与非挤土桩)以及承台的设置方式(高低承台)等因素有密切关系。

目前，工程中的沉降计算方法大多只考虑桩端下卧层的压缩，并加以修正得出群桩沉降量。

传统沉降计算理论在桩基沉降计算时通常采用等代墩基法。即将桩基视作为一种实体基础，再按浅基础的计算法计算桩基沉降，采用单向压缩分层总和法计算沉降值，认为桩基沉降是由等代墩基底面下卧层的压缩量引起的，然后通过相关的系数修正沉降量。此方法的关键之处是等代墩基底面的位置如何选取，是否考虑侧摩阻力的扩散作用及扩散角的取法，以及等代墩基面下土的附加应力的计算方法。

《建筑地基基础设计规范》(GB 50007—2011)采用的是传统桩基理论，在计算沉降时，等代墩基底面选取在桩端平面，同时考虑群桩外围侧面的扩散作用。地基内的应力分布采用

Boussinesq 解。Peck 等考虑到桩间土也存在着压缩变形，建议将假想墩基底面置于桩端平面以上 L_c 高度，根据桩周围土体的性质不同，L_c 取不同的值。刘金励也提出应根据桩端持力层、桩径和桩长径比的不同，等代墩基底面应该取不同的值。浙江大学张忠苗提出了墩基自身压缩变形的群桩沉降计算公式，并提出了根据不同的承台桩边距离来选取应力扩散位置的方法。

在我国通常采用群桩桩顶外围按 $\phi/4$ 向下扩散，Tomlison(1977)对群桩外侧面的扩散作用提出了一种简化方法，即以群桩桩顶外围按水平与竖直 1∶4 向下扩散，由此得到的假想实体基础底面积通常比按 $\phi/4$ 角度扩散要大些。

近年来，上海地区积累的长桩基础沉降观测资料证实，Boussinesq 解给出了偏大的土中附加应力计算值，并随着桩长的增加而趋于增大，Mindlin 解相对合理。姚笑青对上述两种方法对比分析中指出，Boussinesq 解计算简单，但对深基础而言理论上不严密，计算值大于实际值。Mindlin 解对深基础而言理论上比较严密，但计算复杂，实际桩端荷载比不宜确定，且对小桩群的计算精度小于大桩群。《建筑桩基技术规范》(JGJ 94—2008)将 Mindlin 解和 Boussinesq 解建立联系，用两者比值来修正沉降量。

等代墩基法适用于桩距不大于 6 倍桩径的群桩。该法计算简单，但是存在最大的问题是高估墩基底面的应力，这样造成了压缩层深度增加，虽然用沉降修正系数或等效作用系数进行修正，但是计算值仍保守，较实测值大。

由于群桩沉降涉及的因素很多，至今还没有一种既能反映土的非线性、固结和流变性质，又能在漫长的沉降过程中反映出桩与土的相互作用力不断变化性状的计算模式。

4. 筏板计算理论

比较有代表性的桩筏基础设计分析方法主要有以下三种。

(1)简化计算方法

简化计算方法最基本的特点是将上部结构、地基和基础三部分所构成的静力平衡体系分成三个部分，并进行独立求解。在验算地基承载力时，假定基底压力按直线分布，即认为基础是绝对刚性的；计算地基变形时，又把基础看成柔性的，基底压力是均布的。即将筏形基础和桩基础分开计算，先按直线分布计算出筏基的基底压力，将此压力分配给桩，得到的桩顶反力作用于筏基，计算筏基的内力，并验算基底板或筏基受桩的冲切作用。目前，对于筏形基础国内应用最多的简化方法为倒楼盖法；而桩则根据其承受的荷载，按桩基设计计算的有关规范、规定进行。这种简化计算方法简单、方便，力学概念大致清楚，满足了总荷载和总反力的静力平衡条件，其缺点在于忽视了上部结构与基础之间以及基础与地基之间的变形连续条件，与实际情况不相符合，其结果往往是设计偏于不安全或者偏于浪费。

《高层建筑箱形与筏形基础技术规范》(JGJ 6—2011)第 5.4.4 条规定：基础板的弯矩按下列方法计算：先将基础板上的竖向荷载设计值按静力等效原则移至基础底面桩群承载力重心处。弯矩引起的桩顶不均匀反力按直线变化原则计算，并以柱或墙为支座采用倒楼盖法计算板的弯矩。当支座反力与实际柱或墙的荷载效应相差较大时，应重新调整桩位，再次计算桩顶反力。

此桩筏结构运用于铁路上是没有柱和墙的，参考《高层建筑箱形与筏形基础技术规范》，采用无梁楼盖法，将筏板当作以桩为固定支座或弹簧支座的板来计算。

①刚性板带法

当上部结构和基础的刚度足够大时，可假设基础为绝对刚性，基础底反力呈直线分布，并按静力学方法确定反力。当柱距变化不大时，将筏板划分为互相垂直的板带，板带的分界线就是相邻柱列间的中线，然后再分别按独立的条形基础计算内力，可采用刚性板带法，这种分析方法忽略了板带间剪力的影响，但计算简单方便。

按刚性板带法计算基础内力时，先将坐标原点位于底板形心处，由于高速铁路上部结构荷载已知，将桩顶荷载当做筏板下的支座，若要考虑土对筏板的支承作用，可以引用适当的地基模型。将筏板在 x，y 方向从跨中分成若干条板带，再取出每一条板带进行分析。

②无梁楼盖法

当地基比较均匀、上部结构刚度较好，桩网布置在竖直、水平方向上尺寸的比值小于 2，可将桩筏基础近似看作一无梁楼盖。无梁楼盖的计算方法主要有两种：经验系数法和等代框架法。

a. 经验系数法：经验系数法又称总弯矩法、直接设计法或弯矩系数法，此方法给出两个方面的截面总弯矩，再将截面总弯矩分配给同一方向的柱上板带和跨中板带。计算过程简便，因而被广泛应用。柱上板带相当于以柱为支承点的连续梁；而跨中板带则相当于弹性支承在另一方向柱上板带上的连续梁。

采用经验系数法，必须满足以下条件：

每个方向至少有三个连续跨，两个方向的长跨与短跨比值不大于 1.5；同方向相邻跨度的差值不超过较长跨度的 1/3；

可变荷载与永久荷载设计值之比值≤3；

弯矩系数法即等代连续梁法，每一跨跨中弯矩和支座弯矩的总和相当于简支梁的最大弯矩即 $M_x=\frac{1}{8}ql_yl_x^2$，$M_y=\frac{1}{8}ql_xl_y^2$。等代连续梁的跨度，在两个方向分别取为 $l_x-\frac{2}{3}c$ 和 $l_y-\frac{2}{3}c$（l_x、l_y为 x、y 方向跨度，c 为柱帽宽度），等代连续梁的宽度取值为中心线间的距离（l_x或 l_y）。在满足弯矩系数法的条件下，认为柱子接近于轴心受压，因此可将柱子当作连续梁的支座处理。

b. 等代框架法：当无梁楼盖不符合弯矩系数法的应用条件时，可采用等代框架法计算结构内力（等代框架法也能用于符合弯矩系数法应用条件的情况）。等代框架法是将整个无梁板结构分别沿纵横柱列方向划分为具有“等代柱”和“等代梁”的纵向和横向框架。等代柱的截面即原柱截面。等代柱的计算高度为：底层取为基础顶面至楼板底面的高度减去柱帽高度。等代梁的高度取为板的厚度。等代框架梁的跨度，在两个方向分别取为 $l_x-\frac{2}{3}c$ 和 $l_y-\frac{2}{3}c$（l_x、l_y为 x、y 方向跨度，c 为柱帽宽度）。对竖向荷载作用下的无梁板结构用等代框架法确定内力时，等代梁的宽度取为中心线间的距离（l_x或 l_y）。框架内力可近似按分层法计算。按等代框架法计算时，当可变荷载不超过永久荷载值的 75%时，可不考虑可变荷载的最不利布置，按各跨满布考虑。

(2)弹性地基梁、板理论分析法

弹性地基梁、板理论假定地基是弹性体，基础是置于这一弹性体上的梁或板。将基础和地基视为一个整体，上部结构仅仅作为一种荷载作用在基础上。基础底面和地基表面在受荷变形过程中，不仅满足静力平衡条件，而且满足变形协调条件。经过物理和几何上的简化，可以将整个筏基简化成一块板，根据弹性薄板的挠曲微分方程求解，求得数据解，但计算比较复杂。或者从中取出一单位宽度(1 m)的截条按“平面问题”计算，并采用适宜的地基模型(如温克尔模型、半无限弹性体模型、分层总和模型等)，进而用数学、力学方法求解基础和地基的内力和变形。一种较为常用的简化算法是，把筏基当作弹性地基上的梁来分析，以确定地基反力分布，然后按梁板计算基础内力。

20 世纪 50 年代，日本学者横山幸满把三维的桩—筏体系简化为支承在弹性支点上的连续梁(二维的地基梁—桩体系)，对高层建筑桩筏基础设计方法进行了分析，提出了实用的设计计算方法——弹性支承无梁薄板法，并对计算方法进行了具体的介绍，并对桩土共同工作进行了探讨。已有文献证明了把筏板简化为支承在弹性支点的弹性系数就是桩的轴向刚度。

按照弹性地基梁、板理论来设计具有一定的优点，但完全忽略了上部结构的刚度贡献，其结果必然夸大了基础的变形与内力，或者为减少基础的内力与变形完全不必要去增加基础高度或底板厚度与配筋，造成浪费。

《高层建筑箱形与筏形基础技术规范》(JGJ 6—2011)第 5.4.4.2 条规定：当桩基的沉降量较均匀时，可将单桩简化为一个弹簧，按支承于弹簧上的弹性平板计算板中的弯矩。桩的弹簧系数可按单桩荷载试验或地区经验确定。

另外，在公路和铁路桥梁工程中，桩-承台基础其实也是一种桩-筏基础，只是在现行的公路、铁路桥梁设计规范中，承台(筏)是按绝对刚性来处理的。在长期的工程实践中，形成了一套系统、简洁、实用的设计体系，即通常所说的 m 法。

(3)上部结构与地基基础共同作用的分析法

桩筏基础共同作用分析的方法就是把上部结构、地基和基础看成一个彼此协调的工作整体，在满足边界变形的情况下得到各部分的内力和变形，从而较真实地反映建筑物的实际工作状态。

Cooke 研究桩筏共同作用问题，从实验和理论两方面详细证实了筏基下土体承载能力在桩筏基础中所起的作用。1965 年，Sommer 提出了一个考虑上部结构刚度计算基础沉降、接触应力和弯矩的方法。此后随着计算机和有限元的发展，共同作用研究有了突破性进展。1965 年，Zeinkeiwicz 和 Cheung 应用有限元研究地基基础的共同作用；1965 年，Przemienieeki 提出了子结构的分析方法，为 Lee、Harrison 和 Haddadin 利用子结构的分析方法研究地基基础与上部结构共同作用奠定了基础；随后 Chrisstiaon 在高层建筑的规划与设计会议上阐述了高层建筑与地基基础共同作用，引起了广泛的关注。进入 20 世纪 80 年代后，Poulos 和 Davisl 利用 Mindin 公式提出了桩与地基共同作用的弹性理论法，进一步推动桩土和上部结构共同作用的深入研究。他在 1981 年的第十届国际土力学及基础工程会议上做了土和结构物作用的总报告，详述了土和结构物共同作用的发展和前景。国内关于上部结构与基础共同作用的研究起步较晚，从 1974 年起，先后在京、沪等地对十幢高层建筑箱形基础与地基共同作用进行比较全面的现场测试，在理论上做了比较系统的探索。此后，上部结构与地基基础共同作用课题成为岩土工程界和结构工程界的一个研究热点，有许多学者如宰金眠等对此进行了系统而深入的研究，取得了丰硕的成果。朱百里等探讨了土的非线性对共同作用问题的影响，赵锡宏、杨敏对上海高层建筑基础设计理论进行了深入的试验研究和理论研究。

自上部结构、地基与基础三者结合一体共同工作的思想日益为广大学者所重视接纳以来，国内外学者发展了许多共同作用计算分析方法。在共同作用分析中，上部结构和基础通常由梁板单元组成，因此可以采用解析方法、有限单元法、有限条法或有限差分法等建立上部结构和基础刚度矩阵，并利用变形协调条件与地基的刚度矩阵耦合起来。地基首先需要确定采用何种地基模型:线弹性地基模型、非线性弹性地基模型或弹塑性地基模型,然后建立地基的刚度矩阵。地基刚度矩阵当然可以采用有限单元法、有限差分法或解析方法来建立,但现有方法习惯上采用所谓结构力学方法来建立各种地基模型的柔度矩阵,然后求逆得到其刚度矩阵,与上部结构和基础的刚度矩阵耦合起来,从而求得地基反力和沉降,进而进行结构和基础的内力和变形分析。相对于地基基础间的作用而言,上部结构的参与机理相对明确,处理方法也比较固定。而由于地基土的复杂性和不确定性,使得地基与基础之间相互作用的关系极为复杂,尤其是有桩参与其间时,分析就更加复杂。

桩筏结构的共同作用问题涉及上部结构、筏板、地基土和桩等问题,涉及地基计算模型、筏板分析模式及桩土相互作用。

地基计算模型主要有线弹性地基模型、非线弹性地基模型和弹塑性地基模型。

①线弹性地基模型

线弹性地基模型主要有温克尔(Winkler)地基模型、弹性半无限体地基模型、双参数地基模型、三参数地基模型和层状横观各向同性弹性半无限体地基模型。

Winkler 地基模型是由捷克工程师 Winkler 于 1867 年提出的。其基本假定是:土介质表面任一点处的位移 S 与该点的压力 p 成正比,而与作用在其他各点处的压力无关,且该点压力 p 也不影响该点以外的地基的变形,初始阶段,筏板与地基紧密接触,它们的变形和沉降是一致的。根据温克尔假定,基础底面上任一点所受的压力与地基在该点的沉降成正比,即:

$$p=k\times S \tag{4-2-58}$$

式中 p——基底压力(kPa);

S——沉降量(cm);

k——比例常数,称为地基反力系数(N/cm^3)。

Winkler 地基模型是最早提出的一种理想化线弹性地基模型。这种模型对土介质的理想化实际上是将土介质假定为由一系列相距很近的彼此独立的弹簧单元组成,其变形具有弹簧变形的特点,相邻弹簧之间变形互不影响,即在基础底面下的土体在外荷载作用下立即产生与基底压力成正比的沉降位移,而在基底范围以外的土体位移均为零,地基反力分布图形与位移图形相似,相似系数即为基床系数 k。

②非线弹性地基模型

地基土在荷载作用下的应力-应变关系假设为线性关系与实测结果是不一致的,实际上,土介质的力学性质是非常复杂的。在荷载作用下,土体可表现出如下特征:应力-应变关系的非线性与硬化或软化特性、压硬性与剪胀性、弹塑性耦合作用、应力-应变关系与应力路径、应力水平、时间的相关性等。这些特性是线弹性地基模型所没有反映的。目前建立了许多简化或理想化的土介质本构模型,常见的、有代表性的主要有:Duncan-Chang 非线性模型、非线性 K-G 模型、理想弹塑性模型、剑桥模型、Lade-Duncan 弹塑性模型等。

③弹塑性地基模型

土的弹塑性模型是建立在塑性增量理论的基础上,它假定土的应变分为可回复的弹性应变和造成永久变形的塑性应变两部分。常见的用于地基基础计算的弹塑性计算模型主要有:Mohr-Coulomb 模型、Cambridge 模型、修正 Cambridge 模型、Lade-Duncan 模型、黄文熙模型、Row 模型、上海土弹塑性地基模型等。

筏板分析模式具体如下。

桩筏基础的筏板一般是两个方向尺寸较大，而另一个方向尺寸较小的构件，且这个比值不会小于10。在筏板与桩土共同作用分析中，一般考虑三种理论：薄板理论、厚板理论和薄厚板通用单元理论。

薄板理论认为在板的厚度与板的横向尺寸相比较小的情况下，剪应力引起的变形可以忽略。厚板理论考虑剪应力 τ_{xz} 及 τ_{yz} 引起的剪切变形，因而，变形前垂直于中面的法线变形后不一定仍然垂直于中面。且厚板理论要求每边满足三个边界条件，因此厚板理论较经典的薄板理论严密。

薄厚板通用单元理论是建立在一定厚跨比范围内均能适用的通用单元。主要有两种方法：从 Mindlin 厚板单元出发来建立通用单元，其主要困难是如何克服剪切闭锁现象；另一种则是从 Kirchoff 薄板单元出发建立通用单元，构造出薄厚板通用矩形单元。

层状地基中桩土共同作用分析具体如下。

桩土的共同作用分析包括单桩与土和群桩与土的共同作用分析，其分析方法主要有早期经验法、数值分析法、简化法、弹性理论法。

现有的简化设计方法一般是在现场试验或模型试验的基础上，采用一定的理论分析得到的，有利于把复杂的问题简单化，因此工程上的应用也相当广泛。以下简要介绍荷载传递法和剪切位移法。

荷载传递法：荷载传递法是根据桩周土层的条件，将桩离散成若干单元，每一单元与土之间的联系用一种半经验的荷载-位移关系来反映，桩单元之间如同加一个非线性弹簧，弹簧的应力应变关系代表桩土之间摩阻力与桩身位移的关系。荷载传递法的优点是能够很好地反映桩土间的非线性性状及成层地基问题，且计算简便。但是此方法忽略了桩侧摩阻力通过土体向四周传递的应力和变形，因而无法直接考虑群桩中各桩之间的互相影响。

剪切位移法：剪切位移法是根据单桩上荷载的作用使桩周围土体随之发生剪切变形，变形又通过桩侧周围连续环形土单元向四周传播，将这种变形理想地视为同心圆柱体，以此来建立群桩桩顶柔度矩阵，求逆即可得群桩桩顶的刚度矩阵。

四、现场试验

测试混凝土板在路基基床不同高度位置时板上的路基荷载分布；测试混凝土板内钢筋应力；测试不同基础形式下的地基沉降。

对监测数据进行处理，数据处理工作主要包括：收集资料，有充分理论依据的基础上，剔除无关偏差较大数据，检验数据的可靠性；根据监测数据（桩间土分层沉降、桩身分层应力、板顶压力及路基分层土压力）分析时间-荷载（填筑开始）-沉降、地基分层沉降、加固区-下卧层沉降、桩身-荷载-应变（或轴力）、基床压力分布；对比不同桩型实测数据。

根据试验数据的分析成果得出，路堤静荷载作用桩身受力特性、灌注桩复合地基和复合桩基沉降特性，以及路堤基床的受力特性。

五、方案优化

通过现场试验测试比较得出，在工程造价一定的情况下，增加桩长对路基沉降的贡献要优于减小桩径，但一味增加桩长并不能起到最好的效果，增加桩长对路基沉降减少的贡献随桩长的不断增加而逐渐减弱。在实际工程中，要根据实际情况，考虑多因素的影响，采取多种方案比选，在情况大致相同的情况下优先选择增加桩长的方式，但也要考虑土层因素（桩端打在岩层或较好土层）、周围建筑物影响、铁路等级等对方案进一步优化。

在选出适合高速铁路路基沉降分析理论的基础上，按照相关理论，通过调整桩长与桩间距计算对地基沉降的影响，对沉降控制的高速铁路路基复合地基设计提出优化建议。

六、滨海地区深厚软土地基处理措施

根据沿海软土地基地质性质及线路工后沉降控制要求，结合滨海地区深厚软土高速铁路地基沉降控制技术研究成果，为减少不均匀沉降对筏板的影响，使宽大筏板受力均匀，管桩与筏板间采用褥垫层连接，为保证减少对邻近既有线的影响，管桩施工时应施做应力释放孔。

津秦高速铁路在滨海深厚软土地基加固措施主要有以下几方面。

滨海站无砟轨道地段采用了预应力管桩桩筏结构加固处理，桩径为 0.5 m，正方形布置，间距 2.0 m，桩长 35～38 mm。管桩桩顶设 0.2 m 厚碎石垫层，碎石垫层顶部设 0.1 m 厚 C20 素混凝土垫层，混凝土垫层顶部设 0.5 m 厚 C30 钢筋混凝土板。管桩抗渗等级不低于 S10，最外层钢筋的混凝土净保护层厚度不小于 35 mm（图 4-2-37～图 4-2-39）。

高架候车室范围及与地下通廊桥梁相接正线及相邻无砟轨道应力影响线范围内地段采用了 C40 钢筋混凝土钻孔灌注桩桩板结构加固处理，桩径 0.8 m，桩长 43 m，正方形布置，桩间距一般为 3.0 m。正线及相邻无砟轨道应力影响线外范围采用 C35 素混凝土加固处理，桩径 0.6 m，正方形布置，桩间距一般为 1.8～2.0 m，桩长为 25～33 m。

高架候车室范围外正线及相邻无砟轨道应力影响范围内采用预应力管桩桩筏结构加固处理，桩径为 0.5 m，正方形布置，间距 2.0 m，桩长 35～38 mm。管桩桩顶设 0.2 m 厚碎石垫层，碎石垫层顶部设 0.1 m 厚 C20 素混凝土垫层，混凝土垫层顶部设 0.5 m 厚 C30 钢筋混凝土板。管桩抗渗等级不应低于 S10，最外层钢筋的混凝土净保护层厚度不应小于 35 mm。最外侧到发线及站台地基采用水泥砂浆桩加固，桩径为 0.5 m，三角形布置，间距 1.3 m，桩顶设 0.5 m 厚碎石垫层，中间夹铺两层高强度土工格栅。

（1）水泥砂浆桩材料要求如下。

①水泥：固化剂采用 42.5 级普通硅酸盐水泥或矿渣硅酸盐水泥（地下水具侵蚀性时使用），水泥掺入比不小于 18%。水泥砂浆水灰比可选用 0.45∶1～0.7∶1。

②水泥砂浆中砂：砂采用中砂或细砂，灰砂比建议采用 1∶0.6～1∶0.7。

③外掺剂：外掺剂可根据工程需要和土质条件选用早强、缓凝、减水以及节省水泥等作用的材料。

（2）水泥砂浆桩质量检验要求如下。

①施工质量检验主要应检查施工记录、桩数、桩长、桩位偏差、褥垫层厚度、压实度和桩体无侧限抗压强度等。

②水泥砂浆搅拌桩地基竣工验收时，承载力检验应采用单桩复合地基载荷试验，复合地基承载力应满足各工点具体的设计要求。水泥砂浆搅拌桩地基检验应在桩身强度满足试验荷载条件时，并宜在施工结束 28 天后进行，试验数量宜为总桩数的 2‰，且每检验批复合地基承载试验数量不少于 3 点。

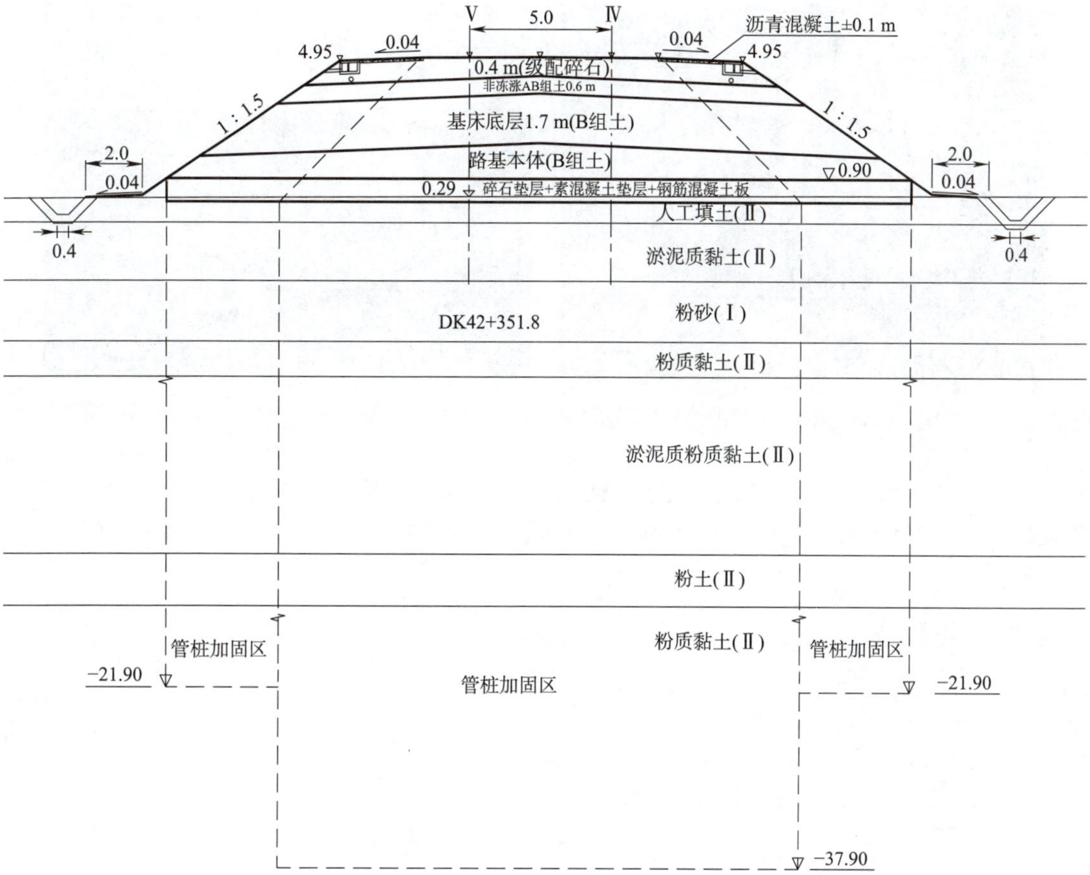

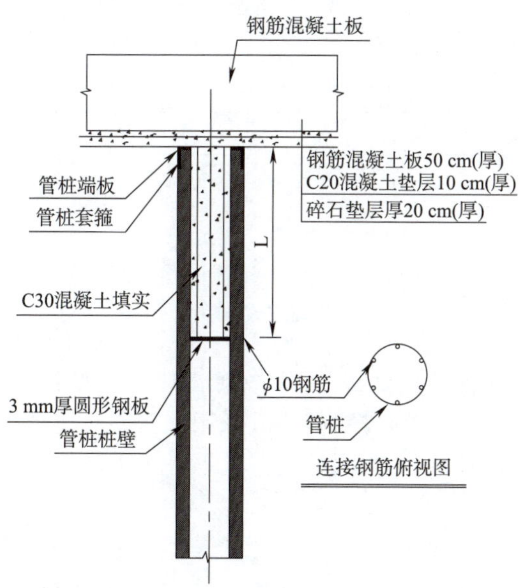

图 4-2-37　管桩与混凝土板连接图(单位:m)

图 4-2-38　预应力管桩施工

图 4-2-39　管桩顶筏板钢筋绑扎

③成桩 28 天后抽芯取样进行无侧限抗压强度检测，抽检数为桩总数的 2%，并不少于 3 根，抽芯于 1/4 桩径处全长抽取，每 2.0 m 取一组试样，28 天无侧限抗压强度不小于 2 MPa。

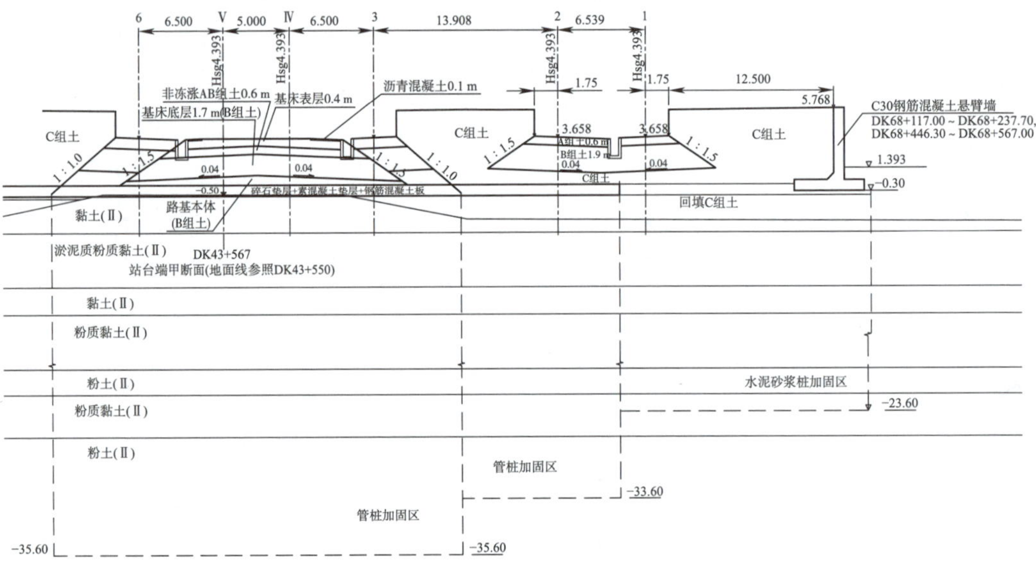

图 4-2-40　地基处理代表性断面(单位:m)

通过刚性桩桩筏、桩板结构控制工后沉降，保证高速列车的平顺性；为减少工程投资，站线有砟轨道根据其线路等级及工后沉降控制要求，采用水泥砂浆搅拌桩处理。水泥砂浆搅拌桩即能有效控制沉降和提高地基承载力，同时也避免了普通水泥搅拌桩在滨海地区软土地层成桩质量差的弊端。

通过该线科研试验成果及理论计算分析，优化工程措施，并在施工期间加强沉降观测及沉降评估，保证了深厚松软土地区大型车站地基处理措施合理、投资可控，软土地基路基沉降控制效果良好，保证了无砟轨道线路的平顺性和运营安全(图 4-2-40)。

第四节　跨越活动断裂带无砟轨道关键技术

一、研究背景

津秦高速铁路卢龙断裂为更新世活动断裂，地质情况为上覆第四系全新统人工堆积层（Q_4^{ml}）素填土；第四系全新统冲洪积层（Q_4^{al+pl}）黏土、粉质黏土、细砂、中砂、细圆砾土及粗圆砾土，承载力在150～650 kPa之间；下伏基岩为太古界（Ar）变粒岩，承载力在300～800 kPa之间。依据中国断裂带灾害防御中心的研究，当不发生大地震时，我国东部地区活动断裂产生的无震蠕滑位移一般不大，根据已有监测结果，每年位移量一般低于1 mm。如需监测活动断裂对铁路工程的影响，可通过跨断层的精密水准或三角测量进行监测；桥址施工中发现的隐伏基岩断层不是活动断层，可以不考虑抗断问题。

跨越卢龙断裂桥梁施工图设计全长3 522.24 m，起点为DK196＋170.18，终点为DK199＋692.42，采用(6×24＋103×32) m简支箱梁，该段范围含一个曲线，半径为9 000 m，圆曲线范围实设超高为130 mm。设计流量$Q_{1\%}$＝32 800 m^3/s，设计水位$H_{1\%}$＝38.446 m。卢龙断裂在40号与41号墩之间穿过，40号与41号墩之间位于直线地段，两墩之间地面点高程在23.2～26.5 m之间，位于洪水淹没区。临近区段线路纵断面设计如图4-2-42所示。卢龙断裂带上覆地层为第四系全新统人工堆积层（Q_4^{ml}）素填土；第四系全新统冲洪积层（Q_4^{al+pl}）黏土、粉质黏土、细砂、中砂、细圆砾土及粗圆砾土，承载力在150～650 kPa之间；下伏基岩为太古界（Ar）变粒岩，承载力在300～800 kPa之间。

津秦高速铁路滦河特大桥采用CRTSⅡ型板式无砟轨道结构。桥梁两端设置摩擦板、端刺结构。直线地段轨道结构高度为679 mm(内轨顶面至混凝土底座底面)，圆曲线范围(超高为130 mm)轨道结构高度为732 mm。

跨越卢龙断裂的桥上采用CRTSⅡ型板式无砟轨道，其为轨道板、底座纵连的钢筋混凝土结构，在实际运营中一旦发生轨道几何不满足要求，在保证不影响正常运营的前提下，只能通过调整扣件来调整轨道几何形位。无砟轨道扣件系统的调整能力极其有限，以WJ-8C扣件为例，竖向调整能力为－4～＋26 mm；横向调整能力为±5 mm，调节精度为1 mm。

根据《津秦铁路客运专线工程场地地震安全性评价报告》，卢龙断裂在晚更新世以来有一定的活动性，但活动性不强，沿线1976年唐山7.8级地震后有5级左右地震发生，综合评定其震级上限为6.5级。由于该断裂在唐山地震时能量有较大释放，未来百年其可能发生地震的震级将明显低于6.5级。针对活动断裂竖向、横向、纵向可能产生的位移的现状，对CRTSⅡ型板式无砟轨道在墩高相近及墩高不规则时多跨简支梁桥顺桥向和横向断裂带反应的影响进行研究，为活动断裂带地段桥上采用CRTSⅡ型板式无砟轨道设计提供合理的设计依据。

二、国内外研究现状

1995年阪神地震后，日本政府加强了内陆活动断层的研究，对日本境内的活动断层开展地球物理详查和人工断裂带探测工作。日本政府在原有投入的基础上追加67.9亿日元，作为

1995～2000 年期间活断层详细调查的补充费用，对日本八个地区主要活断层进行紧急调查研究，制定了首都圈、大阪、京都等大城市地区隐伏活断层的详细调查研究计划。目前，日本活动断层研究中心正按部就班地进行大比例尺活动断层填图工作，查明断层活动的定量参数，分析其断裂带危险性。

我国已知具有发震能力的主要活动断裂有数百条之多，还有许多活动性不明的断层和遗留的活动断层，"八五"以来仅对其中的 19 条主要活动断裂进行了条带状填图，"十五"期间也仅对 19 个省会城市开展了活动断层探测和断裂带危险性评价。这种现状远远不能满足国家基础建设和经济快速发展的需要。

津秦高速铁路位于华北平原的北缘，从 1976 年唐山 7.8 级和 7.1 级震区通过，沿线分布有海河断裂(F_1)、蓟运河断裂(F_2)、滦县一乐亭断裂(F_3)、卢龙断裂(F_4)等多条晚第四纪活动断裂，其中仅海河断裂进行过详细的活动性探测，查明了断裂的分布、上断点埋深及最新活动时代，其他断裂仅在唐山断裂带后进行了初步研究，依据石油物探剖面确定分布位置和上断点的埋深，尚未查明其最新活动时代、滑动速率、古断裂带等定量参数，不能满足断裂带危险性定量评价的需要。

目前国内外对此类情况的研究比较少，在建和已建设完成的项目大都采用绕避断裂带方案。只有天津至秦皇岛客运专线跨越卢龙断裂。研究此课题，可以加深对跨越活动断裂带桥梁采用 CRTSⅡ型板式无砟轨道的理解，明确跨越活动断裂带地段采用 CRTSⅡ型板式无砟轨道的受力机理。

三、研究内容与方法

(一)津秦高速铁路滦河特大桥

津秦高速铁路滦河特大桥桥梁缺口里程为 DK196＋170.18～DK199＋692.42，该段范围含一个曲线，半径为 9 000 m，圆曲线范围实设超高为 130 mm，卢龙断裂在 40 号与 41 号墩之间位于直线地段。纵断面见图 4-2-41。

1. 桥梁设计概况

在津秦客运专线滦河特大桥施工图中该桥设计全长 3194.69 m，中心里程 DK198＋095.08，采用(6×24) m＋(93×32) m 简支箱梁。该桥主要为跨越滦河而设。设计流量 $Q_{1\%}$＝32 800 m^3/s，设计水位 $H_{1\%}$＝38.446 m。路改桥变更后，该桥延长 10×32 m 简支梁，桥长变更为 3 522.24 m。起点为 DK196＋170.18，终点为 DK199＋692.42。卢龙断裂在 40 号与 41 号墩之间穿过，两墩之间地面点高程在 23.2～26.5 m 之间，位于洪水淹没区，见图 4-2-42。

地质情况：上覆地层为第四系全新统人工堆积层(Q_4^{ml})素填土；第四系全新统冲洪积层(Q_4^{al+pl})黏土、粉质黏土、细砂、中砂、细圆砾土及粗圆砾土，承载力在 150～650 kPa 之间；下伏基岩为太古界(Ar)变粒岩，承载力在 300～800 kPa 之间。

2. 轨道设计概况

津秦高速铁路滦河特大桥采用 CRTSⅡ型板式无砟轨道结构。桥梁两端设置摩擦板、端刺结构。直线地段轨道结构高度为 679 mm(内轨顶面至混凝土底座底面)，圆曲线范围(超高为 130 mm)轨道结构高度为 732 mm。

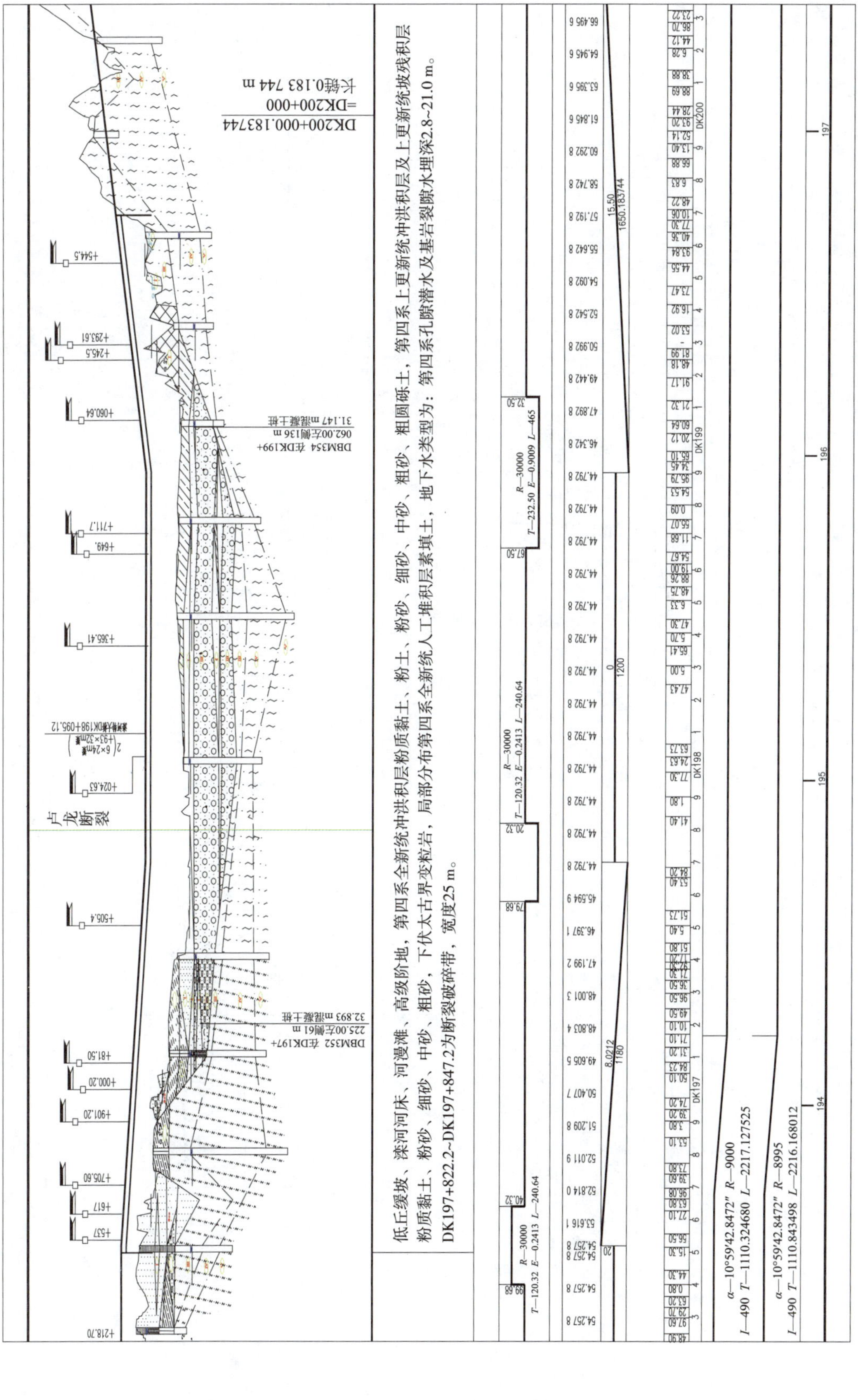

图 4-2-41　卢龙断裂桥梁纵断面设计图

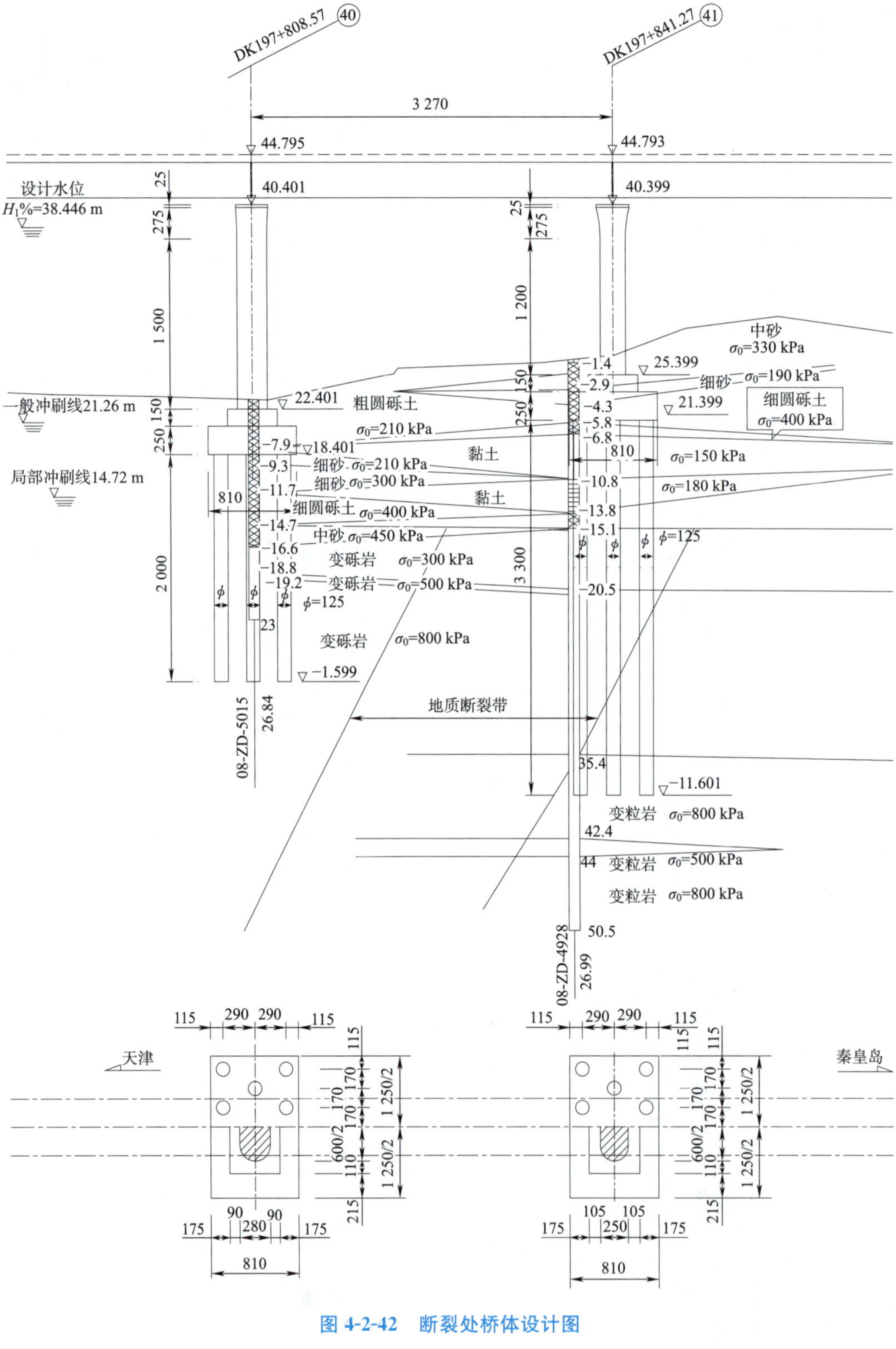

图 4-2-42 断裂处桥体设计图

根据《津秦铁路客运专线工程场地地震安全性评价报告》，卢龙断裂在晚更新世以来有一定的活动性，但活动性不强，沿线1976年唐山7.8级地震后有5级左右地震发生，综合评定其震级上限为6.5级。由于该断裂在唐山地震时能量有较大释放，未来100年其可能发生地震的震级将明显低于6.5级。

(1)卢龙断裂为更新世活动断裂；预测认为卢龙断裂未来100年可能发生的最大地震震级为6.5级，这样的震级一般不会产生同震地表位错，地震部门结合其未来百年的最大潜在地震判断其不会产生明显的地震地表位移的可能性很大。

(2)当不发生大地震时，在我国东部地区，活动断裂产生的无震蠕滑位移一般不大，根据已有的监测结果，每年位移量一般低于1 mm。

(3)如需监测活动断裂对铁路工程的影响，可通过跨断层的精密水准或三角测量进行监测；桥址施工中发现的隐伏基岩断层(铁三院工程地质报告中揭示的与线路相交处的卢龙断裂)，因不是活动断层，可以不考虑抗断问题。

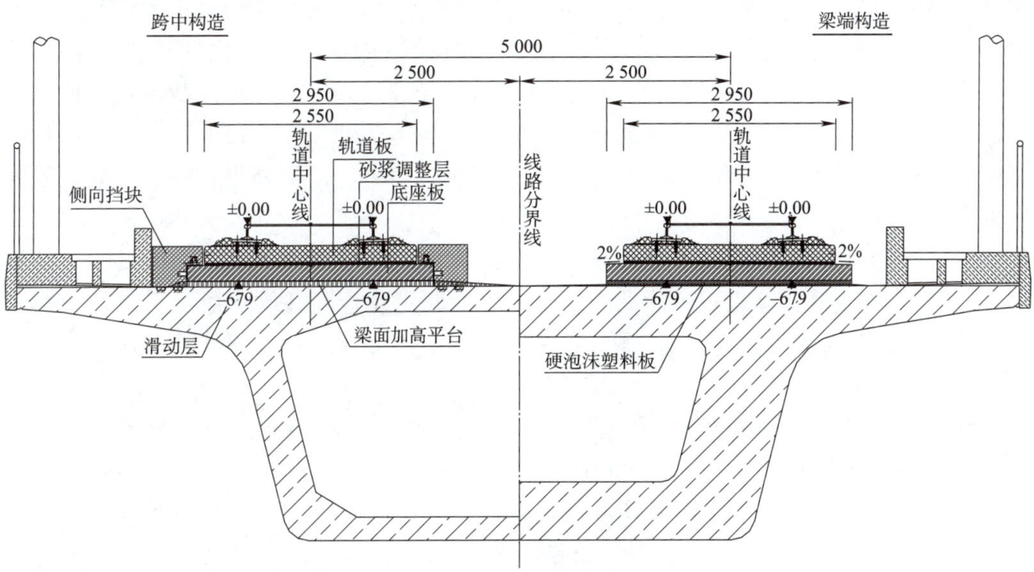

图4-2-43　直线地段横断面图(单位：mm)

根据以上分析可以认为在设计使用寿命周期内，针对卢龙断裂可以不考虑抗断问题。针对活动断裂产生的无震蠕滑位移每年低于1 mm的位移情况，分析现有的设计；在60 mm(60年内)无震蠕滑情况下，是否能满足使用要求。

(二)卢龙断裂带活动性综合分析

根据中国地震灾害防御中心《津秦铁路客运专线工程场地地震安全性评价报告》，卢龙断裂南起滦县东北，沿青龙河经卢龙向东北方向延伸，总体呈NE30°走向，倾向SE，倾角63°～75°，长40余km。断裂与铁路交汇在DK197＋830附近，位于滦河特大桥上，滦河河谷宽缓，宽达几公里，阶地不发育。

据钻孔联合剖面图，滦河特大桥的桥址横跨卢龙断裂，位于马兰峪复式背斜南翼的南侧开滦台凹与山海关台拱的结合地带。工作区(断裂周围20～30 km范围内)位于燕山南麓与华北平原的冀东平原接壤处，地势由北向南倾斜，北部为低山丘陵间盆地地貌，其中西北地势较高;所处大地构造北大半部分为燕山台褶带的马兰峪复式背斜和山海关台拱,南小部分为华北断坳区的黄骅台陷北部乐亭、昌黎台凹。

工作区断裂发育,主要有北北东向、北东东向、北北西-北西向,少量近东西向。区内北西向滦县-乐亭断裂北段全新世有走滑逆冲活动,其中芝麻山西断裂是 1976 年 7.1 级地震发震断层。北东向唐山一古冶断裂是一条正在扩展中,未达到地表的隐伏深断裂。工作区内大部分断裂隐伏,其断裂性状及活动性主要依据石油物探、浅层地震探测和联合钻孔资料的综合分析,对少量基岩山区断裂依据地质地貌调查、年代测定,分析新地层与断层的切割、覆盖关系。

卢龙断裂又称桃园断裂或青龙河断裂。断裂北起榆林店以北,向南大致沿青龙河经卢龙至滦县西南与北西向滦县-乐亭断裂北段交汇,长 48 km,整体走向北东 30°,倾向北西,倾角 70°左右。断裂控制了滦河及其支流青龙河谷的发育,沿断裂在雷店子和崔庄附近有多处温泉呈线性分布,在断裂附近有多次 5 级以上地震发生,显示断裂有一定的活动性。津秦铁路滦河特大桥工程地质钻孔显示,断层破裂带及其两侧基岩面平整,上覆砂砾层也未发现变形。另据京山线滦河铁路桥改造工程地质钻探显示,在 18 号桥墩钻孔深 32 m 处发现断裂破碎带,第四系砂砾覆盖层(未断)深 30 m 处的 TL 年龄为(8.64±0.70)万年,70 m 处断层泥 TL 年龄为(17.02±1.4)万年。此外,卢龙县城北青龙河的 T2 阶地的拔河高度 15～20 m 左右,基座面的高度基本相同。据吴忱研究,T2 阶地开始堆积的时间大约是晚更新世初期。研究表明晚更新世以来断裂两侧未发生明显的垂直差异活动。

上述地质和地貌现象表明,卢龙断裂对第四纪地貌和第四系分布及发育没有明显的控制作用,沿线尚未发现晚更新世以来活动的证据。综合判定龙卢断裂为一条早、中更新世断裂。断裂带示意图见图 4-2-44。

(三)断裂最大位错量

对活动断裂定量研究资料进行未来时段最大位错量评估通常采用以下几种方法:(1)古地震或历史地震法;(2)滑动速率法;(3)断层长度转换法;(4)预测震级转换法;(5)定量类比法;(6)加权综合法。其中方法(1)～(4)由邓起东等(1993)提出,方法(5)～(6)由闻学泽(1995)提出,同时闻学泽(1995)建议,统一采用最大地表突发位错量的均值及标准差。虽然这些评估结果具有诸多不确定性因素,但对工程安全设计来说却是很重要的参数。

(1)古地震或历史地震法:根据所研究断裂以往地震事件的最大位错量来估计未来的地震位错量,如果断裂存在蠕滑活动,则应减去蠕滑量。

(2)滑动速率法:当已知断裂段最晚一次强震的距今时间为 $t\pm\Delta t$,用其长期平均滑动速率 $v\pm\Delta v$ 和长期蠕滑速率 c 估算未来 ΔT 年最大可能位错量时,先计算断裂段上累积的地震平均错动势中值(闻学泽,1995):

$$u=t(v-c)+\Delta T(v-c) \tag{4-2-59}$$

其标准差近似为: $\Delta u=\sqrt{(v-c)^2\Delta t^2+(t+\Delta T)\Delta v^2}$

再计算最大位错量(闻学泽,1995): $\ln D_{\max}=a+b\ln u+\varepsilon$ (4-2-60)

其标准差近似为:$\Delta D_{\max}=\exp(a+b\ln u)\sqrt{b^2\left(\frac{\Delta u}{u}\right)^2+\sigma^2}$,式中 σ 是回归剩余标准差。在应用该方法时,若断裂在全新世不活动,则不适于使用滑动速率法。

(3)断层长度转换法:在破裂分段基础上,根据不同地区同类断层未来可能的最大破裂长

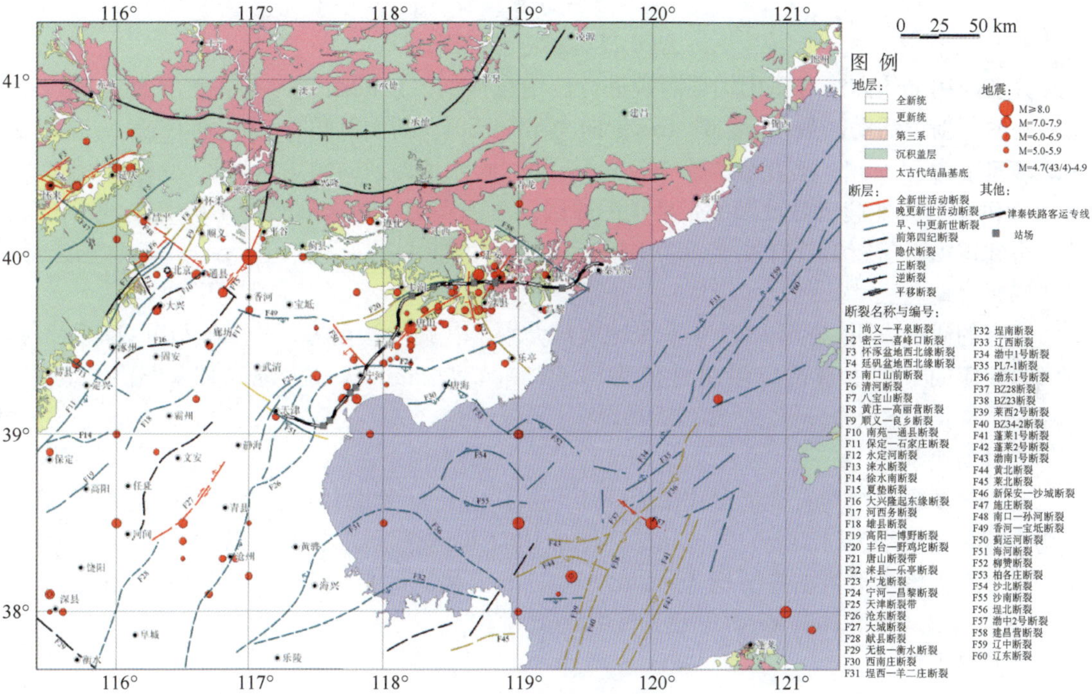

图 4-2-44　断裂带示意图

度与最大位错量的统计关系，估算未来时段的最大位错量，即：

$$\ln D_{\max}=a+b\ln L+\varepsilon \tag{4-2-61}$$

其标准差近似为：$\Delta D_{\max}=\exp(a+b\ln L)\sqrt{b^2\left(\dfrac{\Delta L}{L}\right)^2+\sigma^2}$

(4)预测震级转换法：根据最大地表位移与最大震级的统计关系，在已获取未来断裂有可能发生最大震级的情况下，求取未来时段的最大位错量(闻学泽，1995)，即：

$$\ln D_{\max}=a+nM+\varepsilon \tag{4-2-62}$$

其标准差近似为：　　$\Delta D_{\max}=\exp(a+b\,\overline{M})\sqrt{b^2\Delta M^2+\sigma^2}$

式中$\overline{M}$为所预测最大震级的中值。

(5)定量类比法：在已估算出断裂未来有可能发生的最大震级的基础上，通过已知同样活动性质断裂、发生同样大小地震时发生的最大同震位移类比，获取未来时段最大位移估算。

(6)加权综合法：对于一条断裂未来最大位错量的评估，上述不同的方法所得到的结果可能有所不同，为了对这些结果进行综合评价，采用加权综合法，即每种评估结果的权值同自身方差成反比(闻学泽，1995)。

$$\overline{D}_{\max}=\sum_{i=1}^{m}W_iD_{\max}D_{\max,i} \tag{4-2-63}$$

标准差近似为：$\Delta\overline{D}_{\max}=\sqrt{\sum_{i=1}^{m}W_i^2\Delta D_{\max}^2D_{\max,i}}$，式中 W_i 是第 i 种方法结果对于最终平均结果所作的“贡献”的归一化权重(闻学泽，1995)，可表示为：

$$W_i = \frac{1}{\Delta D_{\max}^2 D_{\max,i}} \Big/ \sum_{i=1}^{m} \frac{1}{\Delta D_{\max}^2 D_{\max,i}} \tag{4-2-64}$$

分别采用上述方法对霍山山前断裂进行位错量评估。该断裂带为右旋走滑为主，兼正倾滑活动的全新世活动断裂，长度 65 km，走向为 45°～50°。断面倾角 α=75°，标准差 $\Delta\alpha$=5°；水平滑动速率为 5 mm/a，垂直滑动速率为 0.69 mm/a，计算得到的侧伏角为 8°，取标准差为 2°。1303 年洪洞 8 级地震正是该断裂带活动的原因。考虑到历史地震震级的不确定性，最后综合估算得到霍山山前断裂具有发生(8.0±0.25)级地震的能力。

①历史地震法

已有的研究表明，公元 1303 年 8 级地震最大水平右旋位错量为(7.9±0.7) m(徐锡伟等，1993)，相应的最大垂直位错量估计值为(1.07±0.29) mm/a，最大地壳伸长量为(0.29±0.10) m。

②滑动速率法

已知该断裂的平均右旋走滑速率为(5.0±0.5) mm/a，考虑到每年 10%的蠕滑量，得到的平均右旋黏滑速率为(4.5±0.5) mm/a。公元 1303 年地震至今，据此可以计算出至未来该断裂上累计的地震水平错动势平均为(3.62±0.4) m。相应的最大垂直位错量估计值为(0.49±0.14) m，最大地壳伸长量为(0.13±0.04) m。

③定量类比法

该断裂估计未来可能发生的最大震级 M=(8.0±0.25)级，而历史上该构造区内走滑断裂有此地震震级范围内最大位移记录的地震见表 4-2-14。因此，可以推断该断裂带北段未来发生的最大水平位错量为(7.8±1.2) m，相应的最大垂直位错量估计值为(1.06±0.31) m，最大地壳伸长量为(0.28±0.10) m。

表 4-2-14 走滑型地震[M=(8.0±0.25)级]最大水平位错量数据

编 号	时 间	震级(M)	震中位置	$D_{\max}/m$	来 源
1	1906-4-18	8.0	美国	6.1	Wells 等(1994)
2	1891-10-28	8.0	日本	8.0	Wells 等(1994)
3	1957-12-04	7.9	蒙古	9.2	Bonilla 等(1984)

④加权综合法

将上述计算结果进行加权综合法评估[式(4-2-63)、式(4-2-64)]，得该断裂未来最大水平位错量为(4.92±0.33) m，相应的最大垂直位错量为(0.66±0.12) m，最大地壳伸长量为(0.16±0.03) m，见表 4-2-15。

表 4-2-15 霍山断裂带未来最大位错量评估

评估方法	水平位错量(m)			垂直位错量(m)			地壳伸长量(m)		
	均值	标准差	权重	均值	标准差	权重	均值	标准差	权重
历史地震法	7.9	0.7	0.23	1.07	0.29	0.16	0.29	0.10	0.12
滑动速率法	3.62	0.4	0.70	0.49	0.14	0.70	0.13	0.04	0.76
定量类比法	7.8	1.2	0.07	1.06	0.31	0.14	0.28	0.10	0.12
加权综合法	(4.92±0.33) m			(0.66±0.12) m			(0.16±0.03) m		

(四)桥梁应对活动断裂位移措施研究

基于津秦高速铁路滦河特大桥跨卢龙断裂进行研究,根据地质专业研究结论,当不发生大地震时,在我国东部地区,活动断裂产生的无震蠕滑位移一般不大,根据已有监测结果,每年位移量一般低于 1 mm。研究按照最不利情况进行考虑,即断裂带相对蠕滑横向、纵向均按每年 1 mm 考虑。

1. 滦河特大桥概况

滦河特大桥设计全长 3 194.69 m,中心里程 DK198+095.08,采用 6×24 m+93×32 m 简支箱梁。该桥主要为跨越滦河而设。设计流量 $Q_{1\%}=32\ 800\ \mathrm{m^3/s}$,设计水位 $H_{1\%}=38.446$ m。路改桥变更后,该桥延长 10×32 m 简支梁,桥长变更为 3 522.24 m。起点为 DK196+170.18,终点为 DK199+692.42。卢龙断裂在 40 号与 41 号墩之间穿过,两墩之间地面点高程在 23.2～26.5 m 之间,位于洪水淹没区。

地质情况:上覆地层为第四系全新统人工堆积层(Q_4^{ml})素填土;第四系全新统冲洪积层(Q_4^{al+pl})黏土、粉质黏土、细砂、中砂、细圆砾土及粗圆砾土,承载力在 150～650 kPa 之间;下伏基岩为太古界(Ar)变粒岩,承载力在 300～800 kPa 之间。

2. 原桥梁设计对断裂的适应性

设计采用支座的竖向调高量为 20 mm,在断裂带竖向位移小于 20 mm 时可以通过正常调整支座高度来适应变形。需要调整更大高度时可以通过更换支座或加高支承垫石来实现,但是操作比较复杂。

如果平面发生较小变形时(如 100 mm)可以通过线路平面增加曲线,要求在一定范围横移梁来实现平面调整。此时需检算梁部、支座、桥墩、基础各部位对横向变形的适应能力。

对于梁部,各部位如防护墙、轨道、接触网立柱的位置固定,单独在梁面以上调整横向位置,可实施性较差,若保持梁部不动调整线位,只能在梁顶调整轨道的位置,此时根据轨道专业的研究结果只有 5 mm 的调整量,且调整后即有一侧不能满足接触网至线路中心大于3 m 的规范要求。因此在梁部以上调整线位来适应平面调整是不现实的。

目前采用的支座没有考虑梁部的横向移位,如果需要平移支座则需要凿除混凝土移动地脚螺栓套筒后,方可实现梁部横向移位,施工非常困难,很难满足实际运营阶段的横向移梁要求,需另行设计可实现快速移梁后锚固的支座。

对于桥墩部分,横向移梁 100 mm 后,滦河特大桥影响范围内桥墩增加横向弯矩约 1 400～1 650 kN·m,横向尺寸较大,一般不控制设计,墩身混凝土压应力增加 0.2 MPa,混凝土拉应力增加 0.1 MPa,均可以满足混凝土强度要求。

对于基础,横向偏心 100 mm 后,滦河特大桥影响范围内桥墩单桩承载力增加 54～60 kPa,占原设计单桩承载力的 2%左右,均在容许范围内。

因此目前的设计仅能适应竖向 20 mm 的变形。可以通过研究易于横向移位的特殊支座形式,桥墩、基础可以满足 100 mm 横向偏移的强度要求。

3. 为适应断裂的蠕滑,桥梁设计中拟采用的措施

根据地质专业研究结论,断裂带范围内不会发生大的地震,未来 100 年地震危险性为 6.0 级,地震时不会发生地表位错。当不发生大地震时,活动断裂产生的蠕滑位移一般不大,每年

位移量一般低于 1 mm。但是不能确定蠕滑的方向是水平还是竖向。按最不利的情况考虑，竖向调整量按 60 年轨道板使用期内，可能发生的最大位移为 60 mm；横向调整量按桥梁使用 100 年考虑，可能发生的最大位移为 100 mm(图 4-2-45、图 4-2-46)。

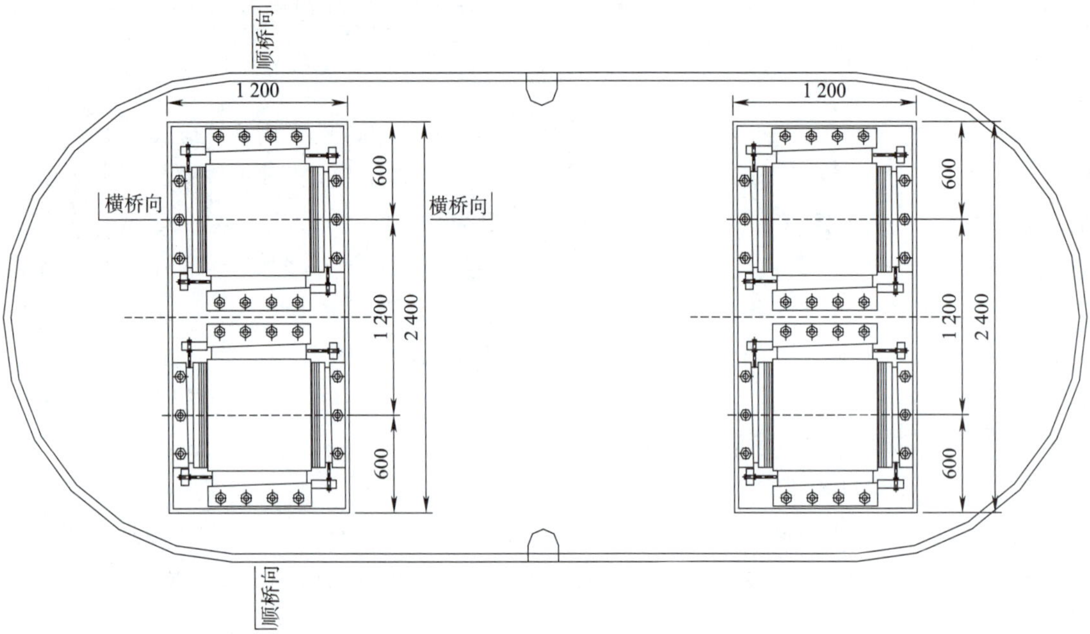

图 4-2-45　整体平面(单位：mm)

(1)竖向位移调整的研究

蠕滑方向为竖向时可以考虑改用 50 mm 调高量的支座，再考虑轨道部分的调整量(−4 mm～+26 mm)，可以适应竖向 80 mm 的变形需要。但是不能解决蠕滑方向为水平移动的情况。

为了适应蠕滑方向为水平时也能满足需要，需要进行新类型支座研究，即研究可以适应竖向和横向变形的特殊支座，或在现有支座的基础上另行设置能够实现水平横向调整的构造措施。

为了适应蠕滑的竖向变形，支座由调高量为 20 mm 改为调高量为 50 mm。按滦河桥整桥进行调整，需调整承载力 5 500 kN 的支座 412 个、承载力 4 500 kN 的支座 24 个。

(2)水平方向位移调整的研究

根据分析产生水平方向蠕滑时，可以仅考虑垂直线路的水平调整，由于断裂带倾斜引起的顺线路方向的变形，可以通过梁缝的变化来适应(图 4-2-47)。

横向位移调整考虑在现有的支座底增加连接措施进行调整；具体方案见图 4-2-47。在支承垫石顶面增加 20 mm 厚钢板作为水平调整的工作面。在支座的底座下增加钢板作为支座横向位移控制的支承面。在支座垂直线路的两侧设置卡槽，保证支座的移动方向垂直线路。在支座顺线路的两侧设横向调整措施，离开支座从近至远依次是调整用不锈钢条、调整楔块、楔形挡块。需要调整支座横向位置时，松开楔形块，对支座两侧的不锈钢条进行抽换，达到横

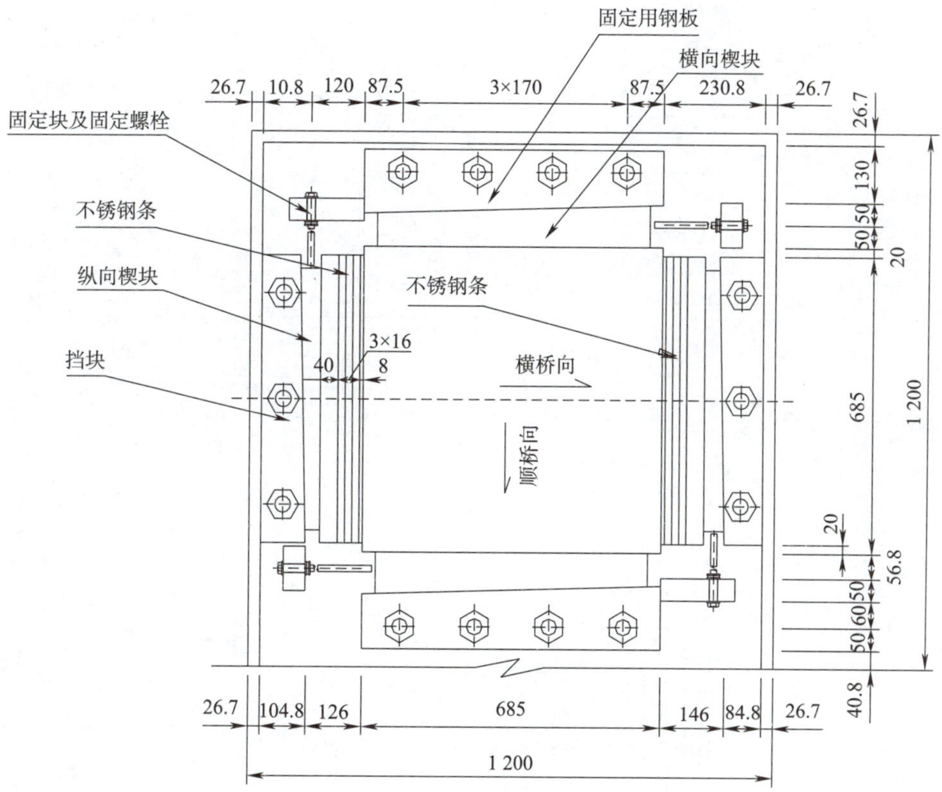

图 4-2-46　局部平面(单位:mm)

向位置调整的目的。调整完成后压紧楔块进行支座固定。通过防落梁措施与支承垫石之间安装斜向千斤顶进行横向移梁。

轨道横向调整位移量为±5 mm,在小于 5 mm 时轨道调整,大于 5 mm 时采用抽换 8 mm 的不锈钢条,轨道反向调整 4 mm(留 1 mm 的安全余量),发生较大位移时采用几块垫条调整。不锈钢条的规格为 8 mm、16 mm、16 mm、16 mm、40 mm,通过不同组合,满足横向调整量。不锈钢条的最大调整量为 96 mm,考虑轨道的 5 mm 调整量,满足 100 mm 的调整量。

对于横向调节,还可以研究专门的支座,支座的底部是固定的,支座上部可以根据需要的位移量进行调整。

对于需要考虑横向调节的桥梁,应统一考虑防震落梁的设置。在目前的调节方案中,可以通过调整防震落梁与支承垫石之间硬木垫块的厚度进行解决。

(五)跨越活动断裂带的桥上 CRTSⅡ型板轨道设计

桥梁地段 CRTSⅡ型板式无砟轨道主要由钢轨、配套扣件、预制轨道板、砂浆调整层、连续底座板、滑动层、侧向挡块等部分组成。一般情况下,每孔梁固定支座上方设置剪力齿槽,梁缝处设置高强度挤塑板,台后路基内设置摩擦板、端刺及过渡板等结构,桥面上设置加高平台和梁端凹槽(图 4-2-48)。

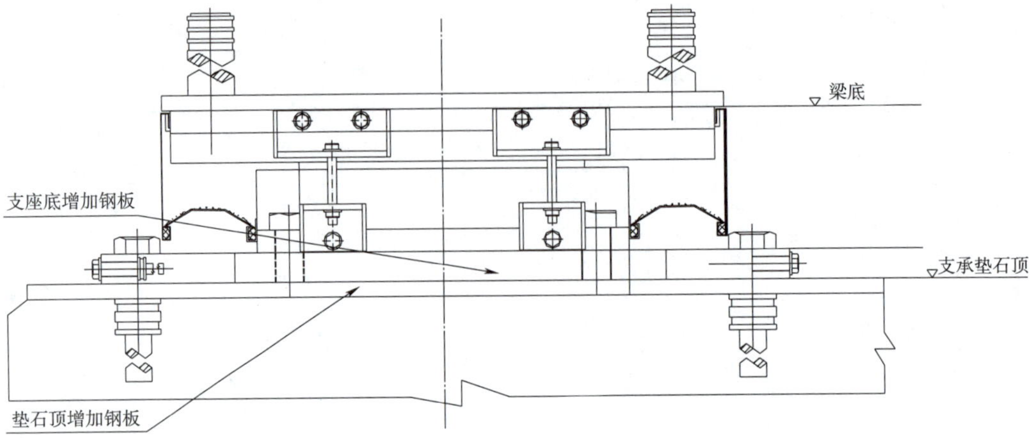

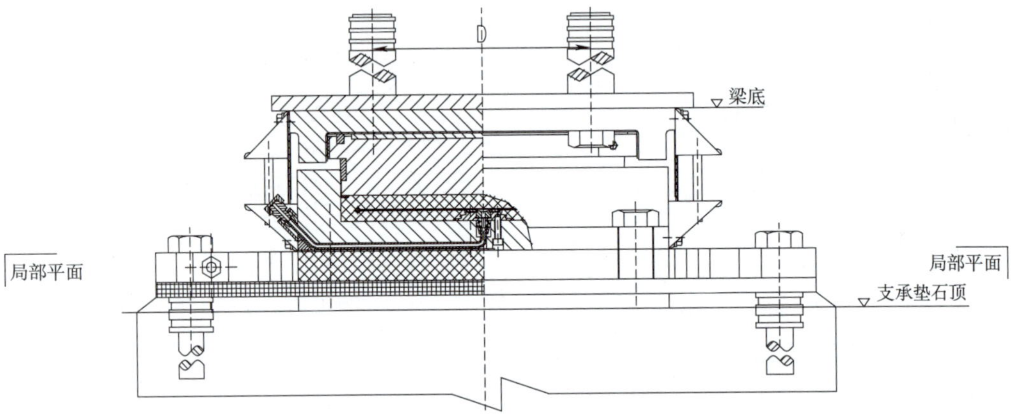

图 4-2-47 横桥向

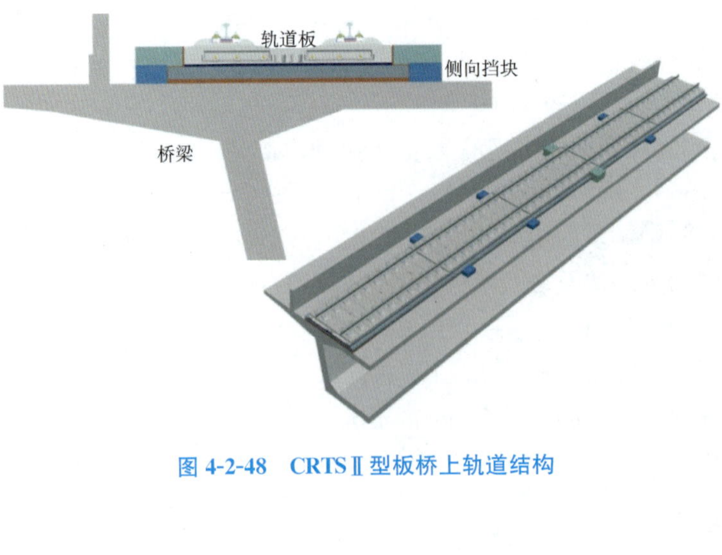

图 4-2-48 CRTSⅡ型板桥上轨道结构

CRTSⅡ型板式无砟轨道为轨道板、底座纵连的钢筋混凝土结构，在实际运营中一旦发生轨道几何变形，在保证不影响正常运营的前提下，只能通过调整扣件来调整轨道几何尺寸。CRTSⅡ型板式无砟轨道配套采用 WJ-8C 型扣件。WJ-8C 型扣件系统由螺旋道钉、平垫圈、弹条、绝缘轨距块、轨距挡板、轨下垫板、铁垫板、铁垫板下弹性垫板和预埋套管组成(图 4-2-49)。

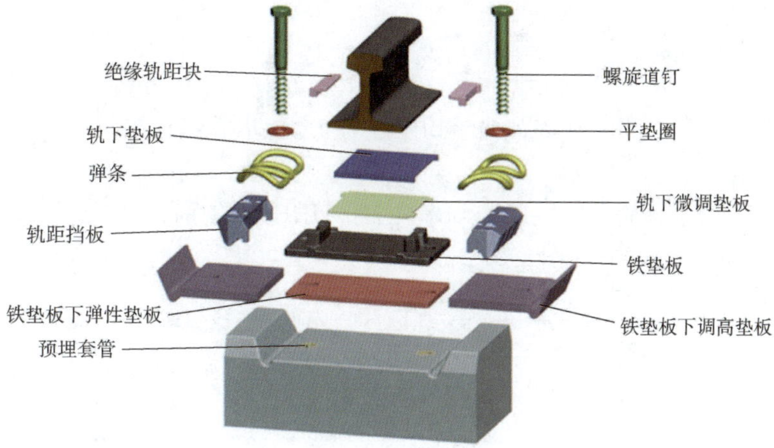

图 4-2-49　WJ-8C 型扣件部件分解图

(六)桥上 CRTSⅡ型板式无砟轨道对断裂带的适应性分析

1. 桥墩沉降变形 CRTSⅡ型板式无砟轨道适应性分析

(1)力学模型

纵连板式无砟轨道(由轨道板、CA 砂浆和底座板组成)变形和传力特性类似于无缝线路中的长轨条，必须考虑其对梁轨相互作用的影响。根据 CRTSⅡ型板式无砟轨道桥上连续底座板式无砟轨道纵向传力特点，建立图 4-2-50 所示的线板桥墩空间一体化纵向力计算模型，线路纵向考虑钢轨、纵连轨道板、桥梁和桥墩的相互作用，线路横向考虑两股道的相互作用。根据已有试验结论，模型中认为 CA 砂浆能完全保证轨道板和底座板的协调同步变形。因此，将轨道板和底座板纵向看成一块板，以下称之为无砟道床。钢轨和无砟道床通过扣件纵向阻力相互作用，无砟道床和桥梁通过固结机构和摩擦阻力进行相互作用。

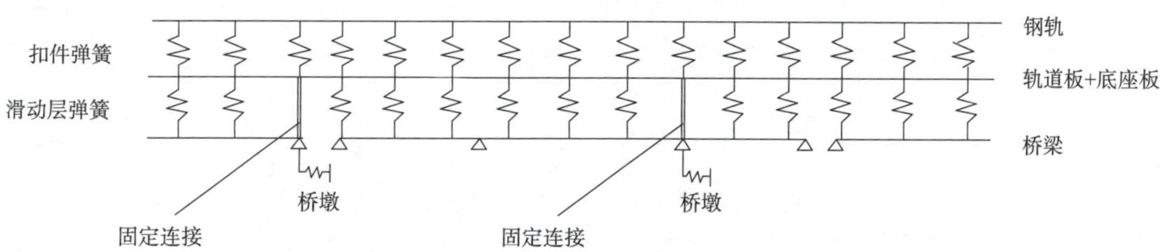

图 4-2-50　无砟轨道力学模型示意图

为反映纵连轨道结构的纵向传力特性以及其影响因素，在模型中将结构都简化为层状体系的杆件，结构层之间的连接采用非线性弹簧单元进行模拟。利用 ansys 有限元软件进行建模计算，分析沉降变形对纵连轨道结构的影响(图 4-2-51)。

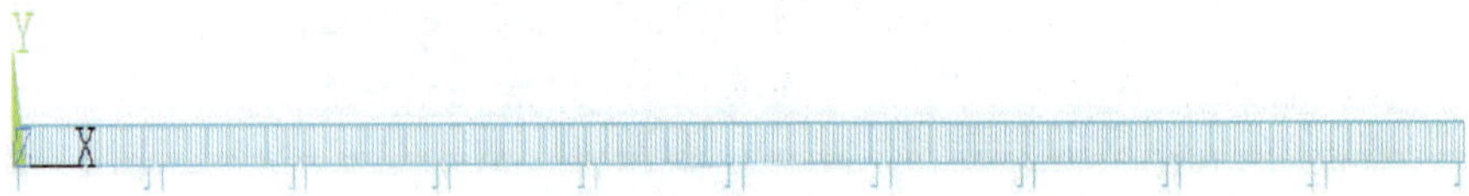

图 4-2-51　无砟轨道有限元计算模型

(2)设计参数

①钢轨为 60 kg/m。

②轨道板宽度为 2.55 m,高度为 0.2 m,弹性模量 36 000 MN/m^2。

③底座板宽度为 2.95 m,曲线地段平均厚度为 0.34 m,直线地段厚度为 0.20 m,弹性模量 26 700 MN/m^2。

④直线地段底座板配筋:48 根 ϕ16+10 根 ϕ20 HRB500 钢筋,底座板配筋 127.9 cm^2,钢筋抗拉强度设计值为 435 MPa(图 4-2-52)。

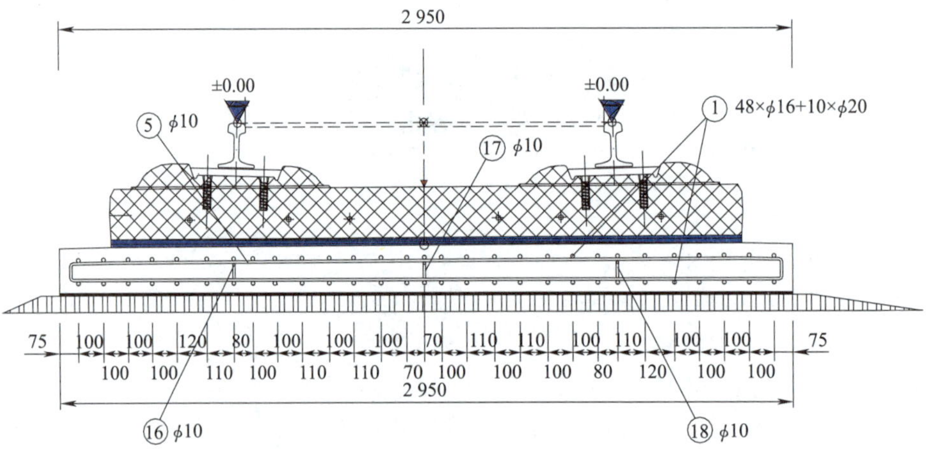

图 4-2-52　底座板配筋设计图(直线地段)

⑤底座板与桥梁之间的摩擦系数取 0.3。

⑥荷载种类及荷载组合:

CRTSⅡ型板式无砟轨道部件采用极限状态法进行设计,考虑正常使用极限状态和承载力极限状态两种情况。荷载包括列车荷载、制动荷载、温度荷载、混凝土收缩和沉降附加荷载等,对不同种类的荷载采用不同安全系数和组合系数。荷载列表见表 4-2-16。

表 4-2-16　荷载列表

恒　载	活　载
支座沉降 S_K	列车竖向荷载 Q_{ZK}
	列车制动荷载 Q_{BK}
混凝土收缩 T_S	温度荷载 T_K
	桥梁竖向温差 T_{2K}

根据荷载组合,计算底座板最大拉力进行配筋设计,并与施工图设计进行比较。

承载力极限状态活载主导:

$$E_d = 1.45 \times Q_{ZK} + 1.45 \times Q_{BK} + 1.5 \times 0.8T + 1.35 \times S_K + 1.5 \times 0.8T_{2K} + 1.35T_S \tag{4-2-65}$$

承载力极限状态温度主导：

$$E_d = 1.45 \times 0.8Q_{ZK} + 1.45 \times 0.8Q_{BK} + 1.5T + 1.35 \times S_K + 1.5T_{2K} + 1.35T_S \tag{4-2-66}$$

只有温度作用下对承载力极限状态验算：

$$E_d = 1.5 \times T + 1.5 \times T_{2K} \tag{4-2-67}$$

正常使用极限状态活载主导：

$$E_d = 0.8 \times Q_{ZK} + 0.8 \times Q_{BK} + 0.5 \times T + T_S + 0.5 \times T_{2K} + S_K \tag{4-2-68}$$

正常使用极限状态温度主导：

$$E_d = 0 \times (Q_{ZK} + Q_{BK}) + 0.6 \times T + 0.6 \times T_{2K} + T_S + S_K \tag{4-2-69}$$

⑦桥梁设计基础资料见表 4-2-17。

表 4-2-17　桥梁墩台纵横向刚度表

墩台号	梁跨	墩中心里程	纵向刚度(kN/cm)	横向刚度(kN/cm)	支座类型	
					小里程	大里程
32 号墩	32.70	DK197+546.97	538.37	1 170.34	固定	活动
33 号墩	32.70	DK197+579.67	483.52	1 117.45	固定	活动
34 号墩	32.70	DK197+612.37	514.12	1 175.48	固定	活动
35 号墩	32.70	DK197+645.07	566.89	1 343.4	固定	活动
36 号墩	32.70	DK197+677.77	580.06	1 294.75	固定	活动
37 号墩	32.70	DK197+710.47	569.95	1 353.63	固定	活动
38 号墩	32.70	DK197+743.17	638.43	1 524.11	固定	活动
39 号墩	32.70	DK197+775.87	635.81	1 515.82	固定	活动
40 号墩	32.70	DK197+808.57	774.53	1 827.99	固定	活动
41 号墩	32.70	DK197+841.27	759.32	1 605.91	固定	活动
42 号墩	32.70	DK197+873.97	860.02	1 784.49	固定	活动
43 号墩	32.70	DK197+906.67	839.12	1 785.98	固定	固定
44 号墩	32.70	DK197+939.37	879.79	2 029.57	活动	固定
45 号墩	32.70	DK197+972.07	1 035.45	2 642.47	活动	固定
46 号墩	32.70	DK198+004.77	1 115.66	3 122.26	活动	固定
47 号墩	32.70	DK198+037.47	1 024.13	2 607.27	活动	固定
48 号墩	32.70	DK198+070.17	1 124.26	2 799.6	活动	固定
49 号墩	32.70	DK198+102.87	1 158.23	2 933.79	活动	固定
50 号墩	32.70	DK198+135.57	1 064.75	2 901.33	活动	固定
51 号墩	32.70	DK198+168.27	1 051.92	3 195.85	活动	固定
52 号墩	32.70	DK198+200.97	1 043.58	3 137.17	活动	固定

2. 相邻墩台沉降纵连底座适应性分析

(1)底座板配筋检算

以 40 号和 41 号墩台之间断裂带产生 5 mm、10 mm 直至 60 mm 的差异沉降进行计算分析，计算纵连底座板受到的附加拉、压力，分析底座板配筋是否满足结构要求，底座板受力及配筋情况见表 4-2-18。

表 4-2-18 不同墩台沉降值底座板的附加拉/压力及对应的底座板配筋量

墩台沉降值(mm)	5	10	15	20	25	30	35	40	45	50	55	60	70
底座附加拉力(kN)	61.2	122.4	183.7	244.9	306.2	367.4	428.7	489.9	551.1	612.4	673.6	734.9	857.4
底座附加压力(kN)	12.1	24.3	36.5	48.7	60.9	73.0	85.2	97.4	109.6	121.8	134	146.1	170.5
正常使用极限状态温度主导的荷载作用下裂纹控制 0.2 mm(cm^2)	108.5	109.2	110.0	110.8	111.7	112.6	113.5	114.9	117.3	119.8	122.2	124.8	129.8
正常使用极限状态活载/制动主导的荷载作用下裂纹控制 0.3 mm(cm^2)	103.6	105.7	107.8	110.0	112.1	114.3	116.5	118.7	121.0	123.1	125.0	126.9	130.8
承载力极限状态温度主导的荷载作用下(cm^2)	104.8	106.5	108.3	110.1	111.8	113.6	115.4	117.2	119.0	120.8	122.6	124.4	128.0
承载力极限状态活载/制动主导的荷载作用下(cm^2)	100.8	102.6	104.4	106.1	107.9	109.7	111.5	113.3	115.1	116.9	118.7	120.5	124.2

由表 4-2-18 计算结果可知,底座板配筋量随差异沉降的增加而增加,当相邻墩台差异沉降超过 70 mm 时,底座板裂纹宽度可能超过 0.3 mm,影响结构耐久性。

(2)纵连底座板稳定性分析

把两侧向挡块间的纵连底座板看作两端固定的压杆,根据欧拉公式,压杆的临界压力为:

$$F_{cr}=\frac{\pi^2 EI}{(\mu l)^2} \tag{4-2-70}$$

轨道板和底座板通过剪力销钉连接,整体抵抗压力作用,扣压式侧向挡块间距取 6 m。底座板最大温升按 26℃考虑。

底座板整体温升 26℃时,受到的温度压力为:

$$F_{附}=30\ 000\times10^6\times26\times11.8\times10^{-6}\times0.59=5.43\ \text{MN}$$

底座板临界压力为 64 MN,其富余的抗压力为:64−5.43=58.57 MN。

底座板的稳定性能够满足要求,并有较大的富余量。所以底座板的稳定性受墩台差异沉降的影响较小。

(3)扣件安全性检算

由于 CRTSⅡ型板式无砟轨道为纵连结构,梁端底座板下设置的高强度挤塑板具有良好的变形能力,可缓解梁端位移和转角对无砟轨道的影响,扣件所受的拉、压力很小(图 4-2-53),相邻墩台差异沉降对扣件的影响见表 4-2-19。

表 4-2-19 计算结果统计

相邻墩台差异沉降值(mm)	扣件上拔力(kN)	扣件上拔力限制 kN(WJ-8C)
5	0.063	18
10	0.127	
20	0.255	
30	0.383	
40	0.512	
60	0.822	
80	1.097	
100	1.370	
120	1.645	

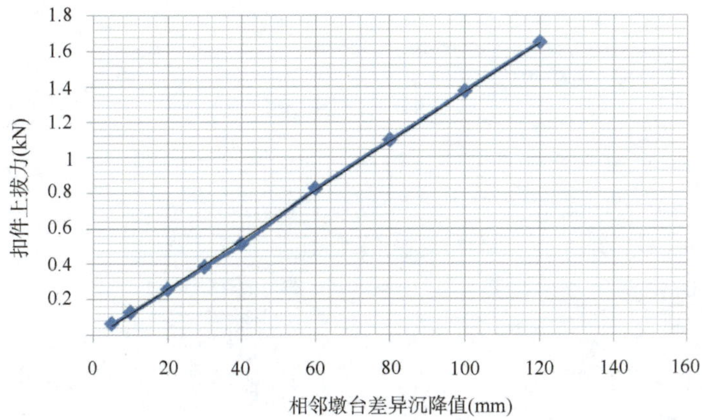

图 4-2-53　扣件上拔力随墩台沉降变化曲线

在计算工况范围内，扣件上拔力受墩台差异沉降的影响较小。

(4)剪力齿槽安全性分析

滦河特大桥断裂带地段 40 号和 42 号墩上梁面设置 5 排剪力齿槽+4 排剪力筋的固结机构，39 号和 43 号墩上梁面设置 4 排剪力齿槽+3 排剪力筋的固结机构。4 排剪力齿槽+3 排剪力筋的固结机构，可以承受 3 190 kN 的纵向力。

剪力齿槽固结机构在不同沉降量情况下产生的附加纵向力见表 4-2-20。

表 4-2-20　差异沉降产生的剪力齿槽纵向附加力统计表(直线地段)

相邻墩台差异沉降值(mm)	沉降产生的剪力齿槽附加纵向力(kN)	设计剪力齿槽纵向力(kN)	简支梁地段 4 排齿槽+3 排剪力筋能够承受的纵向力(kN)
10	154	1 038	3 190
20	308		
30	462		
40	615		
50	760		
60	923		
70	1 080		
75	1 150		
80	1 230		
100	1 540		
120	1 850		

当相邻墩台差异沉降超过 70 mm 时，底座板与梁体间固结机构的承载力大于设计值，仍小于剪力齿槽的承载能力。

3. 墩台纵向变形 CRTSⅡ型板式无砟轨道适应性分析

原设计按断裂带处 40 号墩上方梁面与底座间不设剪力齿槽，现考虑断裂带位移会影响 39 号和 41 号桥墩发生相对位移。桥梁桥墩随顺桥向发生位移时，桥墩与底座通过剪力齿槽相连，桥墩发生位移会带动底座发生位移。计算模型见图 4-2-54。

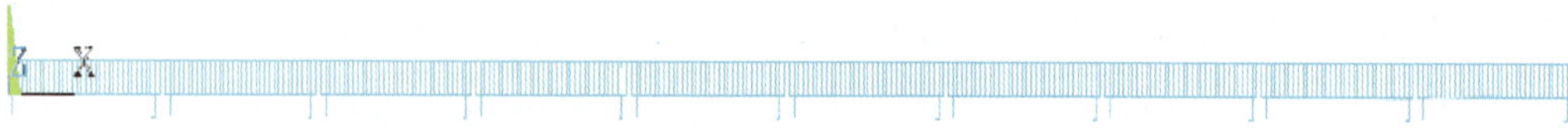

图 4-2-54　计算模型示意图

桥梁墩高不同对轨道的影响主要体现桥墩纵横向刚度不同对底座的影响。实际工况桥梁刚度在600～1 000 kN/cm 变化，墩高基本相近。墩高不同时，假设 40 号桥墩小里程端桥墩刚度为 350 kN/cm，40 号桥墩大里程端桥墩刚度为 10 000 kN/cm。

(1)墩高相近时多跨简支梁桥顺桥向位移断裂带反应的影响

以 39 号和 41 号墩台之间断裂带产生 2 mm、5 mm 直至 12 mm 的顺桥向变形进行计算分析，计算纵连底座板受到的附加拉力，分析底座板配筋是否满足结构要求，底座板受力及配筋情况见表 4-2-21。

表 4-2-21　墩高相近纵向变形值底座板的附加拉/压力及对应的底座板配筋量

墩台纵向变形值(mm)	2	5	8	10	12
底座附加拉力(kN)	177	441	693	858	1020
正常使用极限状态温度主导的荷载作用下的配筋量(裂纹控制 0.2 mm)(cm^2)	109.2	113.7	123.0	129.9	136.7
正常使用极限状态活载/制动主导的荷载作用下的配筋量(裂纹控制 0.3 mm)(cm^2)	105.5	117	125.6	130.8	136.0
承载力极限状态温度主导的荷载作用下的配筋量(cm^2)	106.4	115.7	123.1	128	132.8
承载力极限状态活载/制动主导的荷载作用下的配筋量(cm^2)	102.5	111.9	119.3	124.1	128.9

由表 4-2-21 可知，底座板受到的拉力和配筋量随纵向变形的增加而增加，当相邻墩台纵向变形超过 10 mm 时，底座板裂纹宽度可能超过 0.3 mm，影响结构耐久性。

(2)墩高不同时多跨简支梁桥顺桥向位移断裂带反应的影响

以 39 号和 41 号墩台之间断裂带产生 2 mm、5 mm 直至 12 mm 的顺桥向变形进行计算分析，计算纵连底座板受到的附加拉力，分析底座板配筋是否满足结构要求，底座板受力及配筋情况见表 4-2-22。

表 4-2-22　墩高不同纵向变形值底座板的附加拉/压力及对应的底座板配筋量

墩台纵向变形值(mm)	2	5	8	10	12
底座附加拉力(kN)	265	570	779	910	1040
正常使用极限状态温度主导的荷载作用下的配筋量(裂纹控制 0.2 mm)(cm^2)	111.1	118.1	126.6	132.1	137.6
正常使用极限状态活载/制动主导的荷载作用下的配筋量(裂纹控制 0.3 mm)(cm^2)	110.7	121.7	128.3	132.4	136.6
承载力极限状态温度主导的荷载作用(cm^2)	110.6	119.5	125.7	129.5	133.4
承载力极限状态活载/制动主导的荷载作用下的配筋量(cm^2)	106.7	115.7	121.8	125.7	129.5

由表 4-2-22 可知，底座板配筋量随纵向变形的增加而增加，当相邻墩台纵向变形超过 8 mm 时，底座板裂纹宽度可能超过 0.3 mm，影响结构耐久性。

4. 横向变形 CRTSⅡ型板式无砟轨道适应性分析

桥墩横向发生位移时，桥墩与底座通过剪力齿槽相连，桥墩发生位移会带动底座发生位移。梁面与底座间的“两布一膜”主要在桥梁纵向伸缩时影响底座，此处横向变形忽略“两布一膜”的影响。

桥梁墩高不同主要体现桥墩纵横向刚度不同对底座的影响。实际工况桥梁刚度在600～1 000 kN/cm变化，墩高基本相近。墩高不相近时，假设40号桥墩小里程端桥墩刚度为350 kN/cm，40号桥墩大里程端桥墩刚度为10 000 kN/cm。

(1)墩高相近时多跨简支梁桥横向位移断裂带反应的影响

以39号和41号墩台之间断裂带产生2 mm、5 mm直至12 mm的横向变形进行计算分析，计算纵连底座板受到的附加弯矩，分析底座板配筋是否满足结构要求，底座板受力情况见表4-2-23。

表4-2-23　墩高相近横向变形值底座板的附加弯矩

墩台横向变形值(mm)	2	5	8	10	12	15
底座附加弯矩(kN·m)	47	117	187	234	281	351
底座板侧向混凝土拉应力(MPa)	0.24	0.60	0.95	1.19	1.43	1.79

混凝土附加应力为$\sigma=\frac{M}{I}y$，底座板采用C30混凝土，混凝土抗拉强度设计值为1.43 MPa。当底座板横向变形大于12 mm时，底座板侧向混凝土拉应力大于混凝土抗拉强度设计值，底座板混凝土横向产生裂纹。

(2)墩高不同时多跨简支梁桥横向位移断裂带反应的影响

以39号和41号墩台之间断裂带产生2 mm、5 mm直至12 mm的横向变形进行计算分析，计算纵连底座板受到的附加拉力，分析底座板配筋是否满足结构要求，底座板受力情况见表4-2-24。

表4-2-24　墩高不相近横向变形值底座板的附加弯矩

墩台横向变形值(mm)	2	5	8	10	12	15	45
底座附加弯矩(kN·m)	13	32	52	65	78	97	291
底座板侧向混凝土拉应力(MPa)	0.07	0.16	0.26	0.33	0.39	0.49	1.48

混凝土附加应力为$\sigma=\frac{M}{I}y$，底座板采用C30混凝土，混凝土抗拉强度值为1.43 MPa。当底座板横向变形大于45 mm时，底座板侧向混凝土拉应力大于混凝土抗拉强度设计值，底座板混凝土横向产生裂纹。

墩高相近、墩台横向变形大于12 mm时，底座板混凝土横向产生裂纹。墩高不同、墩台横向变形大于45 mm时，底座板混凝土横向产生裂纹。

5. 研究结论

通过对断裂带蠕滑位移大小，桥梁、轨道结构对断裂带蠕滑位移适应性等方面对跨越活动断裂带桥梁采用CRTSⅡ型板式无砟轨道的适应性进行了研究，主要结论如下。

(1)卢龙断裂为更新世活动断裂，预测认为卢龙断裂未来100年可能发生的最大地震震级为6.0级，这样的震级一般不会产生同震地表位错，地震部门结合其未来百年的最大潜在地震估计也判断其不会产生明显的地震地表位移。当不发生大地震时，活动断裂产生的无震蠕滑位移一般不大，根据已有监测结果，每年位移量一般低于1 mm。

(2)通过对既有采用桥梁支座的改造，桥梁结构能满足每年不大于1 mm的蠕滑位移。

(3)卢龙断裂在津秦高速铁路滦河特大桥40号与41号墩之间穿过，当桥墩发生沉降时，CRTSⅡ型板式无砟轨道几何状态可通过调整扣件实现。竖向调整能力为−4～+26 mm；横向调整能力为±5 mm。

(4)当桥墩发生垂向沉降差时,CRTSⅡ型板式无砟轨道底座板配筋量随差异沉降的增加而增加。当相邻墩台差异沉降超过 70 mm 时,底座板裂纹宽度可能超过 0.3 mm,影响结构耐久性。扣件上拔力受墩台差异沉降的影响较小,基本不受控制。

(5)当桥墩发生纵向变形时,底座板受到纵向的附加力。墩高相同,相邻墩台纵向变形超过 10 mm 时,底座板裂纹宽度可能超过 0.3 mm,影响结构耐久性。墩高不同时,相邻墩台纵向变形超过 8 mm 时,底座板裂纹宽度可能超过 0.3 mm。

(6)当桥墩发生横向变形时,底座受到附加弯矩值。墩高相同时横向变形大于 12 mm 时,底座板混凝土横向产生裂纹。墩高不同时,墩台横向变形大于 45 mm 时,底座板混凝土横向产生裂纹。

第五节　无砟轨道自动布板技术

一、布板技术研究

1. 研究背景

根据“引进、消化、吸收、再创新”的原则,2005 年铁道部引进了博格板式无砟轨道设计、制造和施工技术,并在京津城际铁路轨道工程建设中实施,实现了 394 km/h 试验速度和 330 km/h 运营速度,取得了初步的成功实践。目前,CRTSⅡ型板式无砟轨道已在我国客运专线建设中广泛应用。

与其他高速铁路无砟轨道类型相比,CRTSⅡ型板式无砟轨道系统技术相对复杂。为使列车具有更好的平顺性、舒适性,CRTSⅡ型板式无砟轨道系统需要利用混凝土打磨控制软件对轨道板逐个承轨槽进行打磨,以实现高精度轨道几何尺寸。打磨后的轨道板打磨偏差、大钳口及小钳口距离等相关数据需要在轨道板施工精调过程中使用,因此打磨后的轨道板在线路上具有唯一性,需要利用布板设计、施工软件进行轨道板布置,生成轨道板承轨槽几何数据、轨道板控制点几何数据,分析并分配并行对轨道板的影响并加以考虑,计算考虑各种变形后的轨道板精调、放样数据等。

在该软件开发前,我国只能采用德国博格公司提供的无砟轨道布板软件进行设计布板与施工布板计算。

博格无砟轨道布板软件能够用于板式无砟轨道系统,在进行轨道板设计、制造、加工(研磨)、放样和铺置等各工序所需要的全部几何数据,能够控制机床对轨道板进行打磨,是融设计、施工、制造于一体的专业系统软件。但京津城际建设过程中,由于布板设计、施工、打磨控制等相关模块接口复杂,涉及面广等原因,设计与施工单位没能开发出自主知识产权的软件,仍采用技术转让方提供的带有加密措施的软件。另外,针对道岔板及布板软件中不适应我国铁路设计的部分,技术转让方进行了多次补充和修改,由于技术转让方对各个功能模块设置了加密限制,中方无法进行系统升级及功能扩展,软件出现错误后也无法修改,这制约了设计、制造及施工等方面的优化升级工作。

在京津城际铁路成功开通运营后,CRTSⅡ型板式无砟轨道已在我国客运专线建设中广泛应用,京沪高速铁路,京石、石郑、石武湖北段、津秦等多条客运专线都决定采用 CRTSⅡ型板式无砟轨道,且在 2009 年至 2011 年均进入 CRTSⅡ型板式无砟轨道系统施工的高峰期。至少需要 60 套以上 CRTSⅡ型板式无砟轨道布板软件,同时需要大量的软件开发工程师为现场众多软件的正常使用提供培训、技术咨询乃至现场支持服务等。

国外软件价格高昂,还不能很好地适应我国的路情,如线路空间曲线形式、长短链处理等。软件如果不能及时开发出来,将成为高速铁路 CRTSⅡ型板式无砟轨道建设不可逾越的障碍。

为此,铁道部下令铁三院对 CRTSⅡ型板式无砟轨道系统技术负总责,以最快的速度突破包括 CRTSⅡ型板式无砟轨道系列软件在内的关键技术。铁道部科技司专门立项支持此项工作。

实际上，铁三院在京津城际建设过程已经启动自主知识产权CRTSⅡ型板式无砟轨道布板软件的开发，2009年1月份更是成立了规模庞大的CRTSⅡ型板式无砟轨道技术体系攻关组。

2009年6月，铁道部科技司设立《CRTSⅡ型板式无砟轨道系统技术的深化研究——CRTSⅡ型板式无砟轨道设计施工布板软件、打磨软件及精调软件自主研发》课题，该课题由铁三院主持，普什驱动股份有限公司、杭州机床集团有限公司、华东数控股份有限公司参加。其中，CRTSⅡ型板式无砟轨道设计施工布板软件（简称布板软件）由铁三院自主研发。

2. 研究内容

布板软件是CRTSⅡ型板式无砟轨道国产化软件的重要组成部分。布板软件用来计算轨道板布置、制造、打磨、铺设等工序所需的所有轨道几何数据，保证数控机床打磨和轨道板精调、铺设的精度。主要研究内容有两个方面。

(1)设计布板软件。根据线路平面几何数据和纵断面几何数据，建立空间几何计算模型；同时根据补偿板几何数据，建立补偿板数据库，实现曲线超高在几何计算模型单元上分布。此外研究沿线路轴线进行轨道板布置的计算方法，建立任意点在两坐标系间的变换矩阵和轨道板、轨道技术装备、强制点等的数据结构，绘制轨道板排布一览图，实现标准板、补偿板及特殊板的数量统计目标；进行轨道板各承轨槽理论坐标计算，生成生产管理软件所需要的打磨接口数据。

(2)施工布板软件。通过定义路基横断面形式，实现路基上轨道板放样计算、路基上轨道板精调数据计算、桥梁结构物上轨道板放样计算等功能，并在考虑设计荷载情况下，进行轨道板和底座板放样计算、梁跨断面坐标及平面坐标计算、在考虑设计荷载情况下，进行桥梁上轨道板精调数据计算等。

通过现场调研和目标分析，并对德国博格公司的无砟轨道布板软件进行了充分的研究，明确CRTSⅡ型板式无砟轨道布板软件的主要功能和系统组织，为实现开发CRTSⅡ型板式无砟轨道布板软件奠定了坚实基础。根据功能分析结果，建立实现目标的理论模型，并运用程序语言实现了软件系统整体开发。

3. 研究成果

CRTSⅡ型板式无砟轨道布板软件技术在引进基础上，针对我国国情路情，进行了系统、深入的再创新，研究形成了包括布板设计、布板施工等具有独立知识产权的适合国内铁路发展的应用技术，其中包括线路平面断链处理、轨道板精调数据计算、轨道板编号调整和线路平面及纵断面数据输入等布板再创新应用技术。

布板软件的结构组成和主要功能如下：

CRTSⅡ型板式无砟轨道布板软件由设计布板和施工布板两子系统组成。布板软件总体框架见图4-2-55，软件结构见图4-2-56，数据流程见图4-2-57，布板软件设计流程见图4-2-58。

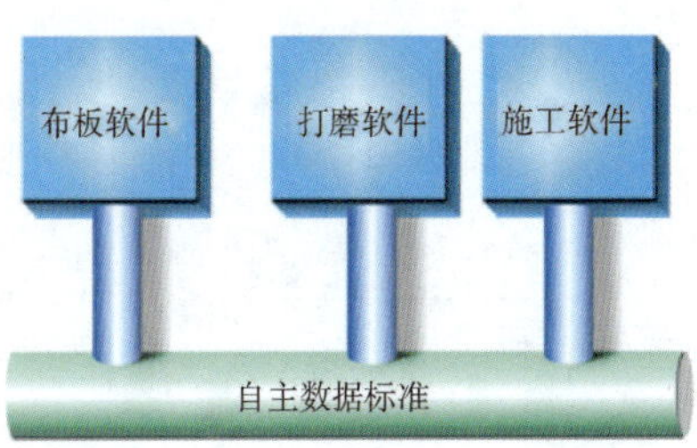

图4-2-55　布板软件总体架构图

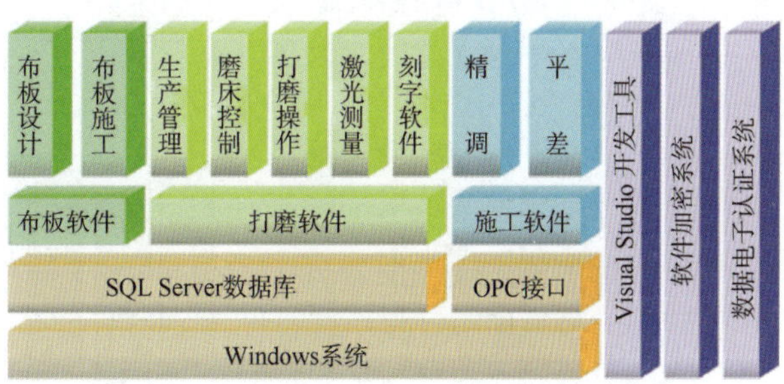

图4-2-56　布板软件结构图

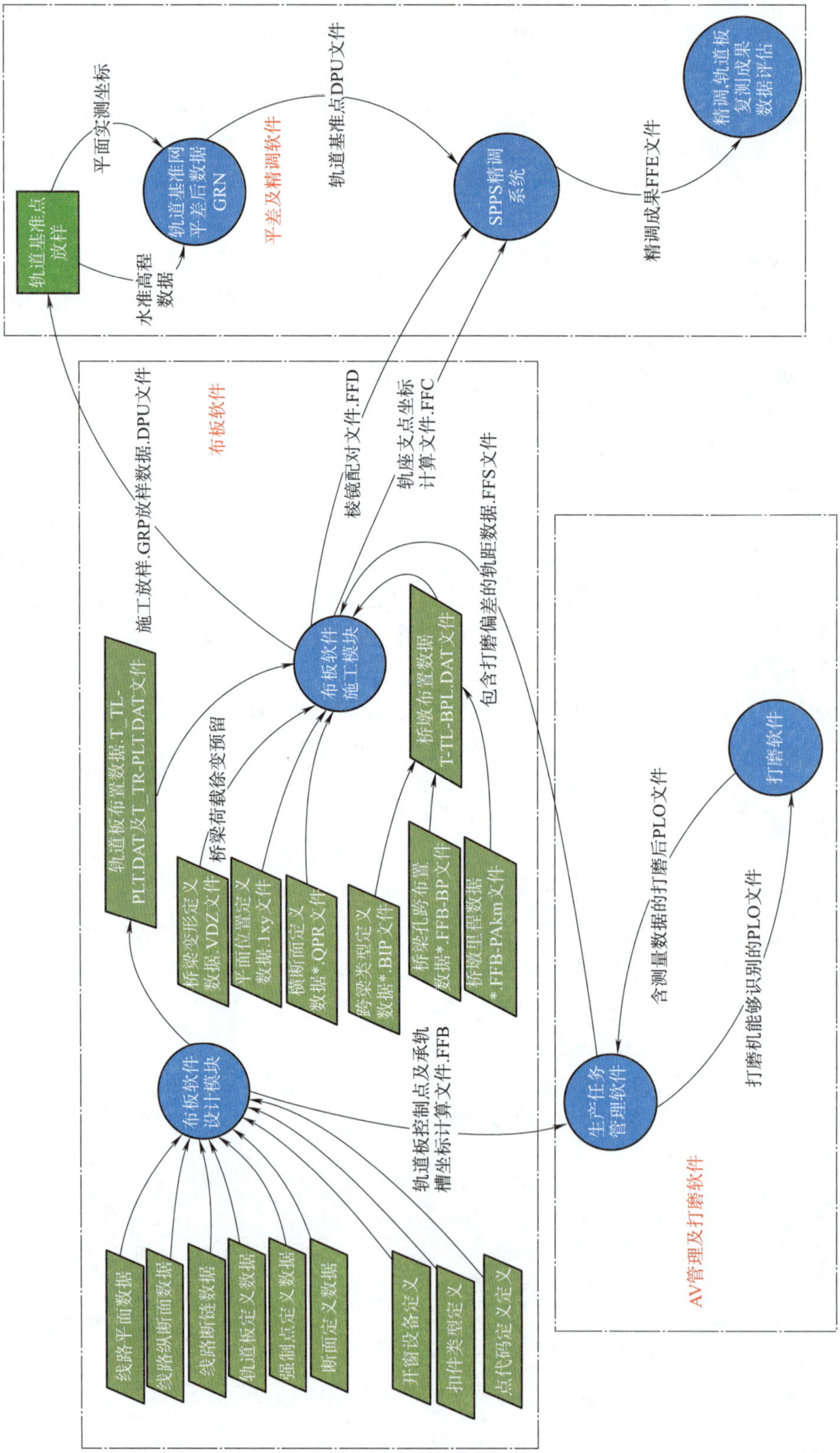

图 4-2-57 布板软件数据流程图

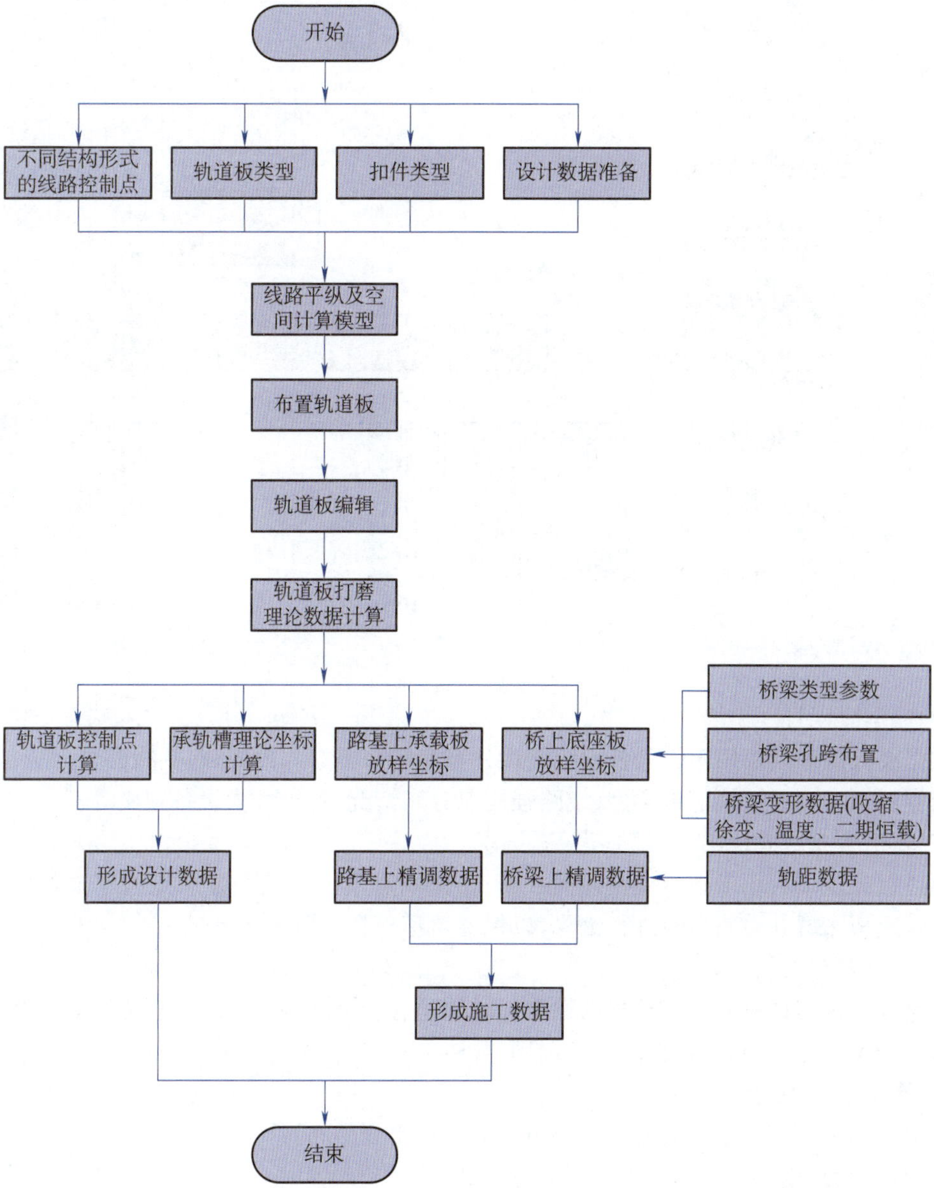

图 4-2-58　布板软件设计流程

二、布板软件组成

布板软件由设计布板和施工布板两子系统组成。

(一)设计布板软件

1. 软件数据组成

数据组成见图 4-2-59。

2. 软件功能组成

布板软件用于轨道板布置及轨道板打磨接口数据计算,由五大部分组成:数据录入管理、轨道板布置、打磨接口数据计算、图形输出、报表整理,见图 4-2-60。

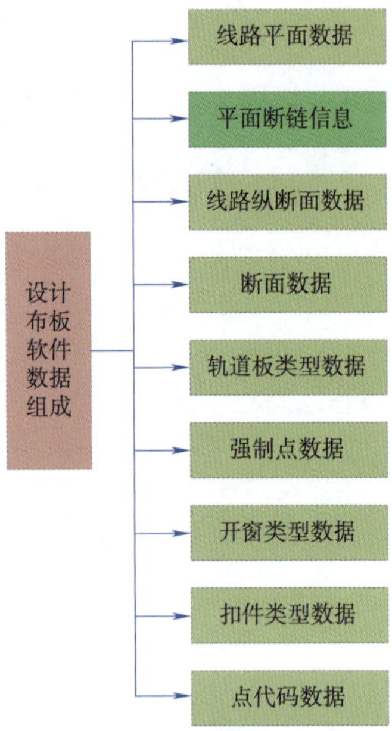

图 4-2-59 设计布板软件数据组成

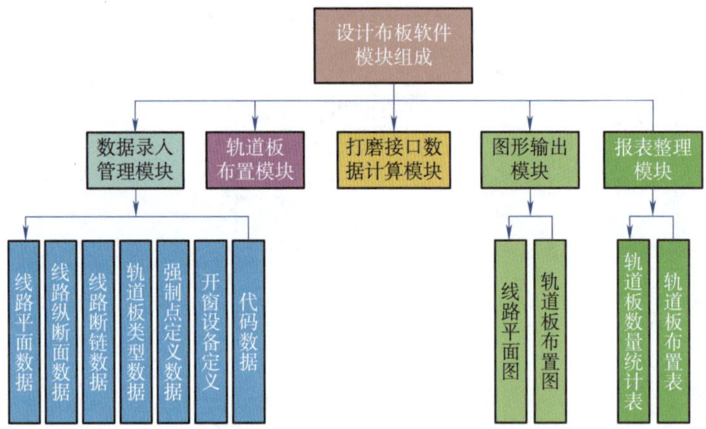

图 4-2-60 设计布板软件模块组成

(1)数据录入管理模块

数据录入管理模块用于管理各种线路设计资料的数据录入界面,包括线路平面资料、线路纵断面资料、线路断链、轨道板类型、线路强制点分布情况、各种开窗设备定义等。

(2)轨道板布置模块

轨道板布置模块用于根据线路几何数据,在强制点范围内按照强制点所定义的轨道板类型进行轨道板布置并对轨道板进行编号,以保证轨道板在线路上具有唯一性。

(3)打磨接口数据计算模块

打磨接口数据计算模块用于根据编辑好的轨道板布置情况,计算轨道板各承轨槽需要打磨位置的理论数据,供轨道板打磨软件调用。

(4)图形输出模块

图形输出模块用于绘制线路平面线位及轨道板沿线位布置图。

(5)报表整理模块

报表整理模块用于统计各种不同类型的轨道板数量及生成轨道板沿线路布置情况的分布表。

(二)施工布板软件

1. 施工布板软件的工作流程

施工布板软件的工作流程见图 4-2-61。

2. 软件功能组成

布板软件用于 CRTSⅡ型板式无砟轨道的施工设计,由四大部分组成:施工放样测设数据计算、桥梁布置计算模块、轨道板精调数据计算、轨道板精调成果数据评估,见图 4-2-62。

(1)施工放样测设数据计算模块

施工放样测设数据计算模块是根据布板软件生成的轨道板分布数据,计算轨道板横断面

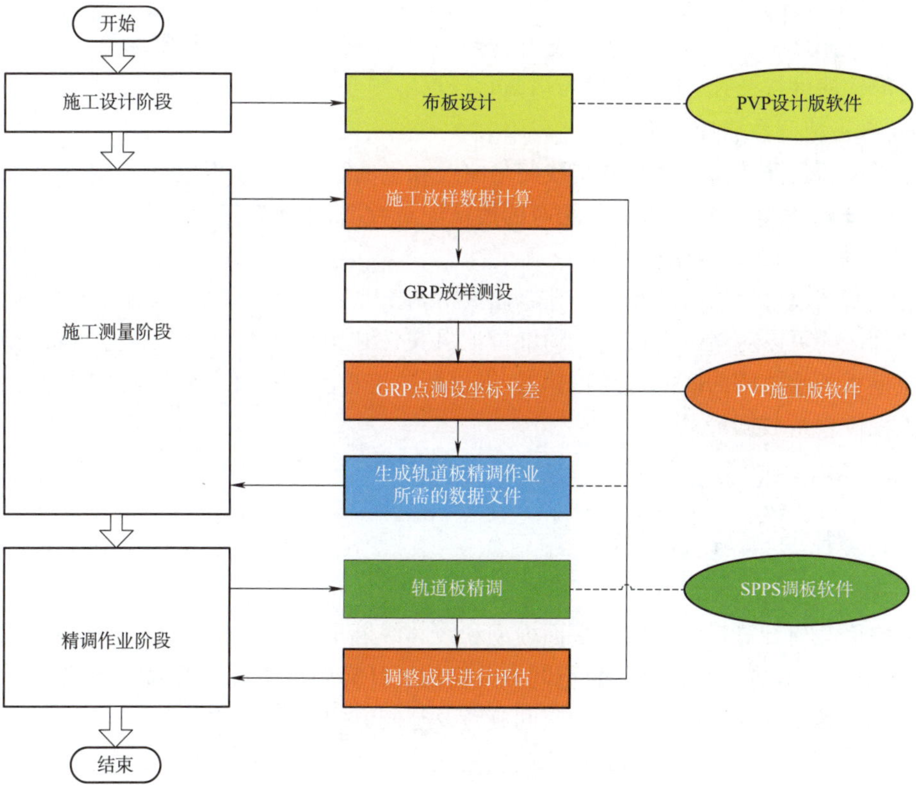

图 4-2-61　施工布板软件的工作流程

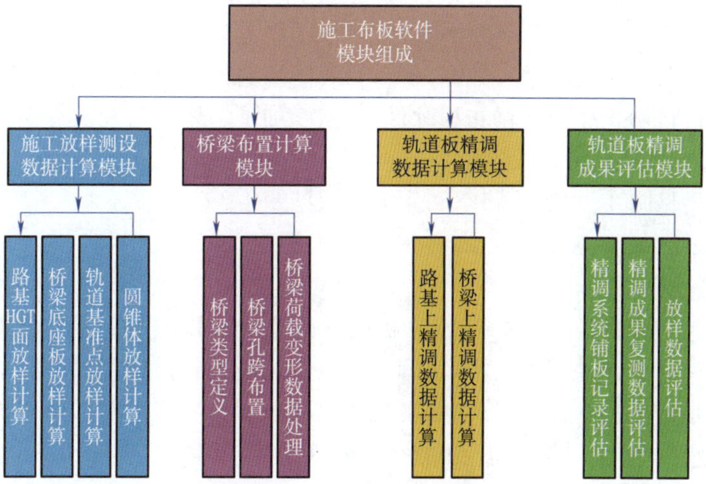

图 4-2-62　施工布板软件模块组成

上各个控制支点的放样坐标数据，用于施工放样测设。包括路基上支承层面放样、桥梁上底座放样、轨道板接缝处轨道基准点和圆锥体放样等，桥梁上放样坐标计算时考虑桥梁在荷载作用下变形的影响。

(2)桥梁布置计算模块

桥梁布置计算模块是对定义桥梁类型、导入桥梁孔跨布置并进行梁缝检算,同时对桥梁各种荷载变形数据进行处理,用于放样和精调时计算桥梁变形。

(3)轨道板精调数据计算模块

轨道板精调数据计算模块是利用线路平曲线和竖曲线参数、铺板数据、桥梁分布及荷载徐变参数,计算轨道板各承轨槽数据及相应的棱镜配对数据,用于轨道板精调。

(4)轨道板精调成果评估模块

轨道板精调成果评估模块是用于在轨道板精调作业完成后,对轨道板施工质量进行检验、分析和评估。它可以对精调系统生成的铺板记录文件和精调成果复测数据进行检查和评估,计算出轨道板各承轨槽的横向和高程偏差,以进行轨道板不平顺度分析,并可以按照验收标准估算轨道板调整量数据等。

三、布板软件主要功能

(一)建立线路空间几何计算模型

1. 功能描述

线路空间几何计算模型是线路平面模型和线路纵断面模型的空间叠加,是基于线路平面及纵断面几何数据,进行线路上任意空间点几何位置计算的数学模型,该数学模型能够计算空间任意点的三维坐标及由超高产生的空间旋转及空间方向。

线路平面模型建立可以采用交点法或元素法来录入线路几何数据,交点法是我国铁路线路平面设计中最常采用的方法。交点法是先定直线后配曲线,即线路走向由直线边构成的导线控制,相邻两条直线边使用曲线进行光滑连接。元素法又称积木法,它是将线路看成由一个个首尾相接的独立线形单元构成。线形单元类型包括直线单元、圆曲线单元和缓和曲线单元三种。

博格布板软件采用元素法录入数据,不适合我国铁路传统设计方式,线路设计数据需要通过第三方软件进行转换才能被博格布板软件识别,增加了工作接口及数据出错概率。

2. 线路平面模型及空间三维显示

线路平面模型见图 4-2-63,线路空间三维显示见图 4-2-64。

(二)建立了轨道板类型及标准板、补偿板数据库

1. 功能描述

轨道板类型包括标准板、道岔板、特殊板及补偿板,标准板两板端接缝的长度为 6.5 m。由于轨道板在车站道岔区采用道岔板,区间正线采用标准板,道岔板前标准轨道板和道岔板间的线路长度不满足铺设标准板要求时,需要在道岔板前铺设一定数量的补偿板,建立与补偿长度相对应的补偿板数据库。同时,需要对标准板、道岔板、补偿板、特殊板等轨道板类型进行详细定义。图 4-2-65 为标准轨道板外形三维效果图。

由于补偿板的长度不是 6.5 m 标准长度,而 CRTSⅡ型轨道板的承轨槽间距为 0.65 m 或 0.60 m,因此对于某一补偿长度,需要对 0.65 m 及 0.60 m 承轨槽间距的承轨槽个数、板端距离进行详细计算、组合,以满足补偿长度要求。

如若某一补偿的长度为 2.15 m,则需设计补偿总长度为 8.65 m 的两块补偿板(A 板和 B 板),A 板的数据组经计算为(图 4-2-66):0.300、4×0.65、3×0.60、0.275、4.975,即板首端边

缘至第一个支点的距离为 0.30 m，最后支点至板尾端边缘的距离为 0.275 m，含 4 个 0.65 m 支距，3 个 0.60 m 支距，板长为 4.975 m；B 板的数据组经计算为：0.275、0×0.65、5×0.60、0.300、3.575，即板首端边缘至第一个支点的距离为 0.275 m，最后支点至板尾端边缘的距离为 0.3 m，含 0 个 0.65 m 支距，5 个 0.60 m 支距，板长为 3.575 m。

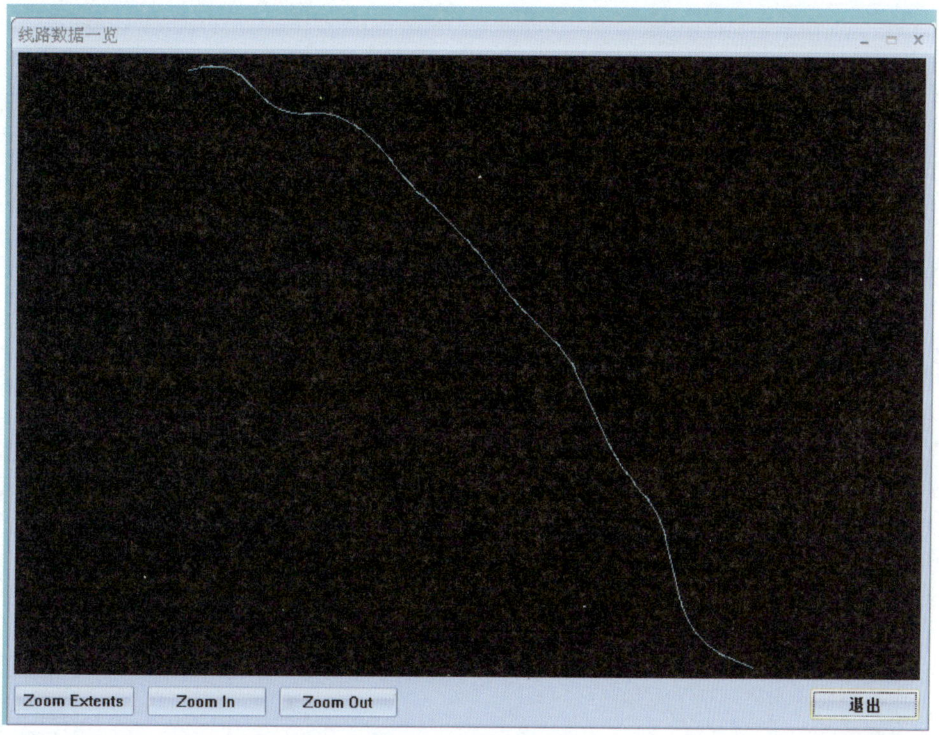

图 4-2-63　线路平面图

图 4-2-64　线路空间模型三维效果图

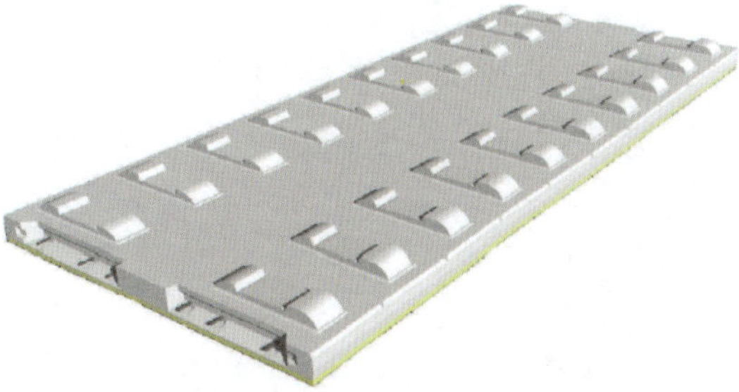

图 4-2-65　标准轨道板外形三维效果图

2. 轨道板类型定义界面

轨道板类型定义见图 4-2-67。

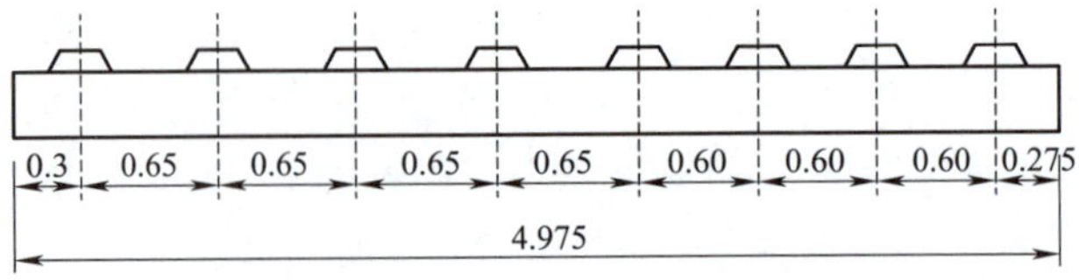

图 4-2-66　补偿板定义示意图(单位:m)

	类型	标...	标准板代码	系统长度	1/2接缝	支距1	支距2	特...	特殊板代码	补...	补偿板代码	文件名	备注
1	FF_	keine	98=FF_keine	10.000000	0.000000	1.000000	0.000000	Spezi		Ausgl		NULL	no_Slab
2	FF_B	Stand	95=FF_B-Stand	4.550000	0.050000	0.650000	0.600000	Spezi	97=FF_B-Spezi	Ausgl	96=FF_B-Ausgl	FF_B---Ausgl.DAT	Bridge_Slab
3	FF_MFS	Stand	87=FF_M-Stand	4.550000	0.050000	0.650000	0.600000	Spezi	89=FF_M-Spezi	Ausgl	88=FF_M-Ausgl	FF_MFS---Ausgl.D	MassSpring_Slab
4	FF_N	Stand	92=FF_N-Stand	6.500000	0.025000	0.650000	0.600000	Spezi	94=FF_N-Spezi	Ausgl	93=FF_N-Ausgl	FF_N---Ausgl.DAT	Normal_Slab
5	FF_N05	Stand	81=FF_05Stand	6.490000	0.025000	0.650000	0.600000	Spezi	83=FF_05Spezi	Ausgl	82=FF_05Ausgl	FF_N05---Ausgl.D	R=1500m-600m
6	FF_N10	Stand	84=FF_10Stand	6.480000	0.025000	0.650000	0.600000	Spezi	86=FF_10Spezi	Ausgl	85=FF_10Ausgl	FF_N10---Ausgl.D	R=600m-350m
7	FF_WTP	Stand	80=FF_WTP	6.000000	0.050000	0.600000	0.560000	Spezi	80=FF_WTP	Ausgl	80=FF_WTP	FF_WTP---Ausgl.D	FF-Boegl_WTP

图 4-2-67　轨道板类型定义

3. 补偿板数据库

对应补偿长度 0～0.33 m 范围内的标准补偿板数据库见图 4-2-68。

补偿长度	起点dX	A板0.650m	A板0.600m	A-B板0.650m	A-B板0.600m	B板0.650m	B板0.600m	B-C板0.650m	B-C板0.600m	C板0.650m	C板0.600m	终点dX	共计长度
0.010000	0.280000	3	3	0	1	3	3	0	1	3	3	0.280000	13.010000
0.020000	0.285000	3	3	0	1	3	3	0	1	3	3	0.285000	13.020000
0.030000	0.290000	3	3	0	1	3	3	0	1	3	3	0.290000	13.030000
0.040000	0.295000	3	3	0	1	3	3	0	1	3	3	0.295000	13.040000
0.050000	0.275000	0	4	0	1	0	5	0	0	0	0	0.275000	6.550000
0.060000	0.280000	0	4	0	1	0	5	0	0	0	0	0.280000	6.560000
0.070000	0.285000	0	4	0	1	0	5	0	0	0	0	0.285000	6.570000
0.080000	0.290000	0	4	0	1	0	5	0	0	0	0	0.290000	6.580000
0.090000	0.295000	0	4	0	1	0	5	0	0	0	0	0.295000	6.590000
0.100000	0.300000	0	4	0	1	0	5	0	0	0	0	0.300000	6.600000
0.110000	0.305000	0	4	0	1	0	5	0	0	0	0	0.305000	6.610000
0.120000	0.310000	0	4	0	1	0	5	0	0	0	0	0.310000	6.620000
0.130000	0.315000	0	4	0	1	0	5	0	0	0	0	0.315000	6.630000
0.140000	0.320000	0	4	0	1	0	5	0	0	0	0	0.320000	6.640000
0.150000	0.325000	0	4	0	1	0	5	0	0	0	0	0.325000	6.650000
0.160000	0.280000	2	2	0	1	0	5	0	0	0	0	0.280000	6.660000
0.170000	0.285000	2	2	0	1	0	5	0	0	0	0	0.285000	6.670000
0.180000	0.290000	2	2	0	1	0	5	0	0	0	0	0.290000	6.680000
0.190000	0.295000	2	2	0	1	0	5	0	0	0	0	0.295000	6.690000
0.200000	0.300000	2	2	0	1	0	5	0	0	0	0	0.300000	6.700000
0.210000	0.305000	2	2	0	1	0	5	0	0	0	0	0.305000	6.710000
0.220000	0.310000	2	2	0	1	0	5	0	0	0	0	0.310000	6.720000
0.230000	0.315000	2	2	0	1	0	5	0	0	0	0	0.315000	6.730000
0.240000	0.320000	2	2	0	1	0	5	0	0	0	0	0.320000	6.740000
0.250000	0.325000	2	2	0	1	0	5	0	0	0	0	0.325000	6.750000
0.260000	0.280000	4	0	0	1	0	5	0	0	0	0	0.280000	6.760000
0.270000	0.285000	4	0	0	1	0	5	0	0	0	0	0.285000	6.770000
0.280000	0.290000	4	0	0	1	0	5	0	0	0	0	0.290000	6.780000
0.290000	0.295000	4	0	0	1	0	5	0	0	0	0	0.295000	6.790000
0.300000	0.300000	4	0	0	1	0	5	0	0	0	0	0.300000	6.800000
0.310000	0.305000	4	0	0	1	0	5	0	0	0	0	0.305000	6.810000
0.320000	0.310000	4	0	0	1	0	5	0	0	0	0	0.310000	6.820000
0.330000	0.315000	4	0	0	1	0	5	0	0	0	0	0.315000	6.830000

图 4-2-68　补偿板数据库

(三)布置并编辑轨道板分布

1. 功能描述

为保证轨道板在线路上的位置具有唯一性,需要根据定义好的标准板、补偿板及强制点数据,按照强制点范围内定义的轨道板类型、轨道板倾斜角度及轨道板所采纳的扣件类型,对相应强制点范围内的平面线路自动布置标准板和补偿板,计算轨道板在对应空间位置的几何属性,同时根据开窗设备及板端类型修改轨道板的属性,供轨道板打磨时由磨床设备自动识别。

2. 计算结果

轨道板分布计算完成后会生成如下信息:轨道板编号、线路中线标注里程,线路中线连续里程、轨道板长度、轨道板类型、扣件类型、轨道板前后缝隙及开窗类型等,见图 4-2-69,沿线路布置完后的轨道板三维效果图见图 4-2-70。

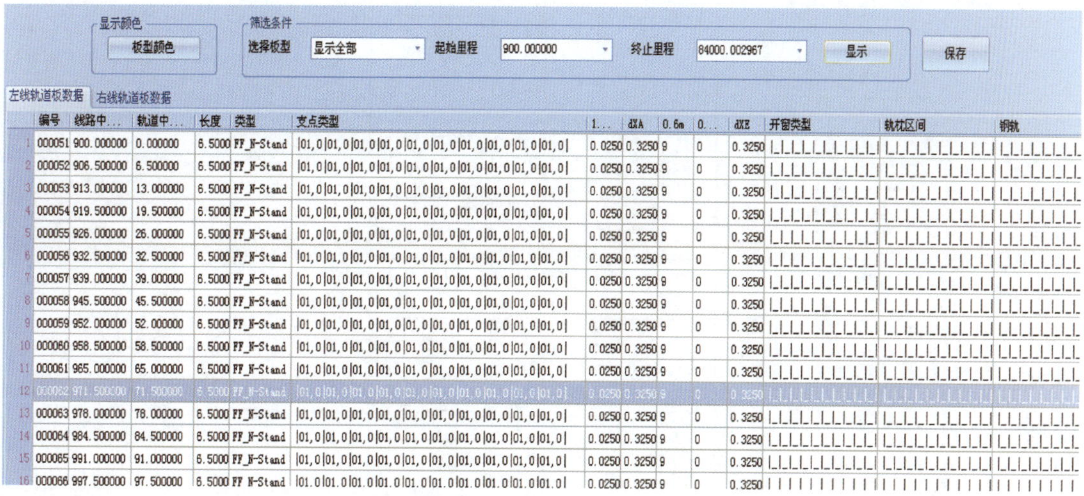

图 4-2-69　轨道板布置完后数据信息显示图

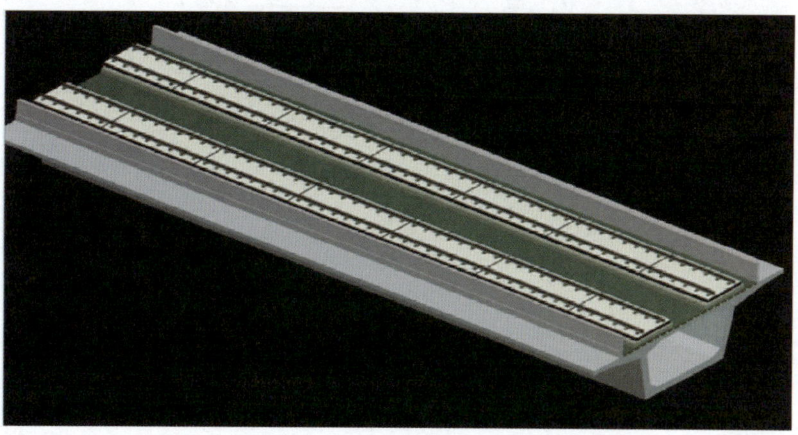

图 4-2-70　轨道板三维效果图

（四）轨道板打磨后承轨槽理论空间坐标计算

1. 功能描述

打磨技术是 CRTSⅡ型轨道板最为独特的一项技术,它利用专用数控磨床对轨道板承轨台进行打磨处理,使打磨后的轨道板承轨槽位于线路理论空间曲线,以保证线路几何高精度及轨道高平顺性,钢轨铺设和扣件调整工作量降低,轨道板在线路上的位置从而也具有唯一性。数控磨床对轨道板打磨的原理是:利用西门子数控操作软件操控磨床,利用专用测量软件,通过激光、传感等高精密测量技术对轨道板承轨台各关键点进行检测,生成相对于磨床给定测量原点的相对三维坐标,然后与各承轨槽理论坐标进行比较,得出各点的打磨量,生成打磨程序对轨道板进行精确打磨。打磨数据计算就是对轨道板各承轨槽的理论坐标进行计算，然后提供给打磨系统的生产管理软件进行转换和处理。轨道板打磨数据计算时各承轨槽编号见图 4-2-71，轨道板打磨各承轨台计算点见图 4-2-72。

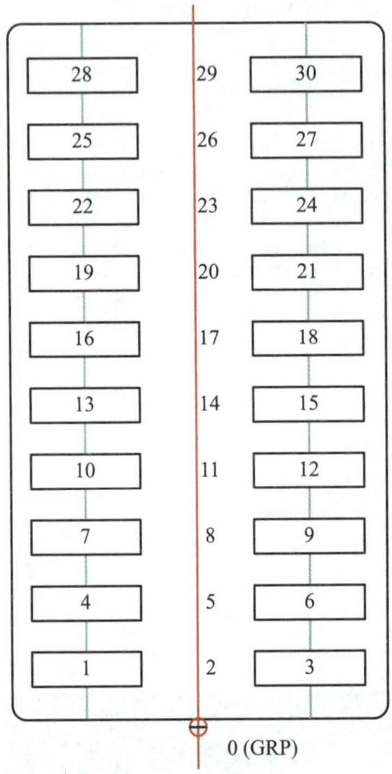

图 4-2-71　CRTSⅡ型轨道板承轨台编号示意图

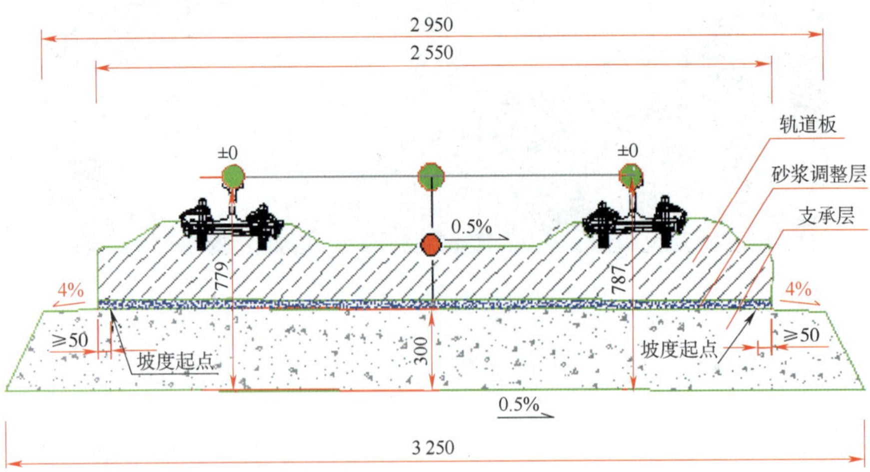

图 4-2-72　CRTSⅡ型轨道板承轨台打磨计算点示意图(单位:mm)

2. 计算结果

计算打磨机数据界面见图 4-2-73，生成的打磨机数据接口文件见图 4-2-74。

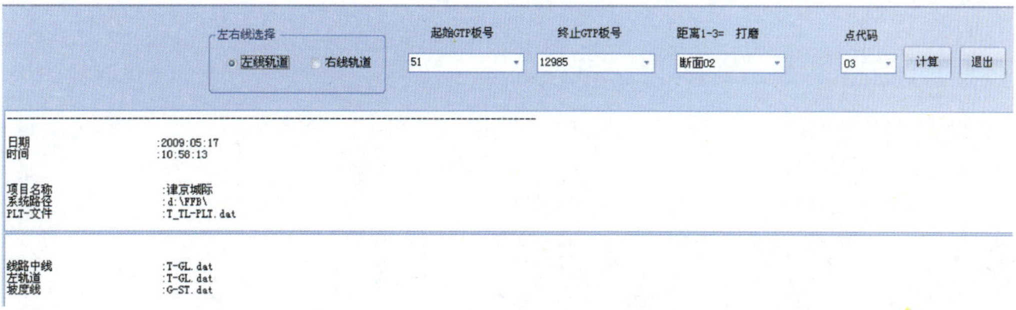

图 4-2-73　打磨数据计算界面

```
04L000005100;0469387.122000;4414887.974000;0042.546000;91;FF_Fuge-05;0.025;0.025;000900.000;;000000.000;000000.000;0.000;
L0005101;0469387.292598;4414888.773388;0042.546975;01;FF_N-Stand;0.2100;+00.0;;
L0005102;0469387.440608;4414888.038138;0042.546975;01;FF_N-Stand;;
L0005103;0469387.588619;4414887.302888;0042.546975;01;FF_N-Stand;0.2100;+00.0;;
L0005104;0469387.929814;4414888.901664;0042.548925;01;FF_N-Stand;0.2100;+00.0;;
L0005105;0469388.077825;4414888.166414;0042.548925;01;FF_N-Stand;;
L0005106;0469388.225836;4414887.431164;0042.548925;01;FF_N-Stand;0.2100;+00.0;;
L0005107;0469388.567031;4414889.029940;0042.550875;01;FF_N-Stand;0.2100;+00.0;;
L0005108;0469388.715042;4414888.294690;0042.550875;01;FF_N-Stand;;
L0005109;0469388.863053;4414887.559440;0042.550875;01;FF_N-Stand;0.2100;+00.0;;
L0005110;0469389.204248;4414889.158216;0042.552825;01;FF_N-Stand;0.2100;+00.0;;
L0005111;0469389.352259;4414888.422966;0042.552825;01;FF_N-Stand;;
L0005112;0469389.500270;4414887.687716;0042.552825;01;FF_N-Stand;0.2100;+00.0;;
L0005113;0469389.841465;4414889.286493;0042.554775;01;FF_N-Stand;0.2100;+00.0;;
L0005114;0469389.989476;4414888.551242;0042.554775;01;FF_N-Stand;;
L0005115;0469390.137486;4414887.815992;0042.554775;01;FF_N-Stand;0.2100;+00.0;;
L0005116;0469390.478682;4414889.414769;0042.556725;01;FF_N-Stand;0.2100;+00.0;;
L0005117;0469390.626692;4414888.679518;0042.556725;01;FF_N-Stand;;
L0005118;0469390.774703;4414887.944268;0042.556725;01;FF_N-Stand;0.2100;+00.0;;
L0005119;0469391.115898;4414889.543045;0042.558675;01;FF_N-Stand;0.2100;+00.0;;
L0005120;0469391.263909;4414888.807795;0042.558675;01;FF_N-Stand;;
L0005121;0469391.411920;4414888.072544;0042.558675;01;FF_N-Stand;0.2100;+00.0;;
L0005122;0469391.753115;4414889.671321;0042.560625;01;FF_N-Stand;0.2100;+00.0;;
L0005123;0469391.901126;4414888.936071;0042.560625;01;FF_N-Stand;;
L0005124;0469392.049137;4414888.200820;0042.560625;01;FF_N-Stand;0.2100;+00.0;;
L0005125;0469392.390332;4414889.799597;0042.562575;01;FF_N-Stand;0.2100;+00.0;;
L0005126;0469392.538343;4414889.064347;0042.562575;01;FF_N-Stand;;
L0005127;0469392.686354;4414888.329097;0042.562575;01;FF_N-Stand;0.2100;+00.0;;
L0005128;0469393.027549;4414889.927873;0042.564525;01;FF_N-Stand;0.2100;+00.0;;
L0005129;0469393.175560;4414889.192623;0042.564525;01;FF_N-Stand;;
L0005130;0469393.323570;4414888.457373;0042.564525;01;FF_N-Stand;0.2100;+00.0;;
04L000005200;0469393.494168;4414889.256761;0042.565500;91;FF_Fuge-05;0.025;0.025;000906.500;;000000.000;000000.000;0.000;
L0005201;0469393.664765;4414890.056149;0042.566475;01;FF_N-Stand;0.2100;+00.0;;
L0005202;0469393.812776;4414889.320899;0042.566475;01;FF_N-Stand;;
L0005203;0469393.960787;4414888.585649;0042.566475;01;FF_N-Stand;0.2100;+00.0;;
L0005204;0469394.301982;4414890.184425;0042.568425;01;FF_N-Stand;0.2100;+00.0;;
```

图 4-2-74　打磨数据计算接口文件

（五）绘制轨道板布置图

1. 功能描述

根据轨道板在线路上的布置信息，绘制轨道板布置图，并和线路平面图叠加到一起，形成带有线路平面信息的轨道板布置图。轨道板布置图可直观反映出轨道板中心线和线路的相对关系，道岔板、补偿板等在线路上的几何位置，可通过轨道板起终点里程和线路平面里程的关系来快速检查轨道板布置是否正确，能否满足精度要求。

2. 结果显示

绘制轨道布置结果显示见图 4-2-75。

（六）生成轨道板布置表

由于打磨后的轨道板在线路上是一一对应的，因此在进行轨道板铺设及精调时，为了确保轨道铺设位置正确，施工单位需要轨道板布置表，以对线路全线的轨道板布置信息全面了解，并按照轨道板布置表组织和管理全线轨道板的铺设和精调。京津城际在轨道板铺设和精调

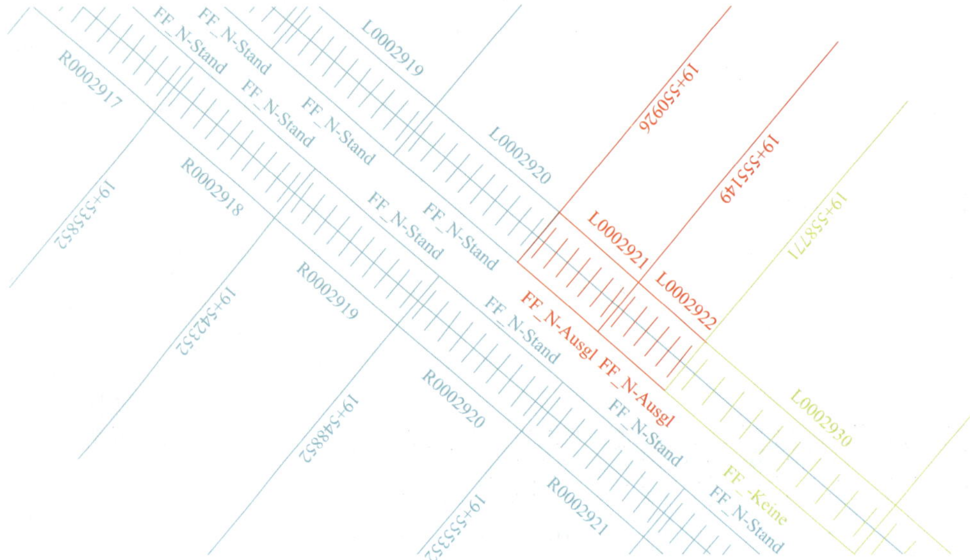

图 4-2-75 轨道板布置图

时，博格公司给施工单位提供了轨道板布置表，该表在博格布板软件中不能生成。

(七)施工放样测设数据计算

CRTSⅡ型板式无砟轨道施工放样是根据布板软件生成的轨道板分布数据，计算 CRTSⅡ型板式无砟轨道横断面上各个控制点的放样坐标数据，用于施工放样测设，包括定位锥、轨道基准点(GRP 点)放样数据计算，路基上支承层面放样数据计算，桥梁上底座放样数据计算等。

1. 定位锥和轨道基准点放样数据计算

根据轨道设标点测设定位锥定位点和轨道基准点，定位锥定位点和轨道基准点位于轨道板端头半圆形凹槽处，且接近轴线，见图 4-2-76。定位锥为轨道板安装的辅助工具，可使安装精度达 10 mm，使精调工作量减少，轨道基准点用于建立轨道基准网，为轨道板精调测量控制点。

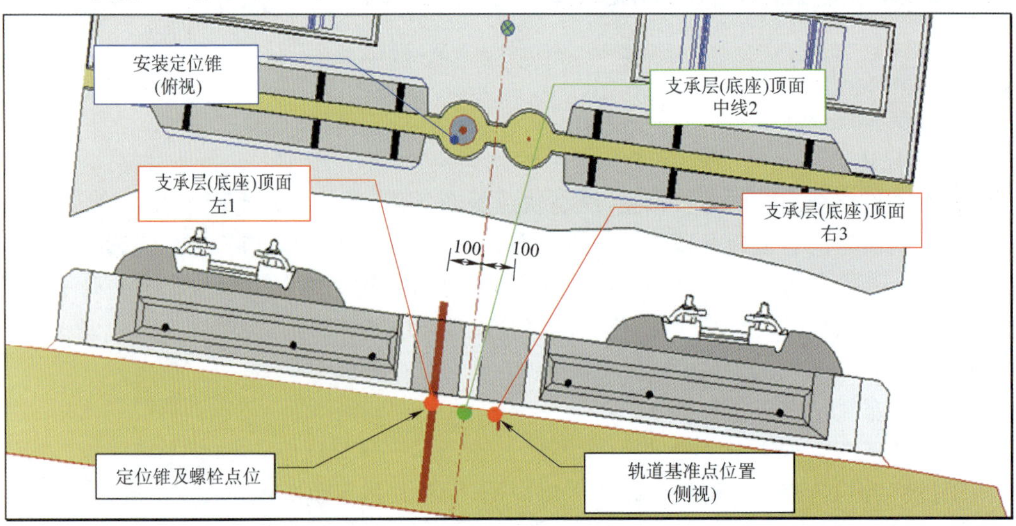

图 4-2-76 定位锥和轨道基准点平面位置(单位：mm)

利用布板软件能够对定位锥和轨道基准点进行空间坐标计算，因此能够保证定位锥和轨道基准点放样位置的准确性。如图 4-2-77 所示，1′点为定位锥计算位置，3′点为轨道基准点(GRP 点)计算位置。

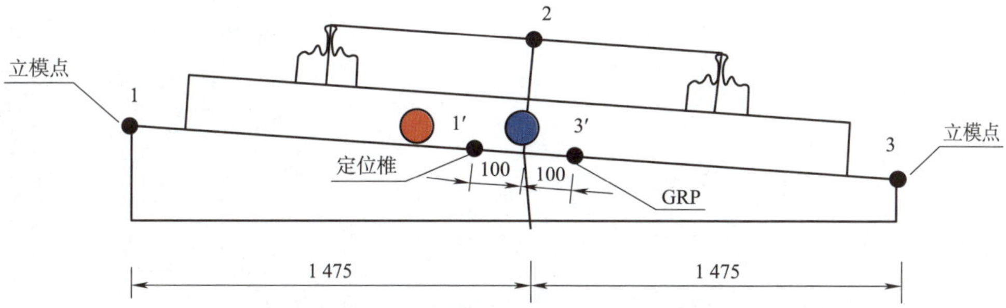

图 4-2-77 定位锥及轨道基准点计算点位示意图(单位:mm)

在进行定位锥和轨道基准点(GRP 点)放样数据计算时，需要定义定位锥和轨道基准点的计算断面，然后根据断面计算轨道板接缝处定位锥和轨道基准点的放样数据，计算断面定义见图 4-2-78，定位锥和轨道基准点实物见图 4-2-79，放样数据计算界面见图 4-2-80。桥梁上的放样数据计算需要考虑桥梁荷载引起的变形。

断面号	左4	左1	中线2	右3	右5	计算方法	□ 注释
1	0.000000	-0.750000	0.000000	0.750000	0.000000	V0=Dy/Dz沿断面坡向(点1/3	距离1-3=
1	0.000000	0.000000	0.000000	0.000000	0.000000	R0=钢轨顶面基准面	超高
2	0.000000	-0.750000	0.000000	0.750000	0.000000	V0=Dy/Dz沿断面坡向(点1/3	距离1-3=
2	0.000000	0.000000	0.000000	0.000000	0.000000	R0=钢轨顶面基准面	打磨
3	0.000000	-1.475000	0.000000	1.475000	0.000000	V0=Dy/Dz沿断面坡向(点1/3	Absteckung
3	0.000000	-0.230000	-0.252800	-0.230000	0.000000	R1=板顶面基准面	OK_HGT
4	-0.150000	-1.475000	0.000000	1.475000	0.150000	V5=V2(点1/3)与V1(点4/5)组	Abst_OK-TP
4	0.000000	0.000000	0.000000	0.000000	0.000000	R0=钢轨顶面基准面	+Sicherung
5	0.000000	-0.100000	0.000000	0.100000	0.000000	V0=Dy/Dz沿断面坡向(点1/3	Abst_GRN
5	0.000000	-0.230000	-0.252800	-0.230000	0.000000	R1=板顶面基准面	GRP+kONUS
6	0.000000	-1.100000	0.000000	1.100000	0.000000	V0=Dy/Dz沿断面坡向(点1/3	Kontrolle
6	0.000000	0.000000	-0.482800	0.000000	0.000000	R1=板顶面基准面	OK_TP

图 4-2-78 定位锥和轨道基准点计算断面定义

图 4-2-79 定位锥和轨道基准点实物

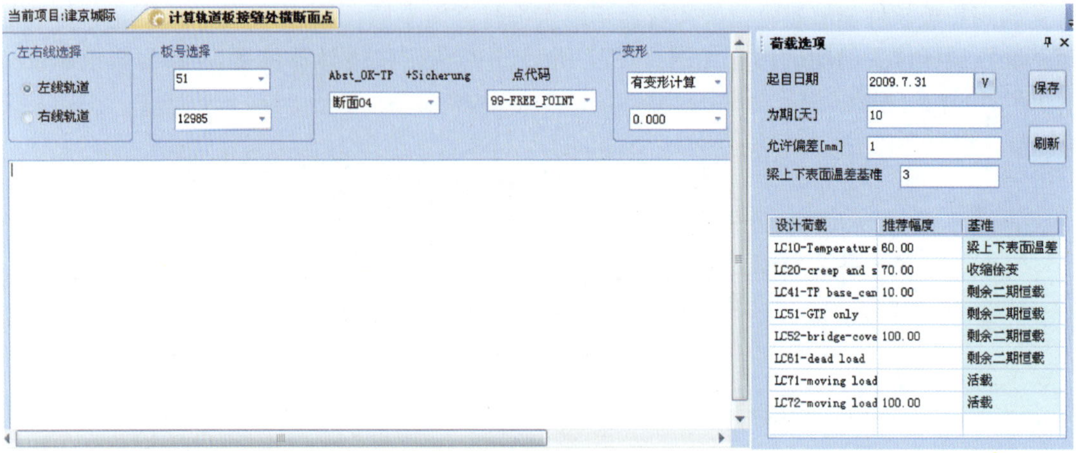

图 4-2-80　定位锥和轨道基准点放样数据计算界面

2. 路基上支承层面放样数据计算

CRTSⅡ型板式无砟轨道道床在路基上由混凝土支承层、CA 砂浆垫层和轨道板三层组成。

在轨道板铺设前，为保证 CA 砂浆垫层厚度及轨道板位置准确，需要保证混凝土支承层的高程及坡度满足设计要求并进行验收，合格后方可进行轨道板铺设。为保证混凝土支承层面几何位置准确，需要对路基上支承层面相关控制点位进行放样，需要根据布板软件生成的轨道板分布数据，计算路基上轨道板任意横断面上各控制点的放样坐标数据，以便进行施工放样测设。放样计算控制点位见图 4-2-81，计算断面定义见图 4-2-82。

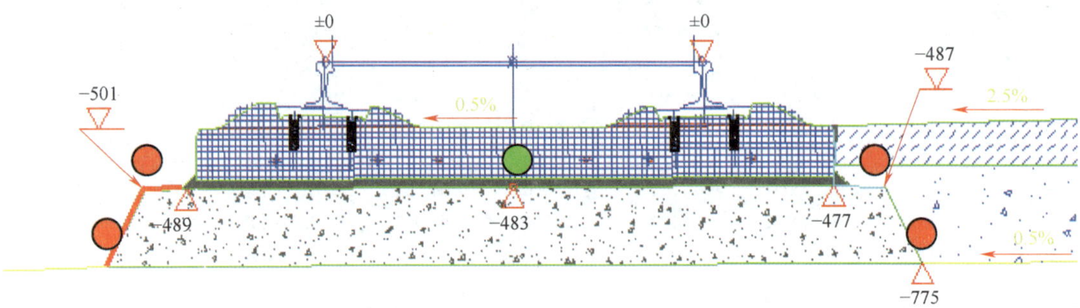

图 4-2-81　路基上支承层面放样数据计算控制点位图(单位:mm)

断面号	左4	左1	中线2	右3	右5	计算方法	注释
1	0.000000	-0.750000	0.000000	0.750000	0.000000	V0=Dy/Dz沿断面坡向(点1/3	距离1-3=
1	0.000000	0.000000	0.000000	0.000000	0.000000	R0=钢轨顶面基准面	超高
2	0.000000	-0.750000	0.000000	0.750000	0.000000	V0=Dy/Dz沿断面坡向(点1/3	距离1-3=
2	0.000000	0.000000	0.000000	0.000000	0.000000	R0=钢轨顶面基准面	打磨
3	0.000000	-1.475000	0.000000	1.475000	0.000000	V0=Dy/Dz沿断面坡向(点1/3	Absteckung
3	0.000000	-0.230000	-0.252800	-0.230000	0.000000	R1=板顶面基准面	OK_HGT
4	-0.150000	-1.475000	0.000000	1.475000	0.150000	V5=V2(点1/3)与V1(点4/5)组	Abst_OK-TP
4	0.000000	0.000000	0.000000	0.000000	0.000000	R0=钢轨顶面基准面	+Sicherung

图 4-2-82　路基上支承层面放样数据计算断面定义图

3. 桥梁上底座放样数据计算

CRTSⅡ型板式无砟轨道在桥上由两布一膜滑动层、钢筋混凝土底座板、CA 砂浆垫层和轨道板等四层组成，底座板结构设计为一整桥连续的钢筋混凝土板带结构，是桥上 CRTSⅡ型板式无砟轨道结构的重要组成部分，也是 CRTSⅡ型板轨道结构的重要特点之一。布板软件在桥梁上的放样坐标计算与路基上的放样坐标计算主要区别是梁体在温度、收缩、徐变、桥面二期恒载及活载等因素影响下将发生变形，需要将这些未发生的变形预先考虑到放样坐标计算中，使结构最终处于一种较理想的状态，而路基上的各种放样数据计算则不需考虑这些变形，直接计算即可(图 4-2-83)。

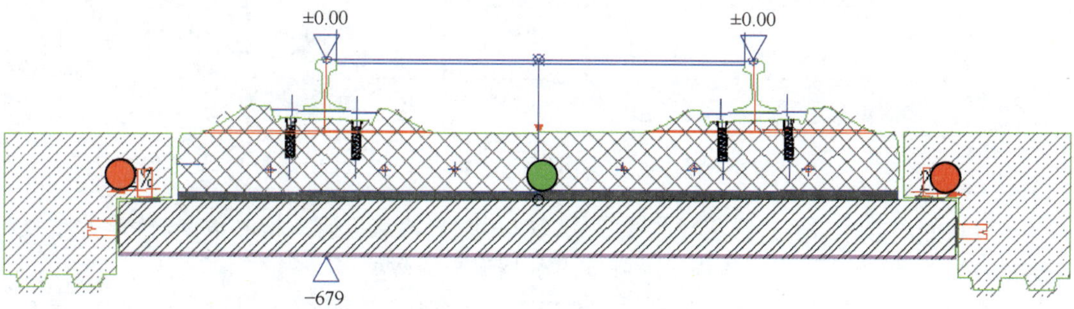

图 4-2-83　桥上无砟轨道道床横断面放样数据计算控制点位(单位：mm)

(八)轨道板精调数据计算

1. 功能描述

轨道板精调是确保轨道几何精度的最重要工序，通过轨道板精调实现了相邻轨道板相对误差在 0.3 mm 范围内。加工打磨完成的轨道板上实际有左右 10 对承轨台(共 20 个)，每个承轨槽对应的钢轨顶点定义为支点，左右承轨槽对应的中线处也定义为一个支点，因而每块轨道板共有 30 个支点，见图 4-2-84，轨道板精调计算主要是根据图 4-2-85 所示断面定义计算 30 个支点的理论位置及棱镜配对数据，并考虑轨道板打磨偏差的影响，棱镜配对数据记录了精调时各棱镜与轨道板上各支点的对应关系。

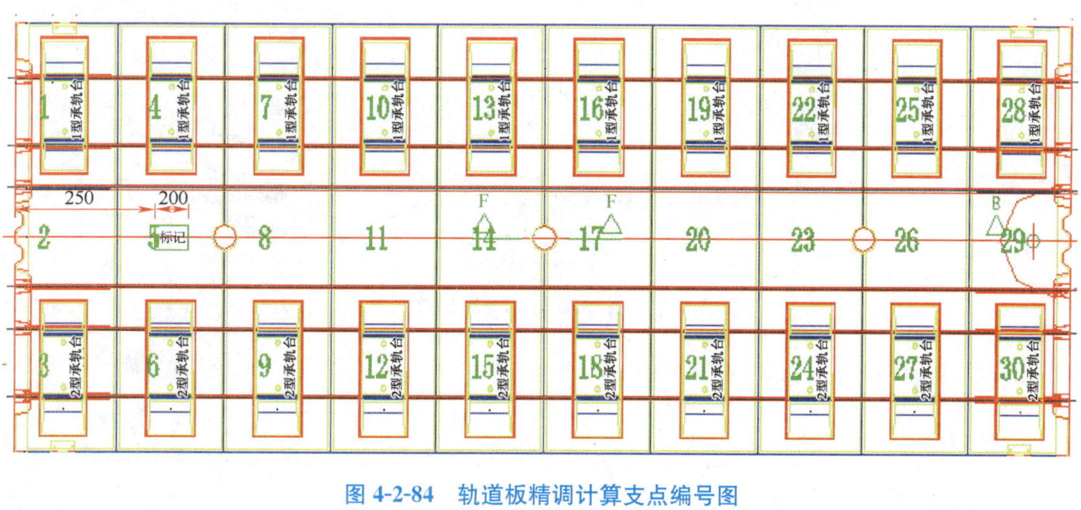

图 4-2-84　轨道板精调计算支点编号图

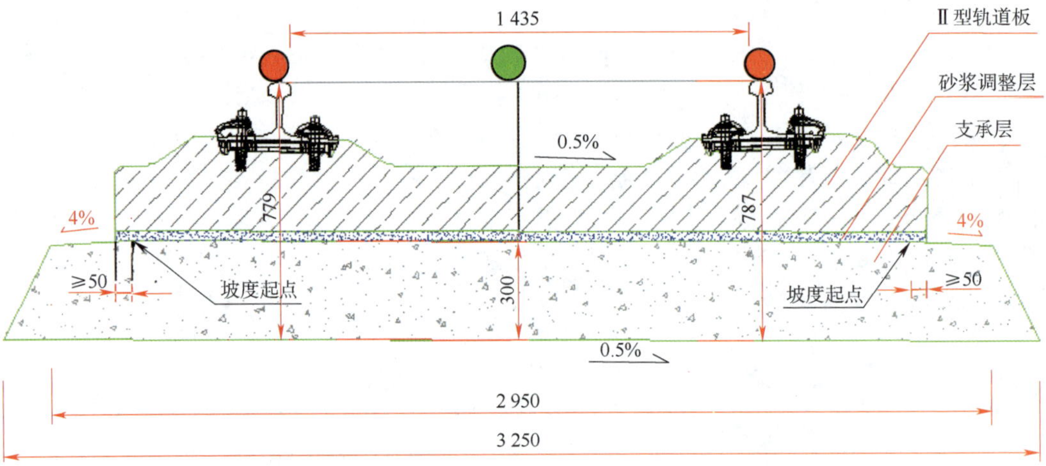

图 4-2-85 轨道板精调计算断面定义(单位:m)

布板软件根据线路平曲线和竖曲线参数、铺板数据、轨道板研磨检测数据、桥梁分布及荷载徐变参数,能够计算得到轨道板 1～30 支点的精调坐标数据。

桥梁上轨道板精调数据计算跟路基上有所不同,需要考虑梁体在温度、收缩、徐变、桥面二期恒载及活载等因素影响下发生的变形,需要将未发生的变形量在精调数据计算中预先加以考虑。轨道板精调数据计算时,需要选择打磨数据 FFS 文件,将打磨偏差考虑到精调数据中,打磨数据选择界面见图 4-2-86。

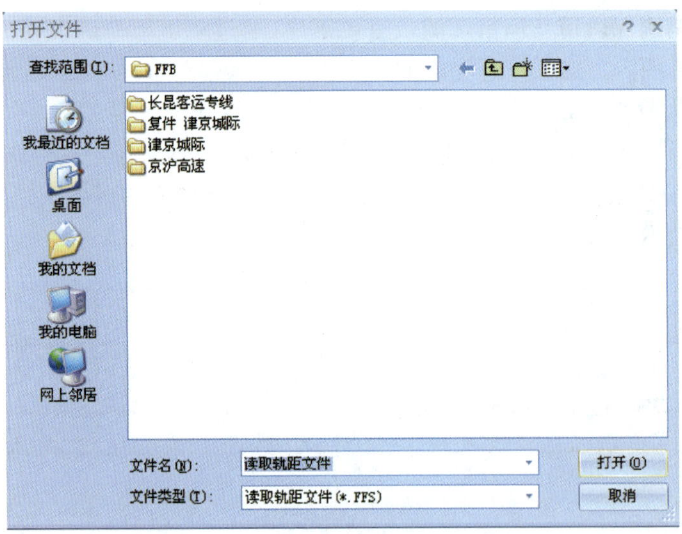

图 4-2-86 打磨数据 FFS 文件选择界面

2. 轨道板精调棱镜布置(图 4-2-87)

(九)数据检查

数据检查的主要功能是对底座板高程复测数据,轨道板铺板记录文件和精调成果复测数据的检查和评估,包括底座板高程复测、精调铺板记录、精调(竣工)成果复测等工作的检查和评估。

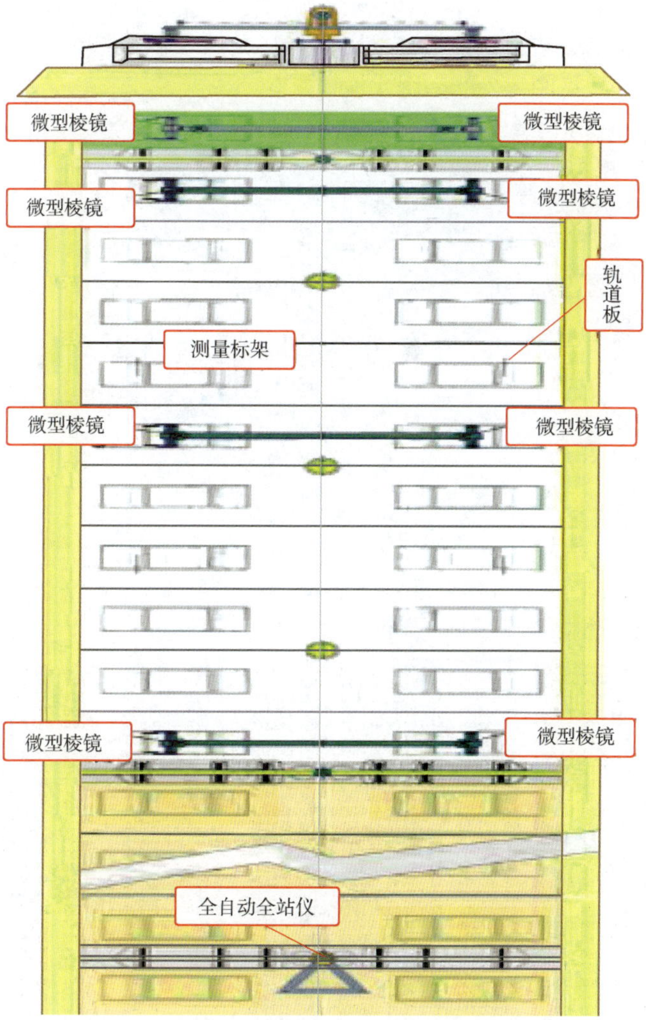

图 4-2-87　轨道板精调棱镜布置图

1. 底座板高程复测数据

底座板放样后的高程进行复测后，对得到的复测数据文件进行检查，根据线路数学模型，计算出底座板理论高程，将实测高程与设计值相比较，判断是否超限。

2. 精调铺板记录

精调铺板记录数据记录了精调支点的最终测量坐标。根据线路计算模型，计算各测量点调整后的横向和高程的偏差，以图形的方式对轨道板精调成果进行评估(偏差和不平顺性)，同时可通过此数据来检查各精调小组的调整情况。

3. 精调(竣工)成果复测

轨道板精调或灌浆后需要对轨道板进行竣工测量，以检查轨道板的铺设质量，竣工测量依据设标网采用后方交汇法建站进行测量，测量断面和精调测量时一样。根据精调(竣工)成果复测数据及线路理论坐标的数学模型，计算各测量点的横向和高程的偏差，以图形的方式对轨道板精调成果进行评估(偏差和不平顺性)，发现偏差超限时及时记录并调整扣件，必要时需要揭板重新精调灌浆。

底座板高程复测数据，轨道板铺板记录文件和精调成果复测数据的检查和评估的操作界面及结果显示基本一样，见图 4-2-88～图 4-2-90。

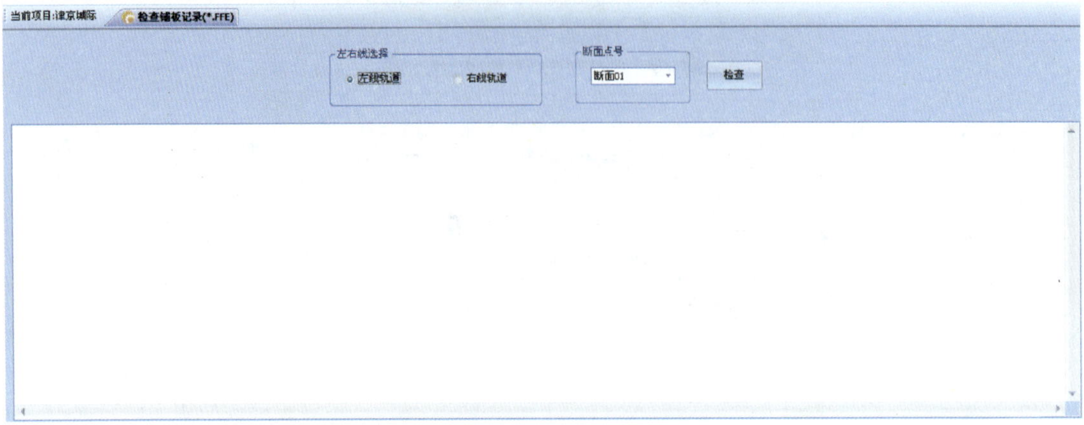

图 4-2-88　检查和评估操作界面

00 (R3)	R0109530	475506.401365	4413272.922532	48.833971	R3	7652.189697	6792.178118	-0.045	-0.124	-0.124	FF_N-Stand	1t	19.10.2007	23:59	16
00 (R3)	R0109515	475504.004783	4413275.115788	48.832407	R3	7648.941009	6788.929429	0.109	-0.064	-0.064	FF_N-Stand	1t	19.10.2007	23:59	16
00 (R3)	R0109503	475502.080095	4413276.877988	48.831280	R3	7646.331454	6786.319875	-0.204	0.114	0.114	FF_N-Stand	1t	19.10.2007	23:59	16
00 (L1)	R0109528	475507.412240	4413274.030834	48.834114	L1	7652.187093	6792.175514	-0.093	0.020	0.020	FF_N-Stand	1t	19.10.2007	23:59	16
00 (L1)	R0109513	475505.017242	4413276.223077	48.832499	L1	7648.940257	6788.928678	-0.177	0.029	0.029	FF_N-Stand	1t	19.10.2007	23:59	16
00 (L1)	R0109501	475503.097948	4413277.979695	48.831349	L1	7646.338451	6786.326872	-0.139	0.180	0.180	FF_N-Stand	1t	19.10.2007	23:59	16
00 (R3)	R0109430	475501.608171	4413277.309827	48.830677	R3	7645.691769	6785.680190	-0.148	-0.169	-0.169	FF_N-Stand	1t	19.10.2007	23:28	16
00 (R3)	R0109415	475499.212389	4413279.502346	48.829207	R3	7642.444168	6782.432589	0.009	-0.015	-0.015	FF_N-Stand	1t	19.10.2007	23:28	16
00 (R3)	R0109403	475497.283705	4413281.267649	48.827982	R3	7639.829572	6779.817992	-0.003	0.067	0.067	FF_N-Stand	1t	19.10.2007	23:28	16
00 (L1)	R0109428	475502.621198	4413278.416101	48.830725	L1	7645.692122	6785.680543	-0.164	-0.121	-0.121	FF_N-Stand	1t	19.10.2007	23:28	16
00 (L1)	R0109413	475500.225212	4413280.608459	48.829303	L1	7642.444480	6782.432901	0.182	0.081	0.081	FF_N-Stand	1t	19.10.2007	23:28	16
00 (L1)	R0109401	475498.303763	4413282.367094	48.827704	L1	7639.839722	6779.828143	0.195	-0.216	-0.216	FF_N-Stand	1t	19.10.2007	23:28	16
00 (R3)	R0109330	475496.807378	4413281.703652	48.827538	R3	7639.183827	6779.172248	-0.020	-0.054	-0.054	FF_N-Stand	1t	19.10.2007	23:06	16
00 (R3)	R0109315	475494.409281	4413283.898469	48.825933	R3	7635.932967	6775.921388	0.040	-0.033	-0.033	FF_N-Stand	1t	19.10.2007	23:06	16
00 (R3)	R0109303	475492.496612	4413285.649086	48.824441	R3	7633.340099	6773.328520	0.044	-0.229	-0.229	FF_N-Stand	1t	19.10.2007	23:06	16
00 (L1)	R0109328	475497.819994	4413282.309808	48.827474	L1	7639.183957	6779.172377	0.233	-0.118	-0.118	FF_N-Stand	1t	19.10.2007	23:06	16
00 (L1)	R0109313	475495.422370	4413285.004956	48.826036	L1	7635.933222	6775.921643	-0.123	0.069	0.069	FF_N-Stand	1t	19.10.2007	23:06	16
00 (L1)	R0109301	475493.503510	4413286.761223	48.824863	L1	7633.331973	6773.320394	-0.110	0.197	0.197	FF_N-Stand	1t	19.10.2007	23:06	16
00 (R3)	R0109230	475492.012819	4413286.091955	48.824286	R3	7632.684212	6772.672633	0.009	-0.056	-0.056	FF_N-Stand	1t	19.10.2007	22:26	16
00 (R3)	R0109215	475489.614690	4413288.287319	48.822771	R3	7629.432959	6769.421380	-0.213	0.055	0.055	FF_N-Stand	1t	19.10.2007	22:26	16
00 (R3)	R0109203	475487.703356	4413290.036165	48.821524	R3	7626.842272	6766.830693	0.089	0.103	0.103	FF_N-Stand	1t	19.10.2007	22:26	16
00 (L1)	R0109228	475493.024895	4413287.199429	48.824186	L1	7632.683053	6772.671474	-0.186	-0.156	-0.156	FF_N-Stand	1t	19.10.2007	22:26	16
00 (L1)	R0109213	475490.627708	4413289.393217	48.822636	L1	7629.433559	6769.421980	-0.020	-0.081	-0.081	FF_N-Stand	1t	19.10.2007	22:26	16
00 (L1)	R0109201	475488.706555	4413291.151147	48.821571	L1	7626.829496	6766.817916	0.230	0.156	0.156	FF_N-Stand	1t	19.10.2007	22:26	16
00 (R3)	R0109130	475487.221609	4413290.477561	48.821134	R3	7626.188888	6766.177309	-0.163	0.040	0.040	FF_N-Stand	1t	19.10.2007	21:21	16
00 (R3)	R0109115	475484.822152	4413292.673577	48.819447	R3	7622.936215	6762.924636	-0.079	-0.021	-0.021	FF_N-Stand	1t	19.10.2007	21:21	16
00 (R3)	R0109103	475482.905479	4413294.427814	48.818080	R3	7620.337950	6760.326371	-0.050	-0.089	-0.089	FF_N-Stand	1t	19.10.2007	21:21	16
00 (L1)	R0109128	475488.233307	4413291.584331	48.820930	L1	7626.187926	6766.176346	0.213	-0.164	-0.164	FF_N-Stand	1t	19.10.2007	21:21	16
00 (L1)	R0109113	475485.836040	4413293.779261	48.819622	L1	7622.937601	6762.926022	-0.202	0.153	0.153	FF_N-Stand	1t	19.10.2007	21:21	16
00 (L1)	R0109101	475483.914330	4413295.537519	48.818253	L1	7620.332906	6760.321327	0.147	0.087	0.087	FF_N-Stand	1t	19.10.2007	21:21	16
00 (R3)	R0109030	475482.437208	4413294.855887	48.817859	R3	7619.703502	6759.691923	0.236	0.007	0.007	FF_N-Stand	1t	19.10.2007	19:39	21
00 (R3)	R0109015	475480.039258	4413297.051320	48.815911	R3	7616.452334	6756.440755	-0.113	-0.315	-0.315	FF_N-Stand	1t	19.10.2007	19:39	21
00 (R3)	R0109003	475478.097958	4413298.827917	48.815115	R3	7613.820806	6753.809227	0.013	0.205	0.205	FF_N-Stand	1t	19.10.2007	19:39	21
00 (L1)	R0109028	475483.449428	4413295.963568	48.818174	L1	7619.702310	6759.690730	-0.144	0.323	0.323	FF_N-Stand	1t	19.10.2007	19:39	21
00 (L1)	R0109013	475481.049859	4413298.159980	48.816117	L1	7616.449287	6756.437708	-0.220	-0.108	-0.108	FF_N-Stand	1t	19.10.2007	19:39	21
00 (L1)	R0109001	475479.133389	4413299.913668	48.815009	L1	7613.851542	6753.839963	0.006	0.083	0.083	FF_N-Stand	1t	19.10.2007	19:39	21
00 (R3)	R0108930	475477.635169	4413299.251866	48.814918	R3	7613.193186	6753.181607	-0.187	0.321	0.321	FF_N-Stand	1t	19.10.2007	19:09	21
00 (R3)	R0108915	475475.237079	4413301.446896	48.813104	R3	7609.942188	6749.930608	-0.247	0.133	0.133	FF_N-Stand	1t	19.10.2007	19:09	21
00 (R3)	R0108903	475473.320978	4413303.200451	48.811850	R3	7607.344805	6747.333225	-0.133	0.178	0.178	FF_N-Stand	1t	19.10.2007	19:09	21
00 (L1)	R0108928	475478.641663	4413300.363522	48.814821	L1	7613.185086	6753.173507	0.122	0.228	0.228	FF_N-Stand	1t	19.10.2007	19:09	21
00 (L1)	R0108913	475476.249545	4413302.553365	48.813093	L1	7609.941995	6749.930416	-0.090	0.122	0.122	FF_N-Stand	1t	19.10.2007	19:09	21
00 (L1)	R0108901	475474.331526	4413304.308373	48.811625	L1	7607.342216	6747.330637	0.189	-0.046	-0.046	FF_N-Stand	1t	19.10.2007	19:09	21
00 (R3)	R0108830	475472.827260	4413303.652559	48.811168	R3	7606.675358	6746.663779	-0.252	-0.170	-0.170	FF_N-Stand	1t	19.10.2007	18:36	21
00 (R3)	R0108815	475470.426047	4413305.849860	48.809806	R3	7603.420522	6743.408943	0.008	0.096	0.096	FF_N-Stand	1t	19.10.2007	18:36	21

图 4-2-89　横向和高程偏差计算数据

4. 研究创新点及解决的关键问题

(1)线路平面断链处理

由于德国在铁路选线设计上与我国存在较大差异，博格布板软件在断链处理上的问题主要有以下几点。

①直线上存在两处断链的工况：线路坡度几何数据导入到 FFB 软件时程序处理不正确，断链 DK389＋199.85＝DK389＋200 变成了 DK389＋199.85＝DK389＋199.85，断后里程

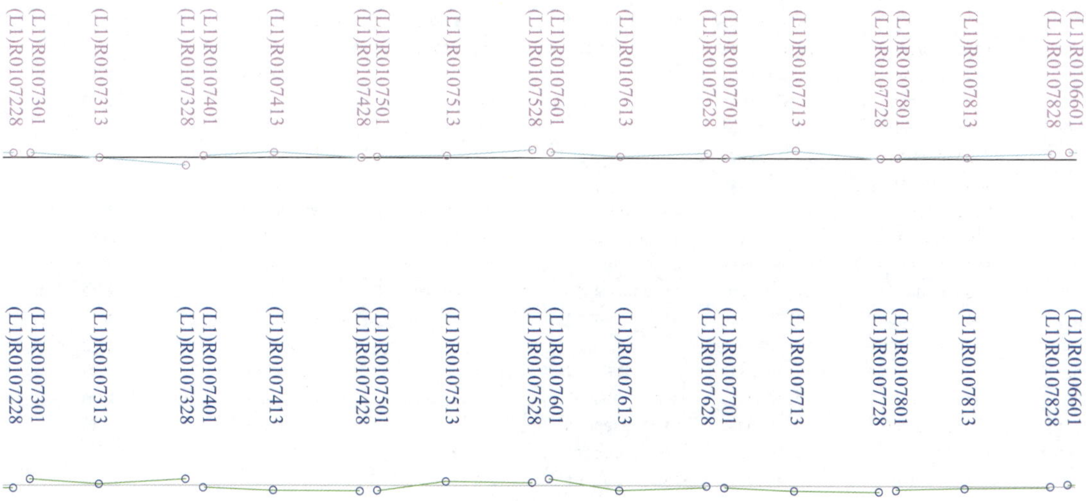

图 4-2-90　横向和高程偏差分布图

DK389＋200 数据丢失，断链 DK391＋799.86＝DK391＋800 信息提示中没有显示断链标志。

②一般长链工况：长链导入进 FFB 软件后信息提示显示红字，见图 4-2-91，断链 DK396＋202.148＝DK395＋400，信息提示中不显示断链，而是显示里程，颜色为红色。

220	388300.000000	28.578300	40000.000000	19.999995	1.000000		
221	389199.854210	29.478154			0.000000		
222	389199.854211	29.478154			1.000000	断链	
223	390050.000000	30.328154	-40000.000000	30.000000	-0.500000		
224	391600.000000	29.553154	40000.000000	23.440008	0.672000		
225	391799.860000	29.687460			0.000000		
226	391800.000000	29.687460			0.672000		
227	393000.000000	30.493860			0.000000		
228	396202.148758	30.493860			0.000000	断链	0
229	395400.000000	30.493860			0.000000	里程	
230	395450.000000	30.493860	40000.000000	13.007205	0.650360		
231	396600.000000	31.763460	35000.000000	128.618695	8.000000		
232	397700.000000	40.563460	-35000.000000	274.750000	-7.700000		
233	398800.000000	32.093460	35000.000000	134.750000	0.000000		
234	401400.000000	32.093460	40000.000000	63.660000	3.183000		
235	402800.000000	36.549660			3.700000		
236	404300.000000	42.099660	-35000.000000	129.062500	-3.675000		
237	405450.000000	37.873410	40000.000000	103.520527	1.501026		
238	406800.007616	39.899807			0.000000		
239	406800.000000	39.899807			1.501030	里程	
240	406900.000000	40.049910			3.378573		

图 4-2-91　坡度数据导入到 FFB 软件后界面显示

③大长链工况：长链导入进 FFB 软件后信息提示出错，如图 4-2-92 所示，断链 DK77＋792.526＝DK73＋000，信息提示中显示很多断链，断链后里程也显示为里程，颜色为红色。

36	60800.000000	15.870368	-35000.000000	18.375000	-0.500000		
37	64400.000000	14.070368	35000.000000	18.725003	0.570000		
38	65500.227792	14.697498			0.000000	断链	0
39	65500.000000	14.697498			0.570000	断链	1
40	67170.000000	15.649398			0.002834		
41	68000.000000	15.651750			0.000000		
42	70000.000000	15.651750			1.000000		
43	73000.000000	18.651750	35000.000000	70.000000	5.000000	断链	0
44	74000.000000	23.651750	-35000.000000	87.500000	0.000000	断链	0
45	75000.000000	23.651750	-35000.000000	105.000000	-6.000000	断链	0
46	76100.000000	17.051750	35000.000000	105.000000	0.000000	断链	0
47	77500.000000	17.051750	35000.000000	2.516794	0.143817	断链	0
48	77792.526312	17.783066			0.000000	断链	1
49	73000.000000	17.783066			2.500000	里程	0
50	73800.000000	19.783066	-35000.000000	35.000000	0.500000	断链	0
51	76000.000000	20.883066	-35000.000000	19.829253	-0.633100	断链	0
52	79500.000000	15.633066	35000.000000	99.340503	5.043500		
53	80850.000000	22.441791	-35000.000000	177.511250	-5.100000		
54	82450.000000	14.281791	35000.000000	215.250000	7.200000		
55	83950.000000	25.081791	-35000.000000	169.750000	-2.500000		
56	84950.000000	22.581791	-35000.000000	42.000000	-4.900000		

图 4-2-92 长链导入到 FFB 软件后界面显示

④断链在变坡点上工况：坡度几何数据导入进 FFB 软件后信息提示为切线，并以红色字体显示，见图 4-2-93，断链 DK18＋997.895979＝DK19＋000，在变坡点里程 DK19＋050 处切线计算长度显示为红色，同时信息提示中用红色字体显示“切线”。

07	8950.000000	64.233600	-20000.000000	94.170000	-4.217000		
08	9950.000000	60.016600	-35000.000000	72.852500	-8.380000		
09	10900.000000	52.055600	35000.000000	146.650000	0.000000		
10	14050.000000	52.055600	35000.000000	75.967500	4.341000		
11	15250.000000	57.264800	-35000.000000	75.967500	0.000000		
12	16350.000000	57.264800	-35000.000000	20.538321	-1.173618		
13	18997.895979	54.159650			0.000000		
14	19000.000000	54.159650			-1.189640		
15	19050.000000	54.100168	35000.000000	82.051200	3.499000	切线	
16	20250.000000	58.298968	-35000.000000	61.232500	0.000000		
17	21700.000000	58.298968	-35000.000000	20.702500	-1.183000		
18	24100.000000	55.459768	-35000.000000	171.797500	-11.000000		
19	25500.000000	40.059768	35000.000000	192.500000	0.000000		
20	26900.000000	40.059768	-35000.000000	26.162500	-1.495000		
21	29100.000000	36.770768	35000.000000	26.162500	0.000000		

图 4-2-93 断链在变坡点上工况

博格公司通过京津城际项目优化完善了布板软件，但在长链处理及断链落在纵断面竖曲线范围内等情况考虑仍不完善。在进行布板设计时，为避免由于断链问题引起布板设计错误，目前采取了以下办法来加以避免。

①对于断链落在纵断面竖曲线范围内的工况，布板设计时在不影响土建工程的情况下对断链的位置进行前后平移或调整。

②对于长链工况，布板设计时根据断链位置划分成两个不同的段落分别进行轨道板设计。

国产化软件在数据处理时增加了断链数据，在进行空间曲线模型构造时，线路空间曲线坐标及方向计算统一按线路连续里程进行计算，消除了断链对轨道板布置的影响。

(2)轨道板精调数据计算

由于桥梁梁体在温度、收缩、徐变、桥面二期恒载以及活载等因素影响下将发生的变形，该变形将通过底座、CA 砂浆层直接作用在轨道板各承轨槽上，引起轨道板偏离理论位置，影响轨道平顺性及旅客舒适度，见图 4-2-94。因此，CRTSⅡ型板式无砟轨道设计时需要把这些将发生的变形量预先考虑到各承轨槽的理论计算坐标中，使轨道板结构最终处于一种较理想的状态，这也是 CRTSⅡ型板式无砟轨道设计的一个重要理念。

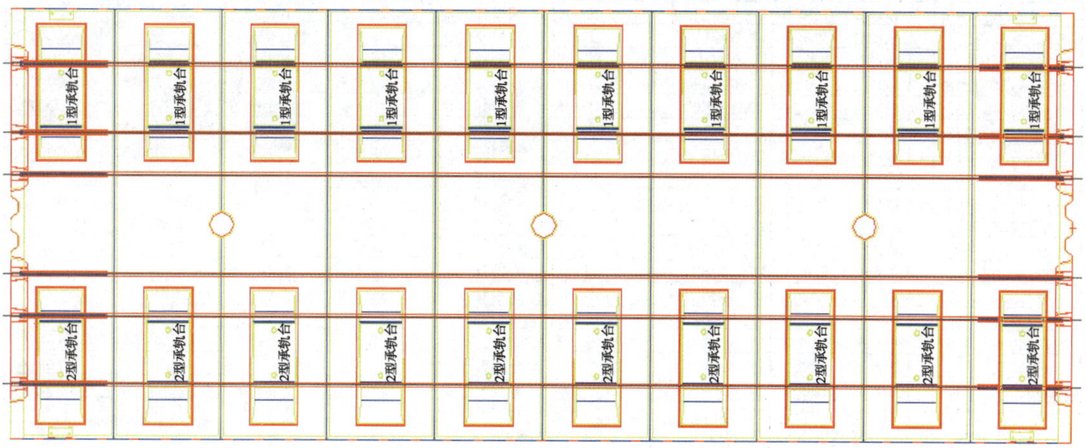

图 4-2-94　轨道板各承轨槽布置图

轨道板上各承轨槽的变形理论上应是各承轨槽所在桥梁里程位置处即将发生的变形，但由于轨道板为一刚性结构体，轨道板上各承轨槽的变形应为桥梁变形引起轨道板的变形，见图 4-2-95，轨道板上各承轨槽的变形应为板端 A 点及 B 点变形的平均值，而不是各承轨槽变形计算的理论值，否则，轨道板精调将很难实现。

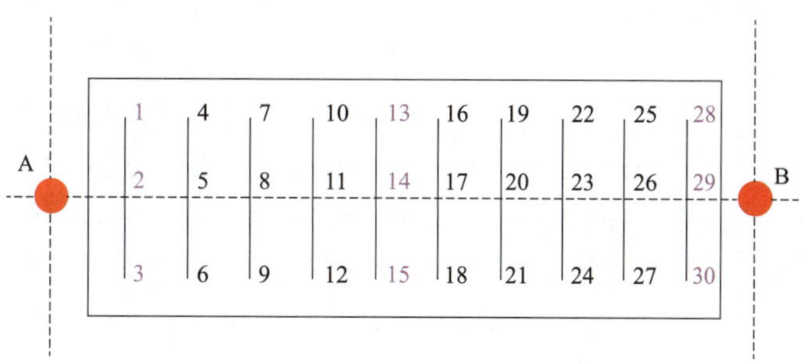

图 4-2-95　轨道板各承轨槽序号图

图 4-2-96 为博格布板软件精调计算数据及国产化软件轨道板各承轨槽变形在不同计算方式下得出的精调数据跟博格布板软件精调数据间的对比差值。由比较结果可知，博格布板软件在进行精调数据计算时，轨道板各承轨槽的变形跟轨道板的整体变形不一致，有可能降低轨道板精调作业效率。

(3)线路平面及纵断面数据输入

线路平面及纵断面几何数据是构建线路平面模型和线路纵断面模型的基础，博格布板软

博格布板软件计算数据			轨道板各承轨槽变形相同时计算偏差			轨道板各承轨槽变形不相同时计算偏差		
X	Y	Z	ΔX	ΔY	ΔZ	ΔX	ΔY	ΔZ
509938.689191	4380264.357641	17.400912	1.1E-05	1.30003E-05	1E-06	1.1E-05	1.3E-05	2.2E-05
509938.012570	4380264.034093	17.400912	1.2E-05	1.30003E-05	1E-06	1.2E-05	1.3E-05	2.2E-05
509937.335948	4380263.710545	17.400912	1.1E-05	1.29994E-05	1E-06	1.1E-05	1.2999E-05	2.2E-05
509938.969599	4380263.771236	17.400330	1.1E-05	1.29994E-05	1E-06	1.1E-05	1.2999E-05	6.2E-05
509938.292978	4380263.447688	17.400330	1.2E-05	1.30003E-05	1E-06	1.2E-05	1.3E-05	6.2E-05
509937.616356	4380263.124140	17.400330	1.1E-05	1.30003E-05	1E-06	1.1E-05	1.3E-05	6.2E-05
509939.250008	4380263.184830	17.399741	1.2E-05	1.20001E-05	1E-06	1.2E-05	1.2E-05	9.6E-05
509938.573386	4380262.861282	17.399741	1.1E-05	1.30003E-05	1E-06	1.1E-05	1.3E-05	9.6E-05
509937.896765	4380262.537734	17.399741	1.2E-05	1.30003E-05	1E-06	1.2E-05	1.3E-05	9.6E-05
509939.530416	4380262.598425	17.399131	1.2E-05	1.30003E-05	2E-06	1.2E-05	1.3E-05	0.000108
509938.853795	4380262.274877	17.399131	1.2E-05	1.29994E-05	2E-06	1.2E-05	1.2999E-05	0.000108
509938.177173	4380261.951329	17.399131	1.2E-05	1.30003E-05	2E-06	1.2E-05	1.3E-05	0.000108
509939.810824	4380262.012020	17.398520	1.1E-05	1.30003E-05	1E-06	1.1E-05	1.3E-05	0.000119
509939.134203	4380261.688472	17.398520	1.2E-05	1.30003E-05	1E-06	1.2E-05	1.3E-05	0.000119
509938.457581	4380261.364924	17.398520	1.1E-05	1.29994E-05	1E-06	1.1E-05	1.2999E-05	0.000119
509940.091233	4380261.425615	17.397906	1.2E-05	1.29994E-05	2E-06	1.2E-05	1.2999E-05	0.000128
509939.414611	4380261.102067	17.397906	1.1E-05	1.30003E-05	2E-06	1.1E-05	1.3E-05	0.000128
509938.737990	4380260.778518	17.397906	1.2E-05	1.20001E-05	2E-06	1.2E-05	1.2E-05	0.000128
509940.371641	4380260.839209	17.397271	1.2E-05	1.29994E-05	1E-06	1.2E-05	1.2999E-05	0.000115
509939.695019	4380260.515661	17.397271	1.1E-05	1.30003E-05	1E-06	1.1E-05	1.3E-05	0.000115
509939.018398	4380260.192113	17.397271	1.2E-05	1.30003E-05	1E-06	1.2E-05	1.3E-05	0.000115
509940.652049	4380260.252804	17.396627	1.1E-05	1.30003E-05	1E-06	1.1E-05	1.3E-05	9.4E-05
509939.975428	4380259.929256	17.396627	1.2E-05	1.29994E-05	1E-06	1.2E-05	1.2999E-05	9.4E-05
509939.298806	4380259.605708	17.396627	1.1E-05	1.30003E-05	1E-06	1.1E-05	1.3E-05	9.4E-05
509940.932458	4380259.666399	17.395976	1.2E-05	1.30003E-05	1E-06	1.2E-05	1.3E-05	6.5E-05
509940.255836	4380259.342851	17.395976	1.2E-05	1.30003E-05	1E-06	1.2E-05	1.3E-05	6.5E-05
509939.579215	4380259.019303	17.395976	1.2E-05	1.29994E-05	1E-06	1.2E-05	1.2999E-05	6.5E-05
509941.212866	4380259.079993	17.395311	1.2E-05	1.30003E-05	1E-06	1.2E-05	1.3E-05	2.3E-05
509940.536244	4380258.756445	17.395311	1.1E-05	1.30003E-05	1E-06	1.1E-05	1.3E-05	2.3E-05
509939.859623	4380258.432897	17.395311	1.2E-05	1.29994E-05	1E-06	1.2E-05	1.2999E-05	2.3E-05

图 4-2-96　变形计算比较表

件对于线路平面数据和纵断面数据均采用元素法录入，不适合我国铁路传统设计方式。线路设计数据需要通过复杂计算才能形成博格布板软件所需要的数据格式，降低了计算精度，增加了工作接口及数据出错概率。国产化软件线路平面数据采用交点法录入，线路纵断面数据采用坡度法录入，适合我国铁路设计方式。

(4)轨道板布置表

由于打磨后的轨道板在线路上是一一对应的，因此在进行轨道板铺设及精调时，为了确保轨道铺设位置的正确性，施工单位需要一个简明的轨道板布置表，以对线路全线的轨道板布置信息全面了解，并按照轨道板布置表组织和管理全线轨道板的铺设和精调。博格布板软件目前不能直接生成轨道板布置表，需要对数据进行大量处理才能形成，京津城际轨道板布置表由博格公司提供。经过与施工单位研究讨论，在国产化软件中增加生成轨道板布置表功能。

通过以上线路平面断链处理、轨道板精调数据计算、轨道板布置表等五项创新点的分析可知，与引进国外布板施工软件技术相比，国产化再创新软件是更能符合中国铁路设计特点、且具有完全自主知识产权的科技成果，有着博格技术无法比拟的优越性，充分体现“引进、消化、吸收、再创新”的方针，使得国内布板软件技术在引进国外应用软件基础上迈上新台阶。

(5)轨道板编号调整

博格布板软件轨道板最多可布置 99 999 块板，即可布置的线路长度为 649 km，对于长大项目来说，这显然是不够的，轨道板编号有可能需要重复设置，影响施工作业。国产化软件一次最多可布置 9 999 999 块板，可一次布置下落 64 999 km，可满足目前国内长大干线的轨道板布置要求，较好地解决了轨道板编号重叠问题。

5. 社会与经济效益

CRTSⅡ型板式无砟轨道技术以快速、安全、舒适及经济等独特的优点，成为未来国内高速铁路发展的必然趋势。铁三院组织大量的人力物力对CRTSⅡ型板布板软件进行理论研究、软件编制、工程测试等多项研究，并最终达到了独立掌握CRTSⅡ板布板软件、形成具有完全自主知识产权的科技成果的攻关目标。

(1)经济效益分析

目前国内在建的京沪高速铁路、京石、石武、杭甬、津秦等客运专线、全部铺设CRTSⅡ型板式无砟轨道，均采用CRTSⅡ型板式无砟轨道设计施工布板软件进行轨道板打磨、铺设、轨道板精调及评估等，为全国CRTSⅡ型板施工单位节约大量资金。

(2)社会效益分析

布板软件技术是国内首次应用于时速350 km高速铁路无砟轨道结构设计技术。布板软件作为国际上最先进的无砟轨道系统施工应用技术，科技含量高、技术难度大。铁三院积极、主动研究CRTSⅡ型板布板施工软件技术，解决了各种重要技术难题，取得了丰硕成果，软件多项设计应用技术成为国内首创的具有完全自主知识产权的研究成果，打破了国外引进技术占据国内市场垄断地位的现实，为未来国内其他客运专线的顺利完成打下了坚定的设计技术基础。同时成为将来我国铁路事业的独立发展做良好的铺垫。

通过对CRTSⅡ型板式无砟轨道布板软件的编制与研究，铁三院更深的掌握了CRTSⅡ型板式无砟轨道技术，为今后的技术延伸提供了必要的技术储备和基础；同时，随着客运专线、高速铁路的大面积开工建设，CRTSⅡ型板布板软件技术相信会在今后其他客运专线和高速铁路工程中得到很好的推广和应用。

第六节　高速铁路与重载铁路并行地段移动通信技术

一、研究背景

在秦皇岛地区(K269＋000～K279＋000)，津秦正线与大秦线并线。津秦高速铁路为设计时速350 km的CTCS-3级客运专线，大秦铁路为2万t重载铁路。GSM-R系统既承载着津秦高速铁路的列控信息又承载着大秦铁路的机车同步操控信息，如何构建一个安全、顺畅、高效的GSM-R通信网络对两线的顺利运营尤为重要。

且由于津秦线与大秦线分别归属北京铁路局及太原铁路局，两线的维修天窗时间不同、网管归属不同、维护队伍不同，所以在设计组网的时候需要同时考虑在不影响两线正常运营的前提下，设备维修、倒修的方便便携与故障容灾方案的可实施性。

随着铁路GSM-R网络的发展，跨局并线区段将会更加频繁的在工程设计中出现，故需要从GSM-R基站容量计算、铁路专用调度功能实现方案、G网与其他专用调度系统互联互通方案等方面详细研究，确定跨局并线区段的GSM-R网络组网原则，以便于为今后其他G网工程中跨局并线区段的设计提供参考。

二、研究过程

根据津秦高速铁路GSM-R网络承载调度语音、CTCS-3、调度命令信息传送等业务量和话务模型，经测算津秦高速铁路与既有大秦线在秦皇岛地区并行区段及两端相邻区域需使用15个频点。而大秦线在该区域已使用17个频点。因此，津秦高速铁路、大秦线在并行区段及两端相邻区域分别独立构建GSM-R网络较为困难，故该区域应统一考虑业务容量，统一规划GSM-R网络。

津秦高速铁路是全路第一条承载CTCS-3级列控系统的客运专线与承载2万t机车同步操控系统的重载铁路并线且采用GSM-R共网覆盖方式。故需从系统容量、频率规划及如何保证CTCS-3、机车同步操控数据安全等方面入手，对并线区段方案进行研究，见图4-2-97。

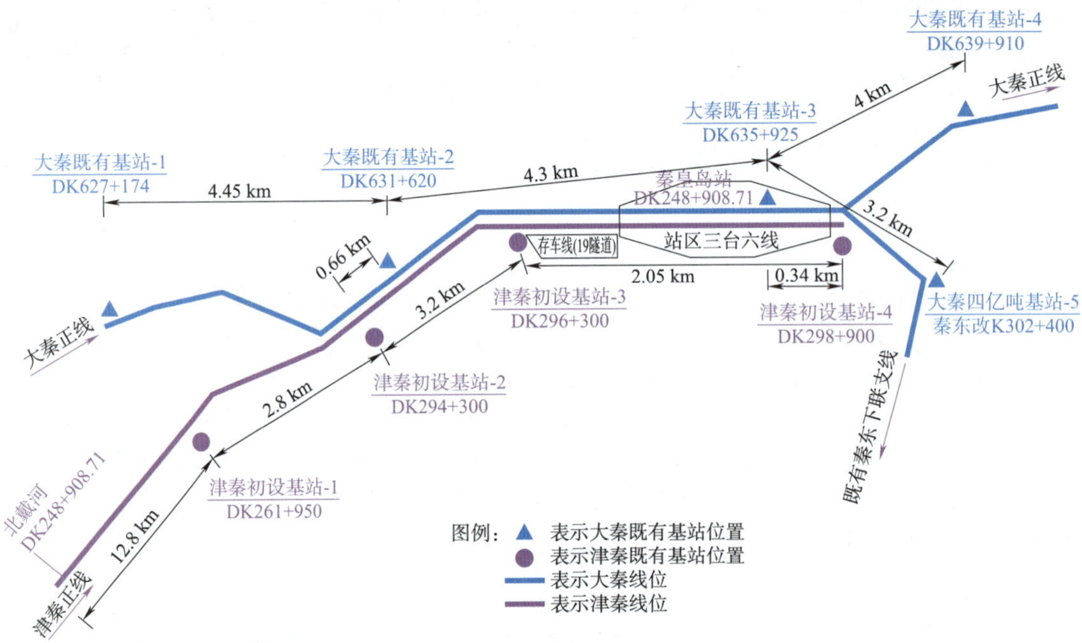

图4-2-97 津秦、大秦并线区段既有基站位置示意图

鉴于上述技术原因，铁道部运输局、津秦铁路客运专线有限公司多次召集科研院校、设计单位专家及北京、太原铁路局召开会议，研究新建津秦高速铁路与既有大秦线在秦皇岛地区并行区段共用GSM-R网络的技术和建设方案。

2011年9月9日，铁道部运输局在北京组织召开了津秦高速铁路与大秦线并行区段GSM-R无线网覆盖方案审查复审会，铁三院汇报了四个方案。

方案一：同站址双网方案——利用大秦基站(表4-2-25)。

(1)方案概述

表4-2-25 并线段基站布设方案(方案一)

大秦基站设备	设备位置	原设计容量	本方案容量
大秦既有基站	大秦K627+174	O3+O3	O2+O2
大秦四亿吨新建基站	大秦K631+620	O2+O2	O3+O3
大秦既有基站	大秦K635+925	O2+O2	O2+O2
大秦四亿吨新建基站	大秦K639+910	O2+O2	O3+O3

根据话务模型分析，应对以上两套基站进行扩容增加载频，现有大秦这些基站使用 A、B 网工作模式，配置为在保证覆盖的基础上需要将 K631＋620 扩容为 O3＋O3 的模式、K627＋174 由 O3＋O3 变更为 O2＋O2 即可(同过分析太原铁路局网管数据 K627＋174 最大忙时信道利用率只有 30％，平时忙时信道利用率只有 10％，该基站配置 O2＋O2 即可满足业务需求)。

将 K639＋910 处基站配置扩容为 O3＋O3。

根据津秦高速铁路需求，秦皇岛车站需增加直放站覆盖站台无柱雨棚下弱场，目前秦皇岛车站基站已带有一套 1 拖 1 直放站覆盖大秦线区间，因此需增加直放站。为保证新设直放站与大秦线既有直放站系统互联互通，本方案拟采用目前与大秦工程既有直放站相同厂家产品。在秦皇岛无柱雨棚下新设 2 处直放站远端，采用定向天线覆盖站台：为保证机车同步操控及列车控制信息传送的安全性，每处新设直放站远端机 3 套，其中两套直放站远端 1 主用 1 备用，接入 K639＋910 处 A 网基站；另一套作为从基站接入 K639＋910 处 B 网基站。在 K639＋910 处 A、B 网基站处分别新设光纤直放近端机各 2 套。

为便于北京局对共线区段基站进行实时监控，在北京铁路局新设共线区段 GSM-R 无线子系统远程网管终端。接入大秦 OMC-R 主机。Abis 接口以及 A 接口的监测数据需要由大秦接口监测传送至北京铁路局，而太原铁路局为了监测这几个基站的数据传输质量，也需要观察津秦接口监测系统中的 PRI 接口监测数据。

(2)互联互通

①列车无线调度通信

该方案利用太原交换机及基站覆盖共线区段，因津秦 FAS 主机接入北京交换机，故津秦新设 FAS 与太原既有 FAS2 通过 2 个 2M 联通，当移动用户发起的呼叫时，通过两 FAS 主系统之间的互联通道解决。当固定用户发起的呼叫时，通过两 GMS-R 交换机互联通道解决。目前，北京交换机与太原主、备交换机电路域各由 4 个 2 Mb/s 链路通道连接。

该方案在编制编号方案时，将在短号码呼叫设置成津秦 1210、1310，大秦目前设置为 1200、1300，即可有效将两线列调组呼区分开。

②公务移动通信

该方案公务移动通信功能由北京至太原 GSM-R 交换机间话音业务互联通道解决。

③紧急语音通信

紧急语音通信全路采用 299 组呼，故并线区段若有紧急呼叫发起，必将同时接通两条线的紧急呼叫通话组。

④列车运行控制系统信息传送

当已在列控信道工作下的津秦列控机车进入太原交换机覆盖范围时，该通信链路进行跨交换机间切换，切换成功即可正常通信。

当津秦列控机车在太原交换机覆盖范围内发起呼叫，建立列控信道时，其车载台位置信息按漫游用户存入太原 VLR 内。漫游车载台通过太原交换机与北京交换机之间的互联互通通道，向北京所在的津秦 RBC 寻址，建立车、地列控数据通信双向通道。

⑤机车同步操控信息传送

大秦机车同步操控信息传送模式不变。

⑥列车无线车次号校核信息传送及调度命令信息无线传送

承载列车无线车次号校核信息传送及调度命令信息无线传送的 GPRS 业务，太原、北京间

GPRS 系统通过数据网通道连通。目前北京、太原局间 GPRS 信息互联互通功能运行情况良好。

津秦、大秦两线路列车无线车次号校核信息与调度命令信息可通过互联通道完成。太原 GRIS 服务器升级增加线路号标识识别功能。

(3)存在问题

根据大秦线目前的频率分配方案,基于华为的频点共享技术,即当频点不够用时,同址 A、B 网基站 BCCH 所在频点不同,但 TCH 频点相同,平时 B 网的 TCH 频点不发射信号,只有当 A 网故障时,B 网 TCH 频点才启动发射,承载业务,此转换过程需要的时间华为承诺为 30 s。在转换完成之前,只有 B 网的 BCCH 一个频点承载业务,届时可能会出现大秦与津秦争抢信道的现象,会影响通信。此外,此转换时间大于 CTCS-3 允许的通信中断时间(20 s),可能引起 CTCS-3 降级为 CTCS-2。

RBC 信息传输中断超过 20 s,列控系统自动由 CTCS-3 级转换到 CTCS-2 级,列车按照 CTCS-2级列控系统运行,在越过下一个车站的逆向进站口应答器组后重新接收信息,列控系统由 CTCS-2 级转换到 CTCS-3 级,列车按照 CTCS-3 级列控系统运行。因秦皇岛站为该线 CTCS-3、CTCS-2 分界点,故在秦皇岛站附近向大里程(秦皇岛站)方向运行的列车,若因 GSM-R 系统主备基站倒换的原因降级为 CTCS-2,则经过秦皇岛后继续按 CTCS-2 模式运行。若在秦皇岛站附近向小里程(北戴河)方向运行的列车,因 GSM-R 系统主备基站倒换的原因降级为 CTCS-2,可在通过北戴河站后转换到 CTCS-3 级。

方案二:单网交织布设基站,基站加密方案——利用津秦基站,接入北京交换机(表 4-2-26)。

(1)方案概述

该方案采用津秦新设基站,根据大秦与津秦并线话务模型对与大秦线三岔口交接处基站 DK294+300 扩容为 O3,但由于该处三岔口基站必须增加覆盖半径以避免不同方向列车误切换,不能采用交织方式组网,故改为 O2+O2 站型同站址双网方式。

秦皇岛站主用基站本应由 O3 扩容为 O4,且由于此处位于大秦正线与秦山枢纽的三岔口,该基站需要与大秦 K639+910 基站及秦东改 K302+400 同时切换,故需设置成同站址双网 O3+O1 站型。

由于并线区段已接近秦皇岛枢纽,列车运行时速已降至 200 km,故可将基站布点加密至 1.1 km 间隔以上,小区规划变小后将会使两线路三岔口处同站址双网基站与秦皇岛主用基站不再成为邻区,使秦皇岛枢纽的 4 个频率组的规划成为可能。

表 4-2-26 并线段基站布主设方案(方案二)

序号	津秦基站设备	原设备位置	原设计容量	原设计铁塔高度(m)	本方案建议	本方案容量	新铁塔高度(m)	备 注
1	基站	DK261+950	O2	45	改成窄波瓣天线			
2	基站	DK294+300	O2	40	DK293+800	O2+O2	35	与大秦线三岔口交接处,采用同站址双网方式
3	基站	无	无	无	DK295+550	O2	25	
4	基站	DK297+450	O2	40	DK297+450	O2	25	秦皇岛站存车区(负责与秦皇岛主用基站交织)
5	基站	DK299+600	O3	45	DK299+600	O3+O1	25	秦皇岛站主用

津秦 DK261＋950 处基站秦皇岛方向天线改为窄波瓣天线。大秦既有 K627＋174 处基站天线改为窄波瓣天线，并退让部分频点由 O3＋O3 站形改为 O2＋O2 站形。

采用津秦基站设备接入北京交换机，但因大秦线在大秦 K637＋740 处设有 1 处直放站，信号源为秦皇岛车站基站，大秦基站取消后，津秦基站 DK299＋600 距离此处直放站约 1 km，津秦基站开通后，可以用津秦基站 DK299＋600 作为信号源，由于互联互通的需求，需要在大秦 K637＋740 处新设 2 套远端机（与津秦正线型号一致）。

为便于太原局对共线区段基站进行实时监控，在太原新设共线区段 GSM-R 无线子系统远程网管终端，接入津秦 OMC-R 主机。Abis 接口以及 A 接口的监测数据需要由北京接口监测传送至太原铁路局。

(2)互联互通

①列车无线调度通信

该方案利用太原交换机及基站覆盖共线区段，因津秦 FAS 主机接入北京交换机，故津秦新设 FAS 与太原既有 FAS2 通过 2 个 2M 联通：当移动用户发起的呼叫时，通过两 FAS 主系统之间的互联通道解决。当固定用户发起的呼叫时，通过两 GMS-R 交换机互联通道解决。目前，北京交换机与太原主、备交换机电路域各由 4 个 2 Mb/s 链路通道连接。

该方案在编制编号方案时，将在短号码呼叫设置成津秦 1210、1310，大秦目前设置为 1200、1300，即可有效将两线列调组呼区分开。

②公务移动通信

该方案公务移动通信功能由北京至太原 GSM-R 交换机间话音业务互联通道解决。

③紧急语音通信

紧急语音通信全路采用 299 组呼，故并线区段若有紧急呼叫发起，必将同时接通两条线的紧急呼叫通话组。

④列车运行控制系统信息传送

津秦机车同步操控信息传送模式不变。

⑤机车同步操控信息传送

当已在机车同步操控信道工作下的大秦机车同步操控机车进入北京交换机覆盖范围时，该通信链路进行跨交换机间切换，切换成功即可正常通信。

当大秦机车同步操控机车在北京交换机覆盖范围内发起呼叫，建立机车同步操控信道时，其车载台位置信息按漫游用户存入北京 VLR 内。漫游车载台通过太原交换机路与北京交换机之间的互联互通通道，接入太原所在的 AN 节点，建立车、地列控数据通信双向通道。

⑥列车无线车次号校核信息传送及调度命令信息无线传送

承载列车无线车次号校核信息传送及调度命令信息无线传送的 GPRS 业务，太原、北京间 GPRS 系统通过 2 个 2 Mb/s 通道连通。目前北京、太原局间 GPRS 信息互联互通功能运行情况良好。

承载列车无线车次号校核信息传送及调度命令信息无线传送的 GPRS 业务，太原、北京间 GPRS 系统通过数据网通道连通。目前北京、太原局间 GPRS 信息互联互通功能运行情况良好。

津秦、大秦两线路列车无线车次号校核信息与调度命令信息可通过互联通道完成。太原 GRIS 服务器升级增加线路号标识识别功能。

方案三：单网交织布设基站，基站加密方案——使用大秦设备，接入太原交换机（表 4-2-27）。

(1)方案概述

本方案使用大秦基站设备,以交织方式布点,接入太原交换机。

大秦既有 K627+174 基站增设窄波瓣天线;取消原计划 K631+620 处新建基站,在津秦与大秦交汇处(津秦 DK293+800)新设 O2+O2 站点以同站址双网方式覆盖三岔口;津秦 DK295+550、津秦 DK297+450 处增设 2 载频基站,既有大秦 K635+925 处基站可利旧,为保证两线话务量并行及大秦三岔口覆盖,将其容量调整为 O3+O1。

由于并线区段基站关系到北京局所辖津秦线 CTCS-3 列控安全,以及太原局所辖大秦线机车同步操控信息安全,故为便于两路局对并线区段设备管理及维护,建议 DK293+800、DK297+450 处基站归属北京局管理;与之交织的 DK295+550 及既有大秦 K635+925 处基站归属太原局管理。为保证基站维修时两线 G 网通信不受影响,在 DK295+550 及 DK297+450 处增设冷备基站。

北京局及太原局共同对共线区段基站进行实时监控,在北京铁路局新设并线区段 GSM-R 无线子系统远程网管终端,接入大秦 OMC-R 主机。Abis 接口以及 A 接口的监测数据需要由大秦接口监测传送至北京铁路局,而太原铁路局为了监测这几个基站的数据传输质量,也需要观察津秦接口监测系统中的 PRI 接口监测数据。

表 4-2-27 并线段基站布设方案(方案三)

序号	大秦基站设备	原设备位置	原设计容量	本方案建议	本方案容量	新铁塔高度(m)	备注
1	基站	大秦 K627+174	O3+O3	增设窄波瓣天线	O2+O2		
2	基站	大秦 K631+620	O2+O2	取消原 K631+620 处基站;在津秦 DK293+800 增设基站	O2+O2	25	利用 K631+620 处基站设备及传输、电源设备
3	基站			津秦 DK295+550	O2	25	
4	基站			在津秦 DK297+450 增设基站	O2	25	
5		大秦 K635+925	O2+O2		O3+O1		
6	基站	大秦 K639+910	O2+O2	按原计划建设			

(2)互联互通

①列车无线调度通信

该方案利用太原交换机及基站覆盖共线区段,因津秦 FAS 主机接入北京交换机,故津秦新设 FAS 与太原既有 FAS2 通过 2 个 2M 联通:当移动用户发起的呼叫时,通过两 FAS 主系统之间的互联通道解决。当固定用户发起的呼叫时,通过两 GMS-R 交换机互联通道解决。目前,北京交换机与太原主、备交换机电路域各由 4 个 2 Mb/s 链路通道连接。

该方案在编制编号方案时,将在短号码呼叫设置成津秦 1210、1310,大秦目前设置为 1200、1300,即可有效将两线列调组呼区分开。

②公务移动通信

该方案公务移动通信功能由北京至太原 GSM-R 交换机间话音业务互联通道解决。

③紧急语音通信

紧急语音通信全路采用 299 组呼,故并线区段若有紧急呼叫发起,必将同时接通两条线的紧急呼叫通话组。

④列车运行控制系统信息传送

当已在列控信道工作下的津秦列控机车进入太原交换机覆盖范围时，该通信链路进行跨交换机间切换，切换成功即可正常通信。

当津秦列控机车在太原交换机覆盖范围内发起呼叫，建立列控信道时，其车载台位置信息按漫游用户存入太原 VLR 内。漫游车载台通过太原交换机路与北京交换机之间的互联互通通道，向北京所在的津秦 RBC 寻址，建立车、地列控数据通信双向通道。方案二中津秦列车运行控制系统信息传送模式不变。

⑤机车同步操控信息传送

大秦机车同步操控信息传送模式不变。

⑥列车无线车次号校核信息传送及调度命令信息无线传送

承载列车无线车次号校核信息传送及调度命令信息无线传送的 GPRS 业务，太原、北京间 GPRS 系统通过 2 个 2 Mb/s 通道连通。目前北京、太原局间 GPRS 信息互联互通功能运行情况良好。

津秦、大秦两线路列车无线车次号校核信息与调度命令信息可通过互联通道完成。太原 GRIS 服务器升级增加线路号标识识别功能。

方案四：津秦、大秦各自布设基站，单网交织，并行区段漏缆覆盖。

(1)方案概述

由于列控传输及机车同步操控均需要实时占用信道，根据话务量计算，津秦、大秦单独组网时，区间基站至少为 2 载频、线，车站基站至少为 3 载频、线；其所用频点无法同时在同一地区规划。以目前铁路 19 对频点的容量，在各基站使用铁塔天线空间波覆盖时，仅支持两线各自规划时区间以 O1 基站交织组网，车站最大以 O2 基站交织组网。不满足两线的话务量需求，故本方案采用共线区段全线挂设漏缆方式，将津秦线基站间距缩减至 1.5 km 左右(为保证津秦机车时速 200 km/h 条件下，列控信道在 20 s 以内只有一次切换，津秦线两基站间距不得小于 1.1 km)。

在大秦线既有基站中间增设新的站点，以分担话务量，两线均在共线区段全部以漏缆方式覆盖。

津秦线存车场采用光纤直放站远端结合电杆天线方式覆盖。

(2)互联互通

由于两线各自组网，故列调、列控、机车同步操控等信息均相对独立没有交叉。

(3)存在问题

①漏缆隔离度

两线线位较接近时(最小间距 40 m)，两条漏缆间信号隔离度无成熟计算方案，需实测确定。

津秦工程存车场采用光纤直放站结合电杆天线覆盖，其信号与相邻大秦线漏缆隔离度无成熟计算方案，故需实测确定。

②切换区规划

目前该区段两线小距离为 40 m，在此条件下漏缆的隔离度不足以保证两线移动台不切换至对方基站内，故本方案中两线基站应设置成完全没有切换关系。在该区段为移动台加电入网的用户，也应设置成不得接入对方网络，即 HLR 内必须写入大秦线所有车载台、移动台的 SIM 卡数据，“禁止接入本区段津秦小区”数据，以及全路(由机车交路决定津秦线上线车有可能是全路动车组)相关动车组车载台 SIM 卡“禁止接入本区段大秦小区”数据。

由于以上设置，未来秦沈线规划 GSM-R 网络时，亦需在其与大秦共线区段使用全线漏缆覆盖，并将秦沈线上线的所有车载台 SIM 卡做相同设置。秦沈线为客、货运混跑铁路，跑大秦交路的机车头亦有可能在秦沈上运行。故该设置实施困难。

③配合工程

需与相关专业核算桥梁结构承重、支撑杆基础安装、光纤直放站远端及其供电电源征地等、漏缆承重。

各方案比选结果见表 4-2-28。

表 4-2-28 各方案比选结果

	优 点	缺 点
方案一	投资最为节省大秦工程机车无跨交换机切换	津秦工程列车有跨交换机切换，列控信道需漫游至太原交换机，经太原交换机、北京交换机转接 RBC。 主用基站故障，倒换备用基站时，津秦列控会由 CTCS-3 降级为 CTCS-2
方案二	津秦工程列车无切换，列控不受影响。 新设 AN 节点投资可为北京局预留开行机车同步操控功能	投资最高。 大秦机车同步操控列车会有两次跨交换机切换
方案三	大秦工程机车无跨交换机切换	津秦工程列车有跨交换机切换，列控信道需漫游至太原交换机，经太原交换机、北京交换机转接 RBC
方案四	津秦、大秦 G 网相对独立，各项功能没有交叉，维护维修方便	该方案存在缺陷，秦皇岛站场内、存车场内无法实施，桥上及秦皇岛站无柱雨棚下漏缆挂设无法实施。 两线线位较接近时，两条漏缆间信号隔离度无法计算，需实测确定

经专家评审，同意按照方案三实施。

三、组网方案

1. 并线区段 GSM-R 系统方案（图 4-2-98）

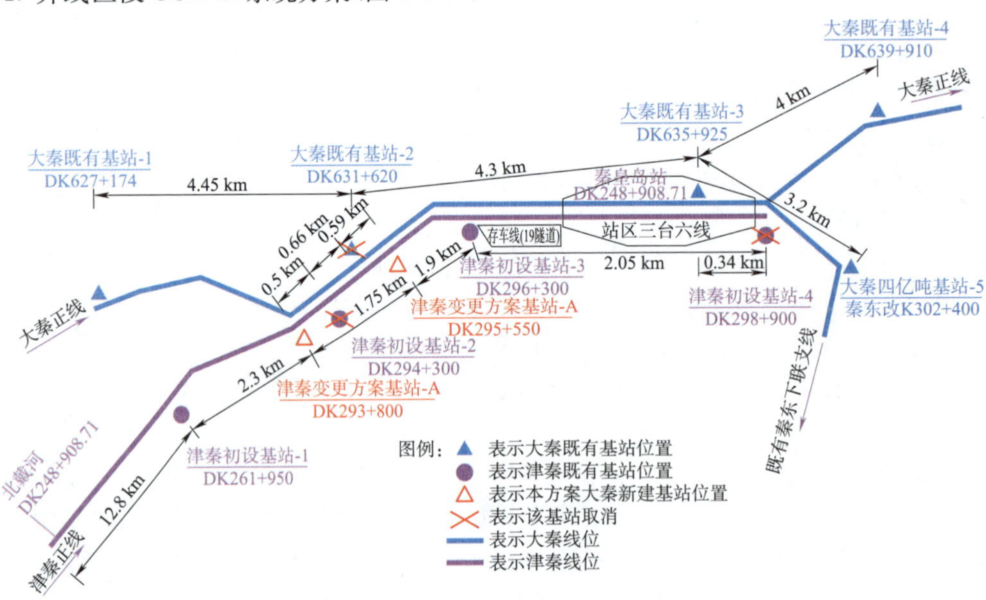

图 4-2-98 并线区段变更方案基站位置示意图

取消大秦 K631+620(编号为 HY-QHD02A/B)处基站，在津秦高速铁路与大秦线交汇处津秦 K272+677.9(编号为 BDH-QHD06A/B)新设 O2+O2 站点以同站址双网方式覆盖三岔口；津秦 K274+577.9(编号为 BDH-QHD07A/B)、津秦 K276+447.9(编号为 BDH-QHD08A/B)处增设 2 载频基站，既有大秦 K635+925(编号为 QHDBA/B)处基站利旧，为保证两线话务量并行及大秦三岔口覆盖，将其容量调整为 O3+O3。

BDH-QHD07、BDH-QHD 08 两处基站为单网交织冗余，BDH-QHD06 及 QHDB 处基站为同站址双网冗余覆盖。

由于大秦线与津秦高速铁路的维修天窗点不同，为保证基站维修时两线 G 网通信不受影响，将原大秦 K631+620 处基站主备基站及传输设备移设至津秦 BDH-QHD07、BDH-QHD08 两处基站作为冷备基站。

秦皇岛站台无柱雨棚下采用原津秦高速铁路集成方案中秦皇岛站台下设计直放站接入秦北信号楼 A、B 网基站信号方式进行覆盖。

2. 并线区段传输系统方案

津秦 BDH-QHD06、BDH-QHD07、BDH-QHD08 站点内采用双套传输、BDH-QHD06 站点为双套电源，(BDH-QHD07、BDH-QHD08 站点内备用基站、传输设备均由大秦 K631+620 处站点移设)，实施完成后 BDH-QHD 06、BDH-QHD07、BDH-QHD08 三处基站每处各有中兴、华为传输设备 1 套，华为传输设备经秦北信号楼接入大秦既有传输系统，中兴传输设备纳入津秦高速铁路正线传输系统。

3. 并线区段无线设备网管方案

该工程在北京铁路局新设并线区段 GSM-R 无线子系统远程网管终端，接入大秦 OMC-R 主机。

在太原局新设了并行区段津秦 BDH-QHD06、BDH-QHD07、BDH-QHD 08 站点的视频网管复示终端、动环网管复示终端、传输网管复示终端。

4. 并线区段接口监测系统方案

目前本方案已在太原局新设一台网关服务器和一台接入路由器，还有一台津秦高速铁路接口监测远程操作维护终端。

5. 秦沈线频率规划的考虑

未来秦沈线频率规划时，考虑秦皇岛局部地区利用大秦线基站覆盖的方案，使得秦沈线 GSM-R 系统开通机车上线运行时，在秦皇岛地区切换方案清晰。

四、方案优点

津秦与大秦共建组网，资源共享，节约投资，符合总公司的 GSM-R 网络整体规划思想。

整合两线话务量，并采用小区分裂技术，适当减少小区覆盖范围，使得每小区内可能出现的移动用户减少，更加合理利用现有频率资源，保证两线的话务要求。

基站组网采用三岔口同站址双网方式，区间并线区段单网交织冗余方式，并采用冷备基站。各站点均采用双套传输、电源、光缆，最大化地保证了两线的通信系统安全性。

目前站间距经过计算，可以满足津秦列控系统“20 s 内只能出现一次切换”的误码率要求。

大秦线机车同步操控列车没有跨交换机切换，对 AN 节点及相应应用没有影响。

A、B网网络结构分开，两局分别设置了对方系统的复视终端，在硬件条件上已具备一定的两路局分开维护通信设备的条件。

未来秦沈线规划时，依然采用局部地区利用大秦线基站覆盖的方案，使得秦沈线机车上行运行时，切换方案清晰。

通过以上方案，首次实现了配置CTCS-3级车载设备的动车组与普速机车同步操控的需求。

第七节　电务综合监督

一、研究背景

铁路电务设备主要指用于行车指挥和信号控制的通信信号设备，由铁路电务部门负责维护。随着我国大力发展高速铁路和客运专线，大量基于安全计算机的智能设备如计算机联锁(CBI)、列控中心(TCC)、无线闭塞中心(RBC)、临时限速服务器(TSRS)、车载列控(ATP)得到广泛应用，基于GSM-R的无线通信网络成为列控系统车-地安全数据传输和调度语音传输的重要通道。大量高技术含量的通信信号系统对保证铁路运输安全可靠运行起到了重要作用，电务设备已成为铁路的“中枢神经”，它的发展水平是铁路现代化的重要标志。

由于电务设备功能复杂、室内室外接口众多且部分设备工作环境恶劣，雷电冲击、电源干扰、电磁环境、接地状态等各类因素对电子电路、数字通信等影响可能造成硬件随机失效、共模错误等风险，因此，采用数据采集和智能分析技术，进行设备内部数据的观察与分析对于设备状态监督至关重要。

国外铁路通信信号设备的智能化发展历史较长，在保证高速铁路运行方面有丰富的经验，值得我们借鉴。国外信号控制系统一般是控制、监测一体化，监测数据与控制数据相结合，一般不单设监测系统，监测数据也不止用于维护。如美国GE公司的GEisys系统实现了铁路运维系统的管理、控制、监测一体化，有效整合了信号控制和设备监测功能。京津城际采用的德国西门子SIMIS-W系统提供了S&D(服务与诊断)终端，实现了控制与维护的一体化。

经过近30年的建设，我国铁路电务监测技术取得了较大的成绩，主要包括以下几方面。

(1)各种信号设备均拥有不同程度的设备工作状态实时监测和自诊断终端，包括列控中心维护终端、轨道电路维护终端、计算机联锁维护终端、CTC/TDCS车站维护终端、临时限速服务器TSRS维护终端、RBC维护终端。

(2)信号集中监测系统(CSM)、列控设备动态监测系统(DMS)等均全面投入应用。信号集中监测系统(CSM)能够实时采集信号设备的工作参数(工作状态、电压、电流、频率等)，监视信号设备的工作状态，发现异常能够及时报警，并能提供实时报表、历史报表、实时曲线、历史曲线、统计报表等分析手段；列控设备动态监测系统(DMS)实现了对车载ATP信息的实时在线采集，能实时查看运营车辆的车载ATP设备的实时运行情况，并能显示存储和查询各类接收信息。

(3)另外，还推广使用了道岔转辙机缺口监测、视频监控系统、铁路安全数据网网管等监测装置，实现了对现场信号设备工作状态的监测、报警、图表显示等功能，为信号设备的维修、维护提供了有力的工具。

(4)铁路通信专业完善通信综合网管系统、GSM-R 接口监测等设备,实现了对铁路通信系统、通信基础设备和通信业务接口数据的监测和分析。

但是,目前的监测系统存在以下不足:

(1)目前的监测系统都是集中在单个领域进行研究设计,对于涉及车地之间、通信信号系统之间、信号设备之间的数据综合分析和逻辑比对尚不充分,若系统之间不能互联互通、信息共享,则监测数据综合分析、综合应用就难以展开,整体效益难以发挥,出现较复杂故障需进行设备维修时,还需要调看多个系统界面。

电务设备监测维护的通信信号一体化趋势明显。由于采用 CTCS-2、CTCS-3 级标准的列车控制系统得到越来越广泛的应用,通信成为信号控制和安全数据传输的一个信息通道。电务监测维护除了覆盖车站信号、区间信号、车载信号设备外,还应包括车-地信息闭环分析等各技术领域,逐步解决 CTCS-3 无线通信中断和车-地信号综合分析问题。

(2)大量监测数据缺乏有效的数据挖掘和利用,不能实现设备状态的大数据分析、异常预警和健康管理等功能,数据分析的智能化程度和预警准确率有待提高。

(3)目前故障判断和维护方案主要依靠人工经验,现场积累的丰富经验未能形成标准模型和领域知识,不具备积累、整理、规范和推广能力。

因此,进一步完善与整合现有通信信号监测检测设备,采用智能化分析技术提高电务监测维修技术水平,是电务监测维护发展的必然方向,对于保证行车安全、提高运输效率、改善劳动条件和提升运营管理指挥水平具有重要意义。

在《中国铁路总公司运输局关于做好电务系统安全监控技术体系规划和建设工作的通知》(运电信号函〔2014〕460 号)和《铁路信号集中监测系统技术条件》(运基信号〔2010〕709 号)的方针指导下,经过多年努力,研制出铁路电务综合监督系统(以下简称综合监督系统)。综合监督系统是对各类通信信号设备运行状态进行综合监督,对其监测数据进行智能分析的综合数据平台,实现了设备故障报警分析、设备异常预警分析、信号设备综合分析、车载地面设备综合分析功能。

(1)综合监督系统与计算机联锁(CBI)、列控中心(TCC)、轨道电路(TC)、信号集中监测(CSM)、调度集中(CTC)、无线闭塞中心(RBC)、临时限速服务器(TSRS)、列控设备动态监测系统(DMS)等设备接口,实时采集各类监测数据和报警信息,实现了各类电务设备监测信息最大程度的互联互通和信息共享。

(2)综合监督系统实现了对计算机联锁(CBI)、列控中心(TCC)、轨道电路(TC)、调度集中(CTC)、无线闭塞中心(RBC)、临时限速服务器(TSRS)、列车自动防护系统(ATP)、电源屏、道岔转辙设备、信号机、应答器等设备的内部板卡、通信接口、继电电路、设备内部及设备间关键数据的监督报警和数据展现。

(3)综合监督系统通过提取信号设备电气特性特征值,采用大数据智能化综合分析技术对道岔转辙设备、轨道电路、信号机、电源屏等信号设备异常状态进行预警分析和数据展现,提醒检查防患于未然。

(4)综合监督系统结合地面信号、车载信号监测数据,实现了信号设备之间、车载地面之间信号数据的综合分析和数据展现,逐步解决列控系统复杂故障的车地综合分析、GSM-R 无线通信中断原因判断等问题。

综合监督系统采用多种手段提高报警和预警的准确性。报警按实现类型主要分为实时数据报警预警和离线大数据分析报警预警。实时报警预警条件综合考虑了接口中断、数据延迟、系统间时差等因素，考虑了天窗维修屏蔽时间段等特殊时间段。离线大数据分析报警预警考虑了的日、月、年统计特征值及站、线、段、局范围的大数据分析，通过统计平均的方式过虑个例样本干扰问题。

综合监督系统通过回放列车、模拟量曲线等信息的车地综合站场平面图、全线设备、安全数据网和具体设备的设备状态图、各类原始和特征曲线图、列车运行轨迹分析、动态逻辑化电子图纸、临时限速查询等界面，直观展现各类车地信号数据，协助分析报警原因和过程，为电务部门提供辅助维修指导。

铁路电务综合监督系统于 2012 年 9 月通过了铁道部组织的试验评审，2014 年 1 月在津秦高速铁路全线开通使用，2014 年 6 月通过了中国铁路总公司组织的试用评审。

二、系统功能

电务综合监督系统功能按照“发现问题、分析问题、查看原因”三段式过程解决问题，按照“设备监督报警”→“报警原因分析”→“数据综合展现”规划系统功能，围绕“系统报警”的核心，通过报警分析界面自动关联对应报警的各类相关数据查看功能，减少人员拷贝时间、筛选设备操作，使用户采用最少操作即可方便查看需要的数据，分析报警原因，解决设备维修问题。系统功能见图 4-2-99。

1. 设备监督报警

综合监督系统通过智能分析，最大可能将故障和异常问题自动判别出来，产生对应的报警，提醒电务人员关注查看报警预警信息。系统通过计算机系统自动或辅助维修人员定位故障位置。例如：当道岔因故不能转换，可以帮助维修人员区分出是室内部分还是室内部分、表示电路故障还是动作电路故障等。对于道岔动作回路故障类型，可能的原因包括：1DQJ 未吸起、2DQJ 未转极、断路器断开等。

设备监督报警分为针对小概率安全风险分析的一级报警，针对车站联锁、列控中心、安全数据网、CTC 站机、RBC、TSRS 等智能设备的二级报警和异常预警，针对道岔转辙设备、轨道电路、继电结合电路、信号机、电源屏、电缆绝缘电源漏流等信号基础设备的二级报警和异常预警，以及针对列车运行等车地联合分析的二级报警和异常预警。

2. 报警原因分析

在产生报警后，用户可通过综合监督系统的报警分析查看报警产生的过程数据，并可自动关联报警当前时间和设备的车地信号综合回放、设备状态图回放、动态电子图纸分析、列车运行轨迹分析、道岔动作电流曲线分析、模拟量曲线分析、模拟量特征曲线分析，判断报警预警产生的过程、数据和原因，快速定位故障，进行维修处理。

用户可通过定期查看故障统计报表方式关联报警分析界面，宏观查看报警产生情况、分布情况，并对具体故障进行报警分析。

3. 数据综合展现

用户可通过综合监督系统查看全线各站信号平面图、全线设备状态图、全线安全数据网状态图、各智能设备状态图、各类模拟量曲线图、各类信号设备的详细信息，关注界面上的报警、

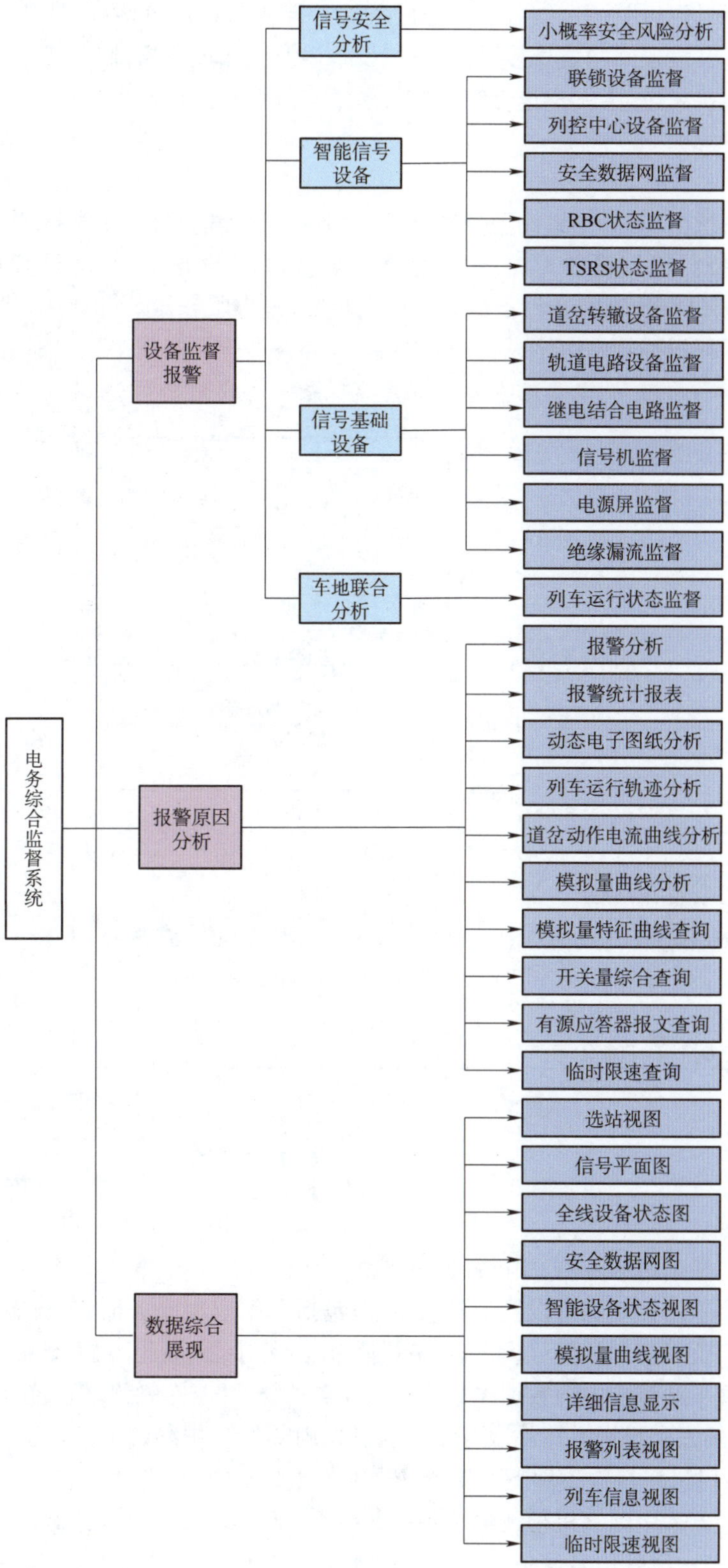
电务综合监督系统
设备监督报警
报警原因分析
数据综合展现
信号安全分析
智能信号设备
信号基础设备
车地联合分析
小概率安全风险分析
联锁设备监督
列控中心设备监督
安全数据网监督
RBC状态监督
TSRS状态监督
道岔转辙设备监督
轨道电路设备监督
继电结合电路监督
信号机监督
电源屏监督
绝缘漏流监督
列车运行状态监督
报警分析
报警统计报表
动态电子图纸分析
列车运行轨迹分析
道岔动作电流曲线分析
模拟量曲线分析
模拟量特征曲线查询
开关量综合查询
有源应答器报文查询
临时限速查询
选站视图
信号平面图
全线设备状态图
安全数据网图
智能设备状态视图
模拟量曲线视图
详细信息显示
报警列表视图
列车信息视图
临时限速视图

图 4-2-99　系统功能

列车、临时限速等信息，关注全线各类信号设备的运行状态和接口情况。同时，综合监督对自身各服务器、终端、设备间网络连接、接口信号设备以及信号设备内部板卡进行图形化，实时显示设备间网络连接状态，为用户进行综合监督系统自身维护提供便捷手段。

三、系统构成

综合监督系统由车站/中继站服务器、中心服务器、通信前置机、车站终端、中心终端、铁路通信网络构成，按照线别设置车站/中继站服务器和中心服务器，通过通信前置机与 RBC、TSRS、CTC 中心、DMS 等中心设备接口和信息转发，中心服务器负责处理和调度全线范围信息；电务段、铁路局根据管辖范围设置中心终端，中心终端应可实现多个线别信息融合显示，每个终端显示范围不超过 50 个车站。电务综合监督系统构成见图 4-2-100。

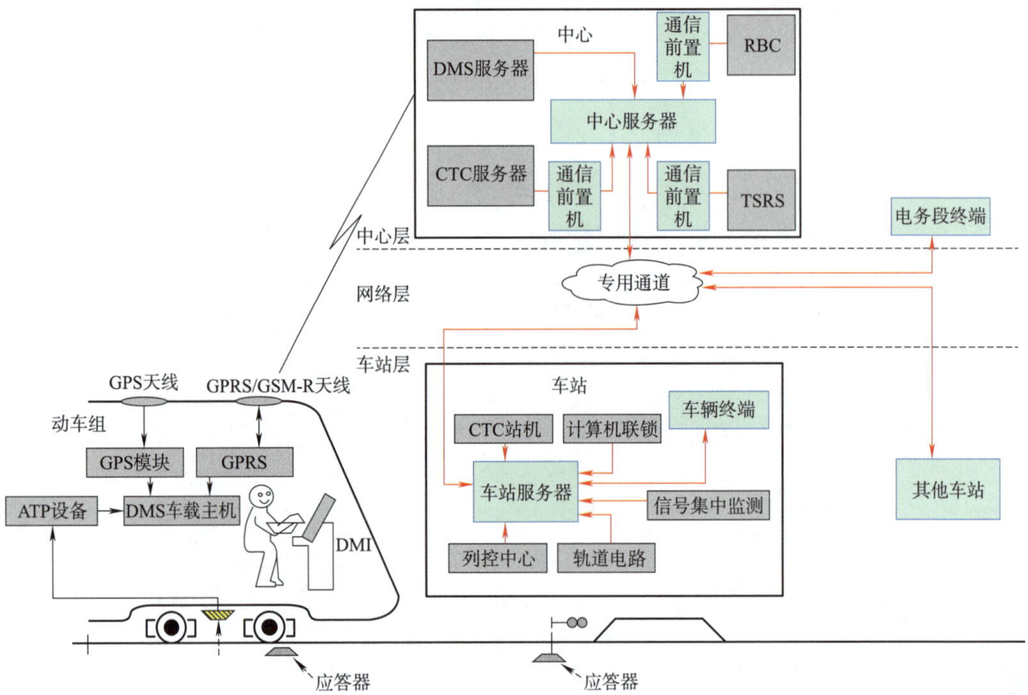

图 4-2-100　电务综合监督系统构成

1. 车站设备

车站设备包括车站服务器、中继站服务器和工区终端。

车站服务器采用独立机柜设置于各集中站，包括车站应用服务器、分析服务器、网络通信设备、工区终端，负责与车站信号设备(计算机联锁、列控中心、轨道电路、CTC 站机、信号集中监测)接口，实现车站范围内的数据采集、分析、存储功能，并与车站终端连接，实现终端显示所需数据的提取、转发和推送。车站服务器设置机柜内部的维护终端。车站服务器与外部网络采用 FE(O)光纤接口，特殊条件下可支持 FE 电接口或 E1 电路接口。

中继站服务器采用独立机柜设置于各中继站，包括中继站应用服务器、分析服务器、网络通信设备，负责与中继站信号设备(列控中心、轨道电路、信号集中监测)接口，实现中继站范围内的数据采集、分析、存储功能。中继站服务器设置机柜内部的维护终端。中继站服务器与外部网络采用 FE(O)光纤接口，特殊条件下可支持 FE 电接口或 E1 电路接口。

车站终端设置于各工区，实现本车站以及所辖中继站范围的终端信息查看和报警推送功能。

车站服务器机柜结构见图 4-2-101。

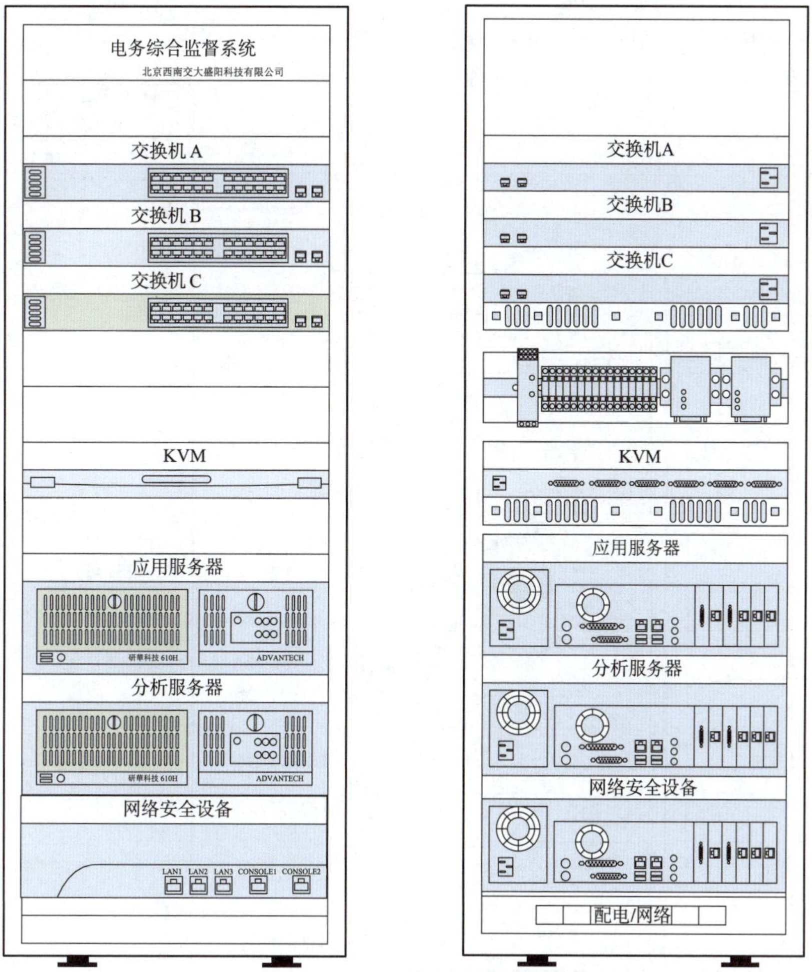

图 4-2-101　车站服务器前后视图

2. 中心设备

中心设备包括中心服务器、通信前置机和中心终端。

中心服务器采用独立机柜按线别设置，包括中心应用服务器、数据库服务器、存储设备、网络通信设备、网络安全设备，机柜设置于 RBC 机房或网络条件较好的大站，实现中心接口数据的分发、数据应用调度、全线性逻辑计算和信息汇总、重要数据存储功能，并与各中心终端连接，实现终端显示所需数据的提取、转发和推送。每个中心服务器的管辖范围不超过 50 个车站。中心服务器与外部网络采用 FE(O)光纤接口，特殊条件下可支持 FE 电接口或 E1 电路接口。

通信前置机采用独立机柜分别设置于路局调度所或 RBC/TSRS 机房，包括网络通信设备、网络安全设备、通信前置机（与 CTC 中心接口还需增加接口服务器），实现与中心信号设备(RBC、TSRS、CTC 中心、DMS)接口和转发功能。一台通信前置机可实现与多个中心设备接口。

通信前置机与外部网络采用 FE(O)光纤接口，特殊条件下可支持 FE 电接口或 E1 电路接口。

中心终端根据需要设置于铁路局、各电务段、各车间，实现对应管辖范围的终端信息查看和报警推送功能。每台中心终端的管辖范围不超过 50 个车站。

中心服务器机柜结构见图 4-2-102。

通信前置机机柜结构见图 4-2-103。

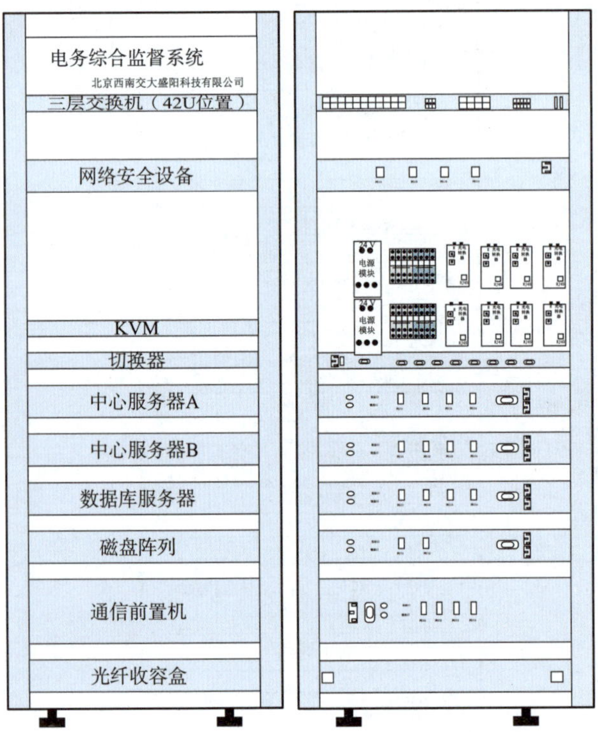

图 4-2-102 中心服务器前后视图

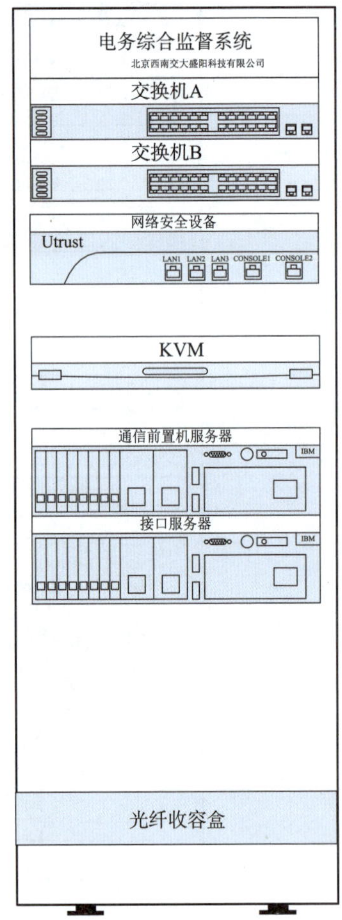

图 4-2-103 通信前置机机柜结构

四、环境要求

(1)为保证综合监督正常工作的电源要求

中心服务器：AC220 V 5 000 VA，1 路电源屏独立供电；

通信前置机：AC220 V 3 000 VA，1 路电源屏独立供电；

车站服务器：AC220 V 2 000 VA，1 路电源屏独立供电；

终端：AC220 V 500 VA 本地电源。

(2)外部接线的电缆要求

串口线：4 芯双绞屏蔽线，DB9 接头，RS-422 标准线序；

网线：超五类屏蔽网线，线序 568B RJ-45 屏蔽接头；

电源线：2 芯电源线，线径≥6 mm；

地线：防雷地线径≥10 mm，设备地≥4 mm；

光纤：单模光纤，采用 FC、SC 或 ST 接口。波长 1 310 nm，衰减系数≤0.35 dB/km；波长 1 550 nm，衰减系数≤0.22 dB/km。

(3)机房环境要求

中心机柜：2 000 mm×1 000 mm×600 mm(高×厚×宽)，质量≤300 kg；

车站机柜：2 350 mm×800 mm×600 mm(高×厚×宽)，质量≤200 kg；

前置机机柜：2 350 mm×800 mm×600 mm(高×厚×宽)，质量≤150 kg；

中心终端：台式机主机，27 英寸液晶显示器；

机柜结构具有良好的散热、隔热、防潮以及防尘性能。

机柜内部线缆采用耐高温及阻燃材料；

大气压力：74.8～106 kPa(海拔高度不超过 3 500 m)；

周围空气温度：0℃～+40℃；

空气相对湿度：不大于 90%；

电磁兼容和防雷符合标准 TB/T 3073、TB/ 3074 中的要求；

机柜内部电源线与信号线分设；

设备地、防雷地接入接地网，接地电阻≤4 Ω。

五、运用管理

综合监督系统是以电务设备监测数据为基础，以确保电务设备安全可靠运行、维修管理高效有序为目的的分布式监测监督系统。为更好发挥综合监督系统的监督报警维修指导作用，规范电务工区、车间、段、路局相关人员日常查看、分析系统报警和系统信息的要求，需要制定相应的系统运用管理办法。电务综合监督系统采用以报警为驱动的设计理念，用户日常主要关注故障报警和预警，定期观察现场设备状态和数据。现场信息查看内容和周期要求见表 4-2-29。

表 4-2-29　运用维护管理内容和周期表

分类	项目	分析内容	分析周期及要求			
			周期	工区	车间	电务段分析中心
日常分析	实时报警处理	一、二级弹窗报警	实时	对弹窗报警、报警栏预警内容进行分析，及时处理设备故障和异常	对管辖范围内的车站、中继站报警内容实时分析，并协同工区处理故障和异常	对管辖范围内的车站、中继站报警内容实时分析，并协同工区处理故障和异常，对报警进行确认和处理
		预警信息	每日			
	报警报表查询	报警报表查询	每日	查看相关设备报警报表，统计相关设备报警统计信息	查看管辖范围内的车站、中继站相关设备报警统计信息	查看管辖范围内的车站、中继站相关设备报警统计信息，并签收确认未处理报警
	观察安全数据网图	全线安全数据网和设备间接口连接状态	每日		查看安全数据网和设备接口线条状态，观察接口线条红色(双通道故障)、绿色(正常)、黄色(单通道故障)表示的网络和接口状态，发现故障及时处理	
	观察设备状态图	全线设备的整体运行状态	每日		查看全线设备状态，观察红色(故障)、绿色(正常)、黄色(部分故障)表示的系统状态信息，发现故障及时处理	

续上表

分类	项目	分析内容	分析周期及要求			
			周期	工区	车间	电务段分析中心
故障分析	使用报警分析、曲线查询、历史回放、走车分析等手段对报警/预警进行分析和处理		随机	设备故障报警/预警后，进行分析、处理	设备故障报警/预警后，进行分析、处理	设备故障报警/预警后，提醒和协助车间/工区进行分析和处理，签收报警，分析处理完后对报警结果进行评价

六、关键技术

综合监督系统是信号监测数据的分布式大数据平台，采用的关键技术包括以下几个方面。

1. 大数据平台技术

传统的数据系统以处理器为中心，数据来源单一，其存储、管理和分析数据量也相对较小，大多采用单一关系型数据库和数据仓库即可处理。对依靠并行计算提升数据处理速度而言，传统的并行数据库技术追求高度一致性和容错性，难以保证其可用性和扩展性。

综合监督系统是信号监测数据的分布式大数据平台，处理的数据量较大，须采用大数据平台技术实现车站、中心、终端之间的数据传输、存储、查询等数据交互，解决大数据处理的瓶颈问题，采用传统的数据处理技术容易形成网状访问，增加系统的复杂性，造成系统稳定性和实现难度问题。

综合监督系统采用大数据平台技术，用分布式存储器把采集到的数据存储起来，建立相应的数据库和磁盘文件管理机制进行管理和调用。大数据平台技术重点要解决复杂结构化、半结构化和非结构化大数据管理与处理技术，实现大数据安全技术，改进数据销毁、透明加解密、分布式访问控制、数据审计等技术，突破隐私保护和推理控制、数据真伪识别和取证、数据持有完整性验证等技术。

综合监督系统采用大数据平台技术对数据管理和调用进行分层抽象，建立基础支撑层，提供大数据服务平台所需的虚拟服务，建立结构化、半结构化及非结构化数据的数据库及网络资源等基础支撑环境，重点攻克了分布式虚拟存储技术，大数据获取、存储、组织、分析的抽象化接口技术，大数据的网络传输与压缩技术，大数据隐私保护技术等关键技术，保证数据管理和处理清晰、有序、稳定。

2. 故障诊断技术

综合监督系统综合运用信号逻辑分析、关键数据比对、故障树分析技术(FAT)、综合分析等故障诊断技术，通过系统间关联关系等线索进行建模，对各信号设备板卡、接口、电气特性、业务逻辑进行分析和报警，查找报警原因，分析报警后果，帮助维修人员定位故障部位，辅助设备维修。

故障诊断技术是采用计算机软件，根据跨系统的相关联数据、电路原理及传输特性、多种监测系统采集的各种数据，综合运用故障树、比对分析、综合分析手段，查找问题的技术。例如：可以同时采集轨道电路送端及受端的电压，如果送端电压正常，受端电压很小，而轨道上没有列车，则可以认为该轨道电路出现异常。例如：可以利用车载 ATP 监测数据、无线通信监测数据、地面信号监测数据，分析出 CTCS-3 级列控系统车-地、信号-通信接口的隐患、故障原因及对应的位置。

3. 智能预警技术

综合监督系统不仅对设备故障实现监督报警，还通过智能预警技术实现设备的异常状态预警。状态预警是对尚未发生故障、但已出现异常征兆的设备进行预先估计和推测报警。预警的方法从本质上可分为基于物理模型的预测、基于规则的预测和基于统计模型的预测。对于复杂的信号系统而言，需要综合使用各类健康预测技术，结合技术手段和管理手段实现信号设备健康预测。

综合监督系统智能预警技术需要对异常征兆数据进行预处理，例如对各类信号设备板卡、接口的瞬间故障进行统计，对各类电气模拟量按对应状态抽取 1 分钟最大、最小、平均、均方差特征值，便于智能预警模型直接获取需要的结果数据，无须从原始数据进行统计、特征值计算和分析，减少预警模块处理数据的复杂度。数据预处理的结果应可支撑按物理模型、规则和统计模型进行预警。

综合监督系统综合运用物理模型预测、规则预测和统计模型预测方式进行智能预警。综合监督系统对每个信号智能设备的板卡、接口，对每个道岔、轨道电路、信号机和电源的电气特性值进行建模，统计其历史特征值分布情况，建立对象模型，通过当前值和统计模型的差异进行健康预警。

4. 数据挖掘技术

数据挖掘技术是综合监督系统利用多种渠道采集的海量特征值数据，实现信号设备历史数据和报警的统计分类、趋势分析，获得对设备的深刻了解，找出问题规律，从而能够预测同类设备健康及发展趋势、或挖掘不同设备系统间故障的关联关系的技术。

数据挖掘通过统计分析过程得到结论。统计分析过程可按照类型、地域、故障类型等，以图、表、曲线等方式显示各类统计数据，在人工调整的基础上逐步完善自动分析结论的目标。运用数据挖掘技术，不再依赖随机抽样、不追求精确度，不热衷于因果分析，而是通过同类设备数据分析预测设备的发展趋势，或通过不同类设备数据挖掘出设备间的状态或故障相关性，便于对关联设备的故障征兆传播进行预警。

数据挖掘就是从大量的、可能不完全的、有噪声的、模糊的、随机的实际应用数据中，提取隐含在其中的、人们事先不知道的、但又是潜在有用的信息和知识的过程。数据挖掘涉及的技术方法很多，有多种分类法。根据挖掘任务可分为分类或预测模型发现、数据总结、聚类、关联规则发现、序列模式发现、依赖关系或依赖模型发现、异常和趋势发现等等；根据挖掘方法分，可粗分为：机器学习方法、统计方法、神经网络方法和数据库方法。机器学习中，可细分为：归纳学习方法（决策树、规则归纳等）、基于范例学习、遗传算法等。统计方法中，可细分为：回归分析（多元回归、自回归等）、判别分析（贝叶斯判别、费歇尔判别、非参数判别等）、聚类分析（系统聚类、动态聚类等）、探索性分析（主元分析法、相关分析法等）等。神经网络方法中，可细分为：前向神经网络（BP 算法等）、自组织神经网络（自组织特征映射、竞争学习等）等。数据库方法主要是多维数据分析或 OLAP 方法，另外还有面向属性的归纳方法。

综合监督系统大数据挖掘先实现可视化分析，逐步实现预测性分析。数据可视化无论对于普通用户或是数据分析专家，都是最基本的功能，数据图像化可以让数据自己说话，让用户直观地感受到结果。预测性分析可以让分析师根据图像化分析和数据挖掘的结果做出一些前瞻性判断，透过标准化流程对数据进行预测处理，确保获得一个预设质量的分析结果。

综合监督系统是大数据平台技术、故障树分析技术、智能预警技术、综合分析技术和数据挖掘技术的综合应用。

第八节　秦皇岛站施工过渡

一、既有车站概况

1. 地理位置

既有秦皇岛站位于河北省秦皇岛市海港区，上行方向为北戴河站，下行方向为山海关站，是津山、京哈、秦沈、大秦、秦东上下联等5大铁路干线的交汇点，分属北京局、太原局管理，是秦山地区铁路枢纽的主要客运站。

2. 既有概况

既有秦皇岛站分南、北两个车场，客运站房位于车站南侧，见图4-2-104。

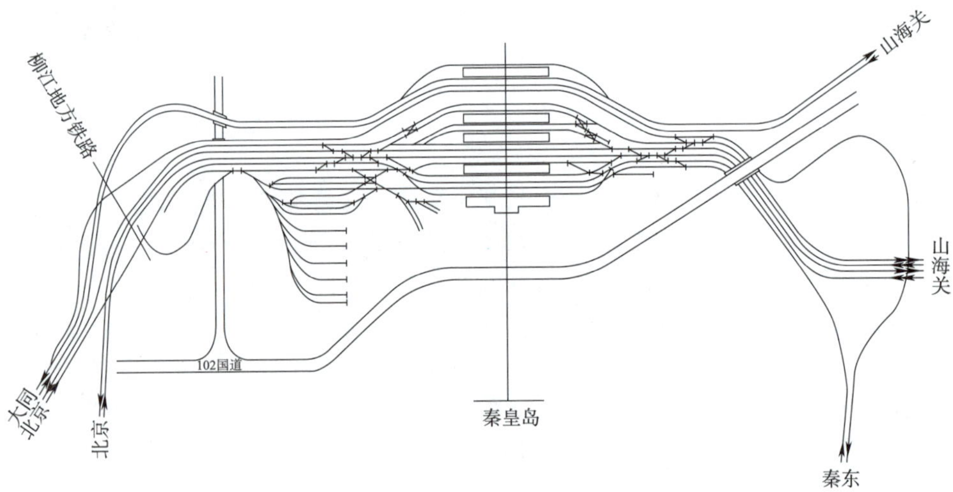

图 4-2-104　既有秦皇岛站平面布置示意图

北场(秦皇岛北站)为大秦车场，归属太原铁路局管理，主要承担大秦线直通货运作业，设1台3线，其中大秦上下行正线2条，到发线1条。南场为客货共场，归属北京铁路局管理，既有规模4台13线，其中正线6条，到发线7条，正线分别为京哈上下行线、津山上下行线、秦东上下联线，其中秦东上下联站内归属北京铁路局管理，区间归属太原铁路局管理。

车站西端南侧为存车场，设存车线6条；存车场南侧为货场，设货物线4条，牵出线1条；存车场东侧为工务检修车间，设段管线5条。

津秦高速铁路引入秦皇岛铁路地区，引起既有秦皇岛站的改造，改造后自南向北依次为津秦高速车场、京哈普速车场、秦东上下联、柳江地方铁路、大秦线及津山线。同时，地区需同步实施京哈改线、津山改线、大秦改线、秦东上下联改造、柳山复线并引入山海关站、柳江地方铁路改造、货场及工务检修车间还建等相关工程。秦皇岛站平面布置示意图见图4-2-105。

高速车场3台7线(含正线2条)，设450 m×15 m×1.25 m基本站台1座，450 m×11.5 m×1.25 m中间站台2座；普速场设3台8线(含正线2条)，550 m×11.5 m×1.25 m中间站台3座，其中南侧中间站台为高普速车场共用；京山外绕线北侧设到发线1条，300 m×6 m×1.25 m侧式站台1座，用于接发通勤车，站台设风雨棚。高、普速车场均设置无站台柱全覆盖雨棚。

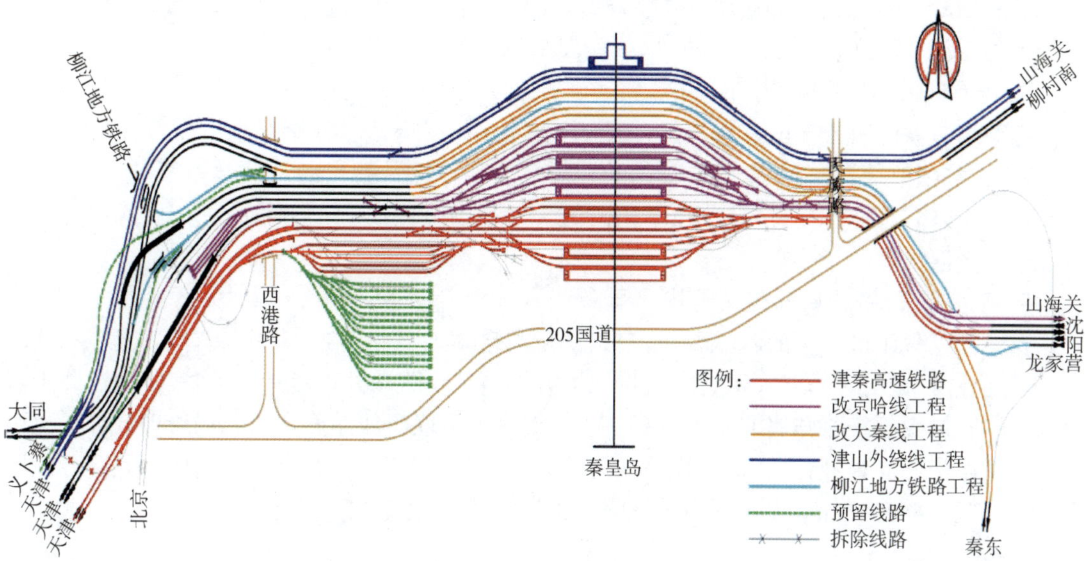

图 4-2-105　秦皇岛站平面布置示意图

高速存车场考虑在高速车场西端线路南侧、货场北侧占用既有存车场位置修建，高速存车场设贯通式存车线 4 条；在津秦高速铁路两侧各设动车组走行线 1 条，南侧走形线在车站西端下钻津秦高速铁路与北侧走形线汇合，并设折返线 1 条；在既有京哈上行线和津山上行线之间夹角地还建 3 条普速存车线，并结合地区内规划京秦城际铁路，在既有货场位置预留地区高速、城际存车场。

二、车站改造主要难点分析

1. 枢纽引入方案复杂

高速铁路引入枢纽方案的优劣，直接关系着城市建设发展和铁路运输服务质量。津秦高速铁路引入秦山铁路地区，引入枢纽方案从最初研究到最终方案确定，进行了大范围的方案筛选，对线路在枢纽内的走向及引入车站的形式从枢纽客运站布局特点、点线能力的适应性及工程的经济合理性等方面进行了多方案比选和论证，最终确定高速铁路深入市区，引入既有主要客站，实现了铁路与市政交通的有效衔接，方便旅客乘降，提高了服务质量。大胆采用新技术、新思路对引入方案进行充分优化，减少对城市规划的影响及不必要的拆迁。

2. 引入枢纽影响范围广

津秦高速铁路引入枢纽涉及北京、太原、沈阳 3 个铁路局，影响范围广，可谓牵一发而动全身。京哈线是我国最繁忙的客运干线之一，秦山地区作为铁路进出关的咽喉要道，京哈线的改建将大范围影响旅客列车的正常运营，尤其是大量华北、华中地区去往东北方向的跨局长途列车；大秦线是我国最重要的煤运通道之一，其改建工程将直接影响年运量 4 亿吨的硬性任务能否顺利完成。

3. 站场控制因素多，平面布置困难

秦皇岛站受城市建筑及城市道路的限制，控制因素多，方案研究十分困难，每一个进路、每一组数据都要精确计算以确保方案的可行性。方案研究经历了较长的过程，研究了多个方案进行分析比较,得出具有说服力的成果资料,经与铁路局、地方政府等部门反复沟通,多次论证,最终方案得以实施。

4. 既有线改建工程量大

津秦高速铁路引入秦山铁路地区,衔接津山、沈山、京哈、大秦、秦东上下联等多条铁路干线,均需大范围改线,涉及5个既有车站的大规模改建,其中,秦皇岛站改建方案最为复杂,高速车场占压既有普速车场位置,普速车场占压大秦车场位置,整个车场及站房全部拆除重建,改建工程量巨大。

5. 客货交叉、铁路局间交叉干扰严重

秦皇岛站位于进出关的咽喉要道,多条铁路均自秦皇岛站穿过,其中京哈、津山等线路均办理客运业务,京哈、津秦、大秦、沈山、柳江地方铁路等线路均办理货运业务,客货运交叉干扰严重;京哈、津山等线路归属北京局管理,大秦、秦东上下联等线路归属太原局管理,秦沈、沈山等线路归属沈阳局管理,柳江地方铁路规划地方铁路公司管理,存在一条线路两个铁路分段管理的情况,管理较为混乱,大大提高了铁路施工过渡的难度。

三、施工过渡基本思路

1. 优先实施津山外绕双线、柳山复线、柳山上下行正线引入山海关站工程及大秦正线等货运设施改造工程,然后再考虑客运过渡,减少客货交叉干扰。

2. 优化设计方案,使各铁路局管理的线路路径独立,避免交叉干扰。

3. 结合秦皇岛地区暑运期间游客暴增的情况,制定相应的客运过渡方案。由于秦皇岛站站房及车场全部拆除重建,考虑秦皇岛站停办客运,减少施工及运营的干扰。通过列车的旅客分流至北戴河及山海关站,同时地区内龙家营站建设临时客站,保证始发终到列车的正常开行。

4. 结合新、老车场互相占压的情况,制定详细的过渡步骤。

5. 充分结合市政道路规划,与海北路、红旗路、民族路、北环路、龙港路等地方规划道路的施工有机结合,减少过渡步骤,保证整个工程的顺利进行。

四、施工过渡实施过程

地区内首先考虑施工津山外绕双线、柳山复线、柳山上下行正线引入山海关站工程及大秦正线,秦东上下联改造工程,使津山线出关货车车流及大秦车流径路独立,然后考虑秦皇岛站的客运过渡。在实施津山外绕工程时,秦皇岛西疏解区津山转秦东上联需提前拆除,秦东下联改造并且单线双方向运行,秦东转大秦上行货车通过在秦皇岛站东咽喉修建临时渡线切入大秦上行线。因考虑原京哈通路上保留的自滦县以东的3列出关货车不能转线至津山外绕线,且秦皇岛东咽喉外京哈线改线后存在10‰的下坡,故货车需要绕行南大寺—秦南—秦东—龙家营站出关。修建普速和高速车场,车站开通,车流归位。

过渡具体步骤如下。

第一步:秦东上联废除、下联改单线双方向(图4-2-106)。

首先实施津山外绕工程、柳山复线工程、柳山上下行正线引入山海关站等工程,为秦皇岛站过渡的开展创造条件。

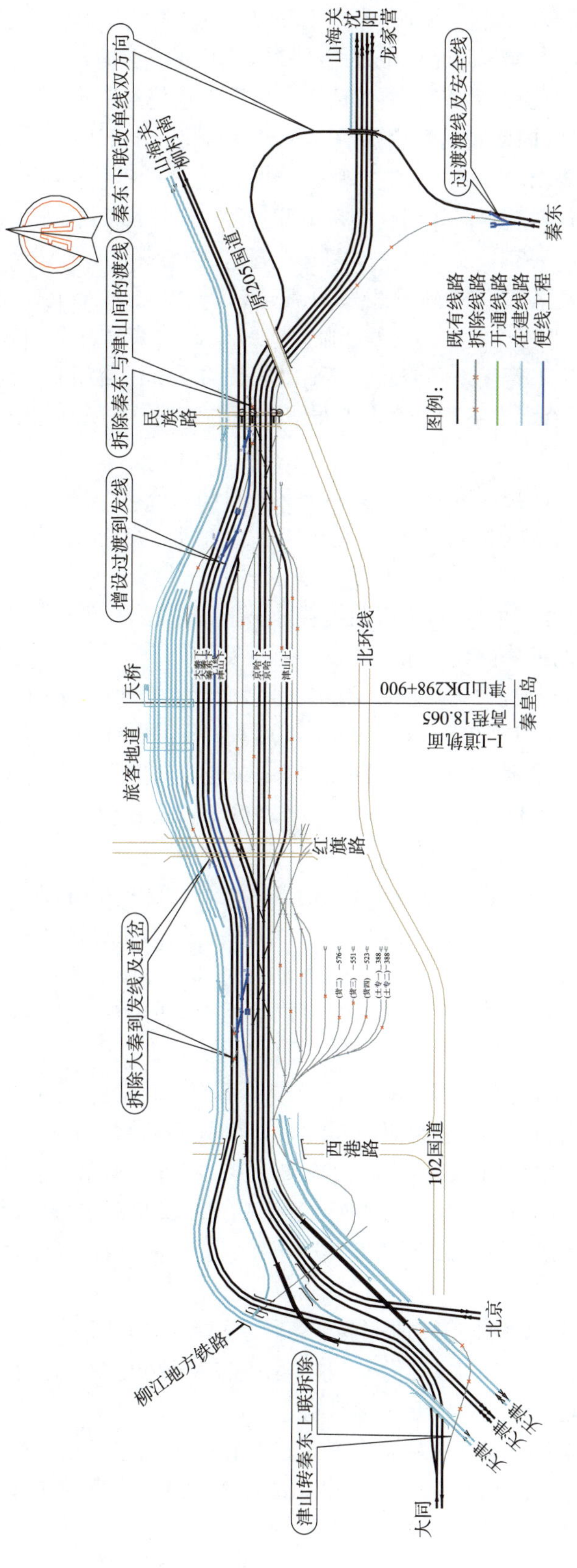

图 4-2-106　秦皇岛站施工过渡示意图（第一步）
——秦东上联废除、下联改单线双方向

在津秦高速铁路引入秦山地区方案中，秦东上联将废弃拆除，故津山外绕线在设计时未考虑跨越秦东上联，秦东上联先期拆除是津山外绕线修建并开通的前提条件。基于此种情况，研究了秦东下联单线双方向运营的方案，需将 DK637＋000 处东信号所按单线双方向使用，东信号所—秦东车站按双线单方向使用。经检算，单线能力为 44.5 对/日，秦东下联承担 32 对/日货物列车，能力可以满足要求。

实施津山外绕工程时，西疏解区津山转秦东上联拆除，秦东下联局部改造，单线双方向运行，在秦东下联 QDK304＋563.21 处插入一组 12 号道岔，并增设 1 条安全线，以缩短单线长度，提高运输能力；拆除大秦线北侧到发线及 6 组道岔，秦东转大秦上行货车通过大秦线（DQK297＋550.46、DQK299＋992.76）处修建临时渡线（L1～L2 号、L7～L8 号）切入大秦上行线，并在秦东下联与津山下行线之间修建一条有效长 1 700 m 的临时到发线，满足万吨列车的待避条件；同时，拆除既有秦东下联与津山下行线之间的渡线（92～94 号、96～98 号），使北京局及太原局实现独立运营。

准备工作：完成不受既有线影响的秦皇岛站内旅客地道和天桥，新建秦东上联行车继电室，新建普速车场信号楼，还建秦皇岛分区开闭所。修建民族路、红旗路立交桥与既有线不干扰地段。

第二步：开通大秦线正式工程（图 4-2-107）。

原大秦线位于新建普速车场位置，直接制约着普速车场的施工，有必要将大秦线提前向北拨移至设计位置，为普速场的修建创造条件。

由于大秦线拨线距离较长，约 3.35 km，不能一次实施到位，需分两小步开通。

第一小步，大秦线 DK297＋900～DK299＋400 段拨至正式线位，大秦 DK299＋400～DK299＋850 之间修建施工便线，并在大秦 DK299＋850 处拨接至既有大秦线。

第二小步，大秦线 DK299＋400～DK301＋250 段拨至正式线位，DQK299＋992.76 处临时渡线延长，道岔 L2 号移至设计大秦右线。

准备工作：完成不受既有线影响的秦皇岛站内旅客地道、天桥、线路、站台，修建民族路、红旗路立交桥与既有线不干扰地段，完成大秦线不受既有线影响的新建轨道工程。

第三步：开通津山外绕线，局部开通秦东上、下联（图 4-2-108）。

由于秦皇岛站内改造工程量较大，为减小施工对客运业务的影响，设计结合秦皇岛地区三站格局的情况研究了客运分流方案。

运输组织调整：京哈线狼窝铺—秦皇岛段原图定 83 对/日客车、1 对/日行邮特快专列、10 对货物列车，津山线狼窝铺—秦皇岛段图定 4 对/日客车、68 对/日货车。

津山外绕线开通后，仅承担出关货物列车的运输任务；将秦皇岛东—丰台南 2 对直通货物列车调至京哈线运行（京哈线至北戴河、北戴河—秦皇岛南—秦皇岛东）；因秦皇岛站停办客运业务，将沈阳北—福州、加格达奇—北京、秦皇岛—天津、秦皇岛—唐山北 4 对旅客列车调整至京哈线运行。

施工过渡期间，调整后京哈线狼窝铺—秦皇岛段承担 87 对/日客车、13 对/日货物列车，津山线狼窝铺—秦皇岛段承担 66 对/日货车，不再承担旅客列车运输。京哈线与津山线列车追踪间隔均为 7 min，通过能力可以满足运输需求。

客运分流原则：暑运期间，秦皇岛站始发终到客车和沈山线停靠旅客列车在龙家营站办理，其他客车分流至山海关站；非暑运期间，秦皇岛站始发终到客车和沈山线停靠旅客列车在龙家营站办理，其他客车分流至北戴河站。

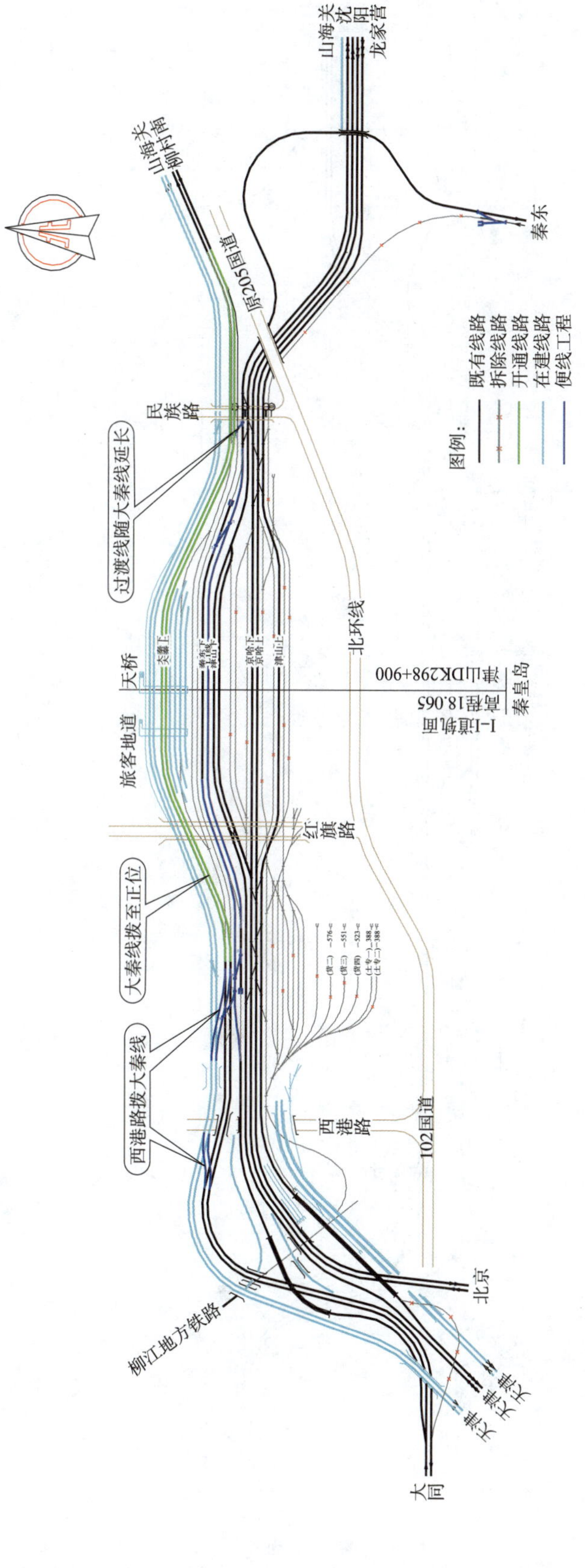

图 4-2-107　秦皇岛站施工过渡示意图(第二步)
——开通大秦线正式工程

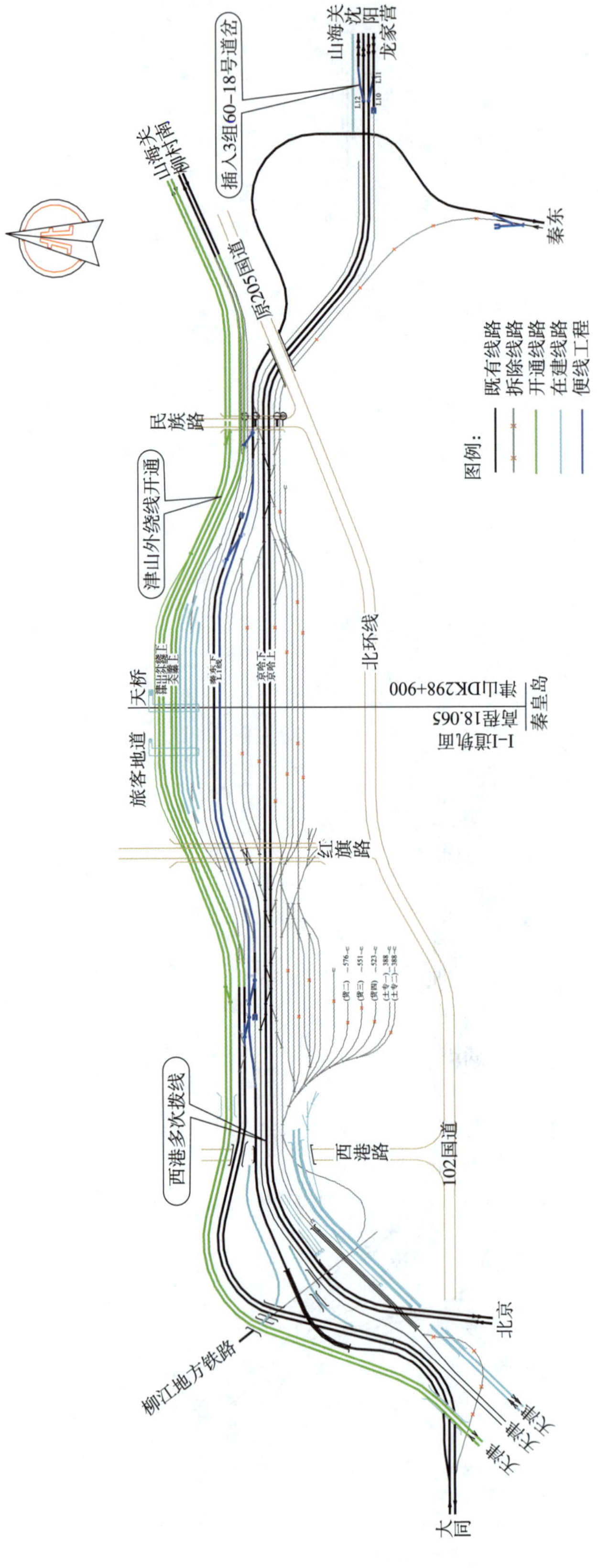

图 4-2-108 秦皇岛站施工过渡示意图（第三步）
——开通津山外绕线

第一小步：在津山 K409＋700 处拨接既有津山线至新建津山外绕线，津山外绕线开通；在京哈线 QSK303＋880 处插入 3 组 60 kg/m 规格 18 号道岔连通既有津山线和京哈线，实现京哈线向津山线的分流；加强龙家营站，增建临时站房及天桥；秦皇岛站停办客运，地区内始发终到旅客列车和沈山线停靠旅客列车分流至龙家营临时客站办理客运业务，京哈线上停靠的旅客列车分流至北戴河站和山海关站办理客运业务。

第二小步：拆除京哈线正线上既有道岔并堵豁，仅保留 1 条到发线作为施工用卸料线使用，保留既有机待线作为安全线使用。

准备工作：柳村南Ⅲ场、山海关站、龙山线路所改造完成，津山外绕线铺轨完成，秦东上联区间正式工程预铺到位，完成不受既有线影响的秦皇岛站内旅客地道、天桥、线路、站台。

第四步：秦东上下联车站以西部分开通（图 4-2-109）。

秦皇岛站内原秦东上下联位于新建普速车场位置，直接制约着普速车场的施工，有必要将秦东上下联提前向北拨移至设计位置，为普速场的修建创造条件。同时，秦东上联秦皇岛以西部分的拉通，缩短了联络线单线方向运营的长度，有效缓解了线路能力。

第一小步，秦东上下联秦东 DK297＋950～DK299＋400 段向北拨移，局部拨移至设计正式线位，并修建施工便线与现状铁路衔接，为普速场施工创造条件。

第二小步，拆除临时道岔 L5 号、L6 号、L7 号、L8 号，拨接秦东上下联 DK297＋300～DK298＋300 段至设计正式线位；在大秦右线 K631＋948.31 处插入道岔 601 号，秦东上下联 K299＋000 以西部分全部按设计正式线位开通。

第三小步，秦东下联 K300＋000～K300＋800 段局部利用柳江地方铁路线位过渡，并修建施工便线，与既有秦东下联衔接，为修建秦东上下联正式工程及京哈线施工便线创造条件。

第五步：京哈线南拨至施工便线（图 4-2-110）。

原京哈线位于新建高、普速车场中间位置，将京哈线南拨至秦皇岛站京哈 K298＋000～K301＋200 段修建施工便线，有利于秦皇岛站新建车场的全面开工建设，为普速场施工创造条件。

第六步：秦皇岛站普速场开通（图 4-2-111）。

京哈施工便线局部占压了新建高速车场位置，普速场修建完成后，将京哈线拨接至新建普速场，为津秦高速场腾出最后的施工空间，为津秦高速铁路开通运营打下基础。

第一小步，北戴河站后将京哈线拨接至南龙改线，在原津山线 K290＋300 附近将南龙改线拨接到已经断流的老津山线上，K295＋000 附近将津山下行线拨接至既有京哈下行线上，K298＋000 附近与现状京哈便线相衔接，南龙改线区间段正式工程开通。

第二小步，秦皇岛站内新建京哈线拨至设计正位，秦皇岛站普速场、普速存车场开通，由于征地拆迁等原因导致京哈线一次便线施工滞后，新建京哈线出站后先修建施工便线与既有京哈线衔接。

第三小步，京哈线 K301＋200 附近局部向东拨移至秦东上下联设计线位，并修建京哈线一次便线两端与既有京哈线衔接，为秦皇岛站东端站外设计京哈线与津秦高速铁路正线的施工腾出空间。

第四小步，待秦皇岛站东端站外设计京哈线与津秦高速铁路正线修建完毕后，京哈线 K302＋350 以西部分拨至设计正位，并修建京哈线二次便线与既有京哈线衔接。

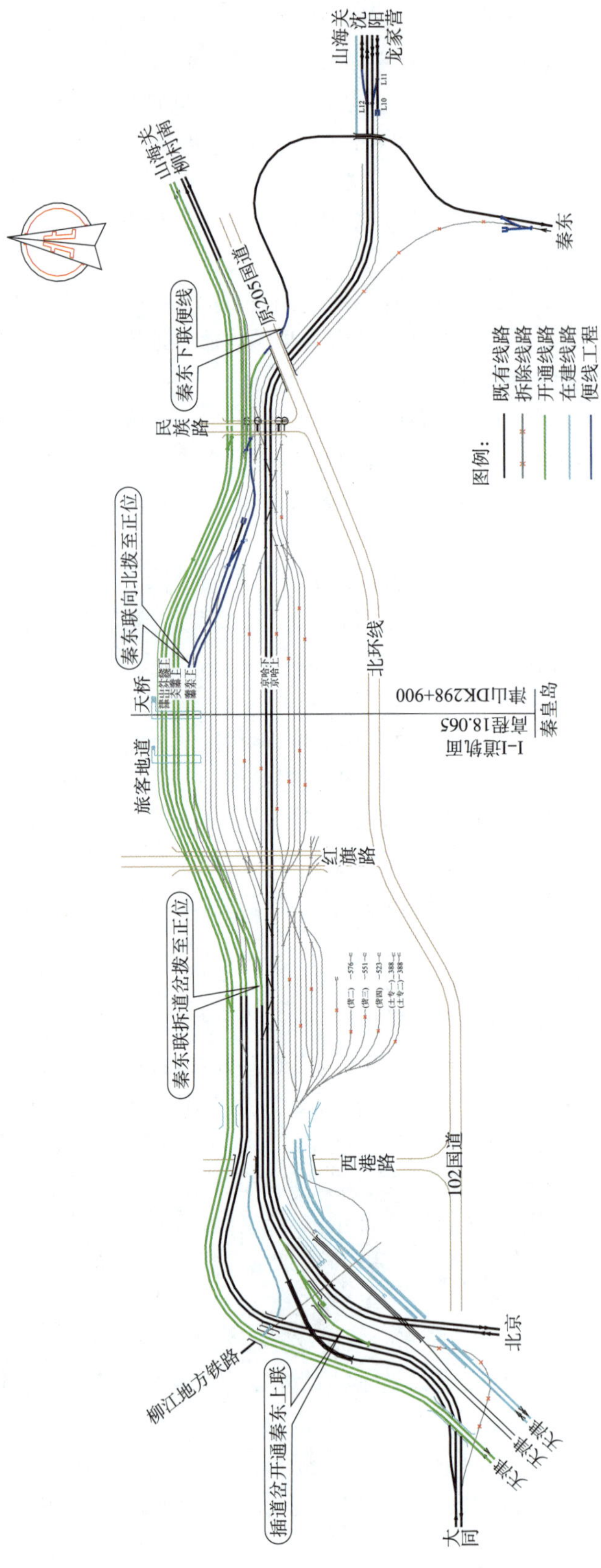

图4-2-109 秦皇岛站施工过渡示意图（第四步）
——秦东上下联车站以西部分开通

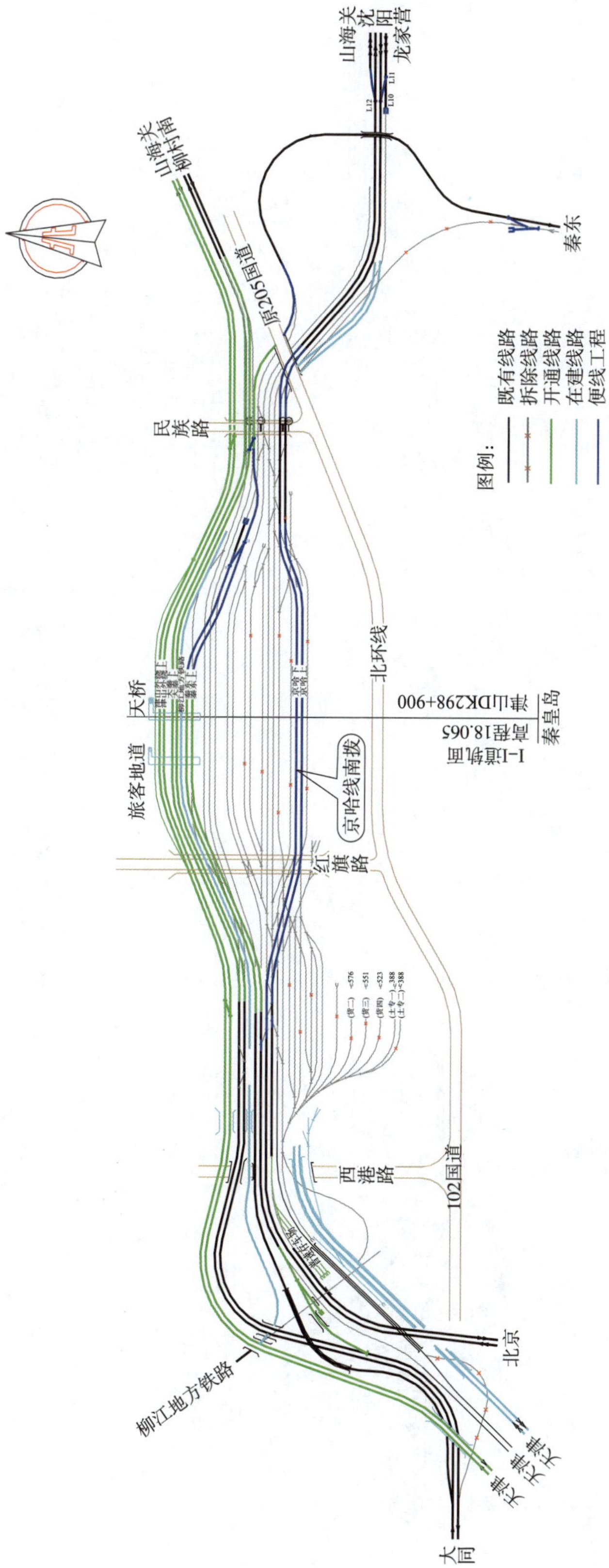

图 4-2-110　秦皇岛站施工过渡示意图(第五步)
——京哈线南拨至施工便线

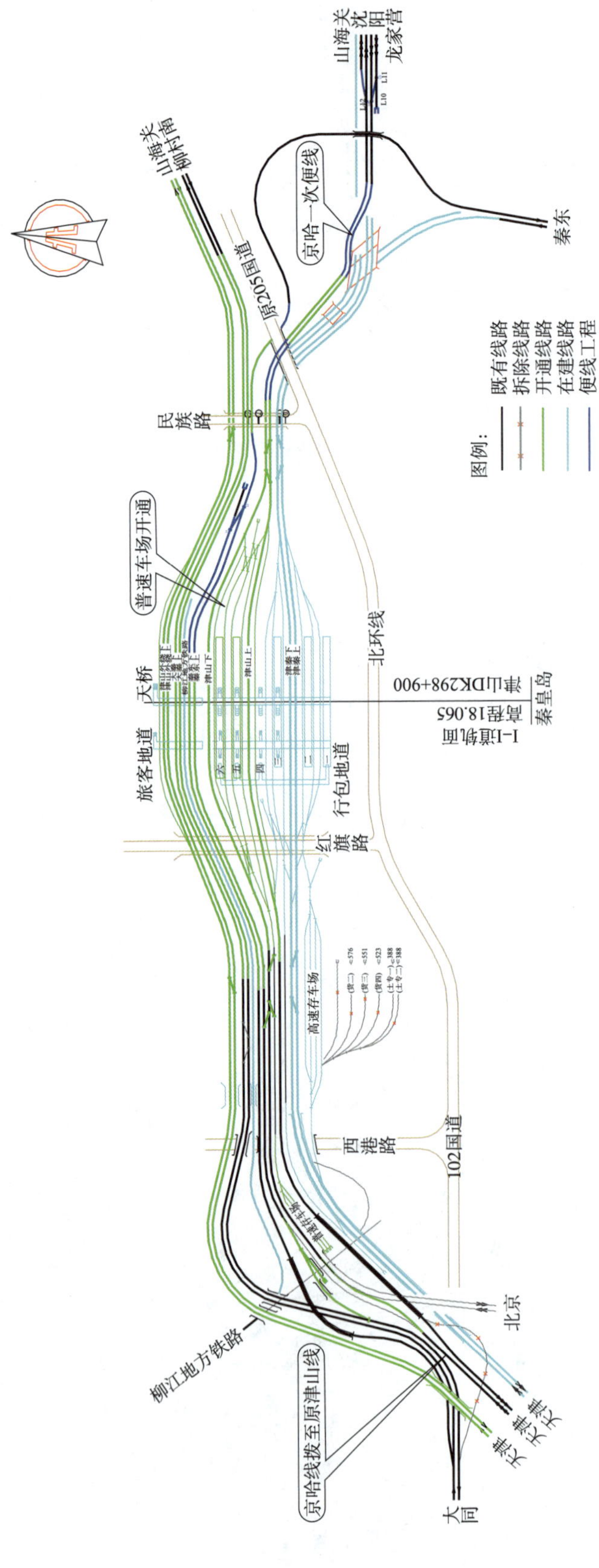

图4-2-111 秦皇岛站施工过渡示意图(第六步)
——秦皇岛站普速场开通

第七步：秦东上下联全线开通(图 4-2-112)。

秦皇岛站东端京哈、津秦上跨秦东上下联处框构修建完成后，秦东上下联线已经具备了上下行独立运营的条件。

拆除秦东上联临时便线及临时道岔 L3 号、L4 号、L18 号、L19 号等临时工程，修建秦东上下联设计线路，秦东上下联全线开通。

第八步：全站开通(图 4-2-113)。

拆除京哈线二次便线，京哈线拨至设计正位，津秦高速铁路与原京哈线秦沈段贯通，龙家营站京哈、秦沈联络线施工完毕，站前京哈、秦沈等正线全部拨至设计正位，秦皇岛站高速场开通，施工过渡全部完成，全线开通。

五、施工过渡创新点

(1)施工过渡工程量大、步骤复杂。施工过渡共分为八大步进行，每一大步又分为若干小步，施工便线总长度达 20 多千米，要点施工达 1 690 余次，其复杂程度创国内之最。

(2)施工过渡周期长。自 2011 年 3 月开始第一步过渡至 2013 年 10 月最终过渡完成，历时两年零七个月，在国内尚属首例。

(3)施工过渡影响范围广。秦山地区铁路分别隶属于北京局、太原局及沈阳局管辖，施工过渡影响三个铁路局的正常运营，枢纽内 3 个客运站北戴河站、秦皇岛站、山海关站均同时进行大范围改造，经铁道部运输局等相关部门多次协调才得以顺利进行。

(4)首次提出了先货后客、客货分离的总体过渡思路。既有秦皇岛站有津山、京哈、大秦、秦东上下联等多条铁路干线并行，客货列车交叉干扰严重，提出了先货后客的总体过渡思路。地区内首先考虑施工津山外绕双线、柳山复线、柳山上下行正线引入山海关站工程及大秦正线，秦东上下联改造工程，使津山线出关货车车流及大秦车流径路独立，然后考虑秦皇岛站的客运过渡，提前实现了客货分离，减少了客运过渡期间客货列车的交叉干扰，保证了过渡顺利进行。

(5)实现了铁路局之间完全独立运营。既有秦皇岛站分属北京局、太原局管理，且两个铁路局之间不能完全独立，在线路、接触网、信号等多方面存在交叉干扰，施工要点难度极大。此次施工过渡通过调整运输组织及设置秦东联络线临时到发线等手段使北京局及太原局在过渡期间及开通后实现了物理上完全独立运营，为施工过渡期间及开通后铁路局的运营管理工作创造了便利条件。

(6)充分结合城市的客流特点制定相应的旅客分流方案。秦皇岛市为沿海旅游城市，暑期客流量暴增；北戴河站作为秦山地区内辅助客运站，不但肩负着接发游客列车的任务，还有部分专运列车的任务。由于秦皇岛站在施工过渡期间停办客运，旅客分流至北戴河、龙家营及山海关站，结合上述客流特点，制定了暑运期间分流至山海关站、非暑运期间分流至北戴河站、始发终到列车分流至龙家营站的旅客分流方案。

(7)结合相关线路车流特点制定相应的施工过渡方案。既有秦东上联线路影响津秦高速铁路及津山外绕线修建，成为制约津秦高速铁路工程施工的重要节点。此次过渡结合秦东联络线重车来空车回的特点，大胆提出了过渡期间利用秦东下联单线双方向运营的方案，提前拆除秦东上联，为津秦高速铁路及津山外绕线的施工创造条件。

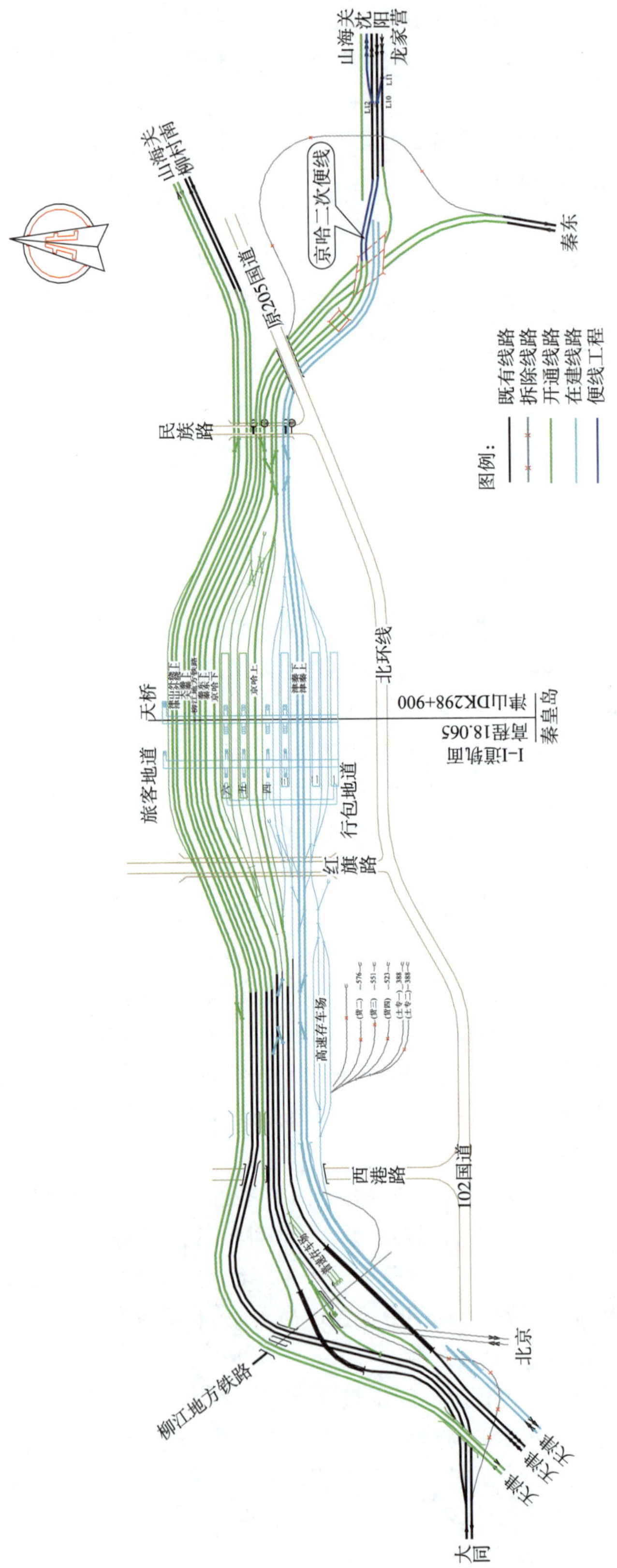

图4-2-112 秦皇岛站施工过渡示意图(第七步)
——秦东上下联全线开通

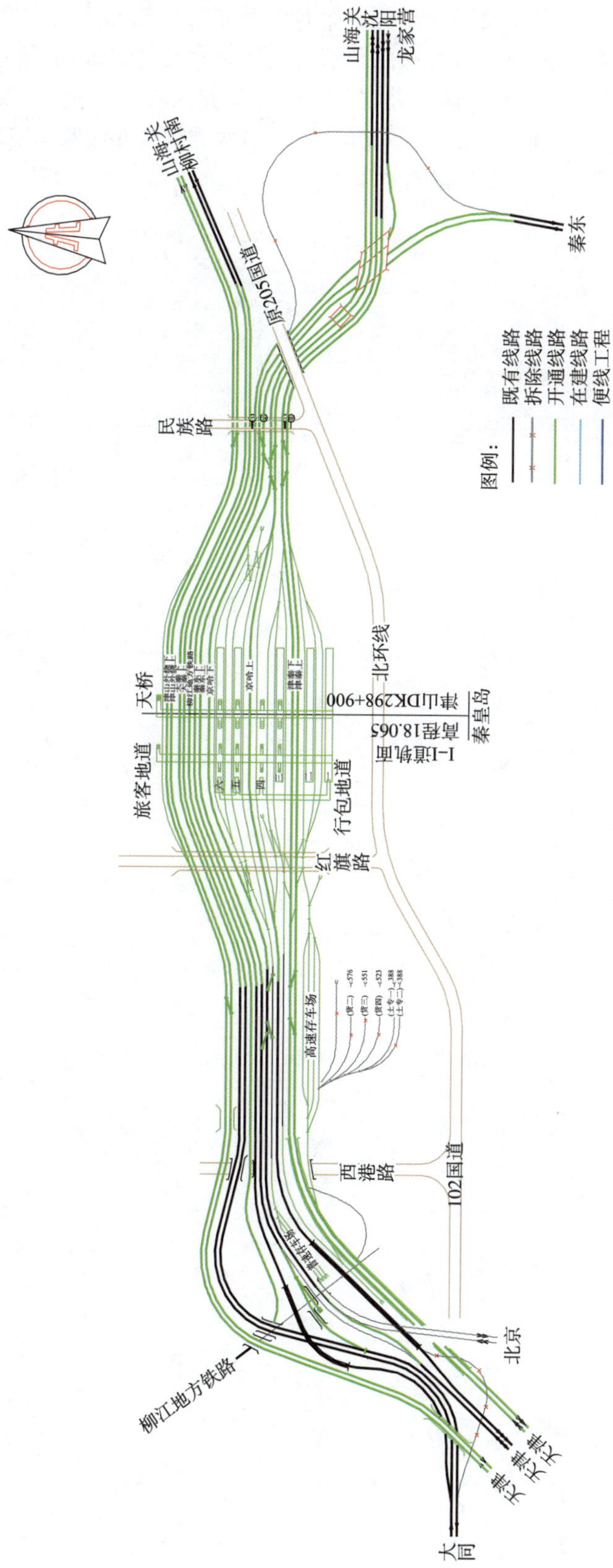

图 4-2-113　秦皇岛站施工过渡示意图(第八步)
——全站开通

(8)施工过渡与地方市政规划道路的施工完美结合。津秦高速铁路工程与多条地方规划拓宽的市政道路交叉，秦皇岛站内津秦高速铁路及京哈、津山、大秦、秦东上下联等多条铁路干线并行，市政道路拓宽难度极大，尤其是西港路、民族路、红旗路及205国道，需要铁路部门配合市政道路桥墩的施工或框构的顶进及既有桥梁的拆除，多次进行线路拨移，仅西港路1处线路拨线就达8条/16次，最终顺利完成道路拓宽施工。

第三章　专业设计创新

作为津秦高速铁路设计单位，铁三院在设计过程中，根据津秦高速铁路途经区域的自然环境和地形、地质条件，各设计专业进行了积极探索和有益尝试，实现了大量的专业技术设计创新，为津秦高速铁路的设计和建设做出了突出贡献。

第一节　无砟轨道

结合工程实际情况和线下工程条件，津秦高速铁路以CRTSⅡ型板式无砟轨道为主，多种轨道型式为辅的设计理念开展轨道工程设计。轨道结构型式包括CRTSⅠ型双块式无砟轨道(图4-3-1)、CRTSⅡ型板式无砟轨道(图4-3-2)、岔区板式无砟轨道(图4-3-3)、岔区轨枕埋入式无砟轨道(图4-3-4)以及有砟轨道(图4-3-5)等5种轨道型式。

图4-3-1　CRTSⅠ型双块式无砟轨道

图4-3-2　CRTSⅡ型板式无砟轨道

图4-3-3　岔区板式无砟轨道

图4-3-4　岔区轨枕埋入式无砟轨道

图 4-3-5 有砟轨道

轨道工程技术标准高主要体现在以下几方面。

1. 采用 100 m 定尺长钢轨

全线采用 100 m 定尺长钢轨，在工厂焊接成 500 m 长轨条运输到现场，在现场焊接成 681 km 长的无缝线路(从天津到秦皇岛只有 4 根长钢轨)，每个焊接接头在 1 m 范围内的平直度要控制在 0～+0.2 mm 以内，全线约有 1.1 万个焊头，数量多，要求高。为消除钢轨表面的缺陷和不平顺，确保精度要求，铺设完成后的无缝线路钢轨还需要采用打磨列车进行 1～2 遍打磨处理。轨道打磨见图 4-3-6、图 4-3-7。

图 4-3-6 轨道工厂打磨

图 4-3-7 轨道现场打磨

2. 轨道静态铺设精度高

(1)轨距指线路上两根钢轨间的距离，标准距离为 1 435 mm，允许偏差±1 mm，偏差过大将使运行的车辆产生剧烈的振动。轨距偏差见图 4-3-8。

(2)轨向指轨道的方向，在直线上是否平直，在曲线上是否圆顺。5 m 范围内的允许偏差不能大于 2 mm，150 m 范围内的允许偏差不能大于 10 mm；如果轨向不良，势必引起列车运行中的摇晃和蛇行运动，影响行车速度与旅客舒适性，甚至危及行车安全。轨向检测见图 4-3-9。

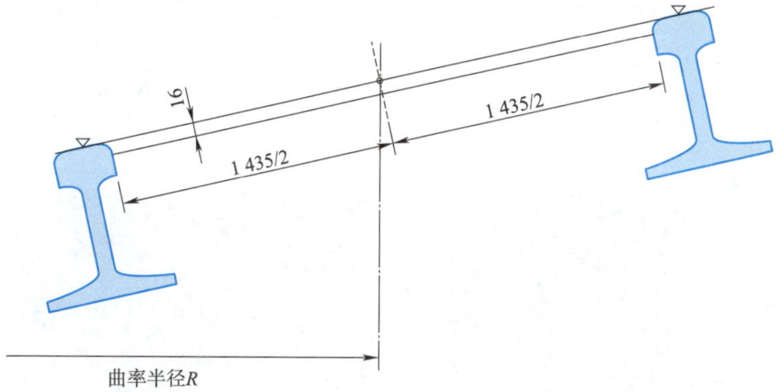

图 4-3-8　轨距偏差示意图（单位：mm）

（3）高低指钢轨顶面纵向的高低差，5 m 范围内的允许高低偏差不能大于 2 mm，150 m 范围内的允许高低偏差不能大于 10 mm；如果高低超限将使列车通过时的钢轨受力不再均匀，从而加剧钢轨与道床的变形，影响行车速度与旅客舒适性。高低检测见图 4-3-10。

图 4-3-9　轨向检测

图 4-3-10　高低检测

3. 采用高精度的 CRTSⅡ型板式无砟轨道

全线以 CRTSⅡ型板式无砟轨道为主，其主要特点主要体现在以下几方面。

（1）采用标准化、规模化、工厂化预制技术。全线所需的 7.4 万块轨道板和道岔板全部在工厂进行预制生产，利于产品质量控制，提高生产效率，减少现场圬工量，加快了无砟轨道铺设进度，提高了无砟轨道整体质量。轨道板生产见图 4-3-11。

图 4-3-11　轨道板生产

(2)采用新型打磨技术。CRTSⅡ型轨道板采用高精度的数控磨床对承轨槽进行精密打磨加工,打磨精度可达 0.1 mm,配合高精度的测量和精调系统,轨道板铺设后即可获得高精度的轨道几何,最大限度地降低铺轨精调工作量,大幅度提高综合施工进度以及行车舒适度。轨道板打磨见图 4-3-12。

图 4-3-12　轨道板打磨

(3)采用布板、打磨和施工软件进行设计和控制。采用自主研发的 CRTSⅡ型板式无砟轨道布板、打磨和精调软件,计算出布设、制作、打磨、铺设等工序所需的全部轨道几何数据。实现了设计、制造和施工的数据共享,实现对轨道工程设计建造的各个环节的智能化控制,为工程建设提供了全面的技术支撑。轨道板设计、施工流程见图 4-3-13。

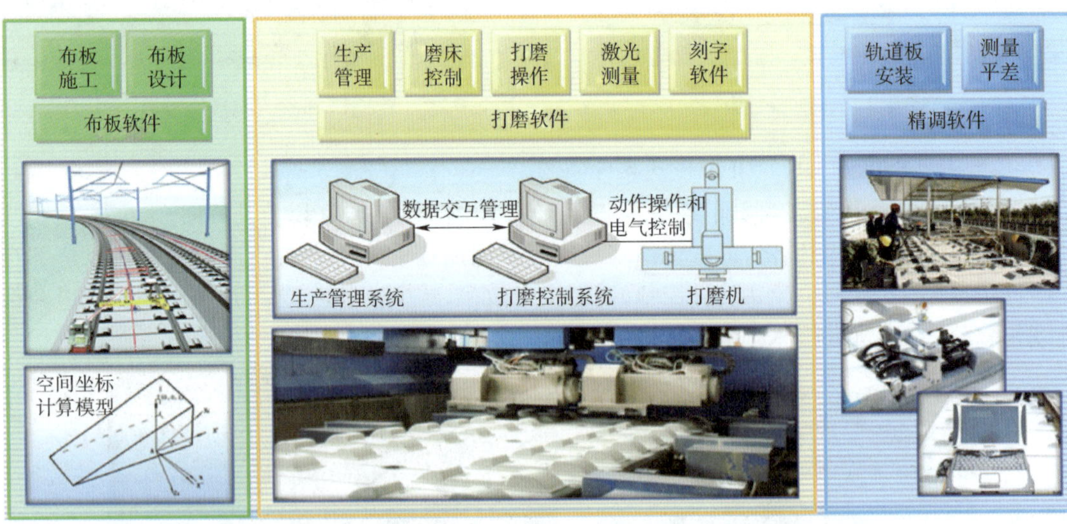

图 4-3-13　轨道板设计、施工流程

(4)连续钢筋混凝土底座板设计施工技术。针对 CRTSⅡ型板式无砟轨道底座板纵连特点,采用混凝土开裂后刚度折减理论,按拉压杆件开展纵连底座板的设计,采用连续钢筋混凝土底座板单元施工、分段张拉锁定技术,完成了长大桥梁上连续钢筋混凝土结构的建造。其中丰南跨京山铁路特大桥上连续钢筋混凝土底座板长达 28 km。通过此技术，大跨度桥梁上不需要设置钢轨伸缩调节器，同时避免了单元轨道结构板端变形问题，可减少轨道结构的薄弱环节，有效提高行车舒适度。底座板纵连示意图见图 4-3-14。

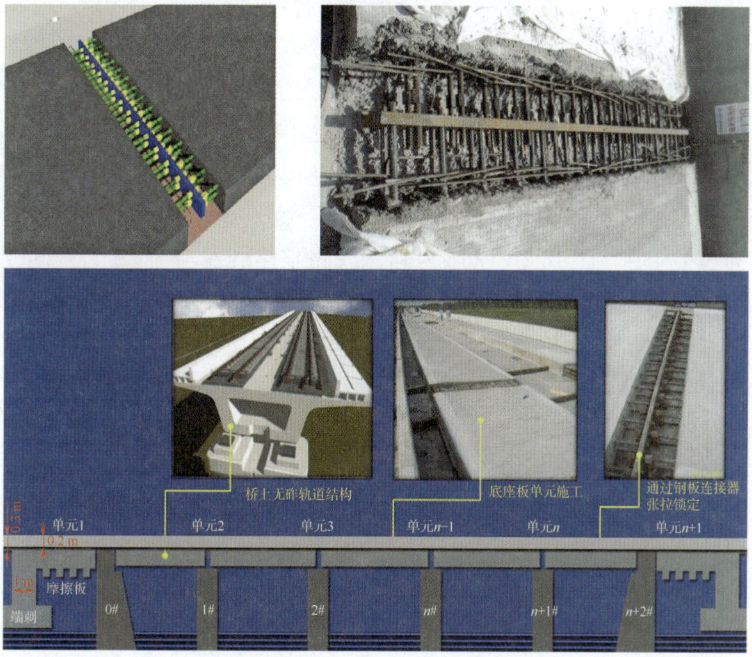

图 4-3-14　底座板纵连示意图

(5)采用了桥上纵连岔区板式无砟轨道技术。军粮城北站小刚架桥上采用了 4 组 18 号道岔，见图 4-3-15。为解决此处桥上岔区纵连板式无砟轨道设计问题，建立了“岔—板—板—梁—墩”一体化计算模型，编制桥上纵连底座岔区无砟轨道计算软件，系统研究了无缝道岔、连续混凝土轨道结构与小刚架桥的纵横向相互作用机理、受力及变形特征，检算了无缝道岔、无砟轨道和桥梁的强度、刚度和稳定性，形成了系统的设计计算方法及技术标准，完成了此工点无砟轨道设计。

图 4-3-15　小刚架桥道岔图

第二节 路 基

1. 对无预压工期工点地基采用钻孔桩筏板结构控制沉降。

唐山站高速车场范围，正线为无砟轨道。由于地方规划及协调原因致使唐山站站房设计滞后，新建普速车场未开通，运营中的既有普速车场无法拆除、高速车场不具备施工条件，因此造成工期严重滞后。根据调整后的施工组织方案，已不能满足原设计要求。针对以上情况，地基处理采用浅埋入式桩板结构，桩顶板位于既有路基上部，板边缘厚 0.7 m，板间为 2% 的人字坡，标准板宽 10.0 m。区间路基上采用(2+3×6+2) m 三跨加两个边跨的结构，钻孔桩直径 1.0 m，横向 2 排桩，间距 5.0 m。道岔区为确保线路整体刚度均匀，并与区间线路的轨道整体刚度匹配，整个道岔区设置桩板结构，此范围板加宽，钻孔桩加密，道岔区根据道岔型号及尾岔过渡段长度等因素综合确定连续板的长度，有条件时按断开设计，无条件时按连续板设计。经过桩板结构处理后的地基，既保证了工期又满足了无砟轨道工后沉降控制要求。

2. 邻近津秦高速铁路北戴河保养点下挖道路 U 形槽工期滞后，基坑采用旋喷桩基底止水，保证津秦高速铁路无砟轨道安全。

北戴河保养点道路，下穿津秦铁路，由于地下水位较高，框构两侧引道下挖部分需设置封闭式路堑结构进行止水，原设计考虑下挖道路与津秦高速铁路同期实施。由于地方政府拆迁未按期完成，推迟了抚戴公路开通时间，延迟至 2012 年 9 月中旬开通抚戴公路后，保养点道路才具备施工条件，而此时无砟轨道及铺轨工作已经完成，造成封闭式路堑降水开挖方案将对已铺设完成的无砟轨道产生不利影响。为保证津秦路基及无砟轨道安全，对 U 形槽开挖及降水方案进行变更，基坑底采用旋喷桩咬合封底，桩径 0.6 m，间距 0.4 m，正方形布置，旋喷桩封底及两侧支护帷幕桩施工完并达到强度后，方能进行基坑开挖作业。基坑开挖不进行降水作业，避免引起基坑外水位变化，保证津秦路基及无砟轨道安全。

第三节 桥 梁

1. 滨海海相沉积软土地区无砟轨道桥梁刚度及基础沉降控制技术。在军粮城和汉沽地区沉降速率相对较大，因此在该地区桥梁结构大部分采用以 32 m 为主的简支结构，为了增加结构对沉降的适应能力，支座采用可调高支座。可调高支座的设计坡度最大为 20%，可以完全满足纵断面变形要求。同时，对桥梁尤其是连续梁进行长期的沉降观测，一方面检查沉降是否有突变，另一方面检查相邻桥墩的沉降差是否满足轨道平顺要求和结构受力要求。

2. 在高速铁路无砟轨道桥梁岔区采用了连续刚架结构。目前国内高速铁路高架岔区均采用预应力混凝土连续梁，如京沪高速铁路的天津南站、无锡站、苏州站，郑西客运专线新渭南站，新广州站等。岔区钢筋混凝土连续刚架结构具有结构刚度大、受力明确、便于养护维修及施工周期短、施工难度低等优点。在可以采用小跨度结构且墩高较低的高架区段有着明显的优势，值得推广。

3. 国内首次采用跨越繁忙铁路简支拱桥带拱顶推新技术。津山外绕汤河特大桥津山绕 DK293+727.33 处跨越秦东下行联络线，为降低线路纵断面，设计采用 1×64 m 简支系杆拱，施工时为减少对桥下既有铁路干扰，顶推前将拱肋临时固定，安装吊杆，张拉 10 kN 拉力，使拱肋在顶推过程中能保持稳定即可。在顶推就位后在桥面内完成剩余工作，调整拱肋位置，拆除拱顶临时连接，合拢拱顶断缝，完成拱肋拼装，灌注拱内混凝土、张拉吊杆。在顶推前安装拱肋，极大地减少了对既有线的干扰。

第四节　隧　　道

1. 全线 14 座隧道共 28 个洞口均采用帽檐斜切式新型洞门，外形美观大方，且对隧道洞口微压波能起到一定的缓解作用，提高了洞门对隧道洞口环境的降噪效率。同时，根据全线施工组织设计，为满足桥梁梁体铺架运输需要，部分隧道需通过运梁车，隧道采用扩大断面，以适应过梁车和梁体的宽度要求。断面加大的控制因素尺寸主要考虑预制梁 32.6 m×12.0 m×3.05 m(长×宽×高)和轮胎式运梁车 43.5 m×7.25 m×3.50 m(长×宽×高)，根据上述控制因素确定隧道内轮廓面积，较常规断面单侧加宽 59 cm，轨面以上内净空面积为 115.53 m^2。隧道洞门、暗洞衬砌、超前支护等均做相应特殊设计。

2. 混凝土拌和物掺加纤维素纤维。为提高初期支护喷射混凝土的抗渗性、强度和耐久性，在其中掺加微纤维。为有效控制Ⅱ、Ⅲ级围岩素混凝土衬砌表面开裂问题，二次衬砌内掺加纤维素纤维。纤维素纤维是一种呈纤维状的多糖结构高分子聚合物，其原料取自于天然植物(如树木等)，并通过生物、化学技术加工制造而得。纤维素纤维的平均长度≥2 mm，平均当量直径为 15～25 μm，极限伸长率为 5%～20%，抗拉强度≥600 MPa，弹性模量≥7×10^3 MPa。纤维素纤维在混凝土中极易分散，分散后的纤维不会再次团聚。掺加纤维素纤维，不影响混凝土拌和物的流动性，解决了掺加非金属纤维减小混凝土坍落度的弊端。纤维素纤维除了能控制混凝土塑性收缩、干缩、温度变化等因素引起的微裂纹，防止及抑制裂缝的形成及发展，大大提高混凝土的抗渗性能、抗冻融性能等一般纤维的优点外，还具有和水泥亲和力强、促进水泥水化、减少混凝土泌水等特殊性能。

第五节　房 屋 建 筑

1. 为保证和加强网架杆件的稳定性，在屋盖四周、支座处、挑檐端部及采光天窗洞口周边布置支撑。屋盖计算考虑了下部结构的共同作用，取包络设计，根据网架提升施工过程，对此进行施工模拟分析。框架柱较高，承受内力大，框架柱的设计是确保屋盖结构安全的关键所在。框架柱采用钢管混凝土柱，并对其进行性能化设计，采用大型通用有限元软件 ABAQUS 进行中震弹性复核、大震不屈的弹塑性分析。分析结果表明，钢管混凝土柱具有足够的强度、刚度和地震能量吸收能力，可以满足屋盖结构的安全要求。钢管混凝土柱结构分析见图 4-3-16。

2. 应用 BIM 技术进行三维协同设计，实现房屋建筑的全生命周期管理。滨海站项目采用了 BIM 技术(Rhino+Revit)。BIM 技术是集建模、检测、计算、模拟、数据集成等工作为一体的三维建筑信息管理工程，其覆盖了工程的设计、深化设计、制造、施工管理乃至后期运营管理的建筑全生命周期。从建筑、结构、机电到幕墙、装修、屋面、标识专项设计，BIM 都发挥着重要的作用，具体运用如下。

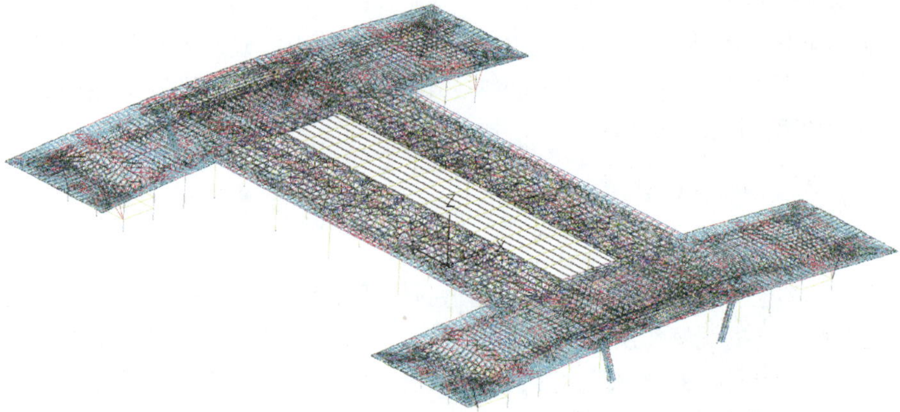

图 4-3-16 钢管混凝土柱结构分析

(1)为体现轻盈、舒展的建筑特色,檐口悬挑跨度尽量大,根部断面尽量薄,网架高度受限;网架与复杂的立面幕墙联系紧密,网格划分及设计考虑幕墙的分格及支承;经过多次网格尺寸与网架高度的试算比选,并借助犀牛软件(Rhino)技术实现复杂曲面网架的精确建模,网格划分与幕墙分格对应,以利于支撑幕墙系统。

(2)站房建筑、结构与机电系统复杂,为减小管线间的错碰漏,提高施工效率,保证工期,采用三维协同 BIM 技术,协同平台采用 Revit 软件。实际施工中,结构专业未进行任何结构梁、墙上开洞的变更。

(3)屋盖网架采用分片地面组装、分片整体提升、高空对接的施工方法,见图 4-3-17。利用高架层作为施工平台,将整个网架分为若干小单元,在地面定位放线,焊接成型,按单元整体提升到设计标高后,各单元在高空进行整体对接。整体对接完成后,对屋盖进行整体同步分级卸载,见图 4-3-18。提升安装作业简便,拼装及组拼基本在楼面完成,施工条件好,安全性高,也有利于焊接质量控制,有利于多区域同时施工。整个施工过程技术难度大、要求高。

图 4-3-17 滨海站屋盖网架组装

图 4-3-18　滨海站屋盖组装

(4)对滨海站站房结构建立了一套健康监测系统,对站房结构的物理力学性能进行无损监测,实时监控结构的整体行为,对结构的损伤位置和程度进行诊断,对结构的服役情况、可靠性、耐久性和承载能力进行智能评估,为结构在突发事件下或结构使用状况严重异常时触发预警信号,为结构的维修、养护与管理决策提供依据和指导,从而保障结构的可靠性、安全性和耐久性。

第六节　给　排　水

作为高速动车组的给水站,给排水设计采用先进、成熟、经济、适用、可靠的技术和设备。在水源的高可靠性、客车上水、给水集中控制等供水技术与方式等方面投入较大力量调研,进行方案论证,集思广益,并吸收近年来开发的污水处理新技术成果,实现创新设计,取得了良好的效果。

1. 新型客车上水设备的研究和应用。在津秦高速铁路上运行的动车种类较多,每种型号的动车上水口和管径都不相同,存在差异性,为了满足不同类型旅客列车上水的要求,对客车上水设施进行了大量的研究和调研工作。采用快速接头解决了不同类型高速动车客车上水的难题,快速接头能适用于各型客车上水注水口的口径,适应动车注水口倾斜角度不漏水的要求,上满水后,快速接头具有自动脱落功能,具有体积小、重量轻、密封性能好、使用简捷方便的特点,可大大降低劳动强度,有利于减少客车上水时间,以适应高速站列车快速上水的要求。同时,设计采用新型客车上水设备,该设备具备上水软管头部快速插接、上水时间设定、自动回水、上水软管自动脱落及自动回卷的功能,整个上水过程操作方便,自动化程度高,劳动强度低,避免溢水现象,达到节水和保护场地环境整洁的目的。采用卷绕有序的卷管器,保证站场整齐美观。

2. 全线给排水集中控制系统设计。在铁路给排水自动化控制中采用铁路信息传输通道,在铁路给排水自动化控制中做到各设备既能独立控制运行,又便于远程集成,创造性提出并设计了给排水自控系统四类标准化功能终端;从车站信息管理系统获取客车到发时间、车次和停靠站台,并发布到上水工休息室信息终端,确保及时上水,保证行车安全。作为给排水集中控制系统的子系统,其集中监控系统支持多种通信接口,为系统拓展提供有力保障,未来可通过无线通信、有线通信及增加监控其他给水构筑物的可能。

3. 给水加压泵站采用变频供水。由于给水系统的水量和水压是变化的，根据用水量的变化，调整水泵的转速，满足用水要求，节约能源；根据管网水压，启动水泵，管理方便，维修简单。各加压泵站设自来水与水泵扬水管之间的连接管，自来水压力满足要求时，可以切换到自来水直接供给，节约能源。

第七节 信　　号

1. 应答器冰雪击打防护装置

根据《中国铁路总公司运输局关于印发〈应答器冰雪击打防护装置方案评审意见〉的通知》（运电高信函〔2013〕475 号）文件精神，应答器冰雪击打防护装置在津秦高速铁路天津站（不含）至唐山（含）共 4 站 4 区间进行试验。该装置可消除冬季降雪后坠冰及雪块打坏应答器设备对动车组运行带来的安全隐患，确保津秦高速铁路信号应答器设备安全稳定运行，保证正常的行车安全。津秦高速铁路按照中国铁路总公司要求，对应答器冰雪防打击装置（图 4-3-19）进行上道试验，为国内首次采用。

图 4-3-19　应答器防冰雪击打装置

2. 津秦高速铁路列控系统

采用 CTCS-3 级列控系统，CTCS-2 级列控系统作为其后备模式，为国内最先进的列控系统，同时津秦高速铁路根据中国铁路总公司最新的技术文件的要求，主要采取了如下方面的技术更新：针对联锁、列控中心（含安全数据网）、CTC 自律机等涉及行车安全的关键设备电源系统冗余配置；对站内轨道电路钢轨引接线及道岔跳线的连接方式进行调整，缩短了轨道电路跳线的长度，减少了维护工作量；一体化轨道电路增加分线采集器，以满足集中监测对轨道电路和相关信息的采集。

3. 道岔融雪系统

GLC(07)02 道岔按照传统的设置方式，由于道岔翼轨上未预留加热条安装位置，无法安装加热条，存在加热盲区。针对上述情况，会同设备厂家对 GLC(07)02 道岔结构进行研究，最终确定在芯轨第 2 牵引点的第一块顶铁至第六块顶铁间增加 4 根加热条，其中 2 根安装在翼轨上，2 根安装在可动芯轨上，该方案可有效地减小加热盲区，降低冰雪天气由于积雪对道岔转换产生的影响。

第八节　电　气　化

1. 新技术

牵引变电所内 27.5 kV 单相电缆设置温度在线监测系统，及时了解变电所内外高压电缆的绝缘状况和运行状态，并对此加以评估、判断和决策。电缆温度在线监测系统采用光纤光栅温度传感器，具有测温精度高、测温范围大、不受电磁干扰、耐腐蚀等特点。系统采用全数字化网络结构，易于安装维护与系统拓展，系统测温分辨率为 0.1℃，系统所有监测点的单次测量时间小于 1 s，光纤材质传输与光纤传感器能在恶劣环境下可靠运行，提高了整个系统的抗干扰能力。

津秦高速铁路牵引变电专业共设计 6 座牵引变电所，所内 220 kV 侧采用的 4 台牵引变压器，两两 V 接形式。牵引变电所的 220 kV 外部电源是三相进线，220 kV 进线断路器也是三相进线，断路器的中间相要分别给两台变压器接线，其他客运专线都采用进线架构分线，这样既增加了所内的工程量又增加了工艺难度。津秦高速铁路牵引变电专业经过优化设计后采用新型式分线线夹(图 4-3-20)。节省了所内用地，减少了架构数量。工艺简单安装方便，实现了工艺方面的创新。

图 4-3-20　新型式分线线夹

2. 特殊设计

(1)新兴村牵引变电所主接线

津秦高速铁路的新兴村牵引变电所，是津秦高速铁路和京津城际延伸线两线共用的牵引变电所。牵引变电所主接线形式采用 220 kV 三相进线，所内四台牵引变压器两两 V 接，所内变压器容量为 2×(63＋50)MVA。与沿线其他牵引变电所、客运专线不同的是，所内单台 63MVA 牵引变压器给津秦高速铁路的两个供电臂供电，单台 50 MVA 牵引变压器给京津城际延伸线的两个供电臂供电。两条线路的牵引变压器对 220 kV 电源进线形成 V 接形式。27.5 kV 母线侧的接线采用四段母线形式，新兴村牵引变电所的主接线图见图 4-3-21。

新兴村牵引变电所的接线形式，满足了两条线路不同的用电需求，而且具备一定的供电灵活性，在一条线路故障的情况下不影响另一条线路的正常运行。

(2)新兴村牵引变电所总平面布置

津秦高速铁路新兴村牵引变电所地处天津市市郊，毗邻天津机场和经济技术开发区，天津市内的 220 kV 电力线路都采用电缆形式，不能采用常规的架空进线。而变电所内 220 kV 设备采用户外布置形式，需要在所内将 220 kV 电缆转为架空线路。所内的布置形式做了相应的调整。新兴村牵引变电所内无进线架构，所内 220 kV 侧采用对称布置，见图 4-3-22。

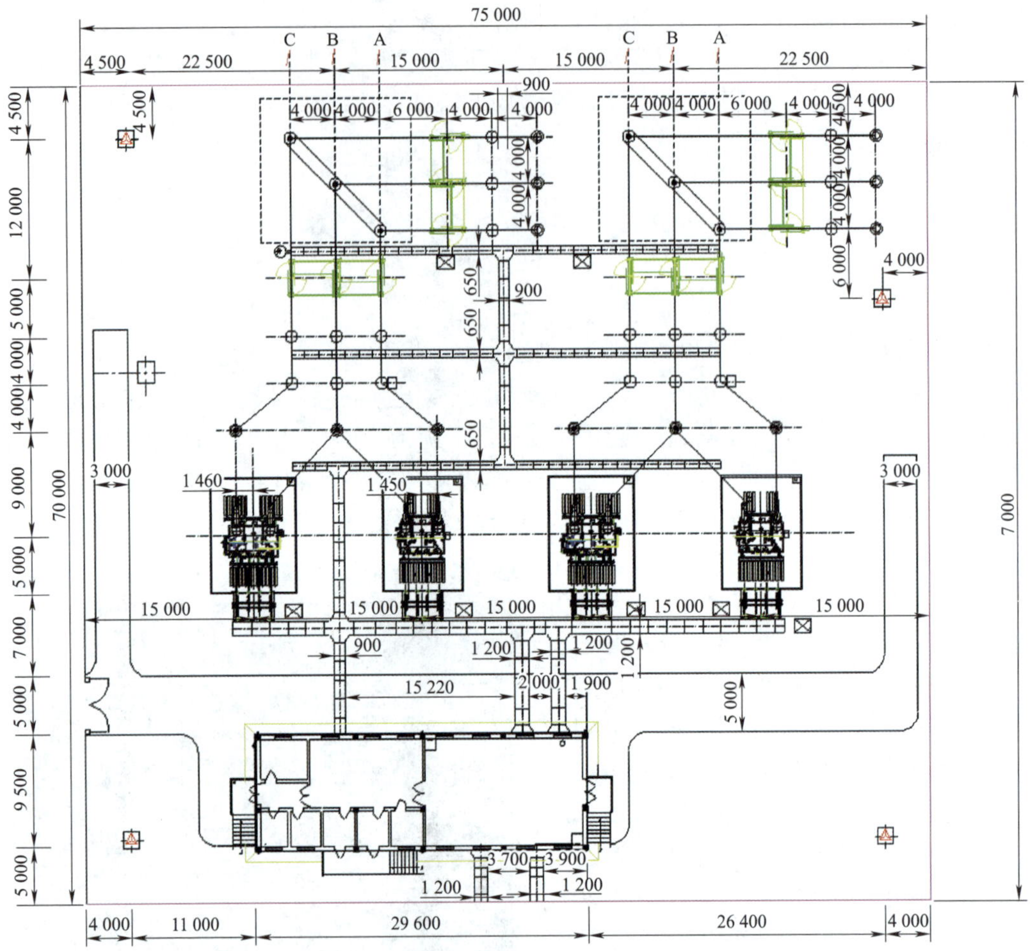

图 4-3-21　新兴村牵引变电所总平面布置图(单位:mm)

新兴村牵引变电所是津秦高速铁路唯一一个所内无架构的牵引变电所。平面布置既满足了所内各设备的功能需求,又节约了占地,减少了进线架构,节省了工程造价。

(3)滨海西 AT 所兼开闭所主接线

滨海西 AT 所兼开闭所为津秦高速铁路和京津城际延伸线两线共用的 AT 所,并从京津城际延伸线的 AT 所母线引出两条馈线为塘沽方向正线供电。为实现津秦高速铁路为京津城际延伸线越区供电的功能,所内加装了越区供电用的电动隔离开关。在功能上,滨海西 AT 所兼开闭所具备两条线路独立供电时 AT 所的功能,并且京津城际延伸线侧 AT 所具备开闭所功能。在越区供电情况下,所内具备越区供电条件。

3. 接触网桥梁地段供电电缆上桥 S 形爬架设计

一般情况下,供电电缆上桥时均由桥梁专业预留电缆爬架,但建设项目往往因所、亭征地变化导致原来预留的桥墩位置距离所、亭供电线理想上网点距离较远,为减少供电线走行路径及节省费用,创造性地设计了供电线自格构支柱上爬,然后沿着设计的 S 形弯通电缆爬架固定,达到供电电缆联网的目的。设计不但节省了费用,避免了施工进度的制约,而且减少了供电电缆的多次弯曲,使得供电电缆上行顺畅,固定可靠,S 形弯通爬架为首次采用,对于后续工程建设,具有良好的借鉴意义。

第五篇　技术管理

第一章　勘察设计管理

第一节　管理组织机构

1. 建设单位

津秦铁路客运专线有限公司负责工程施工建设管理。公司下设工程管理部、安全质量部、物资设备部、计划财务部、对外协调部、综合管理部和天津、唐山、秦皇岛三个指挥部。

其中根据铁道部《关于调整大型客站建设任务的通知》和项目的具体情况，经协商，将滨海站、滨海北站、唐山站、滦河站、北戴河站和秦皇岛站站房及客服等相关工程，委托给北京铁路局代建，北京铁路局成立站房工程建设指挥部负责建设管理。

2. 施工单位及标段划分

中铁二十二局集团有限公司、中铁十八局集团有限公司，负责 K20＋495～K77＋790 段土建工程(不含铺轨)。

中铁大桥局股份有限公司，负责 K77＋790～K127＋001 段土建工程(不含铺轨)。

中铁十七局集团有限公司、中铁电气化局集团有限公司，负责 K127＋001～K172＋432 段土建工程及全线铺轨(不含秦山地区改造铺轨)。

中铁二十一局集团有限公司，负责 K172＋432～K241＋692 段土建工程(不含铺轨)。

中铁六局集团有限公司，负责 K241＋692～K281＋948 段土建工程(不含高速正线铺轨)。

3. 勘察设计单位

铁三院为总体设计单位，其中站房工程分别由武汉市建筑设计院、悉地国际设计顾问有限公司、北京建筑设计研究院负责设计。

4. 监理单位

津秦高速铁路全线划分 3 个独立监理标，分别为天津新亚太工程建设监理有限公司、中铁济南工程建设监理有限公司、北京铁建工程监理有限公司，负责全线监理工作。

5. 咨询单位

咨询单位为武汉铁四院工程咨询有限公司，负责施工图审核工作。

第二节　前期研究管理

一、预可行性研究阶段管理

1. 工作内容

预可行性研究的主要内容包括：客货运量预测，系统研究项目在路网、综合交通运输体系及社会经济发展中的作用，提出线路起讫点及线路走向方案和建设规模，初步提出铁路主要技术标准、各项主要技术设备设计原则及主要工程内容，对主要工程、相关工程、外部环境、土地利用、协作条件做初步分析，提出建设工期、投资预估算及资金筹措设想，进行经济初步评价，从宏观上分析对各种保护区、集中噪声敏感区和社会环境的影响，论证项目建设的必要性、可行性。

2. 工作流程

预可行性研究工作流程主要包括设计策划、现场踏勘、设计实施和设计评审等环节(图 5-1-1)。

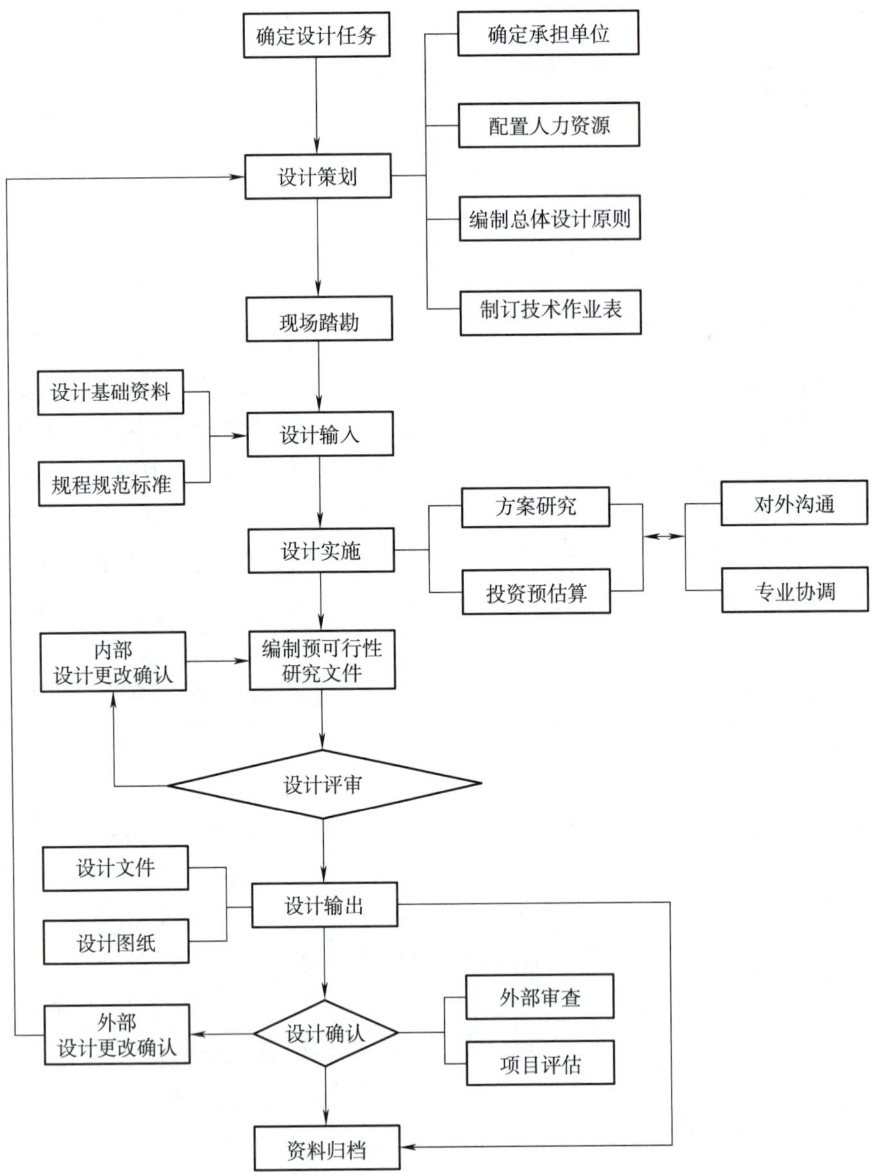

图 5-1-1 预可行性研究工作流程图

二、初测阶段管理

1. 工作内容

初测工作主要包括航空摄影测量、精密工程控制测量、地形图测绘及各单项测量四大部分。在工作开展过程中，应用成熟的技术作业方式和方法，保证作业进度和质量；积极探索和应用新技术、新方法，充分利用现代测量技术优势，提高工作效率。

2. 工作流程

按照国家、铁道行业现行勘察规范及规定完成项目初测工作，工作流程见图 5-1-2。

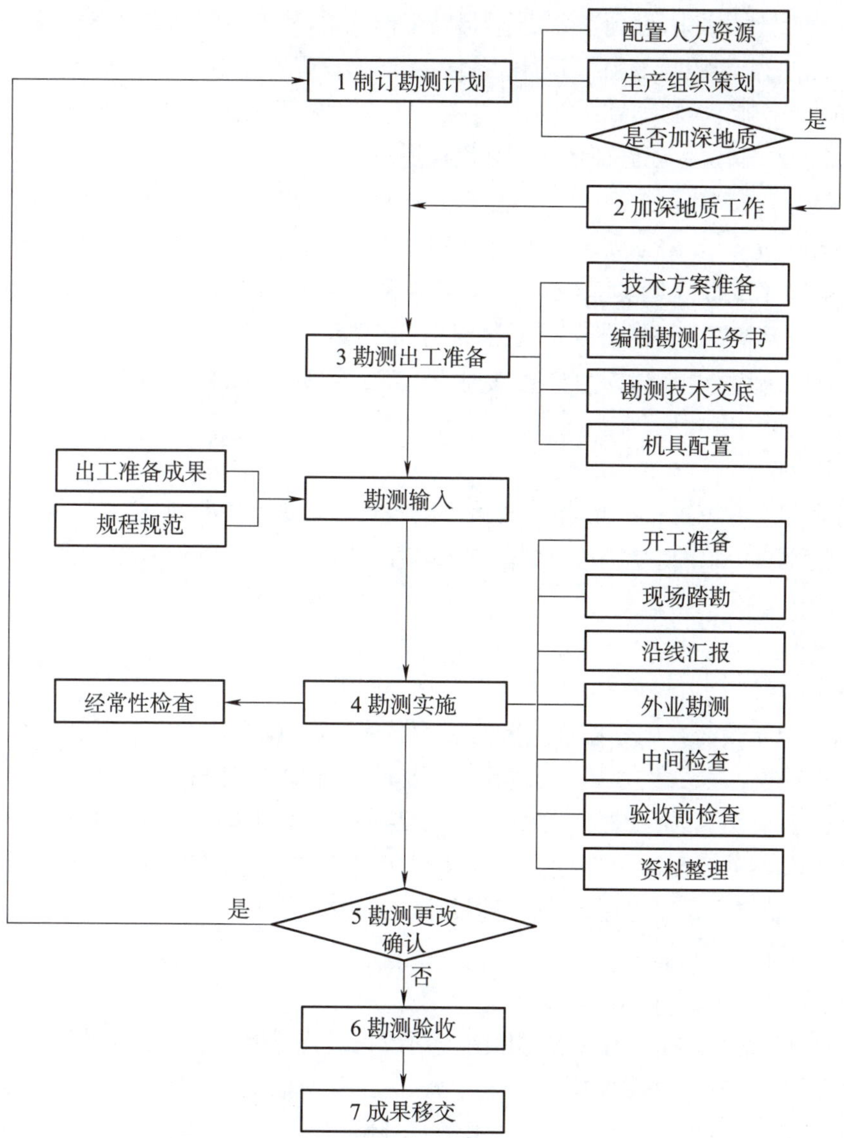

图 5-1-2　初测工作流程

(1)勘测出工准备

技术方案准备:初测阶段根据预可行性研究报告审查意见,对线路走向、引入枢纽方案进一步优化比选,明确主要初测方案及比较方案。

编制勘测任务书:由项目总体负责人(以下简称总体)组织编制勘测任务书,集团主管领导审定、签发。

资源配置:根据项目工作量,合理配备外业技术队长、相关技术人员、勘测队伍及设备。

勘测技术交底:项目总体主持技术交底会,向勘测人员明确勘测有关要求。

(2)勘测工作

采用勘测设计一体化,做到资源共享,提高工作效率,杜绝中间环节可能出现的差、错、漏、碰,为项目申请报告和控制工程投资创造条件,勘测工作程序如下。

①现场技术交底:向参加外业勘测的有关人员介绍项目情况、工期、质量要求。开工前仪器检测、设备校验,制定各项保证措施和创优规划。

②现场踏勘:技术队长组织进行踏勘,重点落实既有站现状设备情况,在建工程建设情况及进一步核实工程接口,跨越高速公路、主要河流等现场条件,组织方案优化,制定勘测技表。

③沿线汇报、收集资料:落实重点拆迁方案、高速公路及重要道路、外部供电、环境敏感区、文物保护、城市规划等外部条件,征求地方政府和主管部门对线位走向及设置车站的意见,收集相关资料。

④外业勘测:平面及高程控制测量、专业调查、专项测绘、配合协议等工作。中间质量检查及抽检,提出中间检查意见。

(3)勘测验收

集团公司组织专家进行勘测验收,检查中间检查意见执行情况、收集资料及勘测资料是否齐全,检查勘测方法和精度是否符合规范要求,对勘测成果进行质量评定,形成验收报告。

三、可行性研究阶段管理

1. 工作内容

落实各研究年度的客货运量,确定铁路主要技术标准,稳定建设方案和主要技术设备的设计原则;提出主要工程数量、主要设备概数、主要材料概数、拆迁概数、用地概数、施工组织方案、建设工期、投资估算、资金筹措方案,提出满足项目用地预审要求的土地利用资料;提出建设及运营管理体制的建议;阐明对环境与水土保持的影响、防治的初步方案以及节约能源的措施;进行财务评价和国民经济评价,论证建设项目的可行性。

2. 工作流程

可行性研究工作流程见图 5-1-3。

(1)开展设计前期准备工作。依据既有资料或集团公司地理信息库资料,进行线路初步选线,提出主要技术标准意见,并向集团公司主管、总工程师汇报。总体组织专业收集基础资料、现场控制点踏勘,主管院副总组织征求地方意见,制定总体、各专业创优计划。

(2)主管院副总组织进行前期策划,主要解决总体性、系统性问题。

(3)编制总体、专业设计原则,指导设计过程,确保设计质量。

(4)制定技术作业表,明确专业分工、接口、时间安排。

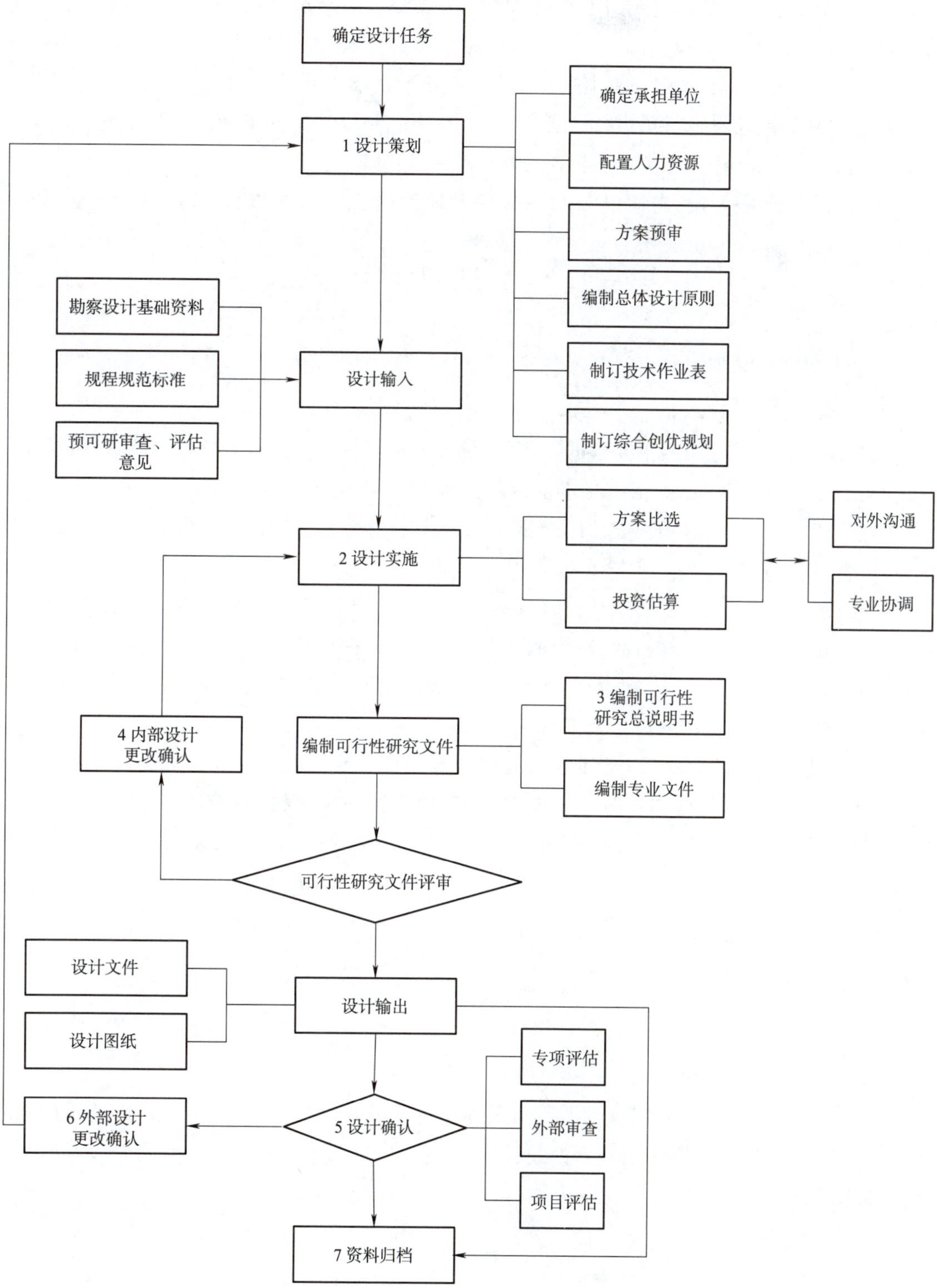

图 5-1-3　可行性研究工作流程图

(5)在设计中进一步优化线路走向及站点多方案研究，比选、落实、确定方案，提出综合最优推荐方案。

(6)计算各方案工程数量、编制估算、概算、经济评价分析、图纸设计。

(7)按照《铁路建设项目预可行性研究、可行性研究和设计文件编制办法》(铁建设〔2007〕152 号)规定的深度，编制完成项目申请报告初稿，院审后向业主沟通汇报。

(8)编制完成工程项目申请报告，文件审签和质量评定、文件报送、归档。

第三节 项目勘察设计管理

一、初步设计阶段管理

1. 工作内容

初步设计是项目建设的主要依据，应根据批准的可行性研究报告进行现场调查，对局部方案进行比选，采用定测资料，依据批准的环境影响报告书、水土保持方案、地质灾害危险性评估、压覆矿产资源评估、地震安全性评价、防洪影响评价报告及通航论证报告等，进行比较详细的设计。

初步设计内容和深度主要包括：确定各项工程设计原则、设计方案和技术问题，提出工程数量、主要设备数量、主要材料数量、用地及拆迁数量、施工组织设计和总概算，确定环境保护和水土保持措施。初步设计文件经审查、修改、批准后，作为控制建设规模和总投资的依据，应满足征用土地、建筑物拆迁、进行施工准备及主要设备采购的需要。

根据上述要求，结合项目的实际情况，初步设计重点研究梳理包括现场勘察、重点隧道设计、重点车站设计、红线内综合开发方案研究、地下线防灾救援、系统集成、施工期间临时交通疏解、道路改移和管线迁改、弃渣处理方案、施工组织方案及大临工程、概算编制等工作。

2. 工作流程

初步设计工程流程见图 5-1-4。

二、施工图阶段管理

1. 工作内容

施工图阶段是为现场施工提供需要的图表和设计说明，该阶段的重点主要有地质补充勘探、接口设计、系统集成、地下管线迁改设计、施工图质量控制、标准化设计、综合管线设计和施工图预算等。

2. 工作流程

施工图工作流程见图 5-1-5。

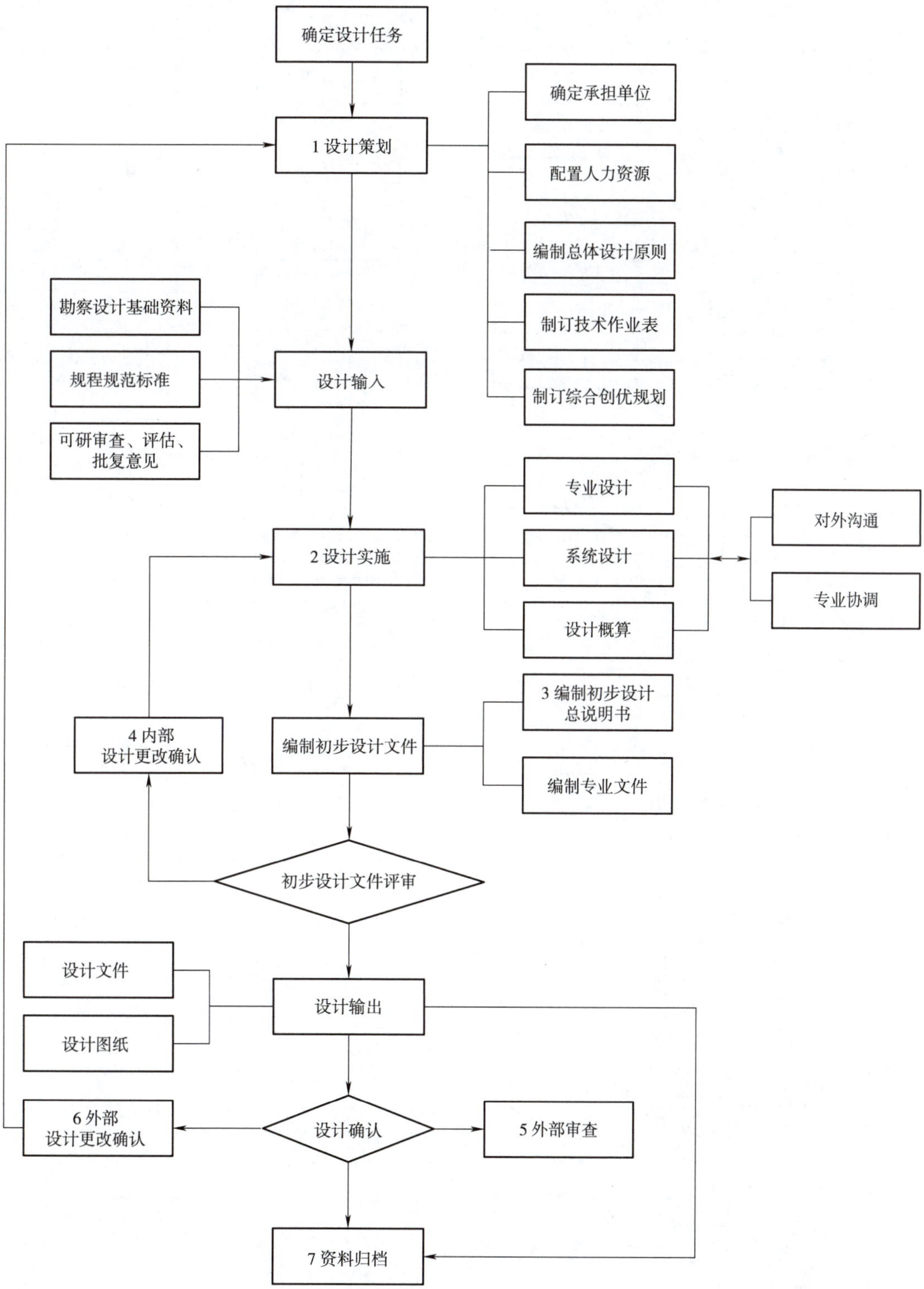

图 5-1-4　初步设计工作流程图

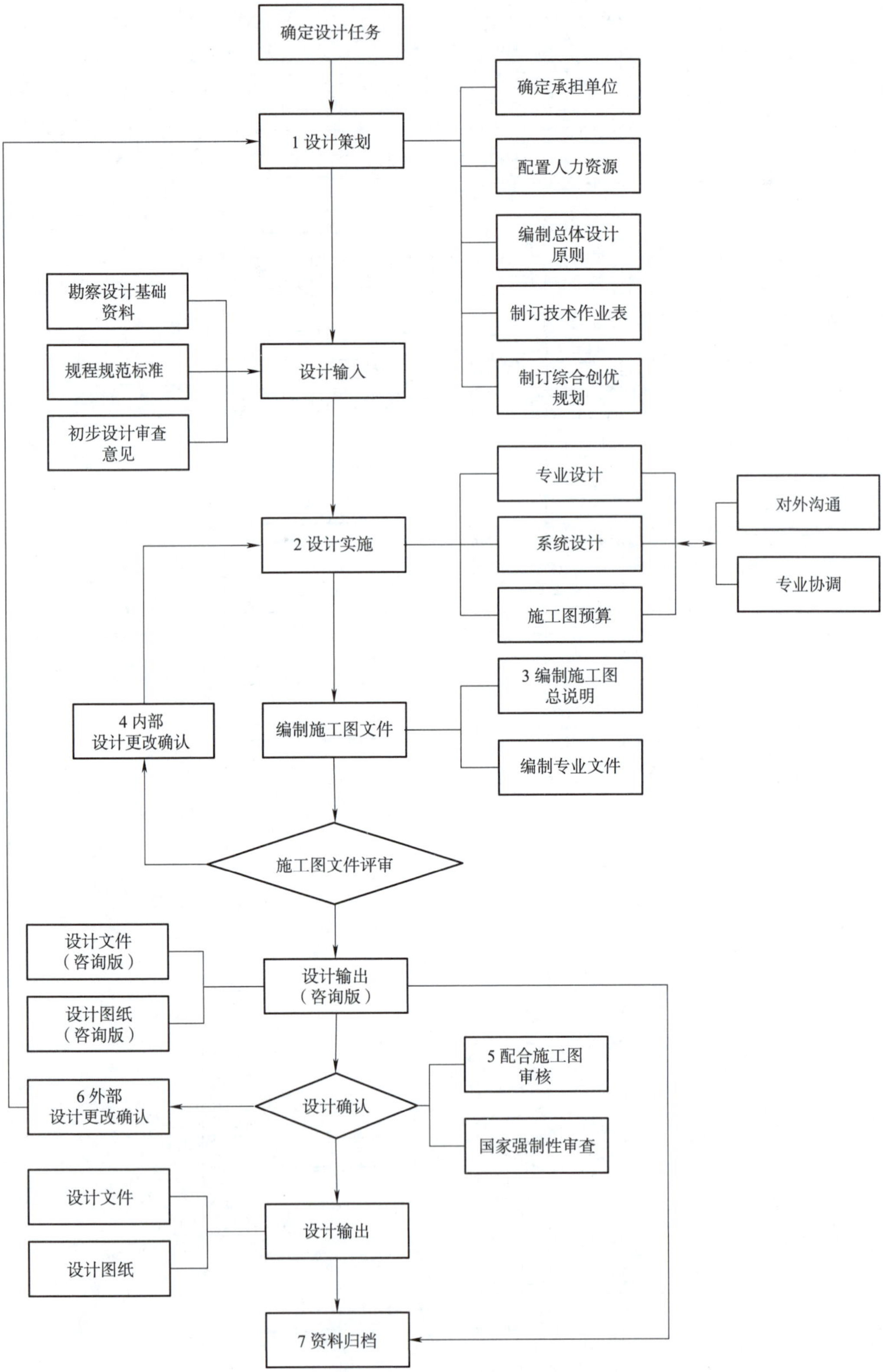

图 5-1-5　施工图工作流程图

第四节　变更设计管理

一、变更设计重点要求

变更设计是指铁路工程建设项目施工图审核合格后至工程初步验收合格后半年以内变更设计的活动。施工图阶段需要对批复的初步设计重大内容调整的，包括施工图预算超出初步设计批复总概算的，比照Ⅰ类变更设计程序报初步设计审查部门批准。

各建设项目的初步设计、施工图应提高勘察设计质量，避免因勘察设计原因造成Ⅰ类变更设计，减少因勘察设计原因造成Ⅱ类变更设计。变更设计工作应科学合理、系统完整、准确及时，并做好与审核部门的沟通，要防止因工作失误再次造成变更设计。

变更设计必须坚持“先批准、后实施，先设计、后施工”原则，严格依法按程序进行变更设计，严禁违规进行变更设计。

变更设计必须在确保工程安全、质量和使用功能的同时，严格按照国家和铁路建设主管部门的建设、投资管理规定控制工程投资。

二、Ⅰ类变更设计管理流程

Ⅰ类变更设计程序分为提出变更设计建议、会审变更设计方案、编制变更设计文件、参加变更设计文件初审、参加变更设计文件审查、提交审核用施工图、落实施工图审核意见、报送建设单位。Ⅰ类变更设计工作流程图见图 5-1-6。

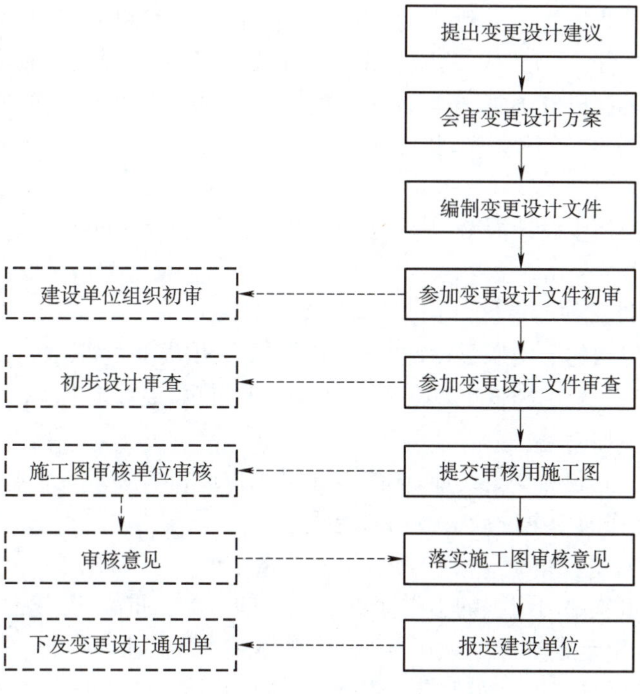

图 5-1-6　Ⅰ类变更设计工作流程图

1. 提出变更设计建议

勘察设计原因引起的Ⅰ类变更设计，由勘察设计单位向建设单位提出Ⅰ类变更设计建议。单一专业的，专业负责人(以下简称专线)及以上人员均可提议；多专业的，总体负责人(以下简称总体)组织相关专业研究后，总体或牵头专业提议。专线或总体填写《变更设计提议单》，经专业审定、总体审核、集团主管总工审批，并经集团公司主管领导同意后，专线或总体填写《变更设计建议书》报建设单位，并抄送计经处、科技处。

非勘察设计原因引起但需设计单位提议的Ⅰ类变更设计(如规程规范、建设标准等变化)，由勘察设计单位向建设单位发函提出变更设计建议。单一专业的，专业备文；多专业的，总体备文，有关专业会签。集团主管总工签发，并抄送计经处、科技处。

2. 会审变更设计方案

接到《变更设计建议书》后，应首先研究会审内容的原则意见。单一专业的由专业审定提出意见，多专业的由总体组织专业审定人员提出意见，报集团主管总工同意并形成记录。

参加建设单位组织的现场勘察、方案会审。原则上重大Ⅰ类变更(指涉及重大技术标准/重大技术方案/投资超过300万元的)由集团主管总工带队，总体和相关专业审定参加。一般Ⅰ类变更，集团主管总工可委托总体或相关专业审定参加。参与分析变更设计原因、责任认定及费用等，对变更原因或责任划分有争议的，应如实记录设计方意见，并签署《变更设计会审纪要》。

非勘察设计原因引起的Ⅰ类变更设计，因涉及勘察设计费问题，由总体把《变更设计会审纪要》报计经处。

3. 编制变更设计文件

总体组织相关专业严格按照有关规定和《变更设计会审纪要》，以及确定的安全应急预案编制Ⅰ类变更设计文件。Ⅰ类变更设计文件一般在会审纪要下发后30日内完成，特殊情况下文件完成时间应与建设单位协商，按照商定的期限完成，并将变更设计文件报建设单位。单一专业的由变更专业备文，总体会签，集团主管总工签发；多专业的由总体备文，集团主管总工签发。

变更设计文件为初步设计深度，其中工点按初步设计阶段的重点桥渡、重点隧道等设计要求进行设计。

4. 参加变更设计文件初审

参加建设单位组织的Ⅰ类变更设计文件初审。重大Ⅰ类变更，集团主管总工带队，总体和相关专业审定参加。一般Ⅰ类变更，单一专业的，专业审定、专线参加；多专业的，总体组织相关专线或专业审定参加。

涉及环水保重大问题的变更设计，应配合建设单位取得有关环境保护行政主管部门同意后，再形成初审意见连同变更设计文件一并上报。

5. 参加变更设计文件审查

参加初步设计审查部门组织的Ⅰ类变更设计文件审查。重大Ⅰ类变更，集团主管总工带队，总体和相关专业审定参加。一般Ⅰ类变更，总体或主导专业组织相关专线或专业审定参加，并配合建设单位做好现场核实工作。需补充资料的，补充文件审签至集团主管总工后按要求上报。

6. 提交审核用施工图

按照建设单位安排，根据Ⅰ类变更设计批复意见等，总体组织相关专业完成变更设计施工图图纸、文件，单一专业的由变更专业备文，总体会签，集团主管总工签发；多专业的由总体备文，集团主管总工签发。报送建设单位，供施工图审核单位审核。

7. 落实施工图审核意见

各专业既要尊重审核意见，逐条落实，又要坚持原则，对审核意见有分歧的，加强沟通协商，完成施工图修改。

8. 报送建设单位

经集团主管总工审定后的施工图发文报送建设单位，总体应将建设单位审核合格的施工图连同《变更设计通知单》分发至有关专业。

三、Ⅱ类变更设计管理流程

Ⅱ类变更设计程序分为提出变更设计建议、进行现场核实、确定变更设计方案、提交审核用施工图、落实施工图审核意见、报送建设单位等。Ⅱ类变更设计工作流程图见图 5-1-7。

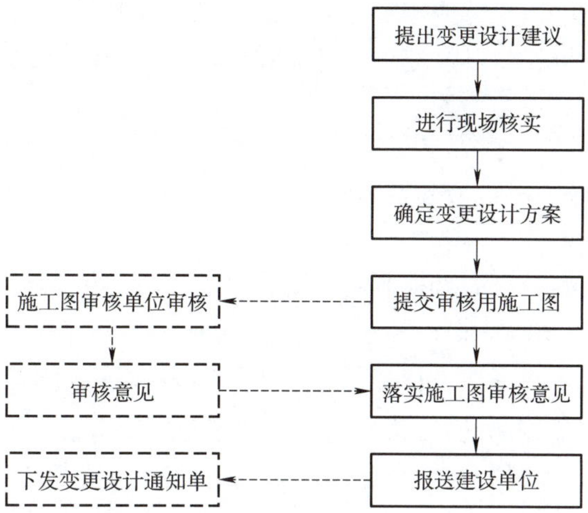

图 5-1-7　Ⅱ类变更设计工作流程图

1. 提出变更设计建议

勘察设计原因引起的Ⅱ类变更设计，由勘察设计单位向建设单位提出变更设计建议。

重大Ⅱ类变更设计。单一专业的，专线及以上人员均可提议；多专业的，总体组织相关专业研究后，总体或牵头专业提议。总体或专线填写《变更设计提议单》，经总体审核、集团主管总工审批后，填写《变更设计建议书》报建设单位。

一般Ⅱ类变更设计。单一专业的，专业提出；多专业的，总体或牵头专业提出。专业提议人员或总体（或牵头专业）填写《变更设计建议书》，按各单位规定审签后报建设单位。

2. 进行现场核实

参加建设单位组织的Ⅱ类变更现场核实工作。单一专业的，专业参加；多专业的，总体（或牵头专业）组织有关专业参加。应对现场现状拍摄影像资料存档，对照变更设计建议客观提出设计单位核实确认意见。

3. 确定变更设计方案

参加建设单位组织的Ⅱ类变更设计方案会审工作。单一专业的由专业负责;多专业的由总体或牵头专业负责。参与分析变更设计原因、责任认定及费用等,准确反映设计单位意见,并在《变更设计会审纪要》中签字。

4. 提交审核用施工图

按照建设单位要求提交审核用施工图或变更设计成果。一般在《变更设计会审纪要》下发后 10 日内,按确定的变更设计方案完成施工图或变更设计成果。单一专业的,专业自行组织完成;多专业的,总体或牵头专业组织有关专业完成。审核用施工图或变更设计成果连同《变更设计送审单》报送建设单位。

5. 落实施工图审核意见

各专业既要尊重审核意见,逐条落实,又要坚持原则,对审核意见有分歧的,加强沟通协商,完成施工图修改。

6. 报送建设单位

将修改后的变更设计施工图或变更设计成果连同《变更设计送审单》报送建设单位。单一专业的,专业报送;多专业的,总体或牵头专业组织报送。总体或牵头专业应将建设单位审核合格的施工图或变更设计成果连同《变更设计通知单》分发至有关专业。

四、变更设计技术管理

对于项目实施过程中发生危及安全需要立即处理的设计问题,现场专业技术人员应先行处置,同时向技术主管报告。

各类变更设计的变更设计原因要明确,分析要具体、透彻,责任要明晰。

对建设、施工、监理单位提出的变更设计建议,现场配合施工人员应及时受理,并抓紧落实,一般 3 日内给予是否进行变更设计的答复。当不同意变更设计时,可用《津秦高速铁路项目工作联系单》答复。确需变更的,按照变更设计程序开展变更设计工作。

变更设计工程开工前需进行技术交底的,单一专业的由专业负责,多专业的由总体或牵头专业组织,必要时集团主管总工参加。交底内容要针对已提交施工图需要补充说明或重点说明的问题,进行书面交底和现场答疑。交底报告、答疑内容应纳入会议纪要。建设单位未形成会议纪要的,总体或牵头专业应组织交底人员形成会议纪要并报建设单位核备。

第五节　配合施工管理

一、主要工作内容

勘察设计单位配合建设单位处理涉及勘察设计的有关事宜,说明施工图设计意图并指导实施,及时解答和解决实施过程中的勘察设计问题,参与重大施工方案和指导性施工组织方案研究,参加安全质量问题调查处理、工程验收等工作。

二、配合施工技术管理

根据需要,总体组织制定施工现场设计配合工作细则,统一全线多个配合施工组的专业技术工作内容、标准、原则等，并报送建设单位核备。加强内外部沟通，尤其是多专业系统性问题的协调工作。

生产单位应对现场派遣人员进行岗前培训，培训内容包括有关规章制度、项目背景、设计意图、工作方法和程序、设计原则和要点、重大质量风险因素及控制措施、以往发生的现场典型案例剖析等。

配合施工使用的各类规程、规范、作业指导书、规章制度及设计文件，应满足配合施工全过程、现场变更设计及各项检查工作的需要，并建立文件清单，及时更新，确保版本有效、可控。

配合施工人员应及时熟悉设计文件、图纸，参与总体组织的设计复查。对分管段落展开沿线调查、核对、现场巡检等工作，并填写配合施工日志，详细记录当日主要工作内容、巡检情况、存在问题、解决问题的建议意见等，形成技术档案。

(1)总体组织各专业专线制订现场巡检计划并实施检查，重点是核查施工是否按设计施工、设计图纸是否与现场相符等。若发现未按设计施工、设计图纸与现场不符等问题，应开展相应的取证工作(如数码相机拍照等)，并及时向有关人员通报，必要时经指挥部或专业审定审查后书面上报建设单位，提请建设单位督促施工单位落实、整改。

(2)施工期间，专线、总体对配合施工现场的检查应坚持每月不少于1次，检查的内容及其存在问题、建议等应形成书面记录。现场配合施工人员巡检次数原则上每月不少于2次，对高难度、高风险性的工点，巡检间隔时间不得超过10天；不常驻现场的，要加强对现场的了解，及时处理有关问题，以满足现场需要确定巡检频次，原则上每月不少于1次。

(3)专线、总体参加的现场巡检，改进建议或需要关注的问题，应以书面形式下达给现场配合施工人员。

(4)对于现场巡检发现的重大问题，提请专业审定人员、集团主管总工研究解决。

(5)各单位应梳理本专业现场巡检的主要内容，形成标准化、表格化，规范和便于专业巡检人员统一使用。

三、配合施工文件管理

对于相关方提供的各类文件及资料，项目指挥部或设计配合组按照分类编目管理，并做到目录清晰，查阅方便。

在配合施工期间产生的协议，由主导专业进行管理。

四、信息管理

项目指挥部或设计配合组应参加建设单位组织召开的有关工作会议时，及时向建设单位反馈巡检发现的问题，同时把建设单位的要求及时向有关专业反馈，并抓好落实。

各单位相关人员赴现场检查处理问题时，应及时将问题处理情况向指挥部或设计配合组通报，以保持信息畅通。

专线及以上人员参加项目建设有关会议时，应及时与配合施工人员沟通有关情况。配合施工人员参加建设项目有关会议后，应将有关单位对勘察设计的要求及时向专线、总体及指挥部反馈。

第二章　质量控制管理

第一节　项目质量管理特点及控制目标

项目质量控制是对项目质量实施情况的监督和管理。项目质量控制按以下几方面进行：

1. 各项基础资料齐全、完整、准确，充分满足设计要求。
2. 正确执行国家及地方规程、规范，严格执行国家、行业的工程建设强制性标准。
3. 选用的设计方案、系统、设备技术条件与功能需求相匹配，经济合理、安全可靠。
4. 设计文件的内容和深度符合国家规定，满足施工和业主要求。
5. 确保设计文件的总体性、完整性、统一性、适时性、经济合理性和技术进步性。

第二节　质量管理保证措施

一、质量管理体系保证措施

（一）质量、环境和职业健康安全管理体系

铁三院质量、环境和职业健康安全三大管理体系由国际著名的英国劳氏认证公司认证，先后取得质量管理体系认证、环境管理体系认证、职业健康安全管理体系认证（图 5-2-1）。体系运行过程中劳氏认证公司严格监督审核，为中国铁设津秦高速铁路工程勘察设计质量提供了有效保证。

（二）质量管理体系

津秦高速铁路项目按 ISO9001 所述项目质量管理体系要求细化项目设计质量管理办法，建立针对该项目的质量控制程序及措施，包括组织及职责体系及各阶段质量控制流程，通过有效的制度体系、合格的人员保障、快速反应的工作作风、先进的管理手段，对设计接口协调、重大技术把关，以提供最优质的服务，保证业主满意，质量控制贯彻整个设计的全过程。

1. 质量管理体系模式

质量管理体系模式图（图 5-2-2）涵盖了质量管理体系的 PDCA 运行模式，由管理职责，资源管理，产品（服务）实现，测量、分析和改进等环节组成。在管理职责的部分要求公司的最高管理者对顾客、社会、员工及其他相关方做出满足其要求和进行持续改进的承诺，相应建立方针和目标，组织策划和提供为达到目标所需要的资源（图 5-2-2）。

2. 管理职责环节要点

制定详细的工作计划，保证工作的衔接、平衡。计划与业主的总体策划目标相适应，包括内容、深度要求，人员的具体分工、责任，勘察设计文件校核、签发程序等，使工作人员明确工作目标、内容、成果要求和完成时间；在工作开始和过程中搜集各种资料，科学分析其适用条件，起到有效的事前指导作用；按照 ISO9001 标准和自有质量管理体系的要求进行勘察设计工作的开展、实施和管理。

Lloyd's Register

认证证书

兹此证明下列公司之管理体系：

中国铁路设计集团有限公司

中国，天津市天津自贸试验区（空港经济区）东七道109号

统一社会信用代码：91120000103062810U

注册地址：天津自贸试验区（空港经济区）东七道109号

通过劳氏质量认证有限公司之认证，符合下列管理体系标准：

ISO 14001:2015 | ISO 45001:2018 | ISO 9001:2015

GB/T 24001-2016 | | GB/T 19001-2016

王崧－大中华区总经理

颁证机构：劳氏质量认证（上海）有限公司

代表：劳氏质量认证有限公司

本证书必须与列有本证书编号和认证地点的证书附录一起使用才有效。

现行证书日期：2019年7月1日
证书有效期限：2021年7月26日
证书识别编码：10207195

首次颁发日期：
ISO 14001－2006年7月27日
ISO 45001－2019年7月1日
ISO 9001－1997年12月5日

证书编号：ISO 14001－0067185 / ISO 45001－0067187 / ISO 9001－0067186

该管理体系适用于：

铁路、公路、市政、电力、建筑和电子通信广电行业以及其它行业建设工程的勘察、设计、咨询、评估、测绘、计量、水土保持方案编制、环境影响评价、工程招标代理、监理、铁路桥梁检定评估服务；铁路工程及其配套（电力、通信、信号、电气化）辅助和附属工程及公路（含高速公路）工程总承包和工程项目管理。

UKAS MANAGEMENT SYSTEMS 001

Lloyd's Register

证书附录

证书识别编码：10207195

地点	活动
中国铁路设计集团有限公司 中国，天津市天津自贸试验区（空港经济区）东七道109号	铁路、公路、市政、电力、建筑和电子通信广电行业以及其它行业建设工程的勘察、设计、咨询、评估、测绘、计量、水土保持方案编制、环境影响评价、工程招标代理、铁路桥梁检定评估服务；铁路工程及其配套（电力、通信、信号、电气化）辅助和附属工程及公路（含高速公路）工程总承包和工程项目管理。
中国铁路设计集团有限公司华南分公司（原广东分公司） 中国，广东省深圳市南山区桃园路1号西海明珠大厦F座19层	铁路、公路、市政、电力、建筑和电子通信广电行业以及其它行业建设工程的勘察、设计、咨询、评估、测绘、计量、水土保持方案编制、环境影响评价、工程招标代理、监理、铁路桥梁检定评估服务。
中国铁路设计集团有限公司上海分公司 中国，上海市曹杨路1040-1中友大厦24层	铁路、公路、市政、电力、建筑和电子通信广电行业以及其它行业建设工程的勘察、设计、咨询、评估、测绘、计量、水土保持方案编制、环境影响评价、工程招标代理、监理、铁路桥梁检定评估服务。

UKAS MANAGEMENT SYSTEMS 001

Lloyd's Register

认证证书

兹此证明下列公司之管理体系：

中国铁路设计集团有限公司

中国，天津自贸试验区（空港经济区）东七道109号

统一社会信用代码：91120000103062810U

通过劳氏质量认证有限公司之认证，符合下列管理体系标准：

ISO 14001:2015 | ISO 45001:2018 | ISO 9001:2015

GB/T 24001-2016 | | GB/T 19001-2016

王崧－大中华区总经理

颁证机构：劳氏质量认证（上海）有限公司

代表：劳氏质量认证有限公司

此证书是编号为0067185/ 0067187/ 0067186证书的一部分。

现行证书日期：2019年7月1日
证书有效期限：2021年7月26日
证书识别编码：10207196

首次颁发日期：
ISO 14001－2006年7月27日
ISO 45001－2019年7月1日
ISO 9001－1995年12月5日
OHSAS 18001－2006年8月26日

证书编号：ISO 14001－0067185-002 / ISO 45001－0067187-002 / ISO 9001－0067186-002

该管理体系适用于：

铁路工程及其配套（电力、通信、信号、电气化）辅助和附属工程及公路（含高速公路）工程总承包和工程项目管理。

UKAS MANAGEMENT SYSTEMS 001

Lloyd's Register

认证证书

兹此证明下列公司之管理体系：

中国铁路设计集团有限公司

中国，天津自贸试验区（空港经济区）东七道109号

统一社会信用代码：91120000103062810U

通过劳氏质量认证有限公司之认证，符合下列管理体系标准：

ISO 14001:2015 | ISO 45001:2018 | ISO 9001:2015

GB/T 24001-2016 | | GB/T 19001-2016

王崧－大中华区总经理

颁证机构：劳氏质量认证（上海）有限公司

代表：劳氏质量认证有限公司

此证书是编号为0067185/ 0067187/ 0067186证书的一部分。

现行证书日期：2019年7月1日
证书有效期限：2021年7月26日
证书识别编码：10207193

首次颁发日期：
ISO 14001－2006年7月27日
ISO 45001－2019年7月1日
ISO 9001－1995年12月5日
OHSAS 18001－2006年8月26日

证书编号：ISO 14001－0067185-001 / ISO 45001－0067187-001 / ISO 9001－0067186-001

该管理体系适用于：

公路工程和市政公用工程的勘测、设计及咨询。

UKAS MANAGEMENT SYSTEMS 001

图 5-2-1　铁三院质量管理、环境和职业健康安全管理认证

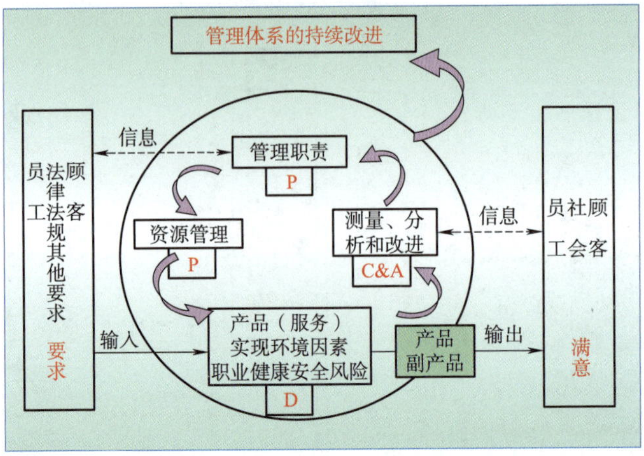

图 5-2-2 质量管理体系模式示意图

3. 资源管理环节要点

按照 IS09001 标准的要求提供各项所需资源，以保证勘察设计工作的顺利开展和有效实施，进行人力资源的配备，配置足够的工作设施以满足勘察设计工作需求。

4. 测量分析和改进环节要点

严格执行勘测设计质量多层次评价体系，勘察设计文件提交业主之前，进行内部评价，保证方案、措施合理可行，各类数据准确无误，投资可控，满足工程勘察设计需求；对所有不合格产品，在计划时间内完成改进。

5. 产品实现环节要点

全面接受业主对设计工作进行的检查，包括进度、深度、质量、人员到位、投入力量、人员的稳定等；建立津秦高速铁路项目例会制度和日常检查制度来加强勘察设计质量的过程控制，保证工作质量；按业主要求的时间、份数，提供勘察设计的过程文件及最终成果，以满足项目和勘察设计需要。

二、前期工作质量保证

1. 铁三院多年来参与完成了多条高速铁路的相关工作，积累了丰富的生产组织和技术管理经验，培养了一大批高速铁路相关人才，在工程方案、工点设计和投资控制方面具有丰富经验。

2. 通过研究组织完成津秦高速铁路项目前期报告并和掌握的沿线地方基础性资料进行了结合，对该项目重难点已进行了深度分析研究。

3. 通过以往项目工作积累，总结梳理区域内相关的国家铁路、等级道路、沿线各地市的规划资料，对项目勘察设计具较强指导作用，能够很好地指导该项目勘察设计工作。

三、组织和技术质量保证措施

津秦高速铁路项目连接天津站和秦皇岛站，线路跨越既有津山铁路、既有北环铁路、既有大秦铁路和多条高速公路等。针对项目特点挑选技术过硬，主持过该地区同类项目勘察设计且经验丰富、责任心强和良好职业道德的技术骨干成立总体组，担任项目总体，总体组在集团主管总工领导下开展工作。强化集团公司专业总工协助制度，对于天津枢纽引入方案、秦皇岛地区引入方案、跨越既有铁路、跨越既有高速公路等复杂专业技术问题，集团主管总工可提请集团公司专业总工审查、会签，共同决策重大方案。发挥集团公司专家委员会作用，为准确决策重大技术方案，集团公司成立了包括线路、桥梁、隧道、地质、路基、站场、经济、行车、通信、信号、接触网、建筑、结构、工经等专业120余位专家组成的专家委员会，为该项目重大技术决策提供全方位技术支持。

四、勘测质量保证措施

（一）勘测前期质量保证措施

加强出工准备阶段质量控制，努力提高外业测绘、地质勘探、专业调查等基础资料质量，满足设计要求。形成包括总体技术要求和专业技术要求等层面的勘测技术要求。总体技术要求明确津秦高速铁路的勘测特点和重要质量控制点以及分专业匡算指标和投资额度。关键技术节点的总体技术要求由院主管总工程师主持集体会审，并形成会议纪要。专业技术要求承接总体技术要求，并结合建设工程的专业技术特点、既有资料情况、边界条件，对本专业的技术规则、工作要点和工作程序提出详细要求。

（二）勘测过程质量保证措施

勘测过程中主管总工、总体以及各专业总工经常深入勘查现场，解决重大技术问题，及时与相关方沟通、协调，主动征求相关方意见，确保重大技术方案决策正确、可行。科技处按照勘测（探）质量随机检查办法对项目的外业勘测进行随机抽查与质量考核，勘测主体单位要实施实测、实钻检查。

（三）勘测中间检查和资料验收

勘测中间检查和过程抽查由院主管总工程师带队，项目总工程师和各相关专业处（分院）主管总工程师参加；勘测资料验收由项目总体带队，各专业专册负责人参加。着重解决勘测过程中的重大勘测方案和重大技术方案，确保勘测资料正确、齐全、完整。

五、设计质量保证措施

（一）设计质量控制管理

设计质量控制管理流程图（图5-2-3）明晰了各设计专业、设计总体、业主代表三方的关系，明晰上下序之间以及各方之间的沟通协调，特别是技术管理关系、技术指令与技术信息的传递与反馈、设计文件审查、设计图纸会签、审查意见的落实、设计质量考核，以及对各设计专业的管理。

1. 设计技术接口控制

由设计总体组编制设计技术接口文件，明确各专业之间的关系及互提资料内容。涉及与多专业衔接的工点，由总体组与相关专业进行协调，并对设计的总体性负责。

2. 设计输入环节控制

严格执行设计任务书、设计合同及国家、地方的政策性法规、强制性技术规范、规程及相关规定等；执行设计单位制定的《总体设计原则》；对采购、收集的设计基础资料，应组织验证和进行标识，确保设计基础资料的可靠性和有效性；对不明确、不可靠或矛盾的输入，应及时组织重新验证，确保无误后，方可使用。对未经验证的设计输入，谁使用谁负责，影响设计质量的，将追究有关技术负责人的责任。

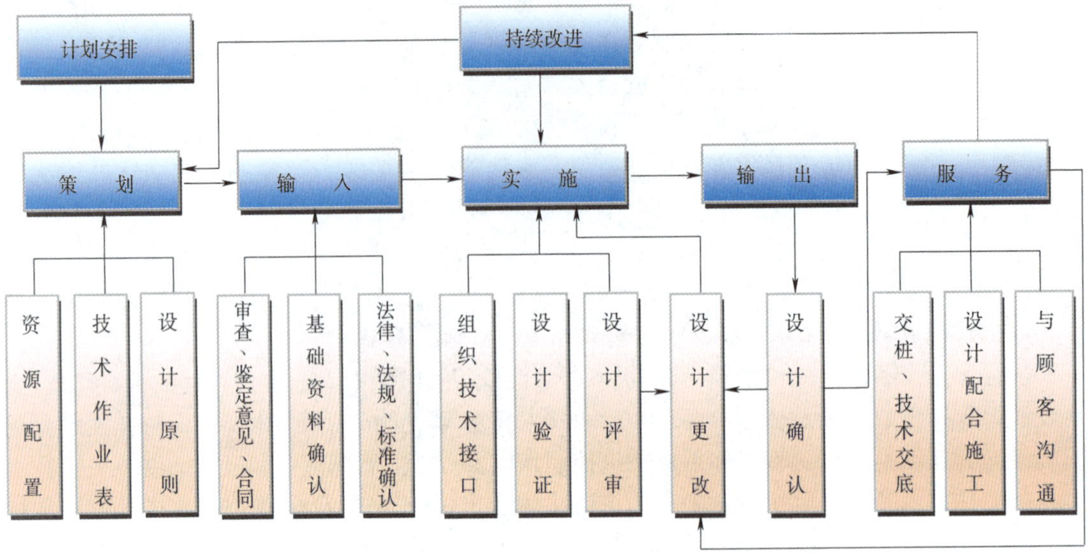

图 5-2-3　设计质量控制管理流程图

3. 设计输出环节控制

设计输出包括设计总说明书、专业设计文件及设计图纸、资料、新技术实施文件、电子版文件等；设计过程资料、图纸及阶段性成果和输出均应进行复核、反复核并标识齐全；专业间互提资料为受控文件，必须保证资料的准确性、时效性、严肃性。互提资料各级应签署齐全，若情况特殊需要代签，应事先提交代签授权书。

4. 设计更改控制

总体设计原则和重大方案如确需更改时，由总体组主持进行研究，经业主代表审定后方可更改，并下发设计更改通知；专业设计原则若需要更改时，由专业设计负责人主持进行，报设计总体单位和业主代表批准后方可更改；专业设计过程中，提供下序资料若需要更改时，由专业设计负责人主持进行，报设计总体组审查同意后，填写设计更改通知及时通知下序。

(二)充分发挥总体的组织协调作用

加强各专业接口和技术协调，明确专业分工和接口，避免缺位和错位。加强项目的系统能力配套、点线能力协调研究，固定设施移动设施的接口设计，使项目建成后尽快形成系统配套的能力，充分发挥投资效益。统筹考虑节能环保、水保文保、土地利用、物业开发、防灾减灾、社会稳定等，统筹方案的合理性和工程措施的可实施性，确保系统设计方案最优。

(三)加强质量风险管理

预可行性研究阶段围绕项目建设对地方规划、沿线噪声敏感区和社会环境的影响进行风险识别、评价，论证项目建设的必要性和可能性，做好投资预估算。可行性研究报告阶段围绕重要建筑物、军事设施、地方规划等方面进行风险识别及控制，做好社会稳定风险评估工作。设计阶段对邻近和跨越既有铁路、高速公路、隧道等高风险工点，进行分类分级别划定，逐个制定详细的风险控制措施。

第三节　安全风险控制措施

工程安全关系到铁路运输生产安全和人民的生命财产安全，责任重于泰山，津秦高速铁路勘察设计各级技术质量管理人员和生产管理人员应始终贯彻“安全第一、预防为主、综合治理”的原则；工程设计中严格贯彻涉及工程安全的强制性要求；工程安全设计是一个系统工程，涉及工程设计的方方面面，铁三院从制度上、流程上、技术接口上建立了一整套安全规章制度和安全管理体系，确保铁路工程项目的安全设计。

一、消除地下管线和地上构筑物对项目的安全影响，杜绝地质勘探引发的安全事故

做好地下管线等资料收集和探测工作，依据勘察成果向建设单位提供施工现场及毗邻区域内给排水、供电、供气、通信等地下管线资料，气象和水文观测资料等。

二、多方面采取措施，从“源头”做好地质灾害的防治

在勘察过程中，严格按规程、规范和国家强制性条文进行设防，不遗留潜在地质灾害的安全隐患问题。针对沿线高烈度地震区，从工程地质角度，从专业工程安全角度提出相应的工程措施建议；为加强地质灾害防治，设计者在建(构)筑物的加固防护、基础处理等措施中充分考虑地质报告中的岩土参数及工程措施建议。

三、强化铁路防震减灾设计，最大限度地减轻地震灾害损失

认真贯彻执行国家有关部门关于铁路防震减灾的要求，增强工程勘测设计中抗震设防的责任意识，加强灾害检测与预警系统设计；在建(构)筑物构造、高桥、基础抗震处理、安全疏散、防火设置、设备的固定与安装、电力安全保证等设计方面严格按国家现行有关规定和抗震设计规范要求开展抗震设防工作。

四、强化与营业线交叉的过渡工程安全控制

对与营业线交叉的过渡工程按照正式工程进行勘察设计，提出指导性施工过渡方案和保证安全运营的具体措施，不断优化设计方案和指导性施工过渡方案，减少过渡工程，做好安全防护，依据规程规范、线路条件和运输需要，合理选择便线技术标准，保证勘察设计质量。

第四节　项目创优规划措施

一、勘测创优措施

(一)运用先进成熟可靠的计算机软件，保证勘察成果质量

采用成熟可靠的《岩土工程勘察设计一体化处理系统》《静力触探数据处理软件》《隧道地质成图勘测设计一体化系统》《复合地基设计建筑沉降集成分析系统》等地质勘察软件，综合分析、处理地基岩土参数，确保地质勘察成果质量。

(二)采用先进测绘技术，保证测绘工作质量

测区属平原地形，沿线建筑物密集，针对地形特点铁三院采用航空数字摄影测量技术、高

分辨率卫星影像处理技术、机载激光雷达测量技术等先进测绘手段，应用全站仪与GPS-RTK相结合的铁路勘测一体化测量技术，GPS卫星定位技术和数字精密水准测量技术，为勘察、设计提供全面准确的测绘基础资料。

（三）采用综合勘探技术，保证地质勘察质量

强化地质现场调查，查清松软土、地震液化区等不良地质分布，为线路选线、确定工点方案提供可靠的地质资料。应用综合勘探技术，查明沿线地震液化区、松软土等不良地质范围、性质，为各阶段设计和施工、运营提供全面、准确、可靠的工程地质基础资料。

（四）重视现场调查，保证基础资料质量

加强现场沿线专业调查力度，提高重大拆迁、地下管线等拆迁数量准确性、重大拆迁方案可行性。各专业必须现场实地调查，对影响线路方案稳定的重大拆迁、地下管线改移、环境敏感区等关键因素进行落实。

（五）建立应急响应预案，保证工期可控和勘察质量优良

对于勘察中出现可能影响工期的事件进行超前谋划，项目负责人、技术负责人及时召集相关专业研究解决办法及应对方案，复杂技术问题组织专家进行会审，将研究结论第一时间向业主汇报，取得意见后抓紧落实，确保工期可控、勘察质量优良。

二、设计质量创优措施

（一）高度重视顶层设计，保证设计总体最优

铁三院主管总工、专业总工对工程方案、技术标准、重大工程措施通过方案预审会议研究决策，稳定外部边界条件和线位方案，避免边界条件不稳定造成的方案变化。项目总体所在单位组织对项目策划、总体设计原则预审，协助项目总体准确把握项目特点、重难点和项目进展。

（二）加强专家指导、论证，保证设计技术经济合理性

对于引入天津枢纽、引入秦皇岛地区、跨越既有大秦铁路等综合性重大问题，由集团主管总工主持论证；对地震可液化层、软土及松软土等专业性较强的重大技术问题，由相应专业主管总工主持论证；当项目团队决策困难时，由集团主管总工提出，专家委员会进行会审。

（三）采用先进的四电系统设计技术，保证设计最优

牵引供电拟采用分析计算法与模拟仿真法两种方法对牵引供电方案进行计算、对照，达到系统参数设计准确化、牵引供电设施配置最优化，系统投资合理化；接触网拟采用CATMOS接触网弓网关系仿真软件、ANSYS有限元设计软件等先进软件；信号采用计算机辅助设计软件，并结合现场实际情况，合理布置信号电缆径路及管线。

（四）采用铁路桥梁可调高支座等新技术，满足环保及运营安全

津秦高速铁路项目存在软土、松软土区域，桥梁工程受软土、松软土沉降的影响，桥梁基础产生不均匀沉降是难以避免的，由于桥梁梁体刚度大，对支点不均匀沉降要求高。为了有效解决一旦发生的桥梁不均匀沉降问题，区域沉降范围采用大调高量钢支座，该支座最大调高量6 cm，通过顶升梁体增设支座垫板的方法调整支座高度，保证运营中一旦出现桥墩的不均匀沉降，利用可调高支座可以快速调整梁面和轨顶高程，满足铁路沉降地区各种桥梁结构的使用要求，为铁路的安全运营提供了可靠的安全保障。

第三章　设计进度和计划管理

津秦高速铁路项目设计阶段周期长、接口多、责任重大，直接关系到项目投资和社会经济效益，过程中需要通过加强设计管理进行控制和协调。通过加强设计管理，有利于确保设计质量，强化设计事前控制，降低项目质量风险，有利于沟通协调，确保项目顺利完成。因此，设计进度和计划管理非常重要，下面以施工图阶段的设计进度和计划控制为例，对设计进度和计划管理过程及要点进行总结。

第一节　设计进度和计划控制的主要内容

施工图设计计划中，各专业制定内部分工计划，细化内部出图流程，对主要关键节点进行严格把控，确保施工图纸按期完成。施工图设计计划的进度控制应按以下几方面进行。

1. 设计各专业间的条件关系及其进度。

2. 进度关键线路上的设计文件提交时间。

3. 设计工作结束时间。

第二节　各专业间的条件关系及其进度的控制

开放施工图前，需要对初步设计资料进行详细梳理，对照初步设计批复，详细梳理各项资料，并编制补充定测任务书，明确测量和地质补勘资料提交时间，制定《施工图技术作业表》，明确各专业内部衔接关系、工作内容和具体时间安排，各专业主要做好如下控制。

一、勘察过程中各专业的条件关系和计划进度控制

1. 线路、站场等专业 1∶2 000 图纸和部分工点 1∶500 地形图是影响后续所有专业开展施工图设计的基础，其提交时间是重要控制内容；另外桥梁、涵洞、路基、房屋建筑等各工点补勘地质资料的提交时间，直接影响相关后续专业能否按时开展施工图设计，上述主要内容应严格控制在任务书中规定的时间内。

2. 三电、地下管线的调查测量、挖探，以及管线迁改方案，应满足本专业以及桥涵专业的设计需求。

二、施工图设计过程中各专业的条件关系和进度控制

各专业之间的内部接口关系，包括专业间上下序互提资料时间的准时性，是施工图进度控制的关键点，影响施工图设计进度的主要控制内容为。

1. 地质专业提交的桥涵工点、路基横断面地质填绘、房屋建筑等地质资料，直接影响相关下序桥涵、路基和房建结构等专业的工作时间，是主要控制点。

2. 站场专业带房屋平面图能否按时发放给站后专业，将影响所有站后专业施工图设计的正常开展，是站后施工图能否按时完成的关键控制点。

3. 给排水、暖通、电力、通信、信号等专业房屋面积和定员的确定和提供时间，将直接影响房屋的功能布局，对站后工程的使用功能划分、沟槽管洞布置影响较大。

4. 房建专业提交的房屋平立剖图纸、暖通专业提交的给排水出入口标高和位置，影响各专业管线的合理布置；

5. 站后专业的预算、站前专业的工程数量提交时间和设计文件评审时间安排，直接影响整个文件的收口时间，是进度控制的关键因素。

三、进度关键线路上的设计文件提交时间控制

结合施工组织计划安排，总体组织各专业制定详细的补充定测和施工图设计计划，并组织各专业进一步细化专业节点工作计划。

1. 在补充定测阶段，根据下达的《补充定测任务书》，进度关键线路上的主要控制点为测量资料以及地质勘查资料的提交时间。

2. 施工图设计阶段，根据制定的《施工图技术作业表》，明确各专业的接口条件关系，以及上下序接口的内容和进度时间安排，指导各专业开展施工图设计。专业间互提资料必须保证资料的准确性、时效性、严肃性。设计进度关键线路的设计文件主要控制点为：线路专业提交各专业线路平纵断面，地质专业提交工点地质资料给桥涵、路基以及房建等专业，站场专业提交带房屋站场平面图给站后专业，站后设备的采购招标，站后专业与设备厂商的设计联络，站后施工图预算、站前专业工程数量提交工经专业，施工图预算评审。

四、施工图设计完成和提交时间控制

专业负责人完成本专业设计文件后，需严格按照制定的施工图技术作业表进行节点时间控制。主要控制点为：设计文件的评审、咨询单位的咨询和修改，文整印刷。

1. 设计文件的评审时间，要控制在计划明确的时间内进行。设计评审按级别分集团公司评审、设计部评审和专业评审等三级评审，按形式分技术会议和逐级审定两种形式。集团公司主管总工审定项目的设计总说明书、专册设计文件。技术会议依据《公司级技术会议制度及管理程序》进行，逐级审定依据《勘测设计技术文件审签标准》进行。

2. 施工图咨询单位要求在规定的时间内提出咨询意见，设计专业在计划时间内完成文件的修改、文件签署完毕后，进行文整印刷，并提交施工单位和发包人。

五、设计工作结束时间控制

施工图设计和配合施工的工作结束时间，应以完成设计总结为主要控制点。在项目施工结束后，参加项目的静态验收、动态验收、初步验收、安全评估和试运行、规范资料整理归档等各项后续工作。最后进行设计总结，将项目的经验与教训反馈给集团公司科技部等职能部门，以便进行持续改进。

总之，项目设计计划的进度控制，除设计各专业内部的接口关系顺畅、接口质量控制有效外，还包括建设单位、施工图咨询单位、施工单位等单位和部门的有效衔接。

六、进度纠偏的控制措施

1. 设计负责人和各专业负责人，应建立预警机制，主要内容包括：设计过程中内部上下序资料提供，影响下序多专业开展工作的节点目标如地质资料提供、分发带房屋站场平面图、与采购部明确的设备厂商联络时间、重要方案评审时间，对可能出现的进度偏差提前预警，并超前研究解决措施。

2. 针对已经出现延误进度的问题，总体和各专业负责人应分析问题出现的内外部原因，在不影响总进度时间的前提下提出解决措施，落实责任到人并限期解决。

七、保障措施

（一）技术保障措施

1. 充分发挥集团公司、各设计研究院两级专家组作用，提前介入项目和现场指导工作，为项目决策提供技术支持。

2. 充分应用三维协同设计系统和勘察设计一体化等一批高科技手段和方法，提高勘察设计进度。

3. 以各专业技术带头人为基础成立研发部，重点组织落实项目的设计质量目标，开展技术攻关，指导项目设计满足初步设计批复意见、限额设计目标和发包人需求。以专业主管总工为基础成立质量安全部，重点对专业技术成果进行论证，把控勘察设计进度提交精品设计。

（二）组织保障措施

1. 为保证项目设计周期，成立勘察设计指挥部，针对项目特点和工作阶段进一步优化专业设计团队，按照统筹兼顾、全面推进原则制定周密的推进计划。

2. 进行全方位宣传动员，增强紧迫感和责任感，采取劳动竞赛、工资绩效倾斜等多种方式激励员工，形成奋发进取、忘我工作的氛围。

（三）沟通保障措施

实行月度例会制度，解决项目重大问题。勘察设计指挥部建立周例会制度，通过周例会沟通信息，协调解决影响勘察设计进度的有关问题，形成会议纪要。总体、各专业负责人、设计人员在做好施工图设计计划控制的同时，要加强对沟通计划的管理，在明确勘察设计过程中沟通的对象、内容、方法、方式、渠道和频率的同时，做好项目干系人分析。沟通计划控制的主要内容如下：

1. 设计人员与设计复核、专业负责人的沟通；
2. 专业负责人之间的沟通，以及专业负责人与设计负责人的沟通；
3. 专业负责人与设备厂商之间的沟通；
4. 设计负责人与咨询单位的沟通。

（四）激励机制

设立专项奖励基金，鼓励项目人员的创造性和工作热情，结合实际完成工期实行奖罚。

第四章　投资控制管理

第一节　工程投资概况

津秦高速铁路清理总概算 4 099 815 万元，静态投资同比较原国家发改委批复可研总投资 3 230 000 万元（不含动车组购置费）增加 869 815 万元，扣除征地拆迁、材料价差、代建地方出资工程以及地方提出扩大站房等因素引起费用（903 661 万元）后减少 33 846 万元，减少为 1.0%，投资规模得到较好控制。

投资控制管理是一个系统工程，需要发挥建设单位、设计单位、监理单位及审价等各个单位作用，对投资控制进行全过程管控。对于设计院而言，需要以工程经济专业为主导，充分发挥各专业的作用，全过程进行控制。在勘察设计过程中，需要有投资控制目标，制定投资控制措施，并检查督促实施，才能保证投资控制有好的效果。

第二节　投资控制管理工作主要内容

一、合理确定各阶段投资控制目标

（一）预可行性研究

该阶段解决的主要问题是论证项目建设的必要性和可能性，投资规模的准确度主要受研究深度、线路走向方案和建设规模的不确定性等因素的影响，投资控制的目标是投资预估算与推荐的方案、标准相匹配、主要工程数量及费用指标与相近项目相比处于正常合理范围，并能兼顾下阶段设计的延续性。

（二）可行性研究

该阶段解决的主要问题是论证建设项目的可行性，研究重点是确定工程范围和主要技术标准、稳定主要线路方案和主要设备设计原则、重大桥隧工程方案和桥隧比例、确定主要站段设计规模等，工程数量和投资估算要求要有较高的准确度。投资估算与推荐的方案、标准相匹配、主要工程数量计算符合深度和计算规则要求并具有较高的准确性、费用指标与相近项目相比处于正常合理范围。

（三）初步设计阶段

初步设计要重点做到线路方案稳定、主要工程措施落实、征地拆迁和交叉跨越协议签订完成。初步设计文件经审查批准后，成为控制建设规模和总投资的依据。因此确定该阶段投资控制工作的目标是：设计概算与设计相匹配、工程数量计算符合深度和计算规则要求，静态投资在剔除可能的工程范围变化、主要技术标准和标准规范变化、征地拆迁价格、主要材料价格水平等政策性影响后应控制在可研批复以内。表 5-4-1 为投资控制要点框表。

表 5-4-1　投资控制要点框表

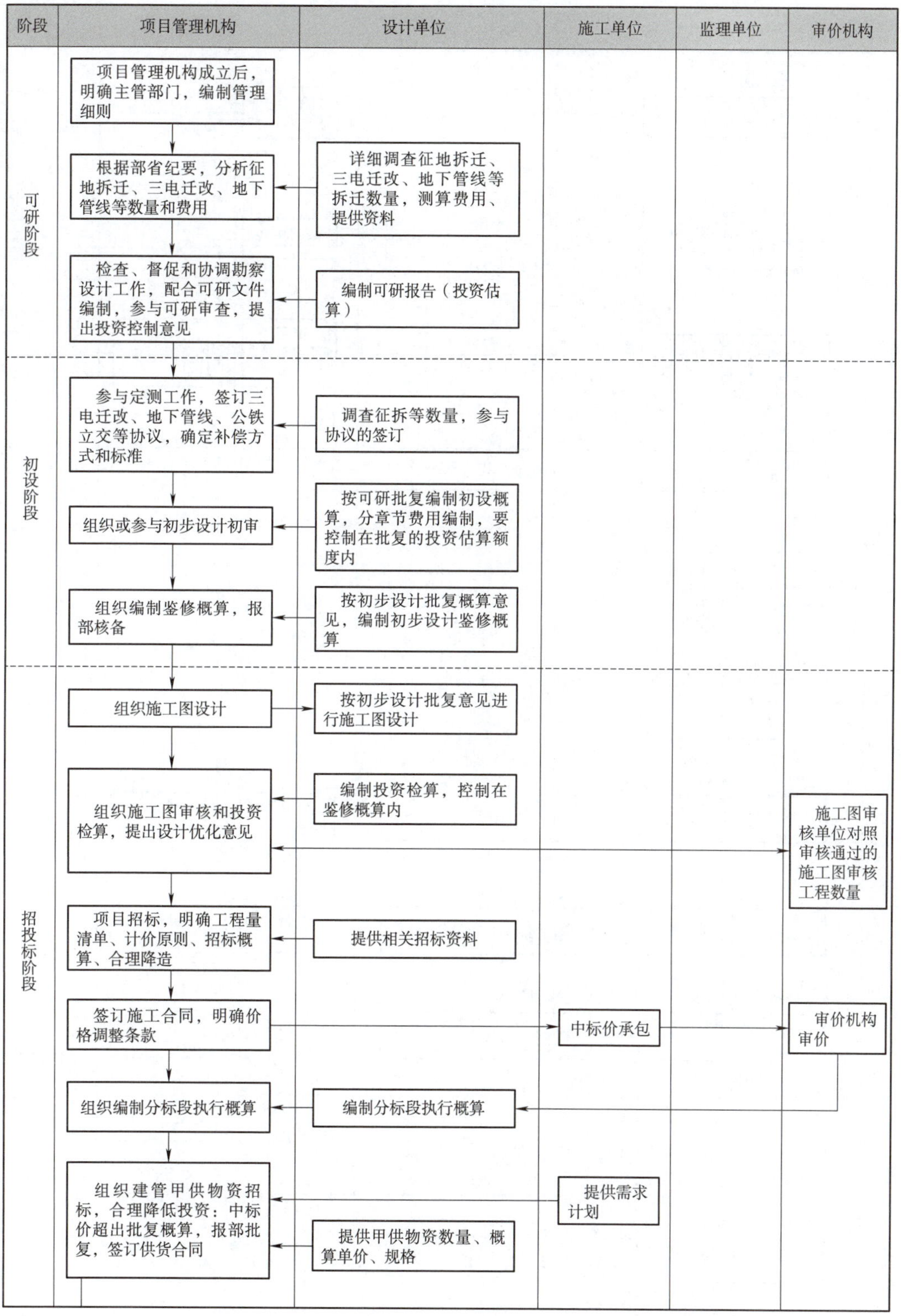

续上表

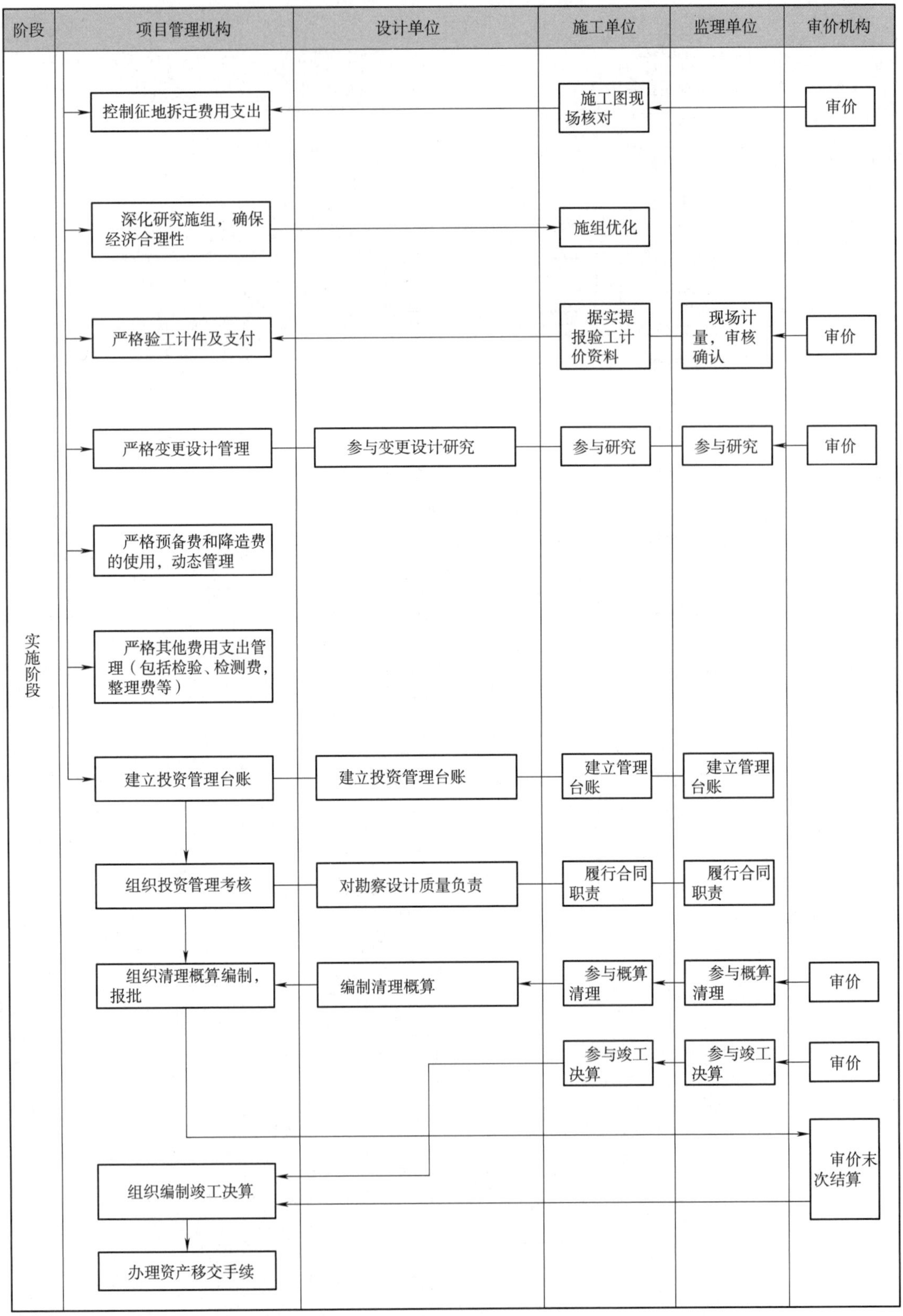
阶段
项目管理机构
设计单位
施工单位
监理单位
审价机构
实施阶段
控制征地拆迁费用支出
施工图现场核对
审价
深化研究施组，确保经济合理性
施组优化
严格验工计件及支付
据实提报验工计价资料
现场计量，审核确认
审价
严格变更设计管理
参与变更设计研究
参与研究
参与研究
审价
严格预备费和降造费的使用，动态管理
严格其他费用支出管理（包括检验、检测费，整理费等）
建立投资管理台账
建立投资管理台账
建立管理台账
建立管理台账
组织投资管理考核
对勘察设计质量负责
履行合同职责
履行合同职责
组织清理概算编制，报批
编制清理概算
参与概算清理
参与概算清理
审价
参与竣工决算
参与竣工决算
审价
审价末次结算
组织编制竣工决算
办理资产移交手续

(四)施工图设计阶段及工程实施阶段

重点是深化细节设计保证工程的可实施性,以减少工程变更;系统设计保证工程施工顺序的合理性,避免废弃;严格按照初步设计批复的建设方案、建设标准、建设规模、建设工期开展施工图,避免直接将该类变化直接纳入施工图,以造成投资控制目标的偏离。

二、充分做好设计准备阶段工作

1. 勘测过程中对设计及投资有重大影响的地质、交叉跨越协议、三电地下管线拆迁、土源协议、当地建筑材料分布、征地拆迁单价依据等资料进行充分翔实的调查,为设计方案的稳定、主要的概算基础资料的确定打好基础。

2. 开展设计前工经专业与设计专业共同确认工程数量计算的深度和基础,关注重要基础资料的可靠性以及尚存在的不确定性因素,可主要基于与相近项目比照的原则并选择好相近可供参照的项目,对三电地下管线拆迁典型工点的拆改方案、路基土石方数量指标、土石比例、土方调配方案、运距以及线路、站场、隧道等专业工程间土石方、弃渣的综合利用等问题进行费用指标测算分析,宏观分析判断与预可阶段相比的投资变化情况及合理性,必要时采取相应的纠偏措施,明确工程数量计算统计原则,稳定工程数量基础。

3. 基于与相近项目比照的原则并选择好相近可供参照的项目,工程经济专业与路基专业对软土路基长度、地基处理措施和主要工程数量、边坡防护工程数量进行费用指标测算分析,宏观分析判断与预可阶段相比的投资变化情况及合理性,必要时采取相应的纠偏措施,明确工程数量计算统计原则,稳定工程数量基础。

4. 基于与相近项目比照的原则并选择好相近可供参照的项目,工程经济专业与桥梁专业对桥梁基础类型选择、典型工点的基础、墩台工程数量以及钻孔桩地层分类、地下水情况、特殊跨度情况、涵洞孔径、形式及路基公里数量和长度等进行费用指标测算分析,宏观分析判断与预可阶段相比的投资变化情况及合理性,必要时采取相应的纠偏措施,明确工程数量计算统计原则,稳定工程数量基础。

5. 贯彻系统工程设计理念,细化接口工程设计。

三、抓住项目特征,重点关注影响投资的主要因素

津秦高速铁路项目沿线经济较发达,征地拆迁费用高、规划道路多;地质多变,穿越软土地区、断裂带及高烈度地震带;多次引入既有车站,既有线改造工程多,施工过渡难度大;该项目一站一景,引入车站的站房均进行改扩建,设计、施工、建设管理界面多,投资管理和投资控制难度大。

项目设计过程中抓住项目特征重点对设计方案、工程措施、工程数量计算、施工组织设计、概算编制等影响投资的主要因素进行关注。

(一)线路走向方案选择

1. 津秦高速铁路在经济选线、航空选线的基础上,强化工程地质选线、环保选线和配合城市规划选线,线路尽可能选择短直通过,既提高了运输质量,又减少了线路长度;

2. 结合沿线区域内主要断裂带构造、采空区位置、经过地区城市规划及站位选择意见对不同线路方案进行综合比选,最终确定的线路较好绕避了采空区,确保了工程的顺利实施,并减少了工程费用的投入。

（二）桥梁设计

1. 首次在客运专线无砟轨道桥梁上采用了连续梁-框架墩柔性结构体系。在蓟运河特大桥及丰南跨津山铁路特大桥两次跨越津山铁路时均采用了框架墩加小跨度连续梁的结构形式，降低了线路纵断面，避免了采用大跨度桥梁跨越铁路的结构形式，极大地节省了投资成本。

2. 国内首次在高烈度震区客运专线桥梁上采用了新型阻尼抗震体系，解决了以往刚性抗震体系无法通过地震力检算的技术难题。在8度震区动峰值加速度0.2g长联连续梁首次利用了阻尼器减少地震力对基础的影响，综合比选，采用阻尼器后各墩共同承担地震作用力，减少了投资成本。

3. 对矩形实体墩实心墩和圆端形空心墩进行方案比选，确定了墩高≥20 m以上的采用圆端形空心墩的方案，大大节约了投资成本。

（三）地基处理方案的选择

1. 对地基处理方式技术经济比选，合理确定投资，有效控制造价

针对天津至唐山沿海地区软土地基处理方案进行多种处理方式经济技术比选，确定了以管桩处理为主，钻孔桩、CFG桩、水泥砂浆桩等多种处理方式辅助的方案。对唐山至秦皇岛地质情况较好的地段采用强夯、CFG桩短桩处理方式，对唐山站站区采用换填结合堆载预压代替桩基处理等方式，既保证了沉降控制，又节省了工程投资。

2. 软土地区制梁场地基处理方案选择问题。

设计过程中抓住影响梁场大型临时工程费用的地基处理这一关键问题，对梁场制存梁台座地基处理进行了水泥搅拌桩、管桩、CFG桩等多方案技术经济比选，最终推荐了CFG桩的方案，每个制存梁台座费用减少约8万元，天津地区共设计约300个制存梁台座，造价减少2 400万元，降低造价效果明显，也为类似项目设计提供了新经验。

（四）以铺架工程为主线，优化铺轨基地和梁场的总体布局，保证大型临时工程的可实施性，减少大型临时工程的变更

在全线施工组织设计和概预算编制中，紧抓项目特点，对控制工期的铺架这条主线深入研究，从优化全线铺轨基地和梁场的总体布局设计，到专题研究影响全线开通的秦皇岛站过渡方案、箱梁运架过隧道方案、隧道间零星分布简支箱梁的预制与现浇方案比选等，施工组织设计科学合理，很好的指导了施工。

1. 铺轨基地选址上切实落实永临结合设计理念，在多方案比选基础上，推荐利用新建唐山站高速存车场位置设置铺轨基地承担高速正线铺轨、利用秦皇岛站既有货场位置设置存轨场及T梁预制场负责既有线改造部分铺轨及T梁预制架设，一方面将正线铺轨与相关线铺轨任务分开，减少了铺轨的干扰，另一方面充分利用了既有场地及正式工程的用地，减少了临时占地工程的投入，项目实施中也按此设计方案实施，有效地保证了铺轨工期。

2. 制梁场设计合理设计时考虑在满足项目总工期的前提下，结合桥梁分布情况，计算确定梁场的分布，全线共设置箱梁制梁场9处，实际实施了9处，实施的位置与设计的选址也基本吻合。

3. 合理选择道岔板、双块式轨枕的供应方案。通过方案比选，设计推荐采用双块式轨枕自既有湖北省咸宁轨枕场购买的方案，道岔板利用Ⅱ型轨道板生产线改造的方案，有效降低了投资成本。

（五）既有站过渡设计方案合理、费用可控

津秦高速铁路跨越多条繁忙干线铁路并引入唐山、北戴河、秦皇岛既有铁路车站，同时京哈线、津山线又是进出关主要通道，在既有线改建及既有站改扩建工程实施时，需同时保证进出关客货运通道的顺畅，加上引入站的站房工程均进行了改扩建工程，客货运过渡方案复杂。

1. 客运过渡

设计中对引入唐山站、北戴河站、秦皇岛站三个站均进行了本站过渡、异站过渡的方案比选，最终确定了唐山站新建临时站房，既有线利用新建高速场过渡的方案；北戴河站与秦皇岛站客运利用改建龙家营站设置临时站房与山海关站增设临时站房的过渡方案。最大程度地给既有站车场改造以及站房工程创造了施工作业空间，减少了施工的干扰，保障了施工的安全，减少了施工防护的投入。

2. 秦皇岛站过渡

津秦高速铁路引入秦皇岛站后，需对秦皇岛站内津山、京哈、大秦、秦东联、柳江地方铁路等进行改造，并须保证各铁路局各线别的客货分离、各铁路局的独立运营。施工过渡工程量大、步骤复杂，施工过渡影响三个铁路局的正常运营，过渡需保证铁路局之间完全独立运营，受秦皇岛站站区位置所限，施工作业空间狭小、干扰大。设计过程中，项目组从全线总工期安排角度出发，多专业协同并邀请枢纽改造施工的专家一并研究过渡方案，共同分析每一步过渡方案影响的工程内容，以及保证方案可实施的工程措施；概算编制时按照过渡步骤分步统计完成数量，并考虑充分利用既有线改造工程中的旧料、设备；分步过渡方案的细化保证了整个过渡方案的可实施性，也对合理确定过渡工程费用奠定了基础。

（六）站房设计及实施

津秦高速铁路项目站房设计院共 3 个、施工单位 3 个、建设单位 2 个，设计界面、施工界面、建设管理界面较多；中国铁设在设计过程中主动发挥总体院角色，协调各站房设计单位、2 家建设单位就设计界面、招标界面、实施界面进行研讨，形成细致且有效的指导性文件，保证了各界面的清晰性，保证了各项费用的完整、准确。

四、投资控制管理小结

津秦高速铁路勘察阶段加强投资基础资料的控制，加强技术质量管理，强化勘测工作的检查和监督工作，确保勘测资料的准确性，加强重大设施和“三电”线路拆迁、电源供电方式、用地、用水、地方料等资料的收集工作。加强重点工程的勘测精度，为提出技术先进、经济合理的各项工程方案奠定基础，为控制工程造价奠定良好的基础。

设计阶段树立投资控制新理念，加强全过程投资控制，本着“先进、成熟、经济、适用、可靠”的原则，合理选择主要技术标准、建设方案和工程措施，实事求是地确定投资规模。

通过优化施工组织方案设计，合理确定工程费用。按照科学定标、适度从紧、留有余地、从严控制的原则，编制投资估算。借鉴武广客运专线、石太客运专线等铁路和同期设计、建设的京沪高速铁路研究成果，对项目主要工程内容、施工方法、辅助设施等进行认真分析研究，根据项目工程特点，结合总工期的要求，制定合理的、详细的铺轨、架梁方案和控制工程的施工组织设计方案，使控制工程的施工有利于全线统一组织、统一进度、统一工期，确保工期弹性可控，工程总投资不因工期的变化而有比较大的增加，在后期施工总工期方案调整时，增加的投资处于可控状态。

参 考 文 献

[1] 易思蓉，何华武. 铁路选线设计[M]. 4版. 成都：西南交通大学出版社，2017.

[2] 中华人民共和国国家发展和改革委员会. 关于印发《中长期铁路网规划》的通知[Z]. 2004.

[3] 中华人民共和国国家发展和改革委员会. 关于印发《中长期铁路网规划(2008年调整)》的通知[Z]. 2008.

[4] 中华人民共和国国家发展和改革委员会. 关于印发《中长期铁路网规划》的通知[Z]. 2016.

[5] 铁道第三勘察设计院. 新建天津至秦皇岛客运专线可行性研究报告[R]. 2006.

[6] 中华人民共和国铁道部. 新建时速300～350公里客运专线铁路设计暂行规定[S]. 北京：中国铁道出版社，2007.

[7] 铁道第三勘察设计院集团有限公司. 新建天津至秦皇岛客运专线初步设计[R]. 2008.

[8] 李学伟. 高速铁路概论[M]. 北京：中国铁道出版社，2010.

[9] 胡叙洪. 高速铁路总体设计体会[J]. 铁道标准设计，2005(1)：35－41.

[10] 天津市地质研究所. 区域地面沉降对津秦铁路客运专线(天津—唐山段)的影响及对策研究[R]. 天津：天津市地质研究所，2006.

[11] 中华人民共和国铁道部. 铁路"十五"提速计划及实施意见[J]. 中国铁路，2001(9)：8－14.

[12] 国家铁路局. 高速铁路设计规范[S]. 北京：中国铁道出版社，2014.

[13] 铁道第三勘察设计院集团有限公司. 新建铁路津秦铁路客运专线精密工程控制测量成果报告[R]. 2008.

[14] 中华人民共和国住房与城乡建设部. 铁路工程抗震设计规范[S]. 北京：中国计划出版社，2009.

[15] 中华人民共和国铁道部. 铁路建设项目预可行性研究、可行性研究和设计文件编制办法[S]. 北京：中国铁道出版社，2007.

[16] 中国地震灾害防御中心. 卢龙断裂专题研究报告[R]. 2006.

[17] 中华人民共和国铁道部. 铁路建设项目变更设计管理办法[S]. 北京：中国铁道出版社，2012.

[18] 中华人民共和国铁道部. 地下工程防水技术规范[S]. 北京：中国铁道出版社，2001.

[19] 中华人民共和国铁道部. 铁路隧道监控量测技术规程[S]. 北京：中国铁道出版社，2007.

[20] 中华人民共和国铁道部. 铁路线路设计规范[S]. 北京：中国铁道出版社，2006.

[21] 中华人民共和国铁道部. 铁路车站及枢纽设计规范[S]. 北京：中国铁道出版社，2006.

[22] 中华人民共和国铁道部. 铁路技术管理规程[S]. 北京：中国铁道出版社，2006.

[23] 中华人民共和国铁道部. 铁路旅客车站建筑设计规范[S]. 北京：中国铁道出版社，2012.

[24] 中华人民共和国铁道部. 铁路路基设计规范[S]. 北京：中国铁道出版社，2005.

[25] 中华人民共和国铁道部. 铁路工程特殊路基设计规范[S]. 北京：中国铁道出版社，2002.

[26] 中华人民共和国铁道部. 铁路桥涵设计基本规范[S]. 北京：中国铁道出版社，2003.

[27] 中华人民共和国铁道部. 铁路桥梁钢结构设计规范[S]. 北京：中国铁道出版社，2003.

[28] 中华人民共和国铁道部. 铁路桥涵钢筋混凝土和预应力混凝土结构设计规范[S]. 北京：中国铁道出版社，2003.

[29] 中华人民共和国铁道部. 建筑设计防火规范[S]. 北京：中国铁道出版社，2006.

[30] 中华人民共和国铁道部. 铁路工程设计防火规范[S]. 北京：中国铁道出版社，2007.

[31] 中华人民共和国铁道部. 铁路给水排水设计规范[S]. 北京：中国铁道出版社，2008.

[32] 中华人民共和国铁道部. 高速铁路电力牵引供电工程施工质量验收标准. 北京：中国铁道出版社，2010.

[33] 中华人民共和国铁道部. 铁路路基边坡绿色防护技术暂行规定[S]. 北京:中国铁道出版社,2003.
[34] 中华人民共和国铁道部. 铁路边坡防护及排水工程设计补充规定[S]. 北京:中国铁道出版社,2009.
[35] 中华人民共和国铁道部. 津秦高速铁路工务工程静态验收报告[R]. 北京,2008.
[36] 中华人民共和国铁道部. 高速铁路设计规范(试行)[S]. 北京:中国铁道出版社,2009.
[37] 中华人民共和国铁道部. 铁路建设项目变更设计管理办法[S]. 北京:中国铁道出版社,2012.